Klaus-Michael Mallmann/Andrej Angrick (Hrsg.)

Die Gestapo nach 1945

Veröffentlichungen der Forschungsstelle Ludwigsburg
der Universität Stuttgart, Bd. 14
Herausgegeben von
Klaus-Michael Mallmann

Klaus-Michael Mallmann/Andrej Angrick (Hrsg.)

Die Gestapo nach 1945

Karrieren, Konflikte, Konstruktionen

Wolfgang Scheffler
zum Gedenken

Einbandgestaltung: Peter Lohse, Büttelborn

Titelphoto: Plakat zu dem 1946 gedrehten Film „Die Mörder sind unter uns" von Wolfgang Staudte. Photo: picture-alliance / akg-images

Die Deutsche Nationalbibliothek verzeichnet diese Publikation in der Deutschen Nationalbibliografie; detaillierte bibliografische Informationen sind im Internet über http://dnb.d-nb.de abrufbar.

Die Herausgabe des Werkes wurde durch die Vereinsmitglieder der WBG ermöglicht.
Gedruckt auf säurefreiem und alterungsbeständigem Papier
Satz: SatzWeise, Föhren
Printed in Germany

Besuchen Sie uns im Internet: www.wbg-darmstadt.de

ISBN 978-3-534-20673-5

Inhaltsverzeichnis

I. Karrieren

II. Konflikte

Klaus-Michael Mallmann/Andrej Angrick

Die Mörder sind unter uns
Gestapo-Bedienstete in den Nachfolgegesellschaften des Dritten Reiches

Im Februar 1944 erstellte das Reichssicherheitshauptamt (RSHA) seinen letzten vorliegenden Iststärkenachweis. Demnach gehörten am 1. Januar dieses Jahres 31374 Personen zur Gestapo, zur Reichskriminalpolizei 12792 und zum Sicherheitsdienst Reichsführer-SS (SD) 6482, insgesamt also 50648 Männer und Frauen.[1] Etliche von ihnen kamen bei den Rückzugsgefechten des folgenden Jahres ums Leben oder fielen im „Endkampf" um Berlin 1945.[2] Gleichwohl dürften schätzungsweise mindestens 25000 Angehörige der Gestapo – die große Mehrzahl also – das Kriegsende überlebt haben. Für sie schlug am 8. Mai 1945 die Stunde der Ungewißheiten. Denn ihre Institution war zwar zerschlagen, doch ihre Verbrechen wurden nunmehr erst im ganzen Ausmaß sichtbar. Zugleich begann damals das lange Nachleben des Nationalsozialismus, gewissermaßen dessen zweite Geschichte. Es war der Anfang jener bis heute andauernden, konfliktreichen Auseinandersetzung um Schuldbewußtsein und -verdrängung, des Ringens zwischen politischem Wandel und mentaler Kontinuität, der Abfolge von öffentlichem Erinnern und Vergessen, der historiographischen Deutung und Umdeutung, des Erfindens und Beschweigens.

Speziell den ehemaligen Bediensteten der Gestapo stellte sich damals eine Fülle von Fragen. Wie würden die Alliierten mit ihnen umspringen? Wie konnte man sich in der Nachkriegszeit am besten positionieren? Gab man ihnen noch eine zweite Chance? Gelang gar eine Fortsetzung der Karriere? Wie würde sich die deutsche Gesellschaft ihnen gegenüber verhalten? Ließ sie eine Reintegration zu? Welche Bilder würde man sich von den Tätern machen? Konnte man eine Vergangenheitspolitik in eigener Sache betreiben, das Geschichtsbild beeinflussen oder gar prägen? Wie würde die Justiz mit ihnen umgehen? Welche Strafen erwarteten sie für ihre Verbrechen? Gab es Möglichkeiten der Schuldabweisung? Und inwieweit würden sich hierin die drei künftigen Nachfolgegesellschaften des Dritten Reiches unterscheiden: die Bundesrepublik, die DDR und Österreich? So lauten auch die Leitfragen des vorliegenden Bandes. Die Analyse ihres weiteren Lebensweges nach 1945, ihre Einpassung in die gewandelten Verhältnisse, ihre Legitimationsstrategien und Optionen stehen dabei im Mittelpunkt. Wie sie die Nachkriegsjahre durchstanden und auf welche Weise sie mit ihrer eigenen Vergangenheit umgingen, ob oder wie sie in die deutsche Gesellschaft zurückfanden, wie diese umgekehrt darauf reagierte und wie stark eben diese Gesellschaft von den NS-Eliten oder der Auseinandersetzung mit ihnen selbst geprägt wurde – all das sind Fragen, die in der Forschungsgeschichte zur Nachkriegszeit bisher nur zögernd und unvollständig behandelt wurden.[3]

Die Westzonen: Das Nürnberger Interregnum

‚Nürnberg' bestimmte zunächst die Perspektiven aller nach 1945 zugelassenen Sichtweisen auf die Vergangenheit. Im Tauziehen um die Verantwortung an den Verbrechen gelang Ordnungspolizei, Kriminalpolizei und Wehrmacht der erfolgreiche Rückzug aus der Schuldzone, während Gestapo und SD als „verbrecherische Organisationen" verurteilt wurden.[4] Dieser erste Verarbeitungsdiskurs hatte weitreichende, bis heute nachwirkende Konsequenzen für das kollektive Gedächtnis: Indem man die Täter in Himmlers schwarzes Reich verbannte und damit sozial exterritorialisierte, vollzog man auch eine institutionelle Verinselung der Untaten. Zugleich wurde die Gestapo so aus der deutschen Gesellschaft hinausinterpretiert, mit dem Stigma des völligen Anders-Seins versehen und als Hort des Abnormen dämonisiert, der nur mit pathologischen Kategorien zugänglich zu sein schien. Mit dieser Operation der Abspaltung und Ausgrenzung reduzierte sich der Täterkreis ungemein, glückte die scheinbare Aufteilung der Vergangenheit in eine Sphäre des Verbrechens und eine der Normalität. Die festgenommenen und abgetauchten Gestapo-Angehörigen indes dürfte dieser Schuldspruch gegen ihre gesamte Institution deutlich mehr schockiert haben als das Todesurteil gegen ihren einstigen Chef Dr. Ernst Kaltenbrunner.[5] Denn sie ahnten nun, daß sie allesamt persönlich kriminalisiert werden würden. Aber auch die dem Hauptkriegsverbrecherprozeß folgenden Dachauer Exekutionsentscheide wegen Lynchjustiz an alliierten Flugzeugbesatzungen, die ebenfalls etliche Täter aus der Gestapo betrafen,[6] erschreckten sie. Und als die Amerikaner 1948 im Nürnberger Einsatzgruppen-Prozeß – dem Fall 9 der Nachfolgetribunale – gegen 14 von 24 angeklagten SS-Führern aus Gestapo und SD die Todesstrafe verhängten,[7] wußte endgültig jeder, daß die Alliierten Ernst machten.

In der Tat hatte das britisch-amerikanische Oberkommando bereits im Oktober 1944 den ‚Automatischen Arrest' für alle Bediensteten der Gestapo – man rechnete damals mit der viel zu niedrigen Zahl von 15000 Personen – verhängt.[8] Deren gezielte Verhaftung setzte dann unmittelbar mit der militärischen Besetzung Deutschlands ein und sollte primär die Bildung einer NS-Untergrundbewegung verhindern. Für die Gefangenen dauerte die Internierung in der Regel zwei bis drei Jahre. Abgesehen davon, daß sich diese Haft real als die schärfste Entnazifizierungsmaßnahme der Alliierten erweisen sollte, war sie insofern höchst erfolgreich, weil so eine Kerngruppe des NS-Regimes über längere Zeit hinweg aus dem Verkehr gezogen wurde. In den drei Westzonen kamen bis zum 1. Januar 1947 86244 von insgesamt 182713 Internierten wieder auf freien Fuß. Inhaftiert blieben vor allem formal schwer belastete Personen, darunter viele Angehörige der Gestapo, da die Überprüfungsausschüsse bzw. die deutschen Lagerspruchkammern vorrangig die Fälle der Mitläufer bearbeiteten. So waren in den Lagern der US-Zone am 28. Februar 1947 noch 1367 Gestapo-Bedienstete interniert.[9]

„Ein Schuldbewußtsein haben die wenigsten: Sie haben nichts verbrochen, nichts gewußt, aus Idealismus gehandelt, sie waren Kameraden – und die andern sind auch schlecht!", berichtete Eugen Kogon 1947 über die Darmstädter Internierten, unter denen sich damals auch 352 Bedienstete der Gestapo befanden. „Kaum ein Nationalsozialist wird in einem Internierungslager zum Demokraten. Die Haft wird meist als Rache und Vernichtungswille empfunden."[10] Und in einem Report über die Geisteshaltung der Festgesetzten in Neuengamme aus demselben Jahr heißt es: „Gestapo: depressiv, größte Angst ist die vor der Auslieferung an die Slawen, fühlen sich ungerecht, da kollektiv behandelt. [...] Fühlten sich als normale Staatsdiener, die aus der Organisation nicht herauskonnten. Distanzieren sich von allen kriminellen Aktionen."[11] In Neumünster wiederum hielt der dortige Lagerpfarrer fest: „Wichtig, daß aufs ganze genommen die Stapo das schlechteste Menschenmaterial stellt und solches, das auch jetzt durchaus nur nach Konjunktur geht."[12] Wenngleich sich die Gefangenen als Opfer der Sieger betrachteten und Verbitterung vorherrschte, erzwangen die Verhältnisse aber auch einen Anpassungsdruck. Denn wer in der neuen Zeit Fuß fassen wollte, der erlitt gleichzeitig einen allmählichen Verlust an politischer Identität. So blieb für die Insassen von Neuengamme 1947 die „Idee" des Nationalsozialismus als „deutscher Sozialismus" zwar positiv besetzt, 98 Prozent von ihnen sprachen sich jedoch gegen das Prinzip der Diktatur aus.[13] „Wer als Faschist ein Rückgrat gehabt hätte", so brachte Lutz Niethammer diesen opportunistischen Abkehrimpuls auf den Punkt, „hier wäre es gebrochen worden, weil der aufrechte Gang ins Aus geführt hätte und nur derjenige seine privilegierte Stelle behalten oder wiedererlangen konnte, der zu Kreuze kroch."[14]

Ein biographisches Beispiel mag als Pars pro toto für diese Umbruchssituation stehen: Reinhard Breder, geboren 1911, Jurist mit großem Staatsexamen und SS-Mitglied seit Studientagen, war Anfang 1940 zur Gestapo gestoßen und Ende 1941 zum stellvertretenden Chef der Stapo-Leitstelle Düsseldorf ernannt worden. Ein Jahr später versetzte man ihn zur „Ostbewährung" nach Weißrußland. Dort war er zunächst stellvertretender Kommandeur der Sicherheitspolizei und des SD (KdS) in Minsk, anschließend Chef des Einsatzkommandos (EK) 2. Im Herbst 1943 avancierte Breder – mittlerweile Regierungsrat und Sturmbannführer – dann zum Leiter der Stapo-Stelle Frankfurt/Main als jüngster Chef einer derartigen Institution im Deutschen Reich.[15] Kurz vor Kriegsende noch zum KdS Hessen ernannt, setzte er sich mit seinen Männern Ende

März 1945 Richtung Norddeutschland ab, da er „die Engländer als manierlicher einschätzte als die Amerikaner und besonders die Russen". In der Stapo-Stelle Hannover nahm er einen Stapel Blanko-Personalausweise sowie einen Stempel an sich und verteilte sie an seine Leute, verbot ihnen jedoch, sie sofort zu beschriften: „Sie sollten sie nur in Reserve nehmen und später ausfüllen, so daß einer nicht den Namen des anderen wußte."[16] Anschließend vertauschte Breder die Uniform mit Zivil, entwendete einen Pkw, nahm eine neue Identität als angeblicher Studienassessor Richard Buder an und schlug sich seitdem als „Illegaler" durch. Das Kriegsende erlebte er in einem Pfarrhaus in der Lüneburger Heide, das auch von britischen Soldaten belegt war. Nach dem Wegätzen der SS-Blutgruppen-Tätowierung folgte ein fast einjähriges Herumirren im norddeutschen Raum, ehe Breder dann im März 1946 in Gießen von den Amerikanern festgenommen wurde. Es folgte Haft in Dachau und Nürnberg bis Dezember 1947, danach Internierung in den Lagern Ludwigsburg und Darmstadt, ehe eine Spruchkammer ihn im April 1949 in die Gruppe der Belasteten einreihte. Da diese Entscheidung 1953 bestätigt wurde, war Breder damit der Weg in den angestrebten Rechtsanwaltsberuf versperrt.[17]

Kollektive Verantwortungsflucht durch Abtauchen in den Untergrund war 1945 ein Massenphänomen. Es dürften einige Zehntausend – darunter viele Gestapo-Angehörige – gewesen sein, die damals diesen Weg wählten.[18] Im Gewirr umherirrender Flüchtlinge, Ausgebombter, Displaced Persons und zurückströmender Soldaten war es recht einfach, mit einer erfundenen Lebensgeschichte neu anzufangen. Dies galt ebenso für Orte, wo niemand um einen wußte, wie für solche, wo man selbst die richtigen Leute kannte. Gefälschte Kennkarten waren auf dem Schwarzmarkt leicht zu erwerben, falls man nicht wie Breder und viele andere Gestapo-Bedienstete ohnehin über ‚echte' falsche Papiere verfügte. Und der Jargon der Nachkriegszeit hielt für Existenzen dieser Art mit Bezeichnungen wie „Braun-Schweiger", „Schwarzbürger" oder „U-Boot" geradezu liebevolle Euphemismen bereit.[19] Einer von ihnen gab 1950 der Illustrierten „Quick" ein Interview: „Wissen Sie übrigens, daß seit etwa 1947 kaum noch ein illegaler Nazi von Zivilpersonen denunziert wurde? Dabei haben wir 20000 Illegale in Deutschland – außer unseren Angehörigen – noch etwa eine halbe Million Mitwisser, die schweigen. Ist das nicht ein demokratischer Volksentscheid gegen das Entnazifizierungsgesetz?"[20]

Von diesem Glauben waren offenbar auch nicht wenige hohe Gestapo-Funktionäre beseelt, die 1945 abtauchten und erfolgreich alle Brücken hinter sich abbrachen. Dr. Hans Fischer, zuletzt Befehlshaber der Sicherheitspolizei und des SD (BdS) in Berlin, wurde nie mehr gesehen, ebenso Dr. Hans Ulrich Geschke, BdS in Ungarn, Wilhelm Bock, zuletzt Chef der Stapo-Leitstelle Berlin, oder Hans Gerhard Schindhelm, einst Führer des EK 8 und Leiter IV beim BdS Krakau.[21] Anton Burger aus Eichmanns Judenreferat lebte 46 Jahre unter falschem Namen in der Bundesrepublik und starb unerkannt 1991.[22] Franz

Sommer, einst Chef der Stapo-Leitstelle Düsseldorf und des EK 2/VI in Polen, verschied 1980 in seiner Heimatstadt, ohne aufgefallen zu sein; zwei Jahrzehnte lang hatten sich die Staatsanwaltschaften mit der Standardauskunft zufriedengegeben, daß er in Düsseldorf nicht gemeldet sei.[23] Erst nach dem Tod wurde auch die wahre Identität von Oswald Poche, Breders Vorgänger als Leiter der Stapo-Stelle Frankfurt/Main, und von Kurt Stawizki, als Gestapo-Chef beim KdS Lemberg verantwortlich für die Judenvernichtung in Ostgalizien, aufgedeckt.[24] Und es besitzt hohe Wahrscheinlichkeit, daß auch mancher Selbstmord nur vorgetäuscht war, um erfolgreich abtauchen zu können. So wurde etwa die im Mai 1945 aufgefundene Leiche von Dr. Karl Pütz, letzter BdS Südwest und zuvor als KdS in Wolhynien und Lublin zutiefst in die Shoah verwikkelt, lediglich durch dessen Chauffeur identifiziert.[25]

Allerdings folgten auch etliche führende Gestapo-Funktionäre ihrem Dienstherrn Heinrich Himmler freiwillig in den Tod.[26] Selbstmord unmittelbar nach Kriegsende begingen etwa: Dr. Max Thomas, einst Chef der Einsatzgruppe (EG) C und BdS Ukraine, Walter Bierkamp, ehemaliger Chef der EG D und BdS im Generalgouvernement, Karl-Heinz Stoßberg, Chef der Stapo-Leitstelle Posen und letzter BdS Frankreich, Heinz Seetzen, BdS Minsk und Chef der EG B, Heinrich Fehlis, BdS Norwegen, Dr. Max Großkopf, KdS Krakau, Karl-Heinz Rux, KdS im slowenischen Veldes, Rolf Günther, der stellvertretende Leiter des Judenreferats im RSHA, sowie Theodor Dannecker, Eichmanns Deportationsspezialist.[27] Aber auch in Haft sollten noch viele den Freitod wählen. So erhängte sich Friedrich Mußgay, der letzte Leiter der Stapo-Stelle Stuttgart, 1946 in seiner Zelle.[28] Friedrich Panzinger, einst BdS Ostland und letzter Amtschef V im RSHA, schluckte Gift bei seiner Festnahme 1959.[29] Im selben Jahr nahm sich auch Karl Jäger, als KdS Kauen für die Vernichtung der litauischen Juden verantwortlich, in der Untersuchungshaft das Leben.[30] Ein Jahr später tat es ihm August Meier, einstmals Chef des EK 5 in der Ukraine und KdS Limoges, gleich.[31] 1961 beging ein weiterer bis dahin „Illegaler" in U-Haft Selbstmord: Rudolf Batz, einst Leiter der Stapo-Stelle Hannover, Chef des EK 2 in Lettland und als Nachfolger Großkopfs KdS Krakau.[32] Und auch später noch blieb Suizid ein probater Ausweg. Dr. Herbert Zimmermann, ehedem Leiter der Stapo-Stelle Bremen, KdS Białystok und Westmark, schied 1965 freiwillig aus dem Leben, als ihm der Prozeß wegen der Shoah in Nordostpolen drohte.[33] Dr. Ernst Ehlers, Beauftragter Heydrichs in Belgien und Nordfrankreich, legte noch 1980 Hand an sich, als endlich der Prozeß wegen der von ihm verantworteten Deportationen nach Auschwitz anstand.[34]

4709 Deutsche fanden in Strafverfahren westalliierter Militärgerichte ihr Urteil, davon 668 von ihnen das zum Tode.[35] Etwa 6000 Belastete wurden zudem von den Westmächten an Drittstaaten ausgeliefert, davon etwa die Hälfte an solche des sich herausbildenden Ostblocks, vor allem an Polen.[36] Dabei kam es insbesondere in Jugoslawien zu einer Fülle von Hinrichtungen. Dort traf es

Dr. Wilhelm Fuchs, der 1941 die EG ins Land geführt hatte und letzter BdS Ostland gewesen war, Ludwig Teichmann, Erich Roth und den ehemaligen Tübinger Oberbürgermeister Dr. Ernst Weinmann, die allesamt zum Führungspersonal des BdS Belgrad gehört hatten, oder Josef Vogt, einst Rux' Vorgänger als KdS Veldes.[37] Allerdings gingen derartige Auslieferungen im Zeichen des sich verschärfenden Kalten Krieges zahlenmäßig immer mehr zurück, ehe das Grundgesetz der Bundesrepublik dieser Praxis endgültig einen Riegel vorschob.

Die wachsenden Ost-West-Spannungen führten jedoch auch dazu, daß ehemalige Gestapo-Angehörige für die westlichen Geheimdienste interessant wurden. Klaus Barbie, einst Leiter IV beim KdS Lyon, ist dafür sicher das bekannteste Beispiel,[38] doch er war längst nicht der einzige. Dr. Friedrich Buchardt, Chef des EK 9 in Weißrußland und Baltikum-Experte, arbeitete gleichermaßen für die Engländer und die USA.[39] Karl Tschierschky, 1941/42 stellvertretender Chef der EG A, war seit 1946 für den Geheimdienst Großbritanniens tätig.[40] Aber auch die dem CIA unterstehende Organisation Gehlen, aus der 1956 der Bundesnachrichtendienst (BND) entstand, griff auf RSHA-Personal zurück.[41] Walter Kurreck, 1943–1945 Leiter des Sonderreferats „Zeppelin“ im Amt VI, das Spionage und Sabotage hinter den sowjetischen Linien organisierte, brachte seine Verbindungen 1949 dort ein.[42] Dr. Rudolf Oebsger-Röder, 1939 in Bromberg, 1941/42 bei der EG A und 1944 als KdS im ungarischen Klausenburg dreimal in Massenmord verwickelt, ließ sich in Djakarta für die Organisation Gehlen anwerben, und auch Dr. Erich Hengelhaupt, Chef der Rußland-Referate im Amt VI und mittlerweile in der Schweiz beheimatet, stellte sich ihr zur Verfügung.[43] Friedrich Schmidt wiederum, Leiter des Sonderkommandos (SK) 4a in der Ukraine und der Stapo-Stelle Kiel, stand gleichfalls unter BND-Schutz, obwohl er wegen der Ermordung westalliierter Fliegeroffiziere gesucht wurde, die aus der Kriegsgefangenschaft geflohen waren.[44] Aber man mußte dort auch schmerzhaft erkennen, daß die sowjetische Gegenseite gleichfalls RSHA-Personal rekrutiert hatte. Denn der 1961 festgenommene Heinz Felfe, einst als SS-Obersturmführer im Amt VI für die Schweiz zuständig, dann für das britische MI 6 tätig und nunmehr Leiter der Abteilung Gegenspionage UdSSR im BND, erwies sich als Agent des KGB.[45]

Wer nicht auf die Haltbarkeit gefälschter Papiere vertraute, der versuchte über die berüchtigten „Rattenlinien“ nach Südamerika, nach Spanien oder in den Nahen Osten zu entkommen, wobei er sich auf die Unterstützung durch Organisationen wie die „Stille Hilfe“ verlassen konnte.[46] Längst nicht nur Adolf Eichmann gelangte auf diesem Weg ins Exil; auch dessen Deportationsexperte Alois Brunner schlüpfte so in Syrien unter.[47] Walther Rauff, der Konstrukteur der Gaswagen im RSHA, fand in Chile den Schutz so unterschiedlicher Staatschefs wie Allende und Pinochet.[48] Dr. Joachim Deumling, Polen-Referent im RSHA und Chef des EK im kroatischen Esseg, baute den ägyptischen Nachrichtendienst unter Nasser auf.[49] Dr. Erich Müller, Leiter des EK 12 im Kaukasus, setzte sich nach Argentinien ab. Obwohl sogar seine Adresse bekannt war, wurde das Ermittlungsverfahren gegen ihn 1971 eingestellt.[50] Dr. Rudolf Mildner wiederum, Chef der Stapo-Stelle Kattowitz und zuletzt KdS Wien, tauchte spurlos im Ausland unter, nachdem er 1949 aus der Haft entlassen worden war.[51]

Wer jedoch im Land bleiben wollte, nicht illegal abgetaucht war und wegen der Internierung dem nicht ausweichen konnte, auf den kam das Entnazifizierungsverfahren zu. Allerdings erwies sich dieser ehrgeizige, zunächst von den Besatzungsbehörden selbst begonnene und dann den Deutschen übertragene Versuch, alle NS-Belasteten zu überprüfen und notfalls zu bestrafen, bald schon als „Mitläuferfabrik".[52] Denn allein durch den schieren Umfang der Aufgabe erstickte der politische Säuberungswille bald schon in der Masse der Bagatellfälle und in der Flut bereitwillig ausgestellter „Persilscheine". Das Geflecht kollegialer, sozialer und familiärer Verpflichtungen und Rücksichtnahmen ebnete Schuld ein und schützte auch überzeugte Nationalsozialisten, da die Spruchkammern in der Regel fast allen Betroffenen das vielbeschworene Recht auf den politischen Irrtum zubilligten. Zudem zogen sie aus Gründen der Praktikabilität die ‚leichten' Fälle vor und stellten die ‚schweren' zurück. Davon profitierten viele Gestapo-Angehörige, da sie so niedrige Einstufungen erhielten oder aber wegen des Abbruchs der Entnazifizierung gar nicht mehr zur Verhandlung kamen. Bis April 1948 fällten in der US-Zone Spruchkammern über 562 von ihnen das Urteil. Demnach wurden 70 in die Gruppe der Hauptschuldigen eingestuft, 144 in die der Belasteten und 207 in die der Minderbelasteten.[53] In der Britischen Zone erhielten bis zum 31. Oktober 1949 1988 Angehörige der Gestapo einen Schuldspruch; dies waren 72 Prozent aller von Spruchgerichtsverfahren betroffenen Personen dieser Kategorie. Damit lag die Verurteilungsquote bei dieser Gruppe dort am höchsten. 62 Prozent von ihnen erhielten Gefängnisstrafen, 36 Prozent Geldstrafen. Die 63 zu Haft verurteilten höheren Gestapo-Führer bekamen eine Freiheitsstrafe von durchschnittlich einem Jahr und sieben Monaten zugesprochen, die jedoch fast immer bereits durch die Internierung verbüßt war.[54] „Gestapo-Beamter, tätig in Polen von 1939 bis 1945: 30 Monate Haft, Anrechnung der 26 Monate Internierung", lauteten etwa die Schuldsprüche. Oder: „Gestapo-Funktionär, an Mißhandlungen politischer Gefangener persönlich beteiligt: 18 Monate Gefängnis."[55] Die Entnazifizierung verwandelte sich so in eine Rehabilitierungsmaschinerie für Nationalsozialisten.

Zudem brachte die Berufungspraxis häufig eine Herabsetzung der Strafen, wurden Belastete damit nur mehr als Mitläufer oder Entlastete eingestuft. Ein drastisches Beispiel dafür bietet das Entnazifizierungsverfahren von Franz Josef Huber, dem langjährigen Chef der Stapo-Leitstelle Wien und Inspekteur der Sicherheitspolizei und des SD im Wehrkreis XVII, verantwortlich für die

Deportationen aus der Metropole der „Ostmark". Anfang 1949 wurde er zunächst in die Gruppe der Minderbelasteten eingereiht und geradezu weißgewaschen: „Der Betroffene [ist] nicht zu jenem Personenkreis zu zählen, [...] der verbrecherisch gegen die Menschlichkeit handelte. Die [...] Beweismittel lassen eindeutig erkennen, daß er sich nicht als Stütze der NS-Gewaltherrschaft betätigte, daß er im Gegenteil im Rahmen seines Dienstbereiches sich sachlich und korrekt verhielt, viele Menschen, die er eigentlich zu verfolgen hatte, in Schutz nahm, selbst Anordnungen übergeordneter Stellen, die gegen die Menschlichkeit verstießen, sabotierte und entgegengesetzte Anordnungen erließ; er hat zweifellos viel Unheil abgewendet."[56] Einen Monat später legte der Generalkläger beim Kassationshof in München Berufung ein. Österreich erließ einen Haftbefehl und stellte einen Auslieferungsantrag. Diesmal wurde Huber als Hauptschuldiger klassifiziert und in Abwesenheit zu fünf Jahren Arbeitslager verurteilt. Er blieb untergetaucht und wartete die Aufhebung des Haftbefehls 1954 ab. Ein Jahr später wurde der Spruch der Berufungskammer gegen ihn revidiert: „Die Kammer kam zu der Überzeugung, daß diese glänzende Karriere nicht durch Zugehörigkeit zur Partei, sondern durch das fachliche Können des Betroffenen in erster Linie bedingt war."[57] Bald darauf verschwand Huber unabgemeldet aus München. Alle weiteren Recherchen blieben erfolglos. Sein Todesdatum ist unbekannt.[58]

Parallel zum versandenden Säuberungswillen und zum sich zuspitzenden Kalten Krieg verschob sich die öffentliche Meinung immer mehr in Richtung Schlußstrich und Generalamnestie. 1946 hatten noch 78 Prozent der Bevölkerung die Nürnberger Urteile als gerecht empfunden und 80 Prozent der Befragten das Verfahren für fair gehalten.[59] 1951 aber äußerten nur noch 10 Prozent Zustimmung.[60] „Siegerjustiz" lautete nunmehr der zentrale Vorwurf gegen die Maßnahmen der Alliierten. Die zunächst betonte Differenzierung zwischen den verschiedenen Kategorien der NS-Verbrechen verschwand zusehends hinter der Forderung nach einer Totalrevision. „Man kann jeder deutschen Scheußlichkeit eine englische, französische, amerikanische oder russische entgegenhalten", schrieb 1949 etwa Bischof Theophil Wurm,[61] der ebenso wie seine evangelischen Amtsbrüder Meiser und Dibelius oder wie die Kardinäle Frings und Faulhaber auf katholischer Seite zu den Wortführern der Gnadenlobby gehörte.[62] Gemeinsam schufen sie einen Solidarisierungseffekt mit den Internierten und „Kriegsverurteilten", wie er mit keiner anderen Gruppe von Geschädigten in diesem Maße existierte – weder mit den Flüchtlingen noch mit den ehemaligen KZ-Häftlingen, nicht mit den Displaced Persons und nicht mit den jüdischen Überlebenden.

Zugleich fand eine Metamorphose des Antisemitismus statt. Er verlor seine Funktion als Staatsdoktrin, lebte aber als diffuses, offiziell unterdrücktes Vorurteil weiter. „Nur wenige verteidigen die Art und Weise, wie Juden behandelt wurden, aber die meisten meinen, daß es gut war, die Macht der Juden zu brechen", stellte ein Report der US-Militärregierung im November 1945 fest.[63] Eine Antisemitismusumfrage vom Dezember 1946 bestätigte das massenhafte Fortleben antijüdischer Ressentiments. Nur 20 Prozent der Bevölkerung der US-Zone erwies sich demnach als wenig vorurteilsbehaftet, jedoch 19 Prozent als Nationalisten, 22 Prozent als Rassisten, 21 Prozent als Antisemiten und 18 Prozent als radikale Antisemiten.[64] Eine US-Denkschrift im Sommer 1947 hielt fest, daß die Mehrheit der Deutschen den Nationalsozialismus für eine gute Idee halte, die jedoch schlecht realisiert worden sei, daß der Antisemitismus in den zwei Jahren seit Kriegsende noch zugenommen habe und daß die Politiker der neuen Parteien nur sehr zögerlich mit diesem Problem umgingen, da dessen fehlende Popularität Wählerstimmen koste und keine bringe.[65] Es war eine zutiefst vom Dritten Reich vergiftete Gesellschaft, die da in die Demokratie entlassen werden sollte. Symptomatisch für den Umgang mit der Freiheit war ein Vorgang in Stadtoldenburg im Herbst 1951: Der dortige Stadtrat ließ – initiiert vom SPD-Bürgermeister und vom lokalen CDU-Vorsitzenden – sämtliche Entnazifizierungsakten als Geste der „Versöhnung" verbrennen.[66]

Die Bundesrepublik: Integration und Strafverfolgung

Konrad Adenauer, der erste Kanzler der Bundesrepublik, steckte damit in einem Dilemma. Einerseits machte er sich keine Illusionen über die politischen und mentalen Dispositionen der Deutschen, auch wenn er darüber in der Öffentlichkeit wenig verlauten ließ. In Privatbriefen wurde er jedoch deutlicher: „Das deutsche Volk [ist] auf die nationalsozialistische Agitation eingegangen. Es hat sich fast widerstandslos, ja zum Teil mit Begeisterung [...] gleichschalten lassen."[67] Andererseits wußte er, daß er diese höchst kompromittierte Gesellschaft brauchte, um eine stabile Demokratie aufzubauen. Denn wenn auch die neue politische Herrschaftsordnung mit Blick auf das Ende von Weimar weder plebiszitär noch präsidentiell, sondern parlamentarisch-repräsentativ zugeschnitten wurde, verlangte sie doch Mehrheiten, um die Zukunft gestalten zu können. Demokratische Politiker hatten also bei Wahlen den gewaltigen Block von Stimmberechtigten in Rechnung zu stellen, der bis zum bitteren Ende für den Nationalsozialismus gekämpft hatte. Und da sie wußten, daß es unpopulär war, die Verstrickung in die NS-Vergangenheit zu thematisieren, war die Versuchung groß, diese einfach auszusparen. Denn Schweigen gewann Wähler. Für Adenauer, dem dieses Dilemma stets bewußt war, hatte die moralische und strategische Integration in den Westen Priorität. Gerade sie bedeutete für ihn Vergangenheitsbewältigung, war sie doch Bollwerk gegen eine Wiederkehr des Nationalsozialismus, aber auch gegen die sowjetische Bedrohung. Die Einbindung von Deutschen, die sich auf braunen Abwegen befunden hatten, in eine derartige Nachkriegsdemokratie besaß darum für ihn Vorrang vor Erinnerung und Gerechtigkeit. Und um dieses Ziel zu erreichen, mußte er die Wähler dort abholen, wo sie sich gerade befanden.[68]

In Adenauers erster Regierungserklärung im September 1949 war weder von Auschwitz noch von Treblinka die Rede, fiel kein Wort über Schuld oder Scham der Deutschen. Die Verbrechen an den Juden zu einem innenpolitischen Topos ersten Ranges zu machen war im Hinblick auf das Wählerpotential nicht angebracht.[69] Denn angesichts der politischen Mentalität eines Großteils der Bevölkerung und des Potentials einer nationalsozialistischen Gegenelite gestaltete sich die Ausgangslage für die westdeutsche Demokratie ausgesprochen schwierig. Man kehrte zum Status quo ante zurück, allerdings mit einer demokratischen Verfassung, einer klaren Westorientierung, einem noch klareren antisowjetischen Feindbild und einer eingeschränkten Souveränität. Integration hieß nunmehr das Schlüsselwort der Regierungspolitik. Amnesie und Amnestie vereinten sich im Gleichklang. Zu Silvester 1949 wurden diejenigen Vergehen vor dem 15. September 1949 straffrei gestellt, die mit Gefängnis bis zu sechs Monaten bestraft werden konnten und während des Zusammenbruchs begangen worden waren. Eine weitere Amnestie von 1954 betraf Taten zwischen Oktober 1944 und Juli 1945, die „in der Annahme einer Amts-, Dienst- oder Rechtspflicht, insbesondere eines Befehls" ausgeführt worden waren und eine Freiheitsstrafe von bis zu drei Jahren nach sich zogen. Beide Amnestiegesetze versprachen auch den „Illegalen" für den Fall des Wiederauftauchens Straffreiheit, unabhängig von der Höhe einer zu erwartenden Strafe. Unterm Strich nutzten rund 1300 Träger falscher Namen – darunter etliche Gestapo-Angehörige – die zweimalige Chance, in ihre frühere Identität zurückzukehren. Sie profitierten doppelt: Für ihr Verschwinden gingen sie straffrei aus, und die Entnazifizierung hatten sie sich zudem faktisch erspart. Denn Ende 1950 empfahl der Bundestag auch deren baldiges Ende einschließlich aller beamtenrechtlichen Konsequenzen.[70]

Das am 11. Mai 1951 in Kraft getretene „131er-Gesetz" rehabilitierte und versorgte all jene Angehörigen des öffentlichen Dienstes, die nach dem 8. Mai 1945 „ausgeschieden sind und bisher nicht oder nicht ihrer früheren Stellung entsprechend verwendet werden". Es begründete eine Unterbringungspflicht für diese Gruppe, schloß jedoch die ehemaligen Gestapo-Beamten davon aus. Allerdings öffnete das Gesetz auch eine Hintertür für all jene unter ihnen, die nachweisen konnten – oder dies wenigstens behaupteten –, daß sie „von Amts wegen" dorthin versetzt worden waren.[71] Mit diesem Integrationsangebot stand also auch einstigen Gestapo-Angehörigen der Weg zur Wiedereinstellung offen, erhielten sie Pensionen und Übergangsgelder. Zuvor hatten Mitglieder „verbrecherischer Organisationen" nur dann zurück in den Polizeidienst treten können, wenn sie in der Entnazifizierung deren Kategorie V erhalten hatten oder aber durch Täuschung dorthin gelangt waren.[72] Zudem ging manches Bundesland weit über die Bestimmungen des „131er-Gesetzes" hinaus. Obwohl dort lediglich die Wiederbeschäftigung von etwa 20 Prozent der Bediensteten aus der NS-Zeit im öffentlichen Dienst vorgesehen war, rühmte sich etwa der schleswig-holsteinische Ministerpräsident Kai-Uwe von Hassel 1956, jetzt bereits mit 50 Prozent wesentlich mehr Personen wieder eingestellt zu haben, als gesetzlich vorgesehen sei.[73] Und die einstigen Gestapo-Angehörigen in Baden waren damals zu 29 Prozent im öffentlichen Dienst, davon zwei Drittel als Polizeibeamte, beschäftigt, während 25 Prozent von ihnen in den Genuß der „131er“-Versorgung kamen.[74]

Inwieweit das „131er-Gesetz“ eine Renazifizierung der westdeutschen Polizei mit sich brachte, ist indes noch nicht wirklich erforscht, da bisher nur punktuelle Befunde vorliegen. So waren im Landeskriminalamt (LKA) Nordrhein-Westfalen 1955 gleich fünf frühere Gestapo-Angehörige als Kriminalbeamte beschäftigt – immerhin neun Prozent aller Vollzugsbeamten. Bei der Polizei dieses Bundeslandes wurden allein 1956/57 33 einstige Gestapo-Bedienstete wieder eingestellt.[75] Unter den Neuen befanden sich längst nicht nur rangniedrige Chargen. So amtierte Dr. Rudolf Braschwitz, 1933/34 Kommissar im Gestapa, 1955 als Kriminalhauptkommissar in Dortmund. Kurt Geissler, gleichfalls im Gestapa und später im RSHA aktiv, wirkte 1960 als Kriminalkommissar in Köln.[76] Hellmuth Retzek, ehedem stellvertretender KdS Toulouse und Bordeaux, befehligte nun die Wasserschutzpolizei in Duisburg.[77] So konnte es passieren, daß in den 1960er Jahren Kriminalbeamte Kollegen von einst wegen NS-Verbrechen festnahmen wie bei der Verhaftung von Lothar Heimbach, dem Gestapo-Chef des KdS Białystok. Denn die Handschellen legte ihm Kriminalkommissar Theodor Lipps an, und der hatte ebenso wie Heimbach einst zur EG D gehört.[78] Eugen Selber wiederum, der langjährige Judenreferent der Stapo-Außenstelle Freiburg, war ausgerechnet am dortigen Entschädigungsgericht tätig, also jener Behörde, die die Wiedergutmachungsansprüche der Opfer des NS-Regimes regeln sollte, ehe er mit der Polizeiregistratur des Regierungspräsidiums Südbaden betraut wurde.[79] Angesichts dieser Reintegration in die westdeutsche Polizei verwundert es kaum, daß immerhin 10 Prozent der in NS-Prozessen als Mörder und Mordgehilfen Verurteilten Polizisten des neuen Staates waren.[80] Andererseits bleibt festzuhalten, daß die einstige Chefebene der Gestapo dort keinerlei Chance auf Wiedereinstellung besaß. So bemühte sich Ingo Eichmann, ehedem Leiter der Stapo-Stelle Kiel, vergebens darum in Hamburg.[81]

Auch die Spitze des Bundeskriminalamtes bestand damals aus Kripo-Beamten, die bereits im RSHA-Amt V und vielfach in den EG tätig gewesen waren.[82] Der stellvertretende Leiter der Sicherungsgruppe Bonn, Kriminalrat Theo Saevecke, hatte als Offizier des EK Tunis Juden malträtiert und in Mailand Geiselerschießungen befohlen.[83] Bei seiner Festnahme 1959 war Georg Heuser, einst Gestapo-Chef in Minsk, immerhin Leiter des LKA Rheinland-Pfalz.[84] Im selben Jahr trat Kurt Zillmann, 1939 Adjutant der EG z. b. V. in Polen und Kriminalrat im RSHA, an die Spitze des Landeskriminalpolizeiamtes Schleswig-Holstein.[85] Johannes Müller, der frühere KdS Lublin, hatte bis zu seiner Pensionierung 1954 bereits den Aufstieg zum stellvertretenden Chef des LKA Hessen geschafft und mehrere seiner ehemaligen Kommissare in die neue Institution nachgezogen.[86] Walter Zirpins avancierte zum Leiter des LKA Niedersachsen, obwohl die Regierung bereits bei seiner Einstellung über dessen Aktivitäten als Chef der Kripo Litzmannstadt informiert gewesen war.[87] Im selben Hause amtierte Kriminalrat Kurt Ziehe, einst Angehöriger der EG D, ausgerechnet als Leiter der Abteilung Staatsschutz.[88] Das Bundesamt für Verfassungsschutz stand da nicht zurück. Als Innenminister Hermann Höcherl 1963 bekannte, daß dessen Mitarbeiter „nicht den ganzen Tag mit dem Grundgesetz unterm Arm" herumlaufen könnten,[89] antwortete ihm der „Zeit"-Journalist Theo Sommer treffend: „Unter diesen Verfassungsschützern aber sind Leute, die den ganzen Tag zwar nicht mit dem Grundgesetz, wohl aber mit der SS-Blutgruppen-Tätowierung unterm Arm umherlaufen."[90] In der Tat ergab eine Untersuchung, daß 16 Bedienstete des Bundesamtes eine Gestapo- oder SD-Vergangenheit aufwiesen.[91] Zu ihnen gehörte Johann Strübing, der als Kommissar in der RSHA-Abteilung IV A 2 zu den Folterknechten der Widerstandsgruppe „Rote Kapelle" gehört hatte. Oder Erich Wenger, der als Kriminalrat 1944 ein Kommando zur Bekämpfung der französischen Résistance geführt hatte.[92]

Ein weiteres Integrationssignal löste der im Sommer 1950 ausgebrochene Koreakrieg aus. Denn dieser Konflikt, der als „Vater aller Dinge"[93] für die weitere Entwicklung der Bundesrepublik wirken sollte, setzte endgültig eine deutsche Wiederbewaffnung auf die Tagesordnung der internationalen Politik. Die US-Regierung, präzise über die ständig fallenden Umfragewerte zu den Nürnberger Prozessen informiert,[94] ließ nunmehr deren Urteile überprüfen. Hochkommissar John McCloy, bei dem die letzte Entscheidung lag, sprach am 31. Januar 1951 weitgehende Strafminderungen und Begnadigungen aus, bestätigte aber auch die Hinrichtung der vier EG- bzw. EK-Führer Otto Ohlendorf, Erich Naumann, Paul Blobel und Dr. Werner Braune, die am 7. und 8. Juni dieses Jahres in Landsberg am Lech vollzogen wurde.[95] Welche Aggressionen das in Westdeutschland grassierende „Gnadenfieber"[96] damals auslöste, zeigte sich am 7. Januar 1951 vor dem dortigen US-Kriegsverbrechergefängnis: Da Gerüchte von bevorstehenden Exekutionen die Runde machten, versammelten sich spontan 3000 Personen zu einer Kundgebung, auf der sich Redner aller Parteien entschieden dagegen wandten. Als sich eine Gruppe meist jüdischer Displaced Persons aus einem nahegelegenen Lager mit dem Ruf „Nieder mit den Mördern!" einmischte, lautete die Antwort der Landsberger: „Juden raus!"[97] Mit Dr. Martin Sandberger, Ernst Biberstein und Adolf Ott verließen im Mai 1958 die letzten im Nürnberger Einsatzgruppen-Prozeß Verurteilten die Haftanstalt. Sie und die übrigen Begnadigten waren künftig nicht mehr zu belangen. Denn der 1955 abgeschlossene Überleitungsvertrag band die Bundesrepublik an die Entscheidungen in alliierten Strafverfahren gegen NS-Täter. Auch dann, wenn neue Tatsachen bekannt wurden, die es möglich machten, einen Schuldbeweis zu erbringen, war es ausgeschlossen, einen Prozeß in Gang zu setzen.[98]

Da das „131er-Gesetz" die Inkorporation der einstigen Funktionsträger des NS-Staates gebot, war es nur konsequent, daß die Bundesländer die Auffassung vertraten, während des Dritten Reiches begangene Untaten seien nicht systematisch zu verfolgen. Obwohl die westdeutschen Gerichte seit 1950 nicht nur bei NS-Verbrechen gegen Deutsche und Staatenlose, sondern auch gegen Angehörige der alliierten Nationen Recht sprechen durften, ging die Zahl der rechtskräftigen Urteile auf diesem Feld ständig zurück. Hatte das Jahr 1948 mit 1819 verurteilten Personen den Höchststand der Nachkriegszeit markiert, wobei es sich allerdings meist um minderschwere Delikte handelte, so waren es 1950 gerade noch 809 Personen, wonach in den Jahren 1955 und 1958 die Anzahl auf einen Tiefststand von je 21 fiel.[99] Zwar entsprach die Situation dem herrschenden Zeitgeist, war allerdings nicht ausschließlich diesem geschuldet. Denn 1950 war die Verfolgungsverjährung aller Verbrechen, die mit einer Höchststrafe von fünf Jahren Freiheitsentzug bedroht waren, wirksam geworden. Zudem ging die Zahl der Anzeigen, die in den unmittelbaren Nachkriegsjahren meistens für die Initiierung von Strafverfahren gesorgt hatten, erheblich zurück, da viele NS-Opfer mittlerweile emigriert waren. Außerdem sahen die Staatsanwaltschaften bei Tatorten außerhalb ihres regionalen Zuständigkeitsbereichs – und dies waren beispielsweise alle im Osten – keinen Anlaß, von Amts wegen tätig zu werden. Denn Anhaltspunkte dafür, daß sich die zumeist noch nicht einmal namentlich bekannten Täter ausgerechnet in ihrem Bezirk aufhielten, lagen nicht vor.[100]

Allerdings wäre es verfehlt, dies alles unter dem Oberbegriff der „Restauration" zu verbuchen. Zwar hatten großzügige Amnestien und eine weit gefaßte Integrationsgesetzgebung unter der Maßgabe einer normativen Pauschaldistanzierung vom Nationalsozialismus und seinen Verbrechen die säuberungspolitischen Sanktionen aus den ersten Nachkriegsjahren wieder zurückgenommen, doch die Toleranz hatte auch ihre Grenzen. Dies galt zunächst einmal für die politische Führungsschicht des Dritten Reiches, die – im Unterschied zu allen anderen Funktionseliten – in der Bundesrepublik keine Zukunft hatte. Denn keiner, der an Hitlers Seite ein auch nur halbwegs wichtiges Amt innegehabt hatte, konnte nunmehr erneut ein solches erringen. Insofern ist die oft unterstellte Annahme einer simplen Kontinuität der Eliten ein Fehlschluß.[101] Zudem machte das Verbot der Sozialistischen Reichspartei 1952 deutlich, daß die Bundesrepublik keine Renaissance des Nationalsozialismus dulden würde.[102] Dasselbe galt für die Festnahme des „Gauleiter-Kreises" um Goebbels' Staatssekretär Dr. Werner Naumann und den Hamburger Ex-Parteichef Karl Kaufmann durch die Briten ein Jahr später; auch darin demonstrierten die Besatzungsmacht und der rechtzeitig unterrichtete Adenauer ihren Willen, gegen

NS-Zusammenschlüsse im Untergrund mit aller Härte vorzugehen.[103] Und bei Sachthemen, bei denen der Kanzler genau wußte, daß er weder eine gesellschaftliche Mehrheit noch eine Majorität in der eigenen Regierungskoalition besaß, bei einer Nichtrealisierung aber die Politikfähigkeit und Reputation der Bundesrepublik gefährdet schien, scheute er nicht davor zurück, auch mit den Stimmen der Opposition seine Ziele durchzusetzen – so geschehen bei der Ratifizierung des Luxemburger „Wiedergutmachungs"-Abkommens mit Israel 1953.[104]

Gleichwohl waren die 1950er Jahre die große Zeit der zweiten Chance für einstige Gestapo-Angehörige. Wer ein angepaßtes Leben führte, die demokratische Republik jedenfalls öffentlich bejahte und auf neonationalsozialistische Betätigung verzichtete, der fand sein Auskommen und hatte kaum etwas zu befürchten. So beschäftigte das Auswärtige Amt 1950 immerhin 17 frühere SD- und Gestapo-Mitarbeiter.[105] Eugen Steimle, einstiger Führer des SK 7a und im Nürnberger Einsatzgruppen-Prozeß zum Tode verurteilt, unterrichtete nach seiner Begnadigung an einem evangelischen Gymnasium in Württemberg,[106] sein Nachfolger Helmut Looss an einer staatlichen Schule in Bremen.[107] Der gleichfalls mit der Todesstrafe bedachte Ernst Biberstein, ehemaliger Chef des EK 6, kroch bei der schleswig-holsteinischen Landeskirche unter.[108] Die einstigen KdS in Frankreich machten Karriere als Richter oder Verwaltungsjuristen,[109] und das Magazin „Der Spiegel" leistete sich gleich mehrere Redakteure aus dem RSHA.[110] Dr. Franz Alfred Six, der frühere Amtschef VII im RSHA und 1941 Führer des Vorkommandos Moskau, der nur viereinhalb der ursprünglich vorgesehenen 20 Jahre Haft aus dem Einsatzgruppen-Prozeß absitzen mußte, avancierte zum Geschäftsführer eines Traditionsverlags in Darmstadt, dann zum Werbeleiter von Porsche-Diesel-Motorenbau in Friedrichshafen.[111] Anton Dunckern, zuvor Chef der Stapo-Stelle Saarbrücken und BdS Metz, arbeitete nunmehr als Rechtsanwalt.[112] Dr. Ernst Gerke, ehedem Chef der Stapo-Leitstelle Breslau und KdS Prag, war seit 1957 Justitiar und Verwaltungschef der Bodelschwinghschen Anstalten in Bethel.[113]

Neben Flensburg und Schleswig im nördlichsten Bundesland[114] entwickelte sich damals Mülheim/Ruhr zum Sammelpunkt einstiger Gestapo-Aktivisten. Schon 1949 ließ sich dort Walter Huppenkothen nieder, vormals KdS in Krakau und Lublin sowie Gruppenleiter IV E im RSHA. Noch im selben Jahr heuerte auch Dr. Albert Leiterer, einst Chef der Stapo-Leitstelle Magdeburg, bei der dortigen Inneren Mission an, ehe er 1956 dann als Richter nach Schleswig-Holstein wechselte. 1951 folgte ihnen Dr. Ludwig Hahn, früher Chef der Stapo-Stelle Weimar und KdS Warschau, der jetzt Lebensversicherungen verkaufte. Ein Jahr später kam Dr. Werner Best, bis 1940 Heydrichs Stellvertreter, nach seiner Freilassung aus dänischer Haft nach Mülheim und wurde Justitiar der Firma Hugo Stinnes. Er sollte in den nächsten Jahren zur zentralen Anlaufstelle für viele ehemalige Gestapo-Bedienstete werden. In seinem Gefolge erhielt die Ruhrstadt weiteren Zuzug, etwa von Hans Henschke, einst Leiter der Stapo-Stelle Kiel sowie BdS Düsseldorf, von Otto Bovensiepen, Chef der Stapo-Leitstelle Berlin und BdS Dänemark, und von Oswald Schäfer, Gestapo-Chef in Wesermünde, Reichenberg und München sowie Führer des EK 9 in Weißrußland.[115] Alle diese Beispiele zeigen, daß den höheren Gestapo-Funktionären in der Regel im Laufe der 1950er Jahre die Rückkehr in die Bürgerlichkeit gelang und daß sie damals in etwa auch die soziale Position wieder erreichen konnten, die ihrer Ausbildung entsprach.[116] Die Beispiele demonstrieren aber auch, daß der Stapo-Funktionselite in Gestalt der Stellenleiter und EK-Chefs ein Neueinstieg in die Beamtenhierarchie der bundesdeutschen Polizei in aller Regel versagt blieb, daß sie vor allem als Selbständige oder als Wirtschaftsjuristen reüssierten, daß auch hier von einer Elitenkontinuität kaum die Rede sein kann.

Ob diese Männer jemals Demokraten wurden, darf mit Fug und Recht bezweifelt werden. So hielt Landgerichtsrat Isphording vom Landgericht Essen 1962 über eine Vernehmung von Dr. Walter Blume, einst Chef des SK 7a und BdS Griechenland, fest, daß dieser „kein eigenes Unrechtsbewußtsein erkennen" lasse: „Der Zeuge selbst hielt die Vernichtungsbefehle Heydrichs nicht für ‚nützlich' und hätte eine Verschiebung der Erledigung des Judenproblems auf die Zeit nach dem Kriege für richtiger gehalten. Dann wären nach seiner Auffassung in Rußland nämlich große Teile der Bevölkerung nicht gezwungen worden, zu den Partisanen überzugehen. Ich habe mehrfach versucht, dieses ‚Glaubensbekenntnis' des Zeugen in der Aussage zu erfassen. Über Ansätze kam das jedoch nicht hinaus, weil der Zeuge befürchtete, seine Äußerungen könnten in der Hauptverhandlung erörtert und von der Presse aufgegriffen werden. Für diesen Fall befürchtete der Zeuge, beruflich erledigt zu sein. Die sogenannten Einsatzgruppenprozesse hält der Zeuge nicht für rechtsstaatlich, sondern er ist der Auffassung, daß sie aus politischen Motiven in Gang gesetzt worden seien. Die Justiz sei insoweit Mittel zum Zweck, aufkeimende nationalsozialistische Ideen auszulöschen."[117] Und Fritz Hinrichs, KdS Orléans und Châlons-sur-Marne, gab zu Protokoll: „Ich wehre mich nur dagegen, daß der Nationalsozialismus schlechthin mit Verbrechertum gleichzusetzen ist. Vieles war gut – und nicht alles schlecht und unrecht. [...] Unser Idealismus und unsere Einsatzbereitschaft sind zweifellos mißbraucht worden, die Opfer waren vergebens und zurückgeblieben ist eine herbe Enttäuschung über eine Zeit, der wir uns verschrieben hatten und im Guten dienen wollten."[118]

Best wiederum agierte in diesen und den Folgejahren wie eine Spinne im Netz. Von seiner Kanzlei im Hause Stinnes aus bemühte er sich einerseits nach Kräften, die zeitgeschichtliche Forschung zur NS-Zeit zu beeinflussen und zu steuern, indem er den Historikern seine Kenntnisse und Interpretationen andiente.[119] So sagte er 1969 freimütig aus, daß Dr. Hans Buchheim, Mitarbeiter des Instituts für Zeitgeschichte und Sachverständiger in NS-Prozessen, „seine

Publikationen und Gutachten über SS und Polizei zum großen Teil auf meine Informationen und auf lange Besprechungen zwischen uns aufgebaut" habe.[120] Während Wissenschaftler auf diese Weise bereitwillig den Bock zum Gärtner machten, organisierte Best andererseits ein System von Zeugenabsprachen und Entlastungsaussagen. Um beispielsweise seinen Freund Bovensiepen in dessen Ermittlungsverfahren zu schützen, bat er Ludwig Oldach, den langjährigen Gestapo-Chef von Schwerin, um eine Bestätigung, daß er von einer „Endlösung" nichts geahnt habe: „Vor 10 Tagen wurde Bovensiepen geholt und nach Berlin gebracht – wegen der Juden-Deportation von 1942. In dieser Sache scheint es mir wichtig zu sein, daß möglichst viele Stapoleiter bestätigen können, daß ihnen in jener Zeit nichts von der ‚Endlösung' bekannt war."[121] Bereits am folgenden Tag bekundete Oldach: „Von der sog. Endlösung haben wir nichts gewußt und haben keine Ahnung davon gehabt. Ich kann dies bezeugen."[122] Bis zu seinem Tod 1989 fungierte Best so als Pate eines Weißwäschersyndikats mit nicht unbeträchtlicher wissenschaftlicher Ausstrahlung.

In diesem Klima der Normalisierung glaubte ein Mann die Zeichen der Zeit richtig zu deuten: Bernhard Fischer-Schweder, 1941/42 Polizeidirektor von Memel, avancierte 1954 zum Leiter des Flüchtlingslagers Ulm-Wilhelmsburg. Doch Neuankömmlinge erkannten ihn als ehemaligen SS-Oberführer, was seine Entlassung zur Folge hatte. Fischer-Schweder wollte dies nicht hinnehmen und klagte 1956 auf Wiedereinstellung in die Kriminalpolizei. Da die Presse über den Prozeß berichtete, entdeckte ein Leser seinen Namen in der Zeitung und erinnerte sich daran, daß Fischer-Schweder zusammen mit Angehörigen der Stapo-Stelle und des SD-Abschnitts Tilsit kurz nach dem Überfall auf die Sowjetunion Massenerschießungen von Juden im litauischen Grenzstreifen durchgeführt hatte. So kam es zum sogenannten Ulmer Einsatzgruppen-Prozeß, der im Sommer 1958 mit der Verurteilung aller Angeklagten endete.[123] Zwar schrieb dieses Verfahren Justizgeschichte, doch es wies neben den Licht- auch deutliche Schattenseiten auf.[124] So heißt es etwa im Urteil: „Die Juden waren für jeden der Beteiligten [...] an ihren typischen rassischen Merkmalen [...] ganz klar als Juden zu erkennen" – ein Satz, der demonstriert, wie stark NS-Gedankengut noch in den Köpfen steckte.[125] Schwerwiegender jedoch war die Tatsache, daß die Täter als Mordgehilfen und nicht als Mörder verurteilt wurden. Damit diente der Ulmer Schuldspruch geradezu als Vorbild für die in der Folge häufig praktizierte Gehilfenjudikatur. Und nicht zuletzt akzeptierte das Gericht hier erstmals die Behauptung des historischen Sachverständigen Helmut Krausnick, wonach die Morde der Einsatzgruppen seit 1941 auf einem vorab erteilten Judenvernichtungsbefehl Hitlers beruht hätten.[126] Die Implikationen dieser These, deren ‚Beweiskraft' zwischenzeitlich kaum mehr ernst genommen wird, waren doppelt verheerend: Juristisch wirkte sie sich strafmildernd aus, stützte die Gehilfenjudikatur und ließ die Täter allzu ‚billig' davonkommen. Historiographisch schob sie die Schuld hauptsächlich der ohnehin diskreditierten Regimespitze zu, suggerierte ein Befehl-Gehorsam-Verhalten und entlastete die Mörder vor Ort.

Gleichwohl bedeutete der Ulmer Einsatzgruppen-Prozeß einen tiefen Einschnitt in der westdeutschen Nachkriegsgeschichte. Denn er führte dazu, daß die 27. Justizministerkonferenz im Oktober 1958 in Bad Harzburg die Gründung einer Zentralen Stelle der Landesjustizverwaltungen zur Aufklärung von NS-Verbrechen (ZSL) beschloß.[127] Eine Verwaltungsvereinbarung präzisierte einen Monat später deren Status und Aufgaben. Demnach war die ZSL eine reine Vorermittlungsbehörde ohne eigene Exekutivbefugnisse. Sie sollte dort zuständig sein, wo es nach der Strafprozeßordnung keine Zuständigkeit gab, insbesondere bei Tatorten außerhalb der Bundesrepublik, und ermitteln, wo es noch keinen ausreichenden Anfangsverdacht gab, also unabhängig von einem solchen deutsche Einheiten und Dienststellen systematisch überprüfen. Endlich war man also soweit, diese Institutionen unter einen Generalverdacht zu stellen und nicht etwa aus ihren Bezeichnungen als Polizei- oder Verwaltungsbehörde lediglich auf klassische Polizei- oder Verwaltungstätigkeiten zu schließen. In erster Linie waren Verbrechen zu ermitteln, die von den EG und in Konzentrationslagern begangen worden waren. Nach dem Zuschnitt des jeweiligen Komplexes mußten die Ergebnisse an die für den Wohnort des Hauptbeschuldigten zuständige Staatsanwaltschaft weitergeleitet werden, der allein die Entscheidung über eine Anklageerhebung vorbehalten blieb.[128] Als Sitz der neuen Behörde, die noch im Dezember 1958 ihre Arbeit aufnahm, wurde auf Vorschlag ihres Initiators, des baden-württembergischen Justizministers Wolfgang Haußmann, Ludwigsburg bestimmt.[129]

Damit war zwar das bisherige Zufallsprinzip bei der Ermittlung von NS-Verbrechen ausgeschaltet – ein Schritt hin zur Systematik, den weder die DDR noch Österreich vollziehen sollten –, gleichwohl gab es eine Fülle von Konstruktionsfehlern. Die Konzentration auf Tatkomplexe im Ausland führte dazu, daß die Verbrechen in den Lagern und „Euthanasie"-Anstalten im Bundesgebiet bis zur Kompetenzerweiterung der ZSL 1965 von einer umfassenden Aufklärungsarbeit verschont blieben. Ebenso waren auch die Untaten des RSHA wegen des Tatortprinzips ausgenommen und wurden erst verspätet seit 1963 vom Berliner Generalstaatsanwalt untersucht. Historiker blieben bei den Ludwigsburger Ermittlungen generell außen vor, und die Abordnung von Staatsanwälten an die ZSL erfolgte nur für jeweils ein Jahr. Hinzu kamen eine chronische personelle Unterbesetzung und das anfängliche Verbot von Recherchen im Ostblock. Außerdem machte man sich damals vor, daß nur einige wenige Prozesse gegen einen relativ übersichtlichen Kreis von „wirklich Schuldigen" geführt werden müßten und die ZSL daher nur befristet aktiv zu sein brauche.[130] Zudem gehört es zu den sich hartnäckig haltenden Gerüchten, daß lediglich der heilsame Schock des Ulmer Einsatzgruppen-Prozesses zur Gründung der neuen Behörde geführt habe. Doch sie war auch eine Reaktion auf die gerade angelaufene DDR-Kampagne gegen „Adenauers Blutrichter“,[131] sollte dem Ausland demonstrativ die Bemühungen der westdeutschen Justiz vor Augen führen und gewährleisten, daß die 1960 anstehende Verjährung von Totschlag und später die für Mord nicht verlängert werden müßten.[132] Insofern waren es wohl weniger Geburtsfehler als Resultate eines kurzfristig angesetzten Versuchs, den endgültigen juristischen Schlußstrich ohne Gesichtsverlust zu ziehen.

Gleichwohl löste die Gründung der ZSL wenig Freude aus. In Justizkreisen bezeichnete man sie häufig als „Staatsanwaltschaft Jerusalem, Zweigstelle Ludwigsburg“.[133] Ihre Existenz und Tätigkeit prädestinierten sie geradezu zum Kristallisationspunkt eines radikalen Antisemitismus. Als etwa der von der ZSL vorermittelte Prozeß gegen Erich Ehrlinger, Chef des SK 1b, KdS Kiew und Amtschef I im RSHA, in Karlsruhe anstand, erhielt der dortige Landgerichtsdirektor einen Drohbrief: „Wir warnen Sie, einen Prozeß der Judenlüge zu führen, es geht um Ihren Kopf Herr Herb, nicht heute, aber morgen, wenn Sie den Lügeneinpeitschern der jüdischen Rasse Glauben schenken und aufrichtige Deutsche unrechtmäßig verurteilen.“[134] 1964 erreichte den Leiter der ZSL folgendes Schreiben: „Sie werden auf der Anklagebank sitzen! Ihre Taten müssen gesühnt werden! Menschen Ihres Schlages sind doch die jämmerlichsten Charakterschweine des Volkes. Sie werden Rechenschaft über Ihre Taten und die erhaltenen Bestechungsgelder abgeben müssen. Für Geld verbrüdern Sie sich mit dem Teufel. Hitler hätte wirklich eine gute Tat vollbracht, wenn er Sie auch in den Gasofen gesteckt hätte. Mehr sind Sie nicht wert.“ Texte dieser Sorte waren beileibe kein Spezifikum der 1960er Jahre: Noch 1999 ging ein Brief mit folgendem Inhalt dort ein: „Schade, daß es für solche miese antideutsche Ratten kein KZ mehr gibt. Da gehörst Du Lump in das Lager und täglich Schläge, bis Du verreckt bist. Deine Frau in einen Türkenpuff und die Gören heroinverseucht auf den Strich, dank unserer ausländischen Dealer. […] Heil Hitler!“[135] Die umfangreiche Sammlung „Schmäh- und Drohbriefe“ an die Ludwigsburger Behörde ist noch immer im Wachsen begriffen.

Bis Ende 2007 leitete die ZSL insgesamt 7367 Vorermittlungsverfahren ein, von denen 7343 an die Staatsanwaltschaften zur Einleitung eines strafrechtlichen Ermittlungsverfahrens abgegeben wurden. Durchschnittlich bedeutete dies in der ‚Blütezeit‘ der Behörde von Mitte der 1960er bis Ende der 1970er Jahre etwa 240 Vorermittlungen pro Jahr. Allein in den ersten fünf Jahren ihrer Existenz von Dezember 1958 bis Ende 1964 waren es insgesamt 701, davon 400 bis Ende 1959. Dabei handelte es sich in der Regel um Sammelverfahren mit einer großen Zahl von Beschuldigten. In krassem Gegensatz dazu steht jedoch die Zahl der Schuldsprüche. Denn in den 50 Jahren des Bestehens der ZSL kam es nur zu 544 Verurteilungen, von denen die meisten von Mitte der 1960er bis Mitte der 1970er Jahre ergingen. Auf dem Gestapo-dominierten Teilsektor EG/EK/deutsche Dienststellen in Polen und der Sowjetunion wurden beispielsweise bis Ende 1964 gegen 16028 Personen Ermittlungsverfahren eingeleitet, allerdings bloß 92 von ihnen verurteilt, davon 15 zu lebenslanger, 77 zu zeitlich begrenzter Freiheitsstrafe.[136]

Neben dem behaupteten Befehlsnotstand,[137] anerkannter Verhandlungsunfähigkeit der Angeschuldigten und Beweisnöten vor Gericht war dies in hohem Maße auf die bereits angesprochene Gehilfenjudikatur zurückzuführen. Denn NS-Gewaltverbrecher wurden vorwiegend als Tatgehilfen verurteilt, während Hitler, Himmler und Heydrich als die eigentlichen Täter angesehen wurden, deren Willen sich die Beschuldigten bzw. Angeklagten untergeordnet hätten. In diesem Fall aber konnte von der Höchststrafe, also lebenslang, abgesehen und das Urteil bis auf drei Jahre Haft abgemildert werden.[138] So ergibt eine Analyse der Einsatzgruppen-Prozesse, daß lediglich 8,3 Prozent der Angeklagten wegen Täterschaft verurteilt, während 71,7 Prozent von ihnen als Gehilfen mit milden Strafen von einem bis fünf Jahren bedacht wurden.[139] Diese Unterstellung von Mitläufertum und Gehilfenschaft dürfte auch das Selbstverständnis reflektieren, das sich viele der urteilenden Richter von ihrer eigenen Rolle in der NS-Zeit zurechtgelegt hatten. Zudem brachte die im Oktober 1968 in Kraft getretene Neufassung von § 50 Absatz 2 des Strafgesetzbuches eine kalte Amnestie für NS-Mordgehilfen. Falls ihnen keine niedrigen Beweggründe bei Ausübung der Tat nachgewiesen werden konnten, mußte ihre Strafe zwingend reduziert werden. Und da die Höchststrafe für Mordbeihilfe 15 Jahre betrug und nicht lebenslänglich, galten die Taten so rückwirkend zum 8. Mai 1960 als verjährt.[140] Zu den Profiteuren gehörten neben den kleinen Tätern und einigen Befehlsgebern vor allem die Schreibtischtäter. Damit liefen 35 Ermittlungsverfahren gegen 730 frühere Angehörige des RSHA bzw. der Stapo-Leitstelle Berlin gezielt an die Wand.[141]

Da die westdeutsche Justiz auf die Arbeit der ZSL mit zahlreichen Verfahrenseinstellungen, Freisprüchen und einer äußerst milden Urteilspraxis reagierte, wurden nur wenige Täter, deren Zahl in keinem Verhältnis zur Dimension des Völkermords steht, zur Verantwortung gezogen. Und eine Behauptung wie die folgende muß als absoluter Unfug eingestuft werden: „Es spricht viel mehr dafür, daß die Stagnation der justitiellen Ahndung der NS-Verbrechen in der Mitte der fünfziger Jahre durch die forcierte Strafverfolgung in den sechziger Jahren geradezu überkompensiert wurde."[142] Wie sehr sich dabei Licht und Schatten mischten, mögen folgende Beispiele demonstrieren: So wurde Dr. Otto Bradfisch, als Chef des EK 8 und der Stapo-Stelle Litzmannstadt verantwortlich für die Liquidierung von mindestens 37000 Juden, lediglich als Mordgehilfe angeklagt und kam mit 13 Jahren Haft davon.[143] Jakob Lölgen von der Stapo-Leitstelle Danzig, 1939 Kommandeur des Bromberger Teiltrupps des EK 16, erhielt einen Freispruch, obwohl hier ein reiner Dokumentenbeweis eine Verurteilung ermöglicht hätte.[144] Die Staatsanwaltschaft Kiel brauchte von 1967 bis 1980, bis sie die Anklageschrift gegen Dr. Ernst Ehlers und dessen Judenreferenten wegen der Deportationen in Belgien vorlegte. Auf die Frage nach der beachtlichen Zeitdauer antwortete der zuständige Oberstaatsanwalt: „Das Verfahren lief kontinuierlich, nur manchmal ruhte es.“[145] Andererseits gab es akribische Juristen wie jenen Untersuchungsrichter im Fall Albert Rapp, der den einstigen Chef des SK 7a mit einer lückenlosen Beweiskette überführte.[146] Es fanden sich clevere Polizisten wie jene Beamten des LKA Bayern, die die gesundheitlich bedingte Verhandlungsunfähigkeit von Dr. Kurt Christmann, ehedem Leiter der Stapo-Stellen Salzburg und Koblenz sowie des SK 10a, bezweifelten. Da sie wußten, daß dieser in jungen Jahren ein begeisterter Sportler gewesen war, filmten sie ihn beim Joggen durch Münchner Grünanlagen und nahmen ihn dann beim Morgenbad im hauseigenen Swimmingpool fest.[147] Und es existierten Persönlichkeiten wie der hessische Generalstaatsanwalt Fritz Bauer, der mit dem ersten Frankfurter Auschwitz-Prozess 1963–1965 einen Meilenstein in der juristischen Aufarbeitung des Unrechtsstaates setzte.[148]

Wenn auch die Strafen oft lächerlich gering ausfielen, wurden die Täter durch die nun einsetzende Strafverfolgung doch jäh aus ihrer Ruhe gerissen und mußten bis ans Ende ihrer Tage mit Anklage und Verurteilung rechnen. Ein geruhsamer Lebensabend sah deutlich anders aus. Die Rückkehr in die bürgerliche Sekurität bekam Risse, erwies sich als plötzlich unberechenbar. Für diesen Spagat zwischen neuer Karriere und latenter Bedrohung durch die Justiz mag der bereits bekannte Reinhard Breder erneut als Pars pro toto dienen: Der gelernte Jurist war zunächst gezwungen, verschiedene Aushilfstätigkeiten auszuüben, ehe er 1953 ins Bankgeschäft einstieg. Kontakte zu ehemaligen Kollegen und Untergebenen ergaben sich nur sporadisch, da jeder mit dem Aufbau seiner wirtschaftlichen Existenz zu kämpfen hatte und damit ausgefüllt war. „Zu Anfang der Fünfziger Jahre war bei einzelnen der Wunsch aufgetaucht, uns irgendwann kameradschaftlich zu treffen“, hielt er später fest. „Ich habe dem seinerzeit unter der Voraussetzung zugestimmt, daß die Begegnung in einem öffentlichen Lokal – also nicht in einem geschlossenen Raum – stattfinde und keine politischen Gespräche oder Ansprachen gehalten würden. Meine Bedenken waren um so geringer, da ich annehmen konnte, daß unser Kriminalsekretär S., der vor Hitler bei der SPD stand und jetzt nach dort zurückgewechselt war und nunmehr für das Verfassungsschutzamt arbeitete, teilnahm. So kamen wir eines Abends in einer bekannten Sachsenhäuser Äppelweinkneipe zusammen – etwa 25 an der Zahl, Männlein und Weiblein –, saßen mitten im Lokal an einem langen Tisch und haben beim traditionellen Äppelwein einige Stunden geplaudert. S. hat seinen Bericht erwartungsgemäß gemacht.“ 1951 stand Breder wegen der Erschießung von sieben Plünderern im Jahr 1944 dann erstmals vor Gericht. Die Hauptverhandlung endete „nach Beifallskundgebungen im Zuhörerraum“ mit seinem Freispruch. In den Folgejahren ging es mit ihm beruflich kontinuierlich bergauf. Als Finanzberater und Herausgeber eines wirtschafts- und finanzpolitischen Informationsblattes machte er gute Geschäfte. Doch 1963 war es mit der Ruhe vorbei. Breder wurde festgenommen und der Beteiligung an der Ermordung von mehreren Tausend Juden bei der Liquidierung des Ghettos im weißrussischen Sluzk Anfang 1943 beschuldigt. Wiederum war ihm das Glück hold. Nach einem Jahr hob man den Haftbefehl auf. Zwei Jahre später kam das Ermittlungsverfahren zur Einstellung. Nach seinem Ausscheiden aus dem Bankgeschäft war Breder dann als freier Mitarbeiter einer Finanzierungsgesellschaft tätig, ehe er nach dem zweiten Herzinfarkt 1987 sein Berufsleben beendete.[149]

Die mageren Ergebnisse der Strafjustiz bei Tätern aus der Gestapo verwundern weniger, wenn man bedenkt, daß Rechtsprechung und öffentliche Meinung wie ein System kommunizierender Röhren wirken. Bedenkt man weiterhin, daß die Befürworter eines Schlußstrichs unter die Vergangenheit in den 1960er und 1970er Jahren demoskopisch deutlich überwogen,[150] erstaunt es kaum, daß auch viele Juristen nicht allzu begeistert von NS-Prozessen waren. Die politische Klasse in der Bundesrepublik hingegen konnte und wollte es sich mehrheitlich nicht so einfach machen. Denn als in der Weihnachtsnacht 1959 die Kölner Synagoge mit Hakenkreuzen und dem Slogan „Juden raus" beschmiert wurde und dies bis Ende Januar 1960 in 470 ähnlichen Fällen im ganzen Land Nachahmer fand, wußte man, daß die demokratische Substanz des jungen Staates international zur Debatte stand.[151] Denn es war nicht mehr zu übersehen, daß es in der Gesellschaft ein antisemitisches Protestpotential gab. Unversehens hatte die Vergangenheit die Gegenwart eingeholt. Unterstützt und ermutigt von der Politik griffen Schulen, politische Bildung, Wissenschaft und Medien nunmehr das Thema verstärkt auf.[152] Mehr noch: 1965 und 1969 verlängerte der Bundestag jeweils die Verjährungsfrist für Mord, ehe er sie 1979 gänzlich aufhob.[153] Da alle Abgeordneten wußten, daß sie für diese Beschlüsse keine gesellschaftlichen Mehrheiten hinter sich hatten und dennoch mit parlamentarischer Majorität so entschieden, zeugt dies von staatspolitischer Klugheit.[154]

Quantitativ war 1968 das Jahr der meisten NS-Prozesse. Doch nicht deswegen ging es in die Geschichte ein, sondern als Chiffre für die linksradikale Studentenbewegung. Ihre Veteranen schreiben sich zwar bis heute große Verdienste hinsichtlich der Aufarbeitung der NS-Verbrechen zu, und etliche Historiker glauben ihnen,[155] doch die Wirklichkeit sieht anders aus. Denn bereits seit 1964 hatten die westdeutschen Universitäten damit begonnen, sich in Ringvorlesungen mit ihrer braunen Vergangenheit auseinanderzusetzen.[156] Doch nachdem der Schuß auf Benno Ohnesorg gefallen war, interessierte sich im Umfeld des Sozialistischen Deutschen Studentenbundes niemand mehr dafür, sondern nur noch für die Revolution. Man verehrte Massenmörder wie Mao Tse-Tung, pries das rohe Willkürregiment der chinesischen Kulturrevolution, und intellektuelle Vordenker wie Rudi Dutschke, Bernd Rabehl, Christian Semler und Hans Magnus Enzensberger machten sich bereits Gedanken über den Sozialismus, die bei manchem Erinnerungen weckten: „Wo es ganz klar ist, daß Umerziehung unmöglich ist, etwa bei älteren Leuten [...], da sollte man den Betreffenden die Möglichkeit geben, auszuwandern."[157] Inspiriert von Mao-Zitaten wie „Die Revolution ist kein Deckchensticken" begann ein stufenweise entgrenzter Prozeß der Gewaltanwendung, in dem ein Desperado wie Ché Guevara als Idol firmierte. Die beliebte Demo-Parole „USA-SA-SS" exportierte die Verbrechen aus der eigenen Geschichte nach Übersee, vernebelte Auschwitz hinter My Lai. Auch der Generalverdacht eines neuen Faschismus in der Bundesrepublik verharmloste den Nationalsozialismus gnadenlos. Nicht zuletzt aber nahm die radikale Linke eine fatale Gegnerverwechselung vor: Nicht die nationalsozialistisch verseuchte Gesellschaft, der mit den staatlichen Aufklärungskampagnen, den NS-Strafverfahren und den Verjährungsdebatten mehr zugemutet wurde, als sie zu ertragen bereit war, galt als Feind, sondern eben der Staat, der diese Anstrengungen unternommen hatte.[158]

Und noch an einer weiteren Flanke zog die radikale Linke die falschen Lehren aus der Vergangenheit: Während das Bürgertum nach der Aufnahme diplomatischer Beziehungen mit Israel 1965, erst recht nach dem Sechstagekrieg 1967 allmählich begriff, daß das Eintreten für den jüdischen Staat Teil der westdeutschen Staatsräson geworden war, sah die extreme Linke in Israel nunmehr einen Vorposten der USA im Nahen Osten, erklärte die Opfer von damals zu den Tätern der Gegenwart und wechselte auf die arabische Seite.[159] Es war die Zeit, als sich die neue Linke mehrheitlich den schwarzweiß karierten Palästinenserschal umwarf, obwohl PLO-Chef Jassir Arafat – prominenter Träger dieser Kopfbedeckung – damals noch dazu aufrief, die Juden ins Meer zu treiben. Und man tat dies, obwohl man hätte wissen können, daß das Kleidungsstück im Araberaufstand der Jahre 1936 bis 1939 mit terroristischen Mitteln zwangseingeführt worden war, um die Islamisierung und Entwestlichung der Bevölkerung in Palästina voranzutreiben.[160] Jean Améry brachte diesen fatalen Parteiwechsel 1969 auf den Punkt: „Der Antisemitismus, enthalten im Anti-Israelismus oder Anti-Zionismus wie das Gewitter in der Wolke, ist wiederum ehrbar. Er kann ordinär reden, dann heißt er ‚Verbrecherstaat Israel'. Er kann es auf manierliche Art machen und vom ‚Brückenkopf des Imperialismus' sprechen."[161]

Auch wenn in der Bundesrepublik längst nicht alle Schuldigen gefunden, angeklagt, verurteilt oder gar gerecht bestraft worden sind, ist nach der gerichtlichen Abrechnung mit dem NS-System doch ein für allemal klar, daß sich Täter nicht hinter den Staat oder ein Konstrukt wie den Befehlsnotstand zurückziehen können, daß nationalsozialistische Gewaltkriminalität ein strafwürdiges Verbrechen darstellt. Dieser lange und öffentliche Prozeß der sukzessiven Aneignung der NS-Geschichte verlief gewiß nicht ideal oder gradlinig. Doch gerade weil die Bundesrepublik sich stets als Rechtsnachfolger des Deutschen Reiches verstand und sich als solcher zur Einheit und Kontinuität der

Geschichte bekannte, wurde der Nationalsozialismus zu ihrem steten Stachel im Fleische. Der immanente Bezug auf das Dritte Reich ließ Eskapismus auf Dauer nicht zu, machte die Auseinandersetzung mit ihm zum Bestandteil der Staatsräson. Ausdruck dieses Selbstverständnisses waren nicht nur der antitotalitäre Konsens des Grundgesetzes, sondern auch die phasenweise verwirklichte Aussöhnungspolitik mit den von Deutschland angegriffenen Nachbarn, die Entwicklung besonderer Beziehungen zum Staat Israel und schließlich auch die „Wiedergutmachungs"- oder Restitutionspolitik gegenüber Staaten und Individuen.[162] Weit deutlicher als die anderen beiden Staaten, die aus der Erbmasse des Dritten Reiches hervorgingen, trat die Bundesrepublik unter den Schatten ihrer Historie, die einerseits als Vorgeschichte begriffen wurde, andererseits aber auch als kollektive Belastung verstanden werden mußte.

Insofern behielt der Nationalsozialismus in Westdeutschland die größte Relevanz für die Selbstreflexion des politischen Systems, wurde er dort – um mit dem großen Soziologen Rainer Lepsius zu sprechen – als antidemokratische Gefahr „normativ internalisiert". In Österreich hingegen sah man in ihm ein Ereignis außerhalb der eigenen Entwicklung, das intervenierend in die Nationalgeschichte eingebrochen sei. „Voraussetzungen, Inhalt und Konsequenzen des Nationalsozialismus konnten so externalisiert werden: Sie hatten für Österreich nur eine sekundäre Relevanz, gehörten in die Geschichte Deutschlands, nicht diejenige Österreichs." Für die DDR wiederum waren die Voraussetzungen des Nationalsozialismus durch den Übergang zum Sozialismus beseitigt. Folglich zählten dessen Inhalte und Konsequenzen nicht zur Eigengeschichte der DDR, sondern zu der der kapitalistischen Bundesrepublik. „Der Nationalsozialismus wurde über die Kategorie des Faschismus universalisiert", so Lepsius. „Er hatte für die Binnenentwicklung der DDR daher keinen Referenzcharakter mehr und diente nur noch für die Beurteilung der Bundesrepublik im Außenverhältnis zur DDR."[163] Diese beiden unterschiedlichen Wege – Externalisierung des Nationalsozialismus als deutsche Gefahr in Österreich, Universalisierung als kapitalistische Gefahr in der DDR – sollen im folgenden in ihren Konsequenzen skizziert werden.

Sowjetzone und DDR: Der verordnete Antifaschismus

Der deutsche Kommunismus fand sich 1945 in der wohl paradoxesten Situation seiner Geschichte wieder: Nie zuvor hatte er eine derartige politische und moralische Macht besessen wie jetzt nach Kriegsende. Nie trat aber auch seine Ohnmacht – sei es hinsichtlich seiner inneren Sinnstruktur, sei es im Hinblick auf seine soziale Basis – so deutlich zutage wie in dieser Phase. Die Kommunisten, die aus dem Exil, aus den Lagern und Zuchthäusern zurückkehrten, die lokal wieder auftauchten und erneut die politische Bühne betraten, konnten zwar auf die Kontinuität ihres Widerstandes verweisen, auf ihren gigantischen Blutzoll pochen. Gleichzeitig jedoch mußten sie das Faktum verarbeiten, daß ihre Utopien zertrümmert waren, da die deutsche Arbeiterschaft bis zuletzt Loyalität gegenüber dem NS-Regime bewiesen hatte. Der Traum vom quasi naturgesetzlich-progressiven Wirken des Proletariats war ebenso zerstört wie das marxistische Fortschrittsdogma. Trotz aller Anstrengungen im Kampf gegen Hitler standen die deutschen Kommunisten mit leeren Händen da, fanden sich 1945 wieder zusammen als geschlagene Sieger, deren Weltbild in seinen Prämissen zutiefst erschüttert war, deren soziale Basis an Auszehrung litt.[164]

Diese Konstellation, die in allen drei Westzonen und in Österreich bald schon zur Marginalisierung der kommunistischen Parteien führen sollte, unterschied sich von der in der Sowjetzone in einem, allerdings gewichtigen Punkt. Denn dort konnte sich die KPD auf die Rote Armee und die sowjetische Militäradministration stützen, besaß also reale Macht, solange sie sich im Gleichschritt mit den Russen bewegte.[165] Gleichwohl wußte man auch dort sehr wohl, daß man über ein gefährliches Volk herrschte. Denn die Moskauer Gruppe um Walter Ulbricht und Wilhelm Pieck, die nun die Parteiführung stellte, erinnerte sich nur allzu gut daran, wie bei ihr mit jedem Tag Krieg die Wut auf die eigenen Landsleute gewachsen war.[166] Die NS-Verbrechen und das Ausbleiben eines Aufstandes vor Augen hatte sie den intellektuellen Bankrott der offiziellen Dimitroff-Formel erlebt, wonach der Nationalsozialismus die Terrorherrschaft einer kleinen Clique von Kapitalisten, Militaristen und NS-Funktionären sei, die nicht die Unterstützung der Bevölkerung besäße.[167] Und da man angesichts der eigenen Vorgeschichte ohnehin nicht an übermäßigen demokratischen Ambitionen litt, verstärkte dies die Neigung, eine derart irregeleitete Population künftig durch eine zweite Diktatur im Zaum zu halten. Die offensichtliche Mitschuld der Deutschen beseitigte so noch vorhandene Skrupel, legitimierte sie doch zusätzlich den Herrschaftsanspruch der KPD.[168]

Damit stand fest, daß der größte und ehrgeizigste Therapieversuch des deutschen Kommunismus in der Sowjetzone stattfinden würde. Die DDR-Gründung war in dieser Perspektive eine voluntaristische Flucht in die Utopie, ein Versuch, Herrschaft als Hebel gegen die eigene Sinnkrise einzusetzen, die Deutungsverluste qua Beschlußlage wegzudekretieren. Sie war aber auch die späte Rache dafür, daß sich das deutsche Proletariat in der NS-Ära danebenbenommen hatte. Denn der bisherige Avantgardeanspruch der Partei wurde nunmehr als Umerziehungsauftrag begriffen. Das Selbstverständnis als antifaschistische Besserungsanstalt prägte diesen Staat ebenso wie die Devise, das Volk in Schach zu halten und in alle gesellschaftlichen Bereiche kontrollierend einzugreifen, um ‚Wildwuchs' zu verhindern. Das Faktum, daß die große Mehrheit der Klasse passiv geblieben war, daß eine Minderheit sogar denunziert und aktiv am Terror partizipiert hatte, ließ diese Interpretation wohl auch dem größten Teil der SED-Mitglieder als plausibel erscheinen. Die angelegte Erziehungsdiktatur besaß damit einen breiten lebensgeschichtlichen Hintergrund und konnte durchaus ohne Moskauer Befehle auskommen.[169]

Da jedoch auch die Kommunisten in der Sowjetzone zumindest auf die Duldung durch eine braun verseuchte Arbeiterschaft angewiesen waren, griffen sie auf ein populistisches Verteilungsschema des Schuldkomplexes zurück und erklärten allein die alten Eliten als verantwortlich für Terror und Weltkrieg, machten den Nationalsozialismus zu einem genuinen Produkt des Kapitalismus. Diese Konzeption einer einseitigen Belastung der bisherigen Führungsschichten bei gleichzeitiger Entlastung des Volkes war weit mehr als die Rückkehr klassischer Deutungsmuster. Denn sie barg auch die Chance zur Rückgewinnung einer verlorenen Population, die sich mit Proklamationen proletarischer Mitschuld nicht bewerkstelligen ließ. Sie begründete zudem die anlaufende Sozialisierungs- und Enteignungskampagne in Industrie und Landwirtschaft, mit der das Land entbürgerlicht werden sollte. Und sie legitimierte überdies das allgegenwärtige Mißtrauen des Staatsapparates, das einer Zivilgesellschaft bald schon den Boden abgrub. Obwohl die Parteiführung zweifelsfrei wußte, wie hohl die Dimitroff-Formel in Wirklichkeit war, wurde diese trotzdem wieder aufgewärmt, da sie den Opportunitäten der eigenen Herrschaft entsprach. Im Windschatten dieser einäugigen Schuldabwälzung rückte der Nationalsozialismus in eine Perspektive, die die virtuelle Rehabilitierung des Volkes erleichterte. Die gängigen Begriffe „Nazismus" oder „Faschismus" strichen das weg, was die NSDAP für viele attraktiv gemacht hatte: das sozialistische Image und das der nationalen Arbeiterpartei. Die Zustimmung der Massen zu Hitler wurde ausgeblendet. Der Irrweg einer Nation geriet so zu dem seiner herrschenden Klasse. Die deutsche Geschichte zwischen 1933 und 1945 wurde auf eine ununterbrochene Auseinandersetzung zwischen antifaschistischem Widerstand und einer kleinen Clique von Millionären und ihren Helfershelfern reduziert.[170]

Ernst Thälmanns Ermordung in Buchenwald bildete so gewissermaßen den Gipfelpunkt aller NS-Verbrechen,[171] während jüdisches Leid einen höchstens nachgeordneten Stellenwert besaß. Denn Rassismus und Antisemitismus hatten keinen eigenständigen Platz in diesem Erklärungsraster, galten als demagogische Ablenkungsmanöver, waren Phänomene der NS-Propaganda. Da der Eroberungskrieg gegen die Sowjetunion und die Abwehr einer drohenden proletarischen Revolution unter Führung der KPD im Mittelpunkt dieser Interpretation standen – nicht aber die genozidalen Verbrechen –, fehlte eine Erklärung für den Vernichtungsfeldzug der Shoah, war der Antikommunismus des Dritten Reiches allemal relevanter als dessen Rassenantisemitismus.[172] Zudem ersparte man sich damit eine lästige Opferkonkurrenz und konnte sich ganz auf das rituelle Gedenken der antifaschistischen Märtyrer und der gefallenen Rotarmisten konzentrieren. Nicht zuletzt aber minimierte sich so die materielle Schuldenlast, indem man auf diese Weise auch Israel Wiedergutmachungszahlungen verweigern konnte. Mehr noch: Angesichts einer derart imaginierten Vorgeschichte hatte die DDR keinerlei Gewissensbisse, offen an die Seite der

Feinde dieses jungen Staates zu treten.[173] Die Marginalisierung der jüdischen Katastrophe vollendete sich seit 1949, als Stalins Antikosmopolitismus-Kampagne auf die übrigen Ostblockstaaten übergriff, eine Welle des Antisemitismus erzeugte und zu Schauprozessen gegen jüdische Parteifunktionäre und Westemigranten führte. In der DDR bereitete man damals ein entsprechendes Tribunal gegen Paul Merker als „deutschen Slánsky" vor; die jüdischen Gemeinden in Ostdeutschland erlebten einen Exodus.[174] Daß der Staat in der Folgezeit penetrant Israel anklagte, im Nahen Osten selbst einen Völkermord zu betreiben, entsprang dem Bedürfnis, endlich einmal Juden als Täter vorführen zu können, um so das eigene Kollektiv zu entlasten.[175]

Da die antifaschistische Staatsräson die einheimische Arbeiterschaft zum Opfer der braunen Diktatur stilisierte und das deutsche Volk als von Hitler getäuscht und mißbraucht darstellte, hatte sie für die DDR-Bevölkerung eine erhebliche schuldentlastende Wirkung. Ihr Angebot, von der Seite der Verlierer auf die der Gewinner zu wechseln, machte den Antifaschismus zum kleinsten gemeinsamen Nenner der Gesellschaft. Unterhalb dieses Konsenses mußte das Dritte Reich nicht weiter verarbeitet werden. Als Sieger der Geschichte brauchte man sich nicht mit seiner realen Vergangenheit als Verführter oder Mitläufer, als Fanatiker oder Täter des Nationalsozialismus auseinanderzusetzen. Eine Gesellschaft dieses Zuschnitts mußte sich nicht jahrzehntelang mit sich selbst quälen. Es genügte, zukunftsfroh der SED nachzuplappern, daß der Sozialismus dem Faschismus die Wurzeln ausgerissen habe, und die historische Schuld an den Kapitalismus und dessen Magnaten zu delegieren. Dank dieses Umstiegsangebots ins Lager des siegreichen Antifaschismus war man auf der sicheren Seite und konnte sich als unbelastet und fortschrittlich empfinden. Der Nationalsozialismus war damit zum ubiquitären Phänomen Faschismus universalisiert und so ‚entdeutscht'. Und die Behauptung, daß in der Bundesrepublik die Eliten aus der Zeit des NS-Regimes unverändert an der Macht seien, während man sich selber von ihnen radikal befreit habe, lieferte Propagandamunition im Kalten Krieg. Auf diese Weise stahl man sich aus der Kontinuität deutscher Geschichte fort, mutierte Antifaschismus zugleich zum antikapitalistischen und antiwestlichen Konsens. Er stabilisierte nach innen und markierte den Feind diesseits und jenseits der Grenze.[176]

Zusätzlich boten die Kommunisten Vergebung durch tätige Reue an, indem sie die einstigen NS-Anhänger zur Bewährung im neuen Staat aufforderten. „Der Zukunft zugewandt" – wie es in der Becher-Hymne heißt –, zählte individuelle Vergangenheit wenig. Antifaschist war nunmehr, wer sich für den Aufbau des Sozialismus unter Führung der SED einsetzte. Die Partei sicherte sich so Loyalität und kümmerte sich frühzeitig um die Integration der „Ehemaligen", die schon 1946 begann. In den 1950er Jahren betrug der Anteil einstiger NSDAP-Mitglieder innerhalb der SED bereits durchschnittlich acht bis zehn Prozent.[177] Insbesondere für die Zeit nach dem 17. Juni 1953 kann man von einer regelrechten „Renazifizierung der SED“ sprechen.[178] Als sich die Mitglieder der Vereinigung der Verfolgten des Naziregimes damals weigerten, zusammen mit „Faschisten“ an einem Tisch zu sitzen, wurde die Organisation kurzerhand aufgelöst.[179] Mit dieser Integrationsbereitschaft und dem ideologischen Export der deutschen Vergangenheit ins kapitalistische Ausland war die den Nationalsozialismus tragende Altersgruppe aus dem Schneider. Der nachwachsenden Jugend ersparte sie mit dieser Geschichtslüge viele Fragen und Generationskonflikte. Die DDR kam darum völlig ohne ein Anzeichen von „1968“ aus, mußte allerdings in ihrer Endphase bemerken, daß auf ihrem Territorium eine rechtsradikale Jugendszene existierte, die bis heute nichts von ihrer Virulenz verloren hat. Eine unverarbeitete Vergangenheit unter diktatorischen Vorzeichen hat nun einmal ihren Preis.

Da Entnazifizierung, Enteignung und Verfolgung von NS-Verbrechen in der Sowjetzone gleichermaßen unter dem Schutzmantel des antifaschistischen Konsenses erfolgten, vermischten sich zunehmend die Kriterien. Die Systemauseinandersetzung mit dem Nationalsozialismus und die Systemveränderung in Richtung Sozialismus überlappten sich und waren in der Praxis kaum zu trennen. Im Mittelpunkt stand die kollektive Säuberung gewisser Schlüsselbereiche. Somit traten individuelle Merkmale zurück, da das Interesse der Sowjets vornehmlich bestimmten Institutionen galt. Dort kam es ihnen darauf an, die Machtbasis der bislang maßgebenden Gruppen zu schleifen und Herrschaftsorgane für neues Personal zu schaffen. Dem entsprach ein selektives Vorgehen: In politisch wichtigen Sektoren wie Polizei, Justiz, Verwaltung oder Schule wurde kein Nationalsozialist geduldet, während in hochspezialisierten Sektoren wie Medizin oder Ingenieurwesen der Toleranzfaktor bedeutend größer war.[180] Damit hob sich die Sowjetzone zwar von der erheblich größeren Elitenkontinuität in den Westzonen ab, verzichtete aber auf das Kriterium der persönlichen Verantwortung und operierte statt dessen häufig mit der Kategorie der sozialen Klasse. Im Ergebnis hieß dies allerdings auch, daß einstigen Gestapo-Angehörigen der Weg in die dortige Polizei radikal versperrt blieb. Eine ähnliche Überlappung von Verfolgung von NS-Tätern und reiner Herrschaftssicherung galt auch für die sowjetischen Speziallager, in denen nicht nur Funktionäre von NS-Organisationen, sondern auch potentielle Widersacher der Besatzungsmacht festgesetzt wurden.[181] Gleichwohl verkündete das „Neue Deutschland“ der SED bereits im April 1948: „Unter die Vergangenheit ist ein Schlußstrich gezogen. Die wirklichen Naziverbrecher sind bestraft und ausgeschaltet.“[182] Damit glaubte die Sowjetzone die Nase vorn zu haben und gleichzeitig ein kräftiges Integrationssignal aussenden zu können.

Bis Anfang der 1950er Jahre hielten die Sowjets an einer drakonischen Straf- und Internierungspraxis fest. Zwischen 1945 und 1950 verurteilten die deutschen Gerichte in der Ostzone bzw. in der DDR 12151 Menschen wegen NS- und Kriegsverbrechen.[183] Davon führten allein die jeder Rechtsstaatlichkeit

Hohn spottenden Waldheim-Prozesse im Jahr 1950 zu 4092 Urteilen, nachdem die Besatzungsmacht im Vorfeld auf einen raschen Abschluß der NS-Strafverfahren gedrängt hatte.[184] Anschließend war ähnlich wie in der Bundesrepublik auch in der DDR eine Art Schlußstrichmentalität vorherrschend. Jedenfalls sank die Zahl der Urteile auf diesem Sektor rapide: Von 332 im Jahr 1951 ging sie auf 23 im Jahr 1955 zurück, um dann bis auf sechs im Jahr 1959 zu fallen. Von 1956 bis 1964 wurden jährlich höchstens zehn Personen verurteilt. Insgesamt erhielten zwischen 1951 und 1964 329 NS-Verbrecher einen Schuldspruch, 286 vor und 46 nach 1956.[185] Da das Verhältnis der Anzahl der Urteile in West- und Ostdeutschland drei zu eins beträgt, läßt dies darauf schließen, daß die DDR trotz ihrer antifaschistischen Selbstlegitimation bei der Verfolgung von NS-Straftaten noch weniger Initiative an den Tag legte als die Bundesrepublik. Allerdings gelang es ihr immer wieder, dieses zahlenmäßige Manko durch harte und öffentlichkeitswirksame Schuldsprüche zu überspielen – etwa bei dem Todesurteil gegen den Warschauer Ghetto-Mörder und Gestapo-Angehörigen Josef Blösche 1969 oder bei der Verhängung lebenslanger Haft gegen den Judenreferenten der Stapo-Leitstelle Dresden, Henry Schmidt, 1987.[186] Und nicht zuletzt trugen auch die Propagandakampagnen gegen Nationalsozialisten in der westdeutschen Politik, Justiz und Polizei[187] erfolgreich dazu bei, von dem Faktum abzulenken, daß in der DDR nie systematisch und umfassend gegen NS-Täter ermittelt wurde.

Denn dies hätte das Eingeständnis bedeutet, daß auch auf dem Boden dieses antifaschistisch definierten Staates noch massenhaft Menschen lebten, die schuldhaft in die Untaten des Dritten Reiches verwickelt waren. Nach dieser Logik hätten derartige Enthüllungen, insbesondere mit wachsendem zeitlichen Abstand zum Krieg, einen Imageschaden für die DDR mit sich gebracht. Im ideologischen Wettstreit mit der Bundesrepublik erschien die Entlarvung von NS-Tätern auf eigenem Territorium somit kontraproduktiv. Obwohl oder gerade weil das Ministerium für Staatssicherheit (MfS) in seinem Historischen Archiv in der Freienwalder Straße in Ostberlin wahre Aktenberge aufhäufte und mit der Zeit eine Art Monopolstellung auf dem Feld der Strafverfolgung von NS-Verbrechen erkämpfte, blieb diese in der DDR stark von Opportunitätserwägungen geprägt. Sicherheitspolitische Gesichtspunkte besaßen Vorrang, während Aufklärung und Sühne aus der Perspektive des MfS oftmals nur ein nachgeordneter Stellenwert zukam. Grundsätzlich wirkte sich diese Prioritätensetzung dahingehend aus, daß die Offenlegung einer NS-Belastung nur dann erfolgte, wenn sich der Geheimdienst vergewissert hatte, daß der DDR daraus keine innen- oder außenpolitischen Legitimationsschäden erwachsen konnten.[188]

In der Praxis bedeutete dies eine höchst selektive Strafverfolgung. Die wenigen NS-Verfahren, die in den Jahren zwischen 1960 und 1989 von DDR-Gerichten verhandelt wurden – insgesamt waren in diesem Zeitraum nicht mehr als 114 rechtskräftige Urteile zu verzeichnen –, waren überwiegend Vorzeigeprozesse. Ihnen kam die propagandistische Funktion zu, den von der DDR beanspruchten Nimbus der Unnachgiebigkeit zu belegen. Zugespitzt formuliert, ging es den MfS-Ermittlern weniger darum, NS-Täter zu fassen als den ideologischen Gegner zu entlarven. So kam es zu dem erwähnten Todesurteil gegen Blösche wohl vor allem darum, weil sich so die Hamburger Staatsanwaltschaft bloßstellen ließ, die damals bereits fast zehn Jahre lang erfolglos gegen dessen Vorgesetzten, Dr. Ludwig Hahn, ermittelte.[189] Bei dem erwähnten Prozeß gegen Schmidt war dagegen das Ringen um internationale Anerkennung von ausschlaggebender Bedeutung. Oder man führte Prestigeverfahren wie das gegen Dr. Horst Fischer, den stellvertretenden SS-Standortarzt von Auschwitz, da die DDR-Führung glaubte, dem großen Frankfurter Auschwitz-Prozeß etwas eigenes entgegensetzen zu müssen.[190] Die Regel war dies allerdings keineswegs. Vielfach unterblieben genauere Nachforschungen zu Verbrechen vor 1945, weil dies aus Sicht des MfS einen Zielkonflikt verursacht hätte. Häufig genug warb die Staatssicherheit aber auch ehemalige Gestapo- oder SD-Angehörige in Kenntnis ihrer früheren Funktionen an, um sie – teilweise in Absprache mit sowjetischen Stellen – als Spitzel einzusetzen. Dabei wurde die bekanntgewordene NS-Belastung als Druckmittel benutzt, um die Betroffenen zur Mitarbeit zu zwingen.[191] So konnten einstige Bedienstete der Geheimen Staatspolizei durchaus auch in der DDR einen ruhigen Lebensabend verbringen. Sie konnten aber auch – falls dies opportun erschien – unterm Fallbeil oder per Genickschuß enden, und sie konnten ebenso – falls das MfS dies entschied – noch jahrzehntelang als verdiente Informelle Mitarbeiter auf dessen Gehaltslisten stehen. Der nichtexistente Rechtsstaat machte es möglich.

Österreich: Aus Tätern werden Opfer

Die Moskauer Deklaration der drei alliierten Außenminister vom 1. November 1943, die Österreich als „das erste freie Land" bezeichnete, „das der typischen Angriffspolitik Hitlers zum Opfer fiel", begründete die offizielle Nachkriegsidentität der Alpenrepublik. Denn die maßgeblichen Vertreter von SPÖ, ÖVP und KPÖ, die Ende April 1945 eine erste provisorische Regierung bildeten, griffen diese Okkupationsthese natürlich auf. Sie definierten das Land als Beute des nationalsozialistischen Deutschen Reiches, als militärisch besetztes Gebiet, das „macht- und willenlos geworden" sei und die deutsche Herrschaft und den Krieg unter großen Verlusten erlitten habe.[192] Damit erhielt die Behauptung, Opfer und nicht Mitschuldiger gewesen zu sein, den Rang einer Staatsdoktrin, die das Selbstverständnis des Landes zutiefst prägte.[193] Denn dieses alliierte Geschenk einer weißen Weste, das die Österreicher in die Lage versetzte, sich auf die nationale Versöhnung zu konzentrieren, statt sich mit ihrer fragwürdigen Vergangenheit auseinandersetzen zu müssen, wurde gerne akzeptiert. Bereits Anfang März 1947 sahen 71 Prozent der Befragten keine Mitschuld des Landes am Zweiten Weltkrieg. 15 Prozent glaubten, die Österreicher seien nur teilweise mitverantwortlich, und lediglich vier Prozent anerkannten eine Mitschuld.[194] Damit wurde nicht nur der Staat, sondern auch die gesamte Bevölkerung ohne Unterschied viktimisiert.

Daß es eine eigene österreichische Vorgeschichte des Nationalsozialismus gab, daß die einmarschierenden deutschen Soldaten 1938 in einem wahren Freudendelirium empfangen wurden, daß die antisemitischen Pogrome im Anschluß daran ein enormes Ausmaß erreichten, daß 99,75 Prozent der „Ostmärker" bei der Volksabstimmung am 10. April für die „Wiedervereinigung" stimmten – all das geriet in Vergessenheit.[195] Hitlers Geburt in Österreich war nur mehr ein peinlicher geographischer Zufall. Daß die dortige Gesellschaft mit fast 700000 Parteigenossen eine höhere Mitgliederdichte aufwies als die NSDAP in der Gesellschaft des „Altreichs", daß Österreicher maßgeblich in Besatzungsverwaltungen tätig, an Kriegsverbrechen und Umsiedlungen, an der Vernichtungs- und Vertreibungspolitik beteiligt waren, besaß geringe Bedeutung. Daß mit Eichmann, Kaltenbrunner, Odilo Globocnik und Hermann Höfle Österreicher zu den Hauptorganisatoren der „Endlösung" gehörten, daß drei Viertel der Kommandanten der Vernichtungslager und 80 Prozent der „Eichmann-Männer" aus diesem Land stammten, interessierte nur wenige.[196] Auch das Faktum, daß das Personal der Gestapo in der „Ostmark" in weit höherem Maße ausgezeichnet wurde als das der Stapo-Stellen im „Altreich", machte niemanden stutzig.[197] Denn das Eingeständnis von Mittäterschaft und -verantwortung war mit der Vorstellung von Österreich als kollektivem Opfer unvereinbar.[198]

Eigens dafür geschaffene Volksgerichte begannen noch 1945 mit der Aufarbeitung der österreichischen NS-Vergangenheit. Bis zu ihrer Auflösung im Dezember 1955 – kurz nachdem der Staatsvertrag dem Land seine Souveränität zurückgegeben hatte – fällten sie 13607 Schuldsprüche. Allerdings erging das Gros dieser Urteile wegen politischer Delikte wie „Illegalität" und „Registrierungsbetrug". Es handelte sich also um Verstöße gegen das Verbots- bzw. Nationalsozialistengesetz, die in den Westzonen durch Spruchkammerverfahren abgehandelt wurden. Lediglich 4779 Schuldsprüche basierten auf dem Kriegsverbrechergesetz, waren also mit den Urteilen der westdeutschen Strafjustiz wegen NS-Gewaltverbrechen gleichzusetzen.[199] Zudem ergingen sie dominant in der unmittelbaren Nachkriegszeit. Denn 1947 brach der antifaschistische Grundkonsens der Parteien auseinander und wich in der Folge einem Wettrennen von ÖVP und SPÖ um die Stimmen der „Ehemaligen". Wichtigster Schritt dazu war der Erlaß einer Minderbelastetenamnestie 1948. Von den 573000 Registrierten galten damit lediglich noch 42000 als belastet, während die übrigen nunmehr wahlberechtigt waren. Parallel dazu erlahmte die justitielle Aufarbeitung. Die Zahl der Strafverfahren gegen einstige Nationalsozialisten ging seit 1948 pro Jahr um mehr als 50 Prozent zurück und tendierte nach

1955 sogar gegen null. Danach kam es nur noch zu 48 Anklagen wegen NS-Verbrechen, von denen lediglich 18 mit Schuldsprüchen endeten. Ein letztes Urteil auf diesem Feld wurde 1975 gesprochen: ein Freispruch in einem Mauthausen-Prozeß.[200]

Natürlich profitierten auch Gestapo-Angehörige von der spezifisch österreichischen Streitvermeidungskultur. Ein Musterbeispiel ist das Verfahren gegen Franz Novak, einst Eichmanns Transportoffizier im RSHA, der sich mit dem Argument verteidigte: „Auschwitz war für mich nur ein Bahnhof." Das erstgerichtliche Urteil von 1964 lautete acht Jahre, wurde jedoch vom Obersten Gerichtshof teilweise kassiert. Als ein Wiener Geschworenengericht 1966 Novak den Befehlsnotstand zubilligte und zu einem Freispruch kam, verfügte der Oberste Gerichtshof eine neuerliche Verhandlung. Diese führte 1969 zu einem Schuldspruch und einer Verurteilung zu neun Jahren Haft. Doch zum dritten Mal hob das Oberste Gericht diese Entscheidung auf. 1972 kam ein Schwurgericht dann erneut zu einem Urteil und verhängte gegen Novak sieben Jahre Gefängnis – allerdings auf Bewährung. Damit endete diese Justizposse, da einer Revision diesmal nicht stattgegeben wurde.[201] Als im selben Jahr Fritz Ertl und Walter Dejaco, die Erbauer der Gaskammern von Auschwitz-Birkenau, freigesprochen wurden, schrieb der einstige Auschwitz-Häftling Hermann Langbein: „Manche zogen aus dem Fehlurteil den Schluß, daß Geschworenengerichtsbarkeit eben doch nicht am Platz sei. Ich meine, daß der Spruch der Geschworenen besser als Mahnung hätte aufgefaßt werden müssen, einer Auseinandersetzung mit unserer Vergangenheit nicht weiter auszuweichen. Die Geschworenen sprachen mit der Stimme eines Volkes, das nicht zum Nachdenken veranlaßt worden war."[202]

Daß sich angesichts einer derart laxen Verfolgung von NS-Verbrechen der nationale Opfermythos eher noch konsolidierte, liegt auf der Hand. So entstand – kaum vorstellbar in beiden deutschen Staaten – eine breite Bewegung zur Errichtung von Denkmälern für die Gefallenen des Zweiten Weltkrieges, die seit 1950 gewissermaßen zur Norm des kollektiven Erinnerns avancierten.[203] Der Vorschlag der ÖVP, das Konzentrationslager Mauthausen abzureißen und statt dessen ein leuchtendes, weithin sichtbares Kreuz zu errichten, scheiterte lediglich am Einspruch der sowjetischen Besatzungsmacht. Die 1949 im Lager eingerichtete Gedenkstätte hingegen wurde von der Presse als „unösterreichisch" oder „landfremd" verhöhnt.[204] Ähnlich wie die DDR verweigerte auch Österreich Entschädigungen für die Überlebenden der Shoah: „Österreich, das damals infolge der Besetzung durch fremde Truppen keine eigene Regierung hatte, hat diese Maßnahmen weder verfügt, noch konnte es sie verhindern. Nach Völkerrecht hätte sich daher der Entschädigungsanspruch der österreichischen Juden gegen das Deutsche Reich und nicht gegen Österreich zu richten", beschloß bereits die provisorische Staatsregierung bei Kriegsende.[205] 1946 bekannte der spätere Bundeskanzler Leopold Figl: „Wir heißen alle Österreicher willkommen, aber als Österreicher, nicht als Juden."[206] Die Regierung verkleidete so eine effektive Diskriminierung in eine Sprache der Gleichheit. Die mit einem feinen musikalischen Sinn ausgestattete österreichische Nachkriegsgesellschaft scheute nicht einmal davor zurück, überlebende Juden als „Hitlers Unvollendete" zu bezeichnen.[207] Im August 1946 lehnten 46 Prozent der Befragten deren Rückkehr kategorisch ab; nur 28 Prozent standen ihr positiv gegenüber.[208] Und im September 1947 waren in Bad Ischl Sprechchöre zu vernehmen mit dem Ruf: „Hängt die Juden!"[209] Daß unter solchen Umständen Österreichs Nachkriegsantisemitismus noch virulenter war als der in der Bundesrepublik, ist wenig verwunderlich.[210]

Insbesondere die durch Simon Wiesenthal von Wien aus betriebene Suche nach NS-Verbrechern war vielen Österreichern ein steter Dorn im Auge. Denn er erinnerte sie an die eigene Vergangenheit, der sie sich weder politisch noch juristisch oder in der schulischen Erziehung stellen wollten. Zudem verhagelte Wiesenthal die symbolische Krönung des Projekts der nationalen Versöhnung beim Beginn der Ära Bruno Kreisky 1970/71. Denn ein jüdischer Bundeskanzler, der vier ehemalige Nationalsozialisten in sein Kabinett berief, war der ideale Verteidiger der landeseigenen Geschichtsinterpretation, da er nun als einstiger Verfolgter den Österreichern Absolution erteilte. Doch Wiesenthal deckte die biographischen Hintergründe von Kreiskys Mitstreitern auf und wurde daraufhin von diesem als „Mossad-Agent", „Nazi-Kollaborateur" und „jüdischer Faschist" denunziert. 1975 wiederholte sich dieses unwürdige Spiel: Wiesenthal enthüllte, daß der FPÖ-Parteiobmann Friedrich Peter, mit dem Kreisky gerade eine kleine Koalition bilden wollte, einst Angehöriger der 1. SS-Infanterie-Brigade, einer 1941 überaus aktiven Judenmordeinheit, gewesen war.[211] Nunmehr mußte er sich vom Bundeskanzler den Vorwurf einer „zionistischen Einmischung" in die inneren Angelegenheiten Österreichs gefallen lassen.[212]

Genau zehn Jahre später ereignete sich der nächste Skandal in der alpenländischen Vergangenheitspolitik: Im Januar 1985 empfing der in der FPÖ beheimatete Verteidigungsminister Friedhelm Frischenschlager den aus italienischer Haft entlassenen österreichischen Kriegsverbrecher Walter Reder[213] auf dem Grazer Flughafen per Handschlag.[214] Im März 1986 kam es schließlich zu den ersten Enthüllungen über die Kriegsvergangenheit des damaligen Bundespräsidentschaftskandidaten Kurt Waldheim. Als der World Jewish Congress ihn daraufhin als „Kriegsverbrecher" bezeichnete, löste dies offenen Antisemitismus bis hinein in die Reihen der ÖVP aus. Viele Österreicher sahen in Waldheim nunmehr ein „Opfer der Juden" und wählten ihn darum erst recht zum Staatsoberhaupt.[215] Allerdings bewirkte die internationale und nationale Debatte darüber eine allmähliche Erosion der Opferthese. Gleichwohl hat sie bis heute ihren Platz als Bestandteil des österreichischen Geschichtsnarrativs noch nicht vollkommen eingebüßt.[216] Es bleibt deswegen eine offene Frage, wie weit die Amnesie in der Gesellschaft der Alpenrepublik noch anhält oder wie weit die Aufarbeitung wirklich gekommen ist, inwieweit das alte Motto der österreichischen Lebenslüge „Das waren ja die Deutschen, nicht wir“ immer noch gilt.

Abschließend noch einige editorische Bemerkungen sowie Worte des Dankes: Wie immer wurden alle Beiträge nach den bewährten Regeln der alten Rechtschreibung verfaßt bzw. redigiert. Der Begriff ‚Gestapo‘ wird in dem vorliegenden Band erheblich weiter gefaßt als in den beiden vorangegangenen Büchern zum Thema. Diese größere Unschärfe ist nicht das Resultat begrifflicher Laxheit, sondern entspringt der wachsenden Durchmischung der verschiedenen ‚Waffengattungen‘ des Himmlerschen Imperiums im Zweiten Weltkrieg. So besetzten SD-Angehörige die Chefsessel von Stapo-Stellen, wurden BdS bzw. KdS, traten an die Spitze der EK, übernahmen also Aufgaben der staatspolizeilichen Exekutive. Dasselbe galt für Angehörige der Kripo, die zudem in den KdS-Dienststellen häufig mit der Funktion des Leiters IV, also der Gegnerbekämpfung, betraut wurden. Umgekehrt sahen sich auch Gestapo-Bedienstete zu Dienststellen der Kripo versetzt oder fanden Verwendung beim SD-Auslandsnachrichtendienst, etwa bei dessen Unternehmen „Zeppelin“. Mehr noch: Bei vielen Massakern wie in Babij Jar oder bei der „Aktion Erntefest“ stellten Bataillone der Ordnungspolizei die Mehrzahl der Täter. Diese Durchmischung ist also zu berücksichtigen, gerade weil Verbrechen in genau dieser Gemengelage nach 1945 Konflikte für deren Akteure mit sich brachten.

Gegliedert ist der Band in drei Blöcke. Zunächst stehen Karrieren in der Nachkriegszeit im Mittelpunkt. Gerald Steinacher (Bozen) begibt sich auf der Basis neuer Quellenfunde auf die Spur der „Rattenlinie“, jener über die Alpen und Italien führenden legendären Fluchtroute von NS-Verbrechern nach Südamerika. Martin Cüppers (Berlin) geht am Beispiel von Walther Rauff der Frage nach, wie ein Massenmörder trotz internationaler Auslieferungsersuchen an das Gastland dort gleichwohl einen ruhigen Lebensabend verbringen konnte. Stephen Tyas (St. Albans) schildert, wie der britische Geheimdienst einem hohen RSHA-Funktionär den Kopf rettete, weil er dessen Kenntnisse über die Sowjetunion abschöpfen wollte. Stephan Linck (Kiel) zeichnet nach, wie sich die Absolventen der Kommissarlehrgänge an der Führerschule der Sicherheitspolizei nach 1945 in Spitzenpositionen der westdeutschen Kriminalpolizei und im Bundeskriminalamt breitmachten. Bernhard Brunner (Karlstadt) analysiert am Beispiel der KdS in Frankreich, warum deren Mitwirkung an den Deportationen nur zu einer einzigen Verurteilung führte und ansonsten das berufliche Fortkommen keineswegs behinderte. Jacek Andrzej Młynarczyk (Warschau) untersucht, wie sich ein NS-Verbrecher im Wirtschaftswunder einrichtete und die westdeutsche Justiz mehr als ein Jahrzehnt brauchte, um ihn einer Strafe zuzuführen. David M. Mintert (Wuppertal) schließlich stellt einen absoluten Ausnahmefall vor: einen Täter, der Schuld und Reue empfindet.

Im zweiten Block geht es um Konflikte wegen der Vergangenheit. Jan Kiepe (Erfurt) wendet sich zunächst dem gesellschaftlichen und rechtspolitischen Ermittlungsumfeld zu. Jürgen Matthäus (Washington D.C.) gelingt anschließend der Einblick in ein quellenmäßig nur schwer zugängliches Feld, indem er zum ersten Mal das Wirken der kriminalpolizeilichen Sonderkommissionen genauer unter die Lupe nimmt. Annette Weinke (Berlin) beleuchtet, wie und warum die größte geplante Prozeßserie – die gegen die RSHA-Angehörigen – komplett scheiterte. Peter Klein (Berlin) skandalisiert die Praxis der Gehilfenjudikatur am Beispiel des Massenmörders Dr. Otto Bradfisch. Jochen Böhler (Warschau) seziert die nahezu erfolglosen Ermittlungen zur „Aktion Erntefest“ mit ihren über 42000 Toten. Klaus-Michael Mallmann (Ludwigsburg) rekonstruiert die akribische Arbeit eines Voruntersuchungsrichters, um einen Täter hinter Gitter zu bringen. Andrej Angrick (Berlin) geht abschließend mit der DDR ins Gericht, deren MfS auch einstige Gestapo-Angehörige als V-Leute anwarb.

Der dritte Block beleuchtet Konstruktionen, Bilder- und Gedankenwelten von der bzw. über die Geheime Staatspolizei nach 1945. Klaus-Michael Mallmann widmet sich dort der Frage, was man seitdem über die Täter dachte. Akim Jah (Berlin) beschäftigt sich mit Aussagestrategien angeschuldigter Gestapo-Beamter. Andrej Angrick geht anschließend den vielen Facetten auf dem Feld der Cineastik nach, die die Gestapo international hinterlassen hat.

Unser Dank gilt zunächst und vor allem den Autoren, die sich auf dieses Projekt eingelassen haben und sich dabei mancherlei Eingriffe in ihre Texte gefallen lassen mußten. Gleichwohl war die Zusammenarbeit vorzüglich. Dasselbe betrifft wieder einmal Daniel Zimmermann (Darmstadt), der als Lektor der WBG den Band sicher durch alle Verlagsklippen steuerte. Danken möchten wir auch Martin Cüppers, der alle Manuskripte las und wichtige Verbesserungsvorschläge machte. Ein besonderer Dank geht an Heidrun Baur (Ludwigsburg), die die Texte bearbeitete und die Register erstellte. Nach „Die Gestapo – Mythos und Realität“ und „Die Gestapo im Zweiten Weltkrieg“ ist damit die Trilogie zum Thema abgeschlossen und vollständig. Die Arbeit daran hat manches Haar grau werden lassen.

Anmerkungen

1 Vermerk RSHA I A 1 a v. Februar 1944, BAB, R 58/932.

2 Vgl. Michael Wildt: Götzendämmerung. Das Reichssicherheitshauptamt im letzten Kriegsjahr, in: Sowi 24(1995), S. 101–108; Stephan Linck: ‚Festung Nord‘ und ‚Alpenfestung‘. Das Ende des NS-Sicherheitsapparates, in: Gerhard Paul/Klaus-Michael Mallmann (Hrsg.): Die Gestapo im Zweiten Weltkrieg. ‚Heimatfront‘ und besetztes Europa, Darmstadt 2000, S. 569–595.

3 Zentral bisher dazu: Gerhard Paul: Zwischen Selbstmord, Illegalität und neuer Karriere. Ehemalige Gestapo-Bedienstete im Nachkriegsdeutschland, in: ders./Klaus-Michael

Mallmann (Hrsg.): Die Gestapo – Mythos und Realität, Darmstadt 1995, S. 529–547; Ulrich Herbert: Rückkehr in die Bürgerlichkeit? NS-Eliten in der Bundesrepublik, in: Bernd Weisbrod (Hrsg.): Rechtsradikalismus in der politischen Kultur der Nachkriegszeit. Die verzögerte Normalisierung in Niedersachsen, Hannover 1995, S. 157–173; Michael Wildt: Generation des Unbedingten. Das Führungskorps des Reichssicherheitshauptamtes, Hamburg 2002, S. 731–845; kompakt zum Nachkriegsschicksal der Gestapo-Angehörigen in Schleswig-Holstein, Baden u. Leipzig: Gerhard Paul: Staatlicher Terror und gesellschaftliche Verrohung. Die Gestapo in Schleswig-Holstein, Hamburg 1996, S. 236–259; Michael Stolle: Die Geheime Staatspolizei in Baden. Personal, Organisation, Wirkung und Nachwirken einer regionalen Verfolgungsbehörde im Dritten Reich, Konstanz 2001, S. 283–341; Hans-Dieter Schmid: Gestapo Leipzig. Politische Abteilung des Polizeipräsidiums und Staatspolizeistelle Leipzig 1933–1945, Beucha 1997, S. 69–83; Norbert Frei (Hrsg.): Karrieren im Zwielicht. Hitlers Eliten nach 1945, Frankfurt/M.-New York 2001, spart das Thema völlig aus; unverzichtbar zum Gesamtkontext: Peter Reichel: Vergangenheitsbewältigung in Deutschland. Die Auseinandersetzung mit der NS-Diktatur von 1945 bis heute, München 2001.

4 Der Prozeß gegen die Hauptkriegsverbrecher vor dem Internationalen Militärgerichtshof Nürnberg 14. November 1945 – 1. Oktober 1946, Bd. 1, Nürnberg 1947, S. 294–301; vgl. Bradley F. Smith: Reaching Judgement at Nuremberg, New York 1977; Telford Taylor: Die Nürnberger Prozesse. Hintergründe, Analysen und Erkenntnisse aus heutiger Sicht, München 1994; Joe J. Heydecker/Johannes Leeb: Der Nürnberger Prozeß. Bilanz der tausend Jahre, Köln 2003; kompakter Überblick: Annette Weinke: Die Nürnberger Prozesse, München 2006.

5 Peter Black: Ernst Kaltenbrunner. Vasall Himmlers: Eine SS-Karriere, Paderborn u. a. 1991, S. 283–302.

6 Robert Sigel: Im Interesse der Gerechtigkeit. Die Dachauer Kriegsverbrecherprozesse 1945–1948, Frankfurt/M.-New York 1992; Ludwig Eiber/Robert Sigel (Hrsg.): Dachauer Prozesse. NS-Verbrechen vor amerikanischen Militärgerichten in Dachau 1945–1948. Verfahren, Ergebnisse, Nachwirkungen, Göttingen 2007; zum Hintergrund: Klaus-Michael Mallmann: „Volksjustiz gegen anglo-amerikanische Mörder". Die Massaker an westalliierten Fliegern und Fallschirmspringern 1944/45, in: Alfred Gottwaldt/Norbert Kampe/Peter Klein (Hrsg.): NS-Gewaltherrschaft. Beiträge zur historischen Forschung und juristischen Aufarbeitung, Berlin 2005, S. 202–213.

7 Kazimierz Leszczyński (Hrsg.): Fall 9. Das Urteil im SS-Einsatzgruppenprozeß, gefällt am 10. April 1948 in Nürnberg vom Militärgerichtshof II der Vereinigten Staaten von Amerika, Berlin (DDR) 1963; Ralf Ogorreck/Volker Rieß: Fall 9: Der Einsatzgruppenprozeß (gegen Otto Ohlendorf und andere), in: Gerd R. Ueberschär (Hrsg.): Der Nationalsozialismus vor Gericht. Die alliierten Prozesse gegen Kriegsverbrecher und Soldaten 1943–1952, Frankfurt/M. 1999, S. 164–175.

8 Abgedr. bei: Clemens Vollnhals (Hrsg.): Entnazifizierung. Politische Säuberung und Rehabilitierung in den vier Besatzungszonen 1945–1949, München 1991, S. 238 ff.

9 Ebd., S. 251; vgl. Christa Schick: Die Internierungslager, in: Martin Broszat/Klaus-Dietmar Henke/Hans Woller (Hrsg.): Von Stalingrad zur Währungsreform. Zur Sozialgeschichte des Umbruchs in Deutschland, München 1988, S. 301–325.

10 Eugen Kogon: Der Kampf um Gerechtigkeit, in: FH 2(1947), S. 373–383.

11 Zit. bei: Heiner Wember: Umerziehung im Lager. Internierung und Bestrafung von Nationalsozialisten in der britischen Besatzungszone Deutschlands, Essen 1991, S. 187.

12 Dto. ebd., S. 196.

13 Dto. ebd., S. 190.

[14] Lutz Niethammer: Zum Wandel der Kontinuitätsdiskussion, in: Ludolf Herbst (Hrsg.): Westdeutschland 1945–1955. Unterwerfung, Kontrolle, Integration, München 1986, S. 78.

[15] BAB, BDC, SSO Reinhard Breder; BB CdS Nr. 51 v. 14.11.1942, Nr. 17 u. 38 v. 17.4. u. 14.8.1943, ebd., RD 19/2.

[16] Interview mit Reinhard Breder am 19.9.1994.

[17] Reinhard Breder: Erinnerungen, Kopie des Ms. im Besitz der Verf.

[18] Kurt P. Tauber: Beyond Eagle and Swastika. German Nationalism Since 1945, Bd. 1, Middletown 1967, S. 239 ff.

[19] Karl Wilhelm Böttcher: Menschen unter falschem Namen, in: FH 4(1949), S. 492–511; Norbert Frei: Identitätswechsel. Die „Illegalen“ in der Nachkriegszeit, in: Helmut König/Wolfgang Kuhlmann/Klaus Schwabe (Hrsg.): Vertuschte Vergangenheit. Der Fall Schwerte und die NS-Vergangenheit der deutschen Hochschulen, München 1997, S. 207–222.

[20] Zit. bei: Michael Schornstheimer: Die leuchtenden Augen der Frontsoldaten. Nationalsozialismus und Krieg in den Illustriertenromanen der fünfziger Jahre, Berlin 1995, S. 59.

[21] BAL, ZK: Dr. Hans Fischer, Dr. Hans Ulrich Geschke, Wilhelm Bock, Hans Gerhard Schindhelm.

[22] Karla Müller-Tupath: Verschollen in Deutschland. Das heimliche Leben des Anton Burger, Lagerkommandant von Theresienstadt, Hamburg 1994.

[23] Klaus-Michael Mallmann/Jochen Böhler/Jürgen Matthäus: Einsatzgruppen in Polen. Darstellung und Dokumentation, Darmstadt 2008, S. 40, 104.

[24] Ebd., S. 23, 104; BAL, ZK: Oswald Poche.

[25] Vermerk ZSL v. 30.9.1959, ebd., B 162/2880, Bl. 713 f.

[26] Christian Goeschel: Suicide at the End of the Third Reich, in: JCH 41(2006), S. 153–173.

[27] BAL, ZK: Dr. Max Thomas, Walter Bierkamp, Karl-Heinz Stoßberg, Heinz Seetzen, Heinrich Fehlis, Dr. Max Großkopf, Karl-Heinz Rux, Rolf Günther; Andrej Angrick: Besatzungspolitik und Massenmord. Die Einsatzgruppe D in der südlichen Sowjetunion 1941–1943, Hamburg 2003, S. 723; Claudia Steur: Theodor Dannecker. Ein Funktionär der „Endlösung“, Essen 1997.

[28] BAL, ZK: Friedrich Mußgay; vgl. Jürgen Schuhladen-Krämer: Die Exekutoren des Terrors. Hermann Mattheiß, Walter Stahlecker, Friedrich Mußgay, in: Michael Kißener/ Joachim Scholtyseck (Hrsg.): Die Führer der Provinz. NS-Biographien aus Baden und Württemberg, Konstanz 1997, S. 405–443.

[29] BAL, ZK: Friedrich Panzinger.

[30] Ebd.: Karl Jäger; vgl. Wolfram Wette: Verweigerte Erinnerung. Der Fall Karl Jäger, in: GWU 55(2004), S. 83–94.

[31] BAL, ZK: August Meier.

[32] Ebd.: Rudolf Batz.

[33] Ebd.: Dr. Herbert Zimmermann; vgl. Freia Anders/Hauke-Hendrick Kutscher/Katrin Stoll (Hrsg.): Białystok in Bielefeld. Nationalsozialistische Verbrechen vor dem Landgericht Bielefeld 1958 bis 1967, Bielefeld 2003.

[34] BAL, ZK: Dr. Ernst Ehlers.

[35] Klaus-Dietmar Henke: Die Trennung vom Nationalsozialismus. Selbstzerstörung, politische Säuberung, „Entnazifizierung“, Strafverfolgung, in: ders./Hans Woller (Hrsg.): Politische Säuberung in Europa. Die Abrechnung mit Faschismus und Kollaboration nach dem Zweiten Weltkrieg, München 1991, S. 74.

[36] Bogdan Musial: NS-Kriegsverbrecher vor polnischen Gerichten, in: VfZ 47(1999), S. 25–56.

[37] BAL, ZK: Dr. Wilhelm Fuchs, Ludwig Teichmann, Erich Roth, Josef Vogt; Hans-Joachim Lang: Ernst Weinmann: Tübinger Oberbürgermeister und Belgrader Deportationsminister, in: Benigna Schönhagen (Hrsg.): Nationalsozialismus in Tübingen, vorbei und vergessen, Tübingen 1992, S. 208–220.

[38] Tom Bower: Klaus Barbie. Lyon, Augsburg, La Paz – Karriere eines Gestapo-Chefs, Berlin 1984; vgl. Christopher Simpson: Der amerikanische Bumerang. NS-Kriegsverbrecher im Sold der USA, Wien 1988.

[39] Matthias Schröder: Ost-Kalkül ohne Bruch. Deutschbaltische SS-Führer nach 1945 im Fokus von Justiz und im Schutz von Geheimdiensten, in: Timm C. Richter (Hrsg.): Krieg und Verbrechen. Situation und Intention: Fallbeispiele, München 2006, S. 243–253.

[40] Klaus-Michael Mallmann: Der Krieg im Dunkeln. Das Unternehmen „Zeppelin" 1942–1945, in: Michael Wildt (Hrsg.): Nachrichtendienst, politische Elite und Mordeinheit. Der Sicherheitsdienst des Reichsführers SS, Hamburg 2003, S. 345.

[41] Hermann Zolling/Heinz Höhne: Pullach intern. General Gehlen und die Geschichte des Bundesnachrichtendienstes, Hamburg 1971; Mary Ellen Reese: Organisation Gehlen. Der Kalte Krieg und der Aufbau des deutschen Geheimdienstes, Berlin 1992.

[42] Timothy Naftali: Reinhard Gehlen and the United States, in: Richard Breitman/Norman J. W. Goda/ders./Robert Wolfe: U.S. Intelligence and the Nazis, New York 2005, S. 383.

[43] Lutz Hachmeister: Die Rolle des SD-Personals in der Nachkriegszeit. Zur nationalsozialistischen Durchdringung der Bundesrepublik, in: Mittelweg 36, 11(2002), H. 2, S. 31 f.

[44] Paul: Terror (Anm. 3), S. 238 f.

[45] Heinz Felfe: Im Dienst des Gegners. Autobiographie, Berlin (DDR) ²1989; Udo Ulfkotte: Verschlußsache BND, München ³1997, S. 81–86; Wolfgang Kraushaar: Karriere eines Boxers. Johannes Clemens: Vom Gestapo-Schläger in Klemperers Tagebüchern zum Doppelagenten des KGB im BND, in: Mittelweg 36, 5(1996), H. 5, S. 3–18; Carsten Schreiber: Elite im Verborgenen. Ideologie und regionale Praxis des Sicherheitsdienstes der SS und seines Netzwerks am Beispiel Sachsens, München 2008, S. 279 ff., 287 ff.

[46] Ernst Klee: Persilscheine und falsche Pässe. Wie die Kirchen den Nazis halfen, Frankfurt/M. 1991; Rena u. Thomas Giefer: Die Rattenlinie. Fluchtwege der Nazis. Eine Dokumentation, Frankfurt/M. 1991; Holger M. Meding: Flucht vor Nürnberg? Deutsche und österreichische Einwanderung in Argentinien 1945–1955, Köln u. a. 1992; Uki Goñi: Odessa. Die wahre Geschichte. Fluchthilfe für NS-Kriegsverbrecher, Berlin-Hamburg 2006; Heinz Schneppen: Odessa und das Vierte Reich. Mythen der Zeitgeschichte, Berlin 2007; Oliver Schröm: Stille Hilfe für braune Kameraden. Das geheime Netzwerk der Alt- und Neonazis, Berlin 2001.

[47] Georg M. Hafner/Esther Schapira: Die Akte Alois Brunner. Warum einer der größten Naziverbrecher noch immer auf freiem Fuß ist, Frankfurt/M.-New York 2000.

[48] Klaus-Michael Mallmann/Martin Cüppers: Halbmond und Hakenkreuz. Das Dritte Reich, die Araber und Palästina, Darmstadt 2006, S. 243 f.; Victor Farías: Die Nazis in Chile, Berlin-Wien 2002, S. 291 ff.

[49] Wildt: Generation (Anm. 3), S. 738 f.

[50] Angrick (Anm. 27), S. 724.

[51] Sybille Steinbacher: „... nichts weiter als Mord". Der Gestapo-Chef von Auschwitz und die bundesdeutsche Nachkriegsjustiz, in: Norbert Frei/dies./Bernd C. Wagner (Hrsg.):

Ausbeutung, Vernichtung, Öffentlichkeit. Neue Studien zur nationalsozialistischen Lagerpolitik, München 2000, S. 281.

52 Justus Fürstenau: Entnazifizierung. Ein Kapitel deutscher Nachkriegspolitik, Neuwied-Berlin 1969; Lutz Niethammer: Die Mitläuferfabrik. Die Entnazifizierung am Beispiel Bayerns, Bonn 1982; Klaus-Dietmar Henke: Politische Säuberung unter französischer Besatzung. Die Entnazifizierung in Württemberg-Hohenzollern, Stuttgart 1981; Heiner Wember: Entnazifizierung nach 1945: Die deutschen Spruchgerichte in der britischen Zone, in: GWU 43(1992), S. 405–426; Tom Bower: Blind Eye to Murder. Britain, America and the Purging of Nazi Germany – a Pledge Betrayed, London 1981; Wolfgang Krüger: Entnazifiziert! Zur Praxis der politischen Säuberung in Nordrhein-Westfalen, Wuppertal 1982; Reinhard Grohnert: Die Entnazifizierung in Baden 1945–1949. Konzeption und Praxis der „Epuration" am Beispiel eines Landes der französischen Besatzungszone, Stuttgart 1991; Rainer Möhler: Entnazifizierung in Rheinland-Pfalz und im Saarland unter französischer Besatzung von 1945 bis 1952, Mainz 1992; Cornelia Rauh-Kühne: Die Entnazifizierung und die deutsche Gesellschaft, in: AfS 35(1995), S. 35–70; dies.: Wer spät kam, den belohnte das Leben: Entnazifizierung im Kalten Krieg, in: Detlef Junker (Hrsg.): Die USA und Deutschland im Zeitalter des Kalten Krieges 1945–1990. Ein Handbuch, Bd. 1, Stuttgart-München 2001, S. 112–123.

53 Vollnhals: Entnazifizierung (Anm. 8), S. 252.

54 Wember: Umerziehung (Anm. 11), S. 327.

55 Report Nr. 4626 des Office of Intelligence Research v. 15.4.1948: Der gegenwärtige Stand der Entnazifizierung in Westdeutschland u. Berlin, in: Alfons Söllner (Hrsg.): Zur Archäologie der Demokratie in Deutschland, Bd. 2: Analysen von politischen Emigranten im amerikanischen Außenministerium 1946–1949, Frankfurt/M. 1986, S. 232.

56 Thomas Mang: „Gestapo-Leitstelle Wien – Mein Name ist Huber". Wer trug die lokale Verantwortung für den Mord an den Juden Wiens?, Münster 2004, S. 177.

57 Ebd., S. 182.

58 Ebd., S. 185.

59 Anna J. u. Richard L. Merrit (Hrsg.): Public Opinion in Occupied Germany. The OMGUS Surveys, 1945–1948, Urbana u. a. 1970, S. 35.

60 Elisabeth Noelle/Erich Peter Neumann (Hrsg.): Jahrbuch der öffentlichen Meinung 1947–1955, Allensbach 1956, S. 140; vgl. Arnulf Kutsch: Einstellungen zum Nationalsozialismus in der Nachkriegszeit, in: Publizistik 40(1995), S. 415–447; Theodor W. Adorno: Schuld und Abwehr, in: Gruppenexperiment. Ein Studienbericht, bearb. v. Friedrich Pollock, Frankfurt/M. 1955, S. 278–428; Heidrun Kämper: Der Schulddiskurs in der frühen Nachkriegszeit. Ein Beitrag zur Geschichte des sprachlichen Umbruchs nach 1945, Berlin 2005.

61 Zit. bei: Clemens Vollnhals: Die Hypothek des Nationalprotestantismus. Entnazifizierung und Strafverfolgung von NS-Verbrechen nach 1945, in: GG 18(1992), S. 65.

62 Ders.: Evangelische Kirche und Entnazifizierung 1945–1949. Die Last der nationalsozialistischen Vergangenheit, München 1989.

63 Zit. bei: Frank Stern: Im Anfang war Auschwitz: Antisemitismus und Philosemitismus im deutschen Nachkrieg, Gerlingen 1991, S. 80.

64 Merrit/Merrit (Anm. 59), S. 146 f.; vgl. Michael Brenner: Nach dem Holocaust. Juden in Deutschland 1945–1950, München 1985; Angelika Königseder/Juliane Wetzel: Lebensmut im Wartesaal. Die jüdischen DPs (Displaced Persons) im Nachkriegsdeutschland, Frankfurt/M. 1994.

65 Wolfgang Benz: Antisemitismus nach Hitler. Beobachtungen der amerikanischen Militärregierung aus dem Jahre 1947, in: JfA 6(1997), S. 349–362; vgl. Werner Bergmann/

Rainer Erb: Wie antisemitisch sind die Deutschen? Meinungsumfragen 1945–1994, in: Wolfgang Benz (Hrsg.): Antisemitismus in Deutschland. Zur Aktualität eines Vorurteils, München 1995, S. 47–63.

66 Schornstheimer (Anm. 20), S. 13.

67 Adenauer an B. Custodis v. 23.2.1946, in: Konrad Adenauer: Briefe 1945–1947, hrsg. v. Rudolf Morsey, bearb. v. Hans Peter Mensing, Berlin 1983, S. 172 f.

68 Jeffrey Herf: Zweierlei Erinnerung. Die NS-Vergangenheit im geteilten Deutschland, Berlin 1998, S. 239–270.

69 Ulrich Herbert: Der Holocaust in der Geschichtsschreibung der Bundesrepublik Deutschland, in: ders./Olaf Groehler: Zweierlei Bewältigung. Vier Beiträge über den Umgang mit der NS-Vergangenheit in den beiden deutschen Staaten, Hamburg 1992, S. 67–86; Werner Bergmann: Die Reaktion auf den Holocaust in Westdeutschland von 1945 bis 1989, in: GWU 43(1992), S. 327–350.

70 Norbert Frei: Vergangenheitspolitik. Die Anfänge der Bundesrepublik und die NS-Vergangenheit, München 1996, S. 29–69, 100–131.

71 Ebd., S. 69–100; vgl. Christoph Kleßmann: Die doppelte Staatsgründung. Deutsche Geschichte 1945–1955, Bonn [3]1984, S. 251 ff.; Udo Wengst: Beamtentum zwischen Reform und Tradition. Beamtengesetzgebung in der Gründungsphase der Bundesrepublik Deutschland 1948–1953, Düsseldorf 1988.

72 Frank Liebert: „Die Dinge müssen zur Ruhe kommen, man muß einen Strich dadurch machen". Politische „Säuberung" in der niedersächsischen Polizei 1945–1951, in: Gerhard Fürmetz/Herbert Reinke/Klaus Weinhauer (Hrsg.): Nachkriegspolizei. Sicherheit und Ordnung in Ost- und Westdeutschland 1945–1969, Hamburg 2001, S. 71–103.

73 Paul: Terror (Anm. 3), S. 258.

74 Stolle (Anm. 3), S. 332.

75 Stefan Noethen: Alte Kameraden und neue Kollegen. Polizei in Nordrhein-Westfalen 1945–1953, Essen 2003, S. 396.

76 Ebd.; vgl. Christoph Graf: Politische Polizei zwischen Demokratie und Diktatur. Die Entwicklung der preußischen Politischen Polizei vom Staatsschutzorgan der Weimarer Republik zum Geheimen Staatspolizeiamt des Dritten Reiches, Berlin 1983, S. 336 f., 345 f.

77 Bernhard Brunner: Der Frankreich-Komplex. Die nationalsozialistischen Verbrechen in Frankreich und die Justiz der Bundesrepublik Deutschland, Göttingen 2004, S. 165.

78 Angrick (Anm. 27), S. 728.

79 Stolle (Anm. 3), S. 335 ff.

80 Ulrich-Dieter Oppitz: Strafverfahren und Strafvollstreckung bei NS-Gewaltverbrechen. Dargestellt an Hand von 542 rechtskräftigen Urteilen deutscher Gerichte aus der Zeit von 1946–1975, Ulm 1979, S. 347; vgl. Reinhard Henkys: Die nationalsozialistischen Gewaltverbrechen. Geschichte und Gericht, Stuttgart-Berlin 1964, S. 210 ff.

81 Norbert Steinborn/Karin Schanzenbach: Die Hamburger Polizei nach 1945. Ein Neuanfang, der keiner war, Hamburg 1990, S. 123 f.

82 Dieter Schenk: Auf dem rechten Auge blind. Die braunen Wurzeln des BKA, Köln 2001; Patrick Wagner: Hitlers Kriminalisten. Die deutsche Kriminalpolizei und der Nationalsozialismus, München 2002, S. 149–171; ders.: Die Resozialisierung der NS-Kriminalisten, in: Ulrich Herbert (Hrsg.): Wandlungsprozesse in Westdeutschland. Belastung, Integration, Liberalisierung 1945–1980, Göttingen 2002, S. 179–213.

83 Mallmann/Cüppers (Anm. 48), S. 202, 207, 218 f., 246 f.

84 Jürgen Matthäus: Georg Heuser – Routinier des sicherheitspolizeilichen Osteinsat-

zes, in: Klaus-Michael Mallmann/Gerhard Paul (Hrsg.): Karrieren der Gewalt. Nationalsozialistische Täterbiographien, Darmstadt 2004, S. 115–125.

85 Mallmann/Böhler/Matthäus (Anm. 23), S. 107.

86 ZSL an OStaw Gießen v. 20.4.1960, BAL, B 162/5235, Bl. 842ff.; Urteil LG Wiesbaden v. 1.3.1970, ebd., B 162/14513.

87 Liebert (Anm. 72), S. 96ff.

88 Angrick (Anm. 27), S. 726.

89 FAZ v. 9.9.1963.

90 Die Zeit v. 13.9.1963.

91 Vermerk BMI-Referat Z 2 v. 28.4.1964, BAK, B 106/63052.

92 Patrick Wagner: Ehemalige SS-Männer am „Schilderhäuschen der Demokratie"? Die Affäre um das Bundesamt für Verfassungsschutz 1963/64, in: Fürmetz/Reinke/Weinhauer (Anm. 72), S. 169–198; vgl. Johannes Tuchel: Zwischen kriminalistischer Recherche und brutaler Folter. Zur Tätigkeit der Gestapo-‚Sonderkommission Rote Kapelle', in: Paul/Mallmann: Die Gestapo – Mythos und Realität (Anm. 3), S. 379, 387.

93 Hans-Peter Schwarz: Die Ära Adenauer. Gründerjahre der Republik 1949–1957, Stuttgart 1981, S. 105; vgl. Hermann Josef Rupieper: Der besetzte Verbündete. Die amerikanische Deutschlandpolitik 1949–1955, Opladen 1991.

94 Richard L. Merrit: Digesting the Past: Views of National Socialism in Semi-Sovereign Germany, in: Societas 7(1977), S. 93–119.

95 Thomas Alan Schwartz: Die Begnadigung deutscher Kriegsverbrecher. John J. McCloy und die Häftlinge von Landsberg, in: VfZ 38(1990), S. 375–414; ders.: America's Germany. John McCloy and the Federal Republic of Germany, Cambridge/Mass.-London 1991; Christian Meier: Die Gnade der späten Verurteilung. Eine kurze Geschichte der Gnadenentscheidungen zu den zwölf Nürnberger Prozessen, in: 1999, 11(1996), S. 73–85.

96 Robert M. W. Kempner: Ankläger einer Epoche. Lebenserinnerungen, Frankfurt/M. u. a. 1983, S. 386.

97 Ulrich Brochhagen: Nach Nürnberg. Vergangenheitsbewältigung und Westintegration in der Ära Adenauer, Hamburg 1994, S. 32.

98 Joachim Perels: Amnestien für NS-Täter in der Bundesrepublik, in: Red. Kritische Justiz (Hrsg.): Die juristische Aufarbeitung des Unrechts-Staats, Baden-Baden 1998, S. 677–687; zur französischen Position: Claudia Moisel: Frankreich und die deutschen Kriegsverbrecher. Politik und Praxis der Strafverfolgung nach dem Zweiten Weltkrieg, Göttingen 2004.

99 Gotthard Jasper: Wiedergutmachung und Westintegration. Die halbherzige justizielle Aufarbeitung der NS-Vergangenheit in der frühen Bundesrepublik, in: Herbst (Anm. 14), S. 186.

100 Adalbert Rückerl: Die Strafverfolgung von NS-Verbrechen 1945–1978. Eine Dokumentation, Heidelberg-Karlsruhe 1979, S. 45f.

101 Norbert Frei: Hitlers Eliten nach 1945 – eine Bilanz, in: ders.: Karrieren (Anm. 3), S. 303–335.

102 Ders.: Vergangenheitspolitik (Anm. 70), S. 326–360; vgl. Henning Hansen: Die Sozialistische Reichspartei (SRP). Aufstieg und Scheitern einer rechtsextremen Partei, Düsseldorf 2007.

103 Frei: Vergangenheitspolitik (Anm. 70), S. 361–396; vgl. Rand C. Lewis: A Nazi Legacy. Right-Wing Extremism in Postwar Germany, New York u. a. 1991.

104 Niels Hansen: Aus dem Schatten der Katastrophe. Die deutsch-israelischen Beziehungen in der Ära Konrad Adenauer und David Ben Gurion, Düsseldorf 2002; Kai von Jena: Versöhnung mit Israel? Die deutsch-israelischen Verhandlungen bis zum Wieder-

gutmachungsabkommen von 1952, in: VfZ 34(1986), S. 457–480; Rainer Erb: Die Rückerstattung: ein Kristallisationspunkt für Antisemitismus, in: Werner Bergmann/ders. (Hrsg.): Antisemitismus in der politischen Kultur nach 1945, Opladen 1990, S. 238–252.

[105] Brochhagen (Anm. 97), S. 191 ff.; vgl. Hans-Jürgen Döscher: Verschworene Gesellschaft. Das Auswärtige Amt unter Adenauer zwischen Neubeginn und Kontinuität, Berlin 1995.

[106] Rainer Lächele: Vom Reichssicherheitshauptamt in ein evangelisches Gymnasium. Die Geschichte des Eugen Steimle, in: ders./Jörg Thierfelder (Hrsg.): Das evangelische Württemberg zwischen Weltkrieg und Wiederaufbau, Stuttgart 1995, S. 260–288.

[107] Vern. Helmut Looss v. 16. 2. 1965, BAL, B 162/3619.

[108] Stephan Linck: Ernst Szymanowski alias Biberstein – ein Theologe auf Abwegen, in: Mallmann/Paul: Karrieren (Anm. 84), S. 219–230.

[109] Bernhard Brunner: Lebenswege der deutschen Sipo-Chefs in Frankreich nach 1945, in: Herbert: Wandlungsprozesse (Anm. 82), S. 214–242.

[110] Lutz Hachmeister: Ein deutsches Nachrichtenmagazin. Der frühe „Spiegel" und sein NS-Personal, in: ders./Friedemann Siering (Hrsg.): Die Herren Journalisten. Die Elite der deutschen Presse nach 1945, München 2002, S. 87–120.

[111] Ders.: Der Gegnerforscher. Die Karriere des SS-Führers Franz Alfred Six, München 1998, S. 313 ff., 338 ff.

[112] Dieter Wolfanger: Anton Dunckern. Der erste Gestapochef des Saarlandes und spätere Befehlshaber der Sicherheitspolizei und des SD in Lothringen-Saarpfalz, in: JWLG 18(1992), S. 303–324.

[113] Ernst Klee: Was sie taten – Was sie wurden. Ärzte, Juristen und andere Beteiligte am Judenmord, Frankfurt/M. 1986, S. 239 ff.

[114] Gerhard Paul: „... zwinkerte man mit den Augen und schwieg". Schweigekartell und Weißwäschersyndikat im hohen Norden oder: Wie aus NS-Tätern und ihren Gehilfen Nachbarn und Kollegen wurden, in: ders.: Landunter. Schleswig-Holstein und das Hakenkreuz, Münster 2001, S. 346–389.

[115] Ders.: Selbstmord (Anm. 3), S. 540 f.

[116] Herbert: Rückkehr (Anm. 3); S. 170.

[117] Vermerk LGR Isphording/LG Essen v. 20. 12. 1962, BAL, B 162/3601, Bl. 3122 ff.

[118] Zit. bei: Ahlrich Meyer: Täter im Verhör. Die „Endlösung der Judenfrage" in Frankreich 1940–1944, Darmstadt 2005, S. 180.

[119] Ulrich Herbert: Best. Biographische Studien über Radikalismus, Weltanschauung und Vernunft 1903–1989, Bonn 1996, S. 501 ff.

[120] Zit. ebd., S. 641.

[121] Best an Oldach v. 28. 3. 1967, HStAD, AK, Gerichte Rep. 242/295.

[122] Oldach an Best v. 29. 3. 1967, ebd.

[123] Hendrik G. van Dam/Ralph Giordano (Hrsg.): KZ-Verbrechen vor deutschen Gerichten, Bd. 2: Einsatzkommando Tilsit. Der Prozeß zu Ulm, Frankfurt/M. 1966.

[124] Zur Vorbildfunktion des Urteils: Hermann Langbein: Im Namen des deutschen Volkes. Zwischenbilanz der Prozesse wegen nationalsozialistischer Verbrechen, Wien u. a. 1963, S. 79 ff.

[125] Urteil LG Ulm v. 29. 8. 1958, in: JuNSV, Bd. 15, Amsterdam 1976, lfd. Nr. 465.

[126] Klaus-Michael Mallmann: Die Türöffner der „Endlösung". Zur Genesis des Genozids, in: ders./Paul: Die Gestapo im Zweiten Weltkrieg (Anm. 2), S. 437 ff.

[127] Prot. 27. JM-Konferenz 1.–4. 10. 1958, BAK, B 141/33770; ausführlich dazu jetzt: Annette Weinke: Eine Gesellschaft ermittelt gegen sich selbst. Geschichte der Zentralen Stelle Ludwigsburg 1958–2008, Darmstadt 2008.

[128] Verwaltungsvereinbarung über die Errichtung einer zentralen Stelle der Landesjustizverwaltungen zur Aufklärung nationalsozialistischer Verbrechen v. 13.11.1958, BAK, B 141/33770.

[129] Adalbert Rückerl: NS-Verbrechen vor Gericht. Versuch einer Vergangenheitsbewältigung, Heidelberg 1984, S. 142ff.; vgl. Eberhard Rondholz: Die Ludwigsburger Zentrale Stelle zur Aufklärung nationalsozialistischer Verbrechen, in: Die juristische Aufarbeitung des Unrechts-Staats (Anm. 98), S. 669–676; Rüdiger Fleiter: Die Ludwigsburger Zentrale Stelle und ihr politisches und gesellschaftliches Umfeld, in: GWU 53(2002), S. 32–50; Michael Greve: Von Auschwitz nach Ludwigsburg. Zu den Ermittlungen der „Zentralen Stelle der Landesjustizverwaltungen zur Aufklärung nationalsozialistischer Gewaltverbrechen" in Ludwigsburg, in: Irmtrud Wojak/Susanne Meinl (Hrsg.): Im Labyrinth der Schuld. Täter – Opfer – Ankläger, Frankfurt/M. 2003, S. 41–63; Heike Krösche: „Die Justiz muß Farbe bekennen". Die öffentliche Reaktion auf die Gründung der „Zentralen Stelle der Landesjustizverwaltungen" 1958, in: ZfG 56(2008), S. 338–357.

[130] Annette Weinke: Die Verfolgung von NS-Tätern im geteilten Deutschland. Vergangenheitsbewältigungen 1949–1969 oder: Eine deutsch-deutsche Beziehungsgeschichte im Kalten Krieg, Paderborn u. a. 2002, S. 91 ff.

[131] Ebd., S. 76ff.; Michael Lemke: Instrumentalisierter Antifaschismus und SED-Kampagnenpolitik im deutschen Sonderkonflikt 1960–1968, in: Jürgen Danyel (Hrsg.): Die geteilte Vergangenheit. Zum Umgang mit Nationalsozialismus und Widerstand in beiden deutschen Staaten, Berlin 1995, S. 61–86.

[132] Michael Greve: Der justitielle und rechtspolitische Umgang mit den NS-Gewaltverbrechen in den sechziger Jahren, Frankfurt/M. u. a. 2001, S. 52.

[133] Ebd., S. 57.

[134] Deutscher Judengegner-Ring/Brigade Karlsruhe an LGR Herb/LG Karlsruhe v. 19.10.1961, BAL, B 162/2662.

[135] Beide Zit.: ZSL, GA IV-15.

[136] Lenka Šindelářová: 50 Jahre Zentrale Stelle und die Strafverfolgung von NS-Verbrechen in der Bundesrepublik, Magisterarbeit Prag 2008, S. 38ff.

[137] Kurt Hinrichsen: „Befehlsnotstand", in: Adalbert Rückerl (Hrsg.): NS-Prozesse. Nach 25 Jahren Strafverfolgung: Möglichkeiten – Grenzen – Ergebnisse, Karlsruhe 1971, S. 131–161.

[138] Barbara Just-Dahlmann/Helmut Just: Die Gehilfen. NS-Verbrechen und die Justiz nach 1945, Frankfurt/M. 1988; Jörg Friedrich: Die kalte Amnestie. NS-Täter in der Bundesrepublik, München-Zürich 1994, S. 400–434; Kerstin Freudiger: Die juristische Aufarbeitung von NS-Verbrechen, Tübingen 2002; dies.: Die blockierte Aufarbeitung von NS-Verbrechen in der Bundesrepublik, in: Joachim Perels/Rolf Pohl (Hrsg.): NS-Täter in der deutschen Gesellschaft, Hannover 2002, S. 119–135.

[139] Bettina Nehmer: Die Täter als Gehilfen? Zur Ahndung von Einsatzgruppenverbrechen, in: Die juristische Aufarbeitung des Unrechts-Staats (Anm. 98), S. 644ff.

[140] Greve: Umgang (Anm. 132), S. 358–385.

[141] Ebd., S. 386–393; Friedrich (Anm. 138), S. 434ff.; Weinke: Verfolgung (Anm. 130), S. 301 ff.

[142] Christa Hoffmann: Die justitielle „Vergangenheitsbewältigung" in der Bundesrepublik Deutschland. Tatsachen und Legenden, in: Uwe Backes/Eckhard Jesse/Rainer Zitelmann (Hrsg.): Die Schatten der Vergangenheit. Impulse zur Historisierung des Nationalsozialismus, Frankfurt/M.-Berlin 1990, S. 511.

[143] Siehe den Beitrag von Peter Klein in diesem Bd.

[144] Mallmann/Böhler/Matthäus (Anm. 23), S. 42, 83, 106, 166, 182, 189.

[145] Der Spiegel v. 17.3.1980; vgl. Heiner Lichtenstein: Im Namen des Volkes? Eine persönliche Bilanz der NS-Prozesse, Köln 1984, S. 124ff.

[146] Siehe den Beitrag von Klaus-Michael Mallmann über Albert Rapp in diesem Bd.

[147] SZ v. 14.11.1979; vgl. Lichtenstein (Anm. 145), S. 22ff.

[148] Matthias Meusch: Von der Diktatur zur Demokratie. Fritz Bauer und die Aufarbeitung der NS-Verbrechen in Hessen (1956–1968), Wiesbaden 2001; Irmtrud Wojak: Im Labyrinth der Schuld. Fritz Bauer und die Aufarbeitung der NS-Verbrechen nach 1945, in: dies./Meinl (Anm. 129), S. 17–40; Werner Renz: Der erste Frankfurter Auschwitz-Prozeß. Völkermord als Strafsache, in: 1999, 15(2000), S. 11–48.

[149] Wie Anm. 17.

[150] Werner Bergmann: Sind die Deutschen antisemitisch? Meinungsumfragen von 1946–1987 in der Bundesrepublik Deutschland, in: ders./Erb (Anm. 104), S. 122f.

[151] Ders.: Antisemitismus als politisches Ereignis. Die antisemitische Welle im Winter 1959/60, ebd., S. 253–275; Brochhagen (Anm. 97), S. 276–297; vgl. Alphons Silbermann/Julius H. Schoeps (Hrsg.): Antisemitismus nach dem Holocaust: Bestandsaufnahme und Erscheinungsformen in deutschsprachigen Ländern, Köln 1986; Alphons Silbermann/Manfred Stoffers: Auschwitz: Nie davon gehört? Erinnern und Vergessen in Deutschland, Berlin 2000; Lars Rensmann: Demokratie und Judenbild. Antisemitismus in der politischen Kultur der Bundesrepublik Deutschland, Wiesbaden 2005.

[152] Peter Dudek: „Der Rückblick auf die Vergangenheit wird sich nicht vermeiden lassen". Zur pädagogischen Verarbeitung des Nationalsozialismus in Deutschland (1945–1990), Opladen 1995; Christoph Classen: Bilder der Vergangenheit. Die Zeit des Nationalsozialismus im Fernsehen der Bundesrepublik Deutschland 1955–1965, Köln u.a. 1999.

[153] Marc von Miquel: Ahnden oder amnestieren? Westdeutsche Justiz und Vergangenheitspolitik in den sechziger Jahren, Göttingen 2004, S. 224–369.

[154] Helmut Dubiel: Niemand ist frei von Geschichte. Die nationalsozialistische Herrschaft in den Debatten des Deutschen Bundestages, München 1999.

[155] Deutlich zu positiv: Konrad Jarausch: Die Umkehr. Deutsche Wandlungen 1945–1995, München 2004, S. 204–242.

[156] Karl Christian Lammers: Die Auseinandersetzung mit der „braunen" Universität. Ringvorlesungen zur NS-Vergangenheit an westdeutschen Hochschulen, in: Axel Schildt/Detlef Siegfried/ders. (Hrsg.): Dynamische Zeiten. Die 60er Jahre in den beiden deutschen Gesellschaften, Hamburg 2000, S. 148–165.

[157] Hans Magnus Enzensberger: Ein Gespräch über die Zukunft mit Rudi Dutschke, Bernd Rabehl und Christian Semler, in: ders. (Hrsg.): Kursbuch 14, August 1968, S. 146–174.

[158] Götz Aly: Unser Kampf. 1968 – ein irritierter Blick zurück, Frankfurt/M. 2008, S. 203ff.; vgl. Erwin K. Scheuch (Hrsg.): Die Wiedertäufer der Wohlstandsgesellschaft. Eine kritische Untersuchung der „Neuen Linken" und ihrer Dogmen, Köln 1968; Gerd Koenen: Unsere kleine Kulturrevolution 1967–1977, Köln 2001.

[159] Reinhard Renger (Hrsg.): Die deutsche „Linke" und der Staat Israel, Leipzig 1994; Martin Kloke: Israel und die deutsche Linke. Zur Geschichte eines schwierigen Verhältnisses, Frankfurt/M. 1994; ders.: Zwischen Ressentiment und Heldenmythos. Das Bild der Palästinenser in der deutschen Linkspresse, in: JfA 3(1994), S. 227–253; ders.: Israel – Alptraum der deutschen Linken?, in: Matthias Brosch u.a. (Hrsg.): Exklusive Solidarität. Linker Antisemitismus in Deutschland. Vom Idealismus zur Antiglobalisierungsbewegung, Berlin 2007, S. 301–323; Wolfgang Kraushaar: Abspaltung und Potenzierung. Zum Verhältnis von Antizionismus und Antisemitismus in der militanten Linken der Bundesrepublik, ebd., S. 325–346; Philipp Gessler: Antisemitismus und Antizionismus in der bundes-

republikanischen Linken bis 1989/90 und ihr Fortleben bis zur Diskussion über den Libanon-Krieg 2006, ebd., S. 347–365; Wolfgang Kraushaar: Die Bombe im Jüdischen Gemeindehaus, Hamburg 2005.

160 Mallmann/Cüppers (Anm. 48), S. 36f.

161 Die Zeit v. 25.7.1969.

162 Hans Günter Hockerts: Wiedergutmachung in Deutschland. Eine historische Bilanz 1945–2000, in: VfZ 49(2001), S. 167–214; Constantin Goschler: Schuld und Schulden. Die Politik der Wiedergutmachung für NS-Verfolgte seit 1945, Göttingen 2005.

163 M. Rainer Lepsius: Das Erbe des Nationalsozialismus und die politische Kultur der Nachfolgestaaten des „Großdeutschen Reiches", in: ders.: Demokratie in Deutschland. Soziologisch-historische Konstellationsanalysen. Ausgewählte Aufsätze, Göttingen 1993, S. 232f.

164 Vgl. Klaus-Michael Mallmann: Die geschlagenen Sieger. Kommunistischer Widerstand an der Saar und im Exil 1933–1945, in: Gerhard Paul/ders.: Milieus und Widerstand. Eine Verhaltensgeschichte der Gesellschaft im Nationalsozialismus, Bonn 1995, S. 515ff.

165 Grundlegend: Norman M. Naimark: Die Russen in Deutschland. Die sowjetische Besatzungszone 1945 bis 1949, Berlin 1997.

166 Peter Erler/Horst Laude/Manfred Wilke (Hrsg.): „Nach Hitler kommen wir". Dokumente zur Programmatik der Moskauer KPD-Führung 1944/45 für Nachkriegsdeutschland, Berlin 1994.

167 Georgi Dimitroff: Die Offensive des Faschismus und die Aufgaben der Kommunistischen Internationale im Kampf für die Einheit der Arbeiterklasse gegen den Faschismus, in: VII. Weltkongreß der Kommunistischen Internationale. Referate, Diskussion, Schlußwort, Resolutionen, Frankfurt/M. 1971, S. 75.

168 Vgl. Herf: Erinnerung (Anm. 68), S. 35ff., 87ff.

169 Zur Gründungsgeschichte: Wilfried Loth: Stalins ungeliebtes Kind. Warum Moskau die DDR nicht wollte, Berlin 1994.

170 Sigrid Meuschel: Legitimation und Parteiherrschaft. Zum Paradox von Stabilität und Revolution in der DDR, Frankfurt/M. 1992; Martin Sabrow (Hrsg.): Verwaltete Vergangenheit. Geschichtskultur und Herrschaftslegitimation in der DDR, Leipzig 1997; ders. (Hrsg.): Geschichte als Herrschaftsdiskurs. Der Umgang mit der Vergangenheit in der DDR, Köln u.a. 2000.

171 Manfred Overesch: Buchenwald und die DDR oder Die Suche nach Selbstlegitimation, Göttingen 1995; Lutz Niethammer (Hrsg.): Der „gesäuberte" Antifaschismus. Die SED und die roten Kapos von Buchenwald, Berlin 1994.

172 Olaf Groehler: Erblasten: Der Umgang mit dem Holocaust in der DDR, in: Hanno Loewy (Hrsg.): Holocaust: Die Grenzen des Verstehens. Eine Debatte über die Besetzung der Geschichte, Reinbek 1992, S. 110–127; ders.: Der Holocaust in der Geschichtsschreibung der DDR, in: Herbert/ders. (Anm. 69), S. 41–66; Karin Hartewig: „Proben des Abgrunds, über welchem unsere Zivilisation wie ein Brücke schwebt". Der Holocaust in der Publizistik der SBZ/DDR, in: Norbert Frei/Sybille Steinbacher (Hrsg.): Beschweigen und Bekennen. Die deutsche Nachkriegsgesellschaft und der Holocaust, Göttingen 2001, S. 35–50.

173 Angelika Timm: Hammer, Zirkel, Davidstern. Das gestörte Verhältnis der DDR zu Zionismus und Staat Israel, Bonn 1997; Thomas Haury: Antisemitismus von links. Kommunistische Ideologie, Nationalismus und Antizionismus in der frühen DDR, Hamburg 2002; Stefan Meining: Kommunistische Judenpolitik. Die DDR, die Juden und Israel, Hamburg u.a. 2002.

174 Herf: Erinnerung (Anm. 68), S. 130–193; ders.: Antisemitismus in der SED. Ge-

heime Dokumente zum Fall Paul Merker aus SED- und MfS-Archiven, in: VfZ 42(1994), S. 635–667; Andreas Herbst: Großmutter im Sterben. Die Flucht der Repräsentanten der Jüdischen Gemeinden 1953 aus der DDR, in: Annette Leo/Peter Reif-Spirek (Hrsg.): Helden, Täter und Verräter. Studien zum DDR-Antifaschismus, Berlin 1999, S. 13–35; Karin Hartewig: Zurückgekehrt. Die Geschichte der jüdischen Kommunisten in der DDR, Köln u. a. 2000; zum Kontext: Arkadi Vaksburg: Stalin against the Jews, New York 1955; Georg Hermann Hodos: Schauprozesse. Stalinistische Säuberungen in Osteuropa 1948–54, Frankfurt/M.-New York 1988; Jonathan Brent/Vladimir P. Naumov: Stalin's Last Crime. The Plot Against the Jewish Doctors, 1948–1953, New York 2003.

[175] Thomas Haury: „Das ist Völkermord!" Das „antifaschistische Deutschland" im Kampf gegen den „imperialistischen Brückenkopf Israel" und gegen die deutsche Vergangenheit, in: Brosch u. a. (Anm. 159), S. 285–300.

[176] Antonia Grunenberg: Antifaschismus – ein deutscher Mythos, Reinbek 1993, S. 120–144; Jeffrey Herf: „Hegelianische Momente". Gewinner und Verlierer in der ostdeutschen Erinnerung an Krieg, Diktatur und Holocaust, in: Christoph Cornelißen/Lutz Klinkhammer/Wolfgang Schwentker (Hrsg.): Erinnerungskulturen. Deutschland, Italien und Japan seit 1945, Frankfurt/M. 2003, S. 198–209.

[177] Jürgen Danyel: Die SED und die „kleinen PG's". Zur politischen Integration der ehemaligen NSDAP-Mitglieder in der SBZ/DDR, in: Leo/Reif-Spirek (Anm. 174), S. 177–196.

[178] Ilko-Sascha Kowalczuk: „Wir werden siegen, weil uns der große Stalin führt!" Die SED zwischen Zwangsvereinigung und IV. Parteitag, in: ders./Armin Mitter/Stefan Wolle (Hrsg.): Der Tag X – 17. Juni 1953. Die innere Staatsgründung der DDR als Ergebnis der Krise 1952/54, Berlin 1995, S. 237.

[179] Elke Reuter/Detlev Hansel: Das kurze Leben der VVN 1947 bis 1953, Berlin 1997.

[180] Helga A. Welsh: Revolutionärer Wandel auf Befehl? Endnazifizierungs- und Personalpolitik in Thüringen und Sachsen (1945–1948), München 1989.

[181] Jan von Flocken/Michael Klonovsky: Stalins Lager in Deutschland 1945–1950. Dokumentation – Zeugenberichte, Berlin-Frankfurt/M. 1991.

[182] Neues Deutschland v. 21. 4. 1948; vgl. Vollnhals: Entnazifizierung (Anm. 8), S. 166 ff., 252 ff.; Ruth-Kristin Rößler (Hrsg.): Die Entnazifizierungspolitik der KPD/SED 1945–1948. Dokumente und Materialien, Goldbach 1994.

[183] Zahlen nach: Annette Weinke: „Alliierter Angriff auf die nationale Souveränität"? Die Strafverfolgung von Kriegs- und NS-Verbrechen in der Bundesrepublik, der DDR und Österreich, in: Norbert Frei (Hrsg.): Transnationale Vergangenheitspolitik. Der Umgang mit deutschen Kriegsverbrechern in Europa nach dem Zweiten Weltkrieg, Göttingen 2006, S. 54, 58; vgl. Christian Meyer-Seitz: Die Verfolgung von NS-Straftaten in der Sowjetischen Besatzungszone, Berlin 1998.

[184] Annette Weinke: Die Waldheimer „Prozesse" im Kontext der strafrechtlichen Aufarbeitung der NS-Diktatur, in: Norbert Haase/Bert Pampel (Hrsg.): Die Waldheimer „Prozesse" – fünfzig Jahre danach, Baden-Baden 2001, S. 27–48.

[185] Deutscher Bundestag: Zur Verjährung nationalsozialistischer Verbrechen. Dokumentation der parlamentarischen Bewältigung des Problems 1960–1971, Bd. 1, Berlin 1980, S. 103 f.

[186] Zu letzterem: Beate Meyer: Der „Eichmann von Dresden". ‚Justizielle Bewältigung' von NS-Verbrechen in der DDR am Beispiel des Verfahrens gegen Henry Schmidt, in: Jürgen Matthäus/Klaus-Michael Mallmann (Hrsg.): Deutsche, Juden, Völkermord. Der Holocaust als Geschichte und Gegenwart, Darmstadt 2006, S. 275–291.

[187] Michael Lemke: Kampagnen gegen Bonn. Die Systemkrise der DDR und die West-

Propaganda der SED 1960–1963, in: VfZ 41(1993), S. 153–174; Klaus Bästlein: „Nazi-Blutrichter als Stützen des Adenauer-Regimes“. Die DDR-Kampagne gegen NS-Richter und -Staatsanwälte, die Reaktionen der westdeutschen Justiz und ihre gescheiterte Selbstreinigung, in: Helge Grabitz/ders./Johannes Tuchel (Hrsg.): Die Normalität des Verbrechens. Bilanz und Perspektiven der Forschung zu den nationalsozialistischen Gewaltverbrechen. Festschrift für Wolfgang Scheffler zum 65. Geburtstag, Berlin 1994, S. 408–443.

188 Henry Leide: NS-Verbrecher und Staatssicherheit. Die geheime Vergangenheitspolitik der DDR, Göttingen 2005, S. 105 ff.

189 Siehe den Beitrag von Jacek Andrzej Młynarczyk in diesem Bd.

190 Christian Dirks: Die Verbrechen der anderen. Auschwitz und der Auschwitz-Prozeß der DDR. Das Verfahren gegen den KZ-Arzt Dr. Horst Fischer, Paderborn u. a. 2006.

191 Mit einer Fülle von Fallstudien: Leide (Anm. 188), S. 195–331.

192 Proklamation v. 27. 4. 1945, abgedr. in: Norbert Schausberger: Österreich. Der Weg der Republik 1918–1980, Graz-Wien 1980, Abb. 41.

193 Günter Bischof: Die Instrumentalisierung der Moskauer Erklärung nach dem 2. Weltkrieg, in: Zeitgeschichte 20(1993), S. 345–366.

194 Robert G. Knight: Besiegt oder befreit? Eine völkerrechtliche Frage historisch betrachtet, in: Günter Bischof/Josef Leidenfrost (Hrsg.): Die bevormundete Nation. Österreich und die Alliierten 1945–1949, Innsbruck 1988, S. 75–92.

195 Hans Safrian/Hans Witek: Und keiner war dabei. Dokumente des alltäglichen Antisemitismus in Wien 1938, Wien 1988.

196 Gerhard Botz: Österreich und die NS-Vergangenheit. Verdrängung, Pflichterfüllung, Geschichtsklitterung, in: Dan Diner (Hrsg.): Ist der Nationalsozialismus Geschichte? Zu Historisierung und Historikerstreit, Frankfurt/M. 1987, S. 141–152.

197 Franz Weisz: Personell vor allem ein „ständestaatlicher“ Polizeikörper. Die Gestapo in Österreich, in: Paul/Mallmann: Die Gestapo – Mythos und Realität (Anm. 3), S. 453 ff.

198 Anton Pelinka/Erika Weinzierl (Hrsg.): Das große Tabu. Österreichs Umgang mit seiner Vergangenheit, Wien 1987; Meinrad Ziegler/Waltraud Kannonier-Finster: Österreichisches Gedächtnis. Über Erinnern und Vergessen der NS-Vergangenheit, Wien u. a. 1993; Agnes Blänsdorf: Die Einordnung der NS-Zeit in das Bild der eigenen Geschichte. Österreich, die DDR und die Bundesrepublik Deutschland im Vergleich, in: Werner Bergmann/Rainer Erb/Albert Lichtblau (Hrsg.): Schwieriges Erbe. Der Umgang mit Nationalsozialismus und Antisemitismus in Österreich, der DDR und der Bundesrepublik Deutschland, Frankfurt/M.-New York 1995, S. 18–45; Thomas Albrich: Holocaust und Schuldabwehr. Vom Judenmord zum kollektiven Opferstatus, in: Rolf Steininger/Michael Gehler (Hrsg.): Österreich im 20. Jahrhundert, Bd. 2: Vom Zweiten Weltkrieg zur Gegenwart, Wien u. a. 1997, S. 39–97.

199 Helge Grabitz: Die Verfolgung von NS-Verbrechen in der Bundesrepublik Deutschland, der DDR und Österreich, in: Rolf Steininger (Hrsg.): Der Umgang mit dem Holocaust. Europa – USA – Israel, Wien u. a. 1994^{2}, S. 215 f.; vgl. Karl Marschall: Volksgerichtsbarkeit und Verfolgung von nationalsozialistischen Gewaltverbrechen in Österreich. Ein Dokumentation, Wien 1977; Marion Wisinger: Über den Umgang der österreichischen Justiz mit nationalsozialistischen Gewaltverbrechen, Diss. Wien 1991; Sebastian Meissl/Klaus-Dieter Mulley/Oliver Rathkolb (Hrsg.): Verdrängte Schuld, verfehlte Sühne. Entnazifizierung in Österreich 1945 bis 1955, Wien 1986; Dieter Stiefel: Entnazifizierung in Österreich, Wien 1981; ders.: Der Prozeß der Entnazifizierung in Österreich, in: Henke/Woller (Anm. 35), S. 108–147; Winfried R. Garscha: Entnazifizierung und gerichtliche Ahndung von NS-Verbrechen, in: Emmerich Tálos/Ernst Hanisch/Wolfgang Neugebauer/Reinhard Sieder (Hrsg.): NS-Herrschaft in Österreich. Ein Handbuch, Wien 2001,

S. 852–883; ders./Claudia Kuretsidis-Haider: Die Verfahren vor dem Volksgericht Wien (1945–1955) als Geschichtsquelle, Wien 1992; Maria Mesner (Hrsg.): Entnazifizierung zwischen politischem Anspruch, Parteienkonkurrenz und Kaltem Krieg, Wien 2005.

200 Weinke: Angriff (Anm. 183), S. 71 f.; vgl. Elissa Mailänder Koslov: Die juristische Ahndung von NS-Verbrechen in Österreich. Ein Überblick, in: Sabine Moller/Miriam Rürup/Christel Trouvé (Hrsg.): Abgeschlossene Kapitel? Zur Geschichte der Konzentrationslager und der NS-Prozesse, Tübingen 2002, S. 200–219; Hellmut Butterweck: Verurteilt und begnadigt – Österreich und seine NS-Straftäter, Wien 2003.

201 Kurt Pätzold/Erika Schwarz: „Auschwitz war für mich nur ein Bahnhof". Franz Novak – der Transportoffizier Adolf Eichmanns, Berlin 1994, S. 70–85; vgl. Hans Safrian: Die Eichmann-Männer, Wien-Zürich 1993, S. 320–335; Sabine Loitfellner (Hrsg.): Holocaust und Kriegsverbrechen vor Gericht. Der Fall Österreich, Innsbruck 2006.

202 Hermann Langbein: Darf man vergessen?, in: Pelinka/Weinzierl (Anm. 198), S. 10; vgl. Michael Thad Allen: Realms of Oblivion: The Vienna Auschwitz Trial, in: CEH 40(2007), S. 397–428.

203 Heidemarie Uhl: Transformationen des österreichischen Gedächtnisses. Geschichtspolitik und Denkmalkultur in der Zweiten Republik, in: Ulf Brunnbauer (Hrsg.): Eiszeit der Erinnerung. Vom Vergessen der eigenen Schuld, Wien 1999, S. 49–64; dies.: Das ‚erste Opfer'. Der österreichische Opfermythos und seine Transformationen in der Zweiten Republik, in: Österreichische Zeitschrift für Politikwissenschaft 30(2001), S. 19–34.

204 Bertrand Perz: Österreich, in: Volkhard Knigge/Norbert Frei (Hrsg.): Verbrechen erinnern. Die Auseinandersetzung mit Holocaust und Völkermord, München 2002, S. 155 f.

205 Robert G. Knight (Hrsg.): „Ich bin dafür, die Sache in die Länge zu ziehen". Die Wortprotokolle der österreichischen Bundesregierung 1945–52 über die Entschädigung der Juden, Frankfurt/M. 1988, S. 105; vgl. Brigitte Bailer-Galanda: Wiedergutmachung kein Thema. Österreich und die Opfer des Nationalsozialismus, Wien 1993.

206 Richard Crossman: Palestine Mission. A Personal Record, London 1946, S. 100.

207 Helga Embacher: Juden in Österreich nach 1945. Die Israelitische Kultusgemeinde Wien im Kalten Krieg, Diss. Salzburg 1992, S. 128 f.

208 Thomas Albrich: „Es gibt keine jüdische Frage". Zur Aufrechterhaltung des österreichischen Opfermythos, in: Steininger (Anm. 199), S. 154.

209 Knight: Ich (Anm. 205), S. 181.

210 Ruth Wodak/Peter Novak/Johanna Pelikan u. a.: „Wir sind alle unschuldige Täter!". Diskurshistorische Studien zum Nachkriegsantisemitismus, Frankfurt/M. 1990; Heinz P. Wassermann: Naziland Österreich!? Studien zu Antisemitismus, Nation und Nationalsozialismus im öffentlichen Meinungsbild, Innsbruck u. a. 2002; vgl. Werner Bergmann: Geschichte des Antisemitismus, München 2002, S. 122 f., 126 f., 129 f., 132 f.

211 Martin Cüppers: Wegbereiter der Shoah. Die Waffen-SS, der Kommandostab Reichsführer-SS und die Judenvernichtung 1939–1945, Darmstadt 2005, S. 165 ff., 320 ff.

212 Wodak/Novak/Pelikan (Anm. 210), S. 285 ff.; vgl. Helga Embacher/Margit Reiter: Gratwanderungen. Die Beziehungen zwischen Österreich und Israel im Schatten der Vergangenheit, Wien 1998; Margit Reiter: Unter Antisemitismus-Verdacht. Die österreichische Linke und Israel nach der Shoah, Innsbruck 2001; Sabine Falch/Moshe Zimmermann (Hrsg.): Israel – Österreich. Von den Anfängen bis zum Eichmann-Prozeß 1961, Innsbruck u. a. 2005.

213 Carlo Gentile: Walter Reder – ein politischer Soldat im „Bandenkampf", in: Mallmann/Paul: Karrieren (Anm. 84), S. 188–195.

[214] Heinz P. Wassermann: „Zuviel Vergangenheit tut nicht gut!“, Innsbruck 2000, S. 130 ff.

[215] Gerhard Botz (Hrsg.): Kontroversen um Österreichs Zeitgeschichte: Verdrängte Vergangenheit, Österreich-Identität, Waldheim und die Historiker, Frankfurt/M. u.a. 1994; Michael Gehler: Die Affäre Waldheim: Eine Fallstudie zum Umgang mit der NS-Vergangenheit in den späten achtziger Jahren, in: Steininger/ders. (Anm. 198), S. 335–414.

[216] Karl Stuhlpfarrer: Eigenheit und Fremde. Die österreichische Transformation der NS-Vergangenheit, in: Zeitgeschichte 26(1999), S. 28–37; ders.: Österreich, in: Knigge/Frei (Anm. 204), S. 233–252; Alexander Pollak: Vergangenheit und Reflexion. Konsens- und Streitlinien im Umgang mit der NS-Vergangenheit in Österreich, in: Martin Sabrow/Ralph Jessen/Klaus Große Kracht (Hrsg.): Zeitgeschichte als Streitgeschichte. Große Kontroversen seit 1945, München 2003, S. 326–346.

I. Karrieren

Gerald Steinacher

Berufsangabe: Mechaniker
Die Flucht von Gestapo-Angehörigen nach Übersee

Nach dem Zweiten Weltkrieg entkamen nicht wenige Gestapo-Angehörige ihrer Bestrafung durch Flucht nach Übersee. Wie dies konkret organisiert wurde und wer ihnen dabei geholfen hat, wurde kaum genauer untersucht. Jahrzehntelang dienten Spekulationen über allmächtige Geheimorganisationen wie die „Odessa", die „Organisation der ehemaligen SS-Angehörigen", als Erklärung. Zwar sind die Fluchtwege bis heute längst nicht immer geklärt, doch es war nicht ein einziges, weltumspannendes Netzwerk im Untergrund, das diese Routen plante. Die Wirklichkeit war komplizierter. Das Abtauchen einiger der meistgesuchten NS-Schergen ins Ausland gab den Mythen um geheime Fluchtorganisationen Nahrung.[1] Wie Phantome geisterten diese lange Jahre durch die Köpfe von Nazi-Jägern, Historikern und Journalisten. Der SS-Arzt Josef Mengele verschwand scheinbar spurlos. In Wirklichkeit führte die Spur des „Todesengels von Auschwitz" über Argentinien nach Brasilien. Mengele wurde nie gefaßt. Der Exekutor der „Endlösung", Adolf Eichmann, schien sich zunächst ebenfalls in Luft aufgelöst zu haben. Erst 1960 wurde er aus Argentinien entführt, in Israel vor Gericht gestellt und hingerichtet. Hinter Alois Brunner, Eichmanns „bestem Mann" für Deportationen, sind die Fahnder heute noch her. Er lebte zuletzt in Damaskus.

Nicht minder mysteriös ist das Verschwinden des Gestapo-Chefs Heinrich Müller. Er wurde im April 1945 zum letzten Mal gesehen und dürfte im Kampf um Berlin in den ersten Maitagen gefallen sein. In einer 135 Seiten dicken Akte, die in den National Archives bei Washington verwahrt wird, gibt es eine Fülle von Gerüchten und Berichten über Müllers angebliches Untertauchen und seine Mitarbeit in östlichen Nachrichtendiensten nach 1945.[2] Nicht wenige von ihnen beziehen sich auch auf seine angebliche Flucht über Italien nach Südamerika. All das dürften Produkte des langanhaltenden Gestapo-Mythos sein, der auch noch Jahrzehnte nach dem Ende des Dritten Reiches wenig von seiner Anziehungskraft verloren hat.[3] Es war für viele schwer vorstellbar, daß sich diese 1945 praktisch von einem Tag auf den anderen ‚in nichts' auflösen sollte. Doch was von der scheinbar allmächtigen Institution („sieht alles, hört alles, weiß alles") damals übrig blieb, waren zunächst auf sich allein gestellte ehemalige Gestapo-Angehörige.[4]

Die Tage und Wochen des Kriegsendes waren für die NS-Eliten zweifellos mit einschneidenden Konsequenzen verbunden: Ein offenbar nicht unerheblicher, aber nicht genau zu bemessender Teil nahm sich kurz vor oder nach Eintreffen der Alliierten das Leben. Darunter waren nicht nur weltweit bekannte Repräsentanten der Diktatur wie Hitler, Goebbels und Himmler, sondern auch zahlreiche hohe und mittlere Funktionsträger des Regimes.[5] Die größte Gruppe allerdings sah sich mit der Nachkriegszeit massiven Zwangs- und Strafmaßnahmen von seiten der Besatzungsmächte ausgesetzt. Doch bald schon bildete die politische Großwetterlage des Kalten Krieges für viele Belastete einen Schutzschild. Selbst wenn es zur Verurteilung wegen NS-Verbrechen kam, fielen die Schuldsprüche milde aus. Mitte der 1950er Jahre bestand daher der Eindruck, daß die Verfolgung dieses Tatkomplexes im wesentlichen bewältigt sei. Der Wandel der westlichen Sicherheitsinteressen in dem sich verstärkenden Ost-West-Konflikt und namentlich der Ausbruch des Koreakrieges 1950 förderten diese Bestrebungen. Im Rahmen der Einbindung der Bundesrepublik in den Westen sollte auch Deutschland wieder einen eigenen Wehrbeitrag leisten. Damit war natürlich auch die Rehabilitierung der deutschen Soldaten verbunden. Selbst Schuldige konnten sich nun recht sicher fühlen. Der Großteil dieser Personen wurde in den 1950er Jahren in die Gesellschaft der Bundesrepublik integriert und konnte die Karriere als Beamter oder in der Privatwirtschaft fortsetzen. In der DDR ging man ähnliche Wege. Der Kalte Krieg deckte viele Altlasten zu.[6]

Eine dritte Gruppe – bei weitem nicht die größte – emigrierte und entzog sich so der Justiz durch Flucht nach Übersee. Besonders beliebt waren die Staaten Südamerikas, aber auch Kanada, USA, Syrien und Ägypten. Dieses Verschwinden ins Ausland erfolgte aber nicht, wie gemeinhin angenommen, unmittelbar bei Kriegsende. Die Fluchtwelle setzte erst 1946 langsam ein und erreichte ihren Höhepunkt zwischen 1947 und 1950. Seit 1951 ebbte diese Absetzbewegung dann deutlich ab. Für die Mehrzahl war die Flucht vor der Justiz nur ein Abtauchen auf Zeit. Nach mehreren Jahren im Exil kamen viele NS-Belastete wieder in ihre Heimatländer zurück. Das bundesrepublikanische Amnestiegesetz von 1949 für Mitläufer und Minderbelastete sowie die gesellschaftliche Wiedereingliederung von 300000 Beamten und ehemaligen Berufssoldaten 1951 entlasteten den allergrößten Teil der Deutschen. Seit Mitte der 1950er Jahre mußte fast niemand mehr befürchten, ob seiner Vergangenheit von Staat und Justiz behelligt zu werden. Für die Verantwortlichen des Völkermordes an den Juden blieb allerdings eine Rückkehr nach Europa auch später riskant.

Italien als Sprungbrett

Für die Flucht nach Übersee gab es keinen Generalstabsplan. Anfangs wurde viel improvisiert. Seit 1946 kristallierten sich erste Routen und Strukturen heraus. Besonders Italien avancierte zum wichtigsten Sprungbrett für NS-Täter und Kriegsverbrecher.[7] Das hatte gute Gründe: Die italienischen Häfen waren für Menschen aus Mittel- und Osteuropa geographisch am nächsten und leicht zu erreichen. In Jugoslawien herrschten die Tito-Kommunisten, und in deutschen Häfen nahmen die Alliierten strenge Ausreisekontrollen vor. Eine Flucht ins deutschfreundliche Spanien über den Landweg war unmittelbar nach Kriegsende nur schwer möglich. In Italien war dies anders. Die alliierte Militärregierung brach dort schon Ende 1945 ihre Zelte ab. Danach gab es nur noch laxe Kontrollen. Italien war zudem voller Flüchtlinge, vor allem Vertriebene aus Mittel- und Osteuropa. Über die Grenze am Brenner kamen Reichs- und Volksdeutsche, Österreicher und Kroaten, Nationalsozialisten und Juden, Opfer und Täter. Kriegsverbrecher und Belastete konnten leicht in der Masse der Flüchtlinge untertauchen. Die italienischen Behörden hatten kein großes Interesse an genauen Kontrollen; sie wollten die ungebetenen Gäste einfach möglichst schnell nach Übersee abschieben. Der Hafen von Genua war besonders wichtig für alle, die das zerstörte Europa verlassen wollten. So wurde Italien schnell zu einer Drehscheibe der Flüchtlingsströme.[8]

Auch verschiedene Organisationen des jüdischen Untergrundes ergriffen die Chance, möglichst viele Überlebende des Holocaust illegal durch die britische Seeblockade nach Palästina zu schleusen.[9] Die günstigste Strecke führte auch in diesem Fall über Italien, von wo die riskante Reise mit organisierten Schiffstransporten weiterging. Zynischerweise deckten sich auf den Fluchtrouten über die Alpen häufig die Pfade der gesuchten NS-Verbrecher mit denen ihrer Opfer auf dem Weg nach Palästina. Simon Wiesenthal berichtete von einem Gasthaus in der Nähe von Meran, wo NS-Täter auf der Flucht und Juden die Nacht unter dem gleichem Dach verbrachten, ohne voneinander zu wissen. Die Juden waren im ersten Stock versteckt, die Nationalsozialisten im Erdgeschoß – und beide hatte man angewiesen, sich nicht zu rühren oder außerhalb des Hauses blicken zu lassen.[10]

Die Behörden kannten die Fluchtrouten: Im Fall von Josef Schwammberger etwa, dem Ex-Kommandanten des Lagers Przemysl, teilte die Bundespolizeidirektion Innsbruck 1954 mit, daß der Gesuchte „wie ein größerer Prozentsatz flüchtig gewordener ehemaliger SS-Angehöriger über Bozen–Genua nach Südamerika (Argentinien) geflüchtet sein" dürfte.[11] Die Hypothese des Fluchtwegs über den Brenner war zutreffend. Gerade im südlich des Passes gelegenen Südtirol fanden damals viele SS-Mitglieder und Kriegsverbrecher geradezu ideale Bedingungen: Die überwiegend von deutschsprachiger Bevölkerung besiedelte Region auf italienischer Seite war eine Art ‚Niemandsland' – eine territoriale, ethnische, aber auch politische Übergangszone, aus der die alliierten Truppen bereits im Dezember 1945 abgezogen waren. Südtirol war damit der erste Landstrich auf der Fluchtroute, in dem es keine Kontrollen der Siegermächte mehr gab. Seit 1946 mußten NS-Belastete auf dem Weg nach Übersee dort kaum mehr Verhaftungen befürchten. Dadurch wurde Südtirol zu einer beliebten Zwischenstation auf der Strecke nach Genua und erlangte wie wenige andere Regionen Europas nach 1945 eine wichtige Funktion als „Nazi-Schlupfloch“.[12]

Dabei bildeten die innerdeutschen Zonengrenzen mit ihren Kontrollen und Beschränkungen und schließlich die Alpen beachtliche Hürden, die es zu überwinden galt. Doch dort bewährte sich eine alte, seit Jahrhunderten etablierte Einrichtung: das Schmugglerwesen. Die Grenze zwischen Österreich und Südtirol war seit 1918, obwohl streng bewacht, trotzdem immer durchlässig geblieben. Das System war eingespielt: erfahrene Bergführer kannten die richtigen Pfade und Personen und stützten sich vielfach auch auf Bekannte unter Zöllnern und Finanzwachen. In den wirtschaftlich schweren Nachkriegsjahren sicherten sich zahlreiche Einheimische als Schmuggler ein einträgliches Zubrot. Neben Sacharin, Insulin, Kokain, Kaffee, Tabak, Lebendvieh, Devisen und Gold wurden nun auch Menschen über die grüne Grenze geschafft. Es wimmelte in dieser Zeit nur so von Flüchtlingen und Flüchtigen, die illegal über die Berge wollten. Vincent La Vista, ein US-Beamter in Rom, beschrieb die Situation treffend: „Trotz aller versuchter Kontrollen ist diese Methode nach Italien zu gelangen so simpel, daß es in einen Spaziergang über die Grenze ausartet. Wird man gefaßt und zurückgeschickt, probiert man es am nächsten Tag wieder. Dies wiederholt man, bis man Erfolg hat.“[13] Allein im August 1947 wurden in Südtirol 3139 illegale Flüchtlinge von den italienischen Sicherheitsbehörden an der Staatsgrenze aufgegriffen und nach Österreich zurückgewiesen.[14] Die Zahl der nicht Gestellten, denen die Überschreitung der Grenze gelang, war wohl weit höher. Die Flucht über die Berge verlief aber nicht immer reibungslos. So wurde im April 1947 Dr. Gerhard Bast, SS-Sturmbannführer und 1943/44 Leiter der Stapo-Stelle Linz, am Brenner von einem Schlepper ermordet.[15]

Das Internationale Rote Kreuz als Fluchthelfer

Das Hauptproblem aller Ausreisewilligen – sieht man von Geheimdienstangehörigen und Parteigrößen mit Zugang zu Falschausweisen ab – war neben der Grenzüberwindung die Frage der Dokumentation. Bei Kriegsende waren Hunderttausende von Flüchtlingen, Deportierten, Zwangsarbeitern, Häftlingen und Kriegsgefangenen ohne Personalpapiere. Selbst für den Fall, daß man alle Kontrollpunkte unbemerkt überwinden konnte, war für das Visum eines südamerikanischen Staates jedoch ein anerkannter, zur Ausreise berechtigender Identitätsnachweis vonnöten. Derartige Reisedokumente waren von den Besatzungsmächten in Deutschland oder Österreich nur nach politischer Überprüfung und weiteren bürokratischen Hürdenläufen zu erhalten – ein Verfahren, welches die Ausreisewilligen tunlichst zu umgehen wünschten. Einige Alternativen boten sich an: angebliche oder wirkliche Volksdeutsche konnten versuchen, sich unter die Gruppe der Displaced Persons zu mischen. Gelang es ihnen, genossen sie den Schutz des Roten Kreuzes.

Das Internationale Komitee vom Roten Kreuz (IKRK) stellte seit Februar

1945 Reisedokumente aus.[16] Es kümmerte sich aus humanitären Gründen um Millionen Flüchtlinge und Vertriebene in Europa, darunter besonders um vertriebene Deutsche aus dem Osten, für die sich die alliierten Hilfsorganisationen nicht für zuständig erklärten. In großer Zahl hofften diese Menschen auf die Auswanderung und damit die Möglichkeit für einen Neuanfang. Das Rote Kreuz stellte Reisepapiere für Flüchtlinge aus, um ihnen dies zu ermöglichen. Allerdings war das IKRK auf eine solche Aufgabe als Paßbehörde nicht vorbereitet und bald vollkommen überfordert. Da es kaum Kontrollmöglichkeiten bei der Antragstellung gab, war Mißbrauch daher an der Tagesordnung. Offiziell galten volksdeutsche Flüchtlinge aus Mittel- und Südosteuropa als staatenlos, und dies war unbedingte Voraussetzung für ein Reisedokument des Roten Kreuzes. NS-Täter fanden so schnell eine sehr simple Lösung, um an derartige Papiere zu kommen. Oft mit falscher Identität und Staatsbürgerschaft wurde für sie so der Weg für die Flucht geebnet. Seit 1946 wurden diese Unterlagen als provisorische Ersatzdokumente von den Vereinten Nationen anerkannt. Die Flüchtlinge konnten damit anfangs nach Brasilien, Argentinien, Paraguay, Bolivien und Nordamerika ausreisen.[17] Rot-Kreuz-Pässe, von denen bis Mitte 1947 bereits 25 000 Exemplare, bis Ende 1948 ungefähr 70 000 Stück vergeben wurden, sollten „allen Personen ausgestellt werden, die der Krieg gezwungen hat, ihr Aufenthaltsland zu verlassen, und [die] keinen Paß beschaffen können".[18] Die Dokumente besorgte man sich in Italien meist bei den Vertretungen des IKRK in Rom oder Genua.

Warum die Ausweise des Roten Kreuzes so begehrt waren, wird beim Blick auf einen solchen Paß sofort klar. Er erhielt den Vermerk: „Dieses Dokument wurde auf Ersuchen des Inhabers ausgestellt, da dieser erklärt, weder einen gewöhnlichen oder einen provisorischen Paß zu besitzen, noch sich einen solchen beschaffen zu können." Außerdem wurde festgestellt, vom Antragsteller die nachstehenden Daten über seine Person erhalten zu haben. Echte oder falsche Namensangaben ließen sich nach eigenem Gutdünken also selbst eintragen. Die größten Nutznießer dieser Paßschieberei, so La Vista, seien Nationalsozialisten, die allein deshalb über Südtirol nach Italien kämen, um dort fiktive Identitätspapiere und Visa zu erhalten. Über Genua verließen sie das Land sofort wieder Richtung Südamerika. Eine langjährige Mitarbeiterin des IKRK, Gertrude Dupuis, erklärte, daß das Rote Kreuz in Rom damals immerhin 500 Passierscheine pro Tag ausstellte.[19] Dabei blieb die Kontrolle auf der Strecke. La Vista bemerkte dazu: „Es muß festgehalten werden, daß obwohl die Reisepässe des Internationalen Roten Kreuzes als einwandfreie und gültige Dokumente anerkannt sind und die Identität des Besitzers belegen sollen, belegen diese Pässe aber in Wirklichkeit gar nichts. Der Name auf den Reisepässen ist oft frei erfunden und meist einer von mehreren Decknamen einer Person, deren Photo am Reisepaß angebracht ist. Zudem sind die Photos nur mit einfachem Klebstoff fixiert, kein Stempel ist am Photo angebracht, so daß man sehr leicht das Photo austauschen kann. Das ist auch sehr oft geübte Praxis in Italien. Das gleiche gilt für den Fingerabdruck. Dieser ist niemals sauber aufgebracht, meist verwischt und daher wertlos."

Jede eingehende Kontrolle der Reisedokumente wurde damals systematisch unmöglich gemacht. Denn die Anträge für die Pässe wanderten umgehend in die Zentrale des IKRK, wo sie unter Verschluß blieben: „Leider ist es beim Roten Kreuz allgemeine Praxis, nach der Erledigung eines Falles, d. h. der Ausstellung eines Reisepasses, alle Unterlagen an die Zentrale nach Genf zu schikken. Daher ist eine genaue Untersuchung der einzelnen Fälle praktisch unmöglich. Es ist die Meinung des Autors dieses Berichts [...], daß eine Überprüfung all dieser Reisepässe vom Internationalen Roten Kreuz in den Archiven in Genf überraschende und fast unglaubliche Fakten enthüllen würde."[20] Erst 40 Jahre nach diesen Ereignissen wurden die Archive des IKRK in Genf geöffnet. Und La Vista sollte recht behalten: Die Unterlagen enthüllten die Verwicklung des Roten Kreuzes in die Flucht der SS-Angehörigen und Kriegsverbrecher.

Adolf Eichmann ist bis heute der bekannteste Fall eines flüchtigen NS-Täters in Südamerika. Er wurde im März 1941 Leiter des Judenreferates im Reichssicherheitshauptamt (RSHA) in Berlin. Von seinem Schreibtisch aus organisierte Eichmann die Deportationen der Juden in die Vernichtungslager.[21] Der Bürokrat des Massenmordes beantragte im Mai 1950 in Genua seine Reisedokumente beim Roten Kreuz. Als Nachweis seiner Angaben legte er einen Südtiroler Personalausweis vor. Die neue Identität als Riccardo Klement, geboren 1913 in Bozen, war frei erfunden.[22] Er gab sich als Ingenieur aus, eine damals häufig bei flüchtigen Nationalsozialisten gewählte Berufsangabe. Denn Ingenieure, Mechaniker und gelernte Fachleute waren gesucht in Argentinien und anderen Einwanderungsländern.

Neben prominenten SS-Offizieren flüchteten auch viele weniger bekannte Gestapo-Angehörige nach Übersee. Walter Wolf etwa floh im Mai 1948. Er wurde 1909 in Igls in Tirol geboren und trat 1934 in SS und NSDAP ein. Nach dem gescheiterten Putsch der Nationalsozialisten in Österreich setzte er sich im Juli 1934 nach Bayern ab und trat der „Österreichischen Legion", einer Exilgruppe von SS-Mitgliedern, bei. Als Gestapo-Beamter arbeitete er 1941 bis 1943 bei der Grenzpolizei am Reschen-Paß, danach beim RSHA. Nach Kriegsende wurde er wegen Mißhandlung von Juden gesucht und 1947 von einem österreichischen Gericht zu 18 Monaten schweren Kerkers verurteilt. Wolf konnte aber noch im selben Jahr aus dem Gefängnis in Innsbruck nach Südtirol flüchten und traf dort mit SS-‚Kameraden' zusammen. Im April 1948 beantragte er einen IKRK-Reisepaß in Genua. Wolf nannte seinen richtigen Namen, bezeichnete sich aber als staatenloser Deutscher und von Beruf Photograph. Als Reiseziel gab er Argentinien an. Während der Wartezeit in Genua wohnte Wolf in einem Kloster. Die Einreiseerlaubnis für sein Zielland hatte er bereits in der Tasche.[23] Der Ex-Gestapo-Beamte floh damals zusammen mit einer größeren Gruppe Tiroler SS-Angehöriger über Italien nach Südamerika.[24]

Flüchtlingshilfe aus dem Vatikan

Die Beschaffung der Pässe und Visa für südamerikanische Staaten wurde durch nationale Hilfskomitees des Vatikans unterstützt. Noch während des Krieges hatte Papst Pius XII. die Zuständigkeit für die Gefangenen- und Flüchtlingsfürsorge der Päpstlichen Hilfskommission (Pontificia Commissione Assistenza, PCA) übertragen.[25] Diese Institution in Rom bestätigte die Identität des Flüchtlings in einem Empfehlungsschreiben an das Rote Kreuz, das dann ohne weitere Untersuchung dem ‚Staatenlosen' einen Reisepaß ausstellte. Die Ausländerabteilung der PCA richtete ungefähr 20 Unterkomitees ein, um die Flüchtlingswelle aus Mittel- und Osteuropa zu bewältigen.[26] Leiter der österreichischen Abteilung war der aus Graz stammende Bischof Alois Hudal, der engste Kontakte zu Nationalsozialisten aus der Steiermark besaß. Bei ihm handelte es sich um einen besonders prominenten Fluchthelfer.[27] Sein Motiv war fanatischer Antikommunismus. Hudal wurde 1885 geboren, studierte in Graz Theologie und lehrte dort seit 1919 als Professor für Altes Testament. 1923 wurde er zum Rektor der deutschsprachigen Nationalkirche Santa Maria dell'Anima in Rom berufen. 1937 erschien sein Buch „Die Grundlagen des Nationalsozialismus", das er Hitler mit der Widmung schickte: „Dem Siegfried deutscher Größe". Hudal träumte darin von einem „christlichen Nationalsozialismus" und setzte sich nach dem „Anschluß" Österreichs 1938 in Verhandlungen mit den NS-Machthabern „für den religiösen Frieden im Lande" ein. Er begriff sich selbst immer als „Brückenbauer" zwischen den Nationalsozialisten und der katholischen Kirche.[28]

Nach dem Zusammenbruch des Dritten Reiches änderte Hudal seine Einstellung nicht und wurde durch seine Fluchthilfe und sein offenes politisches Engagement innerhalb der Kirchenführung letztlich zur persona non grata. Doch er bildete keineswegs eine einsame Ausnahme. Gerade osteuropäische Priester waren in der PCA aktiv, um den Kommunismus zu bekämpfen. Das schloß die Fluchthilfe für Kollaborateure und Nationalsozialisten mit ein. Der einstige Kampfflieger Hans-Ulrich Rudel, der selbst über kirchliche Pfade nach Buenos Aires gelangt war, gab später in seinen Erinnerungen den denkwürdigen Kommentar ab: „Man mag sonst zum Katholizismus stehen, wie man will. Was in diesen Jahren durch die Kirche, vor allem durch einzelne menschlich überragende Persönlichkeiten innerhalb der Kirche, an wertvoller Substanz unseres Volkes gerettet worden ist, oft vor dem sicheren Tode gerettet worden ist, soll billigerweise unvergessen bleiben!"[29]

Der Fall von Gerhard Bast kann als Muster katholischer Fluchthilfe gelten. Er war nicht nur Gestapo-Leiter in Linz, sondern 1942 auch Befehlshaber des

Einsatzkommandos 11a in der Sowjetunion und 1944/45 Chef des Sonderkommandos 7a in Polen und der Slowakei gewesen, die beide Juden und Zivilisten ermordet hatten. Er besaß daher allen Grund abzutauchen. Bereits im Herbst 1946 hatte Bast auf seiner Flucht nach Südtirol Arbeit und Unterkunft als Bauernknecht gefunden. Er stellte im März 1947 einen Antrag auf einen Reisepaß des Roten Kreuzes. Dafür fuhr Bast von seinem Versteck für einige Tage nach Rom und erhielt von der Päpstlichen Hilfsstelle in der Via Piave auch das begehrte Empfehlungsschreiben an das IKRK. Das Dokument, das er daraufhin bekam, vermittelte ihm eine völlig neue Identität: Er hieß nun Franz Geyer, war am 23. Januar 1911 in Krško bei Laibach geboren, Kaufmann und staatenlos. Bast gab als Wohnort seine echte Adresse an. Offenbar fühlte er sich bei seinen Fluchthelfern sehr sicher, und er hatte wohl allen Grund dazu.[30]

Bischof Hudal konnte leicht Rot-Kreuz-Pässe beschaffen und so die NS-Flüchtlinge mit Papieren versorgen. Laut Gertrude Dupuis, der erwähnten IKRK-Delegierten in Rom, „war es für [Hudal] verhältnismäßig einfach, dies zu erreichen. Sie dürfen nicht vergessen, er war ein Bischof. [...] Wie konnten wir uns dem Wort eines Priesters verweigern?“[31] Hudal verschaffte auch dem österreichischen Gestapo-Beamten Franz Stangl einen Reisepaß des Roten Kreuzes. Stangl war Kommandant der Vernichtungslager Sobibor und Treblinka gewesen und daher für den Mord an Hunderttausenden von Juden mitverantwortlich. Von Hudal erhielt er einen Ausweis auf den Namen Paul Franz Stangl. Man hatte seinen Vornamen umgedreht, und der Empfänger wies sofort darauf hin: „Sie haben einen Fehler gemacht, das ist nicht richtig. Mein Name ist Franz Paul Stangl.“ Hudal klopfte dem SS-Mann nur beruhigend auf die Schulter und sagte: „Wir wollen schlafende Hunde nicht wecken.“[32]

Offenbar hat er jede Gefahr von ihm ferngehalten. Stangl beantragte in Rom seinen IKRK-Reisepaß am 25. August 1948. Dabei gab er seine Daten wahrheitsgemäß an. Er sei am 20. Oktober 1905 in Altmünster geboren und habe die österreichische Staatsbürgerschaft „aus politischen Gründen“ verloren. Er sei katholisch und von Beruf Schneider. Seit 1948 befände er sich als Flüchtling in Italien und wohne in Rom in der Via della Pace 20 bei Bischof Hudal. Explizit wurde im Antrag vermerkt, daß sich Stangl „mit einem österreichischen Identitäts-Dokument, unterschrieben von Monsignore Luigi Hudal“ ausgewiesen habe. Die Päpstliche Hilfsstelle bat natürlich auch in seinem Falle um einen IKRK-Ausweis für die Ausreise nach Argentinien.[33] Nach wenigen Wochen hatte Stangl einen entsprechenden Paß und setzte sich damit zunächst nach Syrien ab. Doch dies war für ihn nur eine Zwischenstation. Er wanderte schließlich nach Brasilien aus. Aufgrund internationalen Drucks wurde er 1967 an die Bundesrepublik ausgeliefert und zu lebenslanger Haft wegen gemeinschaftlichen Mordes an mindestens 400000 Menschen verurteilt. Stangls Strafe währte nicht lange. Im Juni 1971 starb er im Gefängnis.[34]

Die „Rattenlinie“

Die US-amerikanischen Geheimdienste erkannten die Fluchtwege im Umfeld des Vatikans schon früh. Sie unternahmen aber kaum Schritte dagegen und nutzten seit 1947 die Routen für eigene Zwecke, um zahlreiche angeheuerte Spione diskret und schnell aus dem von den Sowjets besetzten Teil Österreichs nach Italien zu schaffen. Im frühen Kalten Krieg wurden auch Geheimdienstfachleute aus Abwehr und Gestapo von den US-Militärs teilweise ‚recycled‘ und gegen den gemeinsamen kommunistischen Feind eingesetzt.[35] „Rattenlinie“ (englisch rat line) war die von amerikanischen Geheimdienst- und Militärkreisen geprägte Bezeichnung für derartige Fluchtrouten nach dem Zweiten Weltkrieg. Eine besonders enge Kooperation und Überschneidungen gab es zwischen den kirchlichen Fluchthelfern und dem Counter Intelligence Corps (CIC), das die „Rattenlinien“ hauptsächlich organisierte.[36]

Auch hohe Gestapo-Angehörige wurden von amerikanischen Geheimdiensten mit gefälschten Papieren ausgestattet. Waren sie als antikommunistische Agenten nicht mehr nützlich oder waren sie von Enttarnung bedroht, schleuste man sie über Italien nach Übersee. Der bekannteste Fall war wohl der ehemalige Gestapo-Chef von Lyon, Klaus Barbie. Er wurde als im Untergrundkampf erfahrener Experte vom CIC angeheuert und dadurch der französischen Justiz entzogen. Nach einigen Jahren hatte er ausgedient und wurde mit Reisepapieren des Roten Kreuzes unter falschem Namen nach Südamerika geschafft.[37] Im März 1951 erhielt Barbie ein Visum für Bolivien und einen Paß des IKRK auf den Namen Klaus Altmann. Er gab sich als Volksdeutscher aus Rumänien aus und galt damit offiziell als staatenlos. Es war dies das übliche, bereits mehrmals beschriebene Vorgehen. Als Beruf gab Barbie „Mechaniker“ an. Am 23. März 1951 ging er an Bord der „Corrientes“ und verließ Italien. Das CIC faßte die Ausschleusung Barbies kurz und bündig so zusammen: „Wegen der Bemühungen der Deutschen und Franzosen die Person zu verhaften, hat das 66. Detachment des CIC ihn 1951 nach Südamerika übersiedelt. Er wurde mit Dokumenten auf dem Namen Klaus Altmann ausgestattet und durch Österreich und Italien nach Bolivien gebracht. Seit damals hat die [US-]Armee keinen Kontakt mehr zu ihm.“[38]

Zunächst hatte Barbie immer wieder Glück. Im Juni 1972 wurde seine Akte trotz belastender Unterlagen über Verbrechen in Frankreich staatsanwaltschaftlich geschlossen. Von dieser Ungeheuerlichkeit deutscher Justiz erhielt die Journalistin Beate Klarsfeld Kenntnis und setzte nun alle Hebel in Bewegung, um den einstigen Gestapo-Chef von Lyon hinter Gitter zu bringen. 1983 wurde Barbie in Bolivien aufgespürt und nach Frankreich ausgeliefert. Im Prozeß stellte sich heraus, daß er auf der Gehaltsliste des CIC gestanden hatte und 1951 über die „Rattenlinie“ nach Bolivien gelangt war. Diese Vergangenheit brachte die US-Behörden 1983 in arge Verlegenheit. Dies beweist die umfangreiche CIA-Akte über ihn im Nationalarchiv. Nach dem Auffliegen der Affäre entschuldigte sich die US-Regierung offiziell bei Frankreich für die Fluchthilfe im Fall Barbie. Das Justizministerium legte einen 218 Seiten langen Bericht über die Rolle der US-Army vor und bezeichnete diese als „Behinderung der Justiz und ungesetzliches Handeln". Barbie war aber nur das prominenteste Beispiel, keineswegs ein Einzelfall.

CIC-Agent James Milano rechtfertigte dessen Indienstnahme später mit der allgemeinen politischen Lage im frühen Kalten Krieg: „Warum sollte daher das CIC in Augsburg nicht einen jungen Gestapo-Offizier unter seine Fittiche nehmen, dessen Kontakte in ganz Deutschland doch so wertvoll waren? Als ehemalige SS-Männer in ganz Deutschland wichtige Positionen in der deutschen Gesellschaft einnahmen, wurde das Netzwerk alter Kameraden eine sehr wichtige Quelle für die Nachrichtendienste. Barbies wichtigste Aufgabe war es, als akzeptierter SS-Mann in diesem Netzwerk für die Amerikaner zu operieren. Außerdem war er ein Experte in der Beschaffung von Informationen über die politischen Verhältnisse in Frankreich gerade in einer Zeit, als die Amerikaner die Macht der französischen Kommunisten besonders fürchteten. Barbie hatte die französischen Kommunisten schon während des Krieges bekämpft. Letztlich war Barbie, ‚der Schlächter von Lyon', doch nur ein kleiner Kriegsverbrecher."[39]

Manche SS-Angehörigen blieben jedoch in Italien stecken. So war etwa der einstige Sturmbannführer Karl Hass nach dem Krieg weiter in Rom tätig. Er hatte seit 1940 als Italienreferent beim Sicherheitsdienst (SD) in Berlin gearbeitet. Nach der Absetzung Mussolinis im Juli 1943 wurde Hass Chef des SD in Rom und baute ein eigenes Spionagenetz auf. Dabei kooperierte er eng mit dem Leiter der römischen Gestapo, wobei die Grenzen zwischen den Aufgabengebieten zusehendst verschwammen. Da Hass wegen seines Antikommunismus als nützlich eingestuft wurde, arbeitete er nach 1946 als Informant für CIC und CIA, später für deutsche und auch italienische Geheimdienste. In den 1950er Jahren wurde Hass für tot erklärt. So konnte er seine Agententätigkeit in Italien weiter ungestört ausüben und schließlich den Ruhestand antreten. Ein kurioses Detail am Rande: Im Film „Die Verdammten" (1969) von Luchino Visconti spielte der Totgeglaubte sich selbst als SA-Charge und flimmerte so über die Kinoleinwände des Landes. Auch dieses fast unglaubwürdige Detail spiegelt die Atmosphäre in Italien während des Kalten Krieges wider. In den 1990er Jahren wurde Hass jedoch ausfindig gemacht und wegen Mordes zu lebenslanger Haft verurteilt.

Auswanderungsziel Argentinien

Argentiniens Image als „Kap der letzten Hoffnung" (Simon Wiesenthal) für NS-Täter ist nicht ganz unbegründet. Das Land entwickelte sich unter dem Staatspräsidenten Juan Perón zum besonders begehrten Ziel der Flüchtigen.[40] Doch keineswegs war es das einzige Zielland. Die La-Plata-Republik warb ab

1946 deutsche Fachleute mit technischem und militärischem Hintergrund an. Diese Experten sollten mithelfen, das Land zur führenden Nation in Lateinamerika zu machen. Da Argentinien keine Besatzungsmacht in Deutschland oder Österreich war, konnte es dort nicht direkt tätig werden. Man konzentrierte die Anstrengungen daher auf Italien, da durch dieses Land ohnedies die Auswanderungswege verliefen. Begünstigt wurde die Fluchtorganisation auch durch das Einwanderungsabkommen zwischen Argentinien und Italien. Die Kontakte zwischen beiden Ländern waren traditionell sehr eng. Immerhin sind ein Drittel der Argentinier italienischer Abstammung. Die wichtigsten Anwerbungsstellen in Europa befanden sich in Genua und Rom. Die praktische Arbeit der legalen und illegalen Rekrutierung oblag Deutschargentiniern und untergetauchten SS-Offizieren in Italien.[41] Die argentinische Historikerkommission CEANA stellte in ihrem Abschlußbericht von 1999 fest, daß etwa 180 bekannte NS-Täter auf diese Art in ihr Land gelangt seien.[42] Die weit größere Zahl an nicht prominenten SS-Angehörigen und Faschisten aus ganz Europa ist darin noch nicht eingerechnet.

Erich Priebke, seit 1943 zunächst Leiter der Gestapo in Rom und dann in Brescia, sah ebenfalls in der Flucht nach Argentinien den einzigen Weg für einen Neuanfang. Der SS-Sturmbannführer war an einer spektakulären Mordaktion beteiligt: er befehligte die Erschießung von 335 Geiseln in den Ardeatinischen Höhlen nahe Rom am 24. März 1944. Dies war offiziell die Vergeltung für einen Bombenanschlag italienischer Partisanen, der 33 Südtiroler Polizeisoldaten das Leben kostete. Der Racheakt gilt den meisten Italienern bis heute als schlimmstes Symbol der nationalsozialistischen Barbarei. Während Hass alle Angebote zur Ausreise ausschlug und in Italien blieb, entschied sich Priebke für die Auswanderung nach Übersee. Nach der Verurteilung seines Vorgesetzten Herbert Kappler wegen des Massakers bei Rom beschloß er endgültig, sein Versteck im Südtiroler Städtchen Sterzing zu verlassen und sich auf eingespielten Pfaden der Justiz zu entziehen. 1948 reiste Priebke mit seiner Familie mit einem Paß des Roten Kreuzes als Otto Pape aus Lettland von Genua nach Buenos Aires. Im argentinischen Wintersportort San Carlos de Bariloche, einer Hochburg deutschsprachiger Auswanderer mit Häusern im Tiroler Stil, baute er sich eine neue Existenz auf.

Bereits wenige Jahre später konnte er auch wieder seinen richtigen Namen Priebke annehmen und die flüchtige Identität als Otto Pape ablegen. Sein Feinkostladen in Bariloche – „Vienna Delicatessen" – lief gut, und mit einem neuen Paß der Bundesrepublik reiste Priebke öfters nach Europa. Während eines Urlaubs in Südtirol führte ihn ein Abstecher 1980 nach Rom. Dort traf er sich mit seinem offiziell für tot erklärten SS-Kameraden Karl Hass zum gemeinsamen Abendessen und zum Aufwärmen alter Erinnerungen. Gemeinsam hatten sie 1944 die Massenerschießung durchgeführt. Das ruhige Leben der beiden ging so lange gut, bis Priebke 1994 einem amerikanischen Fernsehteam freimütig seine Beteiligung am Massaker in den Ardeatinischen Höhlen und die eigenhändige Ermordung von zwei Italienern schilderte. Das Interview mit ihm sorgte weltweit für Entrüstung. Umgehend folgte ein italienisches Auslieferungsbegehren, dem im November 1995 auch stattgegeben wurde. Am 7. März 1998 verurteilte ein Militärgericht in Rom Priebke zu lebenslanger Haft. Wegen Erkrankung und fortgeschrittenem Alter wurde er unter Hausarrest gestellt.[43]

Ein prominenter Argentinienflüchtling war auch SS-Obersturmbannführer Dr. Kurt Christmann. Bereits als Jugendlicher war er 1923 beim mißglückten Hitler-Putsch in München beteiligt. Als Gestapo-Beamter wurde er nach dem „Anschluß" Österreichs in Wien, Innsbruck, Salzburg und Klagenfurt eingesetzt. Vom Sommer 1942 bis Sommer 1943 war Christmann Chef des Einsatzkommandos 10a.[44] Die Einheit mit Standort Krasnodar in Südrußland hatte offiziell die „Bekämpfung von Partisanen" zur Aufgabe. Darunter verstand die SS einen Freibrief für die Ermordung all jener, die in ihren Augen eine Gefahr darstellten, zu den „slawischen Untermenschen" zählten oder Juden waren. Christmann selbst ermordete mindestens 105 Menschen „in Mittäterschaft".[45] Beim Einsatz in Krasnodar ließ er einmal 40 bis 60 vorwiegend jüdische Männer, Frauen und Kinder mit einem Gaswagen töten. Die Opfer erstickten an den Abgasen des Fahrzeugs innerhalb von 10 bis 15 Minuten qualvoll. Christmann behauptete, bei den Vergasungen nur zufällig anwesend gewesen zu sein. Außerdem meinte er: „Ich glaube, wenn mehrere gemeinsam sterben, ist das immer noch angenehmer als jeder einzeln." Für Christmann war das jedenfalls „kein so welterschütterndes Ereignis, daß ich mich so genau erinnern könnte".[46]

Nach Kriegsende lebte er in Stuttgart-Feuerbach unter dem falschen Namen Christoph Kraust. 1946 wurde er als gesuchter NS-Täter von den Amerikanern verhaftet und im Lager Dachau interniert. Von dort gelang ihm schon nach kurzer Zeit die Flucht. Unter dem Decknamen Dr. Ronda und über gute Kontakte fand der ehemalige Obersturmbannführer einen Job als Informant bei der britischen Besatzungsmacht. Wegen drohender Enttarnung flüchtete Christmann 1948 nach Bozen. Dort hatte er noch Bekannte aus seiner Zeit bei der Gestapo in Innsbruck. In Rom besorgte er sich neue Papiere und reiste mit Hilfe eines Rot-Kreuz-Passes schließlich nach Argentinien. Christmann streifte seine Flucht in den Verhören nur kurz: „Über München ging ich nach Italien, wo ich mit Hilfe des Vatikans Papiere und Einreisebewilligung für meine Frau und mich nach Argentinien bekam."[47] Von Herbst 1948 bis Februar 1956 lebte er in Südamerika.[48] Christmann betätigte sich in seiner neuen Heimat auch politisch. Er pflegte engen Kontakt zum Kampfflieger Hans-Ulrich Rudel und galt für die CIA als einer der Köpfe in der Neonazi-Bewegung „Kameradenwerk".[49]

Nach seiner Rückkehr nach Deutschland 1956 lebte er als Immobilienkaufmann in München. Sein Entnazifizierungsverfahren wurde am 30. Mai dieses Jahres zu Lasten der Staatskasse eingestellt, da er nicht hinreichend verdächtig war, Hauptschuldiger oder Belasteter zu sein. Eine erste Anklage samt Verfahren 1971 wurde alsbald wegen dauernder Verhandlungsunfähigkeit eingestellt.[50] Christmann wurde erst wieder 1980 vor Gericht gestellt. Im Dezember dieses Jahres verurteilte ihn das Landgericht München zu 10 Jahren Haft.[51] Auf der Flucht nach Übersee wurde Christmann von einem ehemaligen Untergebenen im Einsatzkommando 10a, Franz Vötterl, begleitet. Der Salzburger SS-Hauptsturmführer kam zusammen mit seinem Chef über Genua 1948 nach Argentinien. Im Gepäck hatte er einen Reisepaß des Roten Kreuzes und damit eine andere Identität.[52] In seiner neuen Heimat fand er eine Anstellung bei der Firma Siemens in Buenos Aires. Vötterl blieb dauerhaft in seinem Gastland. Trotz einer unter Adenauer auf Amnestie eingeschwenkten Bundesrepublik sahen einige schwer belastete NS-Täter in Deutschland offenbar keine sichere Zukunft.

Anmerkungen

1 Ernst Klee: Was sie taten – was sie wurden. Ärzte, Juristen und andere Beteiligte am Kranken- und Judenmord, Frankfurt/M. 1986, S. 229.

2 Vgl. Andreas Seeger: „Gestapo-Müller". Die Karriere eines Schreibtischtäters, Berlin 1996.

3 Rupert Butler: The Gestapo. A History of Hitler's Police 1933–1945, London 2004, S. 164.

4 Vgl. Gerhard Paul/Klaus-Michael Mallmann (Hrsg.): Die Gestapo im Zweiten Weltkrieg. ‚Heimatfront' und besetztes Europa, Darmstadt 2000, S. 543 ff.

5 Christian Goeschel: Suicide at the End of the Third Reich, in: JCH 41(2006), S. 153–173.

6 Norbert Frei (Hrsg.): Karrieren im Zwielicht. Hitlers Eliten nach 1945, Frankfurt/M.-New York 2001.

7 Gerald Steinacher: „The Cape of Last Hope". The Postwar Flight of Nazi War Criminals through Italy/South Tyrol to South America, in: Klaus Eisterer/Günter Bischof (Hrsg.): Transatlantic Relations. Austria and Latin America in the 19th and 20th Century, New Brunswick 2006, S. 203–224.

8 Matteo Sanfilippo: Archival Evidence on Postwar Italy as a Transit Point for Central and Eastern European Migrants, in: Oliver Rathkolb (Hrsg.): Revisiting the National Socialist Legacy. Coming to Terms with Forced Labor, Expropriation, Compensation and Restitution, Innsbruck u. a. 2002, S. 241–258.

9 Thomas Albrich: Exodus durch Österreich. Die jüdischen Flüchtlinge 1945–1948, Innsbruck 1987.

10 Simon Wiesenthal: Doch die Mörder leben, München-Zürich 1967, S. 109.

11 Zit. bei Edith Blaschitz: NS-Flüchtlinge österreichischer Herkunft: Der Weg nach Argentinien, in: DÖW: Jahrbuch 2003, S. 110.

12 Klee (Anm. 1), S. 229.

[13] Vincent La Vista an Herbert J. Cummings v. 15.5.1947, NARA, RG 84, Austria, Political Advisor, Gen. Records 1945–1955, Entry 2057, Box 2.

[14] Monatlicher Sicherheitsbericht der Quästur Bozen für August 1947, Archiv des Regierungskommissariats für die Provinz Bozen, Monatsberichte der Quästur Bozen 1947.

[15] Martin Pollack: Der Tote im Bunker. Bericht über meinen Vater, Wien 2004, S. 244 ff.

[16] Vgl. Heiner Lichtenstein: Angepaßt und treu ergeben. Das Rote Kreuz im „Dritten Reich", Köln 1988.

[17] Report of the International Committee of the Red Cross on its Activities during the Second World War (1939–1947), Bd. I: General Activities, Genf 1948, S. 669 ff.

[18] Holger Meding: Flucht vor Nürnberg? Deutsche und österreichische Einwanderung in Argentinien 1945–1955, Köln 1992, S. 74.

[19] Gitta Sereny: Am Abgrund. Gespräche mit dem Henker. Franz Stangl und die Morde in Treblinka, München-Zürich 1995, S. 375.

[20] Beide Zit. wie Anm. 13.

[21] Raul Hilberg: Die Vernichtung der europäischen Juden, Bd. 2, Frankfurt/M. 1991, S. 422 ff.

[22] Antrag auf ein Reisedokument für Riccardo Klement, Italienisches Rotes Kreuz in Genua v. 1.6.1950, Archiv des IKRK Genf, Titres de Voyage CICR 1945–1993, Antrag auf Ausweis Nr. 100940.

[23] Dto. für Wolf Walter v. April 1948, ebd., Antrag auf Ausweis Nr. 13093.

[24] Blaschitz (Anm. 11), S. 103–136.

[25] John Cornwell: Hitler's Pope. The secret History of Pius XII., New York 1999.

[26] Vgl. Ernst Klee: Persilscheine und falsche Pässe. Wie die Kirchen den Nazis halfen, Frankfurt/M. 1991.

[27] Peter Godman: Hitler and the Vatican. Inside the Secret Archives that Reveal the New Story of the Nazi and the Church, New York 2004, S. 5.

[28] Maximilian Liebmann: Bischof Hudal und der Nationalsozialismus – Rom und die Steiermark, in: ders.: Kirche in Gesellschaft und Politik. Von der Reformation bis zur Gegenwart, Graz 1999, S. 260–272; vgl. Michael Phayer: The Catholic Church and the Holocaust 1930–1965, Bloomington 2000; Philippe Chenaux: Pacelli, Hudal et la question du nazisme (1933–1938), in: Rivista di storia della Chiesa in Italia 57(2003), S. 133–154.

[29] Hans-Ulrich Rudel: Zwischen Deutschland und Argentinien. Fünf Jahre in Übersee, Göttingen 1954, S. 46.

[30] PCA, Sezione Stranieri, Rom, Empfehlungsschreiben an das IKRK in Rom für Franz Geyer v. 3.3.1947, Archiv des IKRK Genf, Titres de Voyage CICR 1945–1993, Antrag auf Ausweis Nr. 47801.

[31] Zit. bei Shraga Elam: Hitlers Fälscher. Wie jüdische, amerikanische und Schweizer Agenten der SS beim Falschgeldwaschen halfen, Wien 2000, S. 171; vgl. Alois Hudal: Römische Tagebücher. Lebensbeichte eines alten Bischofs, Graz-Stuttgart 1976.

[32] Zit. bei Sereny (Anm. 19), S. 342.

[33] Antrag auf ein Reisedokument für Paul Stangl, IKRK Rom v. 25.8.1948, Archiv des IKRK Genf, Titres de Voyage CICR 1945–1993, Antrag auf Ausweis Nr. 84227.

[34] Klee: Persilscheine (Anm. 26), S. 39.

[35] Vgl. Richard Breitman /Norman J. W. Goda/Timothy Naftali/Robert Wolfe (Hrsg.): U.S. Intelligence and the Nazis, Cambridge u. a. 2004.

[36] James V. Milano/Patrick Rogan: Soldiers, Spies and the Rat Line. America's Undeclared War Against the Soviets, Washington-London 2000.

[37] Vgl. Erhard Dabringhaus: Klaus Barbie, the shocking Story of how the U.S. used this

Nazi War Criminal as an Intelligence Agent, Washington D.C. 1984; Tom Bower: Klaus Barbie. Lyon, Augsburg, La Paz – Karriere eines Gestapo-Chefs, Berlin 1984.

[38] Bericht des Department of the Army, Office of the Assistant Chief of Staff for Intelligence, Memorandum for Central Intelligence Deputy Director im Fall Barbie v. 18.2.1967, NARA, RG 263 (CIA), War Crimes, CIA name files, Entry ZZ-16, Box 4.

[39] Milano/Rogan (Anm. 36), S. 203.

[40] Holger Meding: La ruta de los nazis en tiempos de Perón, Buenos Aires 2000.

[41] Gerald Steinacher: Argentinien als NS-Fluchtland. Die Emigration von Kriegsverbrechern und Nationalsozialisten durch Italien an den Rio de la Plata. Mythos und Wirklichkeit, in: Holger Meding (Hrsg.): Argentinien und das Dritte Reich, Köln 2007, S. 230–255.

[42] Vgl. Carlota Jackisch: Cuantificacion de Criminales de Guerra Según Fuentes Argentinas, informe final (1998) http://www.ceana.org.ar/final/jackisch.zip (Stand: 22.3.2004).

[43] Elena Llorente/Martino Rigacci: El último nazi. Priebke, de la Argentina a Italia: juicio a medio siglo de historia, Buenos Aires 1998.

[44] French L. MacLean: The Field Men: the SS Officers who led the Einsatzkommandos, the Nazi mobile Killing Units, Atglen 1999, S. 28, 49; Andrej Angrick: Besatzungspolitik und Massenmord. Die Einsatzgruppe D in der südlichen Sowjetunion 1941–1943, Hamburg 2003, S. 677 ff., 706 f.

[45] Helmut Krausnick: Hitlers Einsatzgruppen. Die Truppe des Weltanschauungskrieges 1938–1942, Frankfurt/M. 1985, S. 364.

[46] Erwin Tochtermann: Ohne Emotionen saubere Arbeit geleistet, in: SZ v. 27.9.1980.

[47] Vern. Kurt Christmann v. 3.3.1956, LHAK, 584/1/1419; Datenbank des IfZ: Inventar der Verfahrensakten zur Verfolgung von NS-Verbrechen durch westdeutsche Justizbehörden seit 1945.

[48] MacLean (Anm. 44), S. 49.

[49] CIA-Bericht v. 8.7.1953: German Nationalist and Neo-Nazi Activities in Argentina, NARA, General CIA Records, 62–00865R, Box 0003, Folder 0003.

[50] IfZ, ED 342/22–31.

[51] Johann Freudenreich: Wegen schwerer Kriegsverbrechen in Rußland. Vor 5 Jahren angeklagt – erst gestern festgenommen, in: SZ v. 14.11.1979.

[52] Wie Anm. 42.

Martin Cüppers

Immer davongekommen
Wie sich Walther Rauff erfolgreich seinen Richtern entzog*

Im Juni 1979 brach der ranghöchste noch lebende SS-General, der frühere Obergruppenführer Karl Wolff, zu einer spektakulären Reise nach Südamerika auf. „Wölffchen", wie der ehemalige Chef von Himmlers persönlichem Stab von NS-Größen liebevoll genannt wurde, sollte in den folgenden Wochen auf seiner Tour durch den gesamten Subkontinent etliche ‚alte Kameraden' wiedertreffen. Dazu animiert hatte ihn der erfolgreiche Journalist des „Stern", Gerd Heidemann, der ihn auf dieser Reise auch begleitete. Beide machten sich von Westdeutschland aus unter dem Vorwand auf den Weg, Materialien für die Memoiren des Himmler-Vertrauten zu sammeln. Heidemann sollte gemäß der Tarnung als dessen rechte Hand fungieren und damit durch die unzweifelhafte Autorität des Mitreisenden die Türen zu einigen der weltweit meistgesuchten NS-Verbrecher geöffnet bekommen. Erste Station des ungleichen Duos war Santiago de Chile. Dort traf Wolff nach 34 Jahren erstmals wieder mit dem früheren SS-Standartenführer Walther Rauff zusammen. Die Begrüßung in einem Hotelzimmer der chilenischen Hauptstadt verlief äußerst herzlich. Gerührt lagen sich beide NS-Täter in den Armen und begannen anschließend sogleich, ihre Erlebnisse auszutauschen. Heidemann saß staunend daneben; er durfte das Gespräch auf Tonband aufzeichnen, und selbst als er sich irgendwann als Journalist des „Stern" offenbarte, kam bei dem in der Bundesrepublik mit Haftbefehl Gesuchten offenbar kein Mißtrauen auf. Zu vertrauensvoll wirkte da die Gegenwart des einstigen Dienstvorgesetzten. So sprach Rauff bald ausführlich über seine Verantwortung für die Entwicklung der Gaswagen, über seine Zeit als Kommandeur eines SS-Einsatzkommandos für den Nahen Osten und seine Flucht nach Südamerika[1] – Stationen eines wechselvollen Lebens, das 73 Jahre zuvor in einer anhaltinischen Kleinstadt seinen Anfang genommen und für ihn seitdem selbst nach schweren beruflichen Rückschlägen noch jedes Mal einen Ausweg parat gehalten hatte.

Frühe Karrierewege

In der südlich von Magdeburg gelegenen Kreisstadt Köthen wurde Rauff am 16. Juni 1906 geboren und auf den Namen Hermann Julius Walter getauft. Mit dem Vater Otto, einem Bankprokuristen, und der Mutter Anna zog das Kind im folgenden Jahr nach Magdeburg. Dort besuchte der meist Walther Genannte auch die Schule und legte im Februar 1924 sein Abitur ab. „In nationalem und soldatischem Sinne“ sei er von den Eltern erzogen worden, schrieb Rauff Jahre später in einem Lebenslauf.[2] Das wird ihn mit dazu bewogen haben, wenige Wochen nach abgeschlossener Schulbildung in die Kriegsmarine einzutreten und damit die Laufbahn eines Seeoffiziers anzustreben. Schon bald zum Oberleutnant befördert, bekam Rauff in diesen frühen Jahren einiges von der Welt zu sehen. So führte ihn 1925 eine siebenmonatige Fahrt auf dem Kreuzer „Berlin“ über den Atlantik und um Kap Hoorn bis an die Westküste Südamerikas. Das deutsche Schulschiff legte unter anderem in den Häfen Valparaíso und Punta Arenas an; damit lernte der junge Marineoffizier erstmals sein späteres Fluchtland Chile kennen.

Zurück in Deutschland entwickelte sich Rauffs Karriere vielversprechend. Nach verschiedenen Verwendungen als Stabsoffizier übernahm er das Kommando über ein Minensuchboot und wurde im April 1935 zum Kapitänleutnant befördert.[3] Im Privaten war Rauff seit 1934 mit Ehefrau Charlotte verheiratet, doch die Verbindung blieb kinderlos. Spätestens seit Anfang 1937 unterhielt er dann ein heimliches Verhältnis zu einer Bekannten aus früheren Tagen. Die Betrogene kam dem Gatten allerdings schnell auf die Schliche und reichte prompt die Scheidung ein, die vom Landgericht Kiel im Oktober des Jahres zu vollen Lasten des Ehebrechers vollzogen wurde.[4] Für die weitere berufliche Karriere mußte diese Trennung umgehend schwerwiegende Konsequenzen haben. Denn gemäß dem Ehrenkodex der Reichsmarine wurde Ehebruch noch Mitte der 1930er Jahre nicht im mindesten toleriert. Rauff war somit gezwungen, seinen Abschied zu nehmen; andernfalls hätte eine unehrenhafte Entlassung gedroht.[5]

Damit plötzlich arbeitslos geworden, sprach der gescheiterte Seeoffizier auf Empfehlung des ihm aus der Reichsmarine bekannten SA-Obergruppenführers Dietrich von Jagow schon kurze Zeit später im Berliner SD-Hauptamt bei Dr. Werner Best vor, der ihm probehalber eine Anstellung zusagte. Bereits zum Jahresbeginn 1938 konnte Rauff sich dann in sein neues Betätigungsfeld einarbeiten. Offiziell hatte er überhaupt erst im Mai des vorangegangenen Jahres eine Mitgliedschaft in der NSDAP erlangt; der Beitritt zur SS folgte mit Beginn der Arbeit in der Berliner SD-Zentrale. Rauff damit einen reichlich späten, möglicherweise sogar opportunistischen Anschluß an das Dritte Reich unterstellen zu wollen, wäre jedoch völlig verfehlt. Der nur an ‚alte Kämpfer‘ verliehene Winkel mit Stern weist ihn vielmehr als einen frühen Parteigänger Hitlers und seiner nationalsozialistischen Ideologie aus; wohl nur aus Rücksicht auf die damaligen Empfindlichkeiten in der Reichsmarine der Weimarer Republik wird er also sein Parteibuch offiziell nicht früher erworben haben.[6]

Im neuen Arbeitsverhältnis suchte Rauff sich ab Januar 1938 mit Eifer zu bewähren. Prompt wurde er vier Monate später dauerhaft ins SD-Hauptamt übernommen. Anfangs war er dort als Referent für Mobilmachungsangelegenheiten tätig. Hinsichtlich der sich immer deutlicher abzeichnenden Kriegsvorbereitungen hatte er zu prüfen, wer vom hauptamtlichen Personal seiner Institution im Kriegsfall als unabkömmlich zu gelten habe.[7] In dieser Funktion landete er nach dem deutschen Angriff auf Polen im September 1939 mit einem Mal mitten in Heydrichs Entscheidungszentrum. Mit Kriegsbeginn nahm er an den anfangs mehrmals wöchentlich stattfindenden Besprechungen der Amtschefs und Einsatzgruppenkommandeure teil, die sich in jener illustren Runde über das weitere Vorgehen in dem besetzten Land besprachen. Jeweils im Anschluß fertigte Rauff auch die Protokolle der Treffen an. Wie diese Schriftstükke beweisen, war der ambitionierte SS-Sturmbannführer damit über die systematisch angelaufenen Massenmorde an der polnischen ‚Intelligenz' sowie über Massentötungen an den Juden des Landes bestens im Bilde.

Von Mai 1940 an durfte Rauff noch einmal ein freiwilliges Intermezzo bei der Marine einlegen, wo er die an der Kanalküste eingesetzte 38. Minensuchflottille befehligte. Einer Anforderung Heydrichs folgend, kehrte er ein Jahr später während der letzten Vorbereitungsphase für den Angriff auf die Sowjetunion jedoch wieder ins Reichssicherheitshauptamt (RSHA) zurück.[8] Zwischenzeitlich zum Obersturmbannführer befördert, bekleidete der SS-Führer dort wieder seine frühere Funktion als Leiter der Gruppe II D. Zusätzlich übernahm er VI F, eine Gruppe im SD-Auslandsgeheimdienst, die ähnlich wie II D für technische Angelegenheiten zuständig war. Als Heydrich zum stellvertretenden Reichsprotektor von Böhmen und Mähren ernannt wurde, begleitete er darüber hinaus seinen Dienstherrn nach Prag. Rauff hatte dort die Organisation des technischen Nachrichtenwesens der neuen Dienststelle zu leiten. Welches hohe Maß an Respekt er damals gegenüber seinem Chef empfunden haben muß, zeigt der Umstand, daß er sich mit ‚Kameraden' in Prag nach eigener Aussage jeweils darauf verständigte, Heydrich beim gemeinsamen Doppelkopf-Spiel stets gewinnen zu lassen, weil dieser eben „nicht verlieren konnte".[9]

Konstrukteur der mobilen Gaskammern

Noch 1941 avancierte Rauff dann zu einem der zentral Verantwortlichen für die Massenvernichtung der Juden. So war er als Gruppenleiter II D unter anderem zuständig für die technische Ausrüstung der Einsatzgruppen in der Sowjetunion, beispielsweise mit Fahrzeugen oder Munition.[10] In dieser Funktion gab er Friedrich Pradel, dem Verantwortlichen für das Kraftfahrwesen, im September 1941 die Anweisung, Lastkraftwagen so umzubauen, daß in den geschlossenen Aufbauten Menschen durch die Einleitung von Fahrzeugabgasen getötet werden könnten. Wenn auch die eigentliche Idee dazu möglicherweise nicht von dem SS-Obersturmbannführer selbst stammte, sondern dieser nur einer Instruktion Heydrichs Folge leistete, so stellte Rauffs Anordnung doch zweifellos die entscheidende Geburtsstunde für diese mobilen Gaskammern der SS dar.[11]

Ein erster Kastenwagen wurde bald darauf entsprechend konstruiert; Probevergasungen an sowjetischen Kriegsgefangenen im Konzentrationslager Sachsenhausen verliefen noch 1941 ‚erfolgversprechend'. Damit war die Entscheidung für den Bau weiterer Modelle gefallen. Bis in den Herbst 1942 wurden insgesamt wohl mehr als 30 Gaswagen konstruiert, die in der Sowjetunion, in Serbien sowie im Vernichtungslager Kulmhof beim Judenmord sowie bei der Ermordung zahlreicher Roma verwendet wurden.[12] Neben dem effektiveren Tötungsverfahren dürfte ein Hauptmotiv für deren Bau ein wirkliches Fürsorgeinteresse der Verantwortlichen gegenüber den bislang bei Exekutionen eingesetzten SS-Schützen gewesen sein. Rauff selbst brachte eben jenes Motiv noch 30 Jahre später im chilenischen Exil auf den Punkt, als er argumentierte: „Ob ich damals Bedenken gegen den Einsatz der Gaswagen hatte, kann ich nicht sagen. Für mich stand damals im Vordergrund, daß die Erschießungen für die Männer, die damit befaßt waren, eine erhebliche Belastung darstellten und daß diese Belastung durch den Einsatz der Gaswagen entfiel."[13]

Welches Grauen dieser Rationalisierungsschub im Mordprozeß für die meist jüdischen Opfer bedeutete, läßt selbst noch die kalte Sprache der SS-Administration erahnen. So heißt es in einem im Frühsommer 1942 an Rauff gerichteten Erfahrungsbericht: „Die Beschickung der Wagen beträgt normalerweise 9–10 pro m^2. Bei den großräumigen Saurer-Spezialwagen ist eine Ausnutzung in dieser Form nicht möglich, weil dadurch zwar keine Überlastung eintritt, jedoch die Geländegängigkeit sehr herabgemindert wird. Eine Verkleinerung der Ladefläche erscheint notwendig." Über mögliche weitere Änderungen an den Mordgeräten heißt es im selben Dokument: „Aus der Praxis wurde vorgeschlagen, die Lampen entfallen zu lassen, da sie angeblich nie gebraucht werden. Es wurde aber in Erfahrung gebracht, daß beim Schließen der hinteren Tür und somit bei eintretender Dunkelheit immer ein starkes Drängen der Ladung nach der Tür erfolgte. Dieses ist darauf zurückzuführen, daß die Ladung bei eintretender Dunkelheit sich nach dem Licht drängt. Es erschwert das Einklinken der Tür. Ferner wurde festgestellt, daß der auftretende Lärm wohl mit Bezug auf die Unheimlichkeit des Dunkels immer dann einsetzt, wenn sich die Türen schließen. Es ist deshalb zweckmäßig, daß die Beleuchtung vor und während der ersten Minuten des Betriebes eingeschaltet wird."[14]

Ein im Mai 1942 ins Einsatzgebiet entsandter Untergebener Rauffs machte sich auch über eine möglichst unauffällige äußere Erscheinungsweise der Fahrzeuge Gedanken. In einem Bericht an seinen Chef konnte der findige Mordspezialist dann stolz vermelden: „Die Wagen der Gruppe D habe ich als Wohnwagen tarnen lassen, indem ich an den kleinen Wagen auf jeder Seite einen, an den großen auf jeder Seite zwei Fensterläden anbringen ließ, wie man sie oft an den Bauernhäusern auf dem Lande sieht. Die Wagen waren so bekannt geworden, daß nicht nur die Behörden, sondern auch die Zivilbevölkerung den Wagen als ‚Todeswagen' bezeichneten, sobald eines dieser Fahrzeuge auftauchte.“[15] Hinsichtlich der Effizienz des neuen Tötungsverfahrens konnte Rauffs Gruppe schon nach fünfmonatigem Einsatz allein für drei der mobilen Gaskammern eine Zahl von 97000 Menschen verkünden, die im Diktum der SS „verarbeitet“, also in den Lastwagen ermordet worden waren.[16] Insgesamt sind während des Krieges wohl über eine halbe Million Menschen in den Gaswagen des RSHA umgekommen.[17]

SS-Kommandoführer für die Shoah in Palästina

Während Himmlers Personal im östlichen Europa mit Hilfe dieser Mordmaschinerie im Sommer 1942 täglich weitere Opfer tötete, kam mit Rauff deren eigentlicher Organisator ganz unverhofft selbst als Kommandeur eines neu aufgestellten SS-Einsatzkommandos zu einer Verwendung im Ausland. Einen vergleichbaren Dienst hatten viele seiner Vorgesetzten im RSHA bereits bei den Einsatzgruppen in Polen 1939 oder zwei Jahre später als Einheitsführer bei den SS-Todesschwadronen in der Sowjetunion mit Bravour absolviert. Unter den jungen, radikalen Offizieren in Heydrichs Zentrale galt ein solches Kommando als willkommene Gelegenheit zur Bewährung im ‚Außendienst‘ und nicht zuletzt eben auch als ein aussichtsreiches Sprungbrett für die weitere Karriere.[18] Auf Rauff wartete allerdings nicht der deutsche „Lebensraum“ im Osten, sondern vielmehr der arabische Orient.

In die Region war im Frühsommer 1942 Rommels Panzerarmee Afrika vorgestoßen, hatte die wichtige Festung Tobruk genommen und die Briten bis weit nach Ägypten hinein zurückgedrängt. Die letzte britische Frontstellung vor der Hauptstadt Kairo und dem Suezkanal erreichten deutsche und italienische Truppen am 1. Juli: El Alamein. Hitler hatte spätestens im Vorjahr angesichts der Erfolge Rommels in Nordafrika und des erwarteten Übergangs des Ostheeres über den Kaukasus ganz neue strategische Perspektiven ins Auge gefaßt und gleichzeitig die Araber als neue Bündnispartner auserkoren. Bezüglich der Juden Palästinas, die damit in den unmittelbaren Fokus des nationalsozialistischen Interesses rückten, hatte er im Beisein Himmlers und Heydrichs im Oktober 1941 kurzerhand festgestellt: „Es ist gut, wenn uns der Schrecken vorangeht, daß wir das Judentum ausrotten. Der Versuch einen Judenstaat zu gründen, wird ein Fehlschlag sein.“[19]

Als Rommel sich im Folgejahr anschickte, ganz Ägypten zu erobern, anschließend über den Suezkanal zu setzen und nach Palästina einzumarschieren, reagierte die nationalsozialistische Führung in Berlin prompt und ordnete der Panzerarmee Afrika ein Einsatzkommando aus dem RSHA bei. Diesbezügliche Absprachen zwischen SS und Wehrmacht verliefen absolut konfliktfrei, und so erließ der Wehrmachtführungsstab am 13. Juli 1942 einen an Rommel gerichteten Befehl, in dem die Ankunft des SS-Kommandos angekündigt wurde und die maßgeblichen Regelungen für dessen Verwendung formuliert waren. In der zentralen Passage des Schriftstücks heißt es: „Das SS-Einsatzkdo.

erhält seine fachlichen Weisungen vom Chef des S.P. [der Sicherheitspolizei] und S.D. und führt seine Aufgaben in eigener Verantwortlichkeit durch. Es ist berechtigt, im Rahmen seines Auftrages in eigener Verantwortung gegenüber der Zivilbevölkerung Exekutivmaßnahmen zu treffen."[20] Diese und andere Formulierungen waren aus der im Vorjahr zwischen Wehrmacht und SS ausgehandelten und für die Verwendung der Einsatzgruppen in der Sowjetunion erlassenen Verfügung einfach abgeschrieben worden – einem Schriftstück, auf dessen Grundlage allein in den ersten sechs Monaten des Krieges 500000 Juden ermordet worden waren. Offenbar hatten sich die zentralen Inhalte damit derart ‚bewährt', daß sie für Rauffs neue Aufgabe gleich wörtlich übernommen werden konnten.[21]

Der zum Kommandoführer ernannte Rauff flog am 20. Juli persönlich ins libysche Tobruk und traf sich dort mit Oberstleutnant Siegfried Westphal, dem Stabschef Rommels. Beide werden an diesem Tag mündlich die für den Einsatz der SS noch maßgeblichen Belange besprochen haben.[22] Das Kommando selbst ging derweil in Athen in Wartestellung. Der erhoffte Einsatz blieb jedoch aus. Statt einer allseits prognostizierten schnellen Besetzung Ägyptens standen Rommels Truppen weiterhin vor El Alamein und rannten erfolglos gegen die eigentlich doch nur als schwach eingeschätzten britischen Frontlinien an. Durchbruchsversuche der Panzerarmee Afrika im Juli mußten genauso erfolglos eingestellt werden wie eine letzte große Offensive der Deutschen und Italiener Ende August.[23] Damit war die Entscheidung gefallen. Rommel oder Rauff würden nie am Strand von Tel Aviv stehen, und die „Endlösung" würde seitens der Nationalsozialisten nicht auf die Juden Palästinas ausgeweitet werden. Das nach wie vor bereitstehende Einsatzkommando blieb noch bis zum 19. September in Athen; dann gab der enttäuschte Himmler den Befehl zur Rückkehr nach Berlin.[24] Vorübergehend wird Rauff dort wohl wieder seine früheren Verpflichtungen im RSHA übernommen haben. Doch schon zwei Monate später erfolgte die erneute Kommandierung seiner Truppe, diesmal nach Tunis.

Nordafrika und das Kriegsende in Italien

Nachdem am 8. November im Rahmen des Unternehmens „Torch" unter dem Oberbefehl von General Dwight D. Eisenhower amerikanische und britische Truppen an Stränden in Marokko und Algerien gelandet waren, befahl Hitler tags darauf die Errichtung eines Brückenkopfes rund um die tunesische Hauptstadt. Dort kam dann auch das Kommando unter Rauff in seiner ursprünglichen Besetzung zum Einsatz. Unmittelbar nach der Ankunft in Tunis ordnete Rauff die Einrichtung von Judenräten an und erließ gegen die in seinem Einflußbereich lebenden Juden umfangreiche Zwangsarbeitsmaßnahmen. Zudem preßte er die Gemeinden auch finanziell umfassend aus. So erzwang der SS-Führer mit der Begründung, das „internationale Judentum" sei für die alliierten Bombardements in Tunesien verantwortlich, bis April 1943 eine Kontribution von mindestens 50 Millionen Franc; von der jüdischen Gemeinde Djerbas erpreßte er im Februar zusätzlich 43 Kilogramm Gold.[25]

Anders als in Europa blieben die tunesischen Juden jedoch von Massenmorden verschont. Das lag allerdings keineswegs an einer plötzlichen Milde Rauffs oder seiner Vorgesetzten, sondern einzig an den nur unzureichenden Transportkapazitäten der deutschen und italienischen Truppen im nordafrikanischen Brückenkopf. Tatsächlich scheint die Deportation der tunesischen Juden Ende 1942 ganz konkret geplant gewesen zu sein. Dazu sollten die Menschen zuerst per Schiff nach Italien gebracht und anschließend mit der Eisenbahn in die Vernichtungslager im besetzten Polen gefahren werden. Zur Vorbereitung dieses mörderischen Vorhabens traf sich der SS-Obersturmbannführer in Tunis unter anderem mehrmals mit deutschen Marineoffizieren, die ihm die erforderlichen Transportkapazitäten zur Verfügung stellen sollten. Letztlich konnte die Massendeportation aber doch nicht realisiert werden. Denn von seiten der Wehrmacht fiel die Entscheidung, den so dringend für den eigenen Nachschub benötigten Schiffsladeraum nicht für Rauffs Vernichtungsvorhaben zur Verfügung zu stellen.[26]

Während so die überwiegende Mehrzahl der tunesischen Juden mit Glück überlebte, entwickelte sich die militärische Lage in Nordafrika zunehmend zum Nachteil für Deutsche und Italiener. Eine alliierte Offensive brachte Anfang Mai 1943 schließlich die Entscheidung. Die letzten Achsentruppen kapitulierten am 13. dieses Monats; damit gingen insgesamt 250000 Soldaten in Kriegsgefangenschaft.[27] Doch Rauff entging als einer der wenigen diesem Los – zu wichtig schien Berlin das SS-Kommando und dessen Tätigkeit zu sein. Noch drei Tage vor der Kapitulation wurde die Truppe aus Tunis ausgeflogen und landete sicher in Neapel. In einem mehrwöchigen Intermezzo hatte Rauff mit seinen Männern anschließend einen sicherheitspolizeilichen Einsatz auf Korsika zu erledigen. Anfang September ging es dann wieder zurück nach Italien.[28]

Dort fungierte er dann als Befehlshaber der Sicherheitspolizei Oberitalien-West und war damit zuständig für das wichtige norditalienische Industrierevier mit den Regionen Lombardei, Piemont und Ligurien. Auch in dieser neuen Dienststellung wußte Rauff seine Vorgesetzten zu beeindrucken. So heißt es in einem Ordensvorschlag über ihn, er habe die Streikwellen im Dezember 1943 in Mailand, Turin und Genua „teilweise durch hartes Zupacken, teilweise durch geschickte Verhandlungen und Vorbeugungsmaßnahmen" bekämpft und „einen Zusammenbruch [der Arbeitskämpfe] nach wenigen Tagen maßgeblich mit herbeigeführt".[29] In der Folge führte der im Juni 1944 noch zum Standartenführer beförderte Rauff in der Region diverse „Großunternehmungen" seiner SS-Kräfte persönlich an; immer wieder sind in den Quellen auch Hinweise auf Repressalien und Massenerschießungen in dem von ihm verantworteten Befehlsbereich zu finden.[30] Mit der alliierten Offensive Richtung Norditalien im April 1945 drohten Rauff bald Karriereende und Bestrafung durch die Siegermächte.[31] Während der unmittelbaren Kriegsendphase war er noch an Verhandlungsversuchen mit US-amerikanischen Stellen über einen Separatfrieden in Italien beteiligt. Letztlich führten diese Kontakte mit Allen Dulles, dem in der Schweiz residierenden Repräsentanten des amerikanischen Geheimdienstes Office of Strategic Services, jedoch nur zu dem von SS-Obergruppenführer Wolff, Rauffs Vorgesetzter und Höchster SS- und Polizeiführer Italien, für die Region ausgehandelten Waffenstillstand vom 2. Mai 1945. Rauff selbst wurde mit einigen Getreuen allerdings schon am 30. April in Mailand von amerikanischen Soldaten festgenommen.[32]

Unterwegs auf der „Rattenlinie"

Alliierten Ermittlern gelang es bald schon, die Bedeutung und frühere Funktion des SS-Führers zu enthüllen. So sah sich Rauff gezwungen, in einer eidesstattlichen Erklärung noch im Oktober des Jahres seine Verantwortung für den Bau der Gaswagen einzuräumen.[33] Im Nürnberger Prozeß gegen die Hauptkriegsverbrecher wurde sein Name mehrmals genannt. Eine Anklage blieb ihm jedoch erspart, und auch als Zeuge war sein persönliches Erscheinen vor dem Tribunal nicht gefragt. Inhaftiert in einem britischen Kriegsgefangenlager im italienischen Rimini, gelang ihm nach insgesamt 20 Monaten in alliiertem Gewahrsam zusammen mit 18 weiteren Gefangenen Ende Dezember 1946 die Flucht.[34] Nunmehr kam auch für Rauff die geheimnisumwitterte Hilfe durch die katholische Kirche, die „Rattenlinie", ins Spiel. Geistliche versteckten den einstigen SS-Standartenführer anderthalb Jahre lang in verschiedenen Klöstern der italienischen Hauptstadt. Zudem nahmen die fragwürdigen Gottesmänner Kontakt zu Rauffs Ehefrau Edith und den beiden Söhnen auf, die noch in der sowjetischen Besatzungszone lebten. Es gelang bald, alle drei in den Westen zu schmuggeln und nach Italien zu bringen, wo sich die glücklich wiedervereinte Familie in Rauffs römischem Unterschlupf traf.[35] Ausgestattet mit Pässen des Roten Kreuzes auf den falschen Namen Raliff und weiterhin geleitet von den schützenden Händen seiner katholischen Fluchthelfer reiste der NS-Täter mit Frau und Kindern im Sommer 1948 nach Syrien aus.[36]

In den Monaten zuvor war es ihm gelungen, Anschluß an sein früheres Metier zu finden und Kontakt zu syrischen Geheimdienstkreisen zu knüpfen, denn als einstiger ‚Spezialist' auf diesem Gebiet war sein Wissen nicht zuletzt auch bei arabischen Machthabern begehrt. Bald schon scheint er dann von den Syrern beauftragt worden zu sein, weitere deutsche ‚Fachkräfte' für die Arbeit im Nahen Osten anzuwerben. Tatsächlich gelang ihm die Rekrutierung diverser Wehrmachts- und SS-Offiziere, die in Syrien beim Aufbau von Armee und Geheimdienst mitwirkten.[37] Jener Kreis legte schließlich auch die bemerkenswerte Unverfrorenheit an den Tag, sich der neugegründeten Bundesrepublik als deutsche Militärmission anzudienen – ein Unterfangen, von dem Konrad Adenauer wohlweislich Abstand nahm.[38] Rauff selbst fungierte in Syrien als Berater von Präsident Shukri al-Kuwatli und war nach der Niederlage gegen Israel 1948 besonders mit dem Neuaufbau des Geheimdienstes beschäftigt.[39] Im August 1949 änderten sich dann die politischen Verhältnisse bei Rauffs syrischen Arbeitgebern. Das Militär putschte mit Erfolg den früheren Präsidenten Haschim Chalid al-Atassi an die Macht, wodurch der deutsche Geheimdienstberater wegen seiner Nähe zur bisherigen Nomenklatura in Ungnade fiel. Immerhin konnte er das Land aber trotz vorübergehender Gefangennahme noch Richtung Libanon verlassen. Von Beirut aus kehrte der wieder einmal mit Glück Davongekommene dann im November zurück nach Italien und stieg mit knappem Budget unter falschem Namen in einer römischen Pension ab. Es gelang ihm wenig später, in den Besitz neuer Papiere zu kommen. Damit verließ er gemeinsam mit der Ehefrau und seinen Söhnen Europa am 17. Dezember, diesmal per Schiff Richtung Ecuador.[40]

Neun Tage später reiste die Familie Rauff in dem südamerikanischen Land ein und war nun ein weiteres Mal gezwungen, sich eine neue Existenz und Lebensperspektive aufzubauen. Der Familienvorstand fand schließlich eine Tätigkeit als Handelsvertreter; unter anderem war er Repräsentant der Bayer-AG.[41] Das gerade beendete Intermezzo in Syrien bescherte ihm jedoch noch einen anderen Arbeitgeber. Der frühere Geheimdienstmann in Himmlers RSHA wurde nun – mutmaßlich von einstigen Kollegen aus Wehrmacht oder SS – als Informant der Organisation Gehlen, der Vorläuferorganisation des Bundesnachrichtendienstes geworben. Fortan belieferte er den bundesdeutschen Auslandsgeheimdienst regelmäßig mit Informationen über die Situation in Südamerika.[42] Im neuen Exil pflegten die Rauffs offenbar sogar Kontakt zu jüdischen Emigrantenkreisen. Mehrmals besuchte Ehefrau Edith einen ehemaligen Schulfreund aus Dessau, der vor den Nationalsozialisten noch rechtzeitig nach Südamerika geflohen war. Der einstige SS-Führer verhielt sich in Gegenwart emigrierter Juden aber so auffällig, daß schnell der Verdacht aufkam, bei ihm könne es sich um einen ehemaligen NS-Verbrecher handeln. Allerdings scheint Rauff auch nicht sonderlich bedacht gewesen zu sein, die eigene Gesinnung zu verbergen. Als er einmal im Beisein eines deutschen Begleiters über die Vergangenheit fabulierte, sich dabei immer mehr in Rage redete, schließlich mit der Faust auf den Tisch schlug und hinsichtlich zukünftiger Perspektiven an den Gesprächspartner gewandt ausrief: „Sie können versichert sein, wir vergessen keinen“, warf ihn der jüdische Inhaber des Lokals kurzerhand hinaus.[43]

Rauff muß in Ecuador aber auch einen jungen Offizier der chilenischen Armee kennengelernt haben, der den Aufbau der ecuadorianischen Kriegsakademie unterstützen sollte. Beide Männer freundeten sich an, und dem jungen Major gelang es im Verlauf gemeinsamer Gespräche, dem Deutschen sein Heimatland Chile als eine lebenswerte Alternative vor Augen zu führen. In späteren Jahren sollte dieser Offizier noch zu einiger Berühmtheit gelangen – sein Name: Augusto Pinochet.[44] Die Freundschaft zu dem späteren Diktator führte schließlich dazu, daß die Rauffs nach neunjährigem Aufenthalt in Ecuador im Herbst 1958 nach Chile umzogen.[45] Während die Familie von Beginn an in der Hauptstadt Santiago lebte, war der Ehemann und Vater im ersten Jahr als Geschäftsführer einer Firma im Süden des Landes tätig. Im August 1959 ergab sich für ihn dann die Möglichkeit, zu seinen Angehörigen in die Metropole zu ziehen und dort eine Beschäftigung bei der Importfirma Goldmann, Janssen y Cía anzunehmen.[46]

Deutschland – Chile und zurück?

Die westdeutsche Justiz hatte sich erstaunlicherweise bis dahin kaum für die Person Rauff interessiert, obwohl ja dessen Verantwortung für den Bau der Gaswagen schon vor dem Internationalen Militärgerichtshof in Nürnberg zur Sprache gekommen war. Ohne weitere Aufmerksamkeit zu erregen, konnte der NS-Täter in Paßangelegenheiten in den 1950er Jahren diverse Anträge an bundesdeutsche Behörden stellen. Von der Deutschen Botschaft in Quito wurde ihm im Juni 1953 schließlich ein neues Reisedokument ausgestellt.[47] Im Auftrag seines Arbeitgebers reiste Rauff 1960 sogar für drei Monate nach Westdeutschland. Geschäftlich war er zwischen April und Juni in den Städten Hamburg, Kiel, Hannover, München, Köln und Mülheim tätig. In München hatte er nebenbei auch Gelegenheit, Weggefährten aus früheren Tagen wiederzusehen. Rauff traf dort mit Wilhelm Beissner, einem alten Bekannten aus Einsatzkommando-Zeiten, zusammen. Nach den abwechslungsreichen Wochen in der alten Heimat wieder nach Chile zurückgekehrt, ereilte ihn allerdings ein herber familiärer Schicksalsschlag. Seine Frau erkrankte an Krebs und starb im September. Danach wechselte der Witwer den Wohnort. Im Glauben, dort bessere Lebensumstände vorzufinden, zog er in den Süden des Landes nach Punta Arenas, wo er Geschäftsführer einer florierenden Konservenfabrik für Königskrabben wurde.[48]

Derweil war im argentinischen Buenos Aires der bis dahin als unbescholtener Staatsbürger geltende Ricardo Klement von israelischen Agenten entführt und im Mai 1960 mit einer Diplomatenmaschine in den jüdischen Staat ausgeflogen worden. Wenig später erfuhr die erstaunte Weltöffentlichkeit, daß jener Klement in Wirklichkeit Adolf Eichmann hieß, damit der Organisator der „Endlösung“ war und in Kürze in Jerusalem vor Gericht gestellt werden würde.[49] Im Vorfeld dieses von einer breiten Öffentlichkeit wahrgenommenen Verfahrens gegen den Referatsleiter IV B 4 im RSHA war absehbar, daß sich durch die spektakuläre Entführung Eichmanns das Interesse der Weltöffentlichkeit auch auf andere gesuchte NS-Verbrecher richten werde. Auf seiten der westdeutschen Justiz hatte das eine gewisse Betriebsamkeit in Sachen Rauff zur Folge. Bereits 1959 hatte die Staatsanwaltschaft Hannover ein Ermittlungsverfahren eröffnet. Am 13. März 1961 wurde zudem Haftbefehl gegen den Beschuldigten beantragt.[50]

Rauff seinerseits reiste wohl im Bewußtsein der zweifelhaften Popularität, die er durch den Eichmann-Prozeß in Jerusalem gewonnen hatte, und trotz des gegen ihn bestehenden Haftbefehls im Februar 1962 ganz unbekümmert nochmals für zwei Wochen in die Bundesrepublik. Diesmal war er geschäftlich in Hamburg, Kiel, Hannover und München tätig.[51] Zu der Zeit hatten die westdeutschen Ermittlungsbehörden schon längst ein Auslieferungsersuchen an den chilenischen Staat formuliert. Allerdings verzögerte sich die Einreichung wegen der Konsultierung chilenischer Juristen, wegen der Übersetzung belastender Dokumente in die Landessprache und wegen der vor Ort in Santiago lähmend langsam agierenden Deutschen Botschaft um ganze anderthalb Jahre. Das Auslieferungsbegehren wurde daher offiziell erst Ende November 1962 den zuständigen Stellen in Santiago übergeben.[52]

Die Reaktion erfolgte prompt. Noch in der Nacht des 3. Dezember wurde der Gesuchte in Punta Arenas festgenommen und am nächsten Tag in die chilenische Hauptstadt geflogen. Dort wurde er am 5. Dezember erstmals vom Präsidenten des Obersten Gerichtshofes persönlich vernommen. Weitere ausführliche Befragungen folgten während der nächsten Tage.[53] Als rechtliche Vertretung engagierte Rauff den renommierten Anwalt Enrique Schepeler. Für dessen Dienste stellte der gut verdienende Geschäftsführer eines florierenden Unternehmens reichlich unverfroren den Antrag, ihm als „einem mittellosen Bundesbürger“ seitens seines Heimatlandes doch Prozeßkostenbeihilfe zu gewähren.[54] Alf und Walter allerdings, die beiden noch beim Vater lebenden Söhne Rauffs, zeigten sich über dessen Inhaftierung tief geschockt; offenbar war im Elternhaus das Vorleben des Familienvorstands nie ernsthaft thematisiert worden.[55] Nicht zuletzt sorgten die Schlagzeilen über den Festgenommenen im bayrischen Pullach, in der Zentrale des Bundesnachrichtendienstes, für einigen Unwillen. Den Geheimdienstlern kam das Aufsehen um den eigenen Verbindungsmann in Südamerika gar nicht gelegen. Nicht von ungefähr fürchtete man, das delikate Dienstverhältnis könnte aufgedeckt werden. Deshalb wurde alsbald dessen vorsorgliche Beendigung beschlossen.[56]

Im Laufe seiner Vernehmungen in Santiago gab Rauff unter anderem freimütig an, Anfang der 1960er Jahre mehrmals in die Bundesrepublik eingereist zu sein. Das werteten die deutschen Ermittler anfangs allerdings nur als Schutzbehauptung, um seiner drohenden Auslieferung mit dem Argument zu entgehen, er hätte ja schon früher festgenommen und vor Gericht gestellt werden können. Als der Beschuldigte dann aber haarklein belegen konnte, wann er wo in den Jahren 1960 und 1962 in welchen Hotels westdeutscher Städte übernachtet hatte, mußten die bundesdeutschen Justizbehörden verschämt einräumen, daß der Verfolgungseifer früherer Jahre doch wohl einiges zu wünschen übrig gelassen hatte. So war Rauff selbst nach Erlaß des Haftbefehls gar nicht in die deutschen Fahndungsbücher aufgenommen und damit nicht zur Festnahme ausgeschrieben worden. Ferner hatte man die Wahrscheinlichkeit einer Einreise des Gesuchten fälschlicherweise nur als „sehr gering" eingeschätzt.[57] Der Umstand, daß Rauff sich seinerzeit unbehelligt in der Bundesrepublik aufhalten konnte, zog auch in der DDR Kreise. Er führte unter anderem zu der amüsanten Interpretation des „Neuen Deutschland", Bonn würde für den „Globke-Komplicen" überhaupt nur einen Auslieferungsantrag stellen, um einem etwaigen Prozeß im Ausland und damit Enthüllungen über die „in Westdeutschland in hohen Ämtern fungierenden Komplicen Rauffs" zuvorzukommen.[58]

Während bundesdeutsche Stellen nach erheblichem justitiellen und finanziellen Aufwand in der Angelegenheit bereits darüber nachdachten, mit welcher Fluglinie der Gesuchte ausgeflogen werden könnte, entschieden die maßgeblichen Stellen in Chile ganz anders. Mit einem Votum von fünf gegen zwei Stimmen beschloß der Oberste Gerichtshof am 26. April 1963, das Auslieferungsersuchen abzulehnen. Die Richter argumentierten, für die benannten Straftaten sei nach chilenischem Recht bereits nach 15 Jahren eine Verjährung wirksam geworden, weshalb der Beschuldigte weder in die Bundesrepublik ausgeliefert werden könne, noch länger in Haft zu halten sei. Entsprechend hatte auch die Verteidigung argumentiert, und die gleiche Rechtsauffassung war überdies in der Presse des Landes diskutiert worden.[59] Somit kam Rauff nach insgesamt 123 Tagen in chilenischer Haft unmittelbar nach dem Urteilsspruch wieder frei und kehrte zu seinen Söhnen zurück. Nach der unerwarteten Aufregung wegen der drohenden Auslieferung nach Westdeutschland dürfte damit im Hause Rauff in Punta Arenas wieder der Alltag eingekehrt sein.

Neue Bewegung in den Fall kam dann erst wieder ganze neun Jahre später. Nachdem 1970 in Chile der Sozialist Salvador Allende nach dem Wahlsieg seiner Unidad Popular zum Präsidenten des Landes gewählt worden war, keimten im Ausland Hoffnungen, das neue fortschrittliche Staatsoberhaupt könnte im Fall eines erneuten Auslieferungsersuchens für einen diesmal positiveren Ausgang sorgen. Der weltweit bekannte Nazijäger Simon Wiesenthal bat Allende im August 1972 um eine Überprüfung der chilenischen Gerichtsentscheidung von 1963.[60] Die zwar freundlich gehaltene, aber rein formal auf die Unabhängigkeit der Justiz rekurrierende Antwort des Staatspräsidenten fiel für Wiesenthal immerhin so ermutigend aus, daß er bei der Zentralen Stelle der Landesjustizverwaltungen in Ludwigsburg umgehend anregte, einen neuen Auslieferungsantrag zu stellen.[61] Die anschließende Prüfung bundesdeutscher Behörden inklusive der Konsultation eines chilenischen Juristen ergab dann allerdings den Schluß, daß ein erneuter Antrag keine Aussicht auf Erfolg haben werde.[62] Und einen zweiten, von Wiesenthal in der Angelegenheit verfaßten Brief beantwortete der sozialistische Staatspräsident erst gar nicht mehr.[63]

Westdeutsche Ermittler standen im Sommer 1972 sogar in direktem Kontakt mit Rauff. Dieser hatte eingewilligt, im Zuge des Ermittlungsverfahrens gegen Bruno Streckenbach, den 1955 aus sowjetischer Gefangenschaft heimgekehrten früheren Amtschef I im RSHA, als Zeuge vernommen zu werden. So fanden sich am 28. Juni in den Räumlichkeiten der Deutschen Botschaft in Santiago nicht ganz alltägliche Gäste ein: Eigens aus Hamburg angereist waren der Untersuchungsrichter Landgerichtsrat Röhse sowie Staatsanwalt Zöllner, beides Juristen am Landgericht der Hansestadt. Hinzu kam der Zeuge Rauff, der für das Gespräch auf deutschem Hoheitsgebiet freies Geleit zugesichert bekommen hatte. In der Gewißheit seiner Immunität scheint der gesuchte Massenmörder die Vernehmungssituation regelrecht genossen zu haben. Entsprechend freimütig gab er Auskunft über frühere Machenschaften. Eitel zeigte er sich besonders bestrebt, seine Binnensicht des RSHA zu schildern und vor allem die guten Beziehungen zu Heydrich, dessen 1942 getöteten Chef, zu betonen.[64]

Unter dem Schutz des chilenischen Diktators

Ein gutes Jahr später endete die Ära Allende abrupt, als das chilenische Militär im September 1973 gegen die legitime Regierung putschte. Der Präsident wurde ermordet, und an dessen Stelle setzte sich der bisherige Armeechef General Augusto Pinochet als neues Staatsoberhaupt und Kopf einer brutal agierenden Junta ein. Damit hatte sich Rauffs Lebenssituation nochmals unzweifelhaft zum Besseren gewendet. Fortan stand er unter dem persönlichen Schutz des ihm seit der gemeinsamen Zeit in Ecuador gut bekannten Pinochet und brauchte damit faktisch keine Auslieferung mehr zu fürchten. Bald kursierten auch diverse Gerüchte und nie zweifelsfrei bewiesene Hinweise, daß Rauff dem Repressions- und Folterapparat des Diktators als Berater diente.[65] Die von Heidemann im Sommer 1979 aufgezeichneten stundenlangen Gespräche zwischen Rauff und Wolff belegen jedenfalls, wie sicher sich der einstige SS-Führer in seinem Exil fühlte und wie optimistisch er in die Zukunft blickte.

Obwohl der „Stern" Heidemanns Recherchen zu Rauff nie publizierte, sollte die Publicity um dessen Person trotzdem noch weite Kreise ziehen. Den Anfang machte 1976 ein Artikel über einige in Südamerika untergekommene NS-Verbrecher in der „New York Times", in dem auch an Rauff erinnert wurde.[66] Im Jahr darauf folgte ein ausführlicher Bericht in der argentinischen Wochenzeitschrift „La Semana" über das unbeschwerte Leben des gesuchten Massenmörders im südlichen Chile.[67] Im Oktober 1981 konnte sich dann sogar das US-amerikanische Fernsehpublikum von der blendenden Gesundheit Rauffs überzeugen. Im Rahmen einer Dokumentation über diverse NS-Täter, die unter dem Titel „The Hunter and the Hunted" später mit dem Emmy ausgezeichnet wurde, hatte der Filmemacher William Bemister ihn in der chilenischen Hauptstadt ausfindig gemacht, wo er im angesehenen Stadtteil Las Condes seit einiger Zeit ein Haus bewohnte. Der Dokumentarist sprach ihn auf offener Straße an und filmte den modisch gekleideten Massenmörder dabei mit versteckter Kamera. Rauff reagierte keinesfalls erschrocken über die unvermittelte Konfrontation mit seiner Vergangenheit, sondern äußerte vergnügt, die gerichtliche Untersuchung gegen ihn wäre doch lange beendet und er selbst sei unschuldig.[68]

Für weitere Publizität in dieser Sache sorgte einmal mehr Simon Wiesenthal. Er gab am 7. April 1983 in den Vereinigten Staaten eine Pressekonferenz, in der er ausführlich über den NS-Verbrecher informierte und dessen Auslieferung nach Westdeutschland forderte. Parallel dazu hatte er in einem Telegramm US-Präsident Ronald Reagan persönlich um Intervention bei den chilenischen Verantwortlichen gebeten.[69] Im Februar des folgenden Jahres traf sich Wiesenthal im Weißen Haus mit Reagan. Dabei insistierte er gegenüber dem US-Präsidenten erneut darauf, bezüglich Rauff aktiv zu werden und den Druck auf das Regime zu erhöhen. Tatsächlich drängten US-amerikanische Verantwortliche die Chilenen unmißverständlich zu einer Auslieferung Rauffs an die Bundesrepublik, die jedoch weiterhin ausblieb.[70] Wiesenthal ergänzte wenige Tage nach der Besprechung in Washington die Initiativen durch den Start einer an Pinochet adressierten weltweiten Postkartenkampagne, mit der der Forderung nach einer Auslieferung zusätzlicher Nachdruck verliehen werden sollte. Allein dafür wurden Hundertausende von Postkarten verteilt.[71]

Öffentlichkeitswirksame Aktionen fanden auch im Zufluchtsland des NS-Verbrechers statt. So reiste mit Beate Klarsfeld eine weitere bekannte Nazijägerin Ende Januar 1984 nach Chile und organisierte während der folgenden Tage unter anderem mit Angehörigen der jüdischen Gemeinde Protestkundgebungen, die der Forderung nach einer sofortigen Ausweisung des Gaswagenkonstrukteurs durch den chilenischen Diktator zu weiterer Publizität verhelfen sollten. Klarsfeld wurde sowohl anläßlich einer Kundgebung vor dem Präsidentenpalast La Moneda als auch bei einer späteren Demonstration vor Rauffs Wohnhaus unter dem Vorwurf der „Störung der öffentlichen Ordnung" von den wenig verständnisvollen Sicherheitskräften der Diktatur festgenommen. Nach jeweils mehreren Stunden Gewahrsam kam sie jedoch wieder frei. Ganz anders als eigentlich intendiert, hatte die chilenische Polizei damit immerhin zusätzliche internationale Aufmerksamkeit in der Sache sichergestellt.[72]

Wenige Tage nach den öffentlichen Protesten in Santiago äußerte sich mit dem israelischen Justizminister Mosche Nissim ein weiterer Fürsprecher einer Ausweisung Rauffs vor der Presse und forderte seinerseits von Pinochet eine Überstellung des SS-Offiziers an die israelische Justiz.[73] Auch der britische Parlamentsabgeordnete David Winnig unterstützte die Kampagne, mobilisierte die einheimische Presse und ermöglichte Wiesenthal ein ausführliches Interview im dortigen Fernsehen.[74] Mitte März erklärte dann sogar die britische Premierministerin Margret Thatcher, Rauff müsse umgehend aus Chile ausgewiesen werden.[75] Damit waren die politische Initiativen auf höchster Ebene aber noch nicht erschöpft. Bundeskanzler Helmut Kohl hatte bereits im Februar entschieden, die 22 Jahre zuvor erhobene Forderung nach einer Überstellung an die westdeutsche Justiz zu erneuern. Eine entsprechende Note übergab der deutsche Botschafter Ende des Monats an chilenische Offizielle. Gleichzeitig stellte die niedersächsische Justiz einen neuen Haftbefehl aus, der gleich ins Spanische übersetzt wurde. Und auch der französische Staatspräsident François Mitterrand unterstützte die Position des Nachbarlandes mit einer eigenen, an das chilenische Regime gerichteten Eingabe.[76] Anfang Mai 1984 schloß sich schließlich noch das Europäische Parlament den internationalen Forderungen an. Die offizielle Entschließung aus Straßburg an die Adresse des chilenischen Diktators wurde von den Botschaftern der Bundesrepublik und Frankreichs persönlich in Santiago überreicht.[77]

Über Monate hatten alle diese Bemühungen weltweit immer wieder für Schlagzeilen gesorgt. Rauffs Verantwortung für die Konstruktion und den Einsatz der Gaswagen konnte zahlreichen Menschen nachdrücklich in Erinnerung gerufen werden, und der Täter selbst wurde dadurch zu einem der weltweit meistgesuchten NS-Verbrecher. Trotz aller Initiativen und Appelle zeigten sich die chilenischen Behörden jedoch weiterhin unbeeindruckt und wiesen sämtliche Ersuchen kategorisch zurück. Vordergründig berief sich das Regime in der Frage einer Auslieferung einfach auf die geltende Rechtslage und die Entscheidung des Obersten Gerichtshofs von 1963. Da jedoch eine ebenfalls denkbare und einfach aufgrund einer politischen Entscheidung mögliche Ausweisung Rauffs ebenfalls unterblieb, kam darin deutlich ein genereller Unwille der dortigen Machthaber zum Vorschein, auf die Forderungen des Westens einzugehen. So hatte Außenminister Jaime Del Valle bereits im Februar 1984 unterstrichen, es sei aus seiner Sicht völlig „unangemessen", einen Mann auszuliefern, der seit Jahrzehnten „friedlich" im Land lebe.[78] Und Pinochet selbst betonte in einem Interview, Rauff habe sich in Chile nicht das Geringste zuschulden kommen lassen, was ihn dort zu einer unerwünschten Person mache und damit eine Ausweisung rechtfertige.[79]

Doch mit dieser Vielzahl von Initiativen auf höchster politischer Ebene konfrontiert, scheint sich der Gesuchte selbst auf seine alten Tage nochmals ernstliche Sorgen wegen einer möglichen Überstellung nach Westdeutschland und der dort drohenden Strafverfolgung gemacht zu haben. Obwohl er zweifellos auch weiterhin auf die schützende Hand Pinochets vertrauen konnte, wirkte sich die weltweite Aufmerksamkeit nunmehr negativ auf seine Gesundheit aus. Und auf diesem Feld ließ sich dann für den bislang immer Davongekommenen kein neues Schlupfloch mehr finden. Schon länger an Lungenkrebs leidend, starb Walther Rauff 77-jährig am 14. Mai 1984 in seinem Haus in Santiago an einem Herzinfarkt[80] – genau 36 Jahre nach der Gründung des Staates, dessen Existenzwerdung er mit seinem SS-Einsatzkommando beinahe verhindert hätte. Seine Beerdigung geriet dann zwei Tage später noch einmal zum Spiegelbild seiner Gesinnung und früherer Taten. Auf einem Friedhof der chilenischen Hauptstadt hatten sich unter den Trauergästen auch einige seiner ‚Kameraden' aus vergangenen Jahren versammelt. Den rechten Arm emporgereckt, standen sie vor dem offenen Grab und verabschiedeten sich mit „deutschem Gruß" und „Heil Hitler"-Rufen von dem Geheimdienstoffizier und Massenmörder.[81]

Zu Lebzeiten war Rauff für die von ihm zu verantwortenden Verbrechen nie zur Rechenschaft gezogen worden. Immer hatte in brenzligen Situationen das nötige Quentchen Glück auf ihn gewartet, um ungeschoren davonzukommen und alsbald an anderer Stelle weitermachen zu können. Die Entlassung aus der Reichsmarine, das Überleben im Krieg, die Flucht aus alliierter Internierung und vor möglicher Verurteilung durch die Siegermächte, das Entkommen vor den neuen syrischen Machthabern, die Weiterarbeit für den westdeutschen Geheimdienst, der wiederholte Schutz vor einer Auslieferung in die Bundesrepublik – Lebensstationen, die Rauff mit Geschick und viel Fortune jeweils schadlos überstand. Er war damit ein herausragendes Beispiel für die ungezählten NS-Täter, denen sich im Dritten Reich vielfältige Karrieremöglichkeiten geboten hatten, die diese mit großer Bereitwilligkeit, mit Skrupellosigkeit sowie mit ideologischer Überzeugung prompt wahrnahmen und dabei auch vor Massenmord nicht zurückschreckten. Mit dem Sieg der Alliierten gelang dann wie Rauff Tausenden jener Täter irgendwann die Flucht ins Ausland oder ein Untertauchen im deutschen Schweigekollektiv der Zuschauer des Menschheitsverbrechens. Kaum einer der solchermaßen Davongekommenen hat seine Taten später bereut. Sich selbst in Sicherheit wissend, machten sich viele statt dessen sogar noch über die Ahndungsversuche der westdeutschen Justiz lustig. Dreist und offensichtlich ohne jegliche Reue schrieb Rauff bei der Begegnung 1979 in ein von Heidemann geführtes Reisebuch: „SS-Standartenführer Walther Rauff (staatlich geprüfter Kriegsverbrecher)".[82]

Anmerkungen

* Mein Dank gilt dem Historischen Institut der Universität Stuttgart u. insbesondere Wolfram Pyta, dem Direktor der Forschungsstelle Ludwigsburg, an der dieser Aufsatz entstand; ein herzlicher Dank geht außerdem an deren wissenschaftlichen Leiter, Klaus-Michael Mallmann, für wertvolle Hinweise sowie an Heidrun Baur für die Bearbeitung des Textes.

1 Tonbandabschrift der Gespräche zwischen Rauff u. Wolff 1979, Privatbesitz Gerd Heidemann; die Karriere des Journalisten endete abrupt, als er 1983 im Auftrag des „Stern" die gefälschten Hitler-Tagebücher aufkaufte; vgl. Peter-Ferdinand Koch: Der Fund. Die Skandale des Stern. Gerd Heidemann und die Hitler-Tagebücher, Hamburg 1990; zu Karl Wolff: Brendan Simms: Karl Wolff – Der Schlichter, in: Ronald Smelser/Enrico Syring (Hrsg.): Die SS: Elite unter dem Totenkopf. 30 Lebensläufe, Paderborn u. a. 2000, S. 441–456.

[2] Lebenslauf v. 23.4.1938, BAB, BDC, RuSHA Walther Rauff; vgl. Klaus-Michael Mallmann/Martin Cüppers: Halbmond und Hakenkreuz. Das Dritte Reich, die Araber und Palästina, Darmstadt 2006, S. 139; dies.: „Elimination of the Jewish Home in Palestine“: The Einsatzkommando of the Panzer Army Africa, 1942, in: YVS 35(2007), S. 111–141, hier S. 114.

[3] Lebenslauf v. 23.4.1938, BAB, BDC, RuSHA Walther Rauff.

[4] Urteil LG Kiel v. 11.10.1937, ebd.

[5] Lebenslauf Walther Rauff, ebd.; Vern. dess. v. 7.12.1962, PAAA, B 83/404.

[6] Personalangaben v. 8.9.1938, BAB, BDC, SSO Walther Rauff.

[7] Stammkarte, Lebenslauf, Personalbericht, ebd.; Vern. dess. v. 28.6.1972, BAL, B 162/3637, Bl. 76 f., 83 f.

[8] Ordensvorschlag HöSSPF Italien v. 25.2.1945, BAB, R 70 Italien/19.

[9] Stammkarte, Lebenslauf, Personalbericht, BAB, BDC, SSO Walther Rauff; Vern. dess. v. 28.6.1972, BAL, B 162/3637, Bl. 77 f.

[10] Ebd., Bl. 80–85.

[11] Urteil LG Hannover v. 7.6.1966, in: JNSV, Bd. 23, Amsterdam 1998, S. 616 f.; vgl. Andrej Angrick: Besatzungspolitik und Massenmord. Die Einsatzgruppe D in der südlichen Sowjetunion, Hamburg 2003, S. 371 f.; Michael Wildt: Generation des Unbedingten. Das Führungskorps des Reichssicherheitshauptamtes, Hamburg 2002, S. 331 f.

[12] Vermerk RSHA/II D 3a v. 23.6.1942, BAB, R 58/871; Urteil LG Hannover v. 7.6.1966 (Anm. 11), S. 621 ff.; Nationalsozialistische Massentötungen durch Giftgas. Eine Dokumentation, hrsg. v. Eugen Kogon, Hermann Langbein, Adalbert Rückerl u.a., Frankfurt/M. 1986, S. 82–86; Matthias Beer: Die Entwicklung der Gaswagen beim Mord an den Juden, in: VfZ 35(1987), S. 403–417.

[13] Vern. Walther Rauff v. 28.6.1972, BAL, B 162/3637, Bl. 87.

[14] RSHA/II D 3a an Gruppenleiter II D v. 5.6.1942, BAB, R 58/871.

[15] Dr. August Becker an Rauff v. 16.5.1942, IfZ, Nbg. Dok. PS-501.

[16] RSHA/II D 3a an Gruppenleiter II D v. 5.6.1942, BAB, R 58/871.

[17] Enzyklopädie des Holocaust. Die Verfolgung und Ermordung der europäischen Juden, hrsg. v. Eberhard Jäckel, Peter Longerich u. Julius H. Schoeps, Berlin 1993, Bd. 1, S. 507.

[18] Vgl. Klaus-Michael Mallmann/Jochen Böhler/Jürgen Matthäus: Einsatzgruppen in Polen. Darstellung und Dokumentation, Darmstadt 2008; Ralf Ogorreck: Die Einsatzgruppen und die „Genesis der Endlösung“, Berlin 1996.

[19] Zit. nach: Werner Jochmann (Hrsg.): Adolf Hitler. Monologe im Führerhauptquartier 1941–1944. Die Aufzeichnungen Heinrich Heims, Hamburg 1980, S. 106.

[20] OKW/WFSt/Qu.I an Dt.Gen.b.HQu.It.Wehrm. v. 13.7.1942, BA-MA, RW 5/690.

[21] Mallmann/Cüppers: Halbmond (Anm. 2), S. 137 f.; Befehl ObdH v. 28.4.1941, BA-MA, RH 22/155.

[22] Ordensvorschlag HöSSPF Italien v. 25.2.1945, BAB, R 70 Italien/19; Tonbandabschrift der Gespräche zwischen Rauff u. Wolff 1979, Privatbesitz Gerd Heidemann; bei dem Gespräch 1979 gab Rauff selbst an, sich bei der Gelegenheit mit Westphal getroffen zu haben; für das Verschweigen eines persönlichen Zusammentreffens mit Rommel hatte er nicht das geringste Motiv.

[23] Mallmann/Cüppers: Halbmond (Anm. 2), S. 128, 183 ff.

[24] Dt.Gen.b.HQu.It.Wehrm. an OKW/WFSt/Qu.I v. 14.9.1942, BAB, NS 19/3695; OKW/WFSt/Qu.I/III an Heimatstab Übersee v. 19.9.1942, ebd., NS 19/2500; Vern. Friedrich Pohl v. 14.7.1976, BAL, B 162/4409, Bl. 3075.

[25] Rahn an AA v. 6.4.1943, PAAA, R 27766; Michel Abitbol: Les Juifs d'Afrique du Nord sous Vichy, Paris 1983, S. 142; Mallmann/Cüppers: Halbmond (Anm. 2), S. 204–208.

[26] Aussage Alwin Guedel v. 17.12.1962, PAAA, B 83/404; vgl. Simon Wiesenthal: Recht, nicht Rache. Erinnerungen, Frankfurt/M.-Berlin 1988, S. 86.

[27] John Keegan: Der Zweite Weltkrieg, Berlin 2004, S. 498f.

[28] Rauff an Heeresgruppe Afrika/Ic v. 11.5.1943, NAK, HW 19/271; Mallmann/Cüppers: Halbmond (Anm. 2), S. 218.

[29] Dienstbefehl Nr. 3 BdS Italien v. 21.11.1943, BAB, R 70 Italien/12; Ordensvorschlag HöSSPF Italien v. 25.2.1945, ebd., R 70 Italien/19.

[30] Ebd.; Bericht BdS Italien v. 23.8.1944, ebd., R 70 Italien/14.

[31] Beförderung v. 16.6.1944, ebd., BDC, SSO Walther Rauff.

[32] Richard Breitman/Norman J. W. Goda/Paul Brown: The Gestapo, in: Richard Breitman/Norman J. W. Goda/Timothy Naftali/Robert Wolfe: U.S. Intelligence and the Nazis, New York 2005, S. 137–172, hier S. 153; NYT v. 26.1.1984.

[33] Erklärung Walther Rauff v. 19.10.1945, in: Der Prozeß gegen die Hauptkriegsverbrecher vor dem Internationalen Militärgerichtshof Nürnberg 14. November 1945–1. Oktober 1946, Bd. 30, Nürnberg 1948, S. 256ff.

[34] The Times v. 16.5.1984.

[35] Ebd.; Vern. Rauff v. 5.12.1962, PAAA, B 83/404; Tonbandabschrift der Gespräche zwischen Rauff u. Wolff 1979, Privatbesitz Gerd Heidemann; NYT v. 26.1.1984; vgl. den Beitrag von Gerald Steinacher in diesem Bd.

[36] The Times v. 16.5.1984.

[37] Bericht CIA v. 23.2.1954, NARA, RG 263/42/Walter Rauff.

[38] Besprechungsprot. Bundeskanzler Adenauer mit alliierten Hochkommissaren v. 5.4.1951, PAAA, B 2/184.

[39] Breitman/Goda/Brown (Anm. 32), S. 153.

[40] NYT v. 26.1.1984; The Times v. 16.5.1984.

[41] DB Santiago an AA v. 7.11.1962, PAAA, B 83/404; Vern. Walther Rauff v. 5.12.1962, ebd.

[42] Dieter Schenk: Auf dem rechten Auge blind. Die braunen Wurzeln des BKA, Köln 2001, S. 348.

[43] Eduard M. an Dr. K. v. 6.11.1962, PAAA, B 83/404.

[44] Tonbandabschrift der Gespräche zwischen Rauff u. Wolff 1979, Privatbesitz Gerd Heidemann.

[45] DB Santiago an AA v. 25.10.1962, PAAA, B 83/404.

[46] Vern. Walther Rauff v. 5.12.1962, ebd.

[47] Ebd.; Tonbandabschrift der Gespräche zwischen Rauff u. Wolff 1979, Privatbesitz Gerd Heidemann.

[48] Ebd.; Vern. Walther Rauff v. 5.12.1962, PAAA, B 83/404.

[49] Vgl. Shlomo Shpiro: Eichmann und der Mossad, in: Wolfgang Krieger (Hrsg.): Geheimdienste in der Weltgeschichte. Spionage und verdeckte Aktionen von der Antike bis zur Gegenwart, München 2003, S. 356–374.

[50] Haftbefehl AG Hannover v. 13.3.1961, PAAA, B 83/404.

[51] Vern. Walther Rauff v. 21.12.1962, ebd.

[52] BMJ an DB Santiago v. 5.10.1962, ebd.; DB Santiago an AA v. 25.10.1962, ebd.; dto. 16.11.1962, ebd.

[53] Dto. v. 5.12.1962, ebd.; FAZ v. 6.12.1962.

[54] Rauff an DB Santiago v. 21.1.1963, PAAA, B 83/404; DB Santiago an AA v. 21.10.1963, ebd., B 83/954.

[55] Qué pasa v. 8.10.2005.

[56] Schenk (Anm. 42), S. 348.

[57] Staw Hannover an DB Santiago v. 13.12.1962, PAAA, B 83/404; Niedersächsisches JM an DB Santiago v. 20.12.1962, ebd.; Vern. Walther Rauff v. 21.12.1962, ebd.

[58] Neues Deutschland v. 8.12.1962.

[59] DB Santiago an AA v. 16.1.1963, PAAA, B 83/404; Chicago Tribune v. 27.4.1963; NYT v. 27.4.1963; FAZ v. 29.4.1963; vgl. Schriftsatz Rauff (undat./Januar 1963), PAAA, B 83/953.

[60] Wiesenthal an Allende v. 21.8.1972, ebd.

[61] Allende an Wiesenthal (undat./überreicht 24.10.1972), ebd.; Wiesenthal an ZSL v. 24.10.1972, ebd.; Wiesenthal (Anm. 26), S. 89.

[62] DB Santiago an AA v. 26.1.1973, PAAA, B 83/953; BMJ an AA v. 15.2.1973, ebd.; Ltd. OStaw Hannover an Wiesenthal v. 14.3.1973, ebd.; DB Santiago an AA v. 4.5.1973, ebd.

[63] Victor Farías: Die Nazis in Chile, Berlin-Wien 2002, S. 298; Wiesenthal (Anm. 26), S. 89.

[64] Vern. Walther Rauff v. 28.6.1972, BAL, B 162/3637, Bl. 76–91; zu Streckenbach: Wildt (Anm. 11), S. 55ff., 481–484, 554–557.

[65] Matchbox. International Journal on Human Rights 3(1975), S. 77; NYT v. 18.5.1981; FAZ v. 16.5.1984.

[66] NYT v. 18.5.1975.

[67] La Semana v. 18.9.1977; Chicago Tribune v. 11.9.1977.

[68] Dokumentarfilm „The Hunter and the Hunted" (1981); vgl. Chicago Tribune v. 16.10.1981; NYT v. 18.10.1981.

[69] Bulletin Nr. 24 Dokumentationszentrum des Bundes Jüdischer Verfolgter des Naziregimes v. 31.1.1984.

[70] Los Angeles Times v. 16.2.1984; Washington Post v. 17.2.1984; Breitman/Goda/Brown (Anm. 32), S. 158.

[71] Wiesenthal (Anm. 26), S. 90.

[72] NYT v. 1.2.1984; SZ v. 1.2.1984; FAZ v. 2.2.1984; Washington Post v. 9.2.1984.

[73] The Observer v. 29.1.1984.

[74] Wie Anm. 69.

[75] La Tercera v. 17.3.1984; Presseerklärung Council on Hemispheric Affairs v. 19.3.1984.

[76] Wiesenthal (Anm. 26), S. 91; SZ v. 17.5.1984.

[77] FAZ v. 16.5.1984; The Times v. 16.5.1984.

[78] NYT v. 2.2.1984; SZ v. 3.2.1984.

[79] Washington Post v. 15.5.1984.

[80] The Times v. 15.5.1984; NYT v. 15.5.1984.

[81] FAZ v. 17.5.1984; SZ v. 17.5.1984; Life Magazine v. 1.6.1984.

[82] Eintrag Rauff v. 27.6.1979, Reisebuch Südamerika, Privatbesitz Gerd Heidemann.

Stephen Tyas

Im Dienste Seiner Majestät
Die Nachkriegskarriere des Horst Kopkow

Die NS-Karriere des Gestapo-Offiziers Horst Kopkow fand am 29. Mai 1945 um 16 Uhr ihr Ende. Mit einigen seiner Männer wurde er im holsteinischen Dahme von britischer Militärpolizei verhaftet.[1] Drei Wochen lang hatte Kopkow darüber nachgedacht, wie er sich nach der deutschen Kapitulation gegenüber den alliierten Streitkräften verhalten solle. Sein Zögern wurde dadurch beendet, daß sein Untergebener Helmut Steinert die Gruppe bei der Field Security Police in Lübeck denunzierte.[2] In seiner weiteren Karriere sollte sich Kopkow als Lügner erweisen, der sparsam mit der Wahrheit umging, wenn sie ihn belastete, aber auch als jemand, der seinen britischen Nachkriegsdienstherrn hinters Licht führte, indem er sich ihm gegenüber mit seinen Verdiensten bei der Bekämpfung des sowjetischen Geheimdienstes aufspielte. Gleichzeitig minimierte er seine Beteiligung an Aktionen gegen britische Agenten ebenso wie den Umstand, daß er im Rahmen des „Nacht-und-Nebel-Erlasses" die Exekution von östlichen und westlichen Fallschirmspringern angeordnet hatte.[3]

1910 im ostpreußischen Ortelsburg geboren, arbeitete Kopkow zunächst in einer Apotheke in Allenstein. Seit Mai 1931 war er als früher Anhänger der nationalsozialistischen Weltanschauung aktiv. Für politische Veranstaltungen stellte er sich als Saalordner zur Verfügung. Bei Treffen der lokalen Hitlerjugend lernte er auch seine zukünftige Ehefrau kennen. Seine Gestapo-Karriere begann am 1. Februar 1934 im untersten Dienstrang, als Kriminalangestellter der Stapo-Außendienststelle Allenstein. Bereits gut zwei Monate später, am 20. April, wurde Kopkow zum SS-Untersturmführer ernannt und seit dem 1. September dieses Jahres als Kriminalkommissaranwärter geführt – frühe Anzeichen dafür, daß seine SS-Vorgesetzten und die lokalen Parteiführer etwas auf ihn hielten. In den folgenden elf Jahren sollte Kopkow in seiner Polizeikarriere zügig zum Kriminaldirektor und SS-Sturmbannführer aufsteigen, seit 1938 zunächst im Geheimen Staatspolizeiamt und seit 1942 als Abteilungsleiter IV A 2 im Reichssicherheitshauptamt (RSHA) Berlin.[4] Im Laufe seiner gesamten Karriere bestand seine Aufgabe in der Bekämpfung kommunistischer Bestrebungen. Daraus erwuchs eine so ausgeprägte Einstellung, daß sie Kopkows britischem Gegenüber bereits bei seiner erster Vernehmung auffiel: „Eine Sache ist offensichtlich und zieht sich wie ein roter Faden durch die ganze Aussage, das ist seine Antipathie gegenüber der UdSSR."[5]

Zwischen September 1939 und Mai 1945 entwickelte sich Kopkows Karriere dahingehend, daß er zunächst für die Gegenspionage, dann für die Bekämpfung aller östlichen und westlichen Agenten verantwortlich zeichnete, die meist per Fallschirm die vom NS-Regime besetzten Gebiete Europas infiltrierten. Die Ergreifung jener Männer eröffnete wiederum die Möglichkeit, Funkspiele durchzuführen, indem man ihre erbeuteten Sender und Geheimcodes benutzte, um irreführende Informationen abzusetzen.[6] Das erste große Unternehmen dieser Art begann 1942; dabei wurden Ausrüstungen von Agenten der Special Operations Executive (SOE) verwendet, die in den Niederlanden gefangengenommen worden waren. Die Sender der „Roten Kapelle“, einem von Berlin und Brüssel aus operierenden sowjetischen Spionagering, verwandte man mit ausdrücklicher Billigung Hitlers. Bis zum Ende des Krieges wurden von Kopkows Abteilung mehrere Hundert Funkspiele von Frankreich, Belgien, Holland, der Tschechoslowakei, Italien, Österreich und Deutschland aus betrieben. Dies brachte ihn in persönlichen Kontakt mit den Amtschefs des RSHA und dem Reichsführer-SS, Heinrich Himmler. Zudem knüpfte er Verbindungen zu höheren Luftwaffen- und Armee-Offizieren, um die für Funkspiele nötigen militärischen Informationen zu erhalten. Als persönliche Gratifikation für die erfolgreiche Enttarnung von Mitgliedern der „Roten Kapelle“, die in Kernbereichen der Luftwaffe tätig gewesen waren, erwies sich Reichsmarschall Hermann Göring ihm gegenüber mit einer Summe von 29400 Reichsmark erkenntlich – ein Betrag, der vier Jahresgehältern Kopkows entsprach.[7]

Zu neuen Ufern

Doch nicht alles sollte nun, nach Beendigung des Krieges, verloren sein. Nach drei von Unsicherheit und Entscheidungsschwäche geprägten Wochen in Holstein, dem Warten auf das Schicksal eines „Automatischen Arrests“ als Offizier der Sicherheitspolizei muß die Festnahme wie eine Erleichterung gewirkt haben. Umgehend wurde Kopkow von Dahme nach Neumünster ins dortige Zivilinterniertenlager verbracht. Dort fand er aus seiner zögerlichen Haltung heraus – und zu neuer Entschlossenheit. Schon in den ersten Tagen seiner Haft ebnete er den Weg zu seiner neuen Karriere, offenbar indem er die britischen Vernehmungsoffiziere davon überzeugte, daß er etwas Wertvolles anzubieten habe. Aber was war so wertvoll, das Kopkow zu einem solch „guten Fang“ machte?[8] Doch wohl nur sein aus der Bekämpfung des sowjetischen Geheimdienstes gewonnenes Wissen, zumal er in der Lage war, die aktuellsten Erkenntnisse zu liefern, nachdem in den letzten fünf Jahren weit über hundert sowjetische Fallschirmagenten über deutsch beherrschten Gebieten abgesprungen waren.

In den neun auf seine Verhaftung folgenden Tagen in Neumünster diktierte Kopkow seiner ebenfalls internierten Sekretärin Bertha Rose einen 49-seitigen

Bericht, datiert auf den 7. Juni 1945, der für den britischen Geheimdienst bestimmt war.[9] Im Gegensatz zu General Reinhard Gehlen, der sich den US-Truppen mit Tausenden von Metern mikroverfilmter Zeitgeschichte in der Hand ergab, stand Kopkow nur sein Gedächtnis zur Verfügung. Doch darin bildete sich die detaillierte Geschichte der von der Gestapo ergriffenen Abwehrmaßnahmen gegen die Sabotage von Schiffen, die „Rote Kapelle" sowie gegen Fallschirmspringer ebenso ab wie 31 weitere Einzelaktivitäten, in die seine Abteilung involviert gewesen war. Dies muß auf den Secret Service wie eine Offenbarung gewirkt haben, waren dessen zwischen 1939 und 1944 getätigte Versuche, das Deutsche Reich mit eigenen Agenten zu infiltrieren, doch so gut wie erfolglos geblieben. Erst 1944/45, als die Verhältnisse in Deutschland immer chaotischer wurden, konnten britische Geheimdienstangehörige per Fallschirm oder durch die Frontlinien eingeschleust werden. Ein Bericht über Kopkow wurde noch am Tag seiner Vernehmung angefertigt. Er enthielt eine Warnung, die ihm in den nächsten fünf Jahren immer gegenwärtig gewesen sein muß: „Darum wurde Kopkow von Beginn an gewarnt, daß er nicht wie irgendein kleiner Agent behandelt werden würde, sondern daß man ihn, wann immer man etwas von ihm wissen wolle, ganz direkt fragen werde. Das hat für ihn den Vorteil, daß er immer weiß, woran er ist, er aber andererseits, wenn er ‚patzen' und etwas Wichtiges zu verbergen versuchen sollte und man ihm später auf die Schliche käme, seine gute Ausgangslage für immer verspielt hätte."[10] Dies war ein deutlicher Hinweis darauf, daß es für Kopkow etwas zu gewinnen gab. Und er nutzte dies aus, wobei er sorgsam vermied, Gründe für Anschuldigungen zu liefern, die ihn gleichsam um Kopf um Kragen bringen würden.

Vom Lager für Zivilinternierte in Neumünster wurde der besondere Gefangene bald nach Bad Nenndorf in der Nähe von Hannover verlegt. Dort hatte das Combined Services Detailed Interrogation Center (West European Area) (CSDIC [WEA]) den Stützpunkt für seine zentrale Vernehmungseinheit in den ehemaligen Schlammbädern aufgebaut, deren Räume mit nur wenig Aufwand in Zellen umgewandelt werden konnten. Im Prinzip wurde das CSDIC (WEA) vom britischen militärischen Geheimdienst betrieben und zwar mit Vernehmungsoffizieren, die aus allen Teilen der Armee stammten. Hier wurde Kopkow vom 25. September 1945 bis zum 3. Oktober 1946 unter der Aufsicht der Intelligence Division der Rheinarmee festgehalten. In dieser Zeit wurde er von Profis befragt, die spezielle, von MI 5 und MI 6 in London vorbereitete Fragebögen benutzten. Ein gewisser Spielraum wurde ihnen dabei jedoch zugestanden, um auch wirklich alle notwendigen Informationen zu erlangen. Jede aus den Verhören gewonnene Erkenntnis wurde bewertet und anhand bereits vorhandenen Wissens mittels eines umfangreichen Suchindex des MI 5 in London überprüft. Kopkow wurde mehrmals zu allen möglichen Detailaspekten befragt.

Das wichtigste Themenfeld, das seine erste Aussage aufwarf, betraf die sowjetische Spionage gegen die westlichen Alliierten, die nach Ende des Krieges immer offensichtlicher wurde. Denn in ihren Verhören nährten viele der östlichen Agenten, die gefangengenommen worden waren oder sich ergeben hatten, die Furcht vor ihren Agenten-Kollegen, die, von den Sowjets gezielt plaziert, in den von den Alliierten kontrollierten Gebieten verblieben waren. Kopkow bestärkte diesen Verdacht hinsichtlich des kommunistischen Spionagepotentials und wurde in den vier Folgemonaten dreimal eingehenden Verhören über die „Rote Kapelle" unterzogen. Bereits während eines Treffens mit SS-Hauptsturmführer und Kriminalrat Heinz Pannwitz, dem Chef des Sonderkommandos „Rote Kapelle", hatte Kopkow in Paris im Jahr 1944 deren Operationen mit diesem erörtert. Dabei erwähnte er, daß es seiner Abteilung nicht gelungen sei, jedem Agenten das Handwerk zu legen, und daß die 1942 erfolgten Ermittlungen „in Deutschland weder in die Tiefe gegangen, noch breit genug angelegt" gewesen seien.[11]

Dies reichte den alliierten Geheimdiensten jedoch noch nicht aus. Unter Berücksichtigung aller von Kopkow im Laufe der Zeit gegebenen Informationen untersuchten und verfolgten sie jede Spur. Auch der kleinste Hinweis, der nach Frankreich, Belgien oder Holland, nach Großbritannien oder in die USA zurückverfolgt werden konnte, wurde von den Geheimdiensten dieser Länder überprüft und ausgewertet. Zwischen März und Juni 1946 wurde Kopkow wiederholt verhört, um auch jede noch so geringe Erkenntnis über Mitglieder der „Roten Kapelle" zu erhalten. 1946 erlaubten die Briten dem französischen Geheimdienst, ihn über deren Operationen zu befragen.[12] Diese immensen, der Agentenjagd dienenden Bemühungen mündeten in drei der „Roten Kapelle" gewidmeten Berichten, die vom britischen Inlandsgeheimdienst MI 5 zwischen 1945 und 1949 angefertigt wurden. Hatte die Gestapo bereits die Protagonisten dingfest gemacht, so konnten die Alliierten nun die Männer und Frauen der zweiten Reihe aufspüren und festsetzen. 1947 etwa verhörte die amerikanische Gegenspionage Stella Mahlberg bezüglich ihrer Rolle in der „Roten Kapelle", woraufhin sie Selbstmord beging. Entsprechenden Unterlagen des FBI ist zu entnehmen, daß man spätestens 1956 das Bankkonto einer Schwester des „Rote Kapelle"-Agenten Rudolf von Scheliha durchleuchtete, die als Bibliothekarin in den USA arbeitete, und daß man sie über die Quellen ihrer Ersparnisse verhörte.[13]

Zusätzlich zu seinen Nachkriegsinformationen über die „Rote Kapelle", die Kopkow gewissermaßen als Referenz dienten, wollte der Secret Service auch erfahren, wie das Amt IV des RSHA – die Gestapo – gearbeitet hatte, um deren Mitarbeiter identifizieren zu können. Denn abgesehen von der Sorge um eingeschleuste sowjetische Agenten wollten die alliierten Besatzungstruppen ein Wiederaufkeimen von NS-Umtrieben unterbinden, die, wie man glaubte, von im Untergrund operierenden Gestapo- und SD-Angehörigen geplant und vorbereitet wurden. Kopkow wurde häufig gemeinsam mit Harro Thomsen (RSHA IV B) und Gustav Adolf Nosske (RSHA IV D) verhört. In Bad Nenndorf wurden die drei zwischen Oktober und Dezember 1945 dreimal befragt, wobei sie gegenseitig die von den jeweils anderen gegebenen Informationen überprüften. Die detaillierten Verhöre erstreckten sich neben Angaben über Namen und Rang auch auf Personenbeschreibungen. Am 8. Mai 1946 diskutierte das Trio mit Blick auf den Schutz des industriellen Sektors vor Sabotage die Rekrutierungs- und Schulungsmethoden der Sicherheitspolizei. Ihre Gespräche am folgenden Tag drehten sich um eine „allgemeine Erörterung der relativen Effizienz sowohl des russischen als auch des britischen Geheimdienstes".

Kopkow war der ergiebigste Informant der drei, wobei er mit seinen Kenntnissen über das, was er wußte, allerdings sehr sparsam umging. Er behauptete, „er sei nicht in der Lage, einen detaillierteren Bericht über die Fortschritte des britischen Geheimdienstes und dessen Funkspezialisten zu geben, weil sich um die meisten ihrer Aktivitäten, die sich gegen andere Länder als Deutschland richteten, selbstverständlich der jeweils verantwortliche BdS [Befehlshaber der Sicherheitspolizei und des SD] gekümmert habe, der wiederum im Auftrag des Stapo-Hauptamtes [sic] gehandelt und seine Informationen nicht nach Deutschland weitergegeben habe, während die Operationen des russischen Geheimdienstes, die sich direkt gegen Deutschland richteten, vom Stapo-Hauptamt durch dessen regionale Dienststellen bearbeitet wurden."[14] An dieser Stelle log Kopkow. Denn innerhalb Deutschlands waren Gestapo-Beamte verpflichtet, jede Fallschirmlandung von Agenten an die RSHA-Abteilung IV A 2 zu melden. Sie hatten Befehl, diese zu verhaften und deren Ausrüstung und Dokumente sicherzustellen. Belege hierfür finden sich in den Berichten von Gendarmerie-Stationen an die regionalen Stapo-Stellen.[15]

In den vom NS-Regime besetzten Ländern wie etwa Frankreich oder den Niederlanden führte die bereits erwähnte SOE Spionage- und Sabotageoperationen durch. Wenn die Möglichkeit dazu bestand, griff man dabei auf einheimische Kräfte aus den jeweiligen Ländern zurück, bildete sie aus, machte sie zu Angehörigen der britischen Streitkräfte und ließ sie schließlich entweder per Fallschirm oder gelegentlich auch auf dem Seeweg in ihr Operationsgebiet einsickern. Auch britische Staatsbürger, die vor dem Krieg in jenen Ländern gelebt hatten und die jeweilige Landessprache beherrschten, wählte man für derartige Aufträge aus. Ein solches Team bestand normalerweise aus dem Leiter, einem Funker und einem Kurier. Weibliche Agenten kamen häufig in Frankreich zum Einsatz. Konnten die Funker samt ihrer Sendestationen und Codebücher durch das Abfangen ihrer Signale oder durch Razzien aufgespürt werden, war es möglich, eines der erwähnten Funkspiele zu beginnen. Der wichtigste Erfolg auf diesem Sektor war das „Unternehmen Nordpol". Dabei gelang es der deutschen Abwehr in den Niederlanden und dem Leiter IV des BdS Den Haag, SS-Sturmbannführer und Kriminaldirektor Joseph Schreieder, mit Hilfe von 13 erbeuteten Funkstationen von SOE-Einheiten falsche Informationen nach England zu schicken.[16] In Frankreich führte die SOE ihre Einsätze nicht flächendeckend, sondern regional begrenzt durch. Auch die dortigen Gestapo-Operationen gegen die Agenten wurden lediglich auf regionaler Basis, aber unter der Ägide der BdS-Zentrale in Paris durchgeführt. Dort entdeckte die deutsche Funküberwachung mehr einzeln agierende Funker als in den Niederlanden; die daraus resultierenden Funkspiele waren jedoch weniger erfolgreich. Der von Paris aus operierende Spezialist dafür war SS-Hauptsturmführer Hans Kieffer. Um aufzuzeigen, wo Kopkow hinsichtlich seiner Kenntnisse über SOE-Aktionen nicht bei der Wahrheit blieb, ist es nötig, die Nachkriegsaussagen von Schreieder und Kieffer zu analysieren.

Kopkow traf bei der neu eingerichteten CSDIC (WEA)-Verhöreinheit am 25. September 1945 ein. Noch am Vortag war dort Schreieder befragt worden. Zweifellos verhörte man sie getrennt, um Absprachen zu verhindern. Schreieder wurde am 28. September über das von Holland aus lancierte Funkspiel befragt. Er sagte aus, daß „immer dann, wenn Agenten gefangengenommen wurden", Anweisungen aus Berlin folgten, durch die „das Spiel genehmigt und vom RSHA mit einer Bezeichnung versehen wurde". Anschließend wurden die falschen Informationen nach London gesendet. Dabei hatten „alle Nachrichten selbstverständlich den Vorgaben des RSHA zu folgen oder mußten durch das Amt genehmigt werden".[17] Dabei ist zu bedenken, daß Schreieder, wenn er von der Genehmigungspflicht bestimmter Aktionen durch das RSHA sprach, Kopkows Abteilung IV A 2 meinte. Denn die war dort die einzige Abteilung, die für Fallschirmspringer und Funkspiele zuständig war. In einem weiteren Verhör im Januar 1946 wurde Schreieder über das Schicksal der gefaßten holländischen Agenten befragt. Er behauptete, es sei der Höhere SS- und Polizeiführer Hanns Rauter gewesen, der „nach Absprache mit Himmler und Kaltenbrunner den Befehl gab, die Agenten ins Reich zu transportieren. [...] Im Laufe des Januar 1944 wurden die meisten von ihnen nach Rawitsch verbracht", und er habe „nach dem Abtransport der Gefangenen ins Reich nichts mehr von ihnen gehört". Tatsächlich verblieben sie bis September 1944 in der Haftanstalt in Rawitsch. Von dort aus wurden dann 40 holländische und sieben britische Gefangene nach Mauthausen transportiert, wo sie am 5. September eintrafen. Am 6. und 7. September wurden sie in zwei Gruppen aufgeteilt und allesamt von SS-Wachleuten erschossen.[18]

Der ungesühnte Tod der SOE-Agenten

Bald nach Kriegsende wurde die SOE aufgelöst. Deren Mitarbeiter gingen entweder zu den Geheimdiensten MI 5 und MI 6 oder kehrten in ihre Vorkriegsstellungen in der freien Wirtschaft zurück. Infolgedessen blieb das Schicksal der vielen britischen Agenten, die von den Deutschen gefangengenommen worden waren, ungewiß. Die bei der französischen Sektion der

SOE beschäftigte Geschwaderführerin Vera Atkins, die alle Agenten dort gekannt hatte, wurde in den Stab des Obersten Militärstaatsanwalts der Rheinarmee/Abteilung Kriegsverbrechen berufen. 1946 machte sie es sich zur Aufgabe, Ermittlungen über das Schicksal jener SOE-Angehörigen durchzuführen, die nicht zurückgekehrt waren. Bei der Suche wurde sie schließlich auf Kopkow aufmerksam, der sich jedoch nur schwer aufspüren ließ. Am 18. Oktober 1946 gab Atkins einen Haftbefehl („Haystack Arrest Report") heraus, in dem ausgeführt war: „Kopkov [sic], Horst, [...] gesucht im Zusammenhang mit dem Mord an einer Reihe britischer Agenten in verschiedenen Konzentrationslagern, insbesondere an Frauen in Natzweiler und Dachau. Alle Berichte und Dokumente gefangengenommener Agenten wurden an Kopkov gesandt, der ihre Überstellung ins Konzentrationslager und ihre Liquidation anordnete." „Haystack Report" nannte man ein Amtshilfeersuchen zur Weitergabe von Informationen, welches an verschiedene britische Stellen in Deutschland geschickt wurde, unter deren Aufsicht internierte oder verhaftete Deutsche standen. Das Ersuchen hatte Erfolg. Denn am 30. Oktober 1946 schrieb der Leiter der Intelligence Division der Rheinarmee, General H. A. Rydingsthorpe, an die Einheit zur Ermittlung von Kriegsverbrechen, in der Atkins arbeitete: „Kopkow ist zur Zeit im CIC [Civilian Internment Camp] 7 interniert [und] hat im Rahmen der Verhöre in großem Umfang wichtige Informationen geliefert; er wird ohne Rücksprache mit diesem Hauptquartier nicht entlassen werden."[19]

Atkins befragte Kieffer am 19. Januar 1947 in Bad Nenndorf. Er erinnerte sich, daß „Berlin der französischen Sektion außerordentliche Bedeutung beimaß. K.R. [Kriminalrat] Kopkow und seine Abteilung bearbeiteten die Fälle der französischen Sektion, und alle Anweisungen, die das Lager mit den britischen Offizieren betrafen, kamen von Kopkow oder, in besonderen Fällen, von Obergruppenführer Müller selbst. [...] Wir hatten andere Vorgänge zu vernachlässigen, weil Berlin die französische Sektion für besonders gefährlich hielt." Einen weiteren Gegenbeweis zu Kopkows Lügen erbrachten die folgenden Ausführungen Kieffers: „Im Fall der Stammrollen der französischen Sektion erhielten wir aus Berlin Anordnungen, die die Transporte nach Deutschland betrafen, die entweder von Obergruppenführer Müller oder Kopkow unterzeichnet waren, möglicherweise auch – hin und wieder – von K.R. [Kriminalrat] Ampletzer oder Büchert oder Müller", also drei Untergebenen Kopkows in Berlin. In Nachkriegsaussagen bestätigten auch andere Mitarbeiter von Kieffers Abteilung IV E beim BdS in Paris, daß Kopkow jene Befehle gab, die sich sowohl auf die Funkspiele in Richtung London, als auch auf die Deportation gefangengenommener Agenten nach Deutschland bezogen.[20]

Den britischen Nachrichtendiensten können jene schweren Anschuldigungen gegen Kopkow, die ihn mit Kriegsverbrechen in Verbindung brachten, nicht verborgen geblieben sein. Sie waren bereits vorgewarnt durch den „Haystack Report", der seinen entscheidenden Einfluß auf das Schicksal der inhaftierten Agenten – ihrer ehemaligen Kollegen – hervorgehoben hatte. Die verfügbaren Dokumente des MI 5 belegen für Dezember 1946 einen Sinneswandel innerhalb der Intelligence Division der Rheinarmee. Zwar wurde der in den Akten dokumentierte Informationsfluß insgesamt nicht geringer, doch ganz offensichtlich waren die Vernehmungen Kopkows unter der Ägide des Geheimdienstes zu diesem Zeitpunkt beendet. Am 3. Oktober 1946 jedenfalls war seine Zeit in Bad Nenndorf vorbei. Er wurde ins Internierungslager 7 nach Eselheide überführt – möglicherweise eine Belohnung für erbrachte Dienstleistungen, denn seine Familie lebte im nahen Detmold. Vielleicht bewirkten die unablässigen Anfragen der britischen Kollegen von der Abteilung zur Aufklärung von Kriegsverbrechen die Einwilligung der Intelligence Division dafür, daß Kopkow verhört werden konnte.

Innerhalb der folgenden drei Monate wurde er über seine jeweilige Beteiligung an drei verschiedenen Verbrechenskomplexen vernommen: zum Tod eines gefangenen MI 6-Agenten in Berlin, zum Schicksal der gefaßten SOE-Angehörigen in Frankreich und Holland sowie zu seiner Rolle bei der Hinrichtung festgenommener Soldaten des Special Air Service (SAS) in Uniform in Frankreich im Herbst 1944. Diese dreimonatige Phase endete damit, daß Kopkow im Prozeß gegen Hans Kieffer, Dr. Helmut Knochen und Carl Oberg in Wuppertal am 3. März 1947 als Zeuge aussagte.[21] Am 9. April dieses Jahres teilten die mit der Aufklärung von Kriegsverbrechen befaßten britischen Kräfte dem U.S. War Crimes Liaison Detachment, das um die Auslieferung Kopkows in die Vereinigten Staaten ersucht hatte, mit: „Bedauerlicherweise ist die Auslieferung Kopkows derzeit nicht möglich. Die US-amerikanischen Behörden werden von britischer Seite über den Ausgang seines Verfahrens informiert werden."[22] Eine ‚Karriere' vom wertvollen Geheimdienstinformanten zum Verbrecher in nur drei Monaten? Aus entsprechenden Dokumenten geht hervor, daß Kopkow zwischen Dezember 1946 und April 1947 unter schweren mentalen Störungen litt. Aber der Schutzmantel der Intelligence Division der Rheinarmee war allgegenwärtig.

Nachdem man ihn während der Besprechung über Methoden zur Gewinnung von Geheiminformationen mit Samthandschuhen angefaßt hatte, war sein Auftritt vor einem zweiköpfigen, mit der Aufklärung von Kriegsverbrechen befaßten britischen Verhörteam in Eselheide für den früheren Gestapo-Offizier ein großer Schock. Offenbar zum ersten Mal sehr direkt befragt über seine persönliche Beteiligung an einem konkreten Verbrechen, begangen an dem in Deutschland festgenommenen MI 6-Agenten Chamier, zeigte Kopkow sich „verängstigt, er wurde bleich, schloß die Augen, biß sich auf die Lippen und fing an zu taumeln. Unter dem Druck beharrlicher Nachfragen antwortete er schließlich mit leiser Stimme: ‚Ich weiß nichts davon' und stolperte zur Wand, an der er Halt suchte." Erst nachdem er ein Glas Wasser getrunken hatte, „gelang es ihm halbwegs, die Selbstbeherrschung wiederzuerlangen". Der verhörende Beamte bestätigte dem Untersuchungsteam: „Dieser Ohnmachtsanfall, das war sein üblicher Trick, wenn ihm jemand unangenehme Fragen stellte, die er lieber nicht beantworten wollte."[23] Daraus zogen die beiden Vernehmer in ihren Aufzeichnungen den Schluß, daß Kopkow „log, als er jegliche Kenntnisse sowohl darüber abstritt, wie Chamier überzeugt wurde zu kooperieren, als auch über Details aus dessen Verhör insgesamt. Zweifellos versuchte er alle Vorgänge zu verschleiern, an denen er wahrscheinlich direkt oder indirekt beteiligt war."[24] Diese Anmerkung über seine früheren Befragungen in Eselheide kann auf Grundlage der mittlerweile freigegebenen Verhörprotokolle nicht belegt werden. Die letzte nachweisbare Vernehmung vor der gerade geschilderten war die durch den französischen Geheimdienst in Bad Nenndorf Mitte Juli 1946. Für den Zeitraum danach sind in den bislang freigegebenen Verhörprotokollen des MI 5 keine weiteren Befragungen Kopkows erwähnt, so daß vielleicht niemals aufgeklärt werden kann, welche „unliebsamen Fragen" er nicht beantworten wollte.

Anfang 1947 war es Vera Atkins endlich möglich, Kopkow selbst zu befragen. Am 18. Januar wurde er von Eselheide nach Minden verlegt und am 21. Januar von ihr verhört. Dabei schob Kopkow, der offenbar auf diese neuerliche Vernehmung gut vorbereitet war, jegliche Verantwortung anderen zu: diese habe entweder bei seinem Vorgesetzten gelegen, RSHA-Amtschef IV Heinrich Müller, oder bei seinem Untergebenen Thomas Ampletzer, dem zuständigen Funkspiel-Referenten. Kopkow selbst stritt seine Beteiligung an der Entscheidung über das Schicksal der gefangengenommenen SOE-Agenten und speziell an deren Deportation nach Deutschland kategorisch ab. Diese sei „auf unmittelbare Initiative des Reichsführers-SS" erfolgt, während er damit nur „indirekt" zu tun gehabt habe. Atkins war wahrscheinlich höchst unzufrieden mit diesem Verhör. Offensichtlich hatte Kopkow aus der Vernehmung vom Dezember 1946 gelernt und war auf Atkins' Fragen wie auch auf ähnliche, die der Militäranwalt A. W. H. Nicolson von der Legal Section der Rheinarmee ihm stellte, nun besser vorbereitet.[25] Kopkow stritt jegliche persönliche Verantwortung ab, räumte jedoch ein, daß seine Untergebenen die Anweisungen von Müller und Himmler weitergegeben hätten. Denn als jemand, der durch die Ermittlungen gegen die „Rote Kapelle" plötzlich ins Rampenlicht getreten war und von einer hohen Belohnung durch Göring profitiert hatte, wollte er nun nicht als jemand erscheinen, der hinter dem Erfolg seiner Untergebenen zurückstand. Kopkow war einer, der alles zu gewinnen und nichts zu verlieren hatte, bis Deutschland den Krieg verlor und er seine Rollen wechseln mußte.

Verwirrend bei seinen Verhören ist der Umstand, daß keiner der Befragenden beharrlich und konsequent das Ziel verfolgte, das Schicksal der eigenen Kollegen aufzuklären, daß man statt dessen weiter so vorging wie zu Beginn. Sollte es dem MI 5 und dem MI 6 tatsächlich entgangen sein, daß Kopkow ‚ihr

Mann' war – derjenige, der alle Antworten zum Schicksal ihrer gefangengenommenen Agenten kannte? Warum ließ man Kopkow, was seine persönliche Verantwortung anging, ungeschoren davonkommen? Bedauerlicherweise gibt es auf diese Fragen keine überzeugenden Antworten. Mit den „unliebsamen Fragen" an Kopkow war es nun fast vorbei. Am 3. März 1947 erschien er als Zeuge vor dem britischen Militärgericht in Wuppertal, wo der Höhere SS- und Polizeiführer in Frankreich, Carl Oberg, der dortige Befehlshaber der Sicherheitspolizei und des SD, Dr. Helmut Knochen, und dessen Abteilungsleiter IV E, Hans Kieffer, sich wegen Mordes an Angehörigen des SAS in Nordfrankreich im Herbst 1944 verantworten mußten.[26] Kopkow wiederholte sein Mantra, daß seine Vorgesetzten über alles entschieden hätten und er nur eine Randfigur gewesen sei. Danach konnte er die Vergangenheit hinter sich lassen, und der MI 5 breitete einen Schutzmantel über ihn aus, der über Jahrzehnte Bestand haben sollte. Das beste Beispiel für die von den Briten gewährte Deckung sind die Ermittlungen im Fall Manfred Roeder.

Dr. Manfred Roeder war als Generalrichter der Luftwaffe derjenige, der im Rahmen des Verfahrens gegen Mitglieder der „Roten Kapelle" unter anderem für die Aburteilung von Harro Schulze-Boysen, Arvid Harnack und deren Ehefrauen verantwortlich war. In einer Reihe von Verhandlungen, die zwischen Dezember 1942 und Januar 1943 in Berlin stattfanden, wurden 46 von 76 Angeklagten zum Tode verurteilt, 15 erhielten schwere Zuchthaus- und weitere 15 einfache Haftstrafen. Im Februar 1943 fungierte Roeder als Richter beim Militärgericht in Brüssel, vor dem sich der belgische Arm der „Roten Kapelle" verantworten mußte. Im März 1943 sprach Roeder die letzten Urteile in Paris. Acht Schuldsprüche wurden in Brüssel verhängt und weitere 11 in Paris. Nach Kriegsende wurde Roeder von den Amerikanern interniert. Sie leiteten auch eine Untersuchung wegen Kriegsverbrechen gegen ihn ein, die jedoch eingestellt wurde, so daß er 1947 entlassen werden konnte. Roeder wurde in die Britische Zone ausgeliefert, wo der Staatsanwalt in Lüneburg ein Verfahren gegen ihn wegen Mißhandlung von Häftlingen der „Roten Kapelle" im Jahr 1942 eröffnete. In den umfangreichen Lüneburger Akten[27] befinden sich eidesstattliche Aussagen verschiedener Beamter der RSHA-Abteilung IV A 2, die für die ursprünglichen Ermittlungen gegen die „Rote Kapelle" zuständig gewesen waren. Doch sind dort keine Aussagen ihres früheren Vorgesetzten Horst Kopkow überliefert, ja es fällt schwer, dessen Namen in diesem Verfahren gegen Roeder überhaupt erwähnt zu finden. Handelt es sich hierbei um ein weiteres Beispiel für die von britischer Seite gewährte Protektion?

Unter dem Schutz des britischen Geheimdienstes

Der weitere Karriereverlauf von Kopkow bleibt mangels verläßlicher Informationen, nicht zuletzt von ihm selbst, im Dunkeln. Dem Historiker Johannes Tuchel zufolge stellte er sich dem amerikanischen Geheimdienst zur Verfügung und wurde dafür mit einer neuen Identität ausgestattet.[28] Tatsächlich war es jedoch der britische Secret Service, der ihm seinen Nachkriegsdecknamen Peter Cordes gab, und es liegt kein Hinweis darauf vor, daß Kopkow jemals für einen US-Geheimdienst tätig war. Am 13. April 1955 berichtete das 430. Detachment des amerikanischen Counter Intelligence Corps, daß einem Informanten zufolge „Horst Kopkow, alias Stahlmann" beim „westdeutschen Amt für Verfassungsschutz" angestellt sei.[29] Allerdings handelte es sich hierbei um eine Verwechslung: „Stahlmann" war in Wirklichkeit einer von Kopkows früheren Untergebenen, Johannes Strübing, der nachweislich unter diesem Namen für das Bundesamt für Verfassungsschutz tätig war. Kopkow jedoch arbeitete nicht für diese Institution. Was geschah nun wirklich mit ihm? In einer gegenüber der westdeutschen Polizei gemachten Aussage gab er an, er sei seit Herbst 1947 in Unna beim britischen Geheimdienst beschäftigt gewesen.[30] In einer anderen Aussage gab Kopkow zu Protokoll, er sei 1948 für acht Monate „‚als Bergarbeiter in die Zeche Unna/Königsborn'" gegangen. Was auch immer er tat, zwischen dem 20. Oktober und dem 18. November 1947 korrespondierte die für Sabotage und Spezialagenten zuständige Abteilung beim MI 5 in London auf internem Weg mit der Intelligence Division der Rheinarmee in der Angelegenheit Kopkow. Welche Entscheidung dabei gefällt wurde, bleibt der Öffentlichkeit verborgen, denn der MI 5 vernichtete die fraglichen Dokumente am 9. Januar 1962.[31]

Kopkow vergaß auch seine ehemaligen Untergebenen nicht. Am 11. April 1948 machte er in Wuppertal eine wohlmeinende Aussage zugunsten von Walter Habecker, gegen den eine Anklage der Staatsanwaltschaft Dortmund vorlag.[32] Dies war Kopkows letzte Handlung, bevor sein Schutzmantel durch ein neues – ebenfalls britisches – Vernebelungs- und Täuschungsmanöver noch verstärkt wurde. Eines der seltsamsten Dokumente über ihn ist seine Todesanzeige – genauer: die Anzeige seines ersten Todes. Am 16. Juni 1948 schrieb der Kommandeur des London District Cage – der zentralen Verhöreinheit im Londoner Westen – an die War Crimes Group North West Europe der Rheinarmee, daß Kopkow zehn Tage zuvor in London eingetroffen, „plötzlich an einer Lungenentzündung verstorben und an Ort und Stelle begraben" worden sei.[33] Selbstverständlich war Kopkow nicht in London gestorben. Die Frage ist nur, warum eine solche Behauptung in die Welt gesetzt wurde. Das einzige Szenario, das den Hintergrund dieses Vorgehens zu erklären vermag, ist die Absicht, mit einer simplen Täuschung sowjetische Stellen von der Fährte abzulenken und, nach Kopkows Rückkehr ins zivile Leben, seine eventuelle Entführung zu verhindern. Im Nachhinein mag dies wie eine Verschwendung von Ressourcen erscheinen. Denn Kim Philby, der Leiter der für die Sowjetunion zuständigen Abteilung des MI 5, versorgte seinen sowjetischen Auftraggeber zweifellos mit den wirklichen Tatsachen.

Umstritten ist auch der Zeitpunkt, an dem Kopkow ins Privatleben zurückkehrte. Er selbst gab an, daß er im Oktober 1948 begonnen habe, für eine Gelsenkirchener Bekleidungsfirma zu arbeiten. Seine Frau behauptete, sie seien frühestens 1950 von Dortmund nach Gelsenkirchen gezogen und fügte hinzu: „Ich glaube, die Briten haben das alles gedeichselt.“[34] Den Decknamen Peter Cordes benutzte Kopkow seiner Frau zufolge bis 1956. Warum wählte man das im Bereich der einst Britischen Zone gelegene Gelsenkirchen aus? Dafür gab es zwei Gründe: Zum einen mag Kopkows Affinität zur Stadt Allenstein, wo er aufgewachsen war, angehalten haben. Während des Krieges waren alle Verwaltungsakten und historischen Aufzeichnungen der Stadt nach Westen verbracht und in Gelsenkirchen deponiert worden. Und zum anderen stand der Bürgermeister der Ruhrgebietsstadt, Carl Marcus, der im August 1944 zu den Alliierten übergelaufen und in die Obhut des MI 5 gekommen war, wo er – aus naheliegenden Gründen – den Decknamen Dictionary (Wörterbuch) erhielt, den Briten bei der Ausbreitung ihres Schutzmantels zur Seite.[35] Denn es gab wohl kaum einen Amtsträger in ganz NS-Deutschland, den Marcus nicht kannte oder über den er keine Meinung vorzubringen hatte. Die von den Briten betriebene Abschirmung war eben perfekt.

In Gelsenkirchen ließ sich Kopkow mit seiner Familie nieder, und dank seiner natürlichen Begabung erklomm er nun die Erfolgsleiter in der Bekleidungsbranche. Doch der Oktober 1955 brachte dann eine Überraschung: Sein früherer RSHA-Kollege Heinz Pannwitz, frisch aus sowjetischer Haft zurück, kam auf Besuch.[36] Kopkow zufolge nahm auch sein früherer Gruppenleiter im RSHA, Friedrich Panzinger, der ebenfalls kurz zuvor aus sowjetischer Haft entlassen worden war, Kontakt zu ihm auf, nachdem er die Adresse von Pannwitz erhalten hatte. Wie waren sie an Kopkows Anschrift gelangt, wenn doch dessen Frau, wie bereits erwähnt, behauptete, er habe weiterhin den Namen Peter Cordes benutzt? Kopkow gab an, er habe nur von Pannwitz, nicht aber von Panzinger Besuch erhalten, dem allerdings an einem Wiedersehen mit ihm viel gelegen habe. Pannwitz teilte Kopkow mit, daß die Sowjets immer noch großes Interesse an ihm hätten und daß er und Panzinger viele Monate im Moskauer Lubjanka-Gefängnis verbracht hätten und dort über die Arbeit von IV A 2 verhört worden seien. Wie sei es der Abteilung möglich gewesen, dem sowjetischen Geheimdienst seine Arbeit erheblich zu erschweren und ihm beträchtlichen Schaden zuzufügen, ohne daß sie über ein nennenswertes Spionagenetz in Moskau verfügte, welches dem RSHA Informationen über entsandte Agenten hätte liefern können?

Nach diesem Besuch kehrte Kopkow wieder in die Anonymität zurück. Fünf Jahre vergingen, ehe etwas Nennenswertes geschah. Am 9. Mai 1961 vernahm ihn die westdeutsche Polizei auf einem Gelsenkirchener Revier über das Schicksal von RSHA-Amtschef Heinrich Müller, von dem man annahm, er sei in den ersten Maitagen des Jahres 1945 in Berlin umgekommen. Bei diesem Verhör gab Kopkow als Beruf „Geschäftsführer“ und als seinen Namen „Horst

Kopkow-Cordes“ an.[37] Neun Jahre darauf, am 23. April 1970, wurde er erneut befragt. Das Ergebnis war eine Aussage von gerade einmal einer Seite über seine Gestapo-Karriere.[38] Interessant daran ist, daß Kopkow darin keinerlei Beschäftigung beim britischen Geheimdienst erwähnte, während viele andere, die von der westdeutschen Polizei zu NS-Verbrechen vernommen wurden, froh waren, auf eine entsprechende Tätigkeit verweisen zu können.

Als jemand, der erst bei der Gestapo und später beim Secret Service eine so wichtige Position eingenommen hatte, war Kopkow in der Lage, ein einigermaßen sorgenfreies Nachkriegsleben zu führen. War dies der Grund dafür, daß die westdeutsche Polizei ihm so wenig Aufmerksamkeit schenkte, daß sie sich so wenig für das Schicksal ermordeter Fallschirmagenten interessierte? Er war wieder bei seiner Familie, hatte einen zivilen Beruf, der ihn auf Auslandsreisen führte und den er gerne ausübte, bis er als Geschäftsführer seiner Bekleidungsfirma in den Ruhestand trat. Dann erst kamen ihm ein paar Historiker auf die Spur. 1983 und 1986 wurde er mehrere Stunden lang von Fernsehjournalisten der BBC im Rahmen einer Sendung über die vermißten SOE-Agenten interviewt.[39] Dabei wurde er allerdings nicht gefilmt, lediglich die von ihm gegebenen Informationen fanden später Verwendung. 1987 sprach der deutsche Diplomat und Historiker Ulrich Sahm mit ihm über Rudolf von Scheliha. Sahms Recherchen und sein Buch führten schließlich dazu, daß Scheliha als deutscher Widerstandskämpfer geehrt wurde.[40]

Die Dienste, die Kopkow dem britischen Geheimdienst zwischen 1945 und 1950 erwies, zahlten sich aus. Er mußte sich nicht wie Tausende andere Beamte der Sicherheitspolizei einem Entnazifizierungsverfahren unterziehen. Man verschaffte ihm statt dessen eine gute Existenzgrundlage, aus der er zweifellos später das Beste machte. Letzten Endes bleibt das untrügliche Gefühl, daß im Hintergrund der britische Täuschungs- und Schutzmantel über die gesamte Dauer von Kopkows Nachkriegsexistenz ausgebreitet blieb, bis er am 13. Oktober 1996 in Gelsenkirchen verstarb.[41] Dokumente, die dem britischen Geheimdienst in den Jahren 1946/47 vorlagen, zeigen Kopkow als Schlüsselfigur für das Schicksal von Hunderten ehemaliger Kollegen. War er von so großem Wert für den Secret Service, daß seine schuldbelastete Vergangenheit einfach unter den Teppich gekehrt, versteckt und vergessen werden konnte? Konnten die Informationen, die Kopkow während eines Verhörs durch einen im Kalten Krieg geschulten Experten lieferte, wirklich mehr Gewicht haben als seine schwerwiegende Vergangenheit, seine Verstrickung in die Ermordung einiger Hundert feindlicher Agenten in Konzentrationslagern? Das eindeutige Urteil der Geschichte muß lauten, daß er sich für seine Verbrechen zu verantworten gehabt hätte. Aber wann hätten Geheimdienste schon jemals Rechenschaft über ihr Vorgehen ablegen müssen? So ist die Geschichte zwar ein unerbittlicher, aber eben auch ein später Richter.

Aus dem Englischen übersetzt von Ulrich Prehn

Anmerkungen

[1] NAK, WO 309/1771, Haftbericht Kopkow.

[2] Ebd., KV 2/1500, MI 5-Name File Horst Kopkow, Bd. 1, Vern. dess. v. 7.6.1945, Anhang 2.

[3] Das von Hitler unterschriebene Original v. 7.12.1941 wurde vom OKW weiterverbreitet; weitere Anweisungen folgten am 12.12.1941 u. 16.4.1942; vgl. IfZ, Nbg. Dok. PS-1733, PS-836.

[4] GVP RSHA v. 1.3.1941, ebd., Nbg. Dok. L-185; BAL, ZK: Horst Kopkow.

[5] NAK, KV 2/1500, MI 5-Name File Horst Kopkow, Bd. 1, Vern. dess. v. 7.6.1945, Bl. 17.

[6] Zum Funkspiel gegen Moskau vgl. Peter Witte/Michael Wildt/Martina Voigt/Dieter Pohl/Peter Klein/Christian Gerlach/Christoph Dieckmann/Andrej Angrick (Bearb.): Der Dienstkalender Heinrich Himmlers 1941/42, Hamburg 1999, S. 639; RFSS an RSHA-Amtschef IV v. Dezember 1942, BAB, NS 19/2002.

[7] Johannes Tuchel: Die Gestapo-Sonderkommission „Rote Kapelle“, in: Hans Coppi/Jürgen Danyel/ders. (Hrsg.): Die Rote Kapelle im Widerstand gegen den Nationalsozialismus, Berlin 1994, S. 153; vgl. ders.: Zwischen kriminalistischer Recherche und brutaler Folter. Zur Tätigkeit der Gestapo-‚Sonderkommission Rote Kapelle‘, in: Gerhard Paul/Klaus-Michael Mallmann (Hrsg.): Die Gestapo – Mythos und Realität, Darmstadt 1995, S. 373–387; Gilles Perrault: Auf den Spuren der Roten Kapelle, Wien-München 1994; Regina Griebel/Marlies Coburger/Heinrich Scheel: Erfaßt? Das Gestapo-Album zur Roten Kapelle. Eine Foto-Dokumentation, Berlin 1992.

[8] NAK, WO 309/1771, Haftbericht Kopkow.

[9] Ebd., KV 2/1500, MI 5-Name File Horst Kopkow, Bd. 1, Vern. dess. v. 7.6.1945.

[10] Ebd., Bl. 17.

[11] NARA, RG 263, CIA-Name File Heinz Pannwitz, Vern. dess. v. 17.8.1959, Bl. 3.

[12] NAK, KV 3/127; Kopkow wurde in Bad Nenndorf vom französischen Geheimdienst vernommen; ein entsprechendes Prot. befindet sich nicht in der Akte, lediglich ein ca. 100 Worte umfassender Auszug.

[13] NARA, RG 65, Entry A1–136P, Box 222, Folder 65–57595-Sec.1, FBI-Akte Renata Johanna von Scheliha.

[14] NAK, KV 2/1501, 7. Combined Interim Report Nr. IR 63 v. 8.5.1946 über Horst Kopkow, Harro Thomsen u. Gustav Adolf Nosske.

[15] NARA, RG 242, Entry 23B, Box 6, Folder VII-173-b-16–10/14, Befehl Dalueges v. 1.10.1940: Bekämpfung von Fallschirmspringern u. Luftlandetruppen; vgl. Korrespondenz zwischen der Gendarmerie u. den Stapo-Stellen in Österreich 1944, ebd., Folder 173-b-15–05/66.

[16] Das Funkspiel in den Niederlanden (Unternehmen „Nordpol“) wurde in enger Abstimmung zwischen Sicherheitspolizei u. Abwehr realisiert; am 10.8.1943 berichtete die Abwehrstelle Niederlande dem Amt Ausland/Abwehr, daß „13 Funksender im Betrieb waren“, NAK, KV 6/35; vgl. Joseph Schreieder: Das war das Englandspiel, München 1950; H. J. Giskes: Spione überspielen Spione, Hamburg 1951; Hans Schafranek: Unternehmen „Nordpol“. Das „Englandspiel“ der deutschen militärischen Abwehr in den Jahren 1942–1944, in: ders./Johannes Tuchel (Hrsg.): Krieg im Äther. Widerstand und Spionage im Zweiten Weltkrieg, Wien 2004, S. 247–291.

[17] NAK, KV 2/1332, Vorläufiger Verhörbericht Nr. 24, Vern. Joseph Schreieder v. 28.9.1945.

[18] In der ebd., WO 311/607, überlieferten „Liste des Zugangs“ v. 6.9.1944, einem Do-

kument aus dem KL Mauthausen, sind 47 holländische u. britische SOE-Angehörige aufgeführt; der Schlußsatz lautet: „Alle diese Häftlinge sind am Nachmittag vom 6. September u. am Morgen vom 7. September ‚Auf der Flucht' erschossen."

[19] Beide Zit. ebd., WO 309/1022.

[20] Ebd., WO 208/4679, Vern. Dr. Josef Goetz v. 3.9.1946 (Goetz gehörte dem BdS Frankreich IV E an): „Jede eingehende [Funk-]Meldung mußte nach Berlin [RSHA IV A 2] weitergeleitet werden u. jede gesendete Meldung mußte vorher Berlin vorgelegt werden u. dort Zustimmung finden. Diesem Ablauf wurde sowohl von Berlin als auch von Paris allergrößte Wichtigkeit beigemessen"; der BdS Frankreich, Dr. Helmut Knochen, sagte in seiner Vern. v. 29.11.1946 (Ebd., WO 309/350) aus, daß „alles nach den bestehenden Befehlen sofort nach Berlin [RSHA] gemeldet werden mußte. Dadurch, daß Berlin sofort durch Fernschreiben mitteilte, daß weitere Weisungen vom RSHA gegeben würden, befanden sich die Gefangenen [die festgenommenen Agenten] in der Gewalt des RSHA. Daher bestand auch keinerlei Möglichkeit, die Gefangenen in ein Kriegsgefangenenlager abzuschieben."

[21] Ebd., WO 235/560; Kopkow erschien als Zeuge u. gab als Adresse „Sachsenstraße 6, Detmold" an; seine Aussage bezog sich vor allem darauf, daß die Wehrmacht in Frankreich gefangengenommene Angehörige des SAS an die Sicherheitspolizei u. den SD in Frankreich zur Exekution übergeben wollte; im Kreuzverhör führte er aus: „Der SD beschwerte sich bei der Wehrmacht, daß diese die Kommandos nicht dem SD überstellen dürfte. Der SD konnte es ablehnen, solche Kommandos zu übernehmen."

[22] Ebd., WO 309/282.

[23] Ebd., WO 309/1078.

[24] Ebd., HS 9/59/2.

[25] Ebd., WO 309/350.

[26] Ebd., WO 235/560.

[27] HStAH, NdS. 721, Lüneburg.

[28] Tuchel: Gestapo-Sonderkommission (Anm. 7), S. 146.

[29] NARA, RG 319, Entry A1–134B, Box 636, Folder XE235539, CIA-Akte über das Schicksal von Heinrich Müller.

[30] Vern. Horst Kopkow v. 9.5.1961, BAL, B 162/3233, Bl. 112.

[31] NAK, KV 2/1501, Index zum Inhalt der Akten.

[32] StAD, D21 C Zg 55/72 Nr. 7: Verfahren gegen Walter Habecker.

[33] NAK, WO 309/248.

[34] Sarah Helm: A Nazi in Her Majesty's Secret Service, in: The Sunday Times v. 7.8.2005.

[35] NAK, KV 2/965, MI 5-Name File Carl Marcus.

[36] Vern. Horst Kopkow v. 9.5.1961, BAL, B 162/3233, Bl. 117.

[37] Dto. ebd., Bl. 109–119.

[38] Dto. v. 23.4.1970, ebd., B 162/6016, Bl. 1541.

[39] Vgl. Robert Marshall: All The King's Men. The Truth Behind SOE's Greatest War Time Disaster, London 1988, S. 274; zusätzliche Informationen wurden dem Autor freundlicherweise von Robert Marshall gegeben.

[40] Vgl. Ulrich Sahm: Rudolf von Scheliha 1897–1942. Ein deutscher Diplomat gegen Hitler, München 1990, S. 166, 199f.

[41] Schreiben des Volksbundes Deutsche Kriegsgräberfürsorge an den Autor v. 5.6.2002.

Stephan Linck

Die Stammtisch-Geschichte der „Alten Charlottenburger“ Ein Netzwerk in Westdeutschland

Am 28. September 1971 versandte Fritz Kempe das Rundschreiben Nr. 6/71 des „Alten Charlottenburger“-Stammtischs Düsseldorf. Darin entschuldigte sich Kempe wortreich, aus beruflicher Überlastung dafür erst jetzt Zeit gefunden zu haben. Es folgten Trauermitteilungen, denn weitere zwei Mitglieder des Kreises waren verstorben. Kempe gedachte ihrer rheinisch-launig: „Nun sind beide vereint mit Heinrich Eweler, Kurt Schwarzer u. den anderen alten Charlottenburgern da oben bei Petrus. Hoffen wir, daß sie nicht den ganzen Tag Halleluja singen müssen und auch mal Zeit haben für'n Bierchen u. für'n zünftigen Skat oder Doppelkopp. Und wie ich Fred Meißner u. Fritze D'Heil kenne, werden sie da oben schon für angenehme Unterhaltung auch bei de Engelkes sorgen.“[1]

Bis hierhin liest sich das Schreiben der „Alten Charlottenburger“ wie eine Mitteilung an die Stammkundschaft einer gleichnamigen Kneipe in Düsseldorf. Der beiliegende Adreßverteiler mit angefügter Geburtstagsliste bestätigt den Eindruck. Aufgeführt sind 91 Männer und eine Frau, die meisten von ihnen zwischen 59 und 69 Jahren alt. Ebenfalls angefügt ist das Programm eines Kurzurlaubs „Alte Charlottenburger im Weserbergland“, der auf den kommenden Mai festgelegt worden war. Der Ausflug war wohl eher für die Ruheständler unter ihnen konzipiert, da er während der Woche stattfinden sollte. Die Adressaten des Schreibens wurden daran erinnert, daß der „Stammtisch wie immer jeden 2. Freitagabend im Monat ab 17 Uhr im Lokal ‚Zum Burggrafen-Ratsstübchen-Düsseldorf‘“ stattfindet. Hinter dem Namen „Alte Charlottenburger“ verbarg sich demnach also nicht die gemeinsame Stammkneipe. Er bezog sich vielmehr auf ihre ehemalige Ausbildungsstätte in Berlin-Charlottenburg, durch die sich der Kreis konstituiert hatte: Als „Charlottenburger“ bezeichneten sich die ehemaligen Schüler und Lehrer des dortigen Polizei-Instituts, 1937 umbenannt in Führerschule der Sicherheitspolizei.[2] Die meisten „Alten Charlottenburger“ waren Teilnehmer der Lehrgänge zum Kriminalkommissar, die sie in der zweiten Hälfte der 1930er Jahre absolviert hatten.

Ein Lehrgang und seine Folgen

Auch wenn es in Tätigkeit und beruflicher Herkunft etliche Überschneidungen zwischen Gestapo und Kripo gab, so begriffen sich diese auszubildenden Kriminalbeamten doch als eigene Sparte. Der erste gemeinsame Lehrgang von Kripo und Gestapo 1936/37 konnte diese Trennung noch nicht überwinden: Denn das Gruppenphoto der Teilnehmer wurde unter Ausschluß der künftigen Gestapo-Kommissare aufgenommen.[3] Dieses Selbstbild als Kriminalisten war konstituierend für den späteren Kreis der „Alten Charlottenburger". Gleichwohl waren die Kripo-Beamten, die in der NS-Zeit ausgebildet wurden, im Regelfall überzeugte Nationalsozialisten, auch wenn sie sich vom Korpsgeist her von den Kollegen der Gestapo abgrenzten.[4] Diese politisch-ideologische Verortung bildete bereits die Voraussetzung für eine Zulassung zur Ausbildung für den höheren Dienst in Berlin-Charlottenburg. Wenn sie es nicht schon waren, wurde ihnen dort die Mitgliedschaft in der SS nahegelegt, und die allermeisten traten ihr auch bei.

Ein verhältnismäßig großer Teil der Charlottenburger Kripo-Absolventen gelangte 1938/39 in die neue Zentralinstitution der Deutschen Kriminalpolizei, das Reichskriminalpolizeiamt (RKPA), das im September 1939 als Amt V mit dem Geheimen Staatspolizeiamt und dem SD-Hauptamt zum Reichssicherheitshauptamt (RSHA) verschmolzen wurde.[5] Das RKPA war der Ort, an dem jene Bereiche der Kripo-Arbeit, in denen sich die Kriminalpolizei des nationalsozialistischen Deutschland von anderen Ländern grundsätzlich unterschied, zu höchster Effizienz weiterentwickelt wurden. Denn ihre Tätigkeit erfuhr im NS-Staat eine fundamentale Funktionsveränderung. War der Begriff der Verbrechensbekämpfung in der Weimarer Republik vorrangig an die Verbrechensverfolgung, also die Aufklärung von Straftaten, gekoppelt gewesen, so wurde nun die „Vorbeugende Verbrechensbekämpfung" zu einem gleichberechtigten Teil dieses Komplexes.[6] Dies beinhaltete polizeiliches Vorgehen gegen alle Gruppen, die potentiell gegen die Normen der „Volksgemeinschaft" verstießen. Es ging hier nicht um einen Tatnachweis, sondern um den möglichen Vorsatz, eine Straftat zu begehen. Zusätzlich wurde auch gegen alle Personen vorgegangen, die keine Straftaten begangen hatten, sondern sich lediglich nach den Maßstäben der „Volksgemeinschaft" „abweichend" verhielten.

Dieses Vorgehen entsprach der nationalsozialistischen Ideologie, daß Randgruppen nicht nur auszugrenzen, sondern auch aktiv zu bekämpfen seien. Gleichzeitig entsprach es ebenfalls den Forderungen etlicher Kriminalisten der Weimarer Republik. Deren Vorstellungen, die sich damals nicht durchgesetzt hatten, fanden nun als „Vorbeugende Verbrechensbekämpfung" Eingang in die polizeiliche Praxis. Dieses veränderte Verständnis beschrieb Dr. Werner Best so: „Die kriminalpolizeiliche Aufgabe der Verbrechensbekämpfung umfaßt die Teilaufgaben der Verbrechensverfolgung und der Verbrechensvorbeugung."[7] Von entscheidender Bedeutung war dabei auch, daß die Kriminalpolizei die Justiz umging: Sie wurde selbst zur strafverhängenden Behörde, und Rechtsmittel konnten nur bei der Kripo selbst eingelegt werden.[8] Damit war diese polizeiliche Tätigkeit vollständig entrechtlicht und beinhaltete

Repression gegen unliebsame Minderheiten unabhängig von einem etwaigen Tatnachweis. In letzter Konsequenz führte dies zur KZ-Einweisung und vielfachen Ermordung von Menschen, die als „Zigeuner“, „Berufsverbrecher“ oder „Asoziale“ stigmatisiert wurden.[9] Wichtige Bestandteile des nationalsozialistischen Terrors lagen somit in der Zuständigkeit der Kriminalpolizei.

Mit dem Eroberungskrieg wurde der „auswärtige Einsatz“ der Sicherheitspolizei zum zusätzlichen Arbeitsfeld der leitenden Kriminalbeamten. Nach Jens Banach waren 56 Prozent aller Kripo-Angehörigen dort tätig; bei den jüngeren Beamten lag die Quote sogar deutlich höher.[10] Diese hohe Mobilität entsprach der inneren Logik der Sicherheitspolizei und konkret der des RSHA. Michael Wildt bezeichnete die „Entgrenzung“ als Charakteristikum dieser Institution, sowohl im territorialen Sinn als auch in der Praxis.[11] So war es gerade bei den jüngeren und karrierebewußten Beamten, die in den 1930er Jahren das Polizei-Institut besucht hatten, eher die Regel, daß sie sich während des Krieges zeitweise im „auswärtigen Einsatz“ befanden und damit vielfach an den Einsatzgruppen-Morden beteiligt waren. Zudem beförderte die Personalpolitik von Sicherheitspolizei und SD sowohl bei den Dienststellen im Reichsgebiet als auch in den eroberten Gebieten Gruppenbildungsprozesse. Dadurch, daß Vorgesetzte in der Auswahl ihrer Untergebenen weitgehende Freiheit erhielten, ließen sich bestehende Kontakte beständig intensivieren. So konnten auch die in Charlottenburg Ausgebildeten durch Stellenbesetzungen im RKPA, in den auswärtigen Dienststellen und Einsatzgruppen Seilschaften ausbilden und Netzwerke gründen.[12]

Kriegsende und britische Planungen

Für die berufliche Laufbahn der „Charlottenburger“ Kriminalbeamten nach Kriegsende war die Phase des Umbruchs im Jahr 1945 von entscheidender Bedeutung.[13] Hier griffen verschiedene Faktoren ineinander, die die Basis zu den Nachkriegskarrieren legen sollten. Dazu zählten die Zufälligkeiten des Kriegsverlaufs in seiner Schlußphase, eine Berufsauffassung der Kriminalisten, die wesentliche Teile der eigenen Arbeit während der NS-Zeit als legitim ansah, und die pragmatische Besatzungsplanung und -praxis der britischen Siegermacht, konkret der für die Polizei zuständigen Public Safety Branch (PSB). Mit der Invasion der Alliierten im Sommer 1944 war das Ende des nationalsozialistischen Deutschland nur noch eine Frage der Zeit geworden. Da für Hitler eine Kapitulation nicht in Frage kam und er sich angesichts der Niederlage auf einen abschließenden Verteidigungskampf in Berlin fixierte, gab es seit Herbst des Jahres Überlegungen, die Mitarbeiter des RSHA zu Einsatzkommandos für die Verteidigung der Reichshauptstadt zusammenzufassen.[14] Erst im Februar 1945 wurden mit dem Vorrücken der Sowjetarmee auf Berlin konkrete Pläne für die Evakuierung der zentralen Verwaltungen entwickelt. Hierzu wurde für alle Ministerien und Verwaltungen die Aufteilung in zwei Arbeitsstäbe Süd und Nord beschlossen. Die entsprechenden Gruppen sollten sich nach Süden in den Alpenraum bzw. nach Norden in den Raum Flensburg zurückziehen.

Zu einer Umsetzung der Planungen kam es allerdings erst, als sich Hitler am 20. April endgültig entschied, in Berlin zu bleiben. Damit aber war eine geordnete Absetzbewegung nicht mehr möglich, und die Mehrzahl der Stäbe von SS und Polizei setzte sich in den Nordraum ab.[15] Soweit ersichtlich, führte dies sowie die ungleich schwereren Bedingungen der Flucht nach Süden dazu, daß zwar Ernst Kaltenbrunner als Chef des RSHA dorthin auswich, vom Führungsstab Süd aber nur wenige Personen folgten. Vom RKPA ließen sich nur der Amtschef Friedrich Panzinger und sein Stellvertreter, der Leiter der Amtsgruppe A, Paul Werner, mit wenigen Mitarbeitern in der Gegend von Salzburg nieder.[16] Das Gros des RKPA folgte hingegen Himmler und seinen SS-Stäben in den Flensburger Raum. So gelangten die Leiter der Amtsgruppen B, C und Wi mit zahlreichen Beamten nach Norden, ebenso das Referat für Vorbeugende Verbrechensbekämpfung und Teile des Kriminaltechnischen Instituts der Amtsgruppe D. Im Gegensatz zu den Führungsstäben der SS konnten die Mitarbeiter des RKPA auf die Logistik der regionalen Kripo zurückgreifen und quartierten sich in den Kripo-Stellen in Flensburg, Husum, Rendsburg, Ekkernförde und Schleswig ein. Mit der Kapitulation tauchte ein Großteil der SS-Führung unter. Andere hingegen, wie beispielsweise Otto Ohlendorff und die Reste seines SD-Inland oder Hans Jüttner und die Überbleibsel des SS-Führungshauptamtes, ergaben sich den Briten. Ähnlich verhielten sich auch die Beamten des RKPA: Sie boten umgehend der Besatzungsmacht ihre Mitarbeit an.

Voraussetzung für die Weiterbeschäftigung war eine Überprüfung durch die Field Security Sections (FSS). Dem Geheimdienst der britischen Armee oblag die Fahndung nach Kriegsverbrechern und konkret die Durchleuchtung aller SS- und Polizeiangehörigen.[17] Aufgrund der hohen Arbeitsbelastung waren die Verhöre durch die FSS in den ersten Nachkriegstagen jedoch teilweise sehr flüchtig. Im Fall der Beamten des RKPA wurde lediglich der Leiter der Gruppe Wi, Karl Schulz, vernommen, der zudem durch seine Englischkenntnisse einen Dolmetscher überflüssig machte. Aufgrund eines glücklichen Zufalls sind die Notizen dieser Befragung erhalten. Sie lassen deutlich erkennen, daß die Rechtfertigungslinie und die spätere Selbstdeutung der Kriminalisten hier bereits feststanden. Schulz erklärte, daß er mit seinen Beamten verbotenerweise am 22. April Berlin verlassen habe. Er sei Kriminalbeamter und seit 1931 bei der Polizei. Seinen SS-Rang als Sturmbannführer habe er lediglich ehrenhalber, also ohne Mitglied zu sein. Den größten Teil der Vernehmung beeindruckte er mit Erzählungen von seinen offiziellen Englandreisen im Gefolge des deutschen Außenministers Ribbentrop und verwies darauf, mit Percy Sillitoe gut bekannt zu sein. Sillitoe war in den 1930er Jahren Polizeichef von Glasgow gewesen. Während des Krieges war er in führender Position in der britischen

Abwehr tätig und wurde 1946 schließlich Chef des MI 5. Kurz darauf wurde Karl Schulz von der für die deutsche Polizei zuständigen PSB als Verbindungsoffizier zur britischen Besatzungsmacht in Flensburg eingesetzt. Die Verwendung dieses SS-Sturmbannführers entsprach exakt den Vorgaben, die diese vom Foreign Office erhalten hatte.

Die Stäbe, die die Besatzungsherrschaft konzipierten, saßen im konservativ geführten Foreign Office. Die Planer waren geprägt von der kolonialen Tradition des Empire und suchten auch in Deutschland durch „indirect rule“ bei minimalem Einsatz den größtmöglichen Effekt zu erzielen. Für diese Herangehensweise sprachen zwei gewichtige Argumente: 1. Man wußte bereits, daß Großbritannien mit dem Kriegsende praktisch bankrott sein werde. Eine Übernahme der öffentlichen Verwaltung in Deutschland durch britisches Personal ließ sich also nicht finanzieren.[18] 2. Man hatte schon früh ein realistisches Bild von der Situation im Nachkriegsdeutschland. Bereits im Juni 1944 zeichneten die Planer das Tableau eines bombenzerstörten Landes, das überfüllt mit Flüchtlingen, befreiten Kriegsgefangenen, Zwangsarbeitern und KZ-Häftlingen sei und damit die Besatzungsherrschaft vor kaum lösbare Probleme stellen werde.[19]

Um all dies in den Griff zu bekommen, wollte man weite Teile der deutschen Exekutive übernehmen und analysierte mit dieser Zielsetzung auch die Polizei. Die angefertigten Untersuchungen überraschen durch einen Zwiespalt, der die gesamten Papiere durchzieht.[20] Auf der einen Seite sahen die Planer präzise die enge Verzahnung der Polizei – insbesondere auch der Kripo – mit dem Terrorapparat der Nationalsozialisten. Die erfolgte Verschmelzung von Kriminalpolizei, Geheimer Staatspolizei und dem Sicherheitsdienst der SS wurde nicht in Zweifel gezogen. Ein Papier bezeichnete Kripo und Gestapo als „special ‚foster children‘ of Himmler“, deren Personal fast ausschließlich aus überzeugten SS-Leuten bestehe. Vielleicht gäbe es ein paar reine Karrieristen in der Kripo, aber nur in den unteren Rängen.[21] Auf der anderen Seite zieht sich die Bewunderung für die deutsche Polizeiorganisation wie ein roter Faden durch die Analysen. Insbesondere die zentrale Kripo-Führung im Amt V des RSHA faszinierte: „The German genius for organisation is wellknown and the present Kripo structure is probably sound and extremly efficient. To exploit this product of German genius to our own advantage, and at the same time avoid the risk of a complete breakdown in Police operations, is surely good business.“[22] Diese Bewunderung war verbunden mit einer erstaunlich geringen Distanz zur realen kriminalpolizeilichen Tätigkeit, obwohl auch dort die verbrecherische Substanz der Polizeiarbeit benannt wurde. Verschiedene Historiker haben bei den britischen Planungsstäben so etwas wie eine unterbewußte internationale Beamtensolidarität ausgemacht.[23] Auf die britischen Polizisten, die den Umgang mit der deutschen Polizei konzipierten, traf dies sichtbar zu.

Als im Frühjahr 1945 die interalliierten Stäbe konkretere Vorgaben für den Umgang mit der deutschen Polizei entwickelten, war es bereits zu spät. Die Vorgaben der Vereinigten Stabschefs der USA und andere Richtlinien waren im Foreign Office nur insofern von Interesse, als man auslotete, mit welcher Argumentation sich diese Zielsetzungen hintergehen ließen. Es war bereits entschieden, daß die PSB, zuständig für die öffentliche Sicherheit, ein Maximum an deutschen Polizisten im Dienst behalten sollte, um das Chaos der ersten Besatzungszeit zu meistern. Zwar bestätigte auch die Direktive JCS 1067, die den aktuellen Stand der Vorgaben für die Anfänge der alliierten Herrschaft beinhaltete, die vorläufige Aufrechterhaltung der Reichskriminalpolizei. Die Vorgaben zur Personalpolitik lauteten aber eindeutig: Festnahme aller SS-Offiziere in der Polizei. Bei den Planern für Public Safety führte dies allerdings nur zu dem Hinweis an alle Mitarbeiter, bei dieser Anweisung sei unklar, ob sie in der ersten oder zweiten Phase der Besatzungsherrschaft umgesetzt werden solle.[24] Man machte sich also bei der PSB zu keinem Zeitpunkt Illusionen über die SS-Mitgliedschaft der Kriminalbeamten, die weiterverwendet werden sollten. Dies zeigt auch eine Bilanz von 1950 über deren Arbeit in Schleswig-Holstein. Darin heißt es: „Practically all members of the Kriminal Police had been members of the Nazi Party, the S.S., the Gestapo or the S.D."[25]

Nach außen hin mußte die PSB aber das Faktum der SS-Mitgliedschaft der deutschen Kripo-Angehörigen kaschieren. Von daher war man offen für die Schutzbehauptungen der Kriminalbeamten um Karl Schulz. Im Juli 1945 kursierte dort ein „Report on Richsicherheitshauptamt" [sic], in dem die Behauptung von Schulz, die Flucht aus Berlin sei Befehlsverweigerung gewesen, übernommen und verstärkt wurde: „Officials who were still in Berlin were instructed to go underground and to join the Werewolves."[26] Dieser Bericht ist insofern aufschlußreich, als es sich nicht um eine Aufstellung zum Zwecke der Fahndung handelte. Der „Report" listete den letzten organisatorischen Stand des RSHA auf und benannte detailliert die Verantwortlichen des Amtes V samt ihren bekannten Aufenthaltsorten. Neben Vermerken, wer jeweils untergetaucht sei, wurde bei den führenden Beamten des RKPA, von denen jeweils nur der Polizeidienstgrad genannt wurde, die jeweils aktuelle Dienststelle aufgeführt. Die erfaßten Kriminalisten waren demnach fast durchweg wieder eingestellt worden.

Durch die Besatzungszeit

Nach dem Regierungswechsel in Großbritannien im Sommer 1945 wurde in der Britischen Besatzungszone eine Polizeireform durchgeführt, die eine Neuorganisation der deutschen Polizei nach britischem Vorbild zum Ziel hatte. Zu deren Kernpunkten zählten die Verschmelzung von Kriminal- und Schutzpolizei zur sogenannten Einheitspolizei und vor allem die Dezentralisierung der Polizeiorganisation.[27] Die Praktiker der PSB in Schleswig-Holstein folgten allerdings sichtbar den Zielvorstellungen ihrer Planer in England und hintertrieben gemeinsam mit der deutschen Polizei die Umsetzung der Polizeireform. Die in dieser Phase der Besatzungsherrschaft vorgesehenen Entlassungen von ehemaligen SS-Offizieren wurden nicht umgesetzt. Vielmehr wurde beispielsweise Karl Schulz zum Leiter des ländlichen Polizei-Distrikts Plön ernannt, um ihn vor Überprüfung zu schützen.[28] Die Verschmelzung der Kripo mit der Schupo wurde zwar formal durchgeführt. Praktisch firmierten die Kripo-Stellen aber lediglich unter anderem Namen weiter und wurden in ihrer Eigenständigkeit belassen. Damit einher ging die Beibehaltung der Position des Chefs der Polizei, der mit einem großen Stab sehr weitgehende zentrale Funktionen beibehielt. Von Dezentralisierung konnte hier keine Rede sein.

Im Herbst 1945 hatten aber die FSS vermutlich mehr Arbeitskapazitäten frei, so daß es zu einer gründlicheren Überprüfung der eingestellten Polizeioffiziere in Schleswig-Holstein kam. Das Ergebnis war frappierend.[29] Als sie im Januar 1946 der PSB das Ergebnis ihrer Recherchen mitteilten, ging es überhaupt nicht mehr um Verstöße gegen etwaige Entnazifizierungsrichtlinien. Vielmehr schrieben die FSS, daß neun führende Polizeioffiziere des Landes auf den Fahndungslisten der Alliierten zur sofortigen Verhaftung ausgeschrieben seien.[30] Die Liste wurde angeführt vom Chef der Polizei, Oberst Kühn, gefolgt von allen Offizieren seines Stabes in Schleswig. Man sollte meinen, es sei bereits ein Skandal gewesen, daß die PSB bei ihren Einstellungen noch nicht einmal die alliierten Fahndungslisten überprüft hatte. Doch der eigentliche Skandal begann hier erst: Anstatt die sofortige Entlassung der genannten Offiziere zu verfügen, ignorierte die PSB Schleswig-Holstein die Informationen einfach. Weitere Initiativen der FSS, die Chefs der regionalen PSB, Brigadier Henderson und Colonel Appleton, zum Hinauswurf der deutschen Polizeioffiziere zu bewegen, blieben erfolglos.

Bewegung in die Angelegenheit kam drei Monate später im April 1946, als ein Angehöriger der FSS den Dienstweg verließ und direkt nach London schrieb. Adressat war der britische Deutschlandminister Hynd persönlich. Er sehe keinen anderen Weg mehr, auf die Entwicklung in Schleswig-Holstein Einfluß zu nehmen, als durch diese Klage: „FS has for a long time been against the appointment of the officials in Schleswig-Holstein because of their record during the War and as Nazi Party Members, but in spite of this MilGov [Military Government] ignored our recommandations. […] They are gathering a group of old Nazis und militarists into the top positions from which it will be very difficult to have them custed if they are left there, while there are numbers of good men who openly defied the Nazis and were put into Concentration Camps – previously holding Police ranks as Officers, now with inferior ranks. […] All the above besides making one sick at the inaction or curruptness of Mil Gov is not in accordance with the Denazification Policy which we are trying so hard to carry out. […] All persons such as Policemen who served in occupied territory are treated as extra bad persons owing to the dreadful work they carried out. […] We could do with a good purge out here.“[31]

Das Schreiben betonte die Benachteiligung von Nazigegnern bei der Polizei – ein Vorwurf, der gute Chancen hatte, bei Hynd auf fruchtbaren Boden zu fallen, da er bereits während des Krieges enge Kontakte zu deutschen Exil-Sozialdemokraten gepflegt hatte.[32] In dem Schreiben wurden Oberst Kühn und alle seine Stabsoffiziere als Nazis benannt, die als führende Offiziere von SS-Polizei-Einheiten in Polen, Litauen, Rußland und Serbien Kriegs- und NS-Verbrechen begangen hätten. Der Tenor des Schreibens steht in starkem Gegensatz zu der in der PSB verbreiteten Mentalität, die Besetzung Deutschlands pragmatisch zu managen. Anstatt direkt zu reagieren, leitete Hynd den Bericht offensichtlich nur auf dem Dienstweg an den Generalinspekteur der PSB in Deutschland weiter und entsprach lediglich der Bitte, den Brief zu anonymisieren.[33] Als die schleswig-holsteinische PSB zu den Vorwürfen befragt wurde, reagierte sie mit der Vermutung, es handele sich bei dem unbekannten Verfasser nicht um einen FSS-Angehörigen, sondern vielmehr um einen neidischen deutschen Polizeioffizier.[34]

Die Rückendeckung, die die schleswig-holsteinische PSB aus ihrer Zentrale erhielt, entsprach der Gesamtlinie in der Britischen Zone. Mit dem 1. Januar 1946 war nämlich – ebenfalls in deutlichem Gegensatz zu den Dezentralisierungsvorgaben – in Hamburg das Kriminalpolizeiamt für die Britische Besatzungszone eingerichtet worden.[35] Auch wenn diese Einrichtung keinerlei Weisungsbefugnis erhielt, stellte sie doch eine zentralisierte Spezialeinrichtung der Kripo dar. Im Kern wurde hier nicht weniger versucht als die Weiterführung des RKPA, wie es bereits in den Besatzungsplanungen als Zielvorgabe anvisiert worden war. Zwar erfolgten dort keine Stellenbesetzungen mit dessen Führungskräften; dies wäre zum damaligen Zeitpunkt weder opportun noch durchsetzbar gewesen. Insgesamt 48 meist untere Dienstgrade aus dem RKPA stellten aber den personellen Grundstock des Kriminalpolizeiamtes und garantierten damit die personelle Kontinuität zur Vorläufereinrichtung.[36] Mit diesem Vorgehen hielten sich die Praktiker der PSB an die Grundüberlegungen, die bereits in der Planung der Besatzungsherrschaft festgelegt worden waren. Man umging systematisch die Vorgaben der Entnazifizierung und orientierte sich am Primat der Effizienz. Entscheidend war nicht die Frage nach etwaiger Beteiligung an Kriegs- oder NS-Verbrechen, sondern vielmehr nach der Loyalität gegenüber der Besatzungsmacht.

Und diese Frage nach der Loyalität dürfte wohl am ehesten ursächlich sein für eine Kurskorrektur, die sich im Sommer 1946 in Schleswig-Holstein feststellen läßt. Denn für die Angehörigen der PSB wirkte sich der Hungerwinter 1945/46 insofern persönlich aus, als seit Januar die Einbrüche in ihren Wohnungen erheblich zunahmen und ausgerechnet am 20. April 1946, also Hitlers Geburtstag, einen Höhepunkt erreichten. Die Ermittlungen ergaben mehrfach die

Beteiligung von zum Objektschutz eingesetzten Polizisten.[37] Als schließlich im Sommer in Flensburg nur durch Zufall ein Fluchtversuch von Personen, die die FSS im Rahmen ihrer Fahndung nach Kriegsverbrechern im Polizeigefängnis inhaftiert hatten, verhindert wurde, kam es zum Eklat. Beteiligt hieran waren nämlich Polizeibeamte; die Recherchen ergaben gar, daß der Drohbrief eines untergetauchten Himmler-Adjutanten auf der Schreibmaschine des Chefs des Polizeigefängnisses geschrieben worden war. Von loyaler Polizei konnte hier kaum noch die Rede sein. Infolge dieses Eklats wurde es nun doch als inakzeptabel angesehen, daß sämtliche Ermittlungsleiter der schleswig-holsteinischen Kripo ehemalige SS-Offiziere aus dem RSHA waren, und es kam schließlich zu Entlassungen von RKPA-Angehörigen.[38] Es ist allerdings zu vermuten, daß dies eher dem Druck der FSS geschuldet war als einem tatsächlichen Kurswechsel. Karl Schulz zumindest wurde nach seiner Entlassung umgehend als Instrukteur der RAF-Police in Schleswig eingestellt und führte weiter Ermittlungen in Strafsachen in der Region durch.[39]

1947 übergaben die Briten schließlich die Polizeihoheit an die neuen Länder. Dies führte zur Revision der britischen Polizeireform durch die sozialdemokratischen Innenminister.[40] Die folgenden Jahre bis zur Gründung der Bundesrepublik waren geprägt von scharfen Kontroversen zwischen den SPD-geführten Innenministerien und der britischen Besatzungsmacht über die unterschiedlichen Polizeikonzeptionen. Hierbei standen die britischen Vorstellungen von einer dezentralen und politisch neutralen Polizei den SPD-Vorstellungen gegenüber, die sich an der preußischen Polizei der Weimarer Republik orientierten. Ziel der Sozialdemokratie war eine zentrale Polizei, die möglichst weitgehend von Beamten mit SPD-Parteibuch geführt wurde. Einzig in den grundsätzlichen Zielvorstellungen einer an Effizienz orientierten Polizei, deren Angehörige loyal gegenüber den jeweiligen Polizeiführungen agierten, waren sich die Kontrahenten einig. Vor diesem Hintergrund war die Frage nach einstiger SS-Mitgliedschaft von Kriminalbeamten zweitrangig. Moralische Implikationen, wie sie die FSS aufgeworfen hatten, spielten hier keine Rolle. Da die Kripo-Angehörigen als kompetente Fachbeamte im Sinne der effizienten Polizeiarbeit gefragt waren und sich in den Konflikten nicht positionierten, verlief deren Wiedereinstellung in Schleswig-Holstein reibungslos. Dort wurde die Personalpolitik weitgehend den Kriminalisten selbst überlassen, so daß bis 1949 bei Neubesetzungen von Führungspositionen durchgängig ehemalige Leitungsbeamte des RKPA eingestellt wurden.[41]

Angekommen in der Bundesrepublik

Als 1949 mit der Gründung der Bundesrepublik die Polizeigewalt endgültig den deutschen Ländern übertragen wurde, war ein Personalfluß in andere Bundesländer möglich. Gleichzeitig fielen mit dem endgültigen Abschluß der Entnazifizierung und der Verabschiedung des Grundgesetzzusatzes 131, der die

Wiedereinstellung ehemaliger Nationalsozialisten ermöglichte, jegliche Einstellungsbeschränkungen fort. Die Tatsache, daß die Jahre der Besatzungsherrschaft nicht genutzt worden waren, um Nachwuchs für die leitenden Kripo-Aufgaben auszubilden, tat ein übriges. Und so stand der Rückgriff auf das Führungspersonal der NS-Kriminalisten alternativlos da. Gleichzeitig funktionierten die alten Verbindungen der „Charlottenburger" ausgezeichnet bei der Vermittlung frei werdender Leitungsstellen.[42] Dies zeigte sich beim Aufbau des Bundeskriminalamtes (BKA), das 1951 aus dem Kriminalpolizeiamt für die Britische Besatzungszone hervorging. Nachdem Paul Dickopf, ein „Charlottenburger", 1952 zum Vizepräsidenten dieser Einrichtung ernannt worden war, erfolgte eine systematische Vergabe der Führungspositionen an „Alte Charlottenburger". Dieter Schenk ermittelte insgesamt 24 von ihnen in solchen Funktionen, darunter allein sieben aus dem Lehrgang Dickopfs.[43] Von den 1959 insgesamt 47 Beamten des leitenden Dienstes im BKA waren nur zwei „unbelastet"; der Rest blickte auf NS-Karrieren und vielfache Verbrechen zurück.[44]

Ein zweiter Schwerpunkt der Wiederverwendung von NS-Kriminalisten sollte Nordrhein-Westfalen werden. Dort war bereits im Herbst 1945 Willy Gay zum Leiter der Kölner Kripo ernannt worden. Der 1890 Geborene war schon seit 1920 als Kriminalbeamter tätig und hatte in der Polizei der Weimarer Republik Karriere gemacht. Obwohl er im Mai 1933 der NSDAP beigetreten war und seine Vorstellungen von der „Vorbeugenden Verbrechensbekämpfung" den nationalsozialistischen Konzeptionen weitgehend entsprachen, stellte die NS-Zeit einen Einbruch in Gays Karriere dar. 1933 praktisch degradiert, war er seit 1934 stellvertretender Leiter der Kölner Kriminalpolizei. Dies empfahl ihn der britischen Besatzungsmacht. Nach einigen Jahren als Kölner Kripo-Chef avancierte er 1952 zum Referenten für die Kriminalpolizei im nordrhein-westfälischen Innenministerium. Gay wurde wichtiger Impulsgeber der Nachkriegs-Kripo, seit Oktober 1952 auch als Herausgeber der Zeitschrift „Kriminalistik". Obwohl er schon aus Altersgründen nicht zu den „Charlottenburgern" zählte, verband ihn mit diesen eine Freundschaft auf Gegenseitigkeit. Der Lehrer am Charlottenburger Institut und spätere Chef des Landeskriminalamtes (LKA) von Schleswig-Holstein, Kurt Zillmann, nannte ihn beispielsweise seinen „Lehrmeister", und noch 1971 wurde Gay auf der Adressenliste des Düsseldorfer Stammtisches gewissermaßen als ‚Ehrencharlottenburger' geführt.[45] Als Votum eines „Unbelasteten" hatte sein unterstützendes Wort große Bedeutung.

In der Folge wurde in den 1950er Jahren in Nordrhein-Westfalen das wohl dichteste Netz von ehemaligen „Charlottenburgern" gesponnen. Vom Chef des LKA bis zu den wichtigsten Kripo-Stellen im Land wurden frei werdende Stellen durchgängig mit ihnen besetzt.[46] Wann der Düsseldorfer Stammtisch der „Alten Charlottenburger" eingerichtet wurde, läßt sich nicht mehr verifizieren.

Angesichts der Verdichtung ehemaliger Lehrgangsteilnehmer erscheint es allerdings möglich, daß der Beginn bereits in den 1950er Jahren liegt. Leiter der dortigen Kripo war von 1954 bis 1970 Dr. Bernd Wehner. Der 1909 Geborene hatte den Kommissarlehrgang in Berlin-Charlottenburg 1936/37 besucht und war anschließend als SS-Hauptsturmführer im Amt V tätig.[47] Wehner hatte nach Kriegsende als Polizeireporter des „Spiegel“ für die NS-Kriminalisten eine herausragende Funktion inne. In einer 30-teiligen Serie, die 1949/50 unter dem Titel „Das Spiel ist aus, Arthur Nebe. Glanz und Elend der deutschen Kriminalpolizei“ dort erschien, stellte er die Kripo des Dritten Reiches als unpolitische Fachorganisation dar, die im Zweifel in Opposition zum Nationalsozialismus gestanden habe.[48] Dieser publizistischen Arbeit kam eine nicht zu unterschätzende Wirkung für die Wiedereinstellungspraxis gegenüber den NS-belasteten Kriminalisten zu. Bevor Wehner 1954 Chef der Düsseldorfer Kripo wurde, hatte ihn Gay zur Kölner Kriminalpolizei geholt. Beide verband auch nach seinem Wechsel nach Düsseldorf eine langjährige Arbeitsbeziehung, da Wehner Schriftleiter der von Gay herausgegebenen „Kriminalistik“ wurde.

Als ein weiterer Ort zur Kommunikation sollte sich das Polizei-Institut Hiltrup bei Münster erweisen. Die dort abgehaltenen Arbeitstagungen der LKA-Chefs bekamen zwangsläufig den Charakter von Zusammenkünften der „Charlottenburger“. Daß dort jedoch nicht nur Kameradschaftstreffen abgehalten wurden, sondern vielmehr eine Einflußnahme auf die Kriminalpolitik der neuen Bundesrepublik abgestimmt wurde, läßt sich gut an der Positionierung zur „Vorbeugenden Verbrechensbekämpfung“ aufzeigen. Bereits 1947 hatte es eine erste Initiative des niedersächsischen Landeskriminalpolizeiamtes (LKPA), die vom Kriminalpolizeiamt für die Britische Zone aufgegriffen worden war, für ein „Gesetz zur Bekämpfung der Berufs- und Gewohnheitsverbrecher“ gegeben, die allerdings scheiterte.[49] Auf ihrer 1. Arbeitstagung im August 1949 knüpften die Leiter der LKPA in ihrer auf Gründung eines BKA abzielenden Resolution an diese Zielsetzungen an. So wurden unter anderem eine „Zentrale zur Bekämpfung internationaler und reisender Berufs- und Gewohnheitsverbrecher“ und eine „Zentrale zur Bekämpfung des Landfahrerunwesens“ gefordert.[50] Auf der 3. Arbeitstagung im November 1951 war „Der Kampf gegen Berufs- und Gewohnheitsverbrecher“ Thema.[51] Zwar akzeptierten die Kriminalisten inzwischen die Einschaltung der Gerichtsbarkeit vor der erwünschten Sicherungsverwahrung. Gay forderte aber in seinem Referat eine sofortige Vollstreckbarkeit von Schnellgerichtsurteilen und zwar ohne Rücksicht auf eingelegte Berufungen.[52]

Als Produkt der Tagung erschien 1952 in der „Polizei“ ein Beitrag des „Charlottenburgers“ und ehemaligen SS-Sturmbannführers im RSHA, Fritz Weber. Nach seiner Interpretation war das „Gewohnheitsverbrechergesetz“ vom November 1933 noch formal in Kraft. Dennoch forderte er ein neues Gesetz, mit dem die vorbeugende Verwahrung unter richterlicher Kontrolle – ein Zugeständnis an die Gewaltenteilung – wieder eingeführt werden sollte. Diese eindeutig positive Bezugnahme auf die Praxis der „Vorbeugenden Verbrechensbekämpfung“ im NS-Staat wurde 1955 vom BKA aufgegriffen, um eine neue Initiative zu starten. Hierbei wurde der Autor der entsprechenden Erlasse im Amt V, Eduard Richrath, persönlich hinzugezogen. Im Ergebnis erschien in der Schriftenreihe des BKA ein Sammelband über „Probleme der Polizeiaufsicht“, in dem die KZ-Einweisungspraxis der NS-Zeit als Erfolgsgeschichte dargestellt wurde. Autor war neben dem „Charlottenburger“ Rudolf Leitweiß der Leiter des Ausbildungsreferates im Kriminalistischen Institut des BKA, Eberhard Eschenbach, der 1945 direkt in die schleswig-holsteinische Kripo übernommen worden war.[53] Die Initiative wurde begleitet durch Veröffentlichungen von „Charlottenburgern“ in Hiltrup und der „Polizei“ und brachte es immerhin zur Behandlung der BKA-Vorlagen in der Strafrechtskommission im Bundesjustizministerium. Obwohl die Initiative wiederum scheiterte, zeigte sich hier anschaulich das abgestimmte gemeinsame kriminalpolitische Vorgehen der Seilschaft.

Die folgenden Jahre brachten jedoch eine völlige Veränderung der Position der „Alten Charlottenburger“ mit sich. Während der Kreis bis dahin offensiv Personalpolitik in eigener Sache betrieben hatte und Einfluß auf die Kriminalpolitik im westlichen Nachkriegsdeutschland zu nehmen suchte, sollte er nun zunehmend in die Defensive geraten. Auslöser war Bernhard Fischer-Schweder, der ebenfalls Teilnehmer eines Kommissarlehrgangs im Polizeiinstitut Berlin-Charlottenburg gewesen war. Fischer-Schweder war aber kein Kriminalist, sondern hatte eine Partei- und SA-Karriere hinter sich, bevor er zur Gestapo kam und schließlich Polizeichef von Memel wurde. Als solcher hatte er sich 1941 an Massenerschießungen von Juden in Litauen beteiligt. Nach dem Krieg lebte er einige Jahre unter falschem Namen und verschwieg seine Vergangenheit. Mitte der 1950er Jahre deutete er das gesellschaftliche Klima falsch und bewarb sich unter Verweis auf seine einstige Laufbahn zur Wiederverwendung im kriminalpolizeilichen Dienst. Da in diesem Zusammenhang Kenntnisse über seine verbrecherische Tätigkeit an die Öffentlichkeit gelangten, trat er mit seiner Bewerbung Ermittlungen los, die zum Ulmer Einsatzgruppen-Prozeß führten, an dessen Ende 1958 seine Verurteilung zu 10 Jahren Haft stand.[54]

Bedeutsamer als das Urteil selbst war die dem Prozeß folgende Gründung der Zentralen Stelle der Landesjustizverwaltungen in Ludwigsburg und die damit beginnenden systematischen Ermittlungen zu NS-Verbrechen. Auch wenn die mörderischen Konsequenzen der „Vorbeugenden Verbrechensbekämpfung“ und der Verfolgung und Deportation der Roma und Sinti niemals zu Strafverfahren führten, waren die Ermittlungstätigkeiten für die „Alten Charlottenburger“ ausgesprochen bedrohlich, da etliche von ihnen an den Einsatzgruppen-Morden beteiligt waren. Ein Jahr nach Fischer-Schweders Verurteilung machte die Verhaftung Georg Heusers Schlagzeilen; immerhin hatte es dieser Charlottenburger Absolvent zum Leiter des LKA Rheinland-Pfalz gebracht.[55] Von den umfangreichen Ermittlungen zu NS-Verbrechen waren fast alle „Alten Charlottenburger“ betroffen. Von den 92 Personen, die 1971 in deren Verteiler aufgelistet sind – also damals noch lebten –, waren lediglich acht Personen dort nicht involviert.[56]

Wie weitgehend diese Ermittlungen den Kreis beeinflußten, zeigte sich im eingangs erwähnten Rundschreiben 6/71. Da schrieb Kriminaloberrat a.D. Fritz Kempe: „Doch zurück zum Leben. Und da gleich etwas erfreuliches: unser lb. Kurt Schulz-Isenbeck[57] ist wieder voll rehabilitiert, sein Verfahren eingestellt u. seine Beförderung zum KR [Kriminalrat] innerhalb 1 Woche ausgesprochen! Das wurde natürlich beim Stammtisch entsprechend gefeiert. Wir erhoffen und wünschen den noch betroffenen Kollegen ein gleiches, glückhaftes Ergebnis. – Natürlich mußte Sch.-Isenbeck bei der Firma Mannesmann ausscheiden und seinen Dienst wieder beim PP. [Polizeipräsidium] Düsseldorf antreten. Seitdem haben wir bei der Deutschen Bank auch noch die große Sorge um die weitere Rentabilität von Mannesmann.“[58] Das Zitat macht deutlich, welchen Weg diejenigen beschritten, bei denen die Ermittlungsverfahren zur Suspendierung geführt hatten. Sie überbrückten diese Zeit vielfach durch Arbeitsverhältnisse in der Wirtschaft.

Insgesamt aber fühlten sich die Kriminalisten – trotz ihrer Beteiligung an den NS-Verbrechen – vor Strafverfolgung sicher. So schilderte Karl Schulz bei einer staatsanwaltlichen Vernehmung ein Gespräch zwischen ihm und Arthur Nebe über den Massenmord der Einsatzgruppe B: „Nebe äußerte selbst einmal fragend: ‚Wenn das schief geht, sind wir alle dran‘, woraufhin ich ihm sagte, ‚daß er dann wegen Mordes dran sei, ich aber nicht‘, eine Auffassung, die Nebe offenbar teilte.“[59] Noch deutlicher zeigte sich diese Selbstsicherheit im Fall des „Alten Charlottenburgers“ und ehemaligen Mitarbeiters im Amt V, Waldemar Krause, gegen den als Chef des Sonderkommandos 4b der Einsatzgruppe C ermittelt wurde.[60] Als der damalige Leiter der Sonderkommission für NS-Gewaltverbrechen in Schleswig-Holstein, Karl-Georg Schulz, Krause in Untersuchungshaft nahm, fragte dieser Schulz nur, wieso er dies tue; er wisse doch genau, daß er in spätestens 24 Stunden wieder frei sei.[61]

Die Dimension der Begünstigung und gegenseitigen Unterstützung ehemaliger „Charlottenburger“ bei derartigen Ermittlungen ist bislang noch nicht ausgelotet worden und stellt ein anhaltendes Desiderat dar. Fakt ist, daß die britische Besatzungsplanung und -praxis es den „Charlottenburgern“ ermöglichte, ihre kriminalpolizeiliche Tätigkeit direkt nach Kriegsende fortzusetzen. Dies betraf insbesondere die im RKPA tätigen Ehemaligen, die sich 1945 in den norddeutschen Raum geflüchtet hatten. Hilfreich war dort die fehlende Distanz der PSB zur kriminalpolizeilichen Praxis der „Vorbeugenden Verbrechensbekämpfung“ im NS-Staat. Dies waren die Voraussetzungen, daß es der „Charlottenburger Krake“ – wie die „Alten Charlottenburger“ Kripo-intern genannt wurden[62] –, gelang, jahrzehntelang nicht nur die Personalpolitik und die kriminalpolitischen Diskurse der westdeutschen Kripo, sondern auch die Deutung kriminalpolizeilicher Tätigkeit im NS-Staat zu bestimmen.[63] So wurde noch 1986 in einem Polizeilehrbuch die Begründung von Walter Zirpins für die hohe Kriminalität nach Kriegsende übernommen: Sie sei verursacht worden durch die „Freilassung des größten Teils der strafgefangenen und sicherungsverwahrten Berufsverbrecher, Asozialen und kriminellen Landfahrer".[64]

Anmerkungen

1 Rundschreiben 6/71 der „Alten Charlottenburger" v. 28.9.1971, Privatarchiv Manfred Karl Adam, dem ich für die Überlassung zahlreicher Kopien u. für viele Hinweise danke.

2 Jens Banach: Heydrichs Elite. Das Führerkorps der Sicherheitspolizei und des SD 1936–1945, Paderborn u.a. 1998, S. 106ff.

3 Gruppenphoto des 4. Kriminalkommissarlehrgangs v. 5.9.1936–31.3.1937 mit Legende der Teilnehmer, Privatarchiv Manfred Karl Adam.

4 Banach (Anm. 2), S. 264–276.

5 Patrick Wagner: Volksgemeinschaft ohne Verbrecher. Konzeptionen und Praxis der Kriminalpolizei in der Zeit der Weimarer Republik und des Nationalsozialismus, Hamburg 1996, S. 235–243.

6 Vgl. ebd., S. 198ff., 254ff.

7 Werner Best: Die Deutsche Polizei, Darmstadt 1941, S. 33; vgl. Ulrich Herbert: Best. Biographische Studien über Radikalismus, Weltanschauung und Vernunft 1903–1989, Bonn 1996, S. 177ff.

8 Karl Leo Terhorst: Polizeilich planmäßige Überwachung und polizeiliche Vorbeugungshaft im Dritten Reich, Heidelberg 1985.

9 Vgl. Michael Zimmermann: Rassenutopie und Genozid. Die nationalsozialistische „Lösung der Zigeunerfrage", Hamburg 1996; Wolfgang Ayaß: „Asoziale" im Nationalsozialismus, Stuttgart 1995.

10 Banach (Anm. 2), S. 248.

11 Michael Wildt: Generation des Unbedingten. Das Führungskorps des Reichssicherheitshauptamtes, Hamburg 2002, S. 606.

12 Banach (Anm. 2), S. 256f.

13 Diese Umbruchphase bedeutete „zweifellos die einschneidendste Markierung: Nur wer diese Phase überstand, gelangte überhaupt in die 50er Jahre der Bundesrepublik", Ulrich Herbert: NS-Eliten in der Bundesrepublik, in: Wilfried Loth/Bernd-A. Rusinek (Hrsg.): Verwandlungspolitik. NS-Eliten in der westdeutschen Nachkriegsgesellschaft, Frankfurt/M. 1998, S. 98.

14 Runderlaß RSHA V v. 14.10.1944: EK Amt V, BAB, R 58/240.

15 Stephan Linck: „Festung Nord" und „Alpenfestung". Das Ende des NS-Sicherheitsapparates, in: Gerhard Paul/Klaus-Michael Mallmann (Hrsg.): Die Gestapo im Zweiten Weltkrieg. ‚Heimatfront' und besetztes Europa, Darmstadt 2000, S. 569–595.

16 Bericht Führungsstab Süd RSHA (undat. Übersicht amerikanischer Ermittler über die Identifizierung von Angehörigen des RSHA in Süddeutschland u. Österreich), BAB, BDC, Ordner 457, Bl. 66f.

[17] Stephan Linck: Fahndung nach Kriegsverbrechern. Die Field Security Section (FSS) in Schleswig, in: Geschichte und Biografie. Jüdisches Leben, Nationalsozialismus und Nachkriegszeit in Schleswig-Holstein. Festschrift für Erich Koch, Kiel 1998, S. 141–152.

[18] Lothar Kettenacker: Krieg zur Friedenssicherung: Die Deutschlandplanung der britischen Regierung während des Zweiten Weltkrieges, Göttingen 1989, S. 182.

[19] „This is likely to be a most serious problem particularly in view of the effects of Allied bombing and the transfer of civil inhabitants to other areas, the release of foreign workers, the opening of Prisoner of War camps, the abandonment of concentration camps, attempted movement from one zone of Allied occupation to another and the demobilization of the German armed forces, including unauthorized movement of deserters and self-demobilizing troops“, Civil Affairs Staff Center, Public Safety, Functions of CA Public Safety Officers, Precís No. 2 v. Juni 1944, NAK, FO 1050/625.

[20] Stephan Linck: Der Ordnung verpflichtet. Deutsche Polizei 1933–1949. Der Fall Flensburg, Paderborn u. a. 2000, S. 186–193.

[21] Civil Affairs Staff Center, Public Safety, Functions of CA Public Safety Officers, Precís No. 5 v. November 1944, NAK, FO 1050/625.

[22] „Operation on Re-Organisation of the German Criminal Police“ v. April 1945, ebd., FO 1050/312.

[23] Vgl. Ulrich Reusch: Deutsches Berufsbeamtentum und britische Besatzung. Wege und Irrwege einer Reformpolitik 1943–1947, Stuttgart 1985, S. 87–102; Kettenacker (Anm. 18), S. 349.

[24] Die Phasen waren wie folgt definiert: I: vor der Kapitulation, II: nach der Kapitulation (Military Government Phase), III: Controll Commission Phase.

[25] White Paper PSB Schleswig-Holstein (undat./1950), NAK, FO 1050/580.

[26] Report Major Timmerman v. 2.7.1945, ebd., FO 1050/312; diese Behauptung wirkte dadurch eher noch absurder, weil Hans-Adolf Prützmann, der Chef der „Werwölfe“, ebenfalls im Gefolge Himmlers nach Flensburg gelangt war, Linck: Ordnung (Anm. 20), S. 150.

[27] Vgl. ebd., S. 200 ff.

[28] Wildt (Anm. 11), S. 792.

[29] Vgl. Linck: Fahndung (Anm. 17).

[30] Schreiben FSS Intelligence Corps v. 23.1.1946, NAK, FO 1050/350.

[31] Zit. u. alle Angaben laut Schreiben eines FSS-Offiziers, wiedergegeben im Bericht „Police in Schleswig-Holstein“ v. 18.4.1946, ebd.

[32] Reusch (Anm. 23), S. 259.

[33] In den Akten der PSB liegt der zitierte Brief nur in der anonymisierten Fassung vor, NAK, FO 1050/350.

[34] Bericht PSB Schleswig-Holstein v. 25.4.1946, ebd.

[35] Dieter Schenk: Auf dem rechten Auge blind. Die braunen Wurzeln des BKA, Köln 2001, S. 133 ff.

[36] Im internen Schriftverkehr handelte es sich nur um eine Umbenennung des RKPA, vgl. ebd., S. 134 f.

[37] Für Flensburg: Linck: Ordnung (Anm. 20), S. 303.

[38] Ders.: „To exploit this product of German genius … is surely good business.“ – Zur Personalpolitik der britischen Besatzungsmacht gegenüber der deutschen Kriminalpolizei nach 1945, in: Gerhard Fürmetz/Herbert Reinke/Klaus Weinhauer (Hrsg.): Nachkriegspolizei. Sicherheit und Ordnung in Ost- und Westdeutschland 1945–1969, Hamburg 2001, S. 119 f.

[39] Ebd., S. 120.

[40] Ders.: Ordnung (Anm. 20), S. 207 ff.

[41] So wurde Karl Schulz 1947 als Referent für die Kripo im Innenministerium wiedereingestellt u. 1949 zum Kripo-Chef der Polizeigruppe Nord ernannt; sein Stellvertreter wurde Eduard Richrath, der im RKPA das Referat A2, also „Vorbeugende Verbrechensbekämpfung", geleitet hatte, ebd., S. 285; zur weiteren Laufbahn von Schulz vgl. Wildt (Anm. 11), S. 792 ff.

[42] Linck: Ordnung (Anm. 20), S. 340 f.

[43] Schenk (Anm. 35), S. 67 f.

[44] Ebd., S. 282 f.

[45] Adressenliste „Alte Charlottenburger" im Anhang zum Rundschreiben 6/71 (Anm. 1).

[46] Diese Praxis hatte eine solche Dimension, daß die Fachabt. Polizei der ÖTV 1959 die „bewußte systematische Besetzung der leitenden Funktionen" in der nordrhein-westfälischen Kriminalpolizei durch ehemals hochrangige SS-Mitglieder anprangerte, Polizei im Lande Nordrhein-Westfalen – Mitteilungsblatt der ÖTV-Bezirksfachabt. Polizei v. September 1959; vgl. Linck: Personalpolitik (Anm. 38), S. 122 f.

[47] Schenk (Anm. 35), S. 177.

[48] Ebd., S. 52 f.

[49] Patrick Wagner: Kriminalpolizei und „innere Sicherheit" in Bremen und Nordwestdeutschland zwischen 1942 und 1949, in: Frank Bajohr (Hrsg.): Norddeutschland im Nationalsozialismus, Hamburg 1993, S. 259.

[50] Resolution der Leiter der LKPA v. 3. 8. 1949, in: Die Polizei 2(1949), S. 282.

[51] Linck: Personalpolitik (Anm. 38), S. 125 f.

[52] Bericht über die 3. Arbeitstagung der Leiter der LKPA v. 13.–15. 11. 1951, Mitteilungen aus dem Polizei-Institut Hiltrup 1/1952, S. 12 ff.; Referat von Gay auf S. 16 ff.

[53] Eschenbach hatte sich bereits 1947 für die Wiederaufnahme der „Vorbeugenden Verbrechensbekämpfung" ausgesprochen, Linck: Ordnung (Anm. 20), S. 321 ff.; vgl. Schenk (Anm. 35), S. 130, 198 f.

[54] Vgl. Stefan Klemp: „Nicht ermittelt". Polizeibataillone und die Nachkriegsjustiz – Ein Handbuch. Essen 2005, S. 355; Wildt (Anm. 11), S. 815.

[55] Jürgen Matthäus: Georg Heuser – Routinier des sicherheitspolizeilichen Osteinsatzes, in: Klaus-Michael Mallmann/Gerhard Paul (Hrsg.): Karrieren der Gewalt. Nationalsozialistische Täterbiographien, Darmstadt 2004, S. 115–125, sowie dessen Beitrag in diesem Bd.

[56] Auskunft BAL v. 14. 9. 2007; erfaßt sind sowohl Beschuldigte als auch Zeugen; letztere waren aber in der Regel Tatbeteiligte, denen lediglich aufgrund der damaligen Rechtsauffassung keine Straftaten zur Last gelegt wurden; zudem gelang vielfach die Wandlung vom ursprünglich Beschuldigten zum Zeugen, wie es Wildt (Anm. 11), S. 795 f., am Beispiel von Karl Schulz aufzeigt.

[57] Kurt Schulz-Isenbeck wurden Einsatzgruppen-Morde im Rahmen des EK 9 der EG B vorgeworfen; er war 1952 bei der Kripo Gelsenkirchen wiedereingestellt worden u. seit 1960 in der Landespolizeiverwaltung im nordrhein- westfälischen Innenministerium tätig; für freundliche Hinweise bedanke ich mich bei Klaus Dönecke (PP Düsseldorf).

[58] Rundschreiben 6/71 der „Alten Charlottenburger" (Anm. 1).

[59] Vern. Karl Schulz v. 11. 7. 1960, GStaw KG Berlin, RSHA-Ermittlungsunterlagen, Personalh. Psch 134, Bl. 4.

[60] Vgl. Ocke H. Peters: Schleswig-Holstein hat sich als Versteck für NS-Verbrecher bewährt: Für Erich Waldemar Krause wurde sogar gelogen, in: ISHZ 23, November 1992, S. 61 f.; zur Unterstützung Krauses: Klemp (Anm. 54), S. 397.

[61] In realistischer Wahrnehmung der Verhältnisse erwiderte Schulz: „Aber dann haben

Sie wenigstens einen Tag gesessen", Mündlicher Bericht von Karl-Georg Schulz über die durch ihn vorgenommene Festnahme Krauses v. 9.11.1998.

[62] Auskunft des ehem. Leiters des Bremer LKA, Dr. Herbert Schäfer, am 3.11.1995; zu Schäfers Position gegenüber den „Charlottenburgern": Schenk (Anm. 35), S. 20.

[63] Vgl. die apologetische Darstellung von Bernd Wehner: Dem Täter auf der Spur. Die Geschichte der deutschen Kriminalpolizei, Bergisch Gladbach 1983.

[64] Walter Zirpins: Die Entwicklung der polizeilichen Verbrechensbekämpfung in Deutschland, in: Taschenbuch für Kriminalisten, Bd. 5, Hamburg 1955, S. 292; die gleiche Formulierung findet sich bei Robert Harnischmacher/Arved Semerak: Deutsche Polizeigeschichte. Eine allgemeine Einführung in die Grundlagen, Stuttgart 1986, S. 31.

Bernhard Brunner

Ganz normale Lebensläufe
Warum die Mitwirkung an der Ermordung der französischen Juden in der Bundesrepublik kein Karrierehindernis war[1]

Am 19. August 1983 trank der pensionierte Leitende Landesverwaltungsdirektor Richard Freise ein giftiges Pflanzenschutzmittel und starb einen qualvollen Tod.[2] Der Nachwelt hinterließ der Ehemann und Vater von zwei Kindern einen Abschiedsbrief. Dort schrieb er, er habe es nicht länger ertragen können, sich einem Strafverfahren unterzogen zu sehen, obwohl er doch unschuldig sei. Zwar leugnete der Rentner nicht länger, während der NS-Zeit an der Deportation von Juden aus Frankreich beteiligt gewesen zu sein, doch bestritt er entschieden, auch über deren anschließende Ermordung informiert gewesen zu sein: „Ich habe nicht gewußt, daß diese Transporte – ich selbst habe keine angeordnet – erfolgten, um Menschen heimtückisch und grausam zu töten, ich habe das damals nicht im geringsten ahnen können. Erst nach dem Krieg habe ich dies erfahren",[3] lautet der Kernsatz.

Karrieren im Zwielicht

Richard Freises Biographie ist – bis auf seinen Freitod – typisch für die Lebensläufe einer ganzen Generation von NS-Tätern, die ihre Karrieren unbeschadet ihrer Beteiligung an Massenverbrechen in der Bundesrepublik fortsetzen konnten und dabei oft auch noch überdurchschnittlichen beruflichen Erfolg hatten. Im Dritten Reich hatte Freise zu den 75 Führungskräften der Sicherheitspolizei und des SD gezählt, die das Reichsicherheitshauptamt (RSHA) im deutsch besetzen Frankreich einsetzte. Die Nationalsozialisten hatten das Land in 17 Bezirke aufgeteilt, die jeweils ein Kommandeur der Sicherheitspolizei und des SD (KdS) verwaltete. Diese Funktionsträger wurden gelegentlich ausgetauscht, so daß zwischen 1940 und 1944 insgesamt 40 Männer eine solche Funktion innehatten. 35 weitere waren als stellvertretende KdS eingesetzt, so daß sich die Gesamtzahl von 75 ergibt. Zu den Hauptaufgaben dieser Kommandeure zählten Erfassung, Festnahme, Sammlung und Deportation der jüdischen Bevölkerung. Mehr als 70 000 Juden aus Frankreich wurden vor allem nach Auschwitz verschleppt, wo der überwiegende Teil einen grausamen Tod fand.[4] Zudem waren diese Männer auch in die zahlreichen Verbrechen im Zusammenhang mit der Bekämpfung der Résistance involviert, worunter die Tötung zahlreicher Geiseln und auch Exzeßtaten zu zählen sind.

Richard Freise, Jahrgang 1908, war noch während seines Jurastudiums in die NSDAP eingetreten und hatte nach bestandenem zweiten Examen hauptamtlich für die Gestapo gearbeitet. Nach Kriegsausbruch war er als sogenannter Militärverwaltungsbeamter in Frankreich eingesetzt worden. Anschließend war er für rund ein halbes Jahr direkt für das RSHA tätig. Von Juni bis August 1942 amtierte er schließlich als stellvertretender KdS von Poitiers, um danach für die dienstvorgesetzte Stelle des Befehlshabers der Sicherheitspolizei und des SD (BdS) in Paris zu arbeiten. Dort war er in der Abteilung II pol unter anderem mit der Organisation von Razzien gegen Juden beschäftigt. In dieser Zeit veranlaßte er unter anderem, daß 590 Juden, die in Marseille Ende Januar 1943 festgenommen worden waren, über das Sammellager Drancy nach Sobibor deportiert wurden, wo man sie vergaste.[5] Nach Kriegsende geriet Freise in amerikanische Kriegsgefangenschaft, wurde dort als ehemaliger KdS identifiziert und an Frankreich ausgeliefert. In Bordeaux mußte er sich vor einem Militärgericht verantworten, das ihn jedoch freisprach. Gegenstand dieses Verfahrens waren allerdings nicht die Judendeportationen, sondern einige Vorfälle bei der Bekämpfung des französischen Widerstands.[6]

Nach seiner Entlassung kehrte Freise nach Deutschland zurück und bemühte sich dort um eine Wiedereinstellung als Beamter – einen Status, den er auch im Dritten Reich innegehabt hatte. Obwohl ihm ein Entnazifizierungsausschuß in Braunschweig attestierte, er habe „den Nationalsozialismus unterstützt, ohne daß ihm eine wesentliche Förderung nachgewiesen werden“ könne,[7] bekam er 1950 nur eine Angestelltenstelle im Landesfürsorgeamt Braunschweig. Neun Jahre später wechselte er auf eine Beamtenstelle im Landschaftsverband Rheinland, wo er bis zu seiner Pensionierung zum Leitenden Landesverwaltungsdirektor aufstieg. Erst 1973 wurde er von der bundesdeutschen Justiz aufgrund seiner Betätigung im Dritten Reich zeugenschaftlich vernommen, wobei er jede Beteiligung an Verbrechen weit von sich wies. Als die Ermittlungen acht Jahre später seine Belastung an den Tag brachten, wurde auch gegen ihn selbst ermittelt. Freise verwickelte sich zunehmend in Widersprüche. Mehrfach gelang es ihm, Vernehmungen mit ärztlichen Attesten hinauszuzögern. Dennoch klagte die Staatsanwaltschaft Köln ihn gemeinsam mit drei weiteren ehemaligen Angehörigen der Sicherheitspolizei 1983 wegen Beihilfe zum Mord an. Als schließlich die Presse von der bevorstehenden Verhandlung berichtete, kam es zum Selbstmord.

Insgesamt lassen sich die Spuren von 55 einstigen KdS und ihren Stellvertretern nachverfolgen. Drei von ihnen nahmen sich das Leben, als sie unmittelbar nach Kriegsende von den Alliierten gefaßt wurden. Zwei setzen sich ins Ausland ab. Weitere zwei Männer starben relativ bald nach 1945, ohne noch einmal berufstätig geworden zu sein. Den übrigen gelang der soziale und berufliche

Wiedereinstieg mit unterschiedlichem Erfolg. Nur eine Minderheit suchte dabei sein Auskommen in der Privatwirtschaft. So war der ehemalige KdS von Angers, Hans-Dietrich Ernst, in Aurich als niedergelassener Rechtsanwalt und Notar tätig. Kurt Lischka, einstiger Gestapo-Chef von Köln, später stellvertretender BdS und KdS von Paris, arbeitete als Prokurist in Köln, und Herbert Hagen – KdS Bordeaux, dann Abteilungsleiter beim BdS und persönlicher Referent des Höheren SS- und Polizeiführers (HSSPF) in Frankreich – wurde Geschäftsführer einer Firma in Warstein. Da der Gesetzgeber den „verdrängten Beamten" den beruflichen Wiedereinstieg erheblich erleichterte[8] und alle ehemaligen Kommandeure während des Dritten Reiches den Beamtenstatus innegehabt hatten, ist es wenig überraschend, daß die Mehrzahl von ihnen in den öffentlichen Dienst drängte, genauer in die Polizei, die öffentliche Verwaltung und vor allem in das Justizwesen.

Um nur die auffälligsten Karrieren aufzuzählen: Der ehemalige KdS von Toulouse und Bordeaux, Hellmuth Retzek, wurde Leiter der Wasserschutzpolizei in Duisburg. Friedrich Busch, stellvertretender KdS Angers, ging zum Bundesnachrichtendienst. Der ehemalige KdS von Toulouse, Rudolf Bilfinger, Teilnehmer der berüchtigten Wannseekonferenz, brachte es zum Oberverwaltungsgerichtsrat am Landesverwaltungsgerichtshof Baden-Württemberg. Kurt Illers, stellvertretender KdS Paris, wurde Senatspräsident am Landessozialgericht Niedersachsen. Kurt Laube, Abteilungsleiter beim BdS, stieg zum Senatspräsidenten am Landessozialgericht Baden-Württemberg auf. Friedrich Merdsche, KdS Dijon, stellvertretender KdS Châlons-sur-Marne und KdS Orléans, wurde zunächst Richter, dann Chefredakteur der einflußreichen „Neuen Juristischen Wochenschrift". Josef Gallinger, stellvertretender KdS Nancy, Referatsleiter beim BdS und KdS Vichy, wurde als Regierungsdirektor bei der Regierung von Oberbayern pensioniert. Dietmar Westphal, KdS Orléans, wurde Chef einer Steuerfahndungsstelle. Modest Graf Korff, KdS Châlons-sur-Marne, wurde Ministerialrat im Bundeswirtschaftsministerium. Und Karl Kübler, ehemaliger Abteilungsleiter beim BdS, ging als Ministerialdirigent im baden-württembergischen Verkehrsministerium in den Ruhestand. Auch wenn es sich bei diesen Biographien um eine Auswahl handelt, so wird doch eines klar: Die NS-Vergangenheit der ehemaligen Kommandeure behinderte ihre bundesrepublikanischen Karrieren offenbar kaum. Der neue Staat, gegründet als dezidiert rechtsstaatliche, demokratische und die Menschenrechte bejahende Antwort auf das NS-Regime, ließ diese Lebensläufe nicht nur zu. Er ging vielmehr darüber hinaus und bediente sich der Fähigkeiten von Männern, deren Taten er offiziell auf das schärfste verurteilte.

Voraussetzung für die überwiegend gelungene Integration der ehemaligen NS-Elite war das mangelnde Wissen über die in Frankreich begangenen Verbrechen und die diesbezüglichen Verantwortlichkeiten. Bis in die 1960er Jahre hatten weder die deutsche Bevölkerung noch die staatlichen Instanzen der

Bundesrepublik – auch nicht die Strafverfolgungsbehörden – eine Ahnung von den Eigenheiten der Okkupation in Frankreich. Schon während des Zweiten Weltkriegs hatte das Land als vergleichsweise harmloser Kriegsschauplatz gegolten, und auch die deutsche Besatzungsherrschaft stand im Ruf, eher milde zu sein. Vor allem während der Phase der weitgehenden Nichtwahrnehmung der nationalsozialistischen Massenverbrechen in den 1950er Jahren verband sich der traditionelle deutsche Respekt für die benachbarte Kulturnation mit der Erinnerung vieler Soldaten an Frankreich als einen im Vergleich mit der Ostfront relativ ruhigen, sicheren und auch angenehmen Einsatzort, an dem noch eine gewisse ‚Ritterlichkeit', vor allem aber ‚Anständigkeit' geherrscht habe. Das änderte sich freilich mit der alliierten Invasion in der Normandie drastisch. Aber bis dahin konnte man sich, das wird in den veröffentlichten Erinnerungen von Ernst Jünger, Walter Bargatzky und anderen deutlich, über diesen Einsatzort glücklich schätzen.[9] Hinzu kam ein gewisser Relativismus, der auch dann noch funktionierte, als die NS-Verbrechen in den 1960er Jahren langsam ins Bewußtsein rückten: Die Untaten, welche die Nationalsozialisten in den osteuropäischen Ländern verübt hatten, erwiesen sich als so ungeheuerlich, daß sie den Blick von den im Westen verübten Verbrechen ablenkten und diese als Taten zweiter Ordnung erscheinen ließen.

Dazu kam, daß es auch auf der französischen Seite kein ausgeprägtes Interesse an ihrer Aufarbeitung gab. Die nationale Erinnerungspolitik konzentrierte sich ganz auf die Rolle der Résistance und die an französischen Staatsbürgern verübten Verbrechen. Namen wie Oradour und Tulle waren Symbole dieses vergangenheitspolitischen Fokus. Wie das erwähnte Verfahren gegen Freise illustriert, in dem ja die Judendeportationen keine Rolle spielten, traten die zumindest quantitativ größeren Shoah-Verbrechen in den Hintergrund. Dies war zum einen in dem Umstand begründet, daß der Großteil der Opfer keine französische Staatsbürgerschaft besaß. Zum anderen aber basierte es darauf, daß die Deportationsverbrechen notwendigerweise auch das überaus sensible Thema der Kollaboration berührten, das die offizielle Politik um fast jeden Preis zu vermeiden suchte. Dieser verengte Blick der französischen Gesellschaft weitete sich erst in den 1970er Jahren. Dazu kam der Umstand, daß der deutsch-französischen Annäherung in der Frühphase der europäischen Integration überragende Bedeutung zugemessen wurde. Öffentlichkeitswirksame Prozesse vor französischen Gerichten gegen Deutsche wären hier wenig förderlich gewesen. Angesicht dieser Situation fiel es den ehemaligen Kommandeuren und ihren Stellvertretern relativ leicht, die kollektive Vorstellung von einer verhältnismäßig humanen deutschen Besatzungsherrschaft aktiv zu verbreiten und eine Verteidigungsposition einzurichten, die sich später auch als juristisch haltbar erweisen sollte.

Netzwerke

Fast alle einstigen KdS verfügten über ähnliche Biographien. Wie Freise waren sie um 1908 geboren und gehörten damit der „Generation der Sachlichkeit" an.[10] Bis auf wenige Ausnahmen besaßen sie einen akademischen Abschluß. Ganz überwiegend handelte es sich um Volljuristen, die in den Dienst des NS-Staates getreten waren. Wenig überraschend ist daher, daß diese Gruppe auch nach Ende des Dritten Reiches den Kontakt untereinander beibehielt. Dies galt um so mehr, als man sich der gemeinsamen Gefahr ausgesetzt sah, doch einmal zur Verantwortung gezogen zu werden. Freilich gab es keinen formalen Zusammenhalt. Auch waren die Kontakte zwischen den einzelnen Männern unterschiedlich ausgeprägt. Denn es gab einige, die ausgeschlossen wurden. Dies galt beispielsweise für Heinz Röthke, der als Nachfolger des berüchtigten Theodor Dannecker Judenreferent des BdS Frankreich gewesen war und diesem an Grausamkeit in nichts nachgestanden hatte.[11] Röthke, der bis zu seinem Tod 1966 unbehelligt als Rechtsberater in Wolfsburg lebte, hatte bei der Judenverfolgung einen so offenkundig ‚unanständigen' Eifer an den Tag gelegt, daß seine ehemaligen Kollegen ihn als ‚echten Verbrecher' verachteten und den Kontakt mieden.[12] Die entscheidenden Kriterien für die Zugehörigkeit waren ganz offensichtlich nicht die Taten der Männer an sich, der Rang, den sie in der Hierarchie von Sicherheitspolizei und SD eingenommen hatten oder aber die Verantwortung, die sie für die Ermordung so vieler Menschen gehabt hatten. Entscheidend war vielmehr der Habitus, mit dem sie gehandelt hatten.

Als wichtigste Kontakt- und Verbindungsstelle fungierte seit 1950 die Zentrale Rechtsschutzstelle, die zunächst beim Bundesjustizministerium, seit 1953 im Auswärtigen Amt angesiedelt war.[13] Unter ihrem Leiter Hans Gawlik mißbrauchte diese staatliche Institution den an sich im Rechtsstaat selbstverständlichen Anspruch von im Ausland strafverfolgten Staatsbürgern auf rechtliche Unterstützung dazu, möglichst viele NS-Täter ungeachtet ihrer Verbrechen vor alliierter Strafverfolgung zu schützen. Da einerseits die Zahl der in Frankreich geführten Verfahren ganz erheblich war – zwischen 1944 und 1955 standen mindestens 2107 Deutsche wegen Besatzungsverbrechen vor Gericht[14] –, andererseits Interventionen in Ländern des Ostblocks unmöglich waren, konzentrierten sich Gawlik und seine Mitarbeiter auf Frankreich. Sie beschafften Entlastungsmaterial, lieferten juristische Argumentationshilfen, stellten und bezahlten Verteidiger, organisierten die Absprache und Manipulation von Aussagen, vermittelten Kontakte und warnten im großen Stil gesuchte NS-Täter vor eventuellen Reisen nach Frankreich.[15] Es läßt sich nachweisen, daß mindestens 14 der ehemaligen Kommandeure in mehr oder weniger enger Verbindung mit der Zentralen Rechtsschutzstelle standen.

Am weitesten ging diese Zusammenarbeit im Fall des ehemaligen KdS Bordeaux, Hans Luther. Dieser befand sich seit 1945 in französischer Gefangenschaft. Ein Militärgericht in Bordeaux bereitete einen Prozeß wegen der Erschießung von 40 französischen Staatsbürgern als „Sühnepersonen", also als Geiseln, vor; die Judendeportationen standen also auch hier nicht zur Debatte. Wie Gawlik richtig erkannte, bestand die Chance, das Strafverfahren gegen Luther als Präzedenzfall zu nutzen und die Praxis der Geiselerschießungen als vom Völkerrecht gedeckt hinzustellen. Dies gelang mit erheblichem Aufwand. Luther wurde nur zu fünf Jahren Haft verurteilt, die mit der Untersuchungshaft abgegolten waren. Bevor er als Richter am Landgericht Limburg sein Nachkriegsleben in der Bundesrepublik gestaltete, verfaßte er im bezahlten Auftrag der Zentralen Rechtsschutzstelle eine als historische Studie getarnte Rechtfertigungsschrift, die von der Universität Tübingen als Dissertation anerkannt und in Buchform publiziert wurde.[16] Diese Arbeit des Volljuristen Luther diente seinen ehemaligen Kollegen von Sicherheitspolizei und SD als Leitfaden der geformten Erinnerung und als wirksame rechtliche Argumentationsstütze. Zudem fand Luthers Darstellung Eingang in die frühe zeithistorische Forschung.[17]

Auch nach dem Abflauen der französischen Prozesse standen viele der Ehemaligen noch miteinander in Kontakt. So läßt sich eine ganze Reihe von Ex-Kommandeuren finden, die ihre Karrieren ausgerechnet in Bonner Ministerien fortsetzten und sich selbstverständlich austauschten.[18] Als der ehemalige Leiter der Abteilung Wirtschaft, seit 1942 auch Leiter der Abteilung Verwaltung des Militärbefehlshabers Frankreich, Elmar Michel, also der zweite Mann in der Besatzungshierarchie, 1950 nach massiven politischen Interventionen von deutscher Seite aus französischer Haft freikam und von Adenauer umgehend als Ministerialdirektor im Bundeswirtschaftsministerium angestellt wurde,[19] fand in Bonn eine Feier seiner ehemaligen Untergebenen statt. Die überlieferte Gästeliste umfaßt immerhin acht Seiten, darunter nicht wenige Ministerialbeamte. Diese Kontakte funktionieren auch noch in den 1970er Jahren, als die bundesdeutsche Justiz die Strafverfolgung endlich aufgenommen hatte. Neben der von Luther vorgelegten und bis heute nicht eindeutig widerlegten juristischen Argumentation zu den Geiselmorden hatten sich die Ehemaligen längst auch eine Verteidigungslinie zu den Deportationen zurechtgelegt, sie abgesprochen und in Hunderten von Vernehmungen vertreten. Sie lautete exakt wie die Abschiedsworte Richard Freises: Man habe zwar an der Festnahme von Juden und ihrer „Verbringung in den Osten" mitgewirkt – eine Tatsache, die sich aufgrund der inzwischen aufgetauchten und ausgewerteten Belastungsdokumente nicht leugnen ließ –, man habe aber keine Ahnung von deren bevorstehenden Ermordung gehabt. Nach dem Stand des bundesdeutschen Strafrechts bedeutete dies nichts anderes, als daß die Taten damit nicht mehr verfolgt werden konnten, da sie als Beihilfe verjährt waren. Angesichts des durchaus einflußreichen Aussagekartells stellte der ermittelnde Staatsanwalt entnervt fest: Es „hat sich wiederholt herausgestellt, daß viele der Zeugen noch miteinander Kontakte haben und sich vor und nach den Vernehmungen gegenseitig unterrichten".[20]

Zentrale Figur in diesem Netzwerk war der einflußreiche FDP-Bundestagsabgeordnete Dr. Ernst Achenbach.[21] Der Volljurist, der als ehemaliger Leiter der politischen Abteilung der Deutschen Botschaft im besetzen Frankreich selbst mit den Judendeportationen befaßt gewesen war und sehr viele der Ex-Kommandeure persönlich gut kannte, hatte in der Nachkriegszeit eine beeindruckende Karriere gemacht. In den Nürnberger Prozessen trat er zunächst als Verteidiger eines IG-Farben-Managers und von ehemaligen Kollegen aus dem Auswärtigen Amt in Erscheinung. Beruflich betrieb Achenbach anschließend eine erfolgreiche Anwaltskanzlei in Essen. Parallel machte er in der nordrhein-westfälischen FDP Karriere, die ihn zwischen 1953 und 1976 in den Bundestag führte. Dort hatte er eine Reihe wichtiger Positionen inne. Achenbach setzte sein politisches Gewicht und seine guten juristischen Fähigkeiten gegen jedwede Strafverfolgung von NS-Verbrechern ein. So beteiligte er sich maßgeblich an verschiedenen politischen Initiativen wie dem „Vorbereitenden Ausschuß zur Herbeiführung einer Generalamnestie". Vor allem aber zog er Fäden hinter den Kulissen.[22] Achenbach verteidigte auch eine ganze Reihe prominenter ehemaliger NS-Größen. Unter ihnen waren der ehemalige HSSPF von Frankreich, Carl Oberg, der SS-Standartenführer Dr. Franz Alfred Six, der einstige Stellvertreter Heydrichs und Chef der Innenverwaltung Frankreichs, Dr. Werner Best, der SS-Oberstgruppenführer Sepp Dietrich, der ehemalige Leiter der Gruppe Inland II des Auswärtigen Amtes und Verbindungsführer zum Reichsführer-SS, Horst Wagner, Goebbels' Staatssekretär Dr. Werner Naumann sowie eine Reihe ehemaliger Kommandeure, etwa Herbert Hagen. Achenbach beherbergte Best, Wagner und Six zeitweilig privat und verhalf ihnen mit Hilfe seiner exzellenten Kontakte zur nordrhein-westfälischen Industrie zu neuen Anstellungen. Es ist davon auszugehen, daß seine Rolle im Zentrum des Netzes von Ehemaligen bis heute nur in Ansätzen aufgedeckt ist. Besonders wirkungsvoll waren jedoch seine Einwirkungen auf die bundesdeutschen Ermittlungen wegen der NS-Verbrechen in Frankreich.

Der Frankreich-Komplex

1960 leitete die kurz zuvor gegründete Zentrale Stelle der Landesjustizverwaltungen zur Aufklärung nationalsozialistischer Verbrechen in Ludwigsburg (ZSL) ein Vorermittlungsverfahren wegen der in Frankreich verübten Untaten ein. Anlaß waren mehrere Anzeigen von Thomas Harlan, Sohn des „Jud Süß"-Regisseurs Veit Harlan, die sich vor allem auf die Praxis der „Sühnemaßnahmen", also der Geiselerschießungen, bezogen.[23] Die Ermittlungen erwiesen sich angesichts der vorherrschenden Unkenntnis über die deutsche Besatzung zunächst als schwierig. Weder die historische noch die juristische Fachliteratur lieferte damals Orientierungshilfen. Von den Beteiligten waren, wie geschildert, eher Vernebelungsaktionen denn Aufklärung zu erwarten. Dennoch kamen die Ermittlungen relativ schnell voran, da sich zahlreiche deutsche Akten in Frankreich fanden, die die Besatzer 1944 bei der überstürzten Räumung des Landes zurückgelassen hatten.[24] Zudem hatten die französischen Militärgerichte eine erhebliche Menge von offiziellen Unterlagen angesammelt, die sich zur Recherche anboten. Wie eingangs geschildert, war das politische Klima dieser Jahre jedoch strikt gegen die Aufarbeitung dieser Taten. Überdies waren zu Anfang der 1960er Jahre noch die letzten französischen Verfahren gegen deutsche NS-Verbrecher anhängig. Die Zentrale Rechtsschutzstelle des Auswärtigen Amtes unternahm alles in ihrer Macht Stehende, um diese ‚geräuschlos' zu beenden, also die Einstellung der Verfahren sowie die Begnadigung der noch Inhaftierten zu erwirken. Es ist daher wenig erstaunlich, daß das Auswärtige Amt die Auswertung der französischen Aktenbestände zu verhindern suchte – allerdings ohne Erfolg.[25]

Im Ergebnis dieser und anderer Recherchen entschieden sich die Ermittler, das Verfahren zunächst auf die an Juden verübten Verbrechen zu fokussieren und die „Sühneverbrechen" als zweiten Verfahrensteil zurückzustellen. Dies war angesichts der politisch wie auch juristisch überaus heiklen Thematik der Geiselmorde, in die ja auch viele Wehrmachtsangehörige verwickelt waren, eine pragmatische und auch sinnvolle Entscheidung, die allerdings einen erheblichen Nachteil hatte: der historische Zusammenhang zwischen „Sühnemaßnahmen" und Deportationen wurde zerstört. Die künstliche Trennung beider Tatgruppen öffnete der von Luther und anderen entwickelten und mit Aplomb vertretenen Verteidigungsstrategie Tür und Tor und trägt mit Schuld daran, daß bis heute zu ersteren nicht ein Hauptverfahren eröffnet wurde und natürlich auch kein Schuldspruch in dieser Sache von einem deutschen Gericht erging. Dieses Verfahren, das seit 1965 weiterbetrieben und von der ZSL im gleichen Jahr abgegeben wurde, wurde zwischen verschiedenen Staatsanwaltschaften hin- und hergereicht und dabei in immer weitere Einzelverfahren aufgesplittet – so lange, bis der Tatzusammenhang von den jeweils damit betrauten Staatsanwälten kaum mehr zu ermitteln war. Der größte Verfahrensteil, darunter der zu den Verbrechen in Tulle und Oradour, wurde 1981 von der Staatsanwaltschaft Düsseldorf eingestellt.[26]

Das Deportationsverfahren jedoch entwickelte sich zunächst gut. Angesichts der Komplexität der Tatvorwürfe und der schlechten Ausgangsbedingungen gelang es der ZSL relativ schnell, nämlich bis 1966, einen vorläufigen Abschlußbericht zu erstellen, in dem 20 Hauptverdächtige und mehr als 200 Zeugen benannt wurden, von denen die meisten auch als Tatverdächtige in Frage kamen. Gemeinsam mit zahlreichen Belastungsdokumenten wurde das Verfahren an die Staatsanwaltschaft Köln übergeben. Diese Abgabeentscheidung war in der Personalie des Hauptbeschuldigten Werner Best begründet, der seinen Wohnort in Nordrhein-Westfalen hatte. Innerhalb dieses Bundeslandes war Köln als Schwerpunktstaatsanwaltschaft zuständig. Damit gelangte das Verfahren jedoch noch stärker in den Einflußbereich Ernst Achenbachs, der von Essen aus seine Fäden zog. Er war bereits darauf aufmerksam geworden, als es noch in Ludwigsburg lag. Denn auch sein Name tauchte in den Ermittlungen auf. Nach einem entsprechenden Artikel in der Presse hatte er eine Verleumdungsklage gegen die verantwortlichen Journalisten geführt und gewonnen. Dazu hatte er zunächst selbst die bundesdeutschen Akten überprüft, die kein juristisch eindeutiges Material enthielten.

Auch der damalige Leiter der ZSL, Erwin Schüle, sah sich deshalb gezwungen, Achenbach ein, wenn auch zwiespältig formuliertes Entlastungsschreiben auszustellen. Er schrieb: „Zweifellos hat Dr. Achenbach an der ‚Endlösung der Judenfrage' in Frankreich mitgewirkt. Es besteht auch der Verdacht, daß er genau gewußt hat, was mit den aus Frankreich deportierten Juden geschieht. Dies ist insbesondere daraus zu schließen, daß er zweimal an einer Besprechung teilgenommen hat, bei der der Judenberater SS-Obersturmführer Dannecker das Wort führte. Dannecker ist tot, weshalb es bis jetzt nicht möglich war, das Vorbringen von Achenbach zu widerlegen, daß er geglaubt habe, die Juden würden im Osten angesiedelt."[27] In Zukunft bedrohte der Anwalt jeden Journalisten, der über diese Zusammenhänge berichten wollte, mit dem Hinweis auf die gewonnene Verleumdungsklage – eine Einschüchterungsmethode, die bis in die 1970er Jahre erfolgreich war. Zudem hatte Achenbach zusammen mit seinen Mandanten Six und Best das Verfahren kritisch beobachtet und mehrfach Kontakt zur ZSL aufgenommen. Im Jahr vor der Abgabe hatte er zudem erreicht, daß die Staatsanwaltschaft Köln ein Verfahren gegen Best aus vermeintlichem Mangel an Beweisen eingestellt hatte.[28]

Neue juristische Hürden

In Köln gerieten die Ermittlungen prompt ins Stocken. Grund dafür waren aber nicht die dortigen Staatsanwälte, sondern ein Beschluß des Bundesgerichtshofs (BGH) vom 14. Februar 1966. Dieser hatte im Fall des grausamen, jedoch relativ rangniederen SS-Angehörigen Georg Hempen entschieden, daß dieser von deutschen Gerichten nicht mehr verfolgt werden dürfe, da er bereits in Frankreich verurteilt worden sei. Grundlage dieses Präzedenzurteils war eine Bestimmung des sogenannten Überleitungsvertrages, der 1955 zwischen den drei Westalliierten und der Bundesrepublik als Anhang des Deutschland-Vertrages abgeschlossen worden war.[29] Dort hatten die Alliierten ausdrücklich bestimmt, daß bundesdeutsche Gerichte „abgeschlossene Strafverfahren", die französische, britische oder amerikanische Gerichte gegen Deutsche geführt hatten, nicht erneut verhandeln duften. Dieser Passus sollte die alliierten Urteile gegen NS-Verbrecher vor einer bundesdeutschen Revision schützen. Angesichts der ablehnenden, ja gar feindlichen Haltung, die in den 1950er und 1960er Jahren in großen Teilen der deutschen Justiz, aber auch der Öffentlichkeit gegenüber den alliierten NS-Prozessen herrschte, war das ein verständlicher Wunsch.

Hinsichtlich der vor französischen Gerichten geführten Prozesse gab es allerdings eine Besonderheit. Gemäß dem dortigen Strafrecht war eine große Zahl Beschuldigter, nämlich insgesamt mindestens 914 Deutsche, in Abwesenheit verurteilt worden. Nach französischem Recht handelte es sich dabei um keine vollstreckbaren Urteile, sondern um Rechtshandlungen, die in ihrer Wirkung eher nicht verjährenden Haftbefehlen gleichkamen.[30] Obwohl die französischen Behörden sich scharf dagegen aussprachen, kam der BGH zu der Auffassung, daß auch diese in Abwesenheit verurteilten Männer vor der deutschen Justiz geschützt seien. Für die Staatsanwälte in Köln bedeutete dies, daß sie von den rund 200 Personen, die als Tatverdächtige in Frage kamen, gegen mindestens 61 nicht mehr ermitteln durften. Auf der Ebene der ehemaligen Kommandeure waren es sogar 41 von 55 Männern, gegen die ein französisches Abwesenheitsurteil vorlag. Gegen sie durfte künftig nur noch dann ermittelt werden, wenn die Staatsanwälte nachweisen konnten, daß derselbe Tatbestand nicht Gegenstand eines französischen Verfahrens gewesen war. Doch dies war überaus schwierig, da die dortigen Behörden über den BGH-Spruch aufs höchste verärgert waren und ihre Archive fortan für bundesdeutsche Juristen und Historiker sperrten.[31] Der Frankreich-Komplex schien am Ende.

Die Genese des BGH-Beschlusses zu Hempen ist juristisch überaus kompliziert und verwickelt. An dieser Stelle sei nur festgestellt, daß Achenbach dabei eine große Rolle spielte. Tatsächlich läßt sich nachweisen, daß er es war, der die fragliche Interpretation des Überleitungsvertrages als einer der ersten vertrat und auch im Justizministerium und an anderen Stellen verbreitete. Es war keine Selbstverständlichkeit, daß ein eher nachgeordneter Fall wie der des Georg Hempen den Instanzenweg bis zum BGH hinaufstieg und schließlich höchstrichterlich verhandelt wurde. Hilfreich ist es zu wissen, daß Achenbach zu dieser Zeit an der Verteidigung eines wichtigen Mandanten arbeitete, nämlich des bereits erwähnten ehemaligen Vortragenden Legationsrates im Auswärtigem Amt, Horst Wagner. Gegen diesen lag ebenfalls ein Abwesenheitsurteil vor. Doch als Fall für den BGH eignete sich dieses Verfahren ob seiner politischen Brisanz kaum. Ein entsprechender BGH-Beschluß in Sachen Wagner hätte mit Sicherheit einen politischen Skandal verursacht. Hempen war hier die bessere Wahl, und mit dem Beschluß in seiner Sache waren Wagner, Hagen und viele andere, etwa auch der Verantwortliche für das Massaker in Oradour, Heinz Lammerding, ebenfalls aus dem Schneider. Allerdings würde die Rolle Achenbachs überbetont, wollte man eine solch gravierende Entscheidung alleine auf ihn zurückführen. Vielmehr traf hier das persönliche und auch berufliche Anliegen des Anwalts und FDP-Politikers auf die eingangs beschriebene und auch unter Juristen stark verbreitete Abneigung, die in Frankreich verübten NS-Verbrechen ans Licht zu bringen. Lieber wollte man die Chance nutzen, die ungelittene Angelegenheit elegant zu beerdigen.

Allerdings gab es Juristen, die diese künstlich gesetzte Grenze der Rechtsstaatlichkeit nicht akzeptieren wollten. Dazu gehörten neben den Referenten der ZSL auch die Mitarbeiter der Staatsanwaltschaft Köln. Sie regten mit Unterstützung des zuständigen Dezernenten im Bundesjustizministerium, Hans-Georg Schätzler, den Abschluß eines zwischenstaatlichen Vertrags mit Frankreich an, der die Strafverfolgung wenigstens der Abwesenheitsverurteilten wieder ermöglichen sollte. Ein solcher Vertrag stellte nach dem Dafürhalten der Regierungsjuristen den einzigen gangbaren Weg dar, nach dem BGH-Beschluß mit dem Frankreich-Komplex fortzufahren. Dieses Vorhaben der französischen Seite, die ja die gesamte juristische Situation ganz anders wahrnahm, näher zu bringen, war ein schwieriges Unterfangen. Dennoch konnte nach langen Verhandlungen im Februar 1971 ein entsprechendes Zusatzabkommen zum Überleitungsvertrag unterzeichnet werden.[32] Um in Kraft treten zu können, mußte der Vertrag jedoch noch vom Bundestag ratifiziert werden. Erneut war es Achenbach, der die Strafverfolgung blockierte. Nach einer ersten Anhörung beschloß das Parlament, das Abkommen zunächst in den Rechtsauschuß sowie in den Auswärtigen Ausschuß zu überweisen, wobei letzterer federführend sein sollte. Kurz darauf wurde Achenbach zum Berichterstatter des Auswärtigen Ausschusses berufen. Als solcher weigerte er sich schlicht, das Abkommen auf die Tagesordnung zu setzten. Der Vertrag kam damit nicht vor den Bundestag und konnte dort nicht ratifiziert werden. Die Ermittlungen zum Frankreich-Komplex steckten erneut fest.

Ein Ende fand die Blockade erst, als die Deutsch-Französin Beate Klarsfeld und ihr französischer Ehemann Serge Klarsfeld 1971 eine großangelegte Kampagne gegen die andauernde Straffreiheit der ehemaligen Kommandeure begannen, die ihren Höhepunkt in der versuchten Entführung des ehemaligen KdS von Paris, Lischka, fand. Erst der daraus resultierende Strafprozeß gegen Beate Klarsfeld, bei dem sie wegen versuchter Freiheitsberaubung zu einer zweimonatigen Haftstrafe verurteilt wurde, brachte die Wende. Weltweit, vor allem in Frankreich, Israel und den USA, berichteten die Medien über die deutschen Vorgänge. Achenbach mußte daraufhin den Berichterstatterposten im Auswärtigen Ausschuß niederlegen und auch auf eine geplante Kandidatur als EU-Kommissar verzichten. Das Zusatzabkommen konnte dem Bundestag vorgelegt werden, der es nach einer äußerst kontroversen Debatte 1975 auch ratifizierte. Der Weg war für die Staatsanwaltschaft Köln wieder frei.

Drei Urteile und ein Selbstmord

Bei den Ermittlungen zeigten sich nun jedoch noch ganz andere Schwierigkeiten. Sie hingen mit dem deutschen Strafrecht zusammen und galten für alle NS-Prozesse: Der einzige Tatbestand, der Mitte der 1970er Jahre noch nicht verjährt war, war Mord. Wie oben schon erwähnt, waren die Taten der KdS, in erster Linie die Festsetzung und Deportation von Menschen, in der Regel als Beihilfe zum Mord qualifizierbar. Als solche fielen sie unter die Verjährung, es sei denn, den Staatsanwälten gelang der Nachweis, daß die Transporte im Wissen um die bevorstehende Liquidierung der Deportierten erfolgt waren. Wie der eingangs zitierte Richard Freise gaben alle ehemaligen KdS in ihren Vernehmungen an, von dem planmäßigen Judenmord erst nach dem Krieg erfahren und bis dahin an die Sprachregelungen „Arbeitseinsatz im Osten" oder „Familienzusammenführung" geglaubt zu haben. Nach all den Jahren des Vorlaufs aufs Beste juristisch präpariert, meisterte die ehemalige NS-Elite die nun häufigen Vernehmungen in der Regel souverän.[33]

Erst als der junge Jurist Rolf Holtfort zur Kölner Staatsanwaltschaft stieß, änderte sich dies. Holtfort, der sich gründlichst in die Materie eingearbeitet hatte, gelang es mehrfach, die Vernommenen in die Enge zu treiben. Allerdings bekam auch er kein Geständnis zu hören. Inzwischen verfügte die Staatsanwaltschaft allerdings über eine riesige Zahl von belastenden Dokumenten. Denn Frankreich hatte seine Archive nach Abschluß des Zusatzvertrages wieder geöffnet, und eine Sonderkommission des Landeskriminalamtes Nordrhein-Westfalen hatte alle verfügbaren Quellen akribisch ausgewertet. Zudem legte der Berliner Historiker Wolfgang Scheffler ein umfangreiches Gutachten vor. Vor diesem Hintergrund beschlossen Holtfort und seine Kollegen, die drei am schwersten Belasteten separat anzuklagen. Es handelte sich dabei um Lischka, Hagen sowie einen ehemaligen SS-Unterscharführer namens Ernst Heinrichsohn, der sich im Judenreferat des BdS besonders hervorgetan hatte. Letzterer war als Rechtsanwalt in der kleinen fränkischen Gemeinde Bürgstadt tätig, deren Bürgermeister er auch war. Nach einem relativ kurzen Prozeß wurden alle drei Männer Anfang 1980 vom Kölner Landgericht der Beihilfe zum Mord für schuldig befunden und zu langjährigen Haftstrafen verurteilt.[34] Zwar hatte das Gericht die Schutzbehauptung der ehemaligen Kommandeure, nicht über den Judenmord Bescheid gewußt zu haben, widerlegt. Dennoch blieb der erwartete Durchbruch in der Strafverfolgung aus. Diese drei Verurteilungen blieben die einzigen, die deutsche Gerichte jemals in der Sache aussprachen.

Einer der Gründe dafür war, daß der Generalstaatsanwalt von Köln, Werner Pfromm, noch während des laufenden Prozesses den Entschluß faßte, den Frankreich-Komplex in Einzelverfahren aufzuteilen und diese den nach dem Wohnort der Beschuldigten zuständigen Staatsanwaltschaften zuzuweisen. Tatsächlich wurden insgesamt 24 Einzelverfahren abgegeben. Einige Staatsanwaltschaften bemühten sich zwar, sie noch zur Anklage zu bringen. Ohne entsprechende Fachkenntnisse und spezialisierte Ermittler, vor allem aber herausgerissen aus dem Tatganzen, war dies jedoch kaum möglich. Es kam zwar noch zu einer Anklageerhebung. Das zuständige Gericht lehnte die Eröffnung der Hauptverhandlung jedoch ab.[35] Alle anderen Verfahren wurden eingestellt. Über die Motive Pfromms wurde viel gemutmaßt; sicher ist jedoch, daß er als ehemaliger NS-Führungsoffizier eine braune Vergangenheit aufwies. Auch galt Pfromm bei seiner Ernennung zum Generalstaatsanwalt als Kandidat der nordrhein-westfälischen FDP, also jenes Landesverbandes, in dem Achenbach so großen Einfluß besaß. Indes ist eine direkte Verbindung beider Männer nie nachgewiesen worden.[36]

Übrig blieb nur ein Verfahren, das die Staatsanwaltschaft Köln gegen vier Beschuldigte führte: gegen Graf Korff, Walter Nährich, einen ehemaligen Angehörigen des Sonderkommandos Brunner namens Rolf Bilharz und eben Richard Freise. Alle vier wurden 1983 vor dem Landgericht Bonn angeklagt. Nach dem Freitod Freises – er fürchtete wohl, wie Lischka und Hagen doch noch ins Gefängnis zu müssen – erwies sich Nährich als nicht verhandlungsfähig. Um diesen Zustand nicht zu gefährden, verweigerte er als Herzkranker eine nötige Operation. Auch Bilharz fiel aus medizinischen Gründen aus, so daß sich allein Graf Korff vor Gericht verantworten mußte. Nach einem turbulenten Verfahren wurde er 1988 freigesprochen. Das Gericht sah es nicht als glaubhaft bewiesen an, daß er von der Ermordung der von ihm deportierten Juden gewußt habe. Damit widersprach es dem Kölner Urteil und einem zweiten, sehr eindeutigen Gutachten von Wolfgang Scheffler. Zuletzt – es war schon aus Altergründen der letzte Prozeß in dieser Sache – hatte sich damit doch wieder die Verteidigungslinie der ehemaligen Kommandeure durchgesetzt.

Anmerkungen

1 Der Aufsatz beruht auf meiner Monographie: Der Frankreich-Komplex. Die nationalsozialistischen Verbrechen in Frankreich und die Justiz der Bundesrepublik Deutschland, Göttingen 2004, die seit 2007 auch als Taschenbuch vorliegt.

2 Vgl. HStAD, AK, Rep. 158/1511, Bl. 305 ff.

3 Ebd., Bl. 355.

4 Grundlegend: Serge Klarsfeld: Vichy-Auschwitz. Die „Endlösung der Judenfrage" in Frankreich, Darmstadt 2007.

5 HStAD, AK, Rep.158/1504, Bl. 34 ff.

6 Anklage Staw Köln v. 4.2.1983, ebd., Rep. 158/1510, Bl. 113 ff.

7 Entscheid Entnazifizierungsausschuß Braunschweig v. 15.11.1950, ebd., Bl. 86.

8 Zur sog. 131er-Gesetzgebung: Norbert Frei: Vergangenheitspolitik. Die Anfänge der Bundesrepublik und die NS-Vergangenheit, München 1996, S. 69–99; Ulrich Herbert: Best. Biographische Studien über Radikalismus, Weltanschauung und Vernunft 1903–1989, Bonn 1996, S. 483–490.

9 Vgl. Ernst Jünger: Strahlungen I, Stuttgart 1998[4]; Walter Bargatzky: Hotel Majestic. Ein Deutscher im besetzten Frankreich, Freiburg 1987.

10 Zur „Generation der Sachlichkeit": Herbert (Anm. 8), S. 42 ff.

11 Zu Röthke: Brunner (Anm. 1), S. 64 ff., 189 ff.

12 Vgl. ebd., S. 254 ff.

13 Zur Zentralen Rechtschutzstelle: ebd., S. 115 ff.

14 Ebd., S. 90.

15 Zu den großangelegten Warnungen der Abwesenheitsverurteilten: ebd., S. 141 ff.

[16] Hans Luther: Der französische Widerstand gegen die deutsche Besatzungsmacht und seine Bekämpfung, Tübingen 1957.

[17] Die Dissertation Luthers findet – unkommentiert – Verwendung beispielsweise in den einflußreichen Arbeiten von Eberhard Jäckel: Frankreich in Hitlers Europa. Die deutsche Frankreichpolitik im Zweiten Weltkrieg, Stuttgart 1966; Hans Umbreit: Der Militärbefehlshaber in Frankreich 1940–1944, Boppard 1968; für die juristische Verwertung stehen vor allem die Arbeiten des Marburger Strafrechtsprofessors Erich Schwinge, der als Verteidiger in französischen Prozessen eng mit der Zentralen Rechtsschutzstelle u. Luther zusammengearbeitet hat.

[18] Vgl. Brunner (Anm. 1), S. 255.

[19] Ebd., S. 111 ff.

[20] Tätigkeitsbericht Staw Köln für 1.7.–31.12.1966, HStAD, DD IIa 30.

[21] Zu dessen Biographie: Brunner (Anm. 1), S. 198 ff., 280 ff.

[22] Zum „Vorbereitenden Ausschuß": Herbert (Anm. 8), S. 491 ff.; Brunner (Anm. 1), S. 198 ff.

[23] Vgl. ebd., S. 196 ff.

[24] Die Akten werden heute im CDJC aufbewahrt.

[25] Vgl. Brunner (Anm. 1), S. 204 ff.

[26] Vgl. ebd., S. 258 ff.

[27] OStaw Schüle/ZSL an JM Bayern v. 10.5.1960, BAL, B 162/26643, Bl. 98 ff.

[28] Tätigkeitsbericht Staw Köln für 11.1.–15.7.1964, HStAD, D IIa.

[29] Zum „Vertrag zur Regelung aus Krieg u. Besatzung entstandener Fragen": Brunner (Anm. 1), S. 206 ff.; zum Fall Hempen: Claudia Moisel: Frankreich und die deutschen Kriegsverbrecher. Politik und Praxis der Strafverfolgung nach dem Zweiten Weltkrieg, Göttingen 2004, S. 106 ff.

[30] Zur juristischen Problematik der Abwesenheitsurteile: Brunner (Anm. 1), S. 80 ff.

[31] Vgl. ebd., S. 225; Moisel (Anm. 29), S. 213 ff.

[32] Zum Zusatzabkommen: Brunner (Anm. 1), S. 262 ff.

[33] Vgl. Ahlrich Meyer: Täter im Verhör. Die „Endlösung der Judenfrage" in Frankreich 1940–1944, Darmstadt 2005.

[34] Vgl. Brunner (Anm. 1), S. 34 ff.; Heinz Faßbender: Der Prozeß gegen Lischka, Hagen und Heinrichsohn aus der Sicht des ehemaligen Schwurgerichtsvorsitzenden, in: Anne Klein/Jürgen Wilhelm (Hrsg.): NS-Unrecht vor Kölner Gerichten nach 1945, Köln 2003, S. 177–182.

[35] Es handelte sich um das Verfahren gegen Hans-Dietrich Ernst; vgl. Beschluß LG Aurich v. 26.5.1981, BAL, B 162/27368, Bl. 66 ff.

[36] Zu den Hintergründen der Ernennung Pfromms: Antwort Landesregierung Nordrhein-Westfalen v. 28.5.1998 auf eine Kleine Anfrage der Grünen v. 22.4.1998 (Drucksache 13/3114, 12. Wahlperiode); zur Diskussion um Pfromm: Brunner (Anm. 1), S. 359 ff.

Jacek Andrzej Młynarczyk

Vom Massenmörder zum Lebensversicherer
Dr. Ludwig Hahn und die Mühlen der deutschen Justiz

Ludwig Hahn wurde am 23. Januar 1908 in Eitzen bei Lüneburg als Sohn eines Landwirtes geboren. Zusammen mit vier Geschwistern wuchs er in einem Elternhaus auf, das nach seinen eigenen Bekundungen betont deutschnational war. Sein ältester Bruder kam 1914 als Freiwilliger an die Front und fiel bald darauf. Hahn studierte Rechtswissenschaften in Göttingen und Jena, wo er im Juni 1931 das erste juristische Staatsexamen bestand. Bereits während seiner Studienzeit kam er durch ‚Kameraden' aus seiner Burschenschaft „Suevia" mit dem Nationalsozialismus in Berührung. Anfang 1930 trat er der NSDAP bei und wurde Mitglied im NS-Studentenbund. Im Juni 1930 schloß er sich auch der SA an, die er allerdings nach einem Jahr aus Rücksicht auf den juristischen Vorbereitungsdienst wieder verließ. Am 25. Juli 1932 wurde er zum Dr. jur. promoviert, und 1935 beendete er seine juristische Ausbildung mit dem großen Staatsexamen. Unmittelbar nach Hitlers Machteinsetzung bekannte sich Hahn öffentlich zu seinen nationalsozialistischen Überzeugungen und trat noch im April 1933 in die SS ein. Seit 1934 arbeitete er ehrenamtlich für den SD, ehe er als Assessor am 1. Juni 1935 offiziell vom SD-Hauptamt in Berlin übernommen wurde. Da ihm die nachrichtendienstliche Tätigkeit nicht entsprach und er sich nicht als „Reinemachefrau der Partei" fühlen wollte, beantragte er jedoch eine Versetzung zur Gestapo.

Seinem Gesuch wurde entsprochen. Anfang Januar 1936 wechselte er zur Stapo-Stelle Hannover, wo er schon bald zum ständigen Vertreter des Leiters aufstieg. Im September dieses Jahres wurde Hahn dann ins Berliner Gestapa versetzt. Im April 1937 avancierte er zum Chef der Stapo-Stelle Weimar und gleichzeitig zum Vertreter des dortigen Polizeipräsidenten.[1] Im Septemberfeldzug 1939 gegen Polen wurde Hahn als SS-Sturmbannführer zum Leiter des Einsatzkommandos 1/I ernannt und dem Befehl von Brigadeführer Bruno Streckenbach unterstellt. Er operierte mit seiner Einheit in Oberschlesien, u. a. in Gleiwitz und Kattowitz, danach in Sanok und Rzeszów, wo er bis November verblieb.[2] Kurz nach seiner Rückkehr nach Weimar wurde er Anfang 1940 erneut nach Westgalizien beordert, wo er als Nachfolger von Sturmbannführer Walter Huppenkothen die Stelle des Kommandeurs der Sicherheitspolizei und des SD (KdS) im Distrikt Krakau übernahm. Ein halbes Jahr später wurde Hahn nach Pressburg (Bratislava) abkommandiert, um als Himmlers Sonderbeauftragter dem slowakischen Innenminister beim Aufbau der Polizei zu helfen.[3] Im April 1941 griff man auf seine Erfahrungen aus dem Septemberfeldzug zurück und setzte ihn als Führer der Einsatzgruppe Griechenland ein.[4]

Kommandeur der Sicherheitspolizei und des SD in Warschau

Kurz danach wurde Hahn wiederum ins Generalgouvernement versetzt. Er übernahm dort die Position des KdS in Warschau.[5] Diese Funktion übte er bis Ende 1944 aus. Dann zog er sich samt seiner Dienststelle nach Sochaczew zurück. Mitte Dezember kam er an die Westfront als Chef der Einsatzgruppe L, die sich im Gebiet um Cochem an der Mosel sammelte und für die Ardennen-Offensive vorgesehen war.[6] Anfang 1945 koordinierte er als Beauftragter des Chefs der Sicherheitspolizei beim Befehlshaber der Sperr- und Auffanglinie bei der Heeresgruppe Weichsel, Obergruppenführer Oberg, die Zusammenarbeit verschiedener Dienststellen.[7] Kurze Zeit später wurde er als KdS z. b. V. und Abwehrbeauftragter zum Sperrgebiet Dora-Mittelbau im Harz abgeordnet, wo die V-Raketen gebaut wurden. Seit dem 14. Februar reorganisierte Hahn als Stabschef beim Höheren SS- und Polizeiführer Elbe dessen Dienststelle nach der verheerenden Zerstörung Dresdens durch die Bombenangriffe der Alliierten. Mitte März wurde er dann zum KdS Westfalen/Nord in Münster ernannt. Mit den Resten seiner Dienststelle floh er nach Bad Eilsen, wo er den Einmarsch der Amerikaner abwartete und untertauchte.[8]

Während seiner gesamten Polizeilaufbahn wurde Hahn als unerschütterlicher Nationalsozialist beurteilt und von all seinen Vorgesetzten in höchsten Tönen gelobt. Bereits während seiner Probezeit als Hilfsreferent im Berliner Gestapa beeindruckte er mit seinen Charaktereigenschaften Heydrich so sehr, daß dieser persönlich seine Verbeamtung innerhalb der preußischen inneren Verwaltung beantragte.[9] Als Leiter der Stapo-Stelle Weimar hieß es über ihn: „Politisch ist Hahn in jeder Beziehung vollkommen einwandfrei; er wird dementsprechend auch von seinen Vorgesetzten beurteilt. Er besitzt auch das volle Vertrauen aller Dienststellen der Partei."[10] Der Krieg änderte seine politische Einstellung nicht im geringsten. Anfang 1944 lautete Hahns Beurteilung anläßlich der Beförderung zum Standartenführer: „Er ist ein alter bewährter Nationalsozialist und tatkräftiger SS-Führer, der die ihm übertragenen Aufgaben stets gemeistert hat."[11]

Als KdS in Warschau war er für die meisten Verbrechen mitverantwortlich, die während der Besatzungszeit an der Zivilbevölkerung der Stadt verübt wurden. Władysław Bartoszewski formulierte dies unmißverständlich in einer seiner Monographien über die polnische Metropole: „Hahn trägt die Hauptverantwortung für alle Terror- und Vernichtungsmaßnahmen gegenüber der polnischen Bevölkerung Warschaus in den Jahren 1941–1944: für die Massenverhaftungen, Menschenjagden auf den Straßen, bestialischen Verhörmethoden, Scheinurteile der Sondergerichte der Sicherheitspolizei, Exekutionen in den umliegenden Wäldern, in den Ghettoruinen und auf den Straßen, während des Warschauer Aufstandes auch für die zahlreichen Verbrechen an der Zivilbevölkerung […]. Er trägt ebenso die Verantwortung für ähnliche Handlungen in den neun Kreisen des Distrikts Warschau und in vielen Fällen auch für blutige Pazifikationen in den Dörfern. […] Die Hauptkommission zur Untersuchung der Hitlerischen Verbrechen in Polen fand unmittelbar nach dem Krieg 29 Bekanntmachungen über durchgeführte Exekutionen der Bevölkerung der Stadt und des Distriktes Warschau aus den Jahren 1942–1944, die die Unterschrift ‚Der Kommandeur der Sicherheitspolizei und des SD' trugen. In diesen Bekanntmachungen wurden 1598 Personen namentlich genannt, was nur ein Bruchteil von allen Opfern Hahns darstellt, über deren Hinrichtung er die Bevölkerung informierte."[12]

Tatsächlich beträgt die Anzahl aller Exekutierten aus Warschau etwa 32 000. Die Mehrheit davon ging auf das Konto der Sicherheitspolizei. Hahn unterstand auch das berüchtigte Gefängnis Pawiak, das zwischen 60 000 und 65 000 Menschen passierten, von denen über 23 000 ermordet und 32 000 in Konzentrationslager verschickt wurden.[13] An der Auflösung des örtlichen Ghettos, an der Ermordung von ca. 310 000 Juden in Treblinka und an den Hinrichtungen vor Ort beteiligten sich auch Angehörige des KdS Warschau. Hahn selber nahm aktiv teil an der Vorbereitung der Aktionen sowie an diesbezüglichen Dienstbesprechungen mit Vertretern der anderen Polizeiformationen, Behörden und Institutionen. Im Sommer 1942 besuchte er sogar persönlich das Vernichtungslager in Treblinka.[14] Unterstützt durch die Angehörigen der Außendienststellen von Kripo, SD und Gestapo beteiligte sich die Warschauer Sicherheitspolizei zudem an den Judendeportationen in den ländlichen Kreisen des Distrikts, durch die weitere 96 000 Juden ermordet wurden.[15] Hahn forcierte auch die Einrichtung des Konzentrationslagers Warschau, das 1943 auf dem Ghetto-Gebiet entstand. Damit war er in die Morde an mindestens 20 000 Juden und Polen verwickelt, die dort in der Folgezeit umgebracht wurden.[16] Seine Dienststelle beteiligte sich gleichfalls an der Niederschlagung des Warschauer Aufstandes 1944, den Morden an der Zivilbevölkerung, der Vertreibung der Überlebenden und der Zerstörung der polnischen Hauptstadt durch Brenn- und Sprengkommandos. Nach vorsichtigen Schätzungen kamen damals 150 000 Zivilisten und 16 000 Aufständische ums Leben; vertrieben wurden zwischen 216 000 und 260 000 Einwohner.[17]

Vom „U-Boot" zum Prokuristen

Nach dem Krieg versteckte sich Hahn wie viele andere NS-Verbrecher vor den alliierten Streitkräften: „Ich blieb dann auch in Bad Eilsen, genauer gesagt in den Wäldern im Gebiet von Bad Eilsen während der Besatzung durch die Amerikaner. Ich besorgte mir Zivil[kleidung] und tauchte zunächst als Landarbeiter unter."[18] In dieser Verkleidung zog Hahn mehrere Monate lang durch Westfalen und den Harz: „Nach dem Kriege verwendete ich zunächst einen falschen Namen, weil ich befürchtete, an Polen ausgeliefert zu werden und weil ich davon ausgehen mußte, daß die Polen damals grundsätzlich höhere deutsche Beamte zum Tode verurteilten."[19] Erst 1949, nach der Verabschiedung des Grundgesetzes und dem Ausbruch des Kalten Krieges, als er die Auslieferung nicht mehr befürchten mußte, tauchte der ehemalige KdS Warschau wieder auf. Er nahm erneut seinen richtigen Namen an und wandte sich an seinen Schwiegervater, der ihm eine Beschäftigung als Hilfsangestellter bei der Textilfirma Scharpenack & Teschenmacher in Wuppertal besorgte. Schon bald arbeitete Hahn dort als Reiseverkäufer, um anderthalb Jahre später dann zum Verkaufsleiter aufzusteigen.

Dies war dem promovierten Juristen jedoch noch nicht genug. Vielmehr kehrte er in seinen alten Beruf zurück, in dem er bessere Aufstiegschancen witterte. Um seine Karriere anzukurbeln, wechselte er im Herbst 1951 zu einem Versicherungsmakler nach Mülheim, wo er sich zum Fachmann für betriebliche Altersversorgung fortbildete. 1953 organisierte Hahn für die Firma ein Außenbüro in Hamburg, wo er bis zum Jahresende als dessen Leiter verblieb. Danach ging er als stellvertretender Organisationsdirektor zur Karlsruher Lebensversicherung AG. Im Frühjahr 1955 stieg er zum Leiter der Firmenfiliale in Hamburg auf und behielt diesen Posten bis Ende 1958. Danach wechselte er erneut, diesmal als Prokurist und Leiter der Abteilung Lebensversicherung in die Hamburger Firma Hans Rudolf Schmidt & Co GmbH. Gleichzeitig engagierte sich Hahn in seiner alten Burschenschaft. Dabei hatte er nicht die geringsten Probleme mit seiner nationalsozialistischen Vergangenheit, sondern brüstete sich sogar mit ihr. Wie die „Frankfurter Rundschau" aufdeckte, „manövrierte er sich an den Vorstandstisch der Landsmannschaft in der Studentenverbindung Suevia-Jena. Hier gefiel es ihm, auf dem Paukboden junge Menschen im Zweikampf mit der blanken Waffe zu unterweisen und streng auf die Befolgung des im Paukkomment festgelegten Rituals zu achten." Innerhalb der Korporation machte er keinen Hehl daraus, „SD-Chef zu einer Zeit in Warschau gewesen zu sein, in der Himmler befohlen hatte, das Ghetto der Stadt dem Erdboden gleichzumachen". Bezeichnenderweise fand sich unter den Studenten keiner, der Anstoß daran nahm und den von sich selbst überzeugten NS-Verbrecher anzeigte.[20]

Dies änderte sich erst 1959, als der Journalist Günter Koch zufällig in einem Hamburger Hotel hörte, daß Hahn in dieser Stadt Prokurist bei einer Versicherungsgesellschaft sei. Dies bewegte ihn dazu, bei der Ludwigsburger Zentralen Stelle der Landesjustizverwaltungen anzufragen und Strafanzeige zu stellen, nachdem er erfahren hatte, daß gegen Hahn noch nie ermittelt worden war. Koch betonte: „Hahn hat weder mir persönlich noch einem Angehörigen irgend etwas Böses getan. Ich bin der Überzeugung, daß wir unser nationales Unglück von 1945 in hohem Maße den verbrecherischen Taten solcher Leute zu danken haben. Des weiteren halte ich es für meine Pflicht, der Allgemeinheit gegenüber dazu beizutragen, aufzuklären, ob sich ein Mann, der Verbrechen begangen hat, ungesühnt unter uns aufhält."[21] Diese Überzeugung hatte sich der Journalist so sehr zu eigen gemacht, daß er sich auch durch die anfänglich fehlende Initiative der westdeutschen Justiz nicht entmutigen ließ. Auf der Suche nach Beweisen nahm Koch Kontakt mit der polnischen Botschaft in Kopenhagen auf, wo ihm jedwede Unterstützung versprochen wurde. Doch auch nachdem ihm die polnische Militärmission bestätigt hatte, daß das Belastungsmaterial bereits auf dem Weg nach Ludwigsburg sei, geschah nichts. Erst die Aufspürung des ersten jüdischen Überlebenden, der sich dazu bereiterklärte, als Augenzeuge von Hahns Mordtaten auszusagen, führte zur Festnahme des ehemaligen KdS Warschau.[22]

Untersuchungshaft

Am 28. Juni 1960 stellte der Leitende Oberstaatsanwalt beim Landgericht Hamburg den Antrag auf Erlaß eines Haftbefehls: „Der Beschuldigte ist dringend verdächtig, fortgesetzt handelnd im Jahre 1944 in Warschau aus niedrigen Beweggründen heimtückisch oder grausam Menschen getötet zu haben, indem er als SS-Standartenführer und Kommandeur der Sicherheitspolizei und des SD in Warschau nach dem Warschauer Aufstand an etwa 4 Tagen in der Warschauer Kadettenanstalt jeweils einige Hundert jüdische Männer und Frauen sich entkleiden und durch Genickschuß töten ließ; der Beschuldigte ließ anschließend die Leichen der Opfer mit Benzin übergießen und verbrennen. […] Der Beschuldigte ist weiterhin verdächtig, von 1941 bis 1944 im Warschauer Ghetto und im Pawiak-Gefängnis jüdische Männer und Frauen sowie Polen durch Erhängen oder Erschießen getötet zu haben, und für die Verschleppung von zahlreichen Juden aus dem Warschauer Ghetto in das Vernichtungslager Treblinka verantwortlich zu sein."[23] Hahn wurde in seiner Wohnung in Hamburg-Bahrenfeld am 1. Juli um 22.00 Uhr durch die Kriminalpolizei festgenommen. Er bestritt die im Haftbefehl genannten Straftaten.[24]

Wie üblich reichte der Mordverdächtige durch seinen Rechtsanwalt eine Haftbeschwerde ein, in der er darauf hinwies, daß „nach den bisher geführten Ermittlungen positive Beweise für einen dringenden Tatverdacht nicht vorliegen".[25] Gleichzeitig machte der Verteidiger darauf aufmerksam, daß im Fall Hahn keine Fluchtgefahr bestehe. Denn dem Beschuldigten sei seit 14. Mai bekannt, daß in Hamburg eine Privatklage gegen ihn eingereicht wurde, in der er mehrerer Morde beschuldigt werde. Trotzdem habe er nichts unternommen, um sich dem drohenden Prozeß zu entziehen. Außerdem sei bereits am 20. Juni in der Tageszeitung „Die Welt" eine Meldung erschienen, die in den nächsten Tagen von „Bild", „Hamburger Abendblatt" und „Hamburger Morgenpost" wiederholt worden sei, in der Hahn als Verantwortlicher für die Liquidierung des Warschauer Ghettos bezeichnet werde. Außerdem habe die Meldung den Hinweis enthalten, daß ein Haftbefehl noch nicht erlassen werden konnte. Hahns Anwalt argumentierte darum folgendermaßen: „Als die Artikel in verschiedenen Zeitungen erschienen, befand sich der Beschuldigte auf einer Geschäftsreise in Süddeutschland. Wenn der Beschuldigte tatsächlich Fluchtgedanken gehabt hätte, wäre es ihm leicht gewesen, die Grenzen in das Ausland zu überschreiten. Er hat davon aber keinen Gebrauch gemacht, sondern ist am 1.7.1960, also 11 Tage nach der Zeitungsveröffentlichung, in seine Wohnung zurückgekehrt, wo er dann in den späten Abendstunden verhaftet wurde.“[26]

Auch der Arbeitgeber von Hahn stellte sich voll hinter seinen Angestellten. Bereits am 11. Juli richtete er durch eigene Anwälte ein Schreiben an die Staatsanwaltschaft, in dem er den Beschuldigten als „einen tüchtigen und in seinem Verhalten in keiner Weise zu beanstandenden Mitarbeiter“ bezeichnete, der für die Aufrechterhaltung der laufenden Geschäfte unverzichtbar sei. Die Firma schlug vor, eine Regelung dahingehend zu treffen, „daß Herr Dr. Hahn, sofern die Aufrechterhaltung des Haftbefehls angebracht erscheint, von der Vollstreckung des Haftbefehls verschont wird mit der Maßgabe, daß sich Herr Dr. Hahn beispielsweise 2 mal täglich bei der Polizei meldet und daß, wenn dies als wünschenswert erachtet wird, eine angemessene Kaution gestellt wird“. Eine andere Möglichkeit durch häufige Besuche von Firmenangestellten in der Haftanstalt wurde zwar auch in Erwägung gezogen, aber gleichzeitig als unzureichend dargestellt: „Wir bemerken jedoch, daß bei der Vielfalt der dort anstehenden geschäftlichen Fragen diese Sprecherlaubnis, auch wenn sie großzügig gehandhabt wird, worum wir bitten, den erforderlichen Tatbestand nicht voll ersetzen kann, nämlich die Mitarbeit von Herrn Dr. Hahn im Büro der Firma selbst.“[27] Als beide Beschwerden verworfen wurden und der Beschuldigte weiter in Untersuchungshaft bleiben mußte, wurde ihm von der Firma Rudolf Schmidt & Co GmbH sein Gehalt in Höhe von 2000 DM monatlich bis Ende 1960 weiter ausbezahlt. Anfang 1961 wurden die Zahlungen zwar eingestellt, aber das Unternehmen hielt die Stelle weiterhin für den Fall frei, daß der Beschuldigte die Tätigkeit eines Tages wieder aufnehmen könne.[28]

Hahn verblieb ein ganzes Jahr in Untersuchungshaft. In dieser Zeit wurden die Vorwürfe gegen ihn erheblich erweitert. Zum Tatkomplex der Judendeportationen kam der Vorwurf, eine maßgebliche Rolle bei der Niederschlagung des Warschauer Ghetto-Aufstandes 1943 gespielt, mehrere Einzelerschießungen von Zivilisten befohlen, Vergeltungsexekutionen an nichtverurteilten Personen veranlaßt und sich am Massenmord während des Warschauer Aufstandes 1944 beteiligt zu haben. Die vagen Zeugenaussagen, fehlende Beweise in Form von schriftlichen Befehlen und die undurchsichtigen dienstlichen Unterstellungsverhältnisse führten jedoch dazu, daß immer mehr Zweifel an der Verantwortung für die einzelnen Straftaten aufkamen. Es gelang Hahn, sich als einen Schreibtischbürokraten zu stilisieren, der zwar über viele Vorgänge informiert war, sie aber selber nicht unmittelbar beeinflussen konnte. Diese Reduktion seiner Rolle führte dazu, daß die in regelmäßigen Zeitabständen eingereichte Haftbeschwerde Erfolg hatte. Am 11. Juli 1961 fand bei der Staatsanwaltschaft Hamburg eine Erörterung statt, bei der die Haftverschonung von Hahn beschlossen wurde: „Bei dieser Besprechung bestand Einigkeit darüber, daß nach dem bisherigen Ermittlungsergebnis eine maßgebliche aktive Teilnahme des Beschuldigten Dr. Hahn an der großen Umsiedlungsaktion im Sommer 1942 nicht festgestellt werden konnte. Das gleiche gilt für die Stroop-Aktion im April 1943. Es kann als sicher angesehen werden, daß die Führung dieser beiden Aktionen in den Händen des jeweiligen SS- und Polizeiführers von Warschau gelegen hat.“[29]

Am 14. Juli wurde Hahn auf freien Fuß gesetzt. Als Auflagen wurden ihm eine wöchentliche Meldung im zuständigen Polizeirevier sowie ein Verbot der Ausreise aus der Bundesrepublik und der Kontaktaufnahme mit Personen, die in seinem Verfahren als Beschuldigte oder Zeugen in Betracht kommen könnten, abverlangt. Anstelle einer Kaution sollte der Beschuldigte seine Ansprüche aus acht Lebensversicherungsverträgen über insgesamt 50000 DM an die Hansestadt abführen.[30] Nach seiner Entlassung kehrte Hahn in seine frühere Firma zurück. Als wäre nichts geschehen, übernahm er seine alten Pflichten und widmete sich voll seinem Beruf. Die Geschäfte gingen gut. Bereits 1963 erwarb Hahn ein Grundstück, das er sofort auf seine Frau überschrieb, und begann mit dem Bau eines Einfamilienhauses. Nach eigenen Angaben finanzierte er die Kosten in Höhe von ca. 90000 DM aus eigenen Mitteln, die er unter anderem aus einer Kapitalisierung seiner Unfallrente und aus Hypotheken bezog. Im November 1964 war das neue Domizil bezugsfertig, und er zog mit seiner Ehefrau und den vier Kindern dorthin um.[31]

Neue Recherchen

In der Zwischenzeit war die Staatsanwaltschaft Hamburg bemüht, soviel Belastungsmaterial wie nur möglich zusammenzutragen. Man strengte sich auch deswegen an, weil die Mordverbrechen der NS-Zeit 1965 zu verjähren drohten. Um das Untersuchungsverfahren zu beschleunigen, begab sich Dr. Hanns von Krannhals nach Warschau, um dort auffindbare Quellen zu Hahn zu sichten und auszuwerten. Allerdings reiste er nicht als Sachverständiger im Auftrag der deutschen Justiz, sondern als Historiker, der zur nationalsozialistischen Besatzung in Polen arbeitete.[32] Die Idee einer solchen Rechercheireise schien sehr vielversprechend zu sein, weil in der polnischen Zeitschrift „Presseagentur West“ ein Artikel von Witold Chełmikowski unter dem Titel „Dr. Hahn und seine Leute“ erschienen war, in dem die Rolle des KdS Warschau innerhalb des Besatzungsapparates, die Unterstellungsverhältnisse sowie der Aufbau und die detaillierte Zusammensetzung seiner Dienststelle rekonstruiert wurden. Dies zeugte von einem profunden Wissen des Autors, das nur anhand vielfältiger Quellen gewonnen werden konnte.[33] Obwohl Krannhals bei seinen Recherchen recht erfolgreich war und binnen kürzester Zeit umfangreiches Beweismaterial sammelte, zahlte sich die Geheimnistuerei nicht aus. Denn die polnischen Behörden schöpften schnell Verdacht. Bei seiner Ausreise aus Polen am 19. November 1963 wurden ihm gänzlich unerwartet auf dem Zollamt des Flughafens Warschau-Okęcie sämtliche Unterlagen, alle Interviews auf zwei Tonbändern, Adreßbücher, persönliche Notizen, seine gesamte Korrespondenz und damit ziemlich alles, was er während seines einmonatigen Aufenthaltes gesammelt hatte, abgenommen.[34]

Erst dieser Rückschlag bewegte die deutschen Strafverfolgungsbehörden dazu, den regulären dienstlichen Kontakt mit der Hauptkommission zur Untersuchung der Hitlerischen Verbrechen und dem polnischen Innenministerium in der Angelegenheit Hahn zu suchen. Die dortigen Justizbehörden wurden gebeten, das zur Verfügung stehende Material zur Thematik in Kopie an die deutsche Justiz zu senden.[35] Die Zusammenarbeit entwickelte sich vielversprechend, und eine Gruppe der Zentralen Stelle begab sich schon bald nach Warschau, um Archivalien zu sichten. Bei dieser Gelegenheit kam erneut der Name Krannhals zur Sprache, denn den Juristen wurden anscheinend nicht alle Materialien zugänglich gemacht, die dieser während seines mißlungenen Aufenthaltes in Polen hatte sichten dürfen. „Bei der Erwähnung des Namens Dr. von Krannhals stieß ich auf eisige Ablehnung. Es wurde seitens der polnischen Gesprächspartner nur ganz allgemein erklärt, man werde uns alle einschlägigen Dokumente zugänglich machen, soweit dies während unseres kurzen Aufenthaltes in Warschau möglich sei“, berichtete ein Mitglied der Arbeitsgruppe.[36] Das verstärkte Interesse der deutschen Justiz an Hahn wurde in Polen trotz der begrenzten Zusammenarbeit propagandistisch ausgeschlachtet. In der dortigen Presse kursierten Berichte über die sich hinschleppenden Voruntersuchungen – trotz der erdrückenden Last an eindeutigen Beweisen. Anfang 1965 erschien im „Kurier Polski“ ein Artikel mit dem prägnanten Titel „Der Henker von Warschau, L. Hahn, lebt bequem und straffrei in der BRD“, der anonym auch der Zentralen Stelle zugesandt wurde.[37] Auf diese Weise versuchte Polen zusätzlichen Druck auf die Bundesrepublik auszuüben, um Hahn vor Gericht zu bringen.

Die unternommenen Anstrengungen und neue Beweise aus Warschau ermöglichten es immerhin, ihn erneut in Untersuchungshaft zu nehmen. Am 7. Dezember 1965 wurde Hahn festgenommen und mit insgesamt 13 Tatvorwürfen konfrontiert. Die Haftzeit erstreckte sich diesmal über zwei Jahre, bis er durch Beschluß des Hanseatischen Oberlandesgerichts vom 21. Dezember 1967 aus gesundheitlichen Gründen vom weiteren Vollzug verschont wurde. Die erneute Verhaftung hatte nunmehr auch Hahns berufliche Karriere bei der Firma Rudolf Schmidt & Co GmbH beendet, die sich bisher bedingungslos hinter ihren Mitarbeiter gestellt hatte. Dem Arbeitgeber mußte endgültig klar geworden sein, daß die strafrechtlichen Anschuldigungen gegen Hahn immer mehr an Substanz gewonnen hatten und daß mit dessen Rückkehr in ein geordnetes Arbeitsleben nicht mehr zu rechnen war.[38] Die Kündigung führte dazu, daß er nach der Haftverschonung bei der Firma Investors Overseas Services-Investmentpapiere (IOS) anheuern mußte. Aber auch dieses Beschäftigungsverhältnis war nicht von langer Dauer. Laut Hahn lagen die Gründe in der Erpressung seines neuen Arbeitsgebers durch die Printmedien: „Ende Juni 1969 erhielt ich eine fristlose Kündigung. Dazu ist es gekommen, weil Mitarbeiter beim Stern-Verlag die IOS unter Druck gesetzt haben. Für den Fall, daß ich nicht entlassen würde, sollte in der Illustrierten ‚Der Stern' ein Artikel erscheinen, in dem herausgestellt werden sollte, daß ich mit meiner Vergangenheit und dem gegen mich anhängigen Verfahren bei den IOS tätig bin. Ich habe keinen Anlaß zu der fristlosen Kündigung gegeben, denn ich hatte in meinem Lebenslauf für die IOS sowohl meine Vergangenheit als auch das anhängige Verfahren dargelegt. Ich hatte weiter angegeben, daß ich mich in Untersuchungshaft befunden habe."[39] Danach schlug sich Hahn als freier Versicherungsvertreter im Außendienst für verschiedene Firmen durch.

Presseproteste

1969 wurde auch die bundesdeutsche Presse auf den NS-Täter aufmerksam. Den Anlaß bot die Verurteilung und Hinrichtung eines seiner Untergebenen, des Unterscharführers Josef Blösche. Dieser war am 30. April in der DDR durch das Bezirksgericht Erfurt wegen seiner Verbrechen während der Deportationen 1942 und wegen seiner Beteiligung an der Niederschlagung des Ghetto-Aufstandes 1943 zum Tode verurteilt worden. Die Exekution erfolgte drei Monate später am 29. Juli in der Justizanstalt Leipzig durch Genickschuß.[40] Dies gab der bundesdeutschen Presse den Anlaß nachzufragen, wieso sich das Verfahren gegen seinen Vorgesetzten über so viele Jahre hinschleppe, wenn es doch genügend Beweise gebe, um einen in dieselben Verbrechen verwickelten Untergebenen vor Gericht zu stellen. Bereits wenige Wochen nach Blösches Verurteilung wies „Die Tat" empört auf die Straffreiheit des einstigen KdS Warschau hin: „SS-Standartenführer Dr. Ludwig Hahn [...] wurde nicht zum Tode verurteilt, er ist frei – denn er lebt unter uns, in der Bundesrepublik. [...] Der Chef des Mörders Blösche ist stellvertretender Direktor einer Versicherungsgesellschaft in Hamburg! In der Studentenkorporation ‚Suevia' brüstete er sich seiner Untaten."[41]

Anfang August 1969 schaltete sich der Holocaust-Experte Joseph Wulf in die Pressekampagne ein, indem er in der „Zeit" einen offenen Brief an die Hamburger Justiz richtete: „Ich frage die Landesjustizverwaltung und die Staatsanwaltschaft in Hamburg: Warum ist Blösche bereits zum Tode verurteilt worden, während sein Vorgesetzter, der ehemalige SS-Standartenführer Dr. Ludwig Hahn, in Hamburg als ehrbarer Kaufmann und freier Bürger lebt, unbeeinträchtigt von einem seit zehn Jahren andauernden Ermittlungsverfahren?“[42] Darauf reagierte der Leitende Regierungsdirektor der Justizbehörde in Hamburg, Paulsen, prompt. Er klassifizierte Hahn als einen „Schreibtischtäter“, dessen Verantwortung sich nicht aus eigenhändig verübten Tötungshandlungen ergebe, sondern vielmehr aus einer befehlsmäßigen Mitwirkung an ihnen. Die Überführung eines solchen Täters – so Paulsen – müsse „durch ein sorgfältiges, geduldiges Zusammentragen kleinster Details geführt werden, die durch Aussagen zahlreicher Zeugen erhärtet werden müssen“. Des weiteren machte er darauf aufmerksam, daß der Vollzug von Untersuchungshaft in der Bundesrepublik im Unterschied zu „den entsprechenden Grundsätzen totalitärer Staaten, denen ja gerade entgegengetreten werden soll“, nicht zwingend sei, und daß Hahn immerhin mehr als drei Jahre in U-Haft verbracht habe.[43]

Diese Erklärung erwies sich für die Presse jedoch als wenig zufriedenstellend. Besonders der „Stern“ wunderte sich über die langwierigen justitiellen Nachforschungen. Denn die Verhaftung von Blösche konnte in der DDR nur mit Hilfe von Hinweisen aus der Hamburger Staatsanwaltschaft gelingen – aus derselben Behörde also, die nunmehr seit fast neun Jahren ohne Erfolg am Fall Hahn arbeitete. In einem weiteren Artikel der Illustrierten war zu lesen: „1965 wurde er auf Grund neuen Belastungsmaterials für zwei weitere Jahre in U-Haft genommen und danach wiederum auf freien Fuß gesetzt. In der Haft trank Hahn Kaffee mit dem Untersuchungsrichter. Die umfangreichen Ermittlungen gegen den Schreibtischtäter Hahn über seine Beteiligung am Mord der Ghetto-Juden waren immer noch nicht bis zur Anklageschrift gediehen.“ Anders als Paulsen erklärte sich der „Stern“ diesen Mißerfolg mit unzureichenden Anstrengungen seitens der Hamburger Justiz: „Von 1960 an bearbeitete den Hahn-Komplex ein einziger Staatsanwalt: Staatsanwalt Beier. Dieser eine Beamte hatte nun so umfangreiche Komplexe wie die Beteiligung Hahns an der Vernichtung von 300000 Juden in Treblinka, an der Tötung von 6000 Juden in Lublin, an der Stroop-Aktion und an der Niederschlagung des Warschauer Aufstandes von 1944 zu ermitteln. Der einsame Staatsanwalt Beier war damit vor eine Aufgabe gestellt, die eine ganze Arbeitsgruppe voll ausgelastet hätte. Die Akten schwollen auf 22000 Blatt an, rund 2000 Zeugen wurden vernommen – und es kam, wie es kommen mußte: Staatsanwalt Beier brach Anfang 1967 zusammen. Er hatte mehrmals bei seinen Vorgesetzten um personelle Unterstützung nachgesucht, sie aber nicht bekommen.“ Erst danach wurde der Fall an drei junge Staatsanwälte abgegeben, die jedoch noch Monate brauchen sollten, um sich in die Materie einzuarbeiten. Die daraus folgende Schlußfolgerung des „Stern“ war niederschmetternd für die Hamburger Justiz: „Auch im neunten Jahr der Ermittlungen gegen Hahn ist also mit keiner Anklageschrift und keinem Verfahren zu rechnen. Hahn kann, wenn das so weitergeht, auch noch den 65. Geburtstag im Familienkreis feiern. Das ist 1973, dreißig Jahre nach Warschau.“[44]

Noch weiter ging „Die Tat“, welche die familiäre Verbindung Hahns zu seinem prominenten Schwager, dem Inspekteur der Bundesluftwaffe Johannes Steinhoff, aufdeckte, der zu dieser Zeit als Generalinspekteur der Bundeswehr vorgesehen war. Es lag darum nahe, daß das Blatt die Verschleppung des Verfahrens auf dessen politischen Einfluß zurückführte. Anfang Oktober 1969 brachte die Zeitschrift ein Interview mit dem ehemaligen Buchenwald-Häftling Hugo Launicke, der als Vertreter der DDR bei der Tagung des Generalrates des Internationalen Komitees Buchenwald-Dora in der Bundesrepublik weilte. Launicke, der ein Schulkamerad von Steinhoff gewesen war, sprach über dessen NS-Affinität und die engen familiären Bindungen zum Mann seiner Schwester: „Die ganze Familie Steinhoff war auf die Karriere bei Hitler eingeschworen. Johannes Steinhoff selbst verbrachte seine Urlaube mit Vorliebe im besetzten Warschau bei seinem Schwager, Dr. Ludwig Hahn.“ Über dessen Rolle bei der Verschleppung des Verfahrens zeigte sich Launicke jedoch zurückhaltender: „1961 wurde er [Hahn] verhaftet, aber bald darauf wieder freigelassen. Ob seine guten Beziehungen zu seinem Schwager Steinhoff, der damals schon in der Bundeswehr und sogar im NATO-Ausschuß in Washington saß, etwas damit zu tun haben, kann ich persönlich nicht feststellen.“[45]

Diese Aussage reichte dem Blatt jedoch. Anfang November erschien der nächste Artikel unter der Überschrift „Ein Mörder läuft frei herum. Der ehemalige SS-Führer Hahn hat einflußreiche Freunde“, in dem „Die Tat“ Launickes Äußerung nochmals zitierte und folgendermaßen kommentierte: „Soweit die Angaben des früheren Buchenwaldhäftlings Launicke, die zweifellos einen interessanten Hinweis geben, wie die ‚Bummelei‘ der Justiz im Falle Ludwig Hahn begründet sein dürfte.“[46] Auch in den nächsten zwei Jahren betonte das Blatt immer wieder die Verwandtschaft Steinhoffs mit Hahn, um auf die Möglichkeit der politischen Beeinflussung der Justiz hinzuweisen: „Obwohl die Ermittlungsbehörden inzwischen 130 Bände Beweismaterial angesammelt haben, wird im Fall des Dr. Hahn und seiner Mittäter auffallend langsam vorgegangen. [...] Hahns Schwager ist der heutige NATO-Beauftragte der Bundeswehr in Washington, General Johannes Steinhoff, der sich schon in der Nazizeit [...] mit Hahn ausgezeichnet verstand. [...] Daß auch Steinhoff auf Hitler eingeschworen war, daran gibt es keinen Zweifel. Ist das etwa der ‚Sand‘ im Getriebe der Hamburger Ermittlungsbehörden?“[47] Anfang 1970 wuchs der Druck auf die Justiz erneut. Denn der Vorsitzende des Wiener Dokumentationszentrums des Bundes jüdischer Verfolgter des Naziregimes, Simon Wiesenthal, schaltete sich in die Kampagne ein. In Briefen an Bundespräsident Gustav Heinemann, Bundeskanzler Willy Brandt und Bundesjustizminister Gerhard Jahn kritisierte er aufs schärfste die lange Dauer der Ermittlungen gegen sieben ehemalige SS-Offiziere, die in die Massenmorde an der jüdischen Bevölkerung in Warschau verstrickt waren. Als besonders unverständlich bezeichnete er die Langwierigkeit des Verfahrens gegen Hahn.[48]

Acht Jahre lebenslänglich

Trotz der zahlreichen Proteste seitens jüdischer Organisationen und intellektueller Kreise, trotz des wachsenden Presserummels um Hahn ließ sich die Hamburger Justiz noch anderthalb Jahre Zeit, bis sie endlich im Mai 1972 die Hauptverhandlung zum Straftatenkomplex um das Gestapo-Gefängnis Pawiak ansetzte. Das Gerichtsverfahren zog sich länger hin als erwartet, denn bei dem Angeklagten wurde plötzlich eine lebensgefährliche Erkrankung festgestellt, die zwei operative Eingriffe und eine Serie von Bestrahlungen erforderlich machte. Trotz der realen Gefahr für das Leben von Hahn entschloß sich das Gericht dazu, den Prozeß nicht zu unterbrechen. Dem Angeklagten wurden zwei ärztliche Gutachter zur Seite gestellt, die seinen Zustand ständig überwachten und über seine jeweilige Verhandlungsfähigkeit laufend gemeinsam mit seinen Ärzten entschieden. Die Richter äußerten unmißverständlich ihre Befürchtungen: „Es war und ist [...] nach aller ärztlicher und allgemeiner Voraussicht fest damit zu rechnen, daß gegen den schwer erkrankten Dr. Hahn eine einmal unterbrochene Hauptverhandlung nie wieder neu hätte begonnen werden können.“[49]

Nach weiteren 12 Monaten befand ihn das Schwurgericht in Hamburg am 5. Juni 1973 der Beihilfe zum Mord an mindestens 100 Polen schuldig, die Hahn nach einem mißlungenen Ausbruchsversuch am 21. Juli 1944 hatte erschießen lassen,[50] und verurteilte ihn zu 12 Jahren Freiheitsstrafe. Das Gericht maß der Tat das Merkmal der Grausamkeit bei: „Ihren Tod vor Augen hatten die Opfer nahe der Erschießungsstelle zu warten, bis sie an der Reihe waren, und mußten dabei noch aus unmittelbarer Nähe die Erschießung ihrer Mithäftlinge miterleben.“[51] Eine Revision des Urteils wurde durch den 5. Strafsenat des Bundesgerichtshofes am 4. März 1975 verworfen.[52] Hahn wurde am Tag darauf in seiner Wohnung festgenommen und ins Gefängnis überstellt. Dort wurde er auf Antrag seines Hausarztes sofort mit Herz- und Kreislaufstörungen ins Haftkrankenhaus eingeliefert.[53] Von dort aus nahm er an der zweiten Hauptverhandlung teil, die im Herbst 1974 begonnen hatte und sich auf seine Straftaten während der Liquidierung des Ghettos bezog. Aufgrund seines Gesundheitszustands konnte das Gericht nur zweimal pro Woche mit längeren Pausen tagen, wodurch sich auch dieser Prozeß auf fast neun Monate erstreckte. Am 4. Juli 1975 wurde Hahn wegen gemeinschaftlichen Mordes an mindestens 230000 Menschen zu lebenslanger Freiheitsstrafe verurteilt.

In der Begründung kam das Gericht zu folgendem Schluß: „Dr. Hahn hat Wesentliches zum Gelingen der Umsiedlungsaktion in Warschau beigetragen und zwar teils persönlich, teils durch Einsatz seiner Leute. [...] Er hat zum Teil eigene kreative Tatbeiträge geleistet [...] und sich andererseits persönlich um den Fortgang der Aktion gekümmert und zwar selbst da, wo er sich ohne weiteres hätte vertreten lassen können [...]. Seine Einstellung zu der Aktion wird besonders deutlich daraus, daß er gegen die Gewalttaten seiner Leute im Ghetto nicht einschritt und [sie] im Gegenteil in mindestens einem Fall mit einem Auszeichnungsvorschlag belohnte. Das alles zeigt, daß Dr. Hahn die Vernichtung der Juden als eine vielleicht zwar unangenehme und belastende, nichtsdestoweniger aber erforderliche Maßnahme ansah. Ihm kam es darauf an, zu beweisen, daß er imstande war, alle ihm und seiner Behörde übertragenen Aufgaben zu meistern und sich als befähigter Behördenchef zu zeigen. Das Schwurgericht schließt daraus, daß er sich so hinter die Aktion gestellt hat, sie mittragen wollte und sich deshalb mit den Zielen der Aktion und ihrer Durchführung identifizierte."[54] Auch diesmal verwarf der Bundesgerichtshof am 11. Januar 1977 die Revision, womit der Vollstreckung der lebenslangen Freiheitsstrafe nichts mehr im Wege stand. Im Fall Hahn bedeutete dieses Urteil volle acht Jahre: Er wurde am 30. September 1983 aus der Strafanstalt entlassen. Dr. Ludwig Hahn, überführt aus niedrigen Beweggründen grausam und heimtückisch mindestens 230000 Menschen ermordet zu haben, starb als freier Mann am 10. November 1986.[55]

Anmerkungen

[1] Lebenslauf v. 7.10.1936, BAB, BDC, SSO Dr. Ludwig Hahn; Urteil LG Hamburg v. 5.6.1973, BAL, B 162/14491; dto. v. 4.7.1975, ebd., B 162/14573; Joseph Wulf: Das Dritte Reich und seine Vollstrecker, Berlin 1961, S. 288–298.

[2] Klaus-Michael Mallmann/Jochen Böhler/Jürgen Matthäus: Einsatzgruppen in Polen. Darstellung und Dokumentation, Darmstadt 2008, S. 22f.

[3] Hahn an SS-HA v. 19.9.1940, BAB, BDC, SSO Dr. Ludwig Hahn; Tatjana Tönsmeyer: Das Dritte Reich und die Slowakei 1939–1945. Politischer Alltag zwischen Kooperation und Eigensinn, Paderborn u.a. 2003, S. 81ff., 121ff.

[4] BB CdS Nr. 18 v. 17.5.1941, BAB, RD 19/2.

[5] Hahn an SS-HA v. 20.10.1941, ebd., BDC, SSO Dr. Ludwig Hahn.

[6] Ders. an SS-Personal-HA (undat.), ebd.; vgl. Trevor N. Dupuy: Hitler's last Gamble. The Battle of the Bulge, December 1944–January 1945, New York 1994.

[7] Hahn an SS-Personal-HA v. 15.2.1945, BAB, BDC, SSO Dr. Ludwig Hahn.

[8] Vern. dess. v. 11.11.1960, BAL, B 162/3658, Bl. 239f.; dto. v. 1.6.1961, ebd., B 162/3667, Bl. 59ff.; Urteil LG Hamburg v. 5.6.1973, ebd., B 162/14491; dto. v. 4.7.1975, ebd., B 162/14573.

[9] Beurteilung v. 30.10.1936, zit. in: Urteil LG Hamburg v. 5.6.1973, ebd., B 162/14491.

[10] Dto. v. 9.6.1938, zit. ebd.

[11] Beförderungsvorschlag v. 31.3.1944, BAB, BDC, SSO Dr. Ludwig Hahn.

[12] Władysław Bartoszewski: Warszawski pierścień śmierci 1939–1944, Warszawa 1970, S. 434.

[13] Krzysztof Dunin-Wąsowicz: Warszawa w latach 1939–1945, Warszawa 1985, S. 61.

[14] Urteil LG Hamburg v. 4.7.1975, BAL, B 162/14573; zum Hintergrund: Ysrael Gutman: The Jews of Warsaw, 1939–1943. Ghetto, Underground, Revolt, Brighton 1982; ders.: Resistance. The Warsaw Ghetto Uprising, Boston u.a. 1994; Barabara Engelking/Jacek Leociak: Getto warszawskie. Przewodnik po nieistniejącym mieście, Warszawa 2001; Klaus-Michael Mallmann/Volker Rieß/Wolfram Pyta (Hrsg.): Deutscher Osten

1939–1945. Der Weltanschauungskrieg in Photos und Texten, Darmstadt 2003, S. 117–126.

[15] Jacek Andrzej Młynarczyk: „Akcja Reinhard" w gettach prowincjonalnych dystryktu warszawskiego 1942–1943, in: Barbara Engelking/Jacek Leociak/Dariusz Libionka (Hrsg.): „Prowincja noc". Zagłada Żydów w dystrykcie warszawskim 1939–1945, Warszawa 2007, S. 39–74.

[16] Vgl. Andreas Mix: Das KL Warschau und der Abriß des Warschauer Ghettos, in: Ralph Gabriel/Elissa Mailänder Koslov/Monika Neuhofer/Else Rieger (Hrsg.): Lagersystem und Repräsentation. Interdisziplinäre Studien zur Geschichte der Konzentrationslager, Tübingen 2004, S. 100–118; ders.: Arbeitslager Warschau jako filia obozu koncentracyjnego na Majdanku, in: Zeszyty Majdanka 23(2005), S. 55–70; Bogusław Kopka: Konzentrationslager Warschau. Historia i następstwa, Warszawa 2007; Maria Trzcińska: Obóz zagłady w centrum Warszawy. Konzentrationslager Warschau, Radom 2002; dies.: KL Warschau w świetle dokumentów. Raport dla prezesa Instytutu Pamięci Narodowej na potrzeby szkół i budowy Pomnika Ofiar Obozu KL Warschau, Radom 2007.

[17] Angaben nach: Dunin-Wąsowicz (Anm. 13), S. 83; Włodzimierz Borodziej: Der Warschauer Aufstand 1944, Frankfurt/M. 2001, S. 190; vgl. Norman Davies: Aufstand der Verlorenen. Der Kampf um Warschau 1944, München 2003; Wojciech Fałkowski (Hrsg.): Straty Warszawy 1939–1945. Raport, Warszawa 2005.

[18] Vern. Dr. Ludwig Hahn v. 1.6.1961, BAL, B 162/3667, Bl. 61.

[19] Ebd., Bl. 62.

[20] Georg Würtz: Jahrelang bekannt – aber niemand zeigte ihn an. Höherer SS-Führer unter dem Verdacht des Mordes an Polen endlich verhaftet, in: Frankfurter Rundschau v. 13.7.1960.

[21] Aussage Günther Koch v. 2.12.1959, BAL, B 162/3638, Bl. 9.

[22] Würtz (Anm. 20).

[23] Antrag auf Erlaß des Haftbefehls v. 24.6.1960, BAL, B 162/3638, Bl. 150.

[24] Festnahmebericht v. 1.7.1960, ebd., Bl. 155.

[25] Beschwerde v. 8.7.1960, ebd., B 162/3658, Bl. 169.

[26] Ebd., Bl. 172.

[27] RA der Firma Rudolf Schmidt & Co GmbH an Staw Hamburg v. 11.7.1960, ebd., Bl. 177 f.

[28] Vern. Dr. Ludwig Hahn v. 1.6.1961, ebd., B 162/3667, Bl. 62.

[29] Vermerk Staw Hamburg v. 19.7.1961, ebd., B 162/3668, Bl. 179.

[30] Ltd. OStaw Hamburg an AG Hamburg v. 14.7.1961, ebd., Bl. 175 f.; Schreiben dess. v. 17.7.1961, ebd., Bl. 177.

[31] Vern. Dr. Ludwig Hahn v. 16.2.1970, ebd., B 162/3719, Bl. 217.

[32] OStaw Beier an ZSL v. 1.6.1965, ebd., B 162/3706, Bl. 221: „Ich bitte, in diesem Zusammenhang zu berücksichtigen, daß Herr Dr. v. Krannhals sich bei seinem Besuch den polnischen Stellen gegenüber nicht auf einen amtlichen deutschen Auftrag berufen hat u. daß in Polen auch jetzt nicht bekannt werden soll, daß er damals im Auftrage einer deutschen Strafverfolgungsbehörde in Warschau war."

[33] Witold Chełmikowski: Dr. Hahn und seine Leute, in: Informationsbulletin der Presseagentur West Nr. 3/1965, deutsche Übersetzung BAL, B 162/3706, Bl. 47 ff.; ZSL an Ltd. OStaw Hamburg v. 13.4.1965, ebd., Bl. 52.

[34] Aktennotiz Dr. von Krannhals v. 15.6.1965, ebd., Bl. 223.

[35] In einem Brief v. 5.11.1964, ebd., Bl. 20 f., wies die Staw Hamburg die polnische Hauptkommission darauf hin, daß „die Strafverfolgung von Mord u. Beihilfe zum Mord nach den hier geltenden Vorschriften am 8. Mai 1965 verjährt", u. drängte auf die rasche

Versendung der Belastungsunterlagen, weil „bei Dokumenten oder Zeugenerklärungen in polnischer Sprache noch mit einem zusätzlichen erheblichen Zeitverlust durch die Übersetzungen zu rechnen ist. Strafbare Handlungen, wegen derer bis zum 8. Mai 1965 eine richterliche Verfolgungshandlung nicht erfolgt ist, können dann nicht mehr verfolgt werden."

[36] ZSL an Ltd. OStaw Hamburg v. 30.7.1965, ebd., Bl. 219; gleichzeitig hielt man die Chance für sehr unwahrscheinlich, daß das Material, das Krannhals damals abgenommen worden war, jetzt zugänglich gemacht werde.

[37] Kat Warszawy L. Hahn wygodnie i bezkarnie żyje w NRF, in: Kurier Polski v. 1.2.1965, ebd., Bl. 31.

[38] Urteil LG Hamburg v. 5.6.1973, ebd., B 162/14491; dto. v. 4.7.1975, ebd., B 162/14573.

[39] Vern. Dr. Ludwig Hahn v 16.2.1970, ebd., B 162/3719, Bl. 217.

[40] Stuttgarter Zeitung v. 21.5.2003.

[41] Die Tat v. 31.5.1969.

[42] Die Zeit v. 8.8.1969.

[43] Ebd. v. 29.8.1969.

[44] Peter Neuhauser/Daniel Haller: Hamburger Staatsanwalt verbummelte das Ermittlungsverfahren. Und einer der Mörder läuft frei herum, in: Stern Nr. 41/1969.

[45] General J. Steinhoff und NVA-General Schiebe. KZ-Häftling Launicke: „Ich kenne die Chefs der Luftwaffe beider deutscher Staaten", in: Die Tat v. 4.10.1969.

[46] Ebd. v. 1.11.1969.

[47] Ebd. v. 6.2.1971; vgl. Ingrid Schuster: Was tut General Steinhoff für den SS-Mörder Hahn?, in: ebd. v. 8.1.1972.

[48] Scharfe Kritik an der Hamburger Justiz. Simon Wiesenthal wirft ihr vor, Verfahren gegen ehemalige SS-Offiziere zu verschleppen, in: Stuttgarter Zeitung v. 28.1.1971; vgl. Wiesenthal kritisiert die Hamburger Justiz, in: FAZ v. 28.1.1971; Charlotte Rothweiler: Wiesenthals Drängen ist berechtigt, in: ebd. v. 10.2.1971; Wiesenthal kritisiert Hamburger Justiz, in: Allgemeine unabhängige jüdische Wochenzeitung v. 5.2.1971.

[49] Urteil LG Hamburg v. 5.6.1973, BAL, B 162/14491.

[50] Vgl. Leon Wanat: Za murami Pawiaka, Warszawa 1985, S. 323–326.

[51] Urteil LG Hamburg v. 5.6.1973, BAL, B 162/14491.

[52] Beschluß BGH v. 4.3.1975, ebd.

[53] Wanat (Anm. 50), S. 38.

[54] Urteil LG Hamburg v. 4.7.1975, BAL, B 162/14573.

[55] Ebd., ZK: Dr. Ludwig Hahn; Kopka (Anm. 16), S. 100, 138; Ernst Klee: Das Personenlexikon zum Dritten Reich. Wer war was vor und nach 1945, Frankfurt/M. 2005, S. 219.

David M. Mintert

„Seitdem in tiefer Schuld"
Der Ausnahmetäter Dr. Hans Schumacher*

„Mein Gewissen sagt mir, daß ich großes Unrecht getan habe, und ich habe deswegen seit dem Jahre 1942 innerlich keine Ruhe mehr gefunden", gab Dr. jur. Hans Karl Schumacher bei einer Vernehmung im September 1959 zu Protokoll.[1] Dieses eindeutige Bekenntnis von Unrechtsbewußtsein und Reue hebt ihn aus dem üblichen apologetischen Verhaltensmuster der Täter des Holocaust heraus.[2]

Kriminalkommissar und Strafrechtslehrer

Schumacher, 1907 in (Wuppertal-)Barmen geboren, wuchs in Mönchengladbach in einem Elternhaus auf, das dem älteren Mittelstand zuzurechnen ist. Nach dem Abitur schlug er als erster seiner Familie eine akademische Laufbahn ein und studierte in Würzburg, Bonn und Erlangen Rechtswissenschaft. Nach Ableistung der Staatsexamina und Promotion wählte er wegen des Überangebots an Juristen in der preußischen Verwaltung den Weg in die Kriminalpolizei. Er durchlief in Berlin die entsprechende Ausbildung und war anschließend bis 1939 als Kriminalkommissar bei der Kripo-Leitstelle in Düsseldorf tätig. Schumacher war kein in der Wolle gefärbter fanatischer Nationalsozialist, wohl aber in einem deutsch-nationalen Umfeld sozialisiert worden. Er gehörte als Oberrealschüler 1925 der nationalistischen Kampforganisation „Werwolf" an und war 1932 für einige Monate Mitglied der Deutschnationalen Volkspartei. Am 1. Mai 1933 schloß er sich in Erwägung seiner Karrieresicherung der NSDAP an. Aus demselben Grund trat er 1938 aus der evangelischen Kirche aus und wurde zum 1. Januar 1939 in die SS aufgenommen.[3] In einem Personalbericht des SS-Oberabschnitts West beurteilte man ihn wenig später als „guter Nationalsozialist und Kamerad, charakterlich gefestigt und mit SS-Geist beseelt".[4] Im selben Jahr begann die Expansionspolitik des Dritten Reiches seinen beruflichen Werdegang zu prägen: Er verließ Düsseldorf und baute die Kriminalpolizei in Wien und Prag nach NS-Vorgaben um.

Zum 1. November 1940 wurde Schumacher auf Anweisung des Reichssicherheitshauptamtes (RSHA) zur Abteilung Bad Schmiedeberg der Grenzpolizeischule Pretzsch an der Elbe kommandiert. Er übernahm die Lehraufsicht und unterrichtete selbst Strafrecht. In achtwöchigen Lehrgängen sollten dort geeignete Reservisten der Waffen-SS auf den Dienst in Kripo und Gestapo vorbereitet werden. Die 400 Teilnehmer des ersten Lehrgangs wurden nach Abschluß der Ausbildung Anfang Januar 1941 zur Behebung des akuten Personalmangels auf die Dienststellen der Sicherheitspolizei im Reich verteilt. Der zweite Lehrgang von Januar bis März mit ebenfalls 400 Waffen-SS-Männern stand bereits im Zeichen der Vorbereitung der Einsatzgruppen. Eduard B., Angehöriger der Waffen-SS und später des Einsatzkommandos (EK) 5, war Teilnehmer dieses Lehrgangs in Schmiedeberg und erinnerte sich an Schumacher als seinen Strafrechtslehrer.[5] Obwohl das vorgesehene Personal aus der Waffen-SS bereits seit Januar 1941 vor Ort war, erfolgte die Aufstellung der Einsatzgruppen erst im Mai.[6] Kurzzeitig war Schumacher noch als Lehrer in Pretzsch selbst tätig, bevor er im März dieses Jahres aufgrund einer Kehlkopfentzündung seine Tätigkeit dort nicht mehr fortsetzen konnte. Er reiste zur Behandlung in der Universitätsklinik zurück nach Prag. Schumacher bestritt später, von den Einsatzgruppen oder einem bevorstehenden „Osteinsatz" der Lehrgangsteilnehmer gewußt zu haben.[7] Nach seiner Genesung wurde er zur Kripo-Abteilung Duisburg versetzt und war fünf Monate als Leiter der Kripo-Inspektion in Essen tätig. Dort erreichte ihn seine Abordnung in den deutschen Osten. Er verließ Essen am 9. November 1941 mit dem Ziel Kiew im neu gebildeten Reichskommissariat Ukraine, wo er der Einsatzgruppe C zugewiesen war.[8]

Gestapo-Chef in Kiew und Stalino

In der Uniform eines SS-Hauptsturmführers erreichte Schumacher die Stadt zu einem Zeitpunkt, als das EK 5 auf seine Umwandlung in die stationäre Einheit des Kommandeurs der Sicherheitspolizei und des SD (KdS) im Generalbezirk Kiew wartete.[9] Er betrat damit ein spezifisches Gewaltmilieu, das von Menschen geprägt wurde, für die seit Monaten Massenmord und Entgrenzungsprozesse zur alltäglichen Erfahrung gehörten.[10] In der ukrainischen Metropole hielten sich noch Teile des Sonderkommandos 4a auf, das wenige Wochen zuvor das Massaker in der Schlucht von Babij Jar verübt hatte.[11] Schumacher wurde vom Chef der Einsatzgruppe C und Befehlshaber der Sicherheitspolizei und des SD (BdS) in der Ukraine, SS-Gruppenführer Dr. Max Thomas, zunächst beauftragt, eine einheimische Kriminalpolizei aufzubauen. Dabei war er sowohl dem EK 5 als auch dem BdS zugeordnet. Er übernahm eine Miliz von 20 bis 30 Volksdeutschen und Ukrainern, die von deutschen Dienststellen empfohlen worden waren und sich vermutlich auch in Babij Jar als Hilfskräfte beteiligt hatten. Die von Schumacher aus diesem Stamm aufgebaute ukrainische Polizei erreichte 1942 eine Stärke von 150 Mann.[12]

Vom 26. Dezember 1941 bis Ende Januar 1942 erhielt Schumacher Urlaub, den er in Prag verbrachte, der aber auch mit dem dienstlichen Auftrag verbunden war, in Berlin nachrichtendienstliche Geräte für das Reichskommissariat Ukraine zu beschaffen.[13] Nach seiner Rückkehr nahm er auf Anordnung von Thomas für etwa zwei Wochen die Dienstgeschäfte des noch nicht eingetroffenen KdS wahr. Dabei kam es nach Schumachers Angaben zu einem Disput mit dem BdS über die damit verbundene Aufgabe, alle aufgegriffenen Juden erschießen zu lassen, was er abgelehnt habe. Thomas, ein überzeugter Anhänger des Vernichtungsprogramms,[14] verwies ihn auf allerhöchste Befehle und die gängige Praxis der EK. Schumacher fügte sich wohl auch deshalb, weil er annahm, daß sich in der Stadt nach dem Blutbad von Babij Jar kaum noch Juden aufhielten. Mit Entsetzen stellte er jedoch fest, daß der Sicherheitspolizei von verschiedenster Seite beinahe täglich angebliche Juden übergeben wurden und zusätzlich „korbweise“ Anzeigen aus der ukrainischen Zivilbevölkerung über versteckte jüdische Menschen eingingen.[15]

Schumacher befahl bei allen aufgegriffenen Juden und bei nichtjüdischen Personen, die nach Vernehmungen durch die Exekutivbeamten der Sabotage oder Partisanentätigkeit verdächtigt wurden, die Exekution. Er forderte für die Hinrichtungen den Gaswagen des BdS Kiew[16] mit dem Ziel an, seinen Männern die Erschießung zu ersparen. Außerdem soll ihm gesagt worden sein, daß die Opfer durch die Abgase langsam und ohne Qual einschlafen würden. An den mindestens fünf Tagen, an denen ihm der Wagen zur Verfügung stand, ließ er nach eigenen Angaben etwa 150 Juden, darunter Kinder und bis zu 50 Frauen, sowie eine noch darüber liegende Anzahl nichtjüdischer Personen durch das in das Wageninnere geleitete Kohlenmonoxyd der Abgase ermorden. Die Leichen wurden in den von den Verteidigern Kiews angelegten Panzergräben verscharrt. Obgleich Schumacher sehr eindrücklich den grausigen Anblick der Ermordeten schilderte und ihm spätestens nach dem ersten Einsatz klar geworden sein mußte, wie qualvoll der Tod für die zu Ermordenden war, setzte er den Wagen bis zum Eintreffen des neuen KdS weiter ein.[17]

Zum KdS in Kiew war SS-Obersturmbannführer Erich Ehrlinger ernannt worden, der zuvor Führer des Sonderkommandos 1b im Baltikum gewesen war.[18] Erst mit dessen Ankunft in der ukrainischen Metropole im Februar 1942 begann mit Hilfe weiterer personeller Verstärkungen der systematische Ausbau der KdS-Dienststelle. Ehrlinger versuchte, eine Struktur nach dem Vorbild des RSHA aufzubauen und ernannte Schumacher zum Leiter der Abteilungen IV (Gestapo) und V (Kripo). In einem Gespräch mit ihm will Schumacher noch einmal erfolglos versucht haben, zumindest von den Aufgaben der Abteilung IV, zu denen auch die Partisanenbekämpfung und die Judenvernichtung gehörten, entbunden zu werden. Auch bat er auf Wunsch der anderen Angehörigen der Dienststelle, den Gaswagen nicht mehr für Hinrichtungen einzusetzen. Ehrlinger zeigte dafür Verständnis, und sie einigten sich zunächst darauf, in Zukunft nur noch Erschießungen durchzuführen. Weil offenbar das RSHA dem nicht zustimmte, fanden aber auch weiterhin Vergasungen statt.[19] Als Gestapo-Leiter der Dienststelle unterschrieb Schumacher die ihm von seinen Mitarbeitern vorgelegten Exekutionslisten, bevor diese Ehrlinger zugeleitet wurden. Auch für die Durchführung der Hinrichtungen war die Abteilung IV zuständig. Bei der Zusammenstellung der jeweiligen Kommandos achtete Ehrlinger darauf, daß sich alle Angehörigen der Abteilungen III (SD), IV und V an den Erschießungen beteiligten.

Schumacher selbst befehligte in der Folgezeit acht bis zehn Exekutionen mit etwa 280 bis 350 Opfern. Bemerkenswert ist, daß er sich dabei nicht nur auf die Leitung der Erschießungen beschränkte, sondern sich in allen Fällen selbst bei den Schützen einreihte. Er begründete diese Vorgehensweise damit, daß er von seinen Männern nichts habe verlangen dürfen, was er nicht selbst vorgelebt habe. Nach Feststellungen des Karlsruher Schwurgerichts waren unter den mindestens 25 Juden, die Schumacher eigenhändig erschoß, auch mindestens zwei Kinder. „Dabei kam es zu menschlich schwierigen und tragischen Situationen, deren Bilder ich heute noch vor mir habe", so Schumacher 1959.[20] Der damalige Adjutant des KdS wurde in seiner Beschreibung der offenbar alltäglichen Hinrichtung von Kindern konkreter: „Diese Frauen weinten sehr, ebenfalls auch ihre Kinder. [...] Meistens hielten die Mütter ihr Kind bzw. ihre Kinder eng umschlungen im Arm, als sie in die Grube gingen und auch in der Grube selbst legten sie sich so hin, daß sie ihre Kinder im Arm behielten. [...] Unter den Opfern befanden sich auch Säuglinge."[21]

Zahlreiche Zeugen bekundeten später, daß Schumacher während und nach den Exekutionen einen bedrückten Eindruck gemacht habe und ihm die Vorgänge zuwider gewesen seien.[22] Er verweigerte aber in keinem Fall die Beteiligung an einer Hinrichtung oder die Unterschrift unter eine Exekutionsliste. Nachdem seine Versuche, der Mitwirkung zu entgehen, gescheitert waren, verfiel er in eine tiefe Resignation. Seinem Pflichtgefühl als Beamter gehorchend, funktionierte er widerwillig im Sinne des Mordprogramms.[23] In einer Situation allerdings konnte er den eigenen Ansprüchen, alles selbst zu tun, was er von seinen Männern verlangte, nicht genügen und hat, wie er sich ausdrückte, „versagt". Schumacher wäre als Schütze an der Reihe gewesen, als eine Mutter mit einem Kleinkind auf dem Arm in den Panzergraben geführt wurde. Er täuschte eine Ladehemmung vor und zwang so den Nächsten in der Reihe der Schützen, die Exekution vorzunehmen.[24] Damit entging er der für ihn extrem belastenden Situation, Mutter und Kind ermorden zu müssen, ohne daß die Hinrichtung verhindert worden wäre.

Schumacher hatte in allen ihm vorgelegten Fällen nur die Möglichkeit, auf Exekution oder Freilassung zu entscheiden. Um eine dritte Alternative zu erhalten und das „Maß der Erschießungen herabzusetzen", ergriff er im April 1942 die Initiative zur Einrichtung eines „Arbeitslager" genannten Konzentrationslagers. Dabei scheint es sich um das Außenlager des KZ Sachsenhausen in Syrets am Nordwestrand von Kiew gehandelt zu haben.[25] Dort herrschten fürchterliche Bedingungen: Die zunächst nur männlichen Häftlinge lebten in Erdhöhlen; täglich starben zehn bis 15 Insassen an Unterernährung, und die von SS-Offizieren geführten Angehörigen der ukrainischen Schutzmannschaften praktizierten ein Terrorregime.[26] Auch jüdische Handwerker ließ Schumacher in der Folge in das Lager einweisen. Für alle nicht arbeitsfähigen Personen, die für Juden gehalten wurden, darunter Frauen und Kinder, ordnete er weiterhin die Exekution an.[27] Einen erneuten Urlaub im Sommer 1942 nutzte Schumacher, um mit Hilfe seiner Beziehungen im RSHA die Aufhebung seiner Kommandierung zum „Osteinsatz“ voranzutreiben. Dabei konnte er auf die Unterstützung des Leiters der SD-Personalabteilung im Amt I des RSHA, SS-Sturmbannführer Fritz Braune, zurückgreifen.[28] Seine schließlich erfolgreichen Bemühungen schadeten seiner weiteren Karriere nicht, wie der glatte Beförderungsverlauf bis 1945 zeigt.[29]

Nach seiner Rückkehr in die Ukraine wurde er als Abteilungsleiter IV und V an die im Aufbau befindliche Dienststelle des KdS Stalino versetzt. Seine Hauptaufgabe war es zunächst, Sabotageakte der in den zahlreichen Industriebetrieben eingesetzten Kriegsgefangenen zu verhindern. Außerdem beteiligte er sich in den Reihen der Gendamerie an einem zweiwöchigen Kampfeinsatz gegen Partisanen im rückwärtigen Heeresgebiet der im Rahmen der „Operation Blau“ vorstoßenden Verbände. Bei diesen Unternehmen zur „Bandenbekämpfung“ wurden routinemäßig auch alle aufgegriffenen Juden erschossen. „Partisanen“ und „Juden“ als die angeblichen Träger des Bolschewismus hatten sich längst zu einem diffusen, mörderischen Feindbild vermischt.[30] Aus Stalino wurde Schumacher zum Referat I D 2 im RSHA beordert, wo er etwa ein Jahr lang als Untersuchungsführer und Gerichtsoffizier für Disziplinarangelegenheiten der Sicherheitspolizei verantwortlich war.[31] Im Juli 1943 wurde er als stellvertretender Chef zur Kripo-Leitstelle in Breslau abgeordnet und übernahm im Oktober 1944 dann die Führung der Abteilung V der neuen KdS-Dienststelle Breslau, in der Gestapo, Kripo und SD zusammengelegt wurden.[32] Diese Funktion hatte er bis zur Einschließung der Stadt durch die Rote Armee inne. Wegen einer Nierenbeckenentzündung konnte Schumacher sich noch im März 1945 aus der „Festung“ ausfliegen lassen.

Keine Rückkehr zur bürgerlichen Normalität

Das Kriegsende erlebte er in einem Nürnberger Lazarett. Nach seiner Genesung zog Schumacher zunächst nach Hamburg, wo er von der dortigen Kripo festgenommen und der britischen Militärpolizei überstellt wurde. Grund für diese Verhaftung war ein Erlaß, nach dem alle höheren Beamtendienstgrade zur Überprüfung zu arrestieren waren. Nachdem er gegenüber den Briten ausgesagt hatte, daß er während seiner gesamten Laufbahn ausschließlich für die Kripo tätig gewesen sei, wurde er freigelassen. Schumacher ging nun zurück nach Mönchengladbach und bestritt seinen Lebensunterhalt als Kanal- und Bauarbeiter. Im Februar 1946 verhafteten ihn die Briten ein zweites Mal. Sie verdächtigten ihn, als ehemaliger Vertreter des Leiters der Kripo in Breslau im März und April 1944 an der Ermordung von 50 aus der Kriegsgefangenschaft geflohenen Offizieren der Royal Air Force beteiligt gewesen zu sein.[33] Der

Massenausbruch aus dem Stammlager III der Luftwaffe in Sagan/Niederschlesien wurde als „the great escape“ bekannt.[34] Schumacher wurde zu Vernehmungen für mehrere Monate nach Großbritannien gebracht. Weil ihm keine Schuld nachgewiesen werden konnte, wurde er im August 1946 wieder auf freien Fuß gesetzt. Außerdem teilten die britischen Dienststellen den deutschen Behörden offenbar mit, daß Schumacher unbelastet sei und ein Entnazifizierungs- bzw. Spruchkammerverfahren deshalb nicht durchgeführt werden müsse. Im anschließenden Prozeß vor dem Military Court for Trial of War Criminals im Hamburger Curio-Haus sagte er als Entlastungszeuge der Verteidigung aus.

Schumacher scheint bis zu diesem Zeitpunkt am ehesten dem Typus eines Opportunisten und Konformisten entsprochen zu haben.[35] Er war kein radikaler Nationalsozialist, kein Weltanschauungs- oder Exzeßtäter, obwohl er den Schreibtisch verlassen und sich selbst an Tötungsaktionen beteiligt hatte. Mit der scheinbar bevorstehenden Rückkehr zur Normalität nach der Entlassung durch die Briten und der damit verbundenen problemlosen Entnazifizierung fiel Schumacher jedoch aus dem Verhaltensraster der meisten Holocausttäter heraus. Denn sein Schuld- und Unrechtsbewußtsein lastete schwer auf ihm und machte es ihm offenbar unmöglich, seine Karriere ohne Bruch fortzusetzen. Dies stand in diametralem Gegensatz zum gesellschaftlichen Mainstream, der auf eine schnelle Reintegration der alten Eliten in die entstehende Bundesrepublik setzte. Die Alliierten waren zuvor vergleichsweise rigoros gegen NSDAP-Mitglieder im öffentlichen Dienst vorgegangen.[36] Diesem Personenkreis griff nun der Parlamentarische Rat bei der Ausarbeitung des Grundgesetzes unter die Arme. Artikel 131 ermöglichte ein Sonderrecht auf Entschädigung und Wiedereinstellung für Beamte, die „aus anderen als beamten- oder tarifrechtlichen Gründen ausgeschieden sind“, und wurde zum Ankerpunkt der Nachkriegskarriere vieler Belasteter.[37] Auch Hans Schumacher gehörte zum Kreis der durch das „131er“-Gesetz zu „Beamten zur Wiederverwendung“ erklärten Personen. Er hätte seit dessen Inkrafttreten am 1. April 1951 Ansprüche auf ein Übergangsgehalt und die erneute Unterbringung im öffentlichen Dienst in der Position eines Regierungsrates geltend machen können.[38] Auch seine zwischenzeitliche Tätigkeit für das RSHA und die Gestapo wäre kein Hindernis gewesen, da Schumacher „von Amts wegen“ dorthin versetzt worden war und deshalb unter die entsprechende Ausnahmebestimmung fiel. Ehemalige Kriminalbeamte hatten es beim Wiedereinstieg in eine Polizeikarriere ohnehin am leichtesten und erreichten zum Teil hohe Positionen.[39]

Bereits während seiner ersten Vernehmung in Wuppertal am 3. September 1959 wies Schumacher darauf hin, daß er keine Anträge gemäß Artikel 131 Grundgesetz gestellt habe.[40] Später begründete er dieses ungewöhnliche Verhalten ausdrücklich mit der Befürchtung, wegen der Ereignisse in Kiew zur Rechenschaft gezogen zu werden. Anders als die vielen in den Staatsdienst zurückdrängenden politisch Belasteten fühlte Schumacher nach eigener Aussage durch die auf ihm lastende Schuld einen „furchtbaren Druck". Dieser habe es ihm unmöglich gemacht, sich in der Nachkriegszeit entsprechend seiner Vorbildung zu positionieren.[41] Darum beantragte er auch keine Zulassung als Rechtsanwalt und verzichtete auf die Vorteile, die mit einer Anerkennung als Flüchtling aus den deutschen Ostgebieten verbunden gewesen wären. Aufgrund dieser selbst gewählten Deklassierung arbeitete Schumacher zwischen 1946 und 1958 als kaufmännischer Angestellter in Mönchengladbach, Darmstadt und Wuppertal. Bei welchen Firmen er im einzelnen tätig war, läßt sich aus seinen spärlichen Angaben nicht mehr rekonstruieren. In den Wuppertaler Adreßbüchern ist er zwischen 1952 und 1965 mit wechselnden Berufsbezeichnungen aus dem kaufmännischen Bereich verzeichnet.[42] Seine letzte Stelle als Personalchef und Rechtsberater mit Prokura in einem Wuppertaler Unternehmen verlor er nach dem Tod des Firmeninhabers. Zum 1. November 1958 wechselte er daraufhin wieder in den juristischen Bereich und trat eine Stelle in der Rechtsabteilung des Zentralverbandes der Haus- und Grundbesitzer in Düsseldorf an, die er bis zu seiner Festnahme ausübte.

Schumachers Name war bereits im Zuge der ersten Vernehmungen in Bezug auf die KdS-Dienststelle Kiew durch die Sonderkommission der Zentralen Stelle Ludwigsburg im Juli 1959 als Leiter der Abteilung IV genannt worden. Im August verdichteten sich die Hinweise auf seine aktive Beteiligung an Exekutionen. Daraufhin stellte die Zentrale Stelle Strafanzeige, und wenige Tage später beantragte die Staatsanwaltschaft „wegen Flucht- und Verdunkelungsgefahr kraft gesetzlicher Vermutung" Haftbefehl.[43] Im Anschluß an die erste Vernehmung Schumachers im Wuppertaler Polizeipräsidium wurde er in Untersuchungshaft genommen und in das Landesgefängnis Ludwigsburg eingeliefert. Die Verteidigungsstrategie der meisten Täter des Holocaust fußte entweder auf der apologetischen Behauptung, die Strafbarkeit der Befehle nicht erkannt und deshalb ohne Unrechtsbewußtsein gehandelt zu haben, oder auf der Berufung auf eine angebliche Gefahr für Leib und Leben, die zu einem Befehlsnotstand geführt habe. Angesichts der hohen Gewichtung der inneren Tatbeteiligung in den deutschen NS-Prozessen boten sich so erfolgversprechende Entlastungsmöglichkeiten.[44] Schumacher legte dagegen während der folgenden Vernehmungen und auch in der Hauptverhandlung ein umfassendes Geständnis ab.

Er offenbarte bemerkenswert eindeutig, daß er sich bereits zur Tatzeit über das begangene Unrecht auch rechtlich bewußt war: „Zweifellos habe ich die Judenliquidierungen menschlich und juristisch als großes Unrecht, als glatten Mord angesehen. Da ich durch meine eigene Beteiligung in die Liquidierungen verstrickt bin, fühle ich mich seitdem in tiefer Schuld. [...] Es war mein Fehler, daß ich trotz dieser Einsicht die Teilnahme an den Liquidationen nicht verweigert habe."[45] Einen Befehlsnotstand machte er für sich ausdrücklich nicht geltend, weil er im schlimmsten Falle erhebliche Schwierigkeiten mit seinen Vorgesetzten, aber keine Gefahr für sein Leben befürchtet habe. Diese Kombination aus einem deutlich erklärten Unrechtsbewußtsein ohne die Berufung auf einen Befehlsnotstand macht das Besondere im Fall Schumacher aus. Dies wird noch dadurch verstärkt, daß es sich bei ihm um einen Volljuristen handelte, der um die rechtliche Bedeutung seiner Aussagen wußte.[46]

Allerdings beschränkte sich die Offenheit, mit der er seine Beteiligung an Verbrechen eingestand, ausschließlich auf seine Zeit in Kiew. In Bezug auf seine kurze Tätigkeit beim KdS Stalino war Schumacher in seinen Aussagen dagegen auffallend zurückhaltend. So sagte er im September 1959 im Rahmen der Ermittlungen zu Kiew aus, daß er sich in Stalino nur wenige Tage aufgehalten habe und praktisch nicht tätig geworden sei.[47] Erst im Rahmen eines neuen Ermittlungsverfahrens gegen Angehörige des KdS Stalino, in dem er im März 1960 nicht als Beschuldigter, sondern nur als Zeuge vernommen wurde, berichtete er ausführlicher über die Großaktion gegen Partisanen. Er stellte diese aber als militärisches Unternehmen dar und hob die erheblichen Verluste in den Reihen der deutschen Ordnungspolizei hervor.[48] Die mögliche, ja wahrscheinliche Jagd auf versteckte Juden wurde weder von ihm, noch von dem ermittelnden Staatsanwalt thematisiert. Es bleibt hier fraglich, warum das eigene Verhalten in Stalino nicht ähnlich kritisch reflektiert wurde wie im Fall Kiew.

Die eindeutigen Aussagen Schumachers, bezogen auf den nicht vorhandenen Befehlsnotstand beim KdS Kiew, hinderten den Anwalt Erich Ehrlingers, Dr. Rudolf Aschenauer, nicht, für seinen Mandaten, den direkten Vorgesetzten Schumachers, auf Anerkennung eines Befehlsnotstandes zu plädieren. Er begründete seine Forderung nach einem Freispruch gar mit einer angeblichen Putativnotwehr gegenüber den ermordeten Opfern.[49] Auch die Karlsruher Staatsanwaltschaft führte bei der Einstellung der Verfahren gegen andere Beschuldigte aus der gleichen Dienststelle einen Putativnotstand als Schuldausschließungsgrund an.[50] Schumachers Anwalt, Dr. Ingenohl aus Karlsruhe, verzichtete auf Wunsch seines Mandanten dagegen ausdrücklich darauf, einen Freispruch zu beantragen und bat stattdessen um eine milde bzw. gerechte Strafe. Schumacher wolle unter dem Eindruck der ihn belastenden Schuld sühnen.[51]

Das Schwurgericht beim Landgericht Karlsruhe orientierte sich in seiner Urteilsbegründung am Vorbild des Ulmer Einsatzgruppen-Prozesses aus dem Jahr 1958 und definierte Hitler, Himmler, Heydrich sowie deren nähere Umgebung als Haupttäter und die Angeklagten folgerichtig als Gehilfen.[52] Schumacher wurde wegen eines in Mittäterschaft begangenen Verbrechens der gemeinschaftlichen Beihilfe zum Mord in 240 Fällen zu einer vierjährigen Zuchthausstrafe verurteilt. Gegen dieses Urteil legte die Staatsanwaltschaft unter anderem wegen der Gehilfenjudikatur Revision ein. Der 1. Strafsenat des Bundesgerichtshofs, welcher der Beihilfekonstruktion vergleichsweise positiv gegenüberstand, verwarf die Revision in diesem Punkt.[53] Er hob das Urteil aber wegen eines anderen Rechtsmangels wieder auf: Jeder Exekutionsvorgang hätte vom Schwurgericht als selbständige Handlung gewertet werden müssen und nicht als natürliche Handlungseinheit.[54] In dem neu aufgerollten Verfahren wurde Schumacher im Dezember 1963 wegen gemeinschaftlicher Beihilfe zum gemeinschaftlichen Mord in 82 rechtlich selbständigen Handlungen verurteilt, wobei das Strafmaß von vier Jahren Zuchthaus nicht verändert wurde. Eine erneute Revision vor dem Bundesgerichtshof scheiterte.[55]

Organisation Gehlen

Im Rahmen der Hauptverhandlung 1961 bezeichnete sich Schumacher offenbar erstmalig als ehemaligen Mitarbeiter der Organisation Gehlen.[56] Diese Tätigkeit hatte er zuvor bei keiner der Vernehmungen offenbart, und sie fand deshalb auch keinen Eingang in die Anklageschrift der Staatsanwaltschaft. Wahrscheinlich waren es taktische Erwägungen seiner Verteidigung, diese Information erst während der Hauptverhandlung preiszugeben. Reinhard Gehlen, von 1942 bis Kriegsende Chef der Abteilung Fremde Heere Ost im Generalstab des Heeres, hatte sich 1945 den Vereinigten Staaten als Experte für die Rote Armee angeboten. Er baute mit US-Unterstützung seit 1946 einen Nachrichtendienst auf, in dem zahlreiche ehemalige Angehörige von Gestapo und SD unterschlüpften. Bereits der erste, aus 50 Offizieren bestehende Stab der Organisation Gehlen war mit Personen durchsetzt, die Kriegs- und NS-Verbrechen begangen hatten.[57] Ende der 1940er Jahre war schätzungsweise jeder zehnte der rund 4000 Gehlen-Mitarbeiter durch seine Vergangenheit belastet. Für ihren Chef war jedoch die nachrichtendienstliche Verwendbarkeit zur Ostaufklärung, nicht aber der politische Hintergrund seines Personals ausschlaggebend.[58]

Welche Funktion Schumacher innerhalb der Organisation Gehlen ausübte, muß aus Mangel an Quellen offen bleiben. Möglich wäre eine feste nebenberufliche Tätigkeit, aber auch eine freie Mitarbeit als sogenannte Sonderverbindung.[59] Die wichtigste Voraussetzung für eine solche Tätigkeit – Kenntnisse und Erfahrungen über den aufzuklärenden kommunistischen Machtbereich in Osteuropa – erfüllte Schumacher durch seine Aktivitäten in Prag, in der Ukraine und in Breslau. Auch hatte er Erfahrungen in der Anwerbung und Führung eigener sowie in der Aufdeckung gegnerischer Agenten.[60] Möglicherweise wurde er Gehlen von anderen ehemaligen Angehörigen des Amtes V des RSHA vorgeschlagen, da die Personalgewinnung in erster Linie auf Empfehlungen aus dem Kreis der bereits vorhandenen Mitarbeiter fußte.[61] Im Jahr 1956 durchliefen alle Angehörigen der Organisation Gehlen vor der Übernahme in den Bundesnachrichtendienst (BND) ein Überprüfungsverfahren, zu dem auch eine Durchleuchtung der politischen Vergangenheit gehörte.[62] Angeblich wurde Schumacher die Übernahme sowohl in den BND als auch in andere Ämter angeboten; er habe aber abgelehnt – so die Urteilsbegründung –, weil er sich wegen der Vorgänge in Kiew nicht für würdig gehalten habe, dem deutschen Staat wieder als Beamter zu dienen.[63] Die Organisation Gehlen war hingegen keine deutsche Einrichtung, sondern in die Nachrichtendienste der USA eingebunden.[64] Die Umwandlung in den BND erfolgte zum 1. April 1956.[65] Spätestens zu diesem Zeitpunkt schied Schumacher folglich aus der Organisation aus.

Interessante Parallelen weist der Fall seines Nachfolgers als Leiter der Abteilung IV in Stalino, SS-Hauptsturmführer und Kriminalrat Ludwig Kollath, auf. Zwischen beiden bestand eine persönliche Verbindung, denn Schumacher war als Kriminalkommissaranwärter im Berliner Polizeipräsidium 1934 dem acht Jahre älteren Kollath zugewiesen worden. Schumacher wußte angeblich nicht, daß dieser sein Nachfolger in Stalino gewesen war. Kollath trat nach 1945 ebenfalls in die Dienste eines nicht näher bezeichneten alliierten Geheimdienstes. Weil seine SS-Offiziers-Akte 1960 im Berlin Document Center nicht mehr auffindbar war, ging die Sonderkommission der Zentralen Stelle davon aus, daß die Unterlagen in diesem Zusammenhang „von berufener Seite" entfernt worden seien.[66] Kollath war zu diesem Zeitpunkt Leiter der Abteilung II im Landesamt für Verfassungsschutz von Baden-Württemberg. Er sah sich im Zuge der Ermittlungen gezwungen, vorzeitig ein Pensionierungsgesuch einzureichen.[67] Die 1950er und 1960er Jahre waren geprägt von einem weitgehenden Integrationswillen der Nachkriegsgesellschaft auf der einen und einem skrupellosen Drängen der einstigen Täter in hohe Positionen der jungen Bundesrepublik auf der anderen Seite. Schumacher war in diesem Umfeld mit seiner ablehnenden Haltung zu einer Rückkehr in den öffentlichen Dienst und der Übernahme der Verantwortung für seine Beteiligung am Holocaust eine Ausnahmeerscheinung. Er starb am 16. September 1992 in Kassel.[68]

Anmerkungen

* Für zahlreiche Hinweise, Anregungen u. Materialien bedanke ich mich bei Michael Okroy (Wuppertal).

1 Vern. Dr. Hans Schumacher v. 15.–21.9.1959, BAL, B 162/2647, Bl. 85.

2 Heiner Lichtenstein: Himmlers grüne Helfer. Die Schutz- und Ordnungspolizei im „Dritten Reich", Köln 1990, S. 132–143; Michael Okroy: „... kann nicht bezweifelt werden, daß er beim Aufbau eines freien Deutschlands seine Kraft einsetzen wird". NS-Täter aus Wuppertal: Auf Umwegen zurück in die ‚Normalität', in: Geschichte im Wuppertal 8 (1999), S. 115–118.

3 Beförderungsvorschlag v. 20.7.1943, BAB, BDC, SSO Dr. Hans Schumacher.

4 Personalbericht v. 1.8.1939 (undat.), ebd.

5 Vern. Eduard B. v. 2.7.1959, BAL, B 162/2644, Bl. 2339, 2373.

[6] Michael Wildt: Generation des Unbedingten. Das Führungskorps des Reichssicherheitshauptamtes, Hamburg 2002, S. 553 f.

[7] Vern. Dr. Hans Schumacher v. 23.9.1959, BAL, B 162/2647, Bl. 101.

[8] Meldung an SS-Personal-HA v. 27.11.1941, BAB, BDC, SSO Dr. Hans Schumacher.

[9] Das Reichskommissariat Ukraine als zivile Besatzungsbehörde gliederte sich in die Generalbezirke Wolhynien, Shitomir, Kiew, Nikolajew u. Dnjepropetrowsk, vgl. Andrej Angrick: Besatzungspolitik und Völkermord. Die Einsatzgruppe D in der südlichen Sowjetunion 1941–1943, Hamburg 2003, S. 451.

[10] Gerhard Paul/Klaus-Michael Mallmann: Sozialisation, Milieu und Gewalt. Fortschritte und Probleme der neueren Täterforschung, in: dies. (Hrsg.): Karrieren der Gewalt. Nationalsozialistische Täterbiographien, Darmstadt 2004, S. 14 ff.; Alexander V. Prusin: A Community of Violence: The SiPo/SD and its Role in the Nazi Terror System in Generalbezirk Kiew, in: HGS 21(2007), S. 1–30.

[11] Hartmut Rüss: Kiev/Babij Jar 1941, in: Gerd R. Ueberschär (Hrsg.): Orte des Grauens. Verbrechen im Zweiten Weltkrieg, Darmstadt 2003, S. 102–113.

[12] Vern. Jakob H. v. 23.3.1960, BAL, B 162/2652, Bl. 11.

[13] Dto. Dr. Hans Schumacher v. 15.–21.9.1959, ebd., B 162/2647, Bl. 5.

[14] Dieter Pohl: Schauplatz Ukraine. Der Massenmord an den Juden im Militärverwaltungsgebiet und im Reichskommissariat 1941–1943, in: Norbert Frei/Sybille Steinbacher/ Bernd C. Wagner (Hrsg.): Ausbeutung, Vernichtung, Öffentlichkeit. Neue Studien zur nationalsozialistischen Lagerpolitik, München 2000, S. 153 f.

[15] Neben Feldgendarmerie, Geheimer Feldpolizei u. anderen Dienststellen der Wehrmacht nannte Schumacher den örtlichen Landwirtschaftsführer, die Dienststelle des Gebietskommissars u. die ukrainische Miliz, Vern. dess. v. 15.–21.9.1959, BAL, B 162/2647, Bl. 41, 45.

[16] Dabei handelte es sich um einen Gaswagen der ersten Generation, die im Dezember 1941 der EG C zugeteilt worden waren, vgl. Raul Hilberg: Die Vernichtung der europäischen Juden, Bd. 2, Frankfurt/M. 1990, S. 349 f.

[17] Aus dem Inneren des Wagens waren Schreie u. das Trommeln gegen die Seitenwände zu hören; Schumacher ließ den Fahrer Vollgas geben, was die Ermordung beschleunigte, aber auch die Leiden der Opfer vergrößerte; die Toten hatten deshalb verzerrte Gesichter u. waren mit Erbrochenem u. Kot beschmutzt, Vern. Dr. Hans Schumacher v. 15.–21.9.1959, BAL, B 162/2647, Bl. 47–51.

[18] Wildt: Generation (Anm. 6), S. 591–601; ders.: Erich Ehrlinger – ein Vertreter „kämpfender Verwaltung“, in: Mallmann/Paul (Anm. 10), S. 76–85; zum Begriff der „kämpfenden Verwaltung“: Gerhard Paul: „Kämpfende Verwaltung“. Das Amt IV des Reichssicherheitshauptamtes als Führungsinstanz der Gestapo, in: Gerhard Paul/Klaus-Michael Mallmann (Hrsg.): Die Gestapo im Zweiten Weltkrieg, ‚Heimatfront‘ und besetztes Europa, Darmstadt 2000, S. 42–81.

[19] Urteil LG Karlsruhe v. 20.12.1961, BAL, B 162/14150.

[20] Vern. Dr. Hans Schumacher v. 3.9.1959, ebd., B 162/2645, Bl. 3421.

[21] Dto. Reinhold Brünnert v. 24.7.1959, ebd., Bl. 3149.

[22] Dto. Eduard B. v. 2.7.1959, ebd., B 162/2644, Bl. 2373.

[23] Urteil LG Karlsruhe v. 20.12.1961, ebd., B 162/14150.

[24] Vern. Dr. Hans Schumacher v. 19.9.1959, ebd., B 162/2647, Bl. 67 ff.

[25] Gudrun Schwarz: Die nationalsozialistischen Lager, Frankfurt/M. 1990, S. 225; das Lager ist nicht identisch mit dem ebenfalls zur KdS-Dienststelle gehörenden Gut Michalowka, auf dem etwa 30–40 Häftlinge arbeiteten; irrtümlich Wildt: Generation (Anm. 6), S. 596.

[26] The KZ in Syrets, http://deathcamps.org/occupation/syrets.html (Version v. 9. 7. 2006).

[27] Vern. Dr. Hans Schumacher v. 15.–21. 9. 1959, BAL, B 162/2647, Bl. 17 ff.

[28] Dto. v. 19. 9. 1959, ebd., Bl. 73.

[29] Schumacher war bei Kriegsende SS-Sturmbannführer sowie Regierungs- u. Kriminalrat, BAB, BDC, SSO Dr. Hans Schumacher.

[30] Vern. dess. v. 17. 3. 1960, BAL, B 162/4919, Bl. 46–50.

[31] Beförderungsvorschlag v. 20. 7. 1943, BAB, BDC, SSO Dr. Hans Schumacher.

[32] BB CdS Nr. 43 v. 21. 10. 1944, ebd., RD 19/2.

[33] Vern. Dr. Hans Schumacher v. 23. 9. 1959, BAL, B 162/2647, Bl. 103 ff.

[34] Paul Brickel: The Great Escape, London 1987; Ute Ueberschär-von Livonius: Sagan 1944, in: Ueberschär (Anm. 12), S. 217–223.

[35] Brickel (Anm. 34), S. 17 f.

[36] Norbert Frei: Hitlers Eliten nach 1945. Eine Bilanz, in: ders. (Hrsg.): Hitlers Eliten nach 1945, Frankfurt/M. 2001, S. 272 f.

[37] Ders.: Vergangenheitspolitik. Die Anfänge der Bundesrepublik und die NS-Vergangenheit, München 1996, S. 69–100; zur Entstehung des „Gesetzes zur Regelung der Rechtsverhältnisse der unter Artikel 131 des Grundgesetzes fallenden Personen“: Udo Wengst: Beamtentum zwischen Reform und Tradition. Beamtengesetzgebung in der Gründungsphase der Bundesrepublik Deutschland 1948–1953, Düsseldorf 1988.

[38] Frei: Vergangenheitspolitik (Anm. 37), S. 79.

[39] Wildt: Generation (Anm. 6), S. 841; vgl. die beispielhaften Nachkriegskarrieren von Heinrich Bergmann im BKA u. Georg Heuser im LKA Rheinland-Pfalz: Ruth Bettina Birn: Heinrich Bergmann – eine deutsche Kriminalistenkarriere, in: Mallmann/Paul: Karrieren (Anm. 10), S. 48; Jürgen Matthäus: Georg Heuser – Routinier des sicherheitspolizeilichen Osteinsatzes, ebd., S. 118, sowie den Beitrag von Stephan Linck in diesem Bd.

[40] Vern. Dr. Hans Schumacher v. 3. 9. 1959, BAL, B 162/2645, Bl. 3401.

[41] Dto. v. 23. 9. 1959, ebd., B 162/2647, Bl. 105.

[42] 1952/53 ohne Berufsangabe, 1954–1956 Kaufmann, 1958/59 u. 1961/62 Prokurist, 1964/65 kaufmännischer Angestellter, vgl. Adreßbücher der Stadt Wuppertal, einsehbar im Stadtarchiv Wuppertal.

[43] Strafanzeige v. 18. 8. 1959, BAL, B 162/2645, Bl. 3333–3383; vgl. Vern. Eduard B. v. 2. 7. 1959, ebd., B 162/2644, Bl. 2341 ff.; dto. Hubert M. v. 13. 8. 1959, ebd., B 162/2645, Bl. 3319; Staw Karlsruhe an AG Karlsruhe v. 15. 9. 1959, ebd., B 162/2661.

[44] Vgl. Robert M. W. Kempner: Ankläger einer Epoche. Lebenserinnerungen, Frankfurt/M. u. a. 1983, S. 437 ff.

[45] Vern. Dr. Hans Schumacher v. 21. 9. 1959, BAL, B 162/2647, Bl. 85 ff.

[46] Herbert Jäger: Verbrechen unter totalitärer Herrschaft. Studien zur nationalsozialistischen Gewaltkriminalität, Frankfurt/M. 1982, S. 252–266.

[47] Vern. Dr. Hans Schumacher v. 3. 9. 1959, BAL, B 162/2645, Bl. 3401; dto. v. 23. 9. 1959, ebd., B 162/2647, Bl. 103.

[48] Dto. v. 17. 3. 1960, ebd., B 162/4919, Bl. 46–50.

[49] „Führerbefehl“ war gleich Gesetz, in: Badische Neueste Nachrichten v. 13. 12. 1961; Aschenauer war seit den Nürnberger Prozessen ein bekannter Verteidiger von NS-Verbrechern, gehörte zum Heidelberger Juristenkreis u. unterhielt Kontakte zur „Stillen Hilfe“.

[50] Vgl. Einstellungsbeschluß v. 5. 2. 1962, BAL, B 162/2654, Bl. 44–50.

[51] Berufung auf Befehlsnotstand, in: Badische Neueste Nachrichten v. 14. 12. 1961.

[52] Zur Gehilfenjudikatur: Michael Greve: Der justitielle und rechtspolitische Umgang

mit den NS-Gewaltverbrechen in den sechziger Jahren, Frankfurt/M. u. a. 2001, S. 153 ff., sowie die Beiträge von Jan Kiepe u. Peter Klein in diesem Bd.

[53] Greve (Anm. 52), S. 201 ff., wo auch Bezug auf die Revisionsentscheidung im Verfahren gegen Ehrlinger u. a. genommen wird.

[54] Beschluß 1. Strafsenat BGH v. 28. 5. 1963, BAL, B 162/14150.

[55] Dto. dess. v. 25. 2. 1963, ebd., B 162/2658, Bl. 124.

[56] „Nach seiner Freilassung im August 1946 war er nacheinander bei mehreren Firmen als kaufmännischer Angestellter u. bis zu deren Umwandlung in den Bundesnachrichtendienst bei der Organisation Gehlen tätig", Urteil LG Karlsruhe v. 20. 12. 1961, ebd., B 162/14150.

[57] Christopher Simpson: Der amerikanische Bumerang. NS-Kriegsverbrecher im Sold der USA, Wien 1988, S. 65.

[58] Jens Scholten: Offiziere: Im Geiste unbesiegt, in: Frei: Hitlers (Anm. 36), S. 120 f.

[59] Reinhard Gehlen: Der Dienst. Erinnerungen 1942–1971, Mainz-Wiesbaden 1971, S. 250 f.

[60] Vern. Curt K. v. 10. 2. 1960, BAL, B 162/2650, Bl. 345.

[61] Gehlen (Anm. 59), S. 252–255; der für die Organisation Gehlen zuständige CIA-Offizier James H. Critchfield: Auftrag Pullach. Die Organisation Gehlen 1948–1956, Hamburg u. a. 2003, S. 186, spricht von „Kettenreaktionen", die durch die Anwerbung von einzelnen ehemaligen Gestapo- u. SD-Anghörigen ausgelöst wurden.

[62] Ebd., S. 193, 199.

[63] Urteil LG Karlsruhe v. 20. 12. 1961, BAL, B 162/14150.

[64] Die Organisation Gehlen unterstand zunächst der US-Army u. seit 1949 der CIA; vgl. Critchfield (Anm. 61), S. 104 f.; Kevin C. Ruffner (Hrsg.): Forging an Intelligence Partnership: CIA and the Origins of the BND 1945–49, CIA History Staff, Center for the Study of Intelligence and European Division, Directorate of Operations 1999, declassified 2002, www.gwu.edu/~nsarchiv/NSAEBB/NSAEBB146/index.htm (Version v. 4. 2. 2005).

[65] Gehlen (Anm. 59), S. 222.

[66] SOKO Zentrale Stelle an ZSL v. 12. 1. 1960, BAL, B 162/4919.

[67] Vermerk v. 19. 4. 1960, ebd.

[68] Einwohner- u. Standesamt Stadt Kassel, Sterberegister 2230/92.

II. Konflikte

Jan Kiepe

Zwischen Ahndungsbemühung und -behinderung
Das gesellschaftliche und rechtspolitische Umfeld bei Ermittlungen gegen ehemalige Gestapo-Mitarbeiter*

„In Zukunft“, so war im August 1959 im Magazin „Der Spiegel“ zu lesen, „wird die deutsche Polizisten-Solidarität kein Hindernis mehr bilden, wenn es gilt, NS-Verbrecher dingfest zu machen, die einst Polizeiuniform trugen: Schüle verfügt neuerdings über eine Exekutiv-Sonderkommission aus gediegenen Beamten der Kriminalpolizei Baden-Württembergs, die auf seine Weisung von Ludwigsburg losfahren, sich an Ort und Stelle einen Haftbefehl besorgen und dann selbst verhaften.“[1] Der Artikel, dem das Zitat entstammt, thematisiert die ersten Monate der Arbeit bei der im Dezember 1958 gegründeten Zentralen Stelle der Landesjustizverwaltungen zur Aufklärung nationalsozialistischer Verbrechen in Ludwigsburg (ZSL) unter der Leitung des Oberstaatsanwalts Erwin Schüle.

Das Zitat verweist auf eine besondere Schwierigkeit bei den Ermittlungen gegen ehemalige Angehörige der Gestapo: das polizeiliche Milieu in der Bundesrepublik, in dem Beamte fungierten, die eine strafrechtliche Ahndung von NS-Verbrechen zu behindern, mehr noch zu verhindern suchten, um (ehemalige) Kollegen oder gar sich selbst zu schützen. Das heute wohl bekannteste Verbindungsgeflecht dieser Art entwickelte sich um die Person von Dr. Werner Best, einem Hauptideengeber des nationalsozialistischen Polizeirechts und Mitinitiator von Gestapo-Verbrechen.[2] Wurden derlei Strukturen aufgedeckt, zerschlagen oder ihr Wirkungsgrad wenigstens eingeschränkt, so geschah dies einzig durch kriminalpolizeiliche Sonderkommissionen, die nicht mit nationalsozialistisch belastetem Personal besetzt waren. Nur wenige, in der Regel junge Beamte waren bereit, gegen (ehemalige) Polizisten und Kollegen zu ermitteln. Dies geschah in einem Umfeld, in dem sie als „Nestbeschmutzer“ diffamiert wurden, so daß sie gelegentlich ihren Arbeitsplatz wechselten oder gar Selbstmord begingen.[3] Vor einer eingehenderen Beschreibung dieser Umstände soll jedoch zunächst der übergeordnete gesellschaftliche und rechtspolitische Rahmen bis in die 1960er Jahre nachgezeichnet werden. Denn weder Zeugen und verdächtige NS-Täter noch kriminalpolizeiliche Sonderkommissionen, Staatsanwaltschaften und Richter agierten davon losgelöst. Gleichzeitig prägten sie als Akteure den benannten Rahmen – einen Rahmen, in dem Hindernisse der Strafverfolgung überwunden, gleichzeitig aber auch neue errichtet wurden.[4]

Die 1940er Jahre

Der Internationale Militärgerichtshof in Nürnberg verurteilte Gestapo und Sicherheitsdienst im Herbst 1946 als „verbrecherische Organisationen", die „Kriegsverbrechen und Verbrechen gegen die Menschlichkeit im Zusammenhang mit dem Krieg" begangen hätten. Alle, die diesen Institutionen seit dem 1. September 1939 angehört hatten, waren verdächtig, sich an der Shoah, der Einweisung in Konzentrationslager und am Zwangsarbeiterprogramm beteiligt zu haben.[5] Die Automatic-Arrest-Kriterien der Westalliierten schrieben vor, derartige Personen zu internieren und den verbrecherischen Gehalt ihrer Tätigkeit zu überprüfen.[6] In den unmittelbaren Nachkriegsjahren geriet so etwa ein Drittel der ehemaligen Gestapo-Angehörigen in Haft. In der Mehrzahl jedoch nutzten diese Kriterien kaum. So tauchten Betroffene entweder mit falschem Namen unter, flohen ins Ausland oder konnten auch ohne Identitätsveränderung – zumindest in den ersten Jahren – unbehelligt in der Bundesrepublik leben.[7] Das Kriegsende erwies sich zwar als biographischer Bruch hinsichtlich der eigenen NS-Karriere, ermöglichte es aber auch, bald schon in den polizeilichen Dienst zurückzukehren. Denn personelle Engpässe in dieser Institution und die täglichen Arbeitsanforderungen machten es erforderlich, daß in den drei von den Westalliierten verwalteten Zonen auf Personal zurückgegriffen wurde, das als nationalsozialistisch belastet einzustufen war. Nach erfolgreicher, unterschiedlich weitreichender Entnazifizierung fanden so auch ehemalige Gestapo-Beamte Wiederanstellung bei den westdeutschen Ordnungskräften. Richter und Staatsanwälte taten es ihnen gleich; etwa 80 Prozent derjenigen, die bereits während des Dritten Reiches justitiell tätig gewesen waren, kehrten bis 1948 ebenfalls in den Dienst zurück.[8] Eine treibende Kraft waren insbesondere die Spruchgerichte in der Britischen Zone, die ab 1947 einzig mit deutschem Personal besetzt waren. Sie sprachen eine Vielzahl von NS-Tätern frei.[9]

Neben dieser personellen Restauration ermöglichten Bestimmungen und Erlasse der Alliierten, daß die rechtliche Autonomie bundesdeutscher Gerichte schnell erweitert wurde. Bereits das Kontrollratsgesetz Nr. 10 von Dezember 1945 erlaubte die partielle Rechtsprechung eben dieser Gerichte in Fällen, in denen Deutsche Verbrechen an Deutschen oder Staatenlosen begangen hatten. Geahndet wurden auch Verbrechen der Gestapo an „Volksgenossen", die insbesondere bei Kriegsende begangen worden waren. Dabei galt es, die im Londoner Abkommen von August 1945 benannten Tatbestände zu überprüfen: Kriegsverbrechen und Verbrechen gegen die Menschlichkeit.[10] Eine von alliierten Vorgaben vollkommen unabhängige bundesdeutsche Rechtssprechung war dann seit August 1951 möglich.[11] Nunmehr durfte die Justiz allein auf das Strafgesetzbuch (StGB) zur Ahndung von NS-Verbrechen zurückgreifen. Darin galt das Rückwirkungsverbot (§§ 1 und 2 StGB), wonach Mord und Totschlag einzig nach den Vorgaben des StGB aus der Zeit des Dritten Reiches geahndet werden sollten. Anklagen wegen Kriegsverbrechen und Verbrechen gegen die Menschlichkeit entfielen hiernach endgültig. Verdächtigen mußte nachgewiesen werden, aus Mordlust und niedrigen Motiven sowie mit Heimtücke und Grausamkeit gehandelt zu haben. Lagen diese mordqualifizierenden Merkmale für die Beweggründe und Ausführungsarten des Täters nicht vor, so war der Fall auf den Verdacht des Totschlags hin zu prüfen.[12]

Für die praktische Entschärfung der strafrechtlichen Verfolgung von NS-Tätern bildete die vergangenheitspolitische Orientierung der westdeutschen Gesellschaft den wichtigsten Faktor. Forderungen nach einer Generalamnestierung derjenigen, die in Nürnberg und weiteren Prozessen verurteilt worden waren, sowie überhaupt nach einem generellen Ende der Ahndung von NS-Verbrechen nahmen permanent zu. Insbesondere Parteien und Kirchen agierten als Sprachrohre und Exekutoren einer gesamtgesellschaftlich grassierenden Schlußstrichmentalität. So verabschiedete der Bundestag zwischen 1949 und 1954 mehrere Gesetze, die die unbescholtene Integration von NS-Belasteten erlaubten: das Straffreiheitsgesetz von 1949, die Wiedereinstellung oder Versorgung der „131er"[13] im Jahre 1951 und schließlich das zweite Straffreiheitsgesetz von 1954. Von diesen Maßnahmen profitierten schätzungsweise mehrere Hunderttausend Bundesbürger. Für ehemalige Angehörige der Gestapo erwies sich die „131er"-Regelung als besonders dienlich, wenn sie nachwiesen, nach 1933 auf dienstliche Anweisung hin zu dieser neugeschaffenen polizeilichen Behörde versetzt worden zu sein. Rechtliche Bedenken gegenüber einer Wiederanstellung im öffentlichen Dienst bestanden dann nicht mehr.[14] Nur vereinzelt wurden Betroffene aufgrund ihrer NS-Vergangenheit nicht wieder angestellt; dies betraf unter anderem jene, die vor 1945 Kollegen denunziert hatten.[15]

Insgesamt ist für die ersten Nachkriegsjahre zu konstatieren: Die sich verschärfende Blockkonfrontation und die Erfahrung der drei Westalliierten, daß sich die westdeutsche Bevölkerung hinsichtlich einer tiefgreifenden personellen Säuberung ihrer Institutionen unwillig zeigte, hatten die Entnazifizierung vorzeitig scheitern lassen. Die Mehrzahl der Deutschen sah sich in ihrem Verlangen nach einem Schlußstrich bestätigt. Ermittelte die Justiz in den drei Westzonen zwischen 1945 und 1951 noch in 17340 Fällen wegen NS-Verbrechen und sprach 5487 Urteile, so sank diese Zahl in den folgenden Jahren rapide und erlangte nie mehr diesen Stand.[16]

Die 1950er Jahre

Der in mehreren Fällen als Strafverteidiger von NS-Tätern tätige Friedrich Grimm forderte in einem Vortrag, den er im März 1955 in mehreren Städten Norddeutschlands hielt, alle wegen Kriegsverbrechen Verurteilten zu amnestieren. Prozesse, die gegen sie geführt würden, so Grimm, dienten einzig politischen Zwecken, nämlich: den Wiederaufbau Deutschlands durch „Greuelpropaganda" über das Dritte Reich zu behindern. Schließlich sei es nicht möglich, die „Massendelikte" jener Jahre nach dem „Prinzip der Rechtsgleichheit" zu beurteilen. Weil die Zahl der Täter wie die der Opfer zu umfangreich ausfiele, sei eine Generalanklage praktisch nicht durchführbar. Die einzig mögliche selektive Anklage hingegen bedinge, daß nur wenige belangt würden. Er forderte daher: „Der Vorteil einer Generalamnestie besteht in diesem Falle nur darin, daß die Generalamnestie der einfachste Weg ist, die Diskussion zu beenden und endlich den Schlußstrich zu ziehen. Die Generalamnestie bedeutet keine Rechtfertigung der zu amnestierenden Taten. Sie soll den Streit beenden." Dies sei die „Schicksalsfrage der deutschen Nation", durch die das Volk gespalten werde in die Verfolgten aus der Zeit vor und nach 1945. Deren Zusammenführung mittels eines Schlußstrichs helfe, die „Volksgemeinschaft" wieder zu errichten.[17]

Auch wenn diese Äußerungen von einem Protagonisten des rechtsintellektuellen Spektrums stammen, stehen sie doch stellvertretend für den enormen gesellschaftlichen Widerwillen gegenüber einer – nicht nur juristischen – Aufarbeitung des Nationalsozialismus.[18] Keinesfalls aber folgte hieraus ein öffentliches Beschweigen des Dritten Reiches. Vielmehr verfestigte sich das Bild, wonach die Deutschen von einigen wenigen verführt, jeder „Volksgenosse" Opfer Hitlers und seiner Helfer gewesen sei, neben weiteren metaphysisch anmutenden Deutungsmustern.[19] Die Gestapo bot hier eine der Hauptprojektionsflächen. Schließlich war sie massenhaft auch gegen Deutsche vorgegangen.[20] Ihre Mythologisierung – als Institution ohne Menschen – diente der Exkulpation von Massenmördern und der Ausblendung ihrer individuellen Verantwortlichkeiten.[21] Lediglich in wenigen Fällen verurteilten bundesdeutsche Gerichte damals NS-Täter. Meist waren es sozial Deklassierte, die zugunsten der (Selbst-)Reinigung der Mehrheitsgesellschaft ‚geopfert' wurden. Sie wurden ausgeschlossen, ihr Charakter über die Medienberichterstattung pathologisiert und kriminalisiert.[22] Befehlshabendes und -erteilendes Personal, gleich welcher Institution, blieb weitgehend unbehelligt. Sich in der Wiederaufbaugesellschaft einzurichten, war vielen möglich. Zwischen 1952 und 1957 wurden lediglich 1690 Ermittlungsverfahren eingeleitet, denen 445 rechtskräftige Verurteilungen folgten.[23]

Eine Zäsur in dieser Entwicklung erfolgte Ende der 1950er Jahre. In dieser Zeit diversifizierte sich die gesellschaftliche Wahrnehmung des Nationalsozialismus. Vereinzelt traten nun insbesondere junge Menschen an die Öffentlichkeit, um das weitgehende Beschweigen individueller Verantwortlichkeiten und personeller Kontinuitäten zu kritisieren. Auch von internationaler Seite wurden diese Mißstände kenntlich gemacht.[24] Besonders bemerkbar machten sich Unterlassungen bei der strafrechtlichen Ahndung von NS-Verbrechen im Sommer 1958. Vor dem Schwurgericht in Ulm waren zehn ehemalige Angehörige des Einsatzkommandos Tilsit angeklagt, mehrere Tausend Juden im deutschlitauischen Grenzgebiet ermordet zu haben. Der als Ulmer Einsatzgruppen-Prozeß bekanntgewordene Fall erwies, daß die Mehrzahl der NS-Täter nach 1945 nur unzureichend oder gar nicht justitiell belangt worden war. Es ließ sich erahnen, daß noch mehr solcher Fälle öffentlich zu thematisieren waren.[25]

Wegweisend für die künftige Strafverfolgung dieser Kategorie von Verbrechen war im Ulmer Prozeß die Arbeit der Staatsanwaltschaft in Person des eingangs benannten Erwin Schüle.[26] Denn es war das erste Komplexverfahren, bei dem gegen Angeklagte mehrerer Institutionen gemeinsam verhandelt wurde. Das dabei erweckte (internationale) Aufsehen ließ die Justizminister der Länder im Herbst 1958 beschließen, die ZSL zu schaffen, von der die juristische Aufarbeitung von NS-Verbrechen zentral durchgeführt werden sollte. Von der Neugründung wurden künftig die Vorermittlungen geführt und deren Ergebnisse jeweils an die Staatsanwaltschaften abgegeben, die dann weiter ermittelten. Zahlreiche Fälle von NS-Verbrechen wurden so wenigstens erfaßt, die den Umfang und Charakter des begangenen Zivilisationsbruchs in Ansätzen verdeutlichen konnten.[27] Wegweisend war der Ulmer Prozeß aber auch, weil alle Angeklagten wegen „Beihilfe zum Mord" verurteilt wurden. In dieser während der 1960er Jahre populär werdenden rechtspolitischen Konstruktion – der Gehilfenjudikatur – versinnbildlichte sich zum einen jene juristische Vorstellung der NS-Verbrechen, wonach nur einige wenige sie zu verantworten hatten. Zum anderen kamen darin Desinteresse und Unwillen der Justiz zum Ausdruck, die Täter konsequent und umfassend zu bestrafen.[28] Sie drückt gewissermaßen den Kompromiß zwischen den gesellschaftlichen und rechtspolitischen Kräften in der Bundesrepublik dieser Jahre aus: die um Ahndung Bemühten auf der einen und ihre Gegner auf der anderen Seite. Gleichzeitig kam die bundesdeutsche Justiz so partiell den Forderungen und Erwartungen des Auslandes entgegen. Öffentliche Debatten und juristische Praxen hatten also eine neue Grenzziehung gegenüber den NS-Verbrechen bewirkt,[29] deren Kennzeichen nun eingehender beschrieben werden sollen.

Die 1960er Jahre

Die Gehilfenrechtsprechung und die auf ihr basierenden Urteile suggerierten, so kritisierte Falko Kruse aus der Perspektive des Jahres 1979, daß „der NS-Staat von einer kleinen, ihr ureigenstes Programm durchsetzenden Elite beherrscht [war], von der sich die Massen – und zu ihnen zählen im Verständnis der Richter oftmals führende Funktionsträger des Nationalsozialismus – zum Mitmachen hinreißen" ließen.[30] Auch wenn bundesdeutsche Strafverfolgungsbehörden ab Ende der 1950er Jahre herausgefordert waren, intensiver gegen NS-Täter vorzugehen, arbeiteten sie doch dem populären Bild vom Dritten Reich zu, demzufolge alle Deutschen Opfer gewesen waren. Die fatalen Konsequenzen erweisen sich beim Vergleich der Gesamtzahl von Verurteilungen wegen Täterschaft und wegen Beihilfe durch bundesdeutsche Schwurgerichte.

Zwischen 1958 und 1968, der Hochphase der Ahndung von NS-Verbrechen, wurden von insgesamt 566 Angeklagten 81 als Täter (14,3 Prozent) gegenüber 293 als Gehilfen (51,8 Prozent) verurteilt; 192 Angeklagte (33,9 Prozent) blieben aus unterschiedlichen Gründen unbestraft.[31]

Doch was waren hauptsächliche Komponenten jener juristischen Konstruktion, die die massenhafte Exkulpation von NS-Tätern – und das auch heute noch gebräuchliche Bild vom maschinenhaft-fabrikartigen Charakter der Shoah – bedingten?[32] Wesentliche Grundlage für diese Entwicklung war, daß Rechtsgelehrte und Juristen NS-Delikte als „Organisationsverbrechen" interpretierten.[33] Danach hatten Angehörige der Gestapo und anderer Institutionen im Auftrag der nationalsozialistischen Machthaber Millionen von Menschen getötet. Sie hatten also lediglich auf Grundlage an sie ergangener Befehle agiert. Richter und Geschworene ordneten sie als „kleine Rädchen" oder „Gehilfen" in der „Vernichtungsmaschinerie" ein, wie es in zeitgenössischen Urteilen häufig hieß.[34] Hitler, Himmler und weiteren Staats- und Parteifunktionären wurde nachgesagt, die notwendigen Anordnungen dafür erlassen zu haben. Sie galten als die Hauptverantwortlichen, die „Haupttäter"; aufgrund ihres Ablebens ließen sie sich aber nicht mehr belangen. Einzig „Exzeßtäter" – diejenigen, denen nachgewiesen wurde, über den Befehlsrahmen hinaus oder außerhalb dessen agiert zu haben – konnten als Täter verurteilt werden. Das Strafmaß für Gehilfen hingegen bewegte sich zwischen drei und 15 Jahren Gefängnis oder Zuchthaus; in der Mehrzahl wurden sie zu Strafen zwischen sechs und elf Jahren verurteilt. Dies betraf selbst diejenigen, die dem oberen Bereich der Befehlskette zugeordnet wurden.[35]

Was die Ermittlungspraxis betrifft, so lagen den westdeutschen Verfolgungsbehörden bis Ende 1964 meist nur Dokumente aus der Bundesrepublik und dem westlichen Ausland vor. Die „Hallstein-Doktrin" verbot Kontakte zu Archiven und staatlichen Institutionen im Ostblock. Gerade dort aber lagerte wichtiges Beweis- und Belastungsmaterial. Mancher Staatsanwalt überwand diese Barriere, indem er Historiker mit der notwendigen Recherche beauftragte. Deren Gutachten wiederum fungierten als wichtige Hilfsmittel für die Ermittler und Richter.[36] Hintergrund für die Aufhebung der Kontaktsperre zu den Staaten des Ostblocks, insbesondere zu Polen, war die im Frühjahr 1964 entbrannte Debatte über die Verjährung von NS-Morddelikten, eine Debatte, die wie kaum eine andere im Rampenlicht der Öffentlichkeit stand.[37] Vier Jahre zuvor hatte es die Mehrheit des Bundestages bereits unterlassen, die Verjährung von Totschlag zu verhindern. Nach dem 8. Mai 1965 sollten nunmehr auch alle Mordverbrechen aus der Zeit des Dritten Reiches nicht mehr verfolgt werden können. Die ZSL war unter anderem im Wissen um jenes Stichdatum gegründet worden. Das endgültige Ende der Strafverfolgung von NS-Tätern stand also unmittelbar bevor.

Nunmehr schien sich die seit Jahren geforderte und erhoffte Generalamnestie endlich durchsetzen zu lassen. Staatsanwälte verstärkten ihre finalen Ermittlungsbemühungen, indem sie zahlreiche Verfahren einleiteten, deren Verjährung durch richterliche Einzelbeschlüsse jeweils unterbrochen wurde. Im Verbund mit der Bundesregierung zeigten sie sich gewiß, daß die Mehrzahl der Fälle aufgedeckt wäre. Diese Sicherheit zerbrach jedoch, als weitere Vorermittlungen und Verfahren eingeleitet wurden und immer neue Verdachtsfälle auftauchten. Da auch die Mehrheit der Bundesbürger die künftige strafrechtliche Verfolgung von NS-Tätern ablehnte, befürchtete das Ausland, daß die Bundesregierung diesem Ansinnen nachkäme. Erst massiver innen- und außenpolitischer Druck bewirkte, daß sich der Bundestag am 25. März 1965 mehrheitlich für eine Verlängerung der Verjährung von Mordverbrechen bis zum 31. Dezember 1969 aussprach. Auch dieser Beschluß ist erneut als vergangenheitspolitischer Kompromiß zu bewerten.

Endgültig wich nunmehr das öffentliche Interesse an der Strafverfolgung, auch wenn die Mehrzahl der Bundesbürger den Eichmann-Prozeß in Jerusalem 1961 und den ersten Frankfurter Auschwitz-Prozeß 1963–1965 noch interessiert verfolgt hatte.[38] Faktisch bedeutete diese Veränderung aber auch, daß sich ehemalige Angehörige der Gestapo künftig nicht sicher sein konnten, daß von ihnen begangene Verbrechen unentdeckt und ungeahndet blieben. Größere Gewißheit sollten sie aber nach dem 1. Oktober 1968 erlangen, als § 50 Absatz 2 StGB reformiert wurde – zu einem Zeitpunkt, als der quantitative Höhepunkt der Ermittlungen erreicht war und das Verfahren gegen ehemalige Angehörige des Reichssicherheitshauptamtes kurz vor der Anklage stand.[39] Besagte Gesetzesänderung schien diese Fälle zunächst nicht zu tangieren. Bald jedoch zeigten sich die Folgen. Denn die Staatsanwaltschaften mußten Angeschuldigten nun nachweisen, als Gehilfen aus „niedrigen Beweggründen" gehandelt zu haben. Bei „Schreibtischverbrechen", die Gestapo-Angehörigen angelastet wurden, stellte sich dies als besonders schwierig dar, da deren Akteure sich meist nicht unmittelbar beteiligt hatten. Gelang dieser notwendige Nachweis nicht, galt nur der Tatbestand des Mordversuchs. Da die Verjährungsfrist hier 15 statt 20 Jahre betrug, waren diese Verbrechen – dem Totschlag gleich – seit dem 8. Mai 1960 verjährt. Einflußreiche Juristen, die sich bereits in den Vorjahren für eine Generalamnestie für NS-Täter engagiert hatten, hatten diese Gesetzesänderung mit ihren fatalen Folgen bewirkt. Vor allem „Schreibtischtäter" konnten jetzt kaum noch belangt werden.[40] Aufgrund des Eichmann-Prozesses und weiterer medialer Inszenierungen waren gerade sie aber zum populärsten Täterbild der 1960er Jahre avanciert. Denn Schwurgerichtssäle erwiesen sich während dieser Zeit als Orte, an denen NS-Verbrechen am intensivsten und öffentlichkeitswirksamsten verhandelt wurden.[41]

Der Ermittlungskontext

Wie aber präsentierten sich Verdächtige und Angeklagte nicht erst in diesem Endstadium der strafrechtlichen Verfolgung, sondern bereits gegenüber der Kriminalpolizei und der Staatsanwaltschaft? Und unter welchen Bedingungen fanden die Verhöre statt? Schließlich dürften sich die beteiligten Akteure insbesondere dort bemüht haben, die Ermittlungen einerseits zu fördern und andererseits zu behindern.[42] Wesentliche Ursachen für die Wahrnehmungsbehinderungen, womöglich gar -verhinderungen bei der justitiellen Ahndung von NS-Verbrechen sind sowohl innerhalb als auch außerhalb des polizeilichen Milieus der Nachkriegszeit zu suchen. Es waren nicht erst eingeleitete Strafverfahren, wegen denen sich ehemalige Kameraden solidarisierten und protegierten.[43] Solange die Verbrechen nicht verjährt waren und Opfer und ihre Interessenvertretungen die vergangenheitspolitischen Maßnahmen der Bundesregierung kritisierten, konnten sich NS-Täter nie gewiß sein, unentdeckt und unbestraft zu bleiben. Einen prominenten Beweis für die Unsicherheit in den Kreisen ehemaliger Gestapo-Beamter liefern die Rechtfertigungsschriften von Werner Best und anderen aus den 1950er Jahren.[44] Derlei Unschuldsbekundungen, insbesondere zu juristischen Zwecken, konturierten die damalige öffentliche und politische Kultur der Bundesrepublik; gleichzeitig fanden sie große Popularität in der Bevölkerung.

Andererseits war es das (kriminal-)polizeiliche Milieu selbst, das die Strafverfolgung von NS-Tätern verhinderte. Schließlich bewegten sich darin auch viele ehemalige Gestapo-Beamte. In der zeitgeschichtlichen Forschung divergieren die Urteile über Ausmaß und Folgen von deren Wiederanstellung bei Polizei und kooperierenden Institutionen wie Verfassungsschutz und Bundesnachrichtendienst. Einerseits hatte jeder dritte Mitarbeiter im Bundeskriminalamt bereits der Sicherheitspolizei angehört;[45] andererseits scheint die Arbeitspraxis der Kripo weniger von eben jenem Personal beeinflußt worden zu sein.[46] Keinesfalls bedeutete dies jedoch, daß die ‚neue' Polizei den demokratischen Aufbau förderte. Im Gegenteil: da die nationalsozialistische Kriminal- und Ordnungspolizei vom Nürnberger Militärtribunal eben nicht als verbrecherisch verurteilt worden war, vermochten es ihre Mitarbeiter noch müheloser, sich eine unbescholtene Vergangenheit anzudichten, um eine Wiedereinstellung zu erreichen.[47]

Für die westdeutsche Nachkriegspolizei ist deshalb zu konstatieren, daß sich insbesondere ihr Führungspersonal aus denjenigen zusammensetzte, die bereits während des Dritten Reiches in ihr tätig gewesen waren und sein verbrecherisches System unterstützt hatten. Zwar bestand kaum die Gefahr, daß nationalsozialistische Polizeipraktiken überleben würden; wohl aber wurden staatsautoritäre Konzepte reanimiert, während alliierte Zivilisierungsversuche frühzeitig scheiterten.[48] Der Majorität in Gesellschaft und Politik folgend war auch das polizeiliche Interesse bis zu Beginn der 1950er Jahre gering, NS-Täter strafrechtlich zu belangen. Hatten bundesdeutsche Staatsanwaltschaften aber ein Ermittlungsverfahren eingeleitet, so mußte die Kriminalpolizei Zeugen und Verdächtige verhören. Eine ihrer wesentlichen Aufgaben bestand darin, die Befehlsverläufe, die den „Organisationsverbrechen" durch die Justiz zugrunde gelegt wurden, zu rekonstruieren. Notwendige Mittel dazu waren Zeugen und Dokumente, wobei deren Beweiskraft mancherorts durch (belastete) Vertreter polizeilicher Behörden geschmälert wurde, indem Personalakten verschwanden oder ermittlungsrelevante Hinweise nicht protokolliert wurden. Dadurch hervorgerufene Beweislücken bedingten, daß Vorwürfe oder die gesamte Anklage zurückgezogen werden mußten.

Aber auch die Arbeit engagierter Beamter wurde stark beeinträchtigt. Sie verfügten, insbesondere zu Beginn eines Verfahrens, häufig lediglich über geringe Kenntnisse des Falles. Aufgrund der verstrichenen Zeit zwischen Tat und Ermittlung erwiesen sich die Aussagen von Zeugen oft als fehler- oder lückenhaft. So mußten meist mehrere Hundert Zeugen verhört werden. Richter bezweifelten insbesondere die Erinnerungen von seiten der Opfer.[49] Von derlei Bedingungen profitierten auch ehemalige Angehörige der Gestapo, insbesondere die, die ihren unteren Rängen angehört hatten. Sie entsprachen nicht dem in den 1960er Jahren populären Bild des „Schreibtischtäters". Diese „Direkttäter" wurden meist durch Zeugenaussagen überführt; bei „Schreibtischtätern" hingegen spielte der Dokumentenbeweis eine wesentlichere Rolle. Zusätzlich hatte die wachsende öffentliche Thematisierung der Shoah bedingt, daß individuelle Erinnerungen durch Bilder der medialen Darstellung überlagert und transformiert wurden. Während der Vernehmungen wurden mögliche Erinnerungslücken zusätzlich unbewußt mit Darlegungen der Ermittler ‚gefüllt'. Bewußt geschah dies, um strategische Erinnerungen zu präsentieren. Somit erhielten zu ahndende Verbrechen neue Deutungen; ursprüngliche Erinnerungen wurden auf ewig ‚überschrieben'. Je besser es die Zeugen der Täterseite vermocht hatten, sich abzusprechen, um so schwerer mußte es ihrem Gegenüber fallen, ein detailliertes Bild von den Verbrechen zu gewinnen. Diesen Vernommenen fiel es entsprechend leicht, unverfängliche Aussagen zu machen. Dennoch waren sie, da das zeitgenössische Wissen über das Dritte Reich zunahm, permanent herausgefordert, neue Verteidigungsstrategien und Selbstbilder zu entwickeln, durch die eben nicht mehr nur die Nichtbeteiligung an NS-Verbrechen bekundet wurde. Nun gingen Verdächtige und Beschuldigte dazu über, ihre innere Abneigung gegenüber den Taten zu bekunden und sich den Befehlen gegenüber als wehrlos zu präsentieren.

Jedoch kamen ihnen auch die Ermittlungsinstanzen entgegen. Ein Faktor dabei war, daß sich Vernehmende meist selbständig in ein weitgehend unbekanntes Thema einarbeiten mußten, da historiographische (Er-)Kenntnisse über diese Jahre noch gering waren. Zudem unterschieden sich die zu verfolgenden Straftaten erheblich von den Erfahrungen bei der Ermittlung gewöhnlicher krimineller Delikte. Erst die exzeptionellen Verhältnisse des Dritten Reiches – so die zeitgenössische Sicht – hätten Tausende Deutsche an Staatsverbrechen teilnehmen lassen, deren Ausmaß sich nur exemplarisch veranschaulichen ließe. Täter und Verantwortliche hätten seit 1945 ein gesittetes Leben geführt; in krimineller Hinsicht seien sie nicht auffällig geworden.[50] Mit derlei Argumenten wurden Verdächtige von Schuld und Verantwortung entbunden. Dies geschah unter anderem auch dadurch, daß ihre soziale Herkunft und ihr Bildungsstand berücksichtigt wurden. Gerichte sahen insbesondere davon ab, gut situierte Bundesbürger wegen ihrer verbrecherischen Handlungen zu verurteilen und ihnen menschenverachtende Motive zu unterstellen. Sozial deklassierten NS-Tätern hingegen wurde derlei eher angelastet. Vor allem sie hätten es nicht vermocht, so die Auffassung, der nationalsozialistischen Ideologie zu widerstehen. Letztendlich oblag es dem Ermessen von Richtern und Geschworenen, die benannten Gesichtspunkte bei der Urteilsfindung zu berücksichtigen und zu gewichten.[51]

Aus Erwägungen der Praktikabilität wurden zu Beginn der Ermittlungen nur diejenigen verdächtigt, die Befehlsgewalt innegehabt und ausgeübt hatten. Den „letzten Gliedern in der Befehlskette“ – so eine zeitgenössische Formulierung – wurde im voraus der Befehlsnotstand zugebilligt. Offiziell besagte er, daß Betroffene nur bei einer tatsächlichen Gefährdung ihres Lebens einem Befehl hätten nachkommen müssen (§§ 52 und 54 StGB). Ausgenommen blieben diejenigen, die einer Exzeßtat verdächtigt wurden. Deshalb erweiterte sich während mancher Ermittlungen der Kreis der Verdächtigen. In ihren Selbstrechtfertigungen legten Vernommene der Täterseite ihrem Gegenüber dar, daß sie und ihre Kameraden – im Sinne des deutschen Beamtenideals – grundsätzlich unpolitisch agiert hätten. Begangene Verbrechen seien als polizeifremde Tätigkeit zu verstehen, die einzig andere zu verantworten hätten. Die Mitgliedschaft in der SS sei Folge der seit 1936 erfolgten „unfreiwilligen“ Dienstgradangleichung gewesen. Wohlbemerkt richtete sich diese Delegation von Verantwortung gegen Institutionen, selten gegen Einzelpersonen. Gerieten diese nämlich ins Visier der Strafverfolgungsinstanzen, konnten sie sich meist der Hilfe ihrer (ehemaligen) Kollegen gewiß sein: durch Aussagen zu ihren Gunsten, die Suche nach Entlastungsmaterial oder das Verschwinden belastender Dokumente. Manche Straftatbestände wurden so nicht (weiter-)verfolgt.[52] Andererseits konnten diejenigen, die Kameraden belasteten, damit rechnen, diesen Beistand zu verlieren und selbst bezichtigt zu werden.

Als schwierig erwies es sich für die Mitarbeiter der ZSL, das Dickicht dieser kameradschaftlichen Hilfe – Strukturen, die insbesondere wegen der strafrechtlichen Ahndungsanstrengungen revitalisiert wurden – zu durchschauen und zu zerschlagen. Neben den eingangs benannten Sonderkommissionen stellten Hausdurchsuchungen durch die Kriminalpolizei ein probates Mittel dar. So wurde im März 1969 die Wohnung von Dr. Werner Best durchsucht und Material beschlagnahmt, welches das Ausmaß seiner langjährigen Verschleierungsbemühungen widerspiegelte. Unter seiner Ägide war ein Kanon von (Selbst-)Rechtfertigungen entstanden, mit dem sich Vernommene auf vielfältige Weise von Verantwortung zu distanzieren versuchten.[53] Als eine Hauptregel galt, Handlungen mit dem Befehlsnotstand zu begründen.[54] Wie Herbert Jäger, der erfahrene Kriminologe zum Komplex NS-Verbrechen, 1967 schrieb, gingen die Gerichte jedoch nie dazu über, „den Befehlsnotstand als kriminologischen Zentralbegriff anzusehen, von dem aus das Gesamtphänomen der nationalsozialistischen Gewaltkriminalität erklärbar wäre. Generelle Zusammenhänge zwischen Befehlsnotstand und totalitärer Herrschaft – etwa im Sinne eines allgemein für Befehlsempfänger bestehenden strafrechtlichen Notstands – lassen sich nicht herstellen." War es zunächst üblich gewesen, auf den Befehlsnotstand (objektiver Notstand) zu rekurrieren, so beriefen sich Vernommene während der 1960er Jahre vermehrt auf den Putativnotstand (subjektiver Notstand). Diesen zurückzuweisen fiel nämlich schwerer, da sich bei „Befehlstätern" – also allen außer den „Haupttätern" – „mindestens nicht ausschließen ließ, daß sie an eine Gefahr für Leib und Leben geglaubt haben". Jäger kritisierte aber, daß Richter zu oft in diesem Sinne entschieden hätten.[55]

Weitere Möglichkeiten, von einer Bestrafung abzusehen, bot das Militärstrafgesetzbuch (MilStGB). Ihm unterlagen Gestapo und weitere Verbände in den von der Wehrmacht okkupierten Gebieten. § 47 Absatz 2 MilStGB besagte, daß Angeklagte nicht bestraft werden müßten, wenn sie Straftaten im Rahmen eines Befehls begingen, dessen Rechtmäßigkeit sie nicht angezweifelt hätten. Hier hafteten allein Vorgesetzte. Regelmäßig prüften Schwurgerichte das Vorliegen dieses Passus. Auf Grundlage dessen sahen sie seit Ende der 1960er Jahre bei Angeklagten am unteren Ende der Befehlskette mehrfach von einer Bestrafung ab. Staatsanwaltschaften beriefen sich bereits im Vorfeld darauf und verzichteten auf eine Anklageerhebung.[56]

Das vorausgesetzte „Organisationsverbrechen" ließ die Ermittler nach den Befehlen und deren Herkunft, nach der Grundlage und dem Verlauf von Handlungen fragen. Dieses Vorgehen ermöglichte es den Vernommenen, Verantwortlichkeiten an Vorgesetzte zu delegieren sowie an andere Institutionen und Verbände, insbesondere diejenigen, die als Rivalen angesehen wurden. In Kreisen der „Kameradenhilfe" wurde zusätzlich empfohlen, diejenigen zu beschuldigen, die bereits gestorben waren.[57] Verbrechen – trotz eigener Beteiligung – innerlich abgelehnt zu haben, bekundeten Vernommene ebenfalls. Andererseits gab es diejenigen, die ihr Handeln darauf zurückführten, zur Tatzeit von der nationalsozialistischen Ideologie überzeugt gewesen zu sein. Hatte sie vor 1945 zu den Verbrechen motiviert, so wurde sie nun als Unschuldsbeweis angeführt, da man es nicht besser habe wissen können. Mit rassistischen Kriterien wurden weiterhin diejenigen einheimischen Hilfskräfte bedacht, die gemeinsam mit deutschen Verbänden Massenmorde begangen hatten – jene also, die im Verständnis des Dritten Reiches „Untermenschen" gewesen waren.[58] Mit dem Klischee von den Partisanen, gegen die man sich habe wehren müssen, wurden Verbrechen in Notwehrhandlungen umgedichtet. Darüber hinaus verwendeten Vernommene weitere Wortschöpfungen, die der NS-Zeit entstammten – Termini, die auch von den Ermittlern oft unreflektiert übernommen wurden.[59] Manches Mal schien es, als verantworteten die Opfer ihren eigenen Tod.

Diese (Selbst-)Darstellungen waren nicht immer leicht zu widerlegen. Staatsanwaltschaften und Gerichte verifizierten dies partiell, wenn sie erklärten, daß Beschuldigte irrigerweise an die nationalsozialistische Ideologie geglaubt hätten und von den Machthabern mißbraucht worden seien.[60] Meist bedienten sich „Direkttäter" der Gestapo derartiger Bilder und Stereotype. „Schreibtischtäter" hingegen konnten sich nachträglich räumlich und physisch von den Verbrechen distanzieren. Dies betraf unter anderem die ehemaligen Leiter von Stapo-Stellen. Sie gaben an, nicht gewußt zu haben, daß durch ihre Anordnungen Juden und andere Opfer in Konzentrations- und Vernichtungslager deportiert worden seien. Sie präsentierten sich so, als „wirkte die Unvorstellbarkeit des Verbrechens wie ein Schirm, hinter dem die konkrete Einzeltat sich verbarg".[61] Ermittler mißtrauten ihnen meist dann, wenn sie angaben, das Ausmaß der Verfolgung nicht erkannt zu haben. Anhand von Dokumenten konnte ihnen gelegentlich nachgewiesen werden, notwendige Befehle ausgegeben und deren Folgen gekannt zu haben.

Variationen der strafrechtlichen Ahndung der nationalsozialistischen Massenmorde und deren Darlegungen und Einordnungen zu erkennen, erlauben einzig die Ermittlungsakten. Nur eine genaue Analyse dieser Dokumente – und nicht erst der Gerichtsurteile[62] – ermöglicht zumindest ansatzweise zu rekonstruieren, inwieweit Verfahrensverantwortliche – nicht nur der oft schlechten Beweislage wegen – eine Wahrnehmung der Massenverbrechen förderten oder verhinderten. Allerdings widerspiegeln Vernehmungsprotokolle die Aussagen meist nicht wortgetreu, sondern nur sinngemäß und auf den zu verhandelnden Sachverhalt zugeschnitten.[63] Der gesellschaftliche Rahmen, in dem gegen NS-Täter ermittelt wurde, tangierte den Willen und den Blick derjenigen, die sich um die Ahndung der begangenen Verbrechen bemühten, wie den ihrer Gegner. So ergaben sich verschiedene Aushandlungs- und Verhandlungsebenen, aber auch Grenzen der Strafverfolgung. Es waren sowohl verfahrensinterne wie -externe Faktoren, durch die dieser Komplex bis in die 1960er Jahre zumindest justitiell erhellt wurde – ein Komplex, den mit strafrechtlichen Mitteln umfassend zu durchleuchten, weder engagierten Ermittlern noch Richtern gelang. Mancherorts waren diese Verantwortlichen erst gar nicht daran interessiert, insbesondere wenn sie selbst oder Kollegen betroffen waren.

Insgesamt be- und verhinderte das rechtspolitische und gesellschaftliche Klima während der besagten Zeit die juristische Bestrafung von NS-Tätern. Wurde gegen sie ermittelt, so stellten sie sich ihrer strafrechtlichen Schuld und Verantwortung nur selten. Statt dessen überwogen in den ersten Jahren reinste Unschuldsbekundungen. Mit dem zunehmenden Wissen über das Dritte Reich generierten Verdächtige (Selbst-)Darstellungen, in denen sie sich als in die „Mordmaschine" des NS-Staates verstrickt darboten.[64] Sie bedienten sich aller Mittel, um sich nachträglich von der unmittelbaren Beteiligung an den Massenverbrechen zu distanzieren. Ermittler und Schwurgerichte beglaubigten dies, da sie die Schuld von Angeklagten mehrheitlich als gering einschätzten und sie als Gehilfen verurteilten. Sprachen Richter und Geschworene (zumeist geringe) Haftstrafen aus, so wurden diese zudem oft vorzeitig ausgesetzt und den zuvor Inhaftierten die umgehende Rückkehr in die bundesrepublikanische Gesellschaft eröffnet.[65] Detailliertere Angaben zum Ausmaß des Einflusses ehemaliger Gestapo-Beamter auf die strafrechtliche Ahndung von NS-Verbrechen wurden von der geschichtswissenschaftlichen Forschung bisher nicht gemacht. Fest steht aber, daß sie – aber nicht nur sie allein – wesentliche Versäumnisse bei der justitiellen Aufarbeitung des Dritten Reiches mitbedingten.

Anmerkungen

* Mein Dank gilt Marc Czichy und Tilmann Siebeneichner für ihre kritische Lektüre des Textes.

[1] Der Spiegel Nr. 33/1959.

[2] Zum polizeilichen Milieu in der Nachkriegszeit: Stephan Linck: Der Ordnung verpflichtet. Deutsche Polizei 1933–1949. Der Fall Flensburg, Paderborn 2000; Stefan Noethen: Alte Kameraden und neue Kollegen. Polizei in Nordrhein-Westfalen 1945–1953, Essen 2003; zur „Kameradenhilfe" um Best: Ulrich Herbert: Best. Biographische Studien über Radikalismus, Weltanschauung und Vernunft, 1903–1989, Bonn [2]2001, S. 491 ff.

[3] Vgl. Michael Okroy: „Man will unserem Batl. was tun ...". Der Wuppertaler Bialystok-Prozeß 1967/68 und die Ermittlungen gegen Angehörige des Polizeibataillons 309, in: Alfons Kenkmann/Christoph Spieker (Hrsg.): Im Auftrag. Polizei, Verwaltung und Verantwortung, Essen 2001, S. 310 f.; Jan Kiepe: Das Reservepolizeibataillon 101 vor Gericht. NS-Täter in Selbst- und Fremddarstellungen, Münster 2007, S. 59–71, sowie den Beitrag von Jürgen Matthäus in diesem Bd.

[4] Zum „Akteurs"-Begriff: Alf Lüdtke: Alltagsgeschichte: Aneignung und Akteure. Oder – es hat noch kaum begonnen, in: WG 17, 1997, S. 83–92.

[5] Das Urteil von Nürnberg. Vollständiger Text, München 1946, S. 108.

[6] Heiner Wember: Umerziehung im Lager. Internierung und Bestrafung von Nationalsozialisten in der britischen Besatzungszone Deutschlands, Essen 1991, S. 26–50.

[7] Gerhard Paul: Zwischen Selbstmord, Illegalität und neuer Karriere. Ehemalige Gestapo-Bedienstete im Nachkriegsdeutschland, in: ders./Klaus-Michael Mallmann (Hrsg.): Die Gestapo. Mythos und Realität, Darmstadt 1995, S. 533–539.

[8] Marc von Miquel: Juristen. In eigener Sache, in: Norbert Frei (Hrsg.): Karrieren im Zwielicht. Hitlers Eliten nach 1945, Frankfurt/M. 2001, S. 188.

[9] Klaus-Dietmar Henke: Die Trennung vom Nationalsozialismus. Selbstzerstörung, politische Säuberung, „Entnazifizierung", Strafverfolgung, in: ders./Hans Woller (Hrsg.): Po-

litische Säuberung in Europa. Die Abrechnung mit Faschismus und Kollaboration nach dem Zweiten Weltkrieg, München 1991, S. 32 ff.; für die amerikanische Zone: Lutz Niethammer: Die Mitläuferfabrik. Die Entnazifizierung am Beispiel Bayerns, Berlin 1982², S. 538–652.

[10] Beispielsweise im Urteil LG Hamburg v. 2. 6. 1949, in: JuNSV, Bd. 4, S. 713.

[11] Adalbert Rückerl: NS-Verbrechen vor Gericht. Versuch einer Vergangenheitsbewältigung, Heidelberg 1982, S. 88–104.

[12] Jürgen Baumann: Die strafrechtliche Problematik der nationalsozialistischen Gewaltverbrechen, in: Reinhard Henkys (Hrsg.): Die nationalsozialistischen Gewaltverbrechen. Geschichte und Gericht, Stuttgart 1964, S. 283 ff.

[13] Bei den „131ern" handelte es sich um Beamte des öffentlichen Dienstes, die durch das Gesetz zum Artikel 131 Grundgesetz wiedereingestellt werden konnten, auch wenn sie nationalsozialistischen Organisationen angehört hatten.

[14] Norbert Frei: Vergangenheitspolitik. Die Anfänge der Bundesrepublik und die NS-Vergangenheit, München ²2003, S. 25–131; zur Gestapo: Herbert (Anm. 2), S. 483–487.

[15] Vgl. Patrick Wagner: Hitlers Kriminalisten. Die deutsche Kriminalpolizei und der Nationalsozialismus zwischen 1920 und 1960, München 2002, S. 166.

[16] Vgl. Adalbert Rückerl: Die Strafverfolgung von NS-Verbrechen 1945–1978, Heidelberg 1979, S. 125.

[17] Friedrich Grimm: Nun aber Schluß mit Rache und Vergeltung! Eine ernste Betrachtung 10 Jahre nach dem Zusammenbruch, Göttingen 1955, Zitate S. 26, 31 f.; ähnlich ders.: Politische Justiz. Die Krankheit unserer Zeit. 40 Jahre Dienst am Recht, Bonn 1953, S. 140–181.

[18] Zu Grimm u. seiner Tätigkeit als „Generalamnestie-Lobbyist": Frei: Vergangenheitspolitik (Anm. 14), S. 165 f., 380 f.; Herbert (Anm. 2), S. 449–455.

[19] Axel Schildt: Der Umgang mit der NS-Vergangenheit in der Öffentlichkeit der Nachkriegszeit, in: Wilfried Loth/Bernd-A. Rusinek (Hrsg.): Verwandlungspolitik. NS-Eliten in der deutschen Nachkriegsgesellschaft, Frankfurt/M. 1998, S. 29; Nicolas Berg: Der Holocaust und die westdeutschen Historiker. Erforschung und Erinnerung, Göttingen ²2003, S. 64–104.

[20] Vgl. Robert Gellately: Backing Hitler. Consent and Coercion in Nazi Germany, Oxford 2001, S. 224–255.

[21] Gerhard Paul/Klaus-Michael Mallmann: Auf dem Wege zu einer Sozialgeschichte des Terrors, in: dies. (Anm. 7), S. 4 ff.; vgl. Edward Crankshaw: Die Gestapo, Berlin 1959, S. 10, 226.

[22] Aus geschlechtsspezifischer Perspektive: Ulrike Weckel/Edgar Wolfrum (Hrsg.): „Bestien" und „Befehlsempfänger". Frauen und Männer in NS-Prozessen nach 1945, Göttingen 2003.

[23] Rückerl: NS-Verbrechen (Anm. 11), S. 125.

[24] Zur „Blutrichter"-Kampagne der DDR u. den Debatten über NS-Richter in der bundesdeutschen Justiz: Marc von Miquel: Ahnden oder amnestieren? Westdeutsche Justiz und Vergangenheitspolitik in den sechziger Jahren, Göttingen 2004, S. 23–142.

[25] Ebd., S. 150 ff.; zur Pluralisierung der Auseinandersetzung: Habbo Knoch: Die Tat als Bild. Fotografien des Holocaust in der deutschen Erinnerungskultur, Hamburg 2001, S. 533 ff.

[26] Schüle trat wegen seiner nationalsozialistischen Vergangenheit 1966 von seinem Amt zurück; vgl. Michael Greve: Der justitielle und rechtspolitische Umgang mit den NS-Gewaltverbrechen während der sechziger Jahre, Frankfurt/M. u. a. 2001, S. 296 ff.

[27] Ebd., S. 43–64; von Miquel: Ahnden (Anm. 24), S. 162–185.

[28] Vgl. Greve (Anm. 26), S. 145–283; Kerstin Freudiger: Die juristische Aufarbeitung von NS-Verbrechen, Tübingen 2002, S. 143–264.

[29] Zu Grenzziehungen u. -verschiebungen: Frei: Vergangenheitspolitik (Anm. 14); von Miquel: Ahnden (Anm. 24).

[30] Falko Kruse: Zweierlei Maß für NS-Täter? Über die Tendenz schichtenspezifischer Privilegierung in Urteilen gegen nationalsozialistische Gewaltverbrecher, in: Red. Kritische Justiz (Hrsg.): Der Unrechts-Staat. Recht und Justiz im Nationalsozialismus, Frankfurt/M. 1979, S. 207.

[31] Berechnet nach Rückerl: NS-Verbrechen (Anm. 11), S. 331.

[32] Zur „Maschinenmetapher": Alf Lüdtke: Der Bann der Wörter: „Todesfabriken". Vom Reden über den NS-Völkermord – das auch ein Schweigen ist, in: WG 13, 1996, S. 5–12; Gerhard Paul: Von Psychopathen, Technokraten des Terrors und „ganz gewöhnlichen Deutschen". Die Täter der Shoah im Spiegel der Forschung, in: ders. (Hrsg.): Die Täter der Shoah. Fanatische Nationalsozialisten oder ganz normale Deutsche?, Göttingen 2002, S. 20 ff.

[33] Das Bild des „Organisationsverbrechens" entstammte der Rechtsprechung der Westalliierten gegen NS-Täter; zu seiner Bedeutung in der Bundesrepublik: Baumann (Anm. 12), S. 270 ff., 284 ff.; kritische Anmerkungen dazu: Herbert Jäger: Makrokriminalität. Studien zur Kriminologie kollektiver Gewalt, Frankfurt/M. 1989, S. 28 f.

[34] Dieses Bild setzt sich bis in die heutige Zeit fort, wenn die massenhafte Denunziationsbereitschaft von Deutschen gegenüber der Gestapo als „Rädchen in der Maschinerie der Verfolgung" bezeichnet wird; so bei Frank Gutermuth/Arno Netzbandt: Die Gestapo, Berlin 2005, S. 8; kritisch dazu: Herbert Jäger: Verbrechen unter totalitärer Herrschaft. Studien zur nationalsozialistischen Gewaltkriminalität, Frankfurt/M. 1982, S. 11–15.

[35] Vgl. Freudiger (Anm. 28), S. 264 ff.

[36] Die von Mitarbeitern des IfZ erarbeitete „Anatomie des SS-Staates" enthält die historischen Gutachten für den Frankfurter Auschwitz-Prozeß; vgl. Norbert Frei: Der Frankfurter Auschwitz-Prozeß und die deutsche Zeitgeschichtsschreibung, in: Fritz Bauer Institut (Hrsg.): Auschwitz. Geschichte, Rezeption und Wirkung, Frankfurt/M. 1996, S. 123–138.

[37] Zur Verjährungsdebatte: von Miquel: Ahnden (Anm. 24), S. 224–319; Greve (Anm. 26), S. 304 ff.

[38] Vgl. Jochen Winters: Weiterhin NS-Prozesse?, in: Zeitschrift für Rechtspolitik 1/2(1968/1969), S. 47; Marc von Miquel: „Wir müssen mit den Mördern zusammenleben!" NS-Prozesse und politische Öffentlichkeit in den sechziger Jahren, in: Irmtrud Wojak (Hrsg.): „Gerichtstag halten über uns selbst …". Geschichte und Wirkung des ersten Frankfurter Auschwitz-Prozesses, Frankfurt/M. 2001, S. 97–116, 103 ff.

[39] Zum RSHA-Verfahren: Michael Wildt: Generation des Unbedingten. Das Führungskorps des Reichssicherheitshauptamtes, Hamburg 2002, S. 823–838.

[40] Herbert (Anm. 2), S. 507–510; Freudiger (Anm. 28), S. 227–230.

[41] Vgl. Dirk van Laak: Widerstand gegen die Geschichtsgewalt. Zur Kritik an der „Vergangenheitsbewältigung", in: Norbert Frei/ders./Michael Stolleis (Hrsg.): Geschichte vor Gericht. Historiker, Richter und die Suche nach Gerechtigkeit, München 2000, S. 21 ff.; Knoch (Anm. 25), S. 641 ff.

[42] Eine systematische u. umfassende Bearbeitung dieses Komplexes steht bisher aus; Einzelfälle bei Ahlrich Meyer: Täter im Verhör. Die „Endlösung der Judenfrage" in Frankreich 1940–1944, Darmstadt 2005, S. 299–358; Kiepe (Anm. 3), S. 83–171.

[43] Dem widerspricht Michael Stolle: Die Geheime Staatspolizei in Baden. Personal,

Organisation, Wirkung und Nachwirken einer regionalen Verfolgungsbehörde im Dritten Reich, Konstanz 2001, S. 308.

[44] Vgl. Herbert (Anm. 2), S. 477ff., 649f.; Rudolf Diels: Lucifer ante portas. ... Es spricht der erste Chef der Gestapo ..., Stuttgart 1950.

[45] Dieter Schenk: Auf dem rechten Auge blind. Die braunen Wurzeln des BKA, Köln 2001, S. 282; Patrick Wagner: Ehemalige SS-Männer am „Schilderhäuschen der Demokratie"? Die Affäre um das Bundesamt für Verfassungsschutz 1963/64, in: Gerhard Fürmetz/Herbert Reinke/Klaus Weinhauer (Hrsg.): Nachkriegspolizei. Sicherheit und Ordnung in Ost- und Westdeutschland 1945–1969, Hamburg 2001, S. 172f.; dem widerspricht Paul: Selbstmord (Anm. 7), S. 544.

[46] Für Nordrhein-Westfalen: Noethen (Anm. 2), S. 396f.; für Niedersachsen: Frank Liebert: „Die Dinge müssen zur Ruhe kommen, man muß einen Strich dadurch machen". Politische „Säuberungen" in der niedersächsischen Polizei 1945–1951, in: Fürmetz/Reinke/Weinhauer (Anm. 45), S. 101.

[47] Insbesondere Wagner: Hitlers (Anm. 15), S. 149–184.

[48] Falco Werkentin: Die Restauration der deutschen Polizei. Innere Rüstung von 1945 bis zur Notstandsgesetzgebung, Frankfurt/M. 1984, S. 51; für Hamburg: Norbert Steinborn/Karin Schanzenbach: Die Hamburger Polizei nach 1945. Ein Neuanfang, der keiner war, Hamburg 1990, S. 60ff.

[49] Vgl. Greve (Anm. 26), S. 271ff.

[50] Reinhard Henkys: Geschichte und Gericht der nationalsozialistischen Gewaltverbrechen, in: ders. (Anm. 12), S. 220ff.; Baumann (Anm. 12), S. 317–320.

[51] Freudiger (Anm. 28), S. 264ff.

[52] Linck (Anm. 2), S. 326ff.

[53] Vgl. Herbert (Anm. 2), S. 511ff.; zur „Kameradenhilfe" ehemaliger Ordnungspolizisten: Martin Hölzl: Grüner Rock und weiße Weste. Adolf von Bomhard und die Legende von der sauberen Ordnungspolizei, in: ZfG 50(2002), S. 22–43.

[54] Erstmalig war der Befehlsnotstand von Otto Ohlendorf im Einsatzgruppen-Prozeß 1947/48 vorgebracht worden; vgl. Konrad Kwiet: Von Tätern zu Befehlsempfängern. Legendenbildung und Strafverfolgung nach 1945, in: Jürgen Matthäus/ders./Jürgen Förster/Richard Breitman (Hrsg.): Ausbildungsziel Judenmord? „Weltanschauliche Erziehung" von SS, Polizei und Waffen-SS im Rahmen der „Endlösung", Frankfurt/M. 2003, S. 119.

[55] Jäger: Verbrechen (Anm. 34), S. 158f.

[56] Rückerl: NS-Verbrechen (Anm. 11), S. 286ff.; Greve (Anm. 26), S. 321ff., 356ff.

[57] So jedenfalls in Kreisen ehemaliger Ordnungspolizisten; vgl. Der Spiegel Nr. 17/1968.

[58] Vgl. Lüdtke: Bann (Anm. 32), S. 9.

[59] Kwiet (Anm. 54), S. 124ff.; Hannes Heer: Die Logik des Vernichtungskrieges. Wehrmacht und Partisanenkampf, in: ders./Klaus Naumann (Hrsg): Vernichtungskrieg. Verbrechen der Wehrmacht 1941–1944, Hamburg [10]1997, S. 105ff.

[60] Beispielhaft Urteil LG Hannover v. 29.11.1962, in: JuNSV, Bd. 18, S. 757f.; vgl. Meyer (Anm. 42), S. 326ff.; Grundlage dessen war das „Staschynskij-Urteil" des BGH von Oktober 1962; dem Verurteilten, einem sowjetischen Staatsbürger, wurde bei einem von ihm begangenen zweifachen Mord jegliche Eigeninitiative abgesprochen, da er der kommunistischen Ideologie erlegen gewesen sei; vgl. Greve (Anm. 26), S. 171ff.

[61] Meyer (Anm. 42), S. 354.

[62] Norbert Frei: Die Rückkehr des Rechts. Justiz und Zeitgeschichte nach dem Holocaust, in: ders.: 1945 und wir. Das Dritte Reich im Bewußtsein der Deutschen, München 2005, S. 65, fordert hingegen, lediglich die Urteile genau zu studieren.

[63] Vgl. Kiepe (Anm. 3), S. 85–95; Michael Wildt: Differierende Wahrheiten. Historiker und Staatsanwälte als Ermittler von NS-Verbrechen, in: Frei/van Laak/Stolleis (Anm. 41), S. 50 ff.

[64] Vgl. Hanno Loewy: Projektive Auserwähltheitskonkurrenz. „Tragische“ Bilder und Selbstbilder der Täter, in: WG 36, 2004, S. 73–86.

[65] Ulrich-Dieter Oppitz: Strafverfahren und Strafvollstreckung bei NS-Gewaltverbrechen. Dargestellt an Hand von 542 rechtskräftigen Urteilen deutscher Gerichte aus der Zeit von 1946 bis 1975, Ulm ^{2}1979, S. 262 ff.

Jürgen Matthäus

Alte Kameraden und neue Polizeimethoden Die Sonderkommissionen zur Aufklärung von NS-Gewaltverbrechen*

Es gibt kaum einen Aspekt, der die Besonderheit des Komplexes der „nationalsozialistischen Gewaltverbrechen" (NSG) im Kontext der Rechtsgeschichte der Bundesrepublik – und damit die Grenzen des angestrebten ‚normalen' Justizverfahrens – so deutlich symbolisiert wie die Existenz kriminalpolizeilicher Sonderkommissionen (Sokos). Deren Mitglieder leisteten seit Ende der 1950er Jahre in Zusammenarbeit mit den Staatsanwaltschaften in den verschiedenen Bundesländern die Hauptarbeit bei den Ermittlungen gegen ehemalige Gestapo-Beamte, Polizisten und andere Angehörige der Exekutive im Dritten Reich, denen Beteiligung an NS-Gewaltverbrechen vorgeworfen wurde. Die in dieser Phase deutlich sichtbare „mangelnde Kooperationsbereitschaft zahlreicher Polizeidienststellen"[1] resultierte nicht nur aus der vorherrschenden Resistenz der Gesellschaft gegen eine gründliche Aufarbeitung deutscher Untaten. Hinzu kam die zentrale Rolle, die der Polizeiapparat in der Gewalt- und Vernichtungspolitik des Dritten Reichs gespielt hatte und die diese Institution wegen der lediglich partiellen Zäsur von 1945 zum völlig ungeeigneten Instrument ihrer Aufklärung machte.

Unbeliebte Kollegen

Was in der „Stunde Null" unterblieben war, hatte weitreichende Folgen für die Zukunft. Im allgemeinen gilt, daß die personelle Kontinuität der vor und nach 1945 in den verschiedenen Polizeidiensten beschäftigten Beamtenschaft mit einer geringen Bereitschaft dieses Apparates und seiner Mitarbeiter einherging, gegen Verdächtige in NSG-Verfahren vorzugehen, insbesondere wenn es ehemalige oder gegenwärtige Kollegen betraf.[2] Doch dieser konträr zur vorgegebenen Aufgabenstellung verlaufende interne Abwehrmechanismus funktionierte selbst in den ersten beiden Jahrzehnten der bundesrepublikanischen Geschichte, in der das Polizeikorps zu erheblichen Anteilen aus Beamten mit Diensterfahrung während der NS-Zeit bestand, nicht bruchlos. Zu den wichtigsten Ausnahmeerscheinungen in einem an der Aufarbeitung von NS-Verbrechen insgesamt wenig interessierten Justizsystem gehörten neben einigen engagierten Staatsanwälten die Mitglieder der Sokos. Wenn es seit Ende der 1950er Jahre trotz einer insgesamt katastrophalen Spruchpraxis der Gerichte zu langjährigen Verurteilungen von NS-Tätern kam und wenn heute, nachdem

Historiker justitielle Akten als Quellen entdeckt haben, ein recht differenziertes Bild der konkreten Verbrechenskomplexe in den Lagern, Ghettos und an anderen Mordstätten vorherrscht, so sind dafür auch die Beamten des Sokos verantwortlich.

Was wir indes über die Sokos im Vergleich zur Arbeit bundesdeutscher Gerichte und einzelner Staatsanwaltschaften wissen, ist mehr als dürftig. Gesicherte Forschungsergebnisse zu diesem wesentlichen Bereich justitieller Zeitgeschichte fehlen bislang – zweifellos auch deshalb, weil die Zeithistoriker das Thema NSG-Verfahren erst spät und dann zunächst auf der gesellschaftspolitischen Ebene oder mit Blick auf spektakuläre Gerichtsverfahren erschlossen haben. Zudem zieht die Zunft, was die Quellenarbeit angeht, zusammenfassende Analysen wie Urteile, Anklageschriften und Abschlußberichte dem Umgang mit dem Rohmaterial Ermittlungsakten vor.[3] Wie gestaltete sich, jenseits der Debatten um Verjährung, Schreibtisch- und Exzeßtäter, die Tätigkeit der Ermittler, von der das weitere juristische Vorgehen abhing? Wer waren die Mitglieder der Sokos und wie wurden sie ausgewählt? Wie arbeiteten sie und welche Mechanismen bestimmten die Wahrnehmung sowohl der verhandelten Verbrechen wie auch ihrer eigenen Rolle in den Verfahren? Hier kann nur ein Teilbereich dieser Fragen beleuchtet werden: Nicht um die Entstehungsgeschichte oder das Personal der Sokos soll es in diesem Beitrag gehen, sondern um die konkrete Arbeit der Ermittler, soweit sie sich aus den Verfahrensakten erschließen läßt.

Der letzte Halbsatz enthält eine wesentliche Einschränkung und damit eine weitere Erklärung für das Faktum, daß es keine einschlägigen Studien zur investigativen Phase auf diesem Feld gibt. Viele der bis Anfang der 1990er Jahre mehr als 100000 in der Bundesrepublik geführten NSG-Ermittlungsverfahren füllen ganze Regalmeter mit Akten, die ebenso Auskunft geben über die Suche nach Tatverdächtigen und Zeugen wie über die Ergebnisse polizeilicher Recherche. Doch auch die aussagekräftigsten Quellen zu den Verbrechen und ihren Verantwortlichen – die Protokolle der Zeugen- und Beschuldigtenvernehmungen – bleiben in der Regel stumm, wenn es um die Einschätzung der Vernommenen und ihrer Angaben durch die Ermittler in den Reihen der Polizei geht. Gerade diesen Blick hinter die Kulissen lassen die hochformalisierten Verfahrensakten meist nicht zu. Wo er sich indes eröffnet, kann er wichtige Einsichten in individuelle Dispositionen, die Interaktion der Vernehmungsbeteiligten und den breiteren Kontext liefern. Die simple, aber effiziente Mechanik unterbliebener Vergangenheitsbewältigung wirkte auch in verfahrenstechnischer Hinsicht: Je mehr die Ermittler im Umgang mit NSG-Tatverdächtigen statt aktivem Engagement und kritischem Urteilsvermögen Desinteresse und ‚Dienst nach Vorschrift' walten ließen, umso größer war die Chance, daß Verfahren an fehlendem Beweismaterial scheiterten oder – wie Wolfgang Scheffler mit Blick auf jahrelang energielos verwaltete, am Ende eingestellte Untersuchungen konstatiert – totermittelt wurden.[4]

Wer nach Maßstäben für die Bewertung der Arbeit der Sokos sucht, kommt am eklatanten Mißverhältnis zwischen der Zahl der Ermittlungen, der vor Gericht verhandelten Fälle und der rechtskräftiger Verurteilungen nicht vorbei.[5] Die Vermutung liegt nahe, daß auch die Ermittler diese „zweite Schuld“ mitverantworteten.[6] In der Tat finden sich in NSG-Akten hinreichend Belege dafür, daß von seiten der beteiligten Polizisten nachlässig, bruchstückhaft, oberflächlich – mit einem Wort: unprofessionell – gearbeitet wurde. Nach Michael Okroy und Dieter Schenk – zwei der wenigen Autoren, die sich den Sokos in mehr als einer Fußnote widmen – rieben sich ihre meist jungen Mitarbeiter zwischen der Ablehnung, die ihnen von seiten ihrer Polizistenkollegen entgegenschlug, und ihrer eigenen Unerfahrenheit auf[7] – Faktoren, die bei schärferer Fokussierung des gesamtgesellschaftlichen und institutionellen Kontexts leicht durch Komplementärgrößen wie böser Wille, rechte Gesinnung und Sympathie mit den Tätern angereichert werden können. Zweifellos hilft diese naheliegende Einschätzung erklären, warum nicht eine größere Zahl von NS-Tätern stärker zur Verantwortung gezogen wurde. Doch gelingt der Nachweis fehlender Motivation, geringer Erfahrung und fachlichen Unvermögens für die Arbeit bundesdeutscher Polizisten nur im Einzelfall und nur dort, wo es dafür verwertbare Quellen gibt. Denn nicht die am Ende ergangenen Gerichtsurteile, sondern die von den Ermittlern zusammengetragenen Unterlagen belegen den Grad der Entschlossenheit, mit dem sie ihre Arbeit betrieben.

Tatkomplex Minsk

Glücklicherweise fehlen nicht in allen NSG-Akten Hinweise darauf, in welchem Kontext die Soko-Beamten arbeiteten und wie sie die Aussagen von Tatverdächtigen einschätzten. Eines dieser Ausnahmeverfahren bildet der Tatkomplex um den Hauptbeschuldigten Georg Heuser, gegen den zunächst die Soko Zentrale Stelle des Landeskriminalamtes Baden-Württemberg, seit Ende 1959 dann eine mit der Staatsanwaltschaft Koblenz zusammenarbeitende Soko des Polizeipräsidiums Mainz wegen Massenmord an Juden und anderen Zivilisten im deutsch besetzten Minsk (Weißrußland) ermittelte.[8] Heuser wurde am Ende für die Teilnahme an der Vernichtung von mehr als 11000 Menschen, insbesondere von Juden einschließlich von Deportationsopfern aus deutschen und österreichischen Städten, verurteilt. Zu den Tatvorwürfen gehörten Tötungen mittels Gaswagen und die Verbrennung von Partisanenverdächtigen bei lebendigem Leibe. Umfang und Qualität der Verbrechen sowie die Fülle des gesammelten Materials – rund 14000 Blatt, überwiegend Zeugenaussagen, aber auch die erste in Westdeutschland verfügbare Zusammenstellung von Dokumenten aus sowjetischen Archiven – stehen in markantem Mißverhältnis zur bisherigen Nutzung des Verfahrens durch Historiker.[9] Dieser Beitrag kann jedoch weder die Einzelheiten der Ermittlungen noch die Person des Hauptverdächtigen näher beleuchten. Statt dessen geht es um die Tätigkeit der diesen Fall recherchierenden Soko, deren Vermerke sich verstreut in den mehr als 70 Leitz-Ordnern des Verfahrens finden.[10]

Die einzigartige Quellenüberlieferung zum Heuser-Verfahren steht in deutlicher Diskrepanz zu der Tatsache, daß die Kriegs- und Nachkriegskarriere des Hauptangeklagten über die Zugehörigkeit zur Gestapo hinaus einige für Kriminalpolizisten seiner Generation und Funktion durchaus typische Elemente aufweist und insofern allgemeingültigere Schlüsse zuläßt. Nach seiner Ausbildung fand Heuser den Weg zur Dienststelle des Kommandeurs der Sicherheitspolizei und des SD (KdS) in Minsk, wo er bis zum deutschen Rückzug im Sommer 1944 als Leiter IV – also regionaler Chef der Gestapo – das deutsche Terrorregime gegen die Zivilbevölkerung exekutieren half. Wie viele andere Gestapo-Offiziere pendelte auch Heuser zwischen Einsätzen im Reich und dem Ausland. Gegen Kriegsende befehligte er ein Einsatzkommando in der Slowakei, zu dessen Aufgaben die Deportation von Juden nach Auschwitz gehörte. In der Bundesrepublik konnte Heuser seine Laufbahn nicht nur fortsetzen, sondern noch wesentlich beschleunigen. Die Verschleierung dessen, was er während des Kriegs in den Reihen der Gestapo getan hatte, in Verbindung mit der geringen gesellschaftlichen Bereitschaft, im „Kalten Krieg" tiefschürfende Fragen zum Einsatz in der deutsch besetzten Sowjetunion zu stellen, sowie der Bedarf an polizeilichen Fachkräften, sein ausgeprägter Karrierismus und die Solidargemeinschaft der Ehemaligen verhalfen ihm zu einem beachtlichen Aufstieg in den Rängen der bundesdeutschen Kripo. Heusers Laufbahn kulminierte 1958 schließlich in seiner Ernennung zum Leiter des Landeskriminalamts Rheinland-Pfalz.[11]

Zu dieser Zeit zeigte die Öffentlichkeit für NS-Verbrechen und ihre bis dahin erst bruchstückhaft erfolgte Aburteilung durch deutsche Gerichte erstmals nachhaltigeres Interesse. Daher sorgte die Festnahme des exponierten Kripo-Beamten mit Gestapo-Hintergrund im Juli 1959 bundesweit für Schlagzeilen. Einer der wenigen Überlebenden der Deportationen nach Minsk meldete sich als Zeuge, wenn auch nicht ohne Zögern. Walter Mahler, der als Jude am 8. November 1941 mit seiner Frau von Hamburg nach Minsk verschleppt worden und erst Anfang 1959 aus der Sowjetunion zurückgekehrt war, erklärte den Soko-Beamten vor seiner protokollierten Vernehmung, „daß er viel erdulden und leiden mußte, so daß er an die zurückliegende Zeit nicht mehr erinnert werden möchte". Da er jedoch in einer Hamburger Tageszeitung von der Festnahme Heusers erfahren und dazu eine Erklärung des Innenministers von Rheinland-Pfalz gelesen hatte, wonach während Heusers Abordnung nach Minsk dort keine Exekutionen durchgeführt worden seien, habe er beim Vorsteher der jüdischen Gemeinde in Hamburg Rat gesucht, was er tun solle. Mahler, der durch die Jahre im Minsker Ghetto zahllose Verbrechen miterlebt hatte und auch Heuser dort begegnet war, gab schließlich dem Drängen des Gemeindevorstands nach und stellte sich der Justiz als Zeuge zur Verfügung.[12] Mahlers Aussage war schon deshalb untypisch, weil die deutsche Vernichtungspolitik in Weißrußland kaum Überlebende – zumal solche, die im Wesen lebten – hinterlassen hatte.

Ganz anderer Art waren die Vorbehalte der Mehrzahl der Zeugen aus dem Umfeld der KdS-Dienststelle und anderer deutscher Instanzen in Minsk, sich über die dort begangenen Verbrechen und die dafür Verantwortlichen zu äußern. Wie im Fall der Ermittlungen gegen ehemalige Angehörige von Polizeibataillonen und anderen Einheiten sahen sich auch im Heuser-Verfahren die Kripo-Beamten der Soko mit der Notwendigkeit konfrontiert, die durch anhaltende Solidarbeziehungen und Schweigekartelle gefestigte Verteidigungsfront ‚alter Kameraden' zu durchbrechen. Hinzu kam, daß Minsk wie kaum ein anderer Dienstsitz in der deutsch besetzten Sowjetunion in das Personalkarussell integriert war, dessen Rotation bis Kriegsende die Karrieren von Polizei- und SS-Angehörigen, Richtern und anderen Beamten in erfolgversprechende Bahnen geleitet hatte. Heusers erster Verteidiger erwies sich selbst als belastet, nachdem ihm seine KdS-Vergangenheit nachgewiesen werden konnte. Einige der im Zusammenhang mit den Koblenzer Ermittlungen Vernommenen hatten bereits in anderen Verfahren zum Verbrechenskomplex Minsk Gelegenheit gehabt, ihre Aussagen zur gegenseitigen Schuldentlastung einzuüben und aufeinander abzustimmen.[13] Heuser selbst war vorab rechtswidrig von ihm gewogenen Ministerialbeamten in Rheinland-Pfalz über seine bevorstehende Verhaftung informiert worden und nutzte diesen Wissensvorsprung, um letzte Absprachen mit anderen Tatverdächtigen zu treffen.[14]

Daß es in dieser Situation besonderer Anstrengungen bedurfte, die Ermittlungsarbeit gegen ihn auf eine solide Basis zu stellen, stand außer Frage. Die Soko bei der noch jungen Zentralen Stelle Ludwigsburg, die anfangs auf dem Feld recherchiert hatte, war ebenso wie die dortigen Staatsanwälte mit der Vielzahl der anstehenden Fälle und der Überfülle an Tatverdächtigen überfordert. Neben der durch den drohenden Ablauf von Verjährungsfristen erzeugten Welle von Ermittlungsverfahren hatte die neue Behörde zu dieser Zeit auch noch die Bündelung des Verbrechenskomplexes Auschwitz in Vorbereitung des späteren Frankfurter Prozesses zu besorgen.[15] In Ludwigsburg dürfte man es daher nicht ungern gesehen haben, daß im Herbst 1959 die Staatsanwaltschaft in Koblenz – dem Wohnort Heusers – in Sachen KdS Minsk tätig wurde. Wie sich schnell zeigen sollte, standen der für den Fall verantwortliche Oberstaatsanwalt Bornscheuer und die für ihn arbeitenden Ermittler ihren Kollegen in Baden-Württemberg an Engagement in nichts nach.

Im Oktober 1959 setzte das Innenministerium in Mainz eine sechsköpfige Soko „P" ein, der neben dem Leiter, Kriminalinspektor Pischner, der damalige Kriminalobermeister Linden sowie die Kriminalmeister Pabst, Fink und Wittmann und der Kriminalhauptwachtmeister Bentz angehörten. Genaueres zur Qualifikation und zum Hintergrund dieser Beamten zum Zeitpunkt ihrer Übernahme in die Soko enthalten die Verfahrensakten nicht, doch dürfte für die Rekrutierung das Prinzip der negativen Selektion eine Rolle gespielt haben. Demnach schieden Beamte aus, die mit dem im Laufe der Ermittlungen zwangsläufig wachsenden Kreis von Tatverdächtigen in Verbindung gestanden oder – was bei der großen Zahl von Polizisten unter den Vernommenen besonders bedeutsam war – mit ihnen früher zusammengearbeitet hatten.[16] Vernehmungsreisen durch Westdeutschland, die sich in den ersten 15 Monaten ihrer Tätigkeit auf rund 100 000 Kilometer addierten, konfrontierten die Mitglieder der Mainzer Soko hautnah mit dem engeren und weiteren Kreis der Verantwortlichen für die Verbrechen in Minsk.[17] Was Zeugen und Tatverdächtige in den zweieinhalb Jahre andauernden Ermittlungen aussagten, ehe die Hauptverhandlung vor dem Koblenzer Landgericht im Juni 1962 eröffnet wurde, fand Eingang in die umfangreichen Vernehmungsprotokolle. Wie und in welchem Kontext sich die Vernommenen äußerten, kommentierten die Soko-Beamten in separaten Aktenvermerken.

Nestbeschmutzer und Kameradenschweine

Obwohl die Ermittler Vorladungen zur Vernehmung ohne Angabe des Sachverhalts abschickten, wußten die meisten Angeschriebenen um den Grund ihrer Befragung schon vor dem Termin – wie bei Heuser machten auch unter anderen Polizeibeamten vertrauliche Angaben zum Thema schnell die Runde – oder sie konnten sich denken, worum es ging. Üblicherweise begannen die Soko-Beamten ein Verhör mit dem Satz: „Wir führen Ermittlungen gegen die Angehörigen der Dienststelle des KdS in Minsk, der Sie angehört haben", womit einstweilen offen blieb, ob sie die Vernommenen als Zeugen oder Tatverdächtige betrachteten.[18] Die vorderste Verteidigungslinie, die die Soko-Beamten zu überwinden hatten, bildete die Verweigerung, mit ihnen überhaupt zu reden.[19] Von der Frau des potentiellen Zeugen Dr. Wilhelm Rudolph, ehemaliger Sozialminister in Nordrhein-Westfalen, bekamen die Mainzer Polizisten zu hören, ihr Mann sei verreist und sie sei nicht bereit, sein Aufenthaltsland anzugeben.[20] Eine andere Zeugin, die nach ihrer Tätigkeit in Minsk nun als Oberregierungsrätin im Bayerischen Innenministerium arbeitete, folgte ihrer Vorladung zur polizeilichen Vernehmung nicht und erklärte lediglich telephonisch, „daß die Polizei zu ihr kommen möge, wenn sie was will". Als sie schließlich aussagte, vermerkten die Untersuchungsbeamten die sichtbare Erregung der Zeugin, die sie damit erklärte, „in den vergangenen Jahren absichtlich jede Erinnerung an Minsk unterdrückt" zu haben.[21]

War diese erste Abwehrstellung genommen – wenn nötig durch eine staatsanwaltschaftliche Vernehmung –, sahen sich die Ermittler mit der vorhersehbaren Melange aus Gedächtnislücken, ausweichenden Floskeln, bewußten Lügen und vorgegaukelter Beschränktheit konfrontiert. Die systematische Rekonstruktion der Ereigniszusammenhänge und Verantwortlichkeiten erfaßte eine wachsende Zahl von Zeugen und Tatverdächtigen und ermöglichte gleichzeitig die Gegenüberstellung unterschiedlicher Aussagen, so daß sich der Verbrechenskomplex zu einem vielschichtigen Gesamtbild zu verdichten begann. Zur Intensivierung der Erfahrungen auf seiten der Ermittler, mit der diese Verbreiterung und Vertiefung ihrer Erkenntnisse einherging, trug die Indolenz vieler Befragter nicht unerheblich bei. Diese Abwehrhaltung spiegelte den gesellschaftlichen Unwillen, die Verantwortlichkeiten für die Verbrechen der NS-Zeit konkret zu benennen, die damit zusammenhängende, von den Beamten am eigenen Leibe erfahrene Stigmatisierung von NSG-Ermittlungen wie auch die Komplizenschaft der Verdächtigen – entweder aufgrund gemeinsamer Erfahrungen und Verbrechen an den Mordstätten oder als Solidarität mit justitiell inkriminierten Kameraden.

Von entscheidender Bedeutung für die Selbst- und Fremdwahrnehmung der Soko-Beamten in NSG-Verfahren war der Umstand, daß sie im Zusammenhang mit organisierten Massenverbrechen präzedenzlosen Ausmaßes gegen ihresgleichen ermittelten. Die offene Ablehnung, die den Mainzer Beamten zumal von Polizistenkollegen entgegenschlug, überstieg den Grad dessen, was sie bis dahin aus ihrer Diensterfahrung an Renitenz von seiten Verdächtiger gewohnt und zu tolerieren bereit waren. Der bisweilen auch von Zeugen, die selbst weder der Gestapo noch einer anderen Polizeiinstanz im Dritten Reich angehört hatten, artikulierte Vorwurf, die Soko-Beamten seien Nestbeschmutzer und Verräter in den eigenen Reihen, half denen, die sich so äußerten, in dem Bestreben, sich als Opfer einer nach ihrer Ansicht illegitimen Verfolgung zu stilisieren. Was die Reaktion der Ermittler angeht, bieten ihre Aktenvermerke einzigartige Aufschlüsse darüber, welche Verteidigungstaktiken und -argumente bei der Soko verfingen und welche nicht.

Neben ihrer Dokumentationsfunktion dienten diese Vermerke den Soko-Beamten allem Anschein nach auch dazu, die eigene Tätigkeit vor sich selbst und vor anderen zu legitimieren und Frustration abzubauen. Anlaß hierzu gab es genug. Sabine Dick, die für Heuser in Minsk Einsatzbefehle und Berichte getippt hatte und mit einem ehemaligen SS-Offizier der KdS-Dienststelle verheiratet war, begründete ihre Ausflüchte gegenüber Fragen nach Exekutionsbeteiligten mit der Bemerkung, sie wolle „keine Denunziantin" sein und sich absichern für den Fall, daß „in Deutschland eine nationale Diktatur" wiedererstehen würde. Ihre Behauptung, der bei der polizeilichen Vernehmung zeitweise anwesende Staatsanwalt habe versucht, sie „fertig zu machen", war kein Einzelfall.[22] Gerade von seiten aussageunwilliger Zeugen sahen sich die Beamten mit dem Vorwurf konfrontiert, „Gestapo-Methoden" oder psychischen Druck anzuwenden. Diese absurde Umkehrung der Realität bestärkte das Bestreben der Soko-Angehörigen, keinen Anlaß zu bieten, „uns undemokratische

Vernehmungsweisen vorzuwerfen".[23] Gleichzeitig vertiefte sie den Graben, der Verdächtige und Ermittler in der Wahrnehmung der verschütteten Verbrechen trennte. Anders läßt sich kaum erklären, daß die Mainzer Kriminalisten selbst Floskeln, die zum gängigen Wortschatz des Nachkriegsdeutschen gehörten – wie das Insistieren eines aktiven Polizisten, „daß doch endlich einmal Schluß mit der ganzen Sache gemacht werden solle" – nicht undokumentiert ließen.[24]

Die Frontstellung zwischen Soko-Mitarbeitern auf der einen Seite und Vernommenen auf der anderen wurde durch die große Zahl tatverdächtiger Polizisten noch verstärkt und erzeugte auf seiten der recherchierenden Beamten um so tiefergehende Entsolidarisierungseffekte, je massiver ihre Gegenüber ungebrochene NS-Sympathien artikulierten. Verschiedenen Zeugen attestierten die Ermittler, „heute noch voll und ganz Nationalsozialist" zu sein oder weiter „nach dem alten SS-Grundsatz ‚Unsere Ehre heißt Treue'" zu handeln.[25] Manche nahmen, wie die Soko-Vermerke belegen, bei der Artikulation tiefsitzenden Judenhasses kein Blatt vor den Mund: Franz Stark, der sich als „verantwortlicher Führer für das deutsche Ghetto" in Minsk identifizierte, gab zu Beginn ein Bekenntnis seiner ungebrochenen Identifikation mit der SS von sich, was die nachfolgende Vernehmung des überzeugten Nationalsozialisten, so die Beamten, „recht schwierig" machte. Nicht nur zeigte Stark keinerlei Reue oder sonstige innere Regungen; er gab auch an, er sei „im Haß gegen die Juden erzogen und groß geworden", und war sich nicht sicher sagen zu können, ob er „heute an Exekutionen usw. teilnehmen würde" oder nicht.[26]

Mittels Herstellung von Distanz zum rückwärtsgewandten Fanatismus der Vernommenen versuchten die Soko-Polizisten, ihr eigenes Selbstwertgefühl zu erhalten. Das wird besonders dort sichtbar, wo die Obstruktion bizarre Formen annahm. Die durchgängig unkooperative Sabine Dick brachte zu einer der Vernehmungen ihre 13-jährige Tochter mit; auf dem Flur fragte das Mädchen einen der Soko-Beamten: „Ist denn dieser Quatsch nicht endlich bald zu Ende? Müßt ihr denn immer in dem Dreck rühren?" Der Polizist gab ihr, wie der Vermerk es ausdrückt, „die entsprechende Antwort, wie sie einem jungen vorwitzigen Ding zukommt". Bei einer weiteren Vorladung speisten die Eheleute Dick den Beamten mit der vorgeschickten Tochter ab, die sich noch einmal im gleichen Sinne äußerte.[27] In ihrem Bestreben, sich moralisch gegen Überzeugungstäter und ihre Sympathisanten durchzusetzen, halfen den Ermittlern negative Werturteile anderer Zeugen, die allerdings selten und problematisch blieben. Nur im Vermerk der Soko, nicht im Protokoll der Aussage eines ehemaligen KdS-Mitarbeiters findet sich die Bezeichnung zweier Tatverdächtiger als „große Schweine" und die launige Frage zu einem anderen: „Läuft der noch herum; der gehört sofort an die Wand gestellt."[28]

Mühsam kamen die Ermittler der Wahrheit näher und vertieften dabei den Graben, der sie von ihren inkriminierten Kollegen trennte. Kaum ein Umstand war dabei so wirksam wie das Ertappen der Zeugen bei einer Falschaussage. Doch nur ausnahmsweise gelang es der Mainzer Soko im Verlauf der Vernehmung, mit dem Vorwurf der Lüge Eingeständnisse von Schuld hervorzurufen. Karl Dahlheimer, einer der Tatverdächtigen neben Heuser, versuchte in seiner Befragung bei seiner eingeübten Linie zu bleiben, bis ihm „auf den Kopf zugesagt wurde, daß er am 2. Tag der von ihm geschilderten Ghettoaktion die Leitung derselben übernommen haben müsse“. Bei diesem Vorhalt wurde Dahlheimer nach Angabe der Kripo unsicher, und seine Finger begannen zu zittern. Wenige Minuten später gab er zu, an einer Erschießung unter Leitung Heusers teilgenommen zu haben. Unter dem Verlust seines früheren Polizeiranges und Beamtenstatus leidend, so die Soko-Beamten, habe ihn das gehütete Geheimnis seelisch belastet; noch beim Hinausgehen versicherte er, „daß man sich schämen müsse, so etwas getan zu haben“.[29]

Zumindest umrißhaft spiegelt sich die Intensität der Vernehmungen in den Ermittlungsakten immer dort, wo sie mehr bieten als in juristische Formsprache gegossene Protokolle von Zeugenaussagen. An vielen Stellen wirken die Soko-Vermerke wie Psychogramme des Drucks, den Erinnerung und Verschweigen auf seiten der Zeugen schufen, und der sich insbesondere dann deutlich artikulierte, wenn Abwehrdämme durch den Nachweis der Lüge oder unter der Last der präsentierten Tatsachen brachen. Als die Ermittler einem Polizeiobersekretär im Ruhestand „in passender Form“ eröffneten, er habe „nur unwahre und entstellte Angaben gemacht“, brach dieser in Tränen aus.[30] Veränderte Gesichtsfarbe, Weinen, Zittern oder wortlose Gebärdensprache bei Verdächtigen oder Zeugen, die sich in Erklärungsnot sahen, verzeichneten die Soko-Vermerke häufig. Sie erlaubten damit Rückschlüsse auf die emotionale Disposition der Vernommenen, lange bevor sie vor Gericht oder in einem anderen formalisierten öffentlichen Rahmen aussagten.[31] Ein ehemaliger Polizeibeamter gab sich, so die Soko-Angehörigen, „bezüglich seiner evtl. Belastungen keinen Illusionen hin“ und erklärte nach der Vernehmung, „er wäre froh, wenn er tot wäre“.[32] Nicht alle Suizidankündigungen erwiesen sich als leere Drohung. Ein Gaswagenfahrer beging Selbstmord nach seiner Aussage, in der er bekannte, in Minsk habe der Massenmord „immer gut geklappt“.[33] Ein anderer Tatverdächtiger gedachte in seinem Abschiedsbrief einem „glücklichen Deutschland, das wir einmal hatten – wohl vor 1914“.[34] Fast therapeutische Züge nahmen die Vernehmungen dann an, wenn Beschuldigte in Erwartung einer Verurteilung und aus Angst, sich noch mehr zu belasten, psychisch kollabierten. Einem Tatverdächtigen, der in der Untersuchungshaft alle NSG-Verurteilungen in der Presse verfolgte und in seinen stockenden Vernehmungen häufig weinte, kamen die Ermittler behutsam entgegen und boten ihm Zigaretten an.[35]

Selten sind dagegen unmittelbare Hinweise auf Anspannung und Streß, denen die Beamten selbst unterlagen. Man habe sich, so Soko-Leiter Pischner und sein Kollege Pabst im Anschluß an die Befragung des Tatverdächtigen Jakob Oswald, „schon manche Lüge gefallen lassen müssen", doch hier sei „die Spitze erreicht". Neben Abstreiten, Ablenken und Irreführen zeige Oswald keinerlei Zeichen von Unruhe, lache gar, als er eine Exekution schilderte. Dabei handele es sich „um kein Verlegenheitslachen". „In dieser Art", so die Soko-Beamten, „haben wir uns das verbeten".[36] Abgebrühte, mit einschlägigen Vernehmungserfahrungen ausgestattete Zeugen wie der bereits wegen anderer Verbrechen verurteilte Minsker KdS-Angehörige Adolf Rübe blieben selbst dann ungerührt, wenn sie wegen offensichtlicher Falschaussage von den Beamten, wie sie selbst vermerkten, „regelrecht zusammengestaucht" wurden.[37] Der Ärger war den Ermittlern anzumerken, wenn sie kommentierten, ein Zeuge gebe sich „dumm-naiv. Entweder", so fügten sie hinzu, „ist er tatsächlich so dumm oder er verstellt sich fabelhaft."[38] Ein ehemaliger KdS-Angehöriger erging sich bei seiner von Ausflüchten bestimmten Aussage in „unmotiviertes Gelächter".[39] Von einem anderen Zeugen bekamen sie auf den Vorhalt, seine Angaben seien „von Anfang bis zum Ende gelogen" und eine „große, bodenlose Frechheit", als Reaktion nur ein Gähnen.[40]

Kaum jemand in der Bundesrepublik, einschließlich der großen Mehrheit der Historiker, wußte Anfang der 1960er Jahre so gut darüber Bescheid, was sich in Minsk unter wessen Beteiligung ereignet hatte, wie die im Heuser-Verfahren tätigen Soko-Beamten. Die deutschen Verbrechen in Weißrußland waren nicht minder unvorstellbar in ihrem Umfang und in ihrer Qualität wie jene in den Vernichtungslagern. Was Minsk jedoch von abgeschlossenen Tatorten unterschied, war unter anderem der Umstand, daß dort Mord vor aller Augen verübt worden war. Doch selbst Zeugen aus den Reihen jener einstigen Okkupanten, die den Ermittlern vergleichsweise offen oder gar zuvorkommend begegneten, unterschieden sich zumeist nur in der Form von ihren renitenten Ex-Kameraden. Einem ehemaligen Mitarbeiter der Zentralbauleitung der Waffen-SS in Minsk attestierten die Soko-Beamten, ihre Fragen „überhöflich, ja fast unterwürfig", gleichwohl aber nicht weniger unglaubwürdig beantwortet zu haben. Ein anderer erschien ihnen ebenso lammfromm wie verlogen.[41] Verschiedene Zeugen boten anschauliche Milieuschilderungen des Alltags im Besatzerleben einschließlich der Ereignisse auf dem Gut Trostinez bei Minsk – die Tatsache, daß dort nach neueren Schätzungen bis zu 60000 Menschen ermordet worden waren, blieb dabei unerwähnt.[42]

Blinde Flecken und offene Fragen

Die Dissoziierung der Soko-Beamten von den Vernommenen hatte Grenzen. Wer Anzeichen von Reue zeigte, konnte auf bessere Beurteilung seiner selbst und seiner Angaben rechnen als lautstarke NS-Sympathisanten. Ein Zeuge machte auf die Ermittler deshalb einen „guten Eindruck", weil er zwar ausweichend, aber „nicht anmaßend" reagierte.[43] Gleichsam als Gegenbild zu Gestapo-Sadisten, hard core-Nazis und SS-Sympathisanten erscheinen in den Vermerken der Kripo-Beamten jene Zeugen unter den Polizisten, die mental wie institutionell dem Zentrum des Terrorapparats ferngestanden zu haben schienen. Hierbei zeigt sich eine ebenso zeit- wie berufstypische Wahrnehmungsverzerrung der Soko-Angehörigen. Trotz kritischer Distanz zu den Aussagen ehemaliger oder noch aktiver Polizisten teilten die Ermittler die damals sowohl justitiell wie in der Öffentlichkeit vorherrschende Einschätzung, die Ordnungspolizei im Dritten Reich sei – anders als Gestapo, SD und SS (ausschließlich der Waffen-SS) – nur marginal und indirekt in den Massenmord an Juden und anderen Zivilisten involviert gewesen. Gerade in Bezug auf diese Gruppe von NSG-Tätern fällt die Bilanz strafrechtlicher Aufarbeitung in der Bundesrepublik besonders negativ aus.[44] In den Akten des Ermittlungsverfahrens gegen Heuser und seine KdS-Kollegen artikuliert sich die Bereitschaft der Soko-Beamten, eine Grenze der Verantwortlichkeit zu ziehen, überwiegend in Gestalt fehlender Vermerke zur Rolle der Ordnungspolizei. Unkommentiert und unwidersprochen blieb etwa die Bemerkung des Zeugen Leo von Braunschweig, im Krieg Oberst der Schutzpolizei und Ia-Offizier im Stab von Friedrich Jekkeln – als Höherer SS- und Polizeiführer einer der Hauptvollstrecker der „Endlösung" in der besetzten Sowjetunion –, er sei von Jeckeln „als Vertreter der ‚weichen grünen Couleur' (gemeint war die Ordnungspolizei) bezeichnet" und entsprechend behandelt worden.[45] Pseudomoralische Ausreden wie die eines aktiven Polizeimeisters – „Wenn ich selbst belastet bin, wäre ich ja ein Scheißkerl, wenn ich andere mit reinreden würde" – schienen ebenfalls zu verfangen.[46]

Es liegt nahe, den Ermittlern hier tendenzielle „Kameradenhilfe" zu unterstellen. Die Leistung der Mainzer Soko bei der Rekonstruktion der Ereignisse in und um Minsk, für die Gestapo- und SD-Angehörige verantwortlich waren, tritt aus den Ermittlungsakten dennoch klar zutage. Daher scheint das Desinteresse der Beamten an von der Ordnungspolizei begangenen Verbrechen ebenso institutionellen Affinitäten und persönlichen Präferenzen wie dem praktischen und psychologischen Bedürfnis entsprungen zu sein, angesichts der mörderischen Totalität am Tatort nur die von der KdS-Dienststelle verantworteten Gewaltvergehen in den Blick zu nehmen. Schon das erforderte vollste Konzentration der eigenen Kräfte. Doch dürften sich Sachzwänge und persönliche Vorlieben der Ermittler wechselseitig verstärkt haben.

Am Ende trugen die Mainzer Soko und die Koblenzer Staatsanwaltschaft genügend Material zusammen, um neben einer mehr als 300-seitigen Anklageschrift gegen Heuser und zehn weitere Beschuldigte konkrete Hinweise für andere NSG-Ermittlungen zu produzieren.[47] Im Oktober 1962 begann das Hauptverfahren vor dem Landgericht Koblenz. Nach 63 Sitzungstagen erging das Urteil am 21. Mai 1963. Heuser wurde in neun Anklagepunkten für schuldig befunden und zu 15 Jahren Haft sowie fünfjähriger Aberkennung der bürgerlichen Ehrenrechte verurteilt. Seine Mitangeklagten erhielten Haftstrafen zwischen dreieinhalb Jahren und lebenslang.[48] Die Tatsache, daß trotz des Beharrens des Gerichts auf „gemeinschaftlicher Beihilfe zum Mord" statt aktiver Täterschaft und unter Heranziehung weiterer mildernder Umstände keiner der Angeklagten freigesprochen wurde, verdeutlicht, wie dicht die Beweiskette geschmiedet war, deren Bindeglieder Staatsanwaltschaft und Soko zu den Massenverbrechen im deutsch besetzten Minsk seit Ende 1959 zusammengetragen hatten.

Welche Schlüsse lassen sich aus der Auswertung der Ermittlungsakten im Heuser-Verfahren für den breiteren NSG-Kontext ziehen? Erstens belegen die kriminalpolizeilichen Aktenvermerke den Erkenntniswert dieser Quellengruppe über die Grenze dessen hinaus, was sich aus der Analyse zweckentsprechend vorselektierten Justizmaterials – Urteile oder Anklageschriften etwa – entnehmen läßt. Wo sie vorhanden sind, bieten diese Aufzeichnungen wichtige Einsichten in verfahrenstechnische, situative und mentale Strukturen, die Inhalt und Form der Vernehmungen auf seiten der Befragten wie der beteiligten Beamten mitbedingten. Aber auch wo sie nicht vorhanden sind, sollten Historiker der Ermittlungsphase in NSG-Verfahren mindestens ebenso große Aufmerksamkeit schenken wie dem politischen Umfeld und der gerichtlichen Urteilspraxis. Für die Soko-Aktenvermerke gilt die gleiche Einschränkung in Bezug auf den Quellenwert wie für Justizdokumente insgesamt: Alles, was nach Ansicht der Ermittler mit den Verdächtigen und dem Verfahrensgegenstand nichts zu tun hatte, blieb der Analyse weitgehend entzogen. Wie der kritiklose Umgang mit Aussagen ehemaliger Ordnungspolizisten zeigt, haben Vernehmungsprotokolle auch heute noch das Potential, die historische Wirklichkeit im Halbdunkel verschleiernder Aussagen verschwinden zu lassen.

Zweitens wird deutlich, daß die Soko-Beamten Ende der 1950er Jahre in ihrer Arbeit massive Widerstände zu überwinden hatten, wobei neben gesamtgesellschaftlich virulenter Ablehnung einer tiefergehenden justitiellen Aufarbeitung von NS-Verbrechen die Renitenz und Obstruktion von Zeugen, vor allem jener aus den Reihen ehemaliger oder noch aktiver Polizisten, hervorstach. Der in gegensätzliche Richtungen wirkende Konformitätsdruck – auf der einen Seite die vorherrschende Schlußstrichmentalität, auf der anderen der berufliche Ermittlungsauftrag – blieb nicht ohne Einfluß auf die Beamten gerade in der Anfangsphase ihrer Arbeit. Die aggressive Abwehrhaltung zahlreicher Verdächtiger und ihrer Sympathisanten reduzierte jedoch die Chancen für Solidarisierungstendenzen zwischen ihnen und den Männern der Soko umso nachhaltiger, je länger die Ermittlungen andauerten und je mehr Wissen die Beamten beim Aufdecken verfahrensrelevanter Sachverhalte und entlastender Lügen akkumulierten. Im Heuser-Verfahren deutet nichts darauf hin, daß die beteiligten Kriminalisten nachlässig arbeiteten oder an der eigenen Unerfahrenheit scheiterten. Allerdings teilten sie die gesellschaftlich vorherrschende

Täterperzeption, die Brutalität und NS-Linientreue zu bestimmenden Merkmalen machte und wichtige Gruppen – an erster Stelle die Ordnungspolizei – ausblendete.[49]

Weitgehend unbeantwortet bleibt die für die Geschichte der westdeutschen NSG-Verfahren besonders bedeutsame Frage nach dem Verhältnis zwischen Ermittlungsarbeit einerseits und der Spruchpraxis der Gerichte andererseits. Geht man davon aus, daß die in anderen NSG-Ermittlungen tätigen Sokos mehrheitlich ähnlich professionell und zielführend wie im Heuser-Verfahren arbeiteten, so frappiert das für die Gesamtbilanz feststellbare Mißverhältnis zwischen staatsanwaltschaftlicher Schuldzuweisung und Spruchpraxis der Gerichte umso mehr. Welchen Gebrauch Richter und Geschworene von dem Material machten, das Sokos und Staatsanwaltschaften zusammengetragen hatten, und wie es am Ende urteilsrelevant wurde, lag zwar nicht in der Hand der Ermittler, doch wie läßt sich die Diskrepanz zwischen beiden funktional und prozedural eng verbundenen Verfahrensteilen erklären? Wie kam es, daß dort, wo sich das justitielle Verfahren von der Quelle – den polizeilichen Ermittlungen – entfernte und westdeutsche Richter Mörder zu Mittätern oder willenlosen Apparatschiks reduzierten, die vor Eröffnung des Hauptverfahrens gewonnenen Erkenntnisse spur- und wirkungslos versickerten?

Noch schwerer fällt es, die Rückwirkungen der gerichtlichen Spruchpraxis auf die Arbeit der Sokos zu bewerten. Wenngleich formaljuristische, verfahrenstechnische und politische Probleme, die eine Verurteilung oder ein angemessenes Strafmaß verhinderten, den einen oder anderen Soko-Mitarbeiter zu höheren Leistungen beflügelt haben mochten, mußte das Versagen der Gerichte und damit der Justiz insgesamt gerade für diejenigen Polizisten und Staatsanwälte hochgradig demotivierend wirken, die am meisten zur Aufarbeitung der Verbrechen beigetragen haben. Die weitere Forschung wird, so steht zu hoffen, größere Klarheit darüber erbringen, wieviele NSG-Verfahren bereits im Ermittlungsstadium als gescheitert betrachtet werden konnten, wenngleich es zur Eröffnung eines Hauptverfahrens vor Gericht kam; ohne eine breitere Analyse der Arbeit unterschiedlicher Sokos ist dies jedoch nicht zu leisten.

Als in den späten 1950er und frühen 1960er Jahren die ersten Sokos eingerichtet wurden, mochte den beteiligten Beamten die nötige Erfahrung gefehlt haben. Nach der Verjährungsdebatte und der „kalten Amnestie“ mangelte es vielen sicher an Enthusiasmus, die alternden NS-Täter dingfest zu machen.[50] Hierfür bietet wiederum der justitielle Umgang mit Georg Heuser einen Beleg und zwar in Gestalt des in den 1970er Jahren eingeleiteten Ermittlungsverfahrens zu seiner Tätigkeit als Führer des Einsatzkommandos 14 in der Slowakei 1944/45. Die von tschechoslowakischen Instanzen, nicht von bundesdeutschen Ermittlern, zusammengetragenen Erkenntnisse – etwa zur Deportation slowakischer Juden nach Auschwitz durch Heusers Kommando noch Anfang 1945 – scheinen bei der Koblenzer Staatsanwaltschaft auf geringes Interesse gestoßen zu sein und versandeten 1980 mit einer Einstellungsverfügung.[51] Der Ende 1969 aus der Haft entlassene Heuser blieb so bis zu seinem Tod rund zwanzig Jahre später für die Gesamtheit seiner Verbrechen von der Justiz unbehelligt.

Anmerkungen

* Die hier vorgetragenen Ansichten sind die des Verfassers; sie entsprechen nicht notwendigerweise der Meinung des USHMM.

[1] Marc von Miquel: Ahnden oder amnestieren? Westdeutsche Justiz und Vergangenheitspolitik in den sechziger Jahren, Göttingen 2004, S. 153.

[2] Ulrich Herbert: Best. Biographische Studien über Radikalismus, Weltanschauung und Vernunft 1903–1989, Bonn 1996, S. 403 ff.; Michael Wildt: Generation des Unbedingten. Das Führungskorps des Reichssicherheitshauptamtes, Hamburg 2002, S. 731 ff.; Stephan Linck: Der Ordnung verpflichtet: Deutsche Polizei 1933–1949. Der Fall Flensburg, Paderborn u. a. 2001, S. 127–177.

[3] Vgl. Michael Greve: Der justitielle und rechtspolitische Umgang mit den NS-Gewaltverbrechen in den sechziger Jahren, Frankfurt/M. u. a. 2001; Annette Weinke: Die Verfolgung von NS-Tätern im geteilten Deutschland. Vergangenheitsbewältigungen 1949–1969 oder: Eine deutsch-deutsche Beziehungsgeschichte im Kalten Krieg, Paderborn u. a. 2002; Kerstin Freudiger: Die juristische Aufarbeitung von NS-Verbrechen, Tübingen 2002; Rebecca E. Wittmann: Beyond Justice: The Auschwitz Trial, Cambridge 2005.

[4] Stefan Klemp: „Nicht ermittelt". Polizeibataillone und die Nachkriegsjustiz. Ein Handbuch, Essen 2005, S. 351.

[5] Eine Statistik der ZSL weist für den Zeitraum vom 8.5.1945 bis zum 1.1.1992 bei insgesamt 103823 Ermittlungen 6487 rechtskräftige Verurteilungen aus, wobei ein hoher Anteil gerade im Zeitraum 1945 bis 1952 die von Deutschen an Deutschen in den letzten Kriegsmonaten begangenen Verbrechen („Endphaseverbrechen") betraf, vgl. Christian F. Rüter/Dick W. de Mildt: Die westdeutschen Strafverfahren wegen nationalsozialistischer Tötungsverbrechen 1945–1997, Amsterdam – München 1998.

[6] Ralph Giordano: Die zweite Schuld oder von der Last, Deutscher zu sein, München 1990.

[7] Michael Okroy: „Man will unserem Batl. was tun ...". Der Wuppertaler Bialystok-Prozeß 1967/68 und die Ermittlungen gegen Angehörige des Polizeibataillons 309, in: Alfons Kenkmann/Christoph Spieker (Hrsg.): Im Auftrag. Polizei, Verwaltung und Verantwortung, Essen 2001, S. 301–318 (mit Interviewzitaten des ehemaligen Leiters der Soko beim LKA Nordrhein-Westfalen, Ernst Woywod); Dieter Schenk: Auf dem rechten Auge blind. Die braunen Wurzeln des BKA, Köln 2001, S. 252–257 (am Beispiel des LKA Hessen).

[8] Ich danke Ruth Bettina Birn, die mich vor einigen Jahren auf den quellenmäßigen Ausnahmecharakter des Heuser-Ermittlungsverfahrens aufmerksam gemacht hat; der erste Haftbefehl gegen Heuser erging am 15.7.1959 im Zusammenhang mit dem Verfahren gegen Erich Ehrlinger durch das AG Karlsruhe, der zweite im Rahmen eines gesonderten Verfahrens nach Heusers Überstellung in die Strafanstalt Zweibrücken durch das AG Koblenz am 17.12.1959, Staw Koblenz 9 Ks 2/62, Bd. 7, Bl. 1020, 1023; Urteil LG Koblenz v. 21.5.1963, in: JuNSV, Bd. 19, lfd. Nr. 552.

[9] Die Dok.Slg. UdSSR der ZSL basiert in ihrem ersten Teil auf einer Dokumentenkompilation mit Kopien, die von der sowjetischen Botschaft im Verlauf des Verfahrens

gegen Heuser übergeben wurden: BAL, Dok.Slg. UdSSR, H. 1; Adalbert Rückerl: Die Strafverfolgung von NS-Verbrechen 1945–1978. Eine Dokumentation, Heidelberg 1979, S. 100f.; verschiedene Publikationen nehmen, meist auf der Basis des Urteils, auf das Heuser-Verfahren Bezug: Paul Kohl: „Ich wundere mich, daß ich noch lebe". Sowjetische Augenzeugen berichten, Gütersloh 1990; Heiner Lichtenstein: Himmlers grüne Helfer. Die Schutz- und Ordnungspolizei im „Dritten Reich", Köln 1990; Christian Gerlach: Kalkulierte Morde. Die deutsche Wirtschafts- und Vernichtungspolitik in Weißrußland 1941 bis 1944, Hamburg 1999.

[10] Zum Heuser-Verfahren u. zum biographischen Hintergrund: Jürgen Matthäus: Georg Heuser – Routinier des sicherheitspolizeilichen Osteinsatzes, in: Klaus-Michael Mallmann/Gerhard Paul (Hrsg.): Karrieren der Gewalt. Nationalsozialistische Täterbiographien, Darmstadt 2004, S. 115–125; ders.: „No Ordinary Criminal": Georg Heuser, Other Mass Murderers, and West German Justice, in: Patricia Heberer/ders. (Hrsg.): Atrocities on Trial. Historical Perspectives on the Politics of Prosecuting German War Crimes, Lincoln – London 2008; Hans Kirsch: Sicherheit und Ordnung betreffend. Geschichte der Polizei in Kaiserslautern und in der Pfalz 1276–2006, Kaiserslautern 2007, S. 673–683 (für eine Kopie dieser Publikation danke ich Klaus-Michael Mallmann).

[11] Kritisch zur Geschichte des BKA: Schenk (Anm. 7); zur personellen Durchsetzung anderer polizeilicher u. nachrichtendienstlicher Leitungsfunktionen in der BRD mit NS-Personal: Linck (Anm. 2), S. 341; Kirsch (Anm. 10), S. 673–683.

[12] Staw Koblenz 9 Ks 2/62, Bd. 10, Bl. 1416, Soko „P"-Vermerk zur Vern. Walter Mahler v. 8.12.1959; Aussage dess. ebd., Bl. 1390–1415.

[13] Dr. Eberhard Strohm, bis Ende September 1959 Heusers Verteidiger, war im Krieg als SS-Hauptsturmführer beim SD tätig, ebd., Bd. 12, S. 1786–1790, Bd. 14, S. 2097f.; vgl. zu anderen Verfahren im Zusammenhang mit deutschen Verbrechen in Minsk die in JuNSV abgedruckten Urteile unter http://www1.jur.uva.nl/junsv/.

[14] Kirsch (Anm. 10), S. 675f.; Matthäus: Georg (Anm. 10), S. 118f.

[15] Hermann Langbein: Der Auschwitz-Prozeß. Eine Dokumentation, Bd. 1, Frankfurt/M. 1965, S. 21–30.

[16] Kirsch (Anm. 10), S. 677.

[17] Reisekostenabrechnungen des PP Mainz für die Soko „P", Staw Koblenz 9 Ks 2/62, Bd. 11, Bl. 1561, Bd. 18, Bl. 2624, Bd. 29, Bl. 4290, Bd. 44, Bl. 6563, Bd. 48, Bl. 7167.

[18] Ebd., Bd. 23, Bl. 3482ff., Stellungnahme der Soko „P" zur Vern. Kaul v. 21.6.1960.

[19] Schon die Soko-Beamten des LKA Baden-Württemberg, die bis zur Übergabe des Falls an die Staw Koblenz im November 1959 für ein halbes Jahr ermittelten, vermerkten zur Vern. eines Kriminalobermeisters in Essen, der Zeuge habe „erregt geäußert, mit den Beamten aus Stuttgart wolle er nichts mehr zu tun haben" u. danach jede polizeiliche Vern. abgelehnt, ebd., Bd. 2, Vern. Wilhelm Schuth v. 30.6.1959.

[20] Ebd., Bd. 8, Bl. 1313; ähnlich ebd., Bd. 24, Bl. 3687, Soko „P"-Vermerk zur Vern. von Toll v. 21.6.1960.

[21] Ebd., Bd. 27, Bl. 4041, dto. zur Vern. Carola Kaiser v. 20.7.1960; ebd., Bd. 29, Bl. 4363f., dto. v. 11.8.1960.

[22] Ebd., Bd. 19, Bl. 2872, dto. zur Vern. Sabine Dick v. 30.4.1960; ebd., Bl. 2875f., Vermerk OStaw Bornscheuer/Koblenz v. 27.5.1960.

[23] Ebd., Bd. 28, Bl. 4244, Soko „P"-Vermerk zur Vern. Willy Schmidt v. 5.8.1960; ebd., Bd. 29, Bl. 4305f.; dto. zur Vern. Adolf Wedekind v. 3.8.1960.

[24] Ebd., Bd. 14, Bl. 2008, dto. zur Vern. Reinhold Hörner v. 9.2.1960.

[25] Ebd., Bd. 21, Bl. 3184–3196, dto. zur Vern. Theodor Ondrej v. 23.5.1960; ebd., Bd. 26,

Bl. 3973a-b, dto. zur Vern. Jakob Oswald v. 1.7.1960; ebd., Bd. 64, Bl. 9336, dto. zur Vern. Adam Banse v. 20.11.1961.

[26] Ebd., Bd. 27, Bl. 4114, dto. zur Vern. Franz Stark v. 27.7.1960.

[27] Ebd., Bd. 33, Bl. 5002a, dto. zur Vern. Sabine Dick v. 9.10.1960.

[28] Ebd., Bd. 63, Bl. 9474, dto. zur Vern. Walter Münch v. 7.11.1961.

[29] Ebd., Bd. 13, Bl. 1880f., dto. zur Vern. Karl Dahlheimer v. 5.2.1960.

[30] Ebd., Bd. 13, Bl. 1844–1852, dto. zur Vern. Heinrich Garke v. 3.2.1960.

[31] Ebd., Bd. 12, Bl. 1718a, dto. zur Vern. Wilhelm Madecker v. 16.1.1960; ebd., Bd. 18, Bl. 2681f., dto. zur Vern. Martin Eder v. 4.4.1960; ebd., Bl. 2784, dto. zur Vern. Hans Bässe v. 23.4.1960; ebd., Bd. 19, Bl. 2798, dto. zur Vern. Friedrich Kraft v. 27.4.1960; ebd., Bl. 2872, dto. zur Vern. Sabine Dick v. 30.4.1960; ebd., Bd. 21, Bl. 3211, dto. zur Vern. Heinz Schramm v. 24.5.1960; ebd., Bd. 26, Bl. 3934 a-b, dto. zur Vern. Otto Edel v. 29.6.1960; ebd., Bd. 30, Bl. 4467, dto. zur Vern. Heinrich Kuhn-Weiss v. 19.8.1960; ebd., Bd. 36, Bl. 5399a, dto. zur Vern. Arthur Much v. 28.10.1960; ebd., Bd. 41, Bl. 6196, dto. zur Vern. Kurt Lory v. 20.12.1960.

[32] Ebd., Bd. 17, Bl. 2477, dto. zur Vern. Hans Zeuschel v. 8.3.1960.

[33] Ebd., Bd. 57, Bl. 8477–8485, Vern. Erich Gnewuch v. 19.7.1961; ebd., Bl. 8495, Vermerk Staw Koblenz zu dessen Selbstmord v. 1.8.1961.

[34] Ebd., Bd. 12, Bl. 1780–1782, Soko „P"-Vermerk zum Abschiedsbrief Lütkenhus vor dessen Selbstmord v. 25.1.1960.

[35] Ebd., Bd. 39, Bl. 5882, dto. zur Vern. Friedrich Merbach v. 2.12.1960.

[36] Ebd., Bd. 26, Bl. 3973a-b, dto. zur Vern. Jakob Oswald v. 1.7.1960.

[37] Ebd., Bd. 13, Bl. 1955, dto. zur Vern. Adolf Rübe v. 16.2.1960.

[38] Ebd., Bd. 16, Bl. 2296, Soko „Z"-Vermerk zur Vern. Wilhelm Linse v. 10.3.1960; in einem anderen Vern.-Protokoll heißt es, Linse habe sich „geschworen, […] keine sachdienlichen Angaben zu machen", ebd., Bd. 19, Bl. 2804.

[39] Ebd., Bd. 14, Bl. 2058f., Soko „P"-Vermerk zur Vern. Ernst Wertholz v. 17.2.1960.

[40] Ebd., Bd. 26, Bl. 3902–3910, dto. zur Vern. Ernst Abraham v. 28.6.1960; die Ermittler vermerkten dazu, Abraham mache einen „wirren Eindruck" u. sei vom Ortspolizisten als „Dorftrottel" bezeichnet worden, ebd., Bl. 3910 a-b.

[41] Ebd., Bd. 16, Bl. 2322a, dto. zur Vern. Hans Weidenhöfer v. 12.3.1960; ebd., Bd. 19, Bl. 2790, dto. zur Vern. Hubert Munk v. 23.4.1960.

[42] Matthäus: Georg (Anm. 10), S. 117f.; zu Trostinez: Gerlach (Anm. 9), S. 770.

[43] Staw Koblenz 9 Ks 2/62, Bd. 17, Bl. 2477, Soko „P"-Vermerk zur Vern. Hans Zeuschel v. 8.3.1960.

[44] In Nordrhein-Westfalen, wo im Bundesvergleich die meisten Ermittlungen – 75 – gegen Mitglieder von PB stattfanden, kam es laut Klemp (Anm. 4), S. 367, lediglich zu 14 Gerichtsverfahren, wobei die Richter nur wenige der Angeklagten zu mehrjährigen Freiheitsstrafen verurteilten u. die Mehrzahl freisprachen.

[45] Staw Koblenz 9 Ks 2/62, Bd. 22, Bl. 3391–3394, Soko „P"-Vermerk zur Vern. Leo von Braunschweig v. 31.5.1960.

[46] Ebd., Bd. 19, Bl. 2797, dto. zur Vern. Friedrich Kraft v. 27.4.1960.

[47] Ebd., Bd. 67, Bl. 9922–10081, Bd. 68, Bl. 10082–10239, Anklage OStaw Koblenz v. 15.1.1962.

[48] Ebd., Bd. 84, Bl. 13053–13056; zur Urteilsbegründung: ebd., Bd. 86, Bl. 13200–13579.

[49] Siehe hierzu den Beitrag von Klaus-Michael Mallmann in diesem Bd.

[50] Jörg Friedrich: Die kalte Amnestie. NS-Täter in der Bundesrepublik, München 1994; Herbert (Anm. 2); Wildt (Anm. 2).

[51] Das 1977 eröffnete Ermittlungsverfahren gegen Heuser wegen seiner Teilnahme an

Verbrechen in der Slowakei wurde Anfang 1980 ergebnislos eingestellt, Staw Koblenz 101 Js 2244/77 (47 Bde. sowie Beiakten); zum Kontext deutscher Verbrechen in der Slowakei: Tatjana Tönsmeyer: Das Dritte Reich und die Slowakei 1939–1945. Politischer Alltag zwischen Kooperation und Eigensinn, Paderborn u. a. 2003.

Annette Weinke

Amnestie für Schreibtischtäter
Das verhinderte Verfahren gegen die Bediensteten des Reichssicherheitshauptamtes

Gut anderthalb Jahre nach dem Ende des Jerusalemer Eichmann-Prozesses begann im Sommer 1963 eine elfköpfige Task Force der West-Berliner Staatsanwaltschaft, gegen die SS-Ideologen und Koordinatoren des völkisch-rassistisch motivierten Massenmords im Reichssicherheitshauptamt (RSHA) zu ermitteln. Der Verfahrenskomplex, dessen Bearbeitung fast ein Jahrzehnt in Anspruch nehmen sollte, gilt als der ambitionierteste, wenn auch verspätete Versuch der westdeutschen Strafjustiz, die Verbrechen der RSHA-Führung in einem großen Wurf aufzuklären. Gleichzeitig waren die Ermittlungen gegen eine der maßgeblichen Entscheidungszentralen des NS-Terrors nichts weniger als ein Prüfstein für die Bemühungen, die nationalsozialistische Vernichtungspolitik mit dem Instrument des deutschen Strafrechts zu sühnen. Das Unternehmen endete jedoch nahezu desaströs: Nach mehrjährigen intensiven Recherchen in 18 Archiven des In- und Auslands, der Erstellung einer 6000 Dokumente umfassenden Beweismittelsammlung, Befragungen von über 2000 Zeugen und der namentlichen Identifizierung von fast 7000 ehemaligen RSHA-Angehörigen wurde Ende der 1960er Jahre nur in vier Fällen gegen insgesamt 12 Beschuldigte ein Gerichtsverfahren eröffnet. Lediglich drei Angeklagte, die früheren Eichmann-Mitarbeiter Fritz Wöhrn, Richard Hartmann und Friedrich Bosshammer, erhielten wegen ihrer Mitwirkung an Judendeportationen höhere Haftstrafen.[1] Alle übrigen RSHA-Täter, unter ihnen auch der ehemalige Heydrich-Stellvertreter Dr. Werner Best, wurden hingegen freigesprochen oder außer Verfolgung gesetzt.

Dieser Beitrag soll nicht nur einen vorläufigen Überblick zur Geschichte dieses exzeptionellen, bis heute nur ansatzweise erforschten NS-Verfahrens geben, sondern gleichzeitig auch einige Gründe für dessen Scheitern herausarbeiten. Dabei werden jene juristischen Streitfragen und Kontroversen zu schildern sein, die die Ahndung von NS-Gewaltverbrechen aus Sicht der Staatsanwälte zu einem hochgradig mühsamen Geschäft werden ließen. Da jedoch die Überbetonung normativ-rechtlicher Fragen immer auch die Gefahr eines gewissen Determinismus in sich birgt, der das Scheitern der NS-Strafverfolgung als scheinbar unausweichliche Folge einer defizitären Rechtsgrundlage beschreibt,[2] werde ich mich ganz bewußt auf außerjuristische Einflußfaktoren und Rahmenbedingungen des RSHA-Verfahrens konzentrieren. Im Vordergrund stehen somit nicht die verschiedenen, inzwischen auch unter Nichtspezialisten hinlänglich bekannten rechtsdogmatischen Probleme, die die Geschichte der NS-Strafverfolgung in der Bundesrepublik maßgeblich geprägt und geformt haben. Vielmehr wird es im folgenden vornehmlich darum gehen, die Handlungsspielräume einer Justiz auszuloten, die sich zwar einerseits – von der Politik in den Stand gesetzt und dem strafrechtlichen Legalitätsprinzip verpflichtet – das Ziel setzte, zumindest einen Teil jener Verbrechen zu sühnen, die das RSHA im Zuge der „völkischen Flurbereinigung" im Altreich, in Österreich und in den von Deutschland eroberten Gebieten verübt hatte. Andererseits aber agierte die Rechtsprechung in einem politischen und gesellschaftlichen Umfeld, das sowohl durch ein starkes Bedürfnis nach einer vergangenheitsbereinigten Form von ‚Normalität' als auch durch das Wiederaufleben revisionistischer und nationalistischer Strömungen gekennzeichnet war.

Frühe Strafverfolgung und Rehabilitierung

Die ersten Jahre nach dem Zusammenbruch des Dritten Reiches waren für die meisten RSHA-Täter durch Flucht, vorübergehenden oder dauerhaften Identitätswechsel, Internierung und Strafverfolgung geprägt. Das an der Berliner Prinz-Albrecht-Straße gelegene Gestapo-Hauptquartier war bereits am 3. Februar 1945 durch einen alliierten Bombenangriff fast völlig dem Erdboden gleich gemacht worden, und die noch bis Ende Mai verfolgten Pläne einer kleinen Clique unter Leitung des vormaligen RSHA-Amtschefs Otto Ohlendorf, Teile des alten Amtes III (Volkstum, Wirtschaft, Kultur und Kunst) zu einem neuen deutschen Nachrichtendienst zusammenzuführen, zerstoben kurz nach Himmlers Verhaftung und dessen Selbstmord in britischer Haft.[3] Von denjenigen Männern der Sicherheitspolizei und des SD, die nicht in den Wirren der letzten Kriegsmonate gefallen waren, Suizid begangen hatten[4] oder auf andere Weise ums Leben gekommen waren, versuchte ein Teil, die bestehenden Verbindungen zu ausländischen Nachrichtendiensten zu nutzen, um einer Inhaftierung und Strafverfolgung zu entgehen.[5] Ein weiterer Teil gelangte auf dem Wege der „Rattenlinie" ins Ausland[6] oder ergatterte über das Sprungbrett Italien einen Platz auf einem Flüchtlingsschiff nach Übersee. Insbesondere das Internationale Komitee des Roten Kreuzes war vielen Schwer- und Schwerstbelasteten bei der Ausreise behilflich, indem es provisorische Reiseersatzdokumente ausstellte, die den Weg in den Nahen Osten oder nach Südamerika ebneten.[7] Andere verschafften sich in den letzten Kriegstagen eine falsche Identität oder tauchten zeitweise bei Freunden oder Verwandten unter.[8]

Die weitaus größte Gruppe des früheren RSHA-Führungspersonals war jedoch in den ersten drei Nachkriegsjahren in irgendeiner Weise von den Sanktionen des alliierten Entnazifizierungsprogramms betroffen. Die Gefahr, in ein Internierungslager eingewiesen zu werden und dort teilweise mehrere Jahre auf ein Spruchkammer- oder Strafverfahren warten zu müssen, war insbesondere während der frühen Besatzungsphase gegeben: Allein im ersten Jahr nahmen die West-Alliierten an die 200 000 Personen im Zuge des „Automatischen Arrests“ fest, darunter auch viele hochrangige Gestapo- und SD-Männer.[9] Die rechtlichen Grundlagen für diese Maßnahme hatte das Londoner Statut für das International Military Tribunal (IMT) geschaffen, auf das sich die Verbündeten der Anti-Hitler-Koalition im Sommer 1945 nach vielem Hin und Her geeinigt hatten.[10] Zu den rechtlich umstrittenen Innovationen des IMT-Statuts gehörte, daß es eine Reihe von NS-Organisationen als kriminell einstufte, sich also aus der freiwilligen Mitgliedschaft automatisch eine individuelle Strafbarkeit ergab. Ursprünglich hatten die Amerikaner sämtliche RSHA-Ämter auf die Liste der verbrecherischen Organisationen setzen wollen, beschränkten sich jedoch angesichts der damit verbundenen Beweisprobleme schließlich auf Schutzstaffel (SS), Geheime Staatspolizei (Gestapo) und Sicherheitsdienst (SD).[11]

In Nürnberg kamen die RSHA-Verbrechen vor allem in den Verfahren gegen den Heydrich-Nachfolger Ernst Kaltenbrunner, in der Organisationsklage gegen SS, Gestapo und SD sowie im amerikanischen Nachfolgeverfahren gegen die Führer der Einsatzgruppen und -kommandos (Fall 9) zur Sprache. Die insbesondere von Ohlendorf und Best verfolgte Strategie, die Exekutivgewalt des SD zu bestreiten und die zahlreichen Verbrechen der Gestapo als „polizeifremde Aufträge“ zu charakterisieren, verfing bei den Juristen des Militärgerichtshofes nicht. Obwohl sowohl Ankläger wie Richter Mühe hatten, die Merkmale des RSHA als „politische Institution neuen Typs“,[12] die sich als Exekutive einer rassistischen „Volksgemeinschaft“ verstand, in all ihren Facetten zu erfassen, ging das IMT in Bezug auf SS, Gestapo und SD dennoch von der Existenz eines gemeinsamen institutionellen Daches aus, das durch einen einheitlichen Befehl gesteuert gewesen sei. Alle drei Einrichtungen wurden dementsprechend zu „verbrecherischen Organisationen“ erklärt und für die „Verfolgung und Ausrottung der Juden, Grausamkeiten und Morde in den Konzentrationslagern, Ausschreitungen in der Verwaltung der besetzten Gebiete, die Durchführung des Zwangsarbeiterprogramms und Mißhandlung und Ermordung von Kriegsgefangenen“ verantwortlich gemacht.[13] Ebensowenig hatte Ohlendorf mit seiner im Einsatzgruppen-Prozeß gemachten Einlassung Erfolg, die Morde an den sowjetischen Juden seien auf einen „Endlösungsbefehl“ Hitlers zurückgegangen, der angeblich von dem – mittlerweile in sowjetischer Haft sitzenden[14] – Bruno Streckenbach kurz vor Beginn des deutschen Überfalls auf die UdSSR im Sommer 1941 übermittelt worden sei.[15] Obwohl die Richter des amerikanischen Militärtribunals II die Version eines zentralen Mordbefehls für plausibel hielten, maßen sie dem keine strafmildernden Wirkungen bei. Vielmehr waren die Urteile im Einsatzgruppen-Prozeß mit insgesamt 14 Todesurteilen, zweimal lebenslänglich und fünf zehn- bis 20-jährigen Gefängnisstrafen die härtesten in der gesamten Prozeßserie.

Trotz alledem kommt Ulrich Herbert in seiner biographischen Studie über den „Schreibtischtäter“ Best zu dem Befund, die in Nürnberg angewandten Vertuschungs- und Vernebelungsmanöver des Netzwerkes aus RSHA-nahen Anwälten, Täterzeugen und sympathisierenden Prozeßberichterstattern hätten langfristig strafbefreiende Wirkungen für die juristische Auseinandersetzung mit RSHA-Verbrechen in der Bundesrepublik gehabt. So sei es Best, der als Zeuge der Verteidigung auftrat, im wesentlichen gelungen, das Augenmerk des Gerichts von den für die Gestapo-Beamten bedrohlichen Punkten abzulenken. Darüber hinaus habe man infolge gegenseitiger Absprachen auch verhindern können, daß Struktur, Aufgaben und Kompetenzbereiche sowie politische Verantwortlichkeit der Führungsebene von Sicherheitspolizei und SD in Nürnberg hinreichend geklärt wurden.[16] Wie an späterer Stelle zu schildern sein wird, trugen die Nürnberger Prozesse aber noch in anderer Hinsicht zu einer langfristigen Straflosigkeit von RSHA-Verbrechen bei. Denn als Mitte der 1960er Jahre der ehemalige SS-Obergruppenführer Best endlich wegen seiner Rolle bei den Einsatzgruppen-Morden in Polen gerichtlich zur Verantwortung gezogen werden sollte, war das Nürnberger Entlastungskartell, das bereits nach Kriegsende eine angemessene Strafe für ihn verhindert hatte, immerhin noch so intakt, daß der Beschuldigte abermals einer Verurteilung entging.

Zunächst profitierten jedoch viele der von den Siegermächten verurteilten Personen von der Begnadigungswelle, die bereits vor Gründung der Bundesrepublik weite Teile der deutschen und westlichen Gesellschaften erfaßt hatte.[17] Obwohl die Belastungen der NS-Eliten gerade in der unmittelbaren Nachkriegsphase durchaus noch einer größeren Allgemeinheit bekannt waren, hatten die von Internierung und Entnazifizierung Betroffenen in der Regel kaum Schwierigkeiten, sich als Opfer „alliierter Siegerjustiz“ darzustellen. Seit den späten 1940er Jahren vollzog sich die Rehabilitierung von „Ehemaligen“ aus den Reihen von Sicherheitspolizei und SD auf drei verschiedenen Ebenen. Zum einen wurden dadurch, daß sich die Westalliierten die Überprüfung schwerer Fälle für einen späteren Zeitpunkt aufgespart hatten, viele Angehörige der Kern- und Führungsgruppen des NS-Regimes vorzeitig aus der Internierungshaft entlassen, ohne daß sie ihre Taten in vollem Umfang gesühnt hatten. Zum zweiten setzten sich Anfang der 1950er Jahre vor allem der Essener Anwalt und FDP-Abgeordnete Ernst Achenbach und der mittlerweile aus dänischer Haft entlassene Best verstärkt dafür ein, daß die Gnadenkampagne zur Freilassung der angeblichen „Kriegsverurteilten“ auch den früheren Chargen aus dem RSHA zugute kam.[18] Eine dritte und letzte Hürde konnte schließlich durch die Verabschiedung verschiedener Amnestiegesetze und Durchführungsbestimmungen zum Artikel 131 Grundgesetz überwunden werden. Diese enthielten eine Reihe von Ausnahmeregelungen, auf deren Grundlage auch frühere Gestapo-Angehörige und SS-Mitglieder in den Genuß von Übergangs- und Ruhegeldern kommen konnten, oder die ihnen in Einzelfällen sogar die Möglichkeit zur Wiedereinstellung in den öffentlichen Dienst eröffneten.[19]

Angesichts der Tatsache, daß selbst angesehene Demokraten wie Theodor Heuß oder Carlo Schmid bei den Alliierten für die Freilassung der in Landsberg, Wittlich und Werl einsitzenden Einsatzkommandoführer eintraten und ein hochbelasteter Mann wie Best dank seiner langjährigen Inanspruchnahme durch führende westdeutsche Zeithistoriker die historischen Deutungen und Interpretationen zum RSHA zumindest teilweise in seinem Sinne beeinflussen konnte,[20] verwundert es nicht, daß die Strafverfolgungsbehörden in den Anfangsjahren der Bundesrepublik kaum Initiative zeigten, gegen diese Kerngruppe des Genozids zu ermitteln. Während insbesondere in Frankreich noch während der ersten Hälfte der 1950er Jahre eine Reihe von – seit 1951 allerdings nicht mehr vollstreckten – Todesurteilen und hohen Haftstrafen gegen frühere RSHA-Mitarbeiter ergingen,[21] kam es in der Bundesrepublik, sofern die Justiz überhaupt aktiv wurde, während dieser Zeit lediglich zu Freisprüchen oder beschämend niedrigem Freiheitsentzug.[22] Hochrangige RSHA-Täter wie der in Argentinien residierende Adolf Eichmann oder der nach Chile geflüchtete Walter Rauff konnten sich im Ausland – teilweise mit Unterstützung deutscher Firmen – neue Existenzen aufbauen, ohne daß die deutschen Behörden an ihnen irgendein nachweisbares Interesse gezeigt hätten.[23]

Die Ermittlungen der West-Berliner Arbeitsgruppe zum Reichssicherheitshauptamt

1963 begann eine Arbeitseinheit der West-Berliner Staatsanwaltschaft, sich erstmals näher mit dem Innenleben und den diversen Arbeitsfeldern des RSHA zu beschäftigen. Dabei zeigten die Strafverfolger von Anfang an ein überdurchschnittlich hohes Aufklärungsinteresse, das insbesondere dem Engagement des seit 1961 amtierenden Chefanklägers beim Kammergericht, Hans Günther, zu verdanken war.[24] Dies konnte allerdings nicht kompensieren, daß die Ermittlungen zu dem herausgehobenen Verbrechenskomplex gut zehn Jahre zu spät kamen. Denn obgleich die Berliner Justiz gemäß Tatortprinzip bereits seit Anfang der 1950er Jahre zur Einleitung von Voruntersuchungen gesetzlich verpflichtet gewesen wäre, unternahm sie während dieses Zeitraums nichts, um ihrer Aufgabe auch praktisch nachzukommen. Über die Ursachen äußerte sich Günther nur rückblickend, noch dazu in verklausulierter Weise. So erklärte er auf einer 1967 stattfindenden Fachtagung von Richtern und Staatsanwälten, die West-Berliner Strafverfolger hätten ihre Obliegenheit schlichtweg „vergessen“ und wären erst 1963 durch die Kritik auswärtiger Staatsanwälte auf dieses Versäumnis aufmerksam gemacht worden.[25]

Abgesehen davon, daß diese Begründung schon angesichts der 1961 einsetzenden regierungsamtlichen Public Relations-Kampagne zum Jerusalemer Eichmann-Prozeß keine hohe Überzeugungskraft hat, sprechen auch die überlieferten Akten eine andere Sprache. So hatte bereits im März 1961 auf der Tagung der Sonderkommissions-Leiter in Stuttgart eine Unterredung zwischen

Oberstaatsanwalt Erwin Schüle, seit 1958 im Nebenamt Leiter der Zentralen Stelle der Landesjustizverwaltungen in Ludwigsburg (ZSL), und dem damaligen Ersten Staatsanwalt Neumann aus West-Berlin stattgefunden, in der vereinbart worden war, daß die Ludwigsburger zu einzelnen RSHA-Beschuldigten „Konserven" anlegen sollten, auf die die Berliner zu gegebenem Zeitpunkt zurückgreifen wollten.[26] Allein diese Festlegung deutet somit darauf hin, daß sowohl die auffällige Zurückhaltung wie das 1963 abrupt einsetzende Verfolgungsinteresse durch Vorgänge und Ereignisse bedingt waren, die zumindest partiell außerhalb des engeren Bereichs der NS-Ermittlungen zu verorten sind.[27]

Erst im Februar 1963 war dann offenbar ein kritischer Punkt erreicht, an dem die Aufnahme umfassender Recherchen unausweichlich schien. Nachdem Günther die Staatsanwaltschaft beim Berliner Kammergericht angewiesen hatte, Vorermittlungen wegen Mordverdachts einzuleiten, wurde ein Sachbearbeiter der Behörde damit beauftragt, gezielt nach Beweisdokumenten zu suchen.[28] Auf seiner Reise durch die Republik machte der zuständige Staatsanwalt Ralf Selle u.a. in Ludwigsburg, Koblenz, Düsseldorf, München, Nürnberg und Würzburg Station, um das dort lagernde Material vorab zu sichten. Die Fülle an Fundorten und Archivquellen – allein im Düsseldorfer Hauptstaatsarchiv lagerten an die 70000 Akteneinheiten zur Stapo-Leitstelle Düsseldorf – veranlaßten Günther im Juli 1963, die Vorermittlungen zu diesem umfangreichen Komplex an sich zu ziehen.[29] Entsprechend einem Beschluß der Landesjustizministerkonferenz wurde die RSHA-Arbeitsgruppe noch im November dieses Jahres auf insgesamt elf Dezernenten, darunter vier nach Berlin abgeordnete westdeutsche Staatsanwälte sowie zwei Ludwigsburger Sachbearbeiter, aufgestockt.[30] Anhand von Unterlagen wie Geschäftsverteilungsplänen, Telephonverzeichnissen, Eintragungen aus der ZSL-Personenkartei, alliierten Fahndungslisten, dem Adreßbuch des bei der Bundesversicherungsanstalt tätigen ehemaligen SS-Hauptsturmführers Martin Junghans, einer von dem Publizisten Thomas Harlan überlassenen Liste von RSHA-Tatverdächtigen und ähnlichen Materialien versuchten deren Mitarbeiter während der ersten anderthalb Jahre, sich einen vorläufigen Überblick zur personellen Besetzung und Gesamtstruktur der Behörde zu verschaffen.[31]

Bei allen als Beschuldigte in Betracht kommenden Personen – vom Dienstrang des Untersturmführers an aufwärts – wurden die Personalien mit den Auskünften aus dem Berlin Document Center abgeglichen. Auf dieser Grundlage entstanden drei verschiedene Personalkarteien, die von den Dezernenten als Arbeitsmittel genutzt wurden: Eine erste große Kartei mit sämtlichen namentlich erfaßten früheren RSHA-Angehörigen (ca. 7000 Personen), eine zweite kleinere Kartei, in der alle höheren RSHA-Chargen verzeichnet waren (ca. 3000) sowie eine Referatskartei, aus der sich die Zugehörigkeit zu einer bestimmten Abteilung bzw. einer Diensteinheit ergab (ca. 12000 Karteikarten).[32]

In einem zweiten Schritt wurden dann etwa drei Dutzend Staats- und Landesarchive angeschrieben. Insgesamt 18 Institutionen – darunter auch weniger bekannte Einrichtungen wie der Haupttreuhänder für Rückerstattungsvermögen oder das Archiv der Wiedergutmachungskammern in Berlin, die umfangreiches Material zur Ausplünderung und Vernichtung der Berliner Juden enthielten – stellten ihre Unterlagen für Strafverfolgungszwecke zur Verfügung.

Eine Besonderheit des RSHA-Komplexes war, daß sich die West-Berliner Ermittler als erste bundesrepublikanische Justizbehörde gezielt an die DDR wandten, um die im Osten Deutschlands lagernden Beweisdokumente auswerten zu können. Günthers Rechtshilfeersuchen vom 13. März 1964 löste nicht nur bei SED, Staatssicherheit und Justiz hektische Betriebsamkeit aus, sondern brachte auch die Bundesregierung zeitweise in arge Verlegenheit, da man zum damaligen Zeitpunkt noch an dem strengen Kontaktverbot zu parteilichen und staatlichen Einrichtungen des Ulbricht-Regimes festhielt.[33] Auch zu den polnischen Behörden suchten die RSHA-Ermittler frühzeitig Kontakt. Nachdem von den Archivalien etwa 25000 Blatt Kopien gefertigt worden waren, wurden in einem zweiten Arbeitsgang alle im Bundesgebiet anhängigen 1200 Strafverfahren gegen RSHA-Täter in einer nach Sachgebieten gegliederten zentralen Verfahrenskartei erfaßt. Erst als diese Recherchephase abgeschlossen war, begannen im August 1964 die eigentlichen Vorermittlungen. Sie richteten sich gegen einen engeren Kreis von Tatverdächtigen, der etwa 300 bis 400 frühere Mitarbeiter des gehobenen und höheren Dienstes umfaßte. Da die Strafverfolgungsbehörden der Bundesrepublik zu diesem Zeitpunkt noch übereinstimmend davon ausgingen, daß alle NS-Mordverbrechen mit Ablauf des 8. Mai 1965 verjähren würden, konzentrierten sich die West-Berliner zunächst auf sieben Tatkomplexe, die mit den ursprünglich sieben Ämtern des RSHA korrespondierten.

Zu Beginn des Jahres wurden diese dann in drei große Sachkomplexe zusammengefaßt: Herzstück der Ermittlungen war das zum Sachkomplex I zählende Verfahren gegen die Organisatoren der „Endlösung der Judenfrage“ (1 Js 1/65). Dieses richtete sich zeitweise gegen insgesamt 146 frühere Angehörige verschiedener RSHA-Referate, denen vorgeworfen wurde, die Deportationen aus dem Reich und den besetzten bzw. mit Deutschland verbündeten Ländern mit Ausnahme der Sowjetunion und Ungarn organisiert zu haben.[34] Der zweite Sachkomplex, der 178 Beschuldigte betraf, erstreckte sich vor allem auf die Tätigkeit der Einsatzgruppen und -kommandos in der Sowjetunion, in Serbien, Kroatien, Untersteiermark und in Oberkrain, die Verantwortung des RSHA für die Tötung von Angehörigen der polnischen Intelligenz sowie auf die Entwicklung und den Einsatz von Gaswagen.[35] Der dritte Sachkomplex beschäftigte sich schließlich mit Massenexekutionen an – zumeist sowjetischen – Kriegsgefangenen sowie mit der widerrechtlichen Tötung von Priestern, kommunistischen Widerstandskämpfern, Justizhäftlingen, jüdischen KZ-Insassen,

Zwangsarbeitern, Psychiatriepatienten und sogenannten asozialen Häftlingen; die Zahl der Beschuldigten belief sich hier auf 200–300 Personen. Eine herausgehobene juristische und öffentlichkeitspolitische Bedeutung kam insbesondere den beiden Verfahren gegen frühere Angehörige der Stapo-Leitstelle Berlin (1 Js 9/65) und gegen den Heydrich-Stellvertreter Best (1 Js 12/65) zu: Im ersteren sollte u. a. geklärt werden, inwieweit deren Chef Otto Bovensiepen und 19 seiner Mitarbeiter für die Deportation und nachfolgende Ermordung von 42000 Berliner Juden verantwortlich waren. Im zweiten Verfahren wurde Best beschuldigt, die Einsatzgruppen und -kommandos für Polen organisiert und in den ersten Wochen und Monaten nach Beginn der deutschen Offensive die „Ausrottung der polnischen Intelligenz" befohlen zu haben. Im Gegensatz zu den meisten anderen RSHA-Beschuldigten wurde er nicht als Gehilfe, sondern als Täter angesehen.[36]

Nach mehr als vierjähriger Ermittlungstätigkeit, bei der sich auch immer wieder Anhaltspunkte für die Beteiligung anderer oberster Reichsbehörden an den dem RSHA zur Last gelegten Verbrechen ergeben hatten,[37] griffen die West-Berliner Staatsanwälte dann im Frühjahr 1967 zum ersten Mal zu: Als ersten traf es im März 1967 Bovensiepen. Wenige Monate später folgten die Festnahmen der in Westdeutschland lebenden Beschuldigten Bernhard Baatz, Joachim Deumling, Harro Thomsen, Emil Berndorff und Fritz Wöhrn. Der wohl wichtigste Coup gelang den Ermittlern am 11. März 1969, als sie in einer Überraschungsaktion Best an seinem Mülheimer Wohnsitz in Haft nahmen. Er wurde noch am selben Tag mit dem Flugzeug nach West-Berlin transportiert und verbrachte die folgenden zwei Jahre in der Moabiter Untersuchungshaftanstalt. Wie Michael Wildt in seiner profunden Studie zum RSHA-Führungskorps zu Recht herausstellt, hatten die Berliner Staatsanwälte trotz damals noch weitgehend fehlender historischer Spezialforschung Erstaunliches geleistet: So waren ihnen nicht nur führende Täter ins Netz gegangen, sie hatten in jahrelanger akribischer Arbeit auch wichtige Grundlagen für die Aufklärung von NS-Massenverbrechen gelegt. „Die RSHA-Verfahren, hätten sie tatsächlich stattgefunden", so Wildt, „wären ohne Zweifel der größte Prozeßkomplex zur Ermordung europäischer Juden, Polen, sowjetischer Kriegsgefangener, Zwangsarbeiter, ‚Asozialer' und anderer Opfer geworden, der jemals vor Gericht verhandelt worden wäre."[38]

Verzögerung und Obstruktion

Rückblickend gesehen, stellt sich die zweite Hälfte der 1960er Jahre als eine Zeit verstärkter vergangenheitspolitischer Konflikte und Spannungen dar. Auf der einen Seite gingen die NS-Prozesse, die seit Anfang des Jahrzehnts vorwiegend aufgrund des starken persönlichen Einsatzes einzelner Politiker und Justizjuristen in Gang gekommen waren, nach der Verlängerung der Verjährungsfrist für NS-Mordtaten im März 1965 ihrem Höhepunkt entgegen. Auch kam es im selben Jahr zur lange überfälligen Aufnahme diplomatischer Beziehungen zu Israel.[39] Auf der anderen Seite mehrten sich jedoch seit Beginn der Großen Koalition die Stimmen, die für ein Ende der Auseinandersetzung mit der NS-Vergangenheit und den vorzeitigen Abbruch der Strafverfolgung plädierten. Das zunehmende Mißtrauen, das die Bundesregierung insbesondere den jüdischen Verfolgtenorganisationen entgegenbrachte, schlug sich darin nieder, daß für die Wiedergutmachungszahlungen ein Schlußtermin für 1969 angestrebt wurde.[40] Die Ambivalenz, mit der Politik und Gesellschaft auf die politisch-moralische Herausforderung der NS-Prozesse reagierten, zeigte sich auch anhand des RSHA-Verfahrens. Zwar lobte der Bundesjustizminister in einem Anfang 1965 vorgelegten Bericht die Ermittlungen als „ein Musterbeispiel vorbildlicher Sachaufklärung".[41] Gleichzeitig taten die Rechtspolitiker von Bund und Ländern jedoch fast nichts, um den Berlinern aus ihrer Bredouille zu helfen, in die sie infolge des stetig anwachsenden Ermittlungsaufwands geraten waren. Ein Scheitern des ehrgeizigen Unternehmens war zwar keinesfalls vorhersehbar, geschweige denn vorprogrammiert, wie dies in älteren Darstellungen zur Geschichte der westdeutschen NS-Strafverfolgung zuweilen anklingt.[42] Dennoch kam das vorzeitige Ende für diejenigen Zeitgenossen, die seit 1958 den Verlauf der NS-Prozesse und die sich dazu herausbildende Rechtsprechung kritisch verfolgt hatten, auch nicht so überraschend, wie es Wildt jüngst erneut nahegelegt hat.[43] Vielmehr ergaben sich schon im Vorfeld der ersten Anklageerhebungen eine Reihe ernsthafter Probleme, von denen jedes einzelne vermutlich ohne weitreichendere Folgen geblieben wäre, die aber in ihrer Gesamtheit dazu führten, daß das RSHA-Verfahren schließlich zu einem Fiasko für die westdeutsche Politik und Justiz geriet.

Anfang 1965 hielt der Ludwigsburger Behördenleiter Schüle in einem Vermerk für das Stuttgarter Justizministerium fest, ein Journalist vom Bayerischen Rundfunk habe ihn vor kurzem aufgesucht und über den Inhalt eines Gesprächs mit den Berliner Staatsanwälten Selle und Severin informiert. Auf die Frage, warum die Berliner Justiz ihre Voruntersuchungen gegen die RSHA-Täter erst vor anderthalb Jahren aufgenommen hätten, hätten jene erklärt, dafür sei „ausschließlich" der Ludwigsburger Chefermittler verantwortlich. Denn dieser habe „die ganze Zeit über behauptet, im Komplex Reichssicherheitshauptamt stecke nichts mehr drin, und im übrigen würde das von Ludwigsburg aus mit erledigt".[44] Schüles Empörung über die desavouierenden Schuldzuweisungen seiner Berliner Kollegen war zwar mit Händen zu greifen, wirkt jedoch im nachhinein etwas aufgebauscht, wenn man sich vergegenwärtigt, daß rhetorische Gefechte zwischen Ludwigsburg und West-Berlin seit Beginn der RSHA-Ermittlungen mehr oder weniger zum Alltag gehörten. Hintergrund der Auseinandersetzungen war zunächst ein handfester Dissens über Zielsetzung, Umfang und Schwerpunkte des RSHA-Komplexes,[45] der sich allerdings im Laufe der Zeit zu einem Grundsatzstreit über die Ausrichtung der westdeutschen NS-Strafverfolgung auswuchs. Im Prinzip ging es hierbei um die – aus Sicht der damaligen Akteure – nicht ganz einfach zu entscheidende Frage, ob die NS-Ermittlungen fünf Jahre nach Gründung der ZSL einen Stand erreicht hatten, der weitere Erfolge als wenig aussichtsreich bzw. als das Ergebnis eines sachlich kaum vertretbaren Aufwands erscheinen ließ, oder ob diese im Gegenteil an einen Punkt gekommen waren, an dem Politik und Justiz über eine umfassende Neustrukturierung der Ermittlungskompetenzen hätten nachdenken müssen.

Der Ludwigsburger Behördenchef vertrat in Übereinstimmung mit seinem Stuttgarter Dienstherrn Wolfgang Haußmann (FDP) und den zuständigen Ministerialdirigenten im Bundesjustizministerium stets die Auffassung, die Einrichtung der ZSL sei als Provisorium zu betrachten, das nach der Aufklärung schwerster Besatzungsverbrechen die Vorermittlungstätigkeit im wesentlichen werde einstellen können.[46] Demgegenüber bildete sich bei Günther und dem West-Berliner Justizsenator Wolfgang Kirsch (FDP) im Zuge des RSHA-Verfahrens immer stärker die Überzeugung heraus, daß allzu viele Ermittlungskomplexe unbearbeitet liegen geblieben waren, die Ludwigsburg aufgrund fehlender Zuständigkeit und mangelnder personeller Kapazitäten nicht hatte in Angriff nehmen können. Die daraus abgeleitete Forderung, die Ludwigsburger Behörde in eine reguläre Staatsanwaltschaft umzuwandeln, in der künftig alle Verfahren von einem erfahrenen, historisch geschulten Mitarbeiterstab zentral bearbeitet werden sollten, fand indes weder bei den Rechtspolitikern von Bund und Ländern noch bei den Justizbehörden nennenswerte Resonanz.[47] Statt dessen wurde die wenig praktikable Arbeitsteilung im Bereich der obersten Reichsbehörden – RSHA und Volksgerichtshof wurden in West-Berlin, die übrigen Institutionen in Ludwigsburg bearbeitet – auch nach der 1965 vorgenommenen Zuständigkeitserweiterung der ZSL auf Inlandsstraftaten beibehalten.

Gestützt auf die Expertenmeinung Schüles und seiner Mitarbeiter, die der West-Berliner RSHA-Arbeitsgruppe „zweckfreie historische Forschung" vorwarfen,[48] schreckte die Politik davor zurück, die laufenden Ermittlungen gegen die RSHA-Mitarbeiter zum Anlaß zu nehmen, um die Strafverfolgung von Schreibtischverbrechen und weiteren noch offenen Tatkomplexen endlich auf eine solide institutionelle Grundlage zu stellen. Für die ermittlungstechnische Orientierungslosigkeit, mit der die RSHA-Ermittlungen vor allem in der Anfangsphase geführt wurden, trugen daher einerseits die West-Berliner selbst die Verantwortung, war man doch offensichtlich bestrebt, die Versäumnisse der 1950er und 1960er Jahre durch eine übermäßige Ausweitung der Untersuchungen zu kompensieren. Andererseits gab aber der Ludwigsburger Behördenleiter mit seiner hartnäckig verteidigten Weigerung, sich für eine umfassende und systematische Aufarbeitung von Schreibtischverbrechen einzusetzen, wahrscheinlich den Ausschlag dafür, daß man sich in Berlin in eine Ermittlungsstrategie verrannte, die unbewußt wohl auch darauf abzielte, Schüles sachlich nicht gerechtfertigte Einschätzungen zu widerlegen.[49]

Anders als die Staatsanwälte im Frankfurter Auschwitz-Prozeß, die sich das im Ostblock befindliche Beweismaterial teilweise noch durch selbst finanzierte Privatreisen nach Polen hatten organisieren müssen, war die West-Berliner RSHA-Arbeitsgruppe in der Lage, offizielle Rechtskontakte zu ostdeutschen und polnischen Justizbehörden aufzubauen. Die politischen Hürden, die dabei von der Bundesregierung und insbesondere vom Auswärtigen Amt errichtet wurden, sind von mir bereits an anderer Stelle ausführlich geschildert worden.[50] Im Hinblick auf die derzeit diskutierte Forschungsfrage, inwieweit die Geschichte der westdeutschen NS-Strafverfolgung auch als Bestandteil eines demokratischen Lernprozesses gedeutet werden kann, sei aber in diesem Zusammenhang noch einmal auf die bemerkenswerte Tatsache hingewiesen, daß die Initiative zu jenem deutschlandpolitischen Tabubruch von Juristen mit unterschiedlichen biographischen Prägungen ausgegangen war: Während Günther bereits 1933 wegen politischer Differenzen mit den neuen Machthabern aus dem juristischen Vorbereitungsdienst entlassen worden war, hatte der im Hintergrund wirkende Staatssekretär im Bundesjustizministerium, Arthur Bülow, vor 1945 als Ministerialrat im Reichsjustizministerium gearbeitet.[51]

Als Günther im März 1964 zum ersten Mal mit der Bitte um Rechtshilfe an den Ost-Berliner Generalstaatsanwalt Josef Streit herantrat, rief dies bei den DDR-Behörden zwar anfangs einige Irritationen hervor. In einer zweiten Phase schlossen sich daran jedoch umso intensivere Beratungen an.[52] Obwohl Carlos Foth, der für Rechtshilfe zuständige Vertreter bei der DDR-Staatsanwaltschaft, bei Erhalt des Schreibens sogleich mutmaßte, Günthers Brief sei der Auftakt einer von der Bundesregierung begonnenen Kampagne, sich rechtzeitig vor dem Verjährungstermin „gegen den bereits einsetzenden Protest der Weltöffentlichkeit" abzuschirmen, wollte er die Möglichkeit, es könne sich statt dessen auch um einen Alleingang West-Berlins handeln, nicht von vornherein ausschließen.[53] Foths Vorschlag, das Rechtshilfeersuchen vor allem dazu zu nutzen, um im Anschluß an das kurz zuvor geschlossene Passierscheinabkommen zu weiteren substantiellen Erfolgen bei der Durchsetzung der „Drei-Staaten-Theorie" zu kommen, leuchtete sowohl dem zuständigen ZK-Sekretär Arne Rehan als auch Vize-Außenminister Otto Winzer ein. Im Hinblick auf die Rechtshilfeverhandlungen, die über die Einsichtnahme in das in Ost-Berlin und Potsdam lagernde RSHA-Aktenmaterial geführt werden sollten, wurden Streits Mitarbeiter deshalb u. a. angewiesen, die Arbeitskontakte möglichst über den Mordverjährungstermin vom 8. Mai 1965 hinaus andauern zu lassen. Dabei sollte jedoch tunlichst der Eindruck vermieden werden, als ob die DDR „die Klärung bzw. die Untersuchungen dieses Komplexes" etwa verzögern würde.[54]

Diese Linie geriet allerdings noch im Sommer 1964 ins Wanken, als sich das

Ministerium für Staatssicherheit (MfS) in den RSHA-Komplex einschaltete. Für den DDR-Geheimdienst gingen von der breit angelegten Ermittlungsstrategie der RSHA-Arbeitsgruppe stark verunsichernde Wirkungen aus. Denn dieser befürchtete nicht zu Unrecht, daß bei den Personenrecherchen auch viele neue Tatverdächtige auftauchen könnten, die bis dahin unbehelligt im Osten Deutschlands gelebt hatten. Zudem war man sich seitens des MfS darüber im klaren, daß das West-Berliner Modell – sollte dieses etwa in der Bundesrepublik Schule machen – über kurz oder lang der eigenen „antifaschistischen" Propaganda gegen die „Bonner Ultras" das Wasser abgraben würde. Vor diesem Hintergrund entschied die MfS-Führung auf Anraten der Rechtsstelle, den Rechtshilfevorgang zwar einerseits zur Herstellung eigenständiger Beziehungen zu West-Berlin zu nutzen, andererseits aber die wichtigsten Beweisdokumente zum RSHA unter Verschluß zu nehmen.[55] Diese Beschlußlage blieb im Prinzip bis zum Ende der West-Berliner Ermittlungen bestehen.

Die Gnadenlobby am Werk

Die Obstruktionshaltung der DDR verzögerte die ohnehin langwierigen RSHA-Ermittlungen zusätzlich. Ernsthaft in Gefahr bringen konnten sie diese jedoch nicht, zumal die West-Berliner Strafverfolger gegen Ende der 1960er Jahre mit der Warschauer Hauptkommission die geheime Abmachung treffen konnten, daß deren Mitarbeiter stellvertretend für die RSHA-Arbeitsgruppe im Potsdamer Zentralen Staatsarchiv nach weiteren Dokumenten suchen sollten.[56] Die eigentliche Bedrohung braute sich indes im Westen zusammen und zwar aus einer Richtung, mit der in Berlin zum damaligen Zeitpunkt wohl kaum noch jemand gerechnet hatte. Seit sich die Parlamentarier des Deutschen Bundestags im März 1965 auf den Kompromiß geeinigt hatten, den Verjährungstermin für NS-Morddelikte um vier Jahre zu verschieben, schienen sich die langjährigen Bemühungen einer kleinen, dafür aber um so umtriebigeren Lobby aus „Generalamnestie"-Befürwortern aus Sicht der Strafverfolger fürs erste erledigt zu haben. In all jenen bekannt gewordenen Fällen von Mord in Täterschaft und Beihilfe, in denen die Verjährungsfrist bis 1969 durch eine richterliche Handlung unterbrochen werden konnte, war die Gefahr einer Straflosigkeit aufgrund von Verjährung durch die Entscheidung des Gesetzgebers weitgehend gebannt worden.

Dies hielt allerdings die Gnadenlobby um Achenbach und Best nicht davon ab, weiter nach juristischen Schlupflöchern zu suchen, die ihnen einen Ausweg aus der anrollenden Prozeßwelle gegen hochrangige Schreibtischtäter zu weisen schienen. Zwar war die Forderung nach einer umfassenden Amnestierung „im Einklang mit der christlich-humanistischen Tradition", wie sie der einstmals in Paris mit „Judenfragen" befaßte Achenbach[57] noch im Herbst 1959 seinem Parteikollegen Haußmann schmackhaft zu machen suchte, in der zweiten Hälfte der 1960er Jahre nicht mehr diskussionsfähig. Anknüpfungspunkte, die – nunmehr verdeckt verfolgten – Pläne dennoch durchzusetzen, boten aber sowohl die umstrittene Gehilfenrechtsprechung in NS-Sachen als auch die Überlegungen der seit 1955 tagenden Großen Strafrechtsreform, die im Nationalsozialismus vorgenommene Angleichung der Strafandrohung für Täter und Gehilfen – in beiden Fällen konnte nach 1939 die Todesstrafe verhängt werden – wieder rückgängig zu machen.[58] Um die Strafbefreiung an der Öffentlichkeit vorbei durchzusetzen, kam es folglich für die Amnestie-Lobbyisten darauf an, die überwiegend als Gehilfen eingestuften RSHA-Täter vorgezogen in den Genuß der beabsichtigten Strafrechtsreform kommen zu lassen, so daß die nach dem 8. Mai 1960 gegen sie eingeleiteten Strafverfahren rückwirkend verjährt waren. Mit dieser diffizilen Aufgabe wurde im Januar 1963 Best betraut.[59]

Nun war allerdings die Möglichkeit, daß ein derartiges Vorhaben gelingen könnte, angesichts der Haltung des Gesetzgebers in der Verjährungsfrage alles in allem so unwahrscheinlich, daß sich Best und seine Mitstreiter nicht darauf verlassen mochten. Aus diesem Grunde entwickelte der frühere RSHA-Justitiar, der sich weiterhin der Protektion einflußreicher Freunde in Politik, Verwaltung und Wirtschaft erfreuen konnte, in den folgenden Jahren ein ausgeklügeltes System an Entlastungszeugen aus den Reihen von Sicherheitspolizei und SD, die sich wechselseitig in den gegen sie anhängigen Strafverfahren bescheinigten, nichts vom Zweck der Juden-Deportationen gewußt zu haben.[60] Als wichtigster Entlastungszeuge fungierte in diesem Zusammenhang Best höchstpersönlich: Unter Rückgriff auf seine bereits in Nürnberg konstruierte Legende, nach der er derjenige gewesen sei, der die Rettung der dänischen Juden vor der Vernichtung veranlaßt habe, glaubte er nun, sich und seine früheren Kollegen vor dem Vorwurf des Genozids schützen zu können.[61]

Im Mai 1969 trat dann tatsächlich das – für die Strafverfolger kaum zu antizipierende – Szenario ein, daß alle nach 1960 eingeleiteten Ermittlungsverfahren gegen das RSHA-Personal, in denen die Staatsanwaltschaften anstatt von Täterschaft von Mordbeihilfe ausgegangen waren, mit einem Schlag rückwirkend verjährt waren. Über die Hintergründe dieser „kalten Verjährung" für Schreibtischtäter ist in der Literatur viel spekuliert worden. Während die Mehrzahl der Historiker der Auffassung zuneigt, die Durchsetzung einer rückwirkenden Teilamnestie für Gehilfen sei ein von langer Hand vorbereiteter Coup der nordrhein-westfälischen Pressure Group und von deren Unterstützern in den Ministerien gewesen, bestreiten meines Erachtens einzig Jörg Friedrich und Michael Wildt die Möglichkeit eines kausalen Zusammenhangs zwischen den Aktivitäten dieses Netzwerks und der 1968 vom Bundestag verabschiedeten Novellierung des § 50 Absatz 2 Strafgesetzbuch im Zuge des „Einführungsgesetzes zum Ordnungswidrigkeitengesetz".[62]

Zwar fehlt es für die erstgenannte These weiterhin an letzten Beweisen. Insgesamt sprechen aber die meisten der – zuletzt eindrucksvoll durch Marc von Miquel zusammengestellten – Fakten dafür, daß es sich hier durchaus um das

Werk interessengeleiteter Kreise gehandelt haben könnte, deren Verbindungen bis in die höchsten Ränge von Politik und Rechtsprechung reichten. Während das West-Berliner Kammergericht noch im Januar 1969 versuchte, den Schaden zu begrenzen, der sich aus der angeblich unbedacht vorgezogenen Gesetzesänderung ergab, bekräftigte der 5. Strafsenat des Bundesgerichtshofes am 20. Mai 1969 in einem Revisionsurteil zugunsten des in Kiel angeklagten ehemaligen Gestapo-Beamten Hermann Heinrich die Rechtsauffassung des RSHA-Strafverteidigers Heinz Meurin. Dieser hatte bereits im Januar gegenüber seinem Mandanten Best gemutmaßt, die Gesetzesänderung könne das vorzeitige Ende der Prozeßlawine bedeuten, sofern sich eine täter- anstelle einer tatbezogenen Interpretation des § 50 Absatz 2 durchsetze.[63] Als Reaktion auf die geänderte Gesetzeslage erhielten bereits zur Jahreswende 1968/69 einzelne Untersuchungshäftlinge Haftverschonung. Ab Juni folgte dann die Einstellung der meisten RSHA-Verfahren.[64]

Haftverschonung für Dr. Werner Best

Zweifellos mußte die Nichteröffnung Dutzender von Gerichtsverfahren von der RSHA-Arbeitsgruppe als herbe Blamage empfunden werden. Doch hatte man in West-Berlin sowohl den Ludwigsburger Rat zu strafferen Ermittlungen als auch die in Frankfurt praktizierte Methode, sich auf den „Endlösungskomplex" eines einzelnen Landes zu konzentrieren, jahrelang bewußt ignoriert. Trotzdem stand den Staatsanwälten die größte Herausforderung im Frühjahr 1969 erst noch bevor, denn ihr Hauptangeklagter – der seit März in Untersuchungshaft befindliche Best – war von der Gesetzesänderung gar nicht betroffen. Best sowie seinen Verteidigern Meurin und Friedrich Christoph von Bismarck – letzterer ein Sozius des ehemals am militärischen Widerstand gegen Hitler beteiligten Wiesbadener Anwalts Fabian von Schlabrendorff – war durchaus bewußt, daß die Staatsanwälte nichts unversucht lassen würden, um ihn wegen seiner Rolle bei den Einsatzgruppenmorden in Polen[65] vor Gericht zu stellen. In Anbetracht der prekären Lage war man deshalb vornehmlich bestrebt, eine Haftverschonung zu erreichen, die aller Voraussicht nach den Beginn der Verhandlung weiter hinauszögern würde. Dafür mußten offenbar alle vorhandenen Kräfte mobilisiert und alle verfügbaren Mittel ausgeschöpft werden, auch wenn dies die Grenzen des rechtlich noch Tolerierbaren bei weitem überschritt.

Unmittelbar nach Bests spektakulärer Verhaftung am 11. März 1969 wandte sich dessen Mentor und langjähriger Arbeitgeber Hugo Stinnes jr. an Georg Ferdinand Duckwitz, um sich mit diesem über den Fall Best auszutauschen. Der ehemalige „Schiffahrtssachverständige" des deutschen Reichskommissars in Kopenhagen, inzwischen zum Staatssekretär im Auswärtigen Amt unter Willy Brandt avanciert, hatte Best bereits nach 1945 vor einer lebenslangen Zuchthausstrafe oder Schlimmerem bewahrt, als er diesen als Quelle einer Ende September 1943 von ihm übermittelten Botschaft benannte, mit der die Dänen vor der bevorstehenden Polizeiaktion gegen die dänischen Juden gewarnt werden sollten.[66] Duckwitz war offenbar auch in den späten 1960er Jahren noch so von der Integrität seines früheren Vorgesetzten überzeugt, daß ihm die gegen Best erhobenen Vorwürfe, die völlig andere Tatkomplexe betrafen, einerlei waren. Vor diesem Hintergrund fand er sich nicht nur bereit, gemeinsam mit dem früheren Außenamts-Beamten Franz von Sonnleithner abermals als Entlastungszeuge für Best auszusagen. Er ließ sich sogar von Stinnes dazu anstiften, seine Stellung und seinen politischen Einfluß zu mißbrauchen, um massiv auf ein laufendes Ermittlungsverfahren einzuwirken.

Mitte März wandte er sich deshalb zunächst an den West-Berliner Justizsenator Hans-Günter Hoppe (FDP) und überredete diesen, den Mülheimer Industriellen zu einem persönlichen Gespräch zu empfangen. Während dieser Unterredung, die am 19. März im West-Berliner Nordstern-Gebäude stattfand, brachte jener sein Befremden über die kurz zuvor erfolgte Verhaftung seines Mitarbeiters zum Ausdruck. Wie Stinnes erklärte, genieße Best, den er seit 1935 kenne,[67] sein uneingeschränktes Vertrauen. Dessen Verhalten in der „Juden-Frage in Dänemark“ sei auch der Grund, weshalb sich Staatssekretär Duckwitz in die Sache eingeschaltet habe. Duckwitz sei zwischenzeitlich nach Neu-Dehli geflogen, habe jedoch ihm gegenüber angekündigt, demnächst Außenminister Brandt wegen Best ansprechen zu wollen. Stinnes kündigte an, daß sich vermutlich in Kürze auch Achenbach bei seinem Parteifreund Hoppe melden werde. Im Laufe der Unterhaltung kam schließlich noch Generalstaatsanwalt Günther hinzu. Nach einem kurzen Vier-Augen-Gespräch zwischen Hoppe und Günther wurde mit Stinnes verabredet, daß man sich wieder am 28. März zusammensetzen wolle, um gemeinsam mit dem zuständigen Dezernenten Henryk Filipiak über die Frage einer Haftverschonung für Best zu beraten.[68]

Einen Tag nach diesem scheinbar konstruktiv verlaufenen Gespräch – Stinnes war inzwischen schon wieder an seinem Mülheimer Firmensitz eingetroffen – geschah jedoch etwas ihm Unerklärliches. Gegen 11.00 Uhr erschienen Staatsanwalt Filipiak und ein Polizeibeamter in seinem Büro und beschlagnahmten gemäß eines Gerichtsbeschlusses vom 14. März sämtliche Korrespondenzen der dort befindlichen Nebenkanzlei von Best. Stinnes verweigerte die Unterzeichnung des Durchsuchungsprotokolls, setzte aber noch am selben Tag zwei längere Schreiben an Hoppe und Günther auf. Außerdem wandte er sich erneut an Duckwitz, um sich zu erkundigen, ob dieser nun endlich mit Brandt geredet habe. Den Inhalt eines wenige Tage später folgenden Telephongesprächs zwischen Stinnes und Duckwitz hielt letzterer auf einem Notizzettel fest, der versehentlich im Jahre 1985 in Bests Rechtsschutzakte im Auswärtigen Amt landete. Jener Vermerk hat den verräterischen Wortlaut: „Stinnes unterricht[et], daß Ehmke auf geeignetem Wege mit Berlin Fühlung nehmen wird, diese Unterrichtung ist vertraulich."[69] Duckwitz schrieb seinen Vermerk am 25. März. Am 26. März wurde Horst Ehmke, der Staatssekretär im Bundesjustizministerium, zum Nachfolger von Justizminister Gustav Heinemann (SPD) ernannt.

Von seinem Vorhaben, als Zeuge für Best auszusagen, nahm Duckwitz einige Zeit später Abstand. Einer seiner Gründe dürfte gewesen sein, daß dessen Verteidiger Meurin ihm im Spätsommer 1969 die Kopie eines Schreibens übersandte, in dem die Staatsanwaltschaft gegenüber dem 1. Strafsenat des Berliner Kammergerichts die Fortdauer der Untersuchungshaft begründete. Dort erhob Filipiak nicht nur schwere Vorwürfe gegen die Mitarbeiter des Politischen Archivs im Auswärtigen Amt, die er der „Kameradenhilfe" verdächtigte. Er verwies darüber hinaus auch auf das „enge persönliche" Verhältnis zwischen Duckwitz und Best, das sich in den beschlagnahmten Dokumenten widerspiegele.[70] Ohne jede Spur eines Unrechtsbewußtseins kommentierte Duckwitz diese Zeilen mit der wütenden Bemerkung: „Seit Jahren nicht gesehen oder gesprochen! Unverschämt!" Es spricht für die Standhaftigkeit der West-Berliner Senatsverwaltung für Justiz, daß sie sich zwar gesprächsbereit verhielt, allen politischen Interventionsversuchen zum Trotz aber in der Sache hart blieb. Erst im Frühjahr 1971 scheinen Bests Freunde mit ihrem beharrlichen Bohren Erfolg gehabt zu haben. Denn entgegen den Gepflogenheiten wurde ein neuer Haftrichter eingesetzt, der Bests Entlassung verfügte.[71] Damit war auch das wichtigste RSHA-Teilverfahren an sein vorzeitiges Ende gekommen. Denn nun setzte auf Betreiben der Verteidiger der übliche Gutachterkrieg über Bests Gesundheitszustand ein. Erst im Juli 1989 unternahm die Düsseldorfer Staatsanwaltschaft einen neuen Versuch, Best vor Gericht zu stellen. Dieser war jedoch kurz zuvor im Alter von 85 Jahren verstorben.

Ein ernüchterndes Fazit

Die West-Berliner Ermittlungen gegen die RSHA-Täter, die im Jahre 1963 mit über zehnjähriger Verzögerung begannen, bildeten einen der Kernbereiche des 1958 eingeleiteten Versuchs, die Massenverbrechen des Nationalsozialismus juristisch zu ‚bewältigen'. Das Scheitern des Unternehmens verstärkte die Desillusionierung über die Möglichkeiten einer strafrechtlichen Ahndung, die bereits seit Anfang der 1960er Jahre mit den ersten höchstrichterlichen Grundsatzurteilen eingesetzt hatte. Einerseits zeichnete sich anhand dieses Verfahrenskomplexes ab, daß es den ehemaligen Ideologen und Organisatoren des NS-Terrors nach ‚Nürnberg' ein zweites Mal gelingen werde, der Justiz durch die Maschen zu schlüpfen. Andererseits mußte sich aus dem Versagen der Rechtsprechung gegenüber dem RSHA zwangsläufig auch die Straflosigkeit all jener Beamten ergeben, die in den obersten Reichsbehörden und in den Zivilverwaltungen der besetzten Gebiete dem RSHA zugearbeitet oder mit diesem kooperiert hatten. Der vorliegende Aufsatz sollte verdeutlichen, daß die Ursachen für das vorzeitige Ende der Ermittlungen vielschichtig waren. Weder kann in diesem Fall einfach nur von einer unbeabsichtigten Nebenfolge eines komplizierten Gesetzgebungsvorgangs gesprochen werden, noch läßt sich das Ganze ausschließlich auf die Intention eines verschworenen Zirkels aus Amnestie-Befürwortern zurückführen. Zweierlei läßt sich jedoch meines Erachtens anhand dieses Verfahrens exemplifizieren: Erstens zeigt dies, daß es Politik und Justiz während der 1960er Jahre, einer Schlüsselphase für die juristische Aufarbeitung, ungeachtet der in Gang gekommenen NS-Prozesse immer noch an Problembewußtsein für die Notwendigkeit einer systematischen NS-Verfolgung fehlte. Zweitens bewirkte dieses Vakuum, daß sich führende Täter aufgrund ihrer persönlichen Verbindungen und daran anknüpfender, wirkungsmächtiger Geschichtslegenden erfolgreich dem Zugriff der Strafverfolger entziehen konnten.

Anmerkungen

1 Der Angeklagte Bosshammer verstarb, bevor das Urteil Rechtskraft erlangen konnte; die Urteile mit lfd. Nr. 745, 753 u. 771 in: JuNSV, Bde. 34, 35 u. 37; vgl. Christiaan F. Rüter/Dick W. de Mildt: Die westdeutschen Strafverfahren wegen nationalsozialistischer Tötungsverbrechen 1945–1997. Eine systematische Verfahrensbeschreibung mit Karten und Registern, Amsterdam 1998.

2 Dies gilt teilweise auch für zwei neuere Monographien, die sich erstmals in kritischer u. fundierter Weise mit der Geschichte des größten u. wichtigsten bundesdeutschen NS-Prozesses auseinandersetzen: Devin O. Pendas: The Frankfurt Auschwitz Trial, 1963–1965. Genocide, History, and the Limits of the Law, Cambridge 2006; Rebecca Wittmann: Beyond Justice. The Auschwitz Trial, Cambridge 2005.

3 Vgl. Michael Wildt: Generation des Unbedingten. Das Führungskorps des Reichssicherheitshauptamtes, Hamburg 2003[2], S. 732 ff.; Stephan Linck: „Festung Nord" und „Alpenfestung". Das Ende des NS-Sicherheitsapparates, in: Gerhard Paul/Klaus-Michael Mallmann (Hrsg.): Die Gestapo im Zweiten Weltkrieg. ‚Heimatfront' und besetztes Europa, Darmstadt 2000, S. 565–595.

4 Allerdings scheint der Anteil von RSHA-Angehörigen, die gegen Kriegsende freiwillig aus dem Leben schieden, insgesamt eher geringfügig gewesen zu sein; vgl. Ulrich Herbert: NS-Eliten in der Bundesrepublik, in: Wilfried Loth/Bernd-A. Rusinek (Hrsg.): Verwandlungspolitik. NS-Eliten in der westdeutschen Nachkriegsgesellschaft, Frankfurt/M.-New York 1998, S. 99; Wildt: Generation (Anm. 3), S. 737.

5 Vgl. Christopher Simpson: Blowback. America's Recruitment of Nazis and Its Effect on the Cold War, London 1988; Linda Hunt: Secret Agenda. The United States Government, Nazi Scientists, and Project Paperclip, 1945 to 1990, New York 1991; Richard Breitman/Norman Goda/Timothy Naftali: U.S. Intelligence and the Nazis, Cambridge 2005.

6 Vgl. Rena Giefer/Thomas Giefer: Die Rattenlinie. Fluchtwege der Nazis. Eine Dokumentation, Frankfurt/M. 1991; Tom Bower: The Pledge Betrayed. America and Britain and the Denazification of Postwar Germany, Garden City 1982.

7 Vgl. die Beiträge von Gerald Steinacher u. Martin Cüppers in diesem Bd.

[8] Vgl. Ordner „Falsche Ausweise u. Todeserklärungen hoher Funktionäre des NS-Regimes nach 1945", ZSL, GA 40–19.

[9] Zahl nach: Klaus-Dietmar Henke: Die Trennung vom Nationalsozialismus. Selbstzerstörung, politische Säuberung, „Entnazifizierung", Strafverfolgung, in: ders./Hans Woller (Hrsg.): Politische Säuberung in Westeuropa. Die Abrechnung mit Faschismus und Kollaboration nach dem Zweiten Weltkrieg, München 1991, S. 33; die im sowjetischen Machtbereich durchgeführten Verhaftungen lassen sich nicht quantifizieren.

[10] Vgl. Bradley F. Smith: Der Jahrhundertprozeß. Die Motive der Richter von Nürnberg. Anatomie einer Urteilsfindung, Frankfurt/M. 1977; Arieh Kochavi: Prelude to Nuremberg. Allied War Crimes Policy and the Question of Punishment, Chapel Hill 1998.

[11] Vgl. Annette Weinke: Die Nürnberger Prozesse, München 2006, S. 27.

[12] Wildt: Generation (Anm. 3), S. 284.

[13] Zit. ebd., S. 754.

[14] Streckenbach wurde in der Sowjetunion gemeinsam mit einer Reihe anderer hoher NS-Funktionäre Anfang der 1950er Jahre abgeurteilt; vgl. Andreas Hilger: „Die Gerechtigkeit nehme ihren Lauf"? Die Bestrafung deutscher Kriegs- und Gewaltverbrecher in der Sowjetunion und der SBZ/DDR, in: Norbert Frei (Hrsg.): Transnationale Vergangenheitspolitik. Der Umgang mit deutschen Kriegsverbrechern in Europa nach dem Zweiten Weltkrieg, Göttingen 2006, S. 228.

[15] Die These von der Existenz eines zentralen Führerbefehls setzten die Ermittler der ZSL noch Anfang der 1960er Jahre als empirisch bewiesen voraus, OStaw Schüle an Landesjustizverwaltungen v. 26.4.1961, ZSL, GA 41–2, Bd. 2; vgl. Michael Wildt: Differierende Wahrheiten. Historiker und Staatsanwälte als Ermittler von NS-Verbrechen, in: Norbert Frei/Dirk van Laak/Michael Stolleis (Hrsg.): Geschichte vor Gericht. Historiker, Richter und die Suche nach Gerechtigkeit, München 2000, S. 46–59; Annette Wieviorka, Le Procès de Nuremberg, Mesnil-sur-l'Estrée 2005, S. 103.

[16] Ulrich Herbert: Best. Biographische Studien über Radikalismus, Weltanschauung und Vernunft 1903–1989, Bonn 1996, S. 416.

[17] Vgl. Beiträge in: Frei: Transnationale Vergangenheitspolitik (Anm. 14).

[18] Zu der gemeinsam von Achenbach u. Best koordinierten Kampagne für eine „Generalamnestie": Norbert Frei: Vergangenheitspolitik. Die Anfänge der Bundesrepublik und die NS-Vergangenheit, München 1996.

[19] Vgl. Curt Garner: Public Service Personnel in West Germany in the 1950s. Controversial Policy Decision and Their Effects on Social Composition, Gender Structure, and the Role of Former Nazis, in: JSH 29(1995), S. 25–80.

[20] Vgl. Herbert: Best (Anm. 16), S. 501 ff.; Norbert Frei: Farewell to the Era of Contemporaries. National Socialism and its Historical Examination en Route into History, in: History & Memory 9(1997), S. 59–79; Nicolas Berg: Der Holocaust und die westdeutschen Historiker. Erforschung und Erinnerung, Göttingen 2004[3], S. 578 ff.

[21] Wildt: Generation (Anm. 3), S. 742, nennt als Beispiele die Fälle des KdS Marseille, Rolf Mühler, u. der KdS Toulouse, Rudolf Bilfinger; zum Frankreich-Komplex: Claudia Moisel: Frankreich und die deutschen Kriegsverbrecher. Politik und Praxis der Strafverfolgung nach dem Zweiten Weltkrieg, Göttingen 2004; Bernhard Brunner: Der Frankreich-Komplex. Die nationalsozialistischen Verbrechen in Frankreich und die Justiz der Bundesrepublik Deutschland, Göttingen 2004.

[22] Wildt: Generation (Anm. 3), S. 817, der die westdeutschen Urteile gegen RSHA-Mitarbeiter ausgewertet hat, kommt für die Zeit bis Mitte der 1960er Jahre auf nur vier rechtskräftige Verurteilungen (Rudolf Seidel, Albert Widmann, Alfred Filbert u. Erich Ehrlinger).

[23] Fallbeispiele ebd., S. 737; vgl. Vorgang „Auslieferungssache Walter Rauff", PAAA, B 83/404.

[24] Zu dessen Laufbahn: Annette Weinke: Die Verfolgung von NS-Tätern im geteilten Deutschland. Vergangenheitsbewältigungen 1949–1969 oder: Eine deutsch-deutsche Beziehungsgeschichte im Kalten Krieg, Paderborn u. a. 2002, S. 418.

[25] Vgl. Adalbert Rückerl: NS-Verbrechen vor Gericht. Versuch einer Vergangenheitsbewältigung, Heidelberg ^{2}1984, S. 138.

[26] Vermerk OStaw Schüle v. 23.10.1963, ZSL, GA 41–54, Bd. 6; vgl. Weinke: Verfolgung (Anm. 24), S. 461.

[27] Zu nennen sind insbesondere der BGH-Prozeß gegen den Moskauer KBG-Agenten Bodgan Staschynskij, der ebenfalls 1963 vor dem BGH anhängige Spionageprozeß gegen die ehemals beim RSHA tätigen BND-Mitarbeiter Heinz Felfe, Johannes Clemens u. Erwin Tiebel sowie der in Ost-Berlin durchgeführte Schauprozeß gegen Hans Globke; vgl. ebd., S. 288f.

[28] GStaw Günther an JS Berlin v. 20.1.1965, ZSL, GA 41–54, Bd. 16.

[29] Vgl. Jürgen Engert: Den Schreibtischmördern auf der Spur, in: Christ und Welt v. 14.8.1964.

[30] Von den ursprünglich zugesagten elf zusätzlichen Dezernenten trafen nur sechs in West-Berlin ein, die zudem im Laufe des Jahres 1965 wieder abgezogen wurden; der vom Berliner JS Wolfgang Kirsch unterbreitete Vorschlag, eine Umstrukturierung der Ermittlungszuständigkeiten in NSG-Verfahren zu beschließen u. die RSHA-Ermittlungen bei der ZSL zu zentralisieren, scheiterte sowohl am Widerstand der Landespolitiker wie an der Weigerung von OStaw Schüle; vgl. Weinke: Verfolgung (Anm. 24), S. 461; Marc von Miquel: Ahnden oder amnestieren? Westdeutsche Justiz und Vergangenheitspolitik in den sechziger Jahren, Göttingen 2004, S. 268f.

[31] GStaw Günther an JS Berlin v. 20.7.1963, ZSL, GA 41–54, Bd. 11.

[32] Ebd., S. 4.

[33] Zu den Diskussionen um einen deutsch-deutschen Beweismittelaustausch: Weinke: Verfolgung (Anm. 24), S. 170ff.; Henry Leide: NS-Verbrecher und Staatssicherheit. Die Geheime Vergangenheitspolitik der DDR, Göttingen 2005, S. 88ff.

[34] Die Massenmorde an den sowjetischen Juden waren Gegenstand des Verfahrens 1 Js 4/64; die Ermordung der ungarischen Juden war bereits im Frankfurter Verfahren gegen die Eichmann-Mitarbeiter Krumey u. Hunsche sowie gegen einzelne AA-Beamte abgehandelt worden.

[35] Wegen des bereits in Hannover anhängigen Verfahrens gegen den für das Kraftfahrwesen zuständigen Friedrich Pradel wurden die Ermittlungen zu dem letztgenannten Tatkomplex nicht fortgeführt, GStaw Günther an JS Berlin v. 20.1.1965, ZSL, GA 41–54, Bd. 16.

[36] Vgl. Herbert: Best (Anm. 16), S. 511.

[37] Konkret ergaben sich entsprechende Verdachtsmomente für AA, Amtsgruppe D des SS-Wirtschafts- u. Verwaltungshauptamtes, Reichsministerium für die besetzten Ostgebiete, Persönlicher Stab RFSS, RuSHA, Reichskommissar für die Festigung des deutschen Volkstums sowie Oberkommando der Wehrmacht; GStaw Günther an JS Berlin v. 20.1.1965, ZSL, GA 41–54, Bd. 16.

[38] Wildt: Generation (Anm. 3), S. 825.

[39] Vgl. Niels Hansen: Aus dem Schatten der Katastrophe. Die deutsch-israelischen Beziehungen in der Ära Konrad Adenauer und Ben Gurion. Ein dokumentierter Bericht, Düsseldorf 2002; Yeshayahu A. Jelinek: Deutschland und Israel 1945–1965. Ein neurotisches Verhältnis, München 2004.

[40] Vgl. Constantin Goschler: Schuld und Schulden. Die Politik der Wiedergutmachung für NS-Verfolgte seit 1945, Göttingen 2005, S. 283.

[41] Bericht BMJ v. 26.2.1965, BT-Drucksache IV/3124; vgl. Rückerl (Anm. 25), S. 138.

[42] Insgesamt eher deterministisch argumentierend: Jörg Friedrich: Die kalte Amnestie. NS-Täter in der Bundesrepublik, Frankfurt/M. 1984.

[43] Wildt: Generation (Anm. 3), S. 830.

[44] Vermerk OStaw Schüle v. 28. 1.1965, ZSL, GA 41–54, Bd. 2.

[45] Die Formulierung von Miquel (Anm. 30), S. 268, die ZSL habe die West-Berliner RSHA-Ermittlungen sogar „zu torpedieren" versucht, erscheint allerdings überzogen.

[46] Vgl. ebd., S. 185.

[47] Zu der von Kirsch vorgeschlagenen Konstruktion, die angeblich ohne Änderung des Gerichtsverfassungsgesetzes möglich gewesen wäre, vgl. Rückerl (Anm. 25), S. 149f.

[48] Vermerk Staw Werner/ZSL (undat./ca. August 1963), ZSL, GA 41–54.

[49] Vgl. Weinke: Verfolgung (Anm. 24), S. 195f.; von Miquel (Anm. 30), S. 268f.

[50] Vgl. Weinke: Verfolgung (Anm. 24), S. 170ff.

[51] Vgl. von Miquel (Anm. 30), S. 385.

[52] Zu den ostdeutschen Reaktionen auf das West-Berliner Ersuchen: Weinke: Verfolgung (Anm. 24), S. 170ff., 292ff., 306ff.; vgl. Leide (Anm. 33), S. 88ff.

[53] Weinke: Verfolgung (Anm. 24), S. 171f.

[54] Ebd., S. 171ff.

[55] Infolge dieser Festlegungen erhielten die West-Berliner Ermittler vom GStaw der DDR nur relativ wenig neues Material ausgehändigt; vgl. BStU, RHE-West AR 26/64 u. RHE-West 341/3.

[56] Vgl. Weinke: Verfolgung (Anm. 24), S. 469.

[57] Vgl. Serge Klarsfeld: Vichy-Auschwitz. Die Zusammenarbeit der deutschen und französischen Behörden bei der „Endlösung der Judenfrage" in Frankreich, Nördlingen 1989, S. 24–32; Roland Ray: Annäherung an Frankreich im Dienste Hitlers? Otto Abetz und die deutsche Frankreichpolitik 1930–1942, München 2000, S. 355ff.

[58] Zur Wende in der bundesdeutschen Auslegung der 1939 in Kraft getretenen Gewaltverbrecher-Verordnung u. den sich daraus ergebenden Folgen für die NS-Strafverfolgung: von Miquel (Anm. 30), S. 208ff., 327ff.

[59] Zu dem Schreiben des Bonner RA Manfred Lohmann an Best v. 9.1.1963: Herbert: Best (Anm. 16), S. 496f.; von Miquel (Anm. 30), S. 211ff.

[60] Vgl. Herbert: Best (Anm. 16), S. 499.

[61] Ebd., S. 500.

[62] Vgl. Friedrich (Anm. 42), S. 411f.; dagegen Herbert: Best (Anm. 16), S. 507ff.; Michael Greve: Der justitielle und rechtspolitische Umgang mit den NS-Gewaltverbrechen in den sechziger Jahren, Frankfurt/M. u.a. 2001, S. 361ff.; Weinke: Verfolgung (Anm. 24), S. 303ff.; von Miquel (Anm. 30), S. 327ff.; diese Arbeiten weitgehend ignorierend: Wildt: Generation (Anm. 3), S. 830ff.

[63] Vgl. Herbert: Best (Anm. 16), S. 510.

[64] Vgl. Greve (Anm. 62), S. 388; Zusammenstellung der eingestellten Verfahren: ZSL, GA 41–78, II 41.

[65] Vgl. Klaus-Michael Mallmann/Jochen Böhler/Jürgen Matthäus: Einsatzgruppen in Polen. Darstellung und Dokumentation, Darmstadt 2008.

[66] Vgl. Leni Yahil: The Rescue of Danish Jewry. Test of Democracy, Philadelphia 1969, S. 148–151; Herbert: Best (Anm. 16), S. 368.

[67] Vgl. ebd., S. 444.

[68] Stinnes jr. an Hoppe v. 20.3.1969, PAAA, B 83, Sonderbd. Werner Best zu Nr. 1210/946.

[69] Vermerk Staatssekretär Duckwitz v. 25.3.1969, ebd.

[70] Staw Filipiak an Vorsitzender 1. Strafsenat KG Berlin v. 11.9.1969, ebd.; vgl. OStaw Rückerl an JM Baden-Württemberg v. 30.6.1969, PAAA, B 83/819.

[71] Vgl. Herbert: Best (Anm. 16), S. 515.

Peter Klein

Der Mordgehilfe
Schuld und Sühne des Dr. Otto Bradfisch

Otto Bradfisch, geboren am 10. Mai 1903 in Zweibrücken, war eines von vier Kindern des Lebensmittelkaufmanns Karl Bradfisch und dessen Ehefrau Wilhelmine. Nach der Schulzeit an einem humanistischen Gymnasium im heimischen Kaiserslautern studierte er zunächst Staatswissenschaften in Freiburg, Leipzig, Heidelberg und Innsbruck und promovierte dort zum Dr. rer. pol., bevor er in Erlangen und München dann mit einem Studium der Rechtswissenschaften begann. Noch vor seinem ersten juristischen Staatsexamen war er 1931 der NSDAP beigetreten und hatte sich in der Ortsgruppe München-Freimann engagiert. Nach dem bestandenen zweiten Staatsexamen 1935 hatte sich Bradfisch beim Reichs- und Preußischen Ministerium des Innern beworben. Doch zunächst sollte ihn der Reichsstatthalter in Bayern beim Regierungspräsidium München-Oberbayern auf Widerruf einstellen.[1] Damit begann für den mittlerweile verheirateten 32-jährigen Familienvater die berufliche Karriere in der inneren Verwaltung.

Während seiner Probeanstellung wurde Bradfisch von einem leitenden Beamten der Geheimen Staatspolizei mehrfach darauf hingewiesen, daß sich bei seiner akademischen Qualifikation eine höhere Stellung bei der Gestapo geradezu anbiete. Und tatsächlich trat er Ende 1936 aus der evangelischen Kirche aus und wechselte im März 1937 noch als Regierungsassessor zur Stapo-Stelle Saarbrücken, wo er zum stellvertretenden Leiter avancierte.[2] Schon am 1. Juli des Jahres stieg er zum Chef der Stapo-Stelle im pfälzischen Neustadt/Weinstraße auf und wurde dort am 1. Oktober 1938 zum Regierungsrat ernannt.[3] Da er kurz vorher der SS beigetreten war, erhielt er zunächst den Dienstgrad eines Hauptsturmführers. Bradfischs vielversprechende Karriere drohte sich jedoch deutlich zu relativieren, als seine Dienststelle im Juni 1941 zur Außenstelle der Saarbrücker Gestapo herabgestuft wurde.[4] Doch günstigerweise erhielt er etwa zum gleichen Zeitpunkt aus dem Reichssicherheitshauptamt (RSHA) die Möglichkeit, sich im rassenideologischen Vernichtungskrieg gegen die Sowjetunion zu bewähren.

Im Vernichtungskrieg

Als Leiter des Einsatzkommandos (EK) 8 der Einsatzgruppe B rückte der mittlerweile zum SS-Sturmbannführer Beförderte mit seinen 230 Untergebenen aus Sicherheitspolizei und Angehörigen des Berliner Reserve-Polizeibataillons 9 über Bialystok, Baranowicze und Minsk bis nach Mogilew in Weißrußland vor.[5] In den knapp zehn Monaten als Chef der Einheit verübte Bradfisch mit Hilfe seiner hochmobilen Teiltrupps beispiellose Verbrechen an Juden, Zivilisten und sowjetischen Kriegsgefangenen.[6] Da er seinen Einsatz wohl auch als Chance begriff, durch besondere Leistungen auf sich aufmerksam zu machen, forderte er von seinen Männern immer wieder hohe Erschießungszahlen insbesondere von Juden ein.[7] Tatsächlich hatte das EK 8 bis zum 28. Februar 1942 mit 60811 Erschossenen zwei Drittel zur Gesamtbilanz der Einsatzgruppe B von 91012 Mordopfern beigetragen.[8] Hinzu kam, daß er sich mit einer derartigen Vernichtungskampagne nicht nur in Richtung RSHA empfehlen konnte. Denn er hatte auch Himmler und dem regional zuständigen Höheren SS- und Polizeiführer (HSSPF), Erich von dem Bach-Zelewski, persönlich eine Schauerschießung demonstrieren dürfen. Als der Reichsführer-SS am 15. August 1941 dieser Massenexekution in der Umgebung von Minsk beiwohnte, waren es Bradfisch und seine Männer, die vor dessen Augen „Partisanen und Juden“ ermordeten.[9]

Am 21. Januar 1942, einen Tag nach der Wannsee-Konferenz, beschloß Heydrich die Versetzung Bradfischs auf den Posten des Chefs der Stapo-Stelle Litzmannstadt (Łódź). In der seit dem Herbst 1939 besetzten und kurz darauf annektierten polnischen Textilmetropole hatte sich der bisherige Dienststellenleiter nicht gerade bewährt. Die Stadt beherbergte seit dem 1. Mai 1940 ein Großghetto, das von der lokalen Ghettoverwaltungsstelle im Reichsauftrag geführt wurde. Anläßlich der Ankunft von 20000 aus dem Reichsgebiet, dem Protektorat und Luxemburg deportierten Juden sowie von 5000 Sinti und Roma im Herbst 1941 hatte es der örtliche Gestapo-Chef Dr. Robert Schefe nicht vermocht, die Handlungsdominanz gegenüber den zivilen Stellen zu erringen. Vielmehr war er in die heftigen Konflikte zwischen Regierungspräsidium, Posener Gauleitung und RSHA um die Deportationen geraten, so daß Regierungspräsident Uebelhoer ultimativ, aber vergeblich die Abberufung Schefes gefordert hatte.[10] Am 26. April 1942, nur wenige Tage vor der Verschleppung von fast 11000 Juden in den Tod durch Gas, trat Bradfisch seine neue Stellung an.

Unter seiner Ägide wurden im Laufe des Jahres 1942 nicht nur weitere 26600 Juden aus dem Ghetto Litzmannstadt in das Vernichtungslager Kulmhof deportiert, sondern auch mehrere Tausend Juden aus den offenen Dorfghettos des Regierungsbezirks dort ermordet. Um die Ghettoisierten der Region an der Flucht zu hindern, entwickelte die Stapo-Stelle systematischen Terror in Form von Abschreckungsmaßnahmen durch Massenhinrichtungen. Wiederholt wurden im Sommer 1942 in den Ortschaften Galgen zur öffentlichen Exekution von Juden unter fadenscheinigen Begründungen aufgestellt.[11] Im Zwist um die Handlungsinitiative bezüglich der Insassen des Ghettos in Litzmannstadt errang Bradfisch vor allem seit der Abberufung des Regierungspräsidenten im Dezember 1942 stückweise eine gewisse Dominanz gegenüber der Zivilverwaltung. Aber erst seine zwischen Himmler und Gauleiter Greiser vereinbarte Einsetzung als kommissarischer Oberbürgermeister im August 1943 erbrachte endlich die volle Handlungsfreiheit über das Schicksal der Juden.[12] Die Deportation von mehr als 7000 Menschen aus dem Ghetto nach Kulmhof im Juni und Juli 1944 sowie die von etwa 67000 Juden nach Auschwitz-Birkenau verantwortete Bradfisch.

Nach der Flucht vor der Roten Armee Mitte Januar 1945 kam der inzwischen zum Obersturmbannführer Aufgestiegene als Kommandeur der Sicherheitspolizei und des SD (KdS) in Potsdam zum Einsatz. Der dortige Kampfkommandant der Wehrmacht ließ ihm in den letzten Tagen vor der Kapitulation ein Soldbuch auf den Namen Karl Evers ausstellen, das er in amerikanischer und englischer Kriegsgefangenschaft gut zur Tarnung verwenden konnte. Bereits Ende August 1945 wurde Bradfisch dort entlassen und lebte weiter unter dem Falschnamen, zunächst als Landwirt, Bergarbeiter und dann – seit 1953 wieder unter seinem richtigen Namen – als Vertreter der Hamburg-Mannheimer Versicherungs-A.G.

Vor Gericht

Am 21. April 1958 wurde er aufgrund eines Haftbefehls des Amtsgerichts Heilbronn in München verhaftet. Da Bradfisch sich an diesem Tag unter falschem Namen in einer Pension angemeldet hatte, vermuteten die Kriminalbeamten zunächst, der ehemalige Einsatzkommandoführer sei vorgewarnt worden. Ohnehin war es einigermaßen schwierig gewesen, seinen wirklichen Aufenthaltsort zu ermitteln. Denn offiziell gemeldet war Bradfisch unter der Adresse eines befreundeten Polizeioffiziers, doch dort wohnte er nicht.[13] Seit Jahren nun von seiner Frau und seinen beiden Kindern getrennt lebend, hielt er sich aber immer wieder bei seiner neuen Freundin in München auf. Hinzu kam, daß Bradfisch etwa 50 Luminaltabletten bei sich führte, als er in den Räumen der Hamburg-Mannheimer Versicherung verhaftet wurde. Der Festgenommene versicherte, er hätte zwar schon 1953 anläßlich seines Ersuchens um eine eidesstattliche Erklärung wegen seines Namens und seiner Dienstzeit von Werner Best erfahren, daß Leute wie er stets mit einer Anklage rechnen müßten. Aber während der Amnestiephase der frühen Bundesrepublik schien ihm das keine reale Gefahr zu sein. In der fraglichen Pension habe er sich unter dem Namen des verstorbenen Ehemanns seiner Freundin einquartiert, weil er sie dort erwartet habe und nicht kompromittieren wollte. Die großen Mengen an Luminal hätten nichts zu bedeuten. Denn er sei herzkrank und habe die Tabletten von seiner Freundin erhalten. Bezeichnend für die eigene Lageeinschätzung war der folgende Ausspruch: „Sie müssen doch sagen, daß ich ein kleines Würstchen war, und ich verstehe nicht, warum man mich als kleines Würstchen festnimmt. Ich als Obersturmbannführer hatte doch bloß die Befehle auszuführen, welche mir höhere Dienststellen gegeben hatten."[14]

Fast genau zwei Jahre später, am 19. April 1960, erhob Oberstaatsanwalt Stangelmair beim Landgericht München I Anklage gegen Bradfisch und weitere vier Mitglieder des EK 8 wegen der Massenmorde in Bialystok und Weißrußland. Man ging von einer Kommandostärke von etwa 60–80 Personen aus und hielt Bradfisch wegen des unklaren Versetzungsdatums nach Litzmannstadt eine Zahl von 19037 Erschießungsopfern vor, die sich als vertretbare Mindestzahl aus der Analyse der „Ereignismeldungen UdSSR" ergeben hatten. Gerade mit Hilfe dieser Quelle war es im Verlauf der Ermittlungen möglich gewesen, sowohl den Marschweg als auch die Morde zu rekonstruieren und einer Vielzahl von tatbeteiligten Zeugen vorzuhalten. Für Bradfisch ergab sich daraus die volle Verantwortung in seiner Eigenschaft als Chef des EK 8, indem er die Befehle zu den Liquidierungen generell und im Einzelfall an seine Teilkommandoführer und weitere Angehörige der Einheit ausgab.

Er hatte aber auch mehrfach selbst Erschießungsaktionen geleitet. Darüber hinaus erinnerten sich Zeugen aus dem Täterkreis deutlich an vier Massenmorde in Bialystok und Mogilew, bei denen ihr Kommandoführer persönlich zur Waffe gegriffen hatte. In Einzelfällen, so etwa anläßlich zweier Massaker in Mogilew, schoß Bradfisch geradezu als Vorbild für die nervlich angegriffenen Polizisten: „Tatsächlich hat der Angeschuldigte Dr. Bradfisch sodann aktiv an diesen beiden Erschießungsaktionen teilgenommen", befand die Anklage. „Gerade in diesem Falle wäre es dem Angeschuldigten ohne Gefährdung seiner eigenen Person möglich gewesen, die Anordnung dieser beiden Aktionen zurückzuziehen. Selbst wenn er von dem damaligen Chef der Einsatzgruppe B, SS-Brigadeführer Naumann, dieserhalb zur Rede gestellt worden wäre, hätte er sich ohne weiteres darauf berufen können, daß die seinem Kommando zugeteilten Polizeibeamten nicht mehr in der Lage seien, diese Erschießung durchzuführen."[15]

Darüber hinaus kam die Staatsanwaltschaft zu dem Ergebnis, daß Bradfisch und seine mitangeklagten Untergebenen sich bewußt waren, an einem Massenverbrechen teilzunehmen, welches allein mit vorgeblich rassischen und politischen Argumenten begründet wurde. Die Anklage wertete dies als niedrige Beweggründe und hob die Grausamkeit der Tatdurchführung hervor. Sie kam zu dem Schluß: „Sämtliche Angeschuldigten handelten bei den ihnen zur Last liegenden Erschießungen in bewußtem und gewolltem Zusammenwirken, also gemeinschaftlich. Sie führten diese Erschießungen in Ausführung des ihnen generell erteilten Befehls zur Liquidierung des Ostjudentums sowie anderer angeblich rassisch minderwertiger Elemente und Kommunisten durch. Durch ihre Handlungen wollten sie die Tat der Haupttäter, als welche die Initiatoren dieser Erschießungen Hitler, Himmler und Heydrich anzusehen sind, unterstützen und fördern."[16] Warum Bradfisch als verantwortlicher Kommandoführer aber letztlich nicht als Mittäter qualifiziert, sondern lediglich wegen Beihilfe zum Mord in 19037 Fällen angeklagt wurde, ist vor dem Hintergrund der staatsanwaltschaftlichen Erkenntnisse rätselhaft. War es denn nicht so, daß er bei seiner initiativen und vorbildhaften Teilnahme in Mogilew zumindest dort demonstriert hatte, die Tat auch als eigene zu wollen und nicht nur einen fremden Täterwillen zu fördern? Die Anklageschrift begründete nicht, warum im Falle Bradfischs auf die Täterschaft zugunsten der Beihilfe verzichtet wurde. Damit aber erhielt der Angeklagte die realistische Möglichkeit, um die zwingend vorgeschriebene lebenslange Haftstrafe herumzukommen.

Bradfisch sollte diese Chance nutzen. Bevor am 21. Juli 1961 das Urteil nach 13 Verhandlungstagen erging, hatte er tags zuvor die Möglichkeit, in einem 45-minütigen Schlußwort dem Plädoyer des nun zuständigen Oberstaatsanwalts Lehmann für eine lebenslange Haftstrafe entgegenzutreten.[17] Immer wieder beteuerte Bradfisch, er sei den Taten gegenüber innerlich ablehnend eingestellt gewesen: „Er sagte mit tränenerstickter Stimme: ‚Ich spreche mein tiefstes Bedauern und meine tiefste Beschämung aus über die von der deutschen Staatsregierung der damaligen Zeit befohlenen Maßnahmen, die zu so ungeheuerlichen und beschämenden Handlungen führten. Ich bedauere zutiefst, daß die verantwortlichen Männer der damaligen deutschen Staatsregierung nicht ebenfalls hier auf der Anklagebank sitzen. Ich sehe nur ihre Schatten hier.‘ Die Staatsführer hätten sich feige der Verantwortung entzogen. Er sei an ihrer Stelle angeklagt, obwohl er sich nicht mit dem Befehl zur Judenliquidation identifiziert habe. ‚Ich bin kein Überzeugungstäter‘, rief der Angeklagte in seinem dreiviertelstündigen Schlußwort aus. ‚Unsere Führer haben Menschen, die sie als Werkzeuge ihrer Machtpolitik mißbraucht haben, schutz- und wehrlos zurückgelassen.‘ Der Angeklagte rief den Geschworenen zu: ‚Wir saßen alle in einem Zug, der sich in rasender Fahrt befand. Ein Abspringen wäre mit tödlichen Gefahren verbunden gewesen.‘ Dann sagte er: ‚Aus welchem Motiv habe ich gehandelt? War es ein verbrecherisches Motiv, das mich für den Rest meines Lebens in das Zuchthaus bringen soll, oder war es die erzwungene Haltung einer autoritären deutschen Staatsführung?‘“[18]

Einen Tag später verurteilte das Schwurgericht beim Landgericht München I Bradfisch wegen der Beihilfe zum Mord in 15000 Fällen zu zehn Jahren Zuchthaus, obwohl sich seit der Anklageerhebung ergeben hatte, daß der Angeschuldigte von seinen Untergebenen immer wieder höhere Erschießungszahlen gefordert hatte. Im Urteil wurde er zwar als unbedingter Anhänger des Nationalsozialismus geschildert, der von seinen Vorgesetzten als höchst zuverlässig beurteilt und deswegen mit weiteren Leitungsfunktionen betraut worden war. Aber sein Wille zur uneingeschränkten Befehlserfüllung durch beispielhaftes Auftreten bei der Organisation, persönlichen Leitung und direkten Teilnahme an Massakern bedeute nicht –so das Urteil –, daß er sich mit dem Inhalt des Befehls positiv identifiziert habe. Wie schon in der Anklage vollzog der damalige Leiter des EK 8 demnach fremde verbrecherische Befehle ohne eigenen Täterwillen, was angesichts der Tatsachenfeststellungen kaum noch zu begründen war.[19]

Während seiner Untersuchungshaft hatte die Zentrale Stelle der Landesjustizverwaltungen in Ludwigsburg begonnen, den Gesamtkomplex der Judenverfolgung im Reichsgau Wartheland und der Massenmorde im Vernichtungslager Kulmhof zu ermitteln. In diesem Zusammenhang wurde Bradfisch von Beamten des Bayrischen Landeskriminalamts am 29. Februar 1960 in München-Stadelheim aufgesucht und zum früheren Kriminalkommissar Günter Fuchs sowie zum ehemaligen HSSPF Warthegau, Wilhelm Koppe, befragt. Doch der einstige Chef der Stapo-Stelle Litzmannstadt gab sich ahnungslos. Weder wisse er von Schießereien im Ghetto, noch könne er etwas zu Koppe sagen. Zur Verlegung von Juden aus dem Ghetto der Stadt erinnere er sich lediglich, daß diese beim Näherrücken der Front zusammen mit den Maschinen in Richtung Westen verschwanden. Auch ein Sonderkommando Kulmhof kenne er nicht.[20] Doch die Beamten wußten bald schon mehr, denn im März 1960 ermittelte man Fuchs als früheren Judenreferenten der Litzmannstädter Gestapo in Hannover. Nachdem am 5. Mai eine Strafanzeige gegen ihn wegen der Deportationen aus dem Ghetto und zahlreicher Erschießungen seitens der Sonderkommission Zentrale Stelle bei der Staatsanwaltschaft Hannover eingegangen war, wurde Fuchs noch am selben Tag festgenommen und dem Haftrichter vorgeführt.[21]

Am 22. Oktober 1962 erhob der zuständige Oberstaatsanwalt Landwehr beim Landgericht Hannover Anklage gegen Fuchs und Bradfisch wegen der Deportationen aus dem Ghetto Litzmannstadt nach Kulmhof. Bradfischs Tatbeitrag war hier als Beihilfe zum Mord an etwa 15700 Juden im August/September 1942 sowie an etwa 7000 Juden im Juni/Juli 1944 qualifiziert worden. Während Fuchs aufgrund zahlreicher Aussagen von jüdischen Überlebenden des Ghettos nicht nur die Deportationen, sondern auch 46 weitere selbständige Tötungshandlungen und fünf Versuche zur Last gelegt wurden, konnte Bradfisch lediglich wegen seiner Leitungsfunktion im Wissen um das Schicksal der Verschleppten angeklagt werden.[22] Dabei kam ihm zugute, daß die Anklagebehörde wegen der Quellenlage nicht nachvollziehen konnte, daß eine Deportation von 10993 aus dem Westen stammenden Juden in das Vernichtungslager bereits während Bradfischs Anwesenheit zwischen dem 4. und dem 15. Mai 1942 stattgefunden hatte.[23] Darüber hinaus verzichtete die Staatsanwaltschaft auf einen weiteren potentiellen Anklagepunkt bei ihm: die Deportation von etwa 67000 Juden nach Auschwitz im August 1944 als Schlußpunkt der Ghettoauflösung.[24] Wahrscheinlich verfügte die Anklagebehörde zu diesem Zeitpunkt noch nicht über die notwendigen Daten zur Quantifizierung der Opfer.[25] War Bradfisch während seines Münchner Verfahrens noch eher im Rampenlicht gestanden, so drehte sich dieses Verhältnis im Vergleich zu seinem Mitangeklagten während der 37 Verhandlungstage zwischen dem September und November 1963 genau ins Gegenteil. Die publizistische Berichterstattung konzentrierte sich auf diejenigen Zeugen, die ihre schrecklichen Erlebnisse im Ghetto und in Kulmhof schilderten, wobei Fuchs als Beschuldigter mehrfacher Morde immer wieder hervorgehoben wurde.[26]

Doch es nutzte Bradfisch nichts, auf der Position zu verharren, er habe als Gestapo-Chef keine Kenntnis vom Vernichtungslager als Ziel der Verschleppungen gehabt und in seiner Eigenschaft als kommissarischer Oberbürgermeister die Umsetzung der Befehle aus dem RSHA seinem Stellvertreter sowie seinem Sachbearbeiter für Judenfragen überlassen. Als Landgerichtsdirektor Riemann am 18. November 1963 das Urteil sprach, widerlegte das Gericht diese Gegenvorstellungen durch eine Fülle an Zeugenaussagen aus dem Kreis der ermittelten Gestapo-Beamten und der Mitglieder des Sonderkommandos in Kulmhof. Ein Täterwille konnte ihm im Gegensatz zu Fuchs jedoch nicht nachgewiesen werden. Während letzterer in neun Fällen des Mordes, des versuchten Mordes in zwei Fällen sowie wegen Beihilfe zum Mord in 15000 Fällen zu lebenslangem Zuchthaus verurteilt wurde, bekam Bradfisch wegen Beihilfe zum Mord in mindestens 15000 Fällen im August/September 1942 eine Zuchthausstrafe von sieben Jahren sowie für die Beihilfehandlung zum Mord an 7000 Menschen im Juni/Juli 1944 die gesetzliche Mindeststrafe von drei Jahren zugesprochen. Allerdings wurde beides mit dem Strafmaß von München zusammengezogen, so daß das Urteil auf 13 Jahre Zuchthaus lautete, wobei ihm die bisher verbüßte Haftzeit voll angerechnet wurde.[27] Ein Strafmaß in dieser Höhe war ein Glücksfall für den seit April 1958 einsitzenden jetzt 60-jährigen Bradfisch.

In Haft

Trotz seiner Verurteilung durch ein niedersächsisches Gericht saß er zunächst wieder in München in Strafhaft. Geplagt von einer immer stärker werdenden Arthrose in beiden Händen, einer Halswirbelversteifung sowie einer langsamen Netzhautablösung im linken Auge, war Bradfisch dennoch bemüht, seine Verurteilung offensiv zu verarbeiten. Einige Zeit hoffte er, mit Hilfe einer Aussage von Karl Wolff, dem Chef von Himmlers Persönlichem Stab, eine Wiederaufnahme seines Münchner Verfahrens in die Wege leiten zu können. In seinen beiden Prozessen hatte Bradfisch nämlich geltend gemacht, daß er nach der Demonstrationserschießung für den Reichsführer-SS in Minsk jenen geradezu bedrängt habe, eine Erklärung über die Verantwortlichkeit vor den Männern des EK 8 abzugeben. Wolff habe ihm nun erklärt, Himmler hätte damals gedroht: „Wenn Bradfisch in Minsk noch ein weiteres Wort des Widerspruchs gesagt hätte, hätte ich ihn auf der Stelle durch seine eigenen Leute erschießen lassen."[28] Doch aus dem Plan, hier mit Hilfe eines angeblich nachgewiesenen Falls von Befehlsnotstand zu operieren, wurde wohl schon im Vorfeld nichts. Jedenfalls ist kein förmlicher Wiederaufnahmeantrag erhalten.

Hinsichtlich seiner Taten in Litzmannstadt fühlte sich Bradfisch betrogen. Seiner Ansicht nach hätten zumindest auch Werner Ventzki, sein Vorgänger als Oberbürgermeister, sowie Hermann Riediger als Regierungspräsident wegen ihrer Involvierung in die Verschleppungen nach Kulmhof 1942 und 1944 zur Rechenschaft gezogen werden müssen. Am 9. März 1965 stellte er Strafanzeige gegen beide wegen Beihilfe zum Mord. Doch nun rächte sich, daß Bradfisch es selbst gewesen war, der in seinen Vernehmungen den Befehlsweg zur Deportation als direkte Verbindung zwischen RSHA und Stapo-Stelle Litzmannstadt charakterisiert hatte. Nur Fuchs hatte einmal klipp und klar festgestellt, die entsprechenden Anordnungen seien stets aus der Reichsstatthalterei in Posen eingetroffen.[29] Damit hatte er angedeutet, daß die verbrecherische Handlungsinitiative nicht nur bei der Sicherheitspolizei, sondern auch bei der Zivilverwaltung gelegen habe. Aber am Schluß der Beweisaufnahme hatte sich das Gericht entschieden, den aus anderen Verfahren bekannten und zur Tatrekonstruktion schon etablierten Befehlsweg der Sicherheitspolizei auch hier anzuerkennen.[30]

Daher wurde Bradfischs Anzeige am 28. Januar 1966 abschlägig beschieden: „In dem gegen Fuchs und Sie durchgeführten Strafverfahren ist festgestellt worden, daß die Befehle zur Tötung der Juden des Gettos Lodz im Vernichtungslager Kulmhof vom Reichssicherheitshauptamt an die Staatspolizei Litzmannstadt gingen und daß von dort die Abtransporte veranlaßt wurden. Diese Feststellung entsprach Ihrer Einlassung. Die Beschuldigten bestreiten, als Zivilbeamte in Lodz bzw. Posen an den Massentötungen der Juden mitgewirkt zu haben. Hinreichende Anhaltspunkte haben sich weder aus den zahlreichen Dokumenten, noch aus Zeugenaussagen ergeben. Sie haben im übrigen in der Hauptverhandlung selbst erklärt, daß Sie als Oberbürgermeister von Lodz mit der ‚Aussiedlung' der Juden im Juni 1944 nichts zu tun gehabt hätten. Sie gingen damals offenbar auch davon aus, daß zivile Dienststellen nicht beteiligt waren."[31] Bradfischs Versuch, die strafrechtliche Verantwortung für seine Beihilfetaten auch auf andere Schultern zu verteilen, war gescheitert.

Am 30. Mai 1965 erschien im Hamburger „Sonntagsblatt" ein Artikel des evangelischen Pastors und Theologen Hermann Schlingensiepen. Unter dem Titel „Friede sei den Menschen, die bösen Willens sind. Nach dem Prozeß: Was geht in den Verurteilten des NS-Regimes vor?" stellte das frühere Mitglied der Bekennenden Kirche die Frage, ob es bisher ausschließlich Prozesse wegen NS-Gewaltverbrechen gegeben habe, die sich als makabres Schauspiel des Leugnens und Lügens charakterisieren ließen. Mit dem Hinweis auf das Schlußwort von Wilhelm Greiffenberger, eines ehemaligen Angehörigen des EK 9, während seines Prozesses in Berlin ließ der Theologe eine uneingeschränkte Zustimmung nicht zu. Greiffenberger habe nämlich seine Schuld vorbehaltlos akzeptiert und erkannt, daß er diese durch nichts wiedergutmachen könne. Er vertraue auf Gott und nehme jedes Urteil des irdischen Gerichts an.

Daran knüpfte Schlingensiepen die Nachfrage: „Ob nicht die Verstocktheit der Angeklagten vor unseren Gerichten weniger groß wäre, wenn die Erkenntnis des Versagens unser aller in jenen furchtbaren Jahren tiefer bei uns gewesen und schmerzlicher und rückhaltloser zum Ausdruck gebracht worden wäre? Können wir uns wundern, wenn (unsere Gefängnisseelsorger wissen davon ein Wort zu sagen) eine tiefe Bitterkeit durch die Herzen derer geht, die sich – nun zu wirklichen – Verbrechen haben verführen lassen, ohne daß wir sie um jeden Preis gewarnt hätten, und die nun ihre Strafe tragen müssen, während wir leer ausgehen? [...] Müssen wir nicht zugeben, daß in einem verborgenen, aber doch unleugbaren Sinn die Verurteilten heute für uns mitbüßen müssen, gewiß an ihrem Platz zurecht, aber doch so, daß wir in ihnen dennoch ein Stück von uns selbst erkennen sollten?“[32] Für Schlingensiepen war ein wirklich befreiender Schritt zur gesamtgesellschaftlichen Vergangenheitsbewältigung nur dadurch möglich, daß die Deutschen und ihre Verbrecher sich gemeinsam vorbehaltlos zur kollektiven Schuld bekannten. Zusammen mit einem Begleitschreiben sandte er am 16. Juni 1965 diesen Artikel an Bradfisch in die Zelle. Hieraus entspann sich eine bemerkenswerte Korrespondenz, die erst mit einem Brief des Theologen am 7. Januar 1970 enden sollte.[33]

In einem sechsseitigen Schreiben antwortete der Verurteilte jedoch zunächst so, daß man ihn eher zu den Uneinsichtigen rechnen mußte: „Mit der Fragestellung Ihres Aufsatzes fühle auch ich mich angesprochen, da ich nun seit über sieben Jahren mithelfe, die deutsche Vergangenheit zu bewältigen. Und zwar auf der Passivseite des Schuldbuches.“[34] Bradfisch wollte unterschieden wissen zwischen ethisch-christlicher und juristischer Bewältigung. Letztere sei unehrlich, da zu viele Verbrecher in leitender Stellung frei und nur wenige als Symbol deutscher Gerechtigkeit verurteilt seien. „Sie sprechen, sehr geehrter Herr Professor, von der Verstocktheit, von Leugnen und Lügen in den Prozessen und fordern zu Geständnisfreudigkeit auf. Dazu darf ich Ihnen aus meiner eigenen Erfahrung aus zahlreichen Prozessen sagen, daß das für die Masse der wegen Beihilfe Angeklagten nicht zutrifft. Sie alle haben unumwunden zugegeben, was damals geschehen ist und zu was sie befohlen waren. Sie haben aber auch auf die Lebensbedrohung hingewiesen, unter der sie für den Fall des Ungehorsams standen.“ Dies war aus der Feder Bradfischs jedenfalls nur die halbe Wahrheit, denn zugegeben hatte er in seinen beiden Verfahren kaum etwas. Stück für Stück hatten seine Lügen und distanzierenden Aussagen widerlegt werden müssen.

Diese Distanz hielt er auch noch im Briefwechsel aufrecht, als er schrieb: „Verstehen Sie mich bitte nicht falsch, ich bekenne ebenfalls, daß furchtbare Verbrechen in dem vergangenen Kriege geschehen sind, ich verbinde aber mit diesem Bekenntnis die Frage nach der Verantwortlichkeit für das grausame

Geschehen." Doch Verbrechen geschehen nicht, sie werden begangen. Auch in christlicher Hinsicht konnte der Verurteilte nur den halben Weg beschreiten: „Ich beuge mich in Demut vor Gott, bekenne meine Sünde und Unwürdigkeit und bitte Gott um Vergebung aller meiner Sünden. Ich bitte aber auch unseren Herrgott, daß er die Herzen derer, in deren Hände das Schicksal so vieler deutscher Brüder gelegt ist, nicht verhärten, sondern aufweichen müsse, und daß er doch endlich der Welt und unserem Volke den inneren Seelenfrieden wieder geben möge." Zum Schluß wandte sich Bradfisch seinem eigenen Gesundheitszustand zu und schrieb von den fortschreitenden Gelenk- und Augenerkrankungen, die unbedingt stationär behandelt werden müßten. Zu diesem Zweck habe er einen Antrag auf Haftunterbrechung beim niedersächsischen Justizminister gestellt.[35]

Schlingensiepen verstand den Brief als seelsorgerischen Hilferuf, mußte andererseits jedoch klare Worte dafür finden, daß sein neuer Schützling nur die halbe Erkenntnis bereitwilliger Sühneleistung gefunden hatte. Gewiß müsse man zwischen ethischer und juristischer Schuld unterscheiden, aber vollständig trennen könne man hier nicht: „Es ist mir immer wieder in meinem Briefwechsel mit angeklagten und verurteilten Gewalttätern der Hitlerzeit begegnet (und Gefängnispfarrer, die ich kenne, haben die gleiche Erfahrung gemacht), daß sie, wie Sie es auch tun (und wie dürfte ich an Ihrer subjektiven Ehrlichkeit dabei zweifeln?), ‚in Demut vor Gott' ihre ‚Sünde und Unwürdigkeit' bekennen und ‚Gott um Vergebung aller' ihrer ‚Sünden' bitten, wohl in der Meinung, daß das, worin sie sich besonders schuldig gemacht haben und was zuzugeben sie sich mit Händen und Füßen wehren, damit schmerzlos untergebracht sei."[36] Er ließe sich zwar gefallen, daß es als Klassenjustiz scheine, wenn manche Verantwortliche in Freiheit lebten. „Aber Mord ist Mord, und an diesem Punkte muß Recht Recht bleiben. Zubilligung eines wirklichen Befehlsnotstandes kann und darf gewiß strafmildernd geltend gemacht werden, aber Strafe muß sein in diesen furchtbaren Dingen, wenn das Recht überhaupt noch einen Sinn haben soll und wenn wir vor den überlebenden Angehörigen der Millionen Ermordeter nicht von neuem schuldig dastehen wollen. Glauben Sie mir bitte, daß es mich mehr kostet, als Sie ahnen, solche klaren Worte offen auszusprechen, obwohl ich ja weiß, daß sie Ihnen und vielen anderen, denen ich ebenfalls aufrichtig zugewandt bin, bitter wehe tun müssen." Sodann unterbreitete der Theologe seine Idee der gemeinsamen symbolischen Sühne, indem er schrieb, er begrüße es, „wenn Menschen mit offenen Augen und tapferen Herzen sich bereit fänden, freiwillig Ihre Strafe zu teilen". In diesem Zusammenhang lobte Schlingensiepen besonders die Leistungen der Aktion Sühnezeichen.[37]

Doch bevor Bradfisch erneut am 18. August 1965 antwortete, bekam der Pastor ein Schreiben vom Rechtsbeistand des Verurteilten, in dem gebeten wurde, er möge sich doch direkt beim niedersächsischen Justizminister für die gesundheitlich notwendige Haftunterbrechung einsetzen, was Schlingensiepen trotz seiner Bedenken wegen Bradfischs mangelnder Einsicht prompt erledigte.[38] Im Sommer drehte sich die weitere Korrespondenz nur noch um den Krankheitszustand des Häftlings. Doch am 22. Oktober des Jahres konnte Bradfisch unter der Privatadresse seiner Freundin vermelden, daß er eine halbjährige Haftunterbrechung zur klinischen Behandlung erreicht habe. Sobald dort ein Bett frei sei, werde er in einer orthopädischen Klinik Münchens stationär aufgenommen werden.[39] Am 18. Mai 1966 suchte Bradfisch wieder den Kontakt, noch immer unter der gleichen Privatadresse. Die Münchner Klinik habe ihn bereits nach drei Monaten im Dezember wieder entlassen und eine ambulante Behandlung begonnen, aber eine erneute Einweisung sei vorgesehen. Er rechne fest mit einer Verlängerung der Haftunterbrechung und prüfe derzeit zusammen mit seinem Rechtsanwalt, ob nicht unter diesen Bedingungen ein Gnadengesuch Aussicht auf Erfolg habe.[40]

Als er im Oktober 1966 noch immer weder in Haft, noch in der Klinik war, interessierte sich der Sekretär des Comité International des Camps, der einstige Auschwitz-Häftling Hermann Langbein, für den Fall und intervenierte schriftlich bei Niedersachsens Justizminister. Wenig später erschien ein Artikel im Nachrichtenmagazin „Der Spiegel" unter dem Titel „Zuchthaus zu Haus", in dem der Fall zu Recht skandalisiert wurde. In dieser Geschichte ließen sich schnell plakative Zitate zusammenfügen. Langbein mahnte, es dürfe keine Amnestien für NS-Verbrecher durch die Hintertür geben. Der zuständige medizinische Gutachter erklärte, solange Bradfisch nicht auf dem Platz von 1860 München Fußball spiele, sei es ihm egal, was er tue. Und der Protagonist selbst ließ vernehmen, er sei das Opfer einer gesteuerten Verleumdungskampagne.[41] Nach seiner Verlegung in die Krankenabteilung der Haftanstalt Bayreuth im Dezember 1966 schrieb Bradfisch erneut und meinte, „gewisse Kreise" seien „mit großem Geschrei gegen die Haftunterbrechung Sturm gelaufen". „Man hat mit Lügen und Verdrehungen die Justizbehörden unter Druck gesetzt. Nun, ich muß mich in das Unabänderliche fügen und kann nur Gott bitten, mir in dieser schweren Zeit meiner sich ständig verschlechternden Erkrankung seinen Beistand zu geben."[42]

Es dürfte wohl in der seelsorgerischen Mission Schlingensiepens gelegen haben, daß er seinem Schützling, der offensichtlich keinerlei Verständnis für die Argumente Langbeins aufzubringen bereit war, erneut auf halbem Wege entgegenkam. Am 3. März 1967 schrieb er nach Bayreuth: „Da ich gelegentlich auch einmal meinen Kummer über den ja gewiß begreiflichen, aber doch auch peinlichen Übereifer der Verfolgtenverbände in der Beobachtung der Aufenthalte von Männern wie Mulka und Ihnen Ausdruck verleihen möchte, wäre ich Ihnen dankbar, wenn Sie mir über den Verlauf Ihrer Netzhautablösungen, den Ort und die Zeiten, auch Erfolge und Mißerfolge Ihrer Behandlungen im Zusammenhang mitteilen könnten, vielleicht auch die Namen der Ärzte angeben, die mir Ihre Angaben bestätigen würden."[43] Da aber sein eigentliches Ziel, nämlich die vorbehaltlose Selbsterkenntnis des Massenmörders in dessen eigene Schuld, noch immer nicht erreicht worden war, bat Schlingensiepen Bradfisch um die Abfassung eines eigenen „Facits“ in dem Sinne, daß jener mit Hilfe eines weiteren verurteilten NS-Gewaltverbrechers – es handelte sich um Artur Wilke – seinen Werdegang, seine Verbrechen sowie seine persönliche Schuld und Reue verfassen solle. Darauf ging Bradfisch jedoch nur kurz und absagend ein mit der schwachen Begründung, er habe derzeit keinen direkten Kontakt zu dem ehemaligen Mitglied der Dienststelle des KdS Minsk.[44]

Ende September 1967 hingegen ging bei dem Theologen erneut ein Schreiben von Bradfischs Rechtsbeistand ein, in dem er um die Befürwortung eines Gesuches um Erlaß des letzten Strafdrittels wegen des Gesundheitszustandes seines Mandanten bat. Wieder befürwortete der Seelsorger den Antrag, diesmal ohne Bedenken. Aber der Wunsch auf ein vorzeitiges Haftende zum 23. März 1968, um „dem Verurteilten in seinem jetzigen Zustand wenigstens die Freiheit für die noch bescheidene restliche Lebenserwartung wiederzugeben“, erfüllte sich nicht.[45] Doch am 21. Juli 1969 wurde Bradfisch gleichwohl wegen seines Gesundheitszustandes entlassen.[46] Ihm waren somit zwei Jahre Haft erspart geblieben. Schlingensiepen versuchte es nun ein letztes Mal am 5. Januar 1970: „Beschaffen Sie sich doch bitte, wenn möglich, die ja nicht ganz billigen ‚Erinnerungen‘ von Albert Speer aus dem Propyläenverlag. Wie hier rückhaltloses Bedauern der eigenen Verwicklung in die NS-Verbrechen doch den irrenden Menschen als Menschen erkennen lassen und so selbst einen Dr. Kempner zur öffentlichen Bezeugung seines Respekts veranlaßt haben, sollten auch Sie Ihre innere Umwandlung – nicht zu überbetont – aber gerade so für jeden gutwilligen Leser glaubwürdig machen. Unser aller aufrichtige, tiefe und nur von Gott und unseren Opfern zu tröstende, nicht mehr endende Klage über den Anteil unseres Volkes und unserer selbst an dem schauerlichen Geschehen der Hitlerzeit müßte der Grundton des ganzen sein. Ich zweifele nicht daran, daß Ihr ehrlicher Anteil an dieser Klage von denen, auf die es uns vor allem ankommen muß, ebenso honoriert werden würde wie das Buch von Albert Speer.“[47] Bradfisch beantwortete den Brief nicht mehr. Er starb, 14 Jahre nach dem Tod seines Seelsorgers, am 22. Juni 1994 in einem kleinen Dorf in Oberbayern. Der schwerkranke Massenmörder Dr. Otto Bradfisch war noch 91 Jahre alt geworden.

Anmerkungen

[1] Vermerk RMI v. 13.12.1935, BA-ZA, ZR 555/9, Bl. 7f.

[2] BAB, BDC, SSO Dr. Otto Bradfisch.

[3] Ernennungsvorschlag RMI v. 1.10.1938, BA-ZA, ZR 555/9, Bl. 9; vgl. Klaus-Michael Mallmann/Gerhard Paul: Herrschaft und Alltag. Ein Industrierevier im Dritten Reich, Bonn 1991, S. 202, 208.

[4] Runderlaß CdS v. 20.6.1941, BAB, R 58/241; Klaus-Michael Mallmann: „... durch irgendein schnellwirkendes Mittel zu erledigen". Die Stapo-Stelle Litzmannstadt und die Shoah im Warthegau, in: Jacek Andrzej Młynarczyk/Jochen Böhler (Hrsg.): Die Shoah in den in das deutsche Reich eingegliederten polnischen Gebieten (im Erscheinen).

[5] Wolfgang Curilla: Die deutsche Ordnungspolizei und der Holocaust im Baltikum und in Weißrußland 1941–1944, Paderborn u.a. 2006, S. 426; zur Zahl: Klaus-Michael Mallmann/Volker Rieß/Wolfram Pyta (Hrsg.): Deutscher Osten 1939–1945. Der Weltanschauungskrieg in Photos und Texten, Darmstadt 2003, S. 129.

[6] Zur Kontextualisierung: Christian Gerlach: Kalkulierte Morde. Die deutsche Wirtschafts- und Vernichtungspolitik in Weißrußland 1941 bis 1944, Hamburg 1999.

[7] Vern. Werner Schönemann v. 5.4.1963, abgedr. in: Mallmann/Rieß/Pyta (Anm. 5), S. 131.

[8] Tätigkeits- u. Lagebericht EG B für 16.–28.2. v. 1.3.1942, RGVA, 500–1–770, Bl. 15.

[9] Der Dienstkalender Heinrich Himmlers 1941/42, bearb. v. Peter Witte/Michael Wildt/Martina Voigt/Dieter Pohl/Peter Klein/Christian Gerlach/Christoph Dieckmann/Andrej Angrick, Hamburg 1999, S. 195 (Eintrag v. 15.8.1941); vgl. Klaus Hesse: „... Gefangenenlager, Exekution, ... Irrenanstalt ...". Walter Frentz' Reise nach Minsk im Gefolge Heinrich Himmlers im August 1941, in: Hans Georg Hiller von Gaertringen (Hrsg.): Das Auge des Dritten Reiches, München – Berlin 2006, S. 176–194.

[10] Notiz über ein Gespräch zwischen dem Leiter der Forschungsstelle Litzmannstadt u. Stapo-Leiter Schefe anläßlich der Übermittlung eines Abhörberichts v. 11.10.1941, YVA, 051/13b.

[11] Michael Alberti: Die Verfolgung und Vernichtung der Juden im Reichsgau Wartheland 1939–1945, Wiesbaden 2006, S. 407–458.

[12] Zu den Rivalitäten im Netzwerk der Verfolgung: Peter Klein: Die „Gettoverwaltung Litzmannstadt" 1940–1944. Eine lokale Dienststelle zwischen Kommunalbürokratie und Verfolgungspolitik (im Druck).

[13] Annette Weinke: Die Verfolgung von NS-Tätern im geteilten Deutschland. Vergangenheitsbewältigungen 1949–1969 oder: Eine deutsch-deutsche Beziehungsgeschichte im Kalten Krieg, Paderborn u.a. 2002, S. 84.

[14] Aktennotiz LPD Württemberg über die Überführungsfahrt am 21.4.1958, BAL, B 162/3337, Bl. 503; weitere Details in Vern. Dr. Otto Bradfisch v. 9.6.1958, ebd., B 162/5029, Bl. 7ff.

[15] Anklage Staw München I v. 19.4.1960, ebd., B 162/3177, S. 49.

[16] Ebd., S. 25.

[17] Lebenslang Zuchthaus für Bradfisch gefordert. Staatsanwalt: Die Angeklagten wollten mit hohen Erschießungszahlen glänzen, in: FAZ v. 18.7.1961.

[18] Innerlich ablehnend eingestellt. Bradfisch spricht sein Schlußwort. Urteil am Freitag, in: FAZ v. 21.7.1961.

[19] Vgl. Kerstin Freudiger: Die juristische Aufarbeitung von NS-Verbrechen, Tübingen 2002, S. 178–182; Michael Greve: Der justitielle und rechtspolitische Umgang mit den NS-Gewaltverbrechen in den sechziger Jahren, Frankfurt/M. u.a. 2001, S. 156ff.; ders.: Täter oder Gehilfen? Zum strafrechtlichen Umgang mit NS-Gewaltverbrechern in der Bundesrepublik Deutschland, in: Ulrike Weckel/Edgar Wolfrum (Hrsg.): „Bestien" und „Befehlsempfänger". Frauen und Männer in NS-Prozessen nach 1945, Göttingen 2003, S. 209ff.; Urteil in: JuNSV, Bd. 19, lfd. Nr. 519.

[20] Vern. Dr. Otto Bradfisch v. 29.2.1960, BAL, B 162/3244, Bl. 255f.

[21] LKA Baden-Württemberg an Staw Hannover v. 5.5.1960, ebd., Bl. 309–317; erste Vern. unter demselben Datum, ebd., Bl. 318–331.

[22] Anklage Staw Hannover v. 22.10.1962, ebd., B 162/3362, Bl. 519–576.

[23] Der Staw lag zu diesem Punkt nur der Lagebericht „Judentum" der Stapo-Stelle Litzmannstadt v. 9.6.1942 vor, der zwar die Anzahl der Verschleppten erwähnt, nicht jedoch das Datum; der Bericht lag seinerzeit schon gedruckt vor in: Faschismus–Getto–Massenmord, Berlin (DDR) 1960, S. 285f.; zu den Beweismitteln der Anklage vgl. Anm. 22, Bl. 525.

[24] Der Abtransport der jüdischen Ghettobewohner nach Auschwitz war der Anklage bekannt, ebd., Bl. 556.

[25] Mittlerweile umfassend recherchiert in: Andrzej Strzelecki: The Deportation of Jews from the Łódź Ghetto to KL Auschwitz and Their Extermination, Oświęcim 2006.

[26] Die Tötungsmaschine im Herrenschloß von Kulmhof, in: SZ v. 12.9.1963; Die Kinder schrieen noch, als die Erwachsenen starben, in: Abendzeitung v. 14.9.1963; Für 20000 Reichsmark verschonte die Gestapo ein Kind, in: FAZ v. 24.9.1963; Der ‚Mörder in weißen Handschuhen' erinnert sich an nichts, in: Stuttgarter Zeitung v. 4.10.1963.

[27] JuNSV, Bd. 19, lfd. Nr. 557, S. 489, 553f.

[28] Bradfisch an Schlingensiepen v. 11.7.1965, LKAD, NL 7/17, Nr. 2.

[29] „In Beziehung auf Judenangelegenheiten haben wir niemals Anweisungen aus Berlin bekommen, sondern immer nur vom Reichsstatthalter in Posen", Vern. Günter Fuchs v. 30.11. u. 15.12.1960, BAL, B 162/3361, Bl. 274.

[30] JuNSV, Bd. 19, lfd. Nr. 557, S. 505.

[31] Vermerk u. Verfügung Staw Hannover v. 28.1.1966, BAL, B 162/28572, Bl. 60.

[32] Sonntagsblatt v. 30.5.1965; zum Verfahren gegen Wilhelm Greiffenberger: JuNSV, Bd. 18, lfd. Nr. 540.

[33] Die Korrespondenz, bestehend aus 24 Briefen u. Karten, befindet sich im NL Prof. Dr. Hermann Schlingensiepen, LKAD, NL 7/17.

[34] Bradfisch an Schlingensiepen v. 11.7.1965, ebd., Nr. 2.

[35] Ebd.

[36] Schreiben Schlingensiepens v. 16.7.1965, ebd., Nr. 4.

[37] Ebd.

[38] RA Bossi u. Boehle an Schlingensiepen v. 26.7.1965, ebd., NL 7/15, Nr. 28; dto. an JM Niedersachsen v. 30.7.1965, ebd., NL 7/17, Nr. 5, 6.

[39] Bradfisch an Schlingensiepen v. 18.8.1965, ebd., Nr. 7; Schlingensiepen an Bradfisch v. 20.8.1965, ebd., Nr. 8; Bradfisch an Schlingensiepen v. 22.10.1965, ebd., Nr. 9.

[40] Bradfisch an Schlingensiepen v. 18.5.1966, ebd., Nr. 12.

[41] Zuchthaus zu Haus, in: Der Spiegel Nr. 44/1966.

[42] Schreiben Bradfischs v. 18.12.1966, LKAD, NL 7/17, Nr. 14.

[43] Schlingensiepen an Bradfisch v. 3.3.1967, ebd., Nr. 17; zu Robert Mulka als Adjutant von Rudolf Höss: Urteil LG Frankfurt/M. v. 19.8.1965, in: JuNSV, Bd. 21, lfd. Nr. 595.

[44] Schlingensiepen an Bradfisch v. 11.1.1967, LKAD, NL 7/17, Nr. 16; Antwort Bradfisch v. 26.2.1967, ebd., Nr. 22; zum Verfahren gegen die Mitglieder des KdS Minsk: JuNSV, Bd. 19, lfd. Nr. 552.

[45] RA Bossi an Staw Hannover v. 29.9.1967, LKAD, NL 7/15, Nr. 30; Schlingensiepens Fürsprache v. 16.10.1967, ebd., Nr. 18.

[46] BAL, ZK: Dr. Otto Bradfisch; die Information, daß er im März 1965 auf Bewährung entlassen wurde, wie Shmuel Krakowski: Das Todeslager Chełmno/Kulmhof. Der Beginn der „Endlösung", Göttingen 2007, S. 180, schreibt, ist falsch.

[47] Schlingensiepen an Bradfisch v. 5.1.1970, LKAD, NL 7/17, Nr. 25.

Jochen Böhler

Totentanz
Die Ermittlungen zur „Aktion Erntefest"*

Die unter dem Decknamen „Aktion Reinhard" realisierte Ermordung der Juden im Generalgouvernement war bereits so gut wie abgeschlossen,[1] als in drei von der SS geführten Lagern in Ostpolen am 3. und 4. November 1943 ein Massaker an über 42000 jüdischen Häftlingen exekutiert wurde. SS-Gruppenführer Odilo Globocnik, als SS- und Polizeiführer (SSPF) Lublin Himmlers Adlatus bei der Durchführung der „Aktion Reinhard", war aufgrund von Korruptionsvorwürfen bereits Ende September dieses Jahres an seinen Geburtsort Triest versetzt worden und hatte dort den Posten des Höheren SS- und Polizeiführers (HSSPF) für die Operationszone Adriatisches Küstenland übernommen. Aus der Ferne zeigte selbst er sich verwundert über diese Massenliquidierung, von der die Lagerleitung nicht unterrichtet worden sei. Zudem sah er sich nachträglich in seiner Aufsichtspflicht verletzt, da er die ermordeten Juden eigentlich der deutschen Rüstungsindustrie als billige Arbeitskräfte in Aussicht gestellt habe.[2] Tatsächlich war das Massaker von Himmler persönlich angeordnet worden, allem Anschein nach als Reaktion auf die Aufstände in den Ghettos von Warschau und Bialystok sowie in den Vernichtungslagern Treblinka und Sobibor in den Monaten zuvor, in deren Verlauf einigen Juden die Flucht gelungen war. Die unter dem Decknamen „Aktion Erntefest"[3] vorgenommenen Massenerschießungen im Konzentrationslager Majdanek sowie in den Zwangsarbeitslagern Poniatowa und Trawniki[4] waren ein brutaler Racheakt dafür und sollten zugleich durch einen einzigen, überraschenden Großeinsatz den auch dort befürchteten Widerstand präventiv auslöschen. Damit endete das letzte Kapitel der Vernichtung der Juden im Generalgouvernement.[5] Angesichts der seit eineinhalb Jahren in Betrieb befindlichen Vernichtungskombinate stellte die „Aktion Erntefest" einen Rückgriff auf bereits überholte Techniken des nationalsozialistischen Massenmordes dar. Ähnliche Dimensionen erreichte nur noch das Massaker von Babij Jar bei Kiew Ende September 1941, dem über 30000 Juden zum Opfer fielen.[6] Trotz des ungeheuren Ausmaßes des Verbrechens und der dabei an den Tag gelegten Grausamkeit sollten nahezu 20 Jahre vergehen, bis zu diesem Tatkomplex in der Bundesrepublik staatsanwaltschaftliche Untersuchungen eingeleitet wurden.

Der Tatkomplex

Am 19. Oktober 1943, fünf Tage nachdem jüdische Widerstandskämpfer in Sobibor Angehörige der SS-Wachmannschaft getötet hatten und in die umliegenden Wälder geflohen waren, berief Generalgouverneur Hans Frank an seinem Krakauer Dienstsitz eine „Sicherheitssitzung“ ein, an der führende Vertreter von Polizei und Wehrmacht teilnahmen. Die „Judenlager“, erklärte Frank, stellten „eine akute Gefahr für die Sicherheit der Deutschen“ dar.[7] Wohl nach dieser Besprechung rief der HSSPF im Generalgouvernement, SS-Obergruppenführer Friedrich Wilhelm Krüger, den Nachfolger Globocniks als SSPF Lublin, SS-Gruppenführer Jakob Sporrenberg, zu sich und erteilte ihm die radikale Order, sämtliche „Judenlager“ in seinem Distrikt zu liquidieren.[8] Sporrenberg war im Mai 1941 vom Posten des HSSPF Nordost in Königsberg enthoben worden; auch seine anschließende Ernennung zum SSPF Minsk wurde wieder rückgängig gemacht.[9] Als Organisator der „Aktion Erntefest“ sollte er nun Gelegenheit erhalten, sich zu rehabilitieren. Bei seiner Rückkehr nach Lublin Ende Oktober fand er bereits ein Telegramm vor, das ihn von der baldigen Ankunft ortsfremder SS- und Polizeieinheiten zur Realisierung des Mordprogramms in Kenntnis setzte.[10] Bis Anfang November wurden in Majdanek, Trawniki und Poniatowa von jüdischen Häftlingen in Tag- und Nachtschichten im Zickzack verlaufende Gräben ausgehoben, die man offiziell als Splittergräben gegen Luftangriffe ausgab.[11] Am 3. November begannen dann die Erschießungen in Majdanek und Trawniki. In Poniatowa setzten sie erst in den frühen Morgenstunden des 4. November ein; der Lagerkommandant, SS-Obersturmführer Gottlieb Hering, hatte sich am Vortag in Lublin noch Anregungen dafür eingeholt.[12]

Als bundesdeutsche Staatsanwälte auf den Tatkomplex „Aktion Erntefest“ aufmerksam wurden, setzten sie aus Zeugenaussagen von ehemaligen Tatbeteiligten und Überlebenden allmählich ein Bild der Ereignisse zusammen, das unmittelbar aus der Werkstatt eines Hieronymus Bosch hervorgegangen zu sein scheint. So berichtete ein polnischer Überlebender aus Majdanek nach dem Krieg: „Von SS-Männern gesteuerte Lastwagen fahren vor der Zweigstelle des Reviers vor […]. Hessel und der Feldführer treiben aus diesen Blöcken alle Juden heraus, barfuß und nur im Hemd, befehlen, auf die Autos hinaufzuklettern. Manche erklären, daß sie Mischlinge seien, Hessel nickt mit dem Kopf und sagt, daß das ‚dort‘ geklärt werde. Manche Schwerkranke mit hohem Fieber tragen sie zu den Autos und werfen sie brutal hinauf. Die Kranken, ohne Decken, zittern vor Kälte […]. Wir schauen auf die Straße nach Lublin, auf den Weg, der zum Lager führt. Hier wie dort wimmelt es von Leuten, über denen Staubwolken schweben. In Richtung Krematorium fahren zahlreiche Personenwagen, marschieren Armeetruppen. […] Plötzlich Musik, ein wehmütiger Tango Milonga, danach ein Straußwalzer. Die Musik kommt von Schallplatten, wird über Lautsprecher übertragen. Die Töne kommen aus der

Richtung des Krematoriums. […] Die Musik spielt ununterbrochen. Platte auf Platte. Über dem Lager kreist in niedriger Höhe ein Flugzeug; ein fürchterliches Geratter, daß ich mein eigenes Wort nicht höre. Zwischen den Schallplatten gibt es kurze Pausen und dann hört man ein gedämpftes ‚tatata tatata', wie Schüsse aus einem Handmaschinengewehr. Hier auf dem Appellplatz erscheint Rottenführer Eberle. Wir umringen ihn und fragen, was im Lager los ist. Er antwortet mit Begeisterung, daß am heutigen Tag im ganzen von den Deutschen besetzten Europa die Juden erledigt würden."[13]

Ein ehemaliger Angehöriger der Polizeireiterabteilung (PRA) III schilderte das Geschehen aus Sicht der Täter: „Wir hatten die Absperrung eines Laufweges in einer Breite von etwa 15 Meter[n] zwischen der bereits erwähnten Halle und dem Erschießungsgraben vorzunehmen. Ich konnte nun von meinem Standort aus wahrnehmen, daß laufend Juden in diese Halle hineingetrieben wurden. Vor der Halle war eine Kiste aufgestellt, in die die Juden ihren Schmuck und [ihre] Wertgegenstände werfen mußten. In der Halle mußten sich die Juden entkleiden, weil sie auf der anderen Seite nackt herauskamen. Sie mußten nun durch die von uns abgesperrte Lauffläche zu der etwa 1000 Meter entfernten Erschießungsstätte laufen. Von SD [Sicherheitsdienst]-Männern, die ebenfalls entlang dieser Fläche standen, wurden die Juden mit Reitpeitschen angetrieben. Außerdem hat man Hunde auf sie gehetzt. Blieb ein Jude erschöpft liegen, mußte er von den anderen zur Erschießungsstätte mitgeschleppt werden. An dem bereits beschriebenen Graben, wo die Erschießungen stattfanden, war etwa alle 3 Meter ein SD-Mann in Uniform postiert. Diese Leute waren meiner Ansicht nach durchwegs mit Maschinenpistolen bewaffnet. Während dieser Erschießungsaktionen wurde über Lautsprecher laute Musik gesendet, die offenbar den Zweck erfüllen sollte, die Schüsse zu übertönen. Während dieser Erschießungen kreisten Flugzeuge über dem Gelände. Ich glaube, daß es sich um Maschinen der Type Fieseler Storch gehandelt hat. Der Blutgeruch war auch noch über größere Entfernung deutlich wahrnehmbar. Wie viele Menschen dort erschossen wurden, es handelte sich um Männer, Frauen und Kinder, kann ich nicht genau sagen, doch können es einige Tausend gewesen sein."[14]

Sporrenberg persönlich gab vermutlich aufgrund der Größe des Geländes während der Aktion per Sprechfunk aus einem der Flugzeuge Anweisungen.[15] Lautsprechermusik zur Übertönung der Salven kam auch in Poniatowa und Trawniki zur Anwendung. Die dem Tode Geweihten wurden auf ihrem letzten Gang von Schlagern wie „Wozu ist die Straße da – zum Marschieren", „Es geht alles vorüber, es geht alles vorbei" oder „Wovon kann der Landser denn schon träumen?" begleitet.[16] Die Erschießungen selber wurden anscheinend hauptsächlich von lagerfremden Einheiten unter Leitung des Kommandeurs der Sicherheitspolizei und des SD (KdS) Lublin, SS-Obersturmbannführer Dr. Karl Pütz, durchgeführt.[17] In Trawniki legten die Exekutionskommandos einen solchen Übereifer an den Tag, daß sie auch die Ehefrau eines Angehörigen des Lagerpersonals an die Erschießungsgrube schleiften und sie um ein Haar mit erschossen.[18] In Majdanek kamen im Verlauf der „Aktion Erntefest“ über 16000 Juden um, in Poniatowa über 14000 und in Trawniki etwa 12000.[19] Aus den wenigen Juden, die man in den Lagern am Leben gelassen hatte, wurden Verbrennungskommandos gebildet. Die Beseitigung der Leichen sollte mehrere Wochen in Anspruch nehmen.[20]

Die Suche nach den Verantwortlichen: Das SS-Polizeiregiment 22

Von den Hauptverantwortlichen der „Aktion Erntefest“ ging den bundesdeutschen Strafvollzugsbehörden keiner ins Netz. Hitler, Himmler, Krüger, Globocnik und Pütz hatten gegen Kriegsende Selbstmord begangen; Sporrenberg saß in Polen hinter Gittern. Nachdem im Zuge des Ulmer Einsatzgruppen-Prozesses 1958 die eklatanten Versäumnisse in der bisherigen Aufklärung und Ahndung von NS-Gewaltverbrechen zutage getreten waren, setzte im Anschluß an die Gründung der Zentralen Stelle der Landesjustizverwaltungen in Ludwigsburg (ZSL) eine regelrechte Verfahrenswelle ein.[21] Seit Anfang der 1960er Jahre fanden sich Vertreter vor allem der mittleren und unteren NS-Täterhierarchie unvermittelt in den Verhörzimmern der Polizeireviere und Staatsanwaltschaften wieder. In diesem Zusammenhang begann man auch damit, gegen Formationen und Täter der „Aktion Erntefest“ zu ermitteln.

Das Leipziger Polizeibataillon 41 war 1942/43 dem SS-Polizeiregiment (SS-PR) 22 als I. Bataillon zugeordnet worden.[22] Anlaß für die Vorermittlungen waren Angaben, die dessen ehemaliger Arzt im Juni 1963 der Staatsanwaltschaft Dortmund machte. Danach hatte sich die Einheit 1942 im Raum Zamość an Judenliquidierungen beteiligt.[23] Hinweise auf die „Aktion Erntefest“ lieferte dann bald ein Zeuge, der im Oktober 1964 aussagte, die 1. Kompanie sei bei Erschießungen in einem „Judenlager“ 20 bis 50 Kilometer außerhalb Lublin als Absperrung eingesetzt gewesen: „Die Schützen waren Polizisten unseres Bataillons, die ich aber nicht erkennen konnte.“ Weder war dem Zeugen erinnerlich, ob seine Vorgesetzten an der Grube gestanden, noch wollte er damals erfahren haben, welche Züge der Einheit zum Erschießungskommando gehört hatten.[24] Die Staatsanwaltschaft Hamburg ordnete daraufhin weitere Zeugenvernehmungen im Raum Schleswig-Holstein/Hamburg/Niedersachsen an und mahnte wegen der drohenden Verjährung von Mordtaten im Mai 1965 zur Eile.[25]

Die künftigen Ermittlungen gegen das I. Bataillon des SS-PR 22 sollten allerdings bald auf Abwege geraten. Denn ehemalige Angehörige der Einheit wollten sich nicht einmal genau daran erinnern, wer zum fraglichen Zeitpunkt das Kommando innegehabt hatte. Als sich dann nach über zwei Jahren herausstellte, daß der einstige Kommandeur, Major der Schutzpolizei Johannes L., die Einheit im November 1943 gar nicht mehr befehligt hatte, stellte die Staatsanwaltschaft Hamburg im Juli 1967 das Verfahren gegen diesen ein. Damit landeten die weiteren Ermittlungen bei der Staatsanwaltschaft Lüneburg, in deren Zuständigkeitsgebiet dessen Nachfolger, Major Ewald S., lebte.[26] Zwar hatten sich bereits im April 1965 Hinweise ergeben, daß S. im November 1943 krankheitsbedingt ebenfalls nicht in Lublin gewesen war und im Rahmen der „Aktion Erntefest" von Hauptmann C. vertreten wurde,[27] doch konnte dessen Wohnort Aachen erst später ermittelt werden. Daß dieser dann wiederum angab, er sei „seines Wissens nie in oder bei Lublin" und in der fraglichen Zeit „mehrfach krank oder auf ‚Bombenurlaub' gewesen", klang für die ermittelnden Lüneburger Beamten „zwar sehr nach Ausrede", ließ sich ihrer Ansicht nach aber auch nicht widerlegen. Obwohl einige Zeugen nicht nur die Beteiligung der Einheit an Absperrmaßnahmen in Trawniki Anfang November 1943 zugegeben, sondern auch weitere Hinweise auf eine direkte Tatbeteiligung von Bataillonsangehörigen gegeben hatten, wollte man in Lüneburg nicht einmal den „genauen Zeitpunkt des Einsatzes" ermittelt haben.

Ein Versuch, die Mauer des Schweigens von etwa 70 weiteren Befragten ins Wanken zu bringen, wurde gar nicht erst unternommen. Zudem kamen aus Sicht der Ermittler nicht etwa zu wenige, sondern zu viele Täter in Frage, da ja „zur selben Zeit im selben Raum auch noch andere Polizeieinheiten bei den Vernichtungsmaßnahmen gegen die Juden eingesetzt worden" seien. Die sich so bietende Chance, durch einen Abgleich der eigenen Ermittlungsergebnisse mit denen anderer Staatsanwaltschaften neue Erkenntnisse zu gewinnen, wurde vertan. Auf eine Abgabe der Ermittlungen an die Staatsanwaltschaft Aachen wurde schließlich verzichtet, da hierbei „außer Zufallsergebnissen kein Erfolg" zu erwarten sei und „ein neuer Sachbearbeiter die sehr umfangreichen Akten erst durcharbeiten müßte". Diese Mühe aber wollte man dem Kollegen anscheinend ersparen. Im Ergebnis kam es zur Verfahrenseinstellung.[28] Trotz des zunächst recht vielversprechenden Starts der Staatsanwaltschaft Hamburg wurden die Ermittlungen gegen das I. Bataillon des SS-PR 22 somit gegen Ende der 1960er Jahre buchstäblich in den Sand der Lüneburger Heide gesetzt.

Das SS-Polizeiregiment 25

Weiter südlich hatte die Zentralstelle Nordrhein-Westfalen in Dortmund 1964 ein Verfahren gegen das Essener Reserve-Polizeibataillon (RPB) 67 eröffnet, das 1942 als II. Bataillon dem SS-PR 25 eingegliedert worden war.[29] Die Voruntersuchungen ergaben, daß alle drei Kompanien der Einheit an Absperrmaßnahmen im Rahmen der „Aktion Erntefest" beteiligt gewesen waren. Deshalb kamen auch „als Beschuldigte alle Bataillonsangehörigen in Betracht".[30] Bis auf den ehemaligen Adjutanten konnte allerdings kein Offizier mehr ermittelt werden. Diese Tatsache bewog die Zentralstelle Dortmund zur Ausstellung eines Persilscheins zum Gruppentarif: Die ermittelten Personen der Einheit wurden lediglich als Gehilfen und Befehlsempfänger betrachtet.[31] Zwar hätten „alle Bataillonsangehörigen, die während der Aktion ‚Erntefest' bei Massenerschießungen als Absperrung eingesetzt waren", Beihilfe zum Mord geleistet. Es sei aber „nicht auszuschließen, daß sich die Beteiligten in einem echten Konflikt zwischen ihrem Widerstreben gegen die weitere Teilnahme an dem Einsatz und der Furcht vor den lebensgefährdenden Folgen einer Befehlsverweigerung befunden" hätten. „Ein schuldhaftes Verhalten der Beschuldigten" ließe sich somit nicht feststellen; das Verfahren wurde im September 1969 eingestellt.[32]

Folgt man der Argumentation der Zentralstelle Dortmund, so hätte ein halbes Jahr später die günstige Gelegenheit bestanden, einen ranghohen Befehlshaber für die Beteiligung von Einheiten des SS-PR 25 zur Verantwortung zu ziehen. Denn der Kommandeur der Ordnungspolizei (KdO) Lublin, Oberstleutnant der Schutzpolizei Konrad Rheindorf, war 1943 in Personalunion auch Kommandeur des Regiments gewesen. Doch das gegen ihn laufende Verfahren legte die Staatsanwaltschaft Frankfurt/Main im April 1970 zu den Akten, indem sie die Argumentation der Zentralstelle Dortmund kurzerhand auf den Kopf stellte. Rheindorf hatte in seiner Vernehmung angegeben, von der bevorstehenden Vernichtungsaktion nichts gewußt zu haben. Für solche „Sonderaufgaben" sei der Verbindungsoffizier des SS-PR 25 zum Stab des SSPF Lublin, SS-Hauptsturmführer Werner Wehrheim, zuständig gewesen. Rheindorf selbst wollte ausgerechnet „am Tage der Durchführung der Erschießungen in bzw. bei Lublin zu einer Dienstfahrt an den Bug unterwegs" gewesen und erst nach seiner Rückkehr von Wehrheim über die Judenerschießungen unterrichtet worden sein, die er „allerdings ganz entschieden [...] mißbilligt und abgelehnt" habe. Das Gegenteil, so argumentierte die hessische Behörde, könne Rheindorf nicht nachgewiesen werden.[33] Wehrheim wiederum sollte – wie noch zu zeigen sein wird – in einem später gegen ihn eingeleiteten Verfahren ebenfalls straffrei ausgehen.

Als III. Bataillon wurde dem SS-PR 25 im Juli 1942 auch das RPB 101 zugeteilt, das – als aktives PB 101 – in den ersten Tagen des Krieges aus den vier Hamburger Ausbildungshundertschaften der Schutzpolizei gebildet worden war. Nach erfolgter Umstrukturierung zur Reserveeinheit erhielt das Bataillon seinen Einsatzbefehl nach Polen und sollte dort innerhalb kürzester Zeit zu einer der im Judenmord engagiertesten Polizeiformationen mutieren, deren Opferzahl im Herbst 1942 bereits die 6000 überstieg. Anfang November 1943 war das Bataillon in Majdanek und Poniatowa zur Bewachung der Exekutionsstätten abgestellt.[34] Bald nachdem Staatsanwälte der ZSL 1962 auf das RPB 101 aufmerksam geworden waren und Vorermittlungen eingeleitet hatten, gaben sie das Verfahren an die Hamburger Kollegen ab, in deren Zuständigkeitsbereich noch ein Großteil der ehemaligen Bataillonsangehörigen lebte. Bis Anfang 1967 wurden über 200 von ihnen vernommen. An einer Beteiligung an der „Aktion Erntefest" bestand danach kein Zweifel mehr. Dennoch bildete dieser Tatkomplex keinen Punkt der über 1000 Seiten starken Anklageschrift, die im Oktober 1967 gegen 14 ehemalige „101er“ erhoben wurde. In deren Mittelpunkt standen vielmehr die eigenständigen Mordaktionen des Bataillons. Am 8. April 1968 verhängte das Landgericht Hamburg schließlich drei achtjährige, eine sechsjährige und eine fünfjährige Gefängnisstrafe, die allerdings vier Jahre später teils aufgehoben, teils stark reduziert wurden. Dennoch kann angesichts der westdeutschen Verfahrenspraxis der 1960er und 1970er Jahre gegen Polizeieinheiten im Vernichtungskrieg die Ahndung der Mordtaten des RPB 101 als eine relativ erfolgreiche juristische Aufarbeitung gewertet werden.[35] Die „Aktion Erntefest“ freilich war auch in diesem Verfahren ungesühnt geblieben.

Das I. motorisierte Gendarmeriebataillon

Das I. motorisierte Gendarmeriebataillon war erst im Kriegssommer 1942 in Warschau für „den vorübergehenden Einsatz“ im Generalgouvernement aufgestellt worden und fand vornehmlich im Raum Lublin zur Partisanenbekämpfung Verwendung. Allerdings wurden, wie ein Angehöriger der 2. Kompanie berichtete, „Juden, wenn sie in kleinerer Zahl [...] angetroffen wurden, erschossen [...]. Ganz gleich, ob es sich hierbei um Männer, Frauen oder Kinder handelte.“ Aufmerksam geworden war man auf die Einheit im Rahmen der Ermittlungen gegen das RPB 101. Im Gegensatz zu den meisten anderen SS- und Polizeieinheiten, die bundesdeutsche Behörden im Zusammenhang mit der „Aktion Erntefest“ untersuchten, mußten die insgesamt vier Kompanien des Bataillons nicht erst von außerhalb herantransportiert werden, da sie bis Juli 1944 in der Stadt beziehungsweise im Distrikt stationiert waren. Den Staatsanwälten der ZSL saßen mehrheitlich Beschuldigte mit ausgezeichneter Ortskenntnis und über zwei Jahren ‚Polizeipraxis‘ im Distrikt Lublin gegenüber, denen Hintergründe und Dimension der dort durchgeführten Vernichtungsaktionen – über die einige von ihnen freimütig Auskunft gaben – weitgehend bekannt sein mußten. Selbst Angehörige des RPB 101 attestierten, „daß dieses Gendarmeriebataillon durch das Land fuhr und in rücksichtsloser Weise alles erschoß, ‚was ihm vor die Flinte kam‘“. In Ludwigsburg kam man schließlich zu dem Ergebnis, „daß die Erschießungen von Juden nicht nur auf Drängen der Offiziere des Bataillons erfolgt sind. Selbst auf der untersten Ebene [...] hat man vielmehr Juden, wo man sie auch immer antraf, wahllos niedergemetzelt [...]. In vielen Fällen dürften sich sogar Mannschaftsdienstgrade zu Erschießungen freiwillig gemeldet haben.“

Einige der Befragten gaben zu, daß die Einheit am 3. und 4. November 1943 in Majdanek, Poniatowa und Trawniki zumindest zur Absperrung der Exekutionsstätten eingesetzt war. Befehligt worden sei das Bataillon dabei von dem für seine Rücksichtslosigkeit und Trunksucht bekannten stellvertretenden Kommandeur, SS-Hauptsturmführer Kurt R., der „den Ausdruck ‚Erntefest‘

als geflügeltes Wort gebraucht[e]. Bei jeder Judenaktion soll er geäußert haben, daß ‚heute wieder ein Erntefest stattfinde'." Gegen SS-Hauptsturmführer Kurt M., der zunächst den Kradschützenzug befehligt hatte und später zeitweilig – wie Kurt R. – den Bataillonskommandeur vertrat, wurde dagegen vorerst nicht in diesem Tatzusammenhang ermittelt. Er galt bei seinen Untergebenen als blinder Befehlsempfänger, feige im Partisaneneinsatz, aber übereifrig bei Judenerschießungen. M. soll im Sommer 1943 30 Kilometer nordwestlich von Lublin „mit einer Maschinenpistole persönlich einen großen Teil der 200 bis 300 Opfer ‚umgemäht'" haben.[36] Nachdem man bei der ZSL ein Ermittlungsersuchen nach jüdischen Augenzeugen an die israelische Polizei abgesandt hatte, wurde das Verfahren zur weiteren Verfolgung an die Zentralstelle Dortmund abgegeben.[37]

Wie beim I. Bataillon des SS-PR 22 nahm der Wechsel der Zuständigkeit auch hier den Schwung aus dem Verfahren, das schließlich nach über 14-jähriger Ermittlungstätigkeit im Spätsommer 1980 eingestellt wurde. Der mittlerweile zum Hauptverdächtigen avancierte Kurt M. bestritt hartnäckig, in Majdanek und Poniatowa eingesetzt gewesen zu sein, und dies sei ihm – so die Zentralstelle Dortmund – „trotz eines bestehenbleibenden nicht unerheblichen Verdachts" nicht zu widerlegen. Die ehemaligen Angehörigen des I. motorisierten Gendarmeriebataillons galten zwar als hinreichend verdächtig, sich auch im Rahmen der „Aktion Erntefest" der Beihilfe zum Mord schuldig gemacht zu haben: „Nach dem Ermittlungsergebnis haben sie in Kenntnis des den Opfern bevorstehenden Schicksals [...] Absperrungen vorgenommen oder die Betroffenen auf dem Weg zum eigentlichen Tatort bewacht. Dabei waren ihnen zumindest die grausamen Umstände bekannt, unter denen die Menschen getötet worden sind." Doch aus den willigen Vollstreckern, als die sie noch in den Akten der ZSL firmiert hatten, waren mittlerweile reine Befehlsempfänger „in einer unheilvolle[n] Konfliktsituation" geworden, die ihren Tatbeitrag nur widerwillig und aus Angst vor den Konsequenzen einer Befehlsverweigerung geleistet hätten. Zudem war man sich in Dortmund sicher, daß „keiner von ihnen selbst einen Menschen getötet" habe.[38] Auf eine Überprüfung dieser angesichts der Vorermittlungen der ZSL aus den 1960er Jahren gewagten These anhand von Augenzeugenaussagen, die die Hauptkommission zur Untersuchung von NS-Verbrechen in Polen im April 1980 nach Dortmund gesandt hatte, wurde verzichtet, da diese zu „allgemein gehalten" und „nicht geeignet [seien], einen hinreichenden Tatverdacht gegen bestimmte Beschuldigte zu begründen".[39] Auch den recht konkreten Hinweisen der ZSL auf Judenerschießungen unter dem Deckmantel der Partisanenbekämpfung war man nicht weiter nachgegangen.

Die Polizeireiterabteilung III

Die Einsatzgeschichte der PRA III verlief parallel zu der des I. motorisierten Gendarmeriebataillons. Auch sie wurde im dritten Kriegsjahr aufgestellt. Ihre Einheiten waren ebenfalls zur Partisanenbekämpfung vorgesehen und von Sommer 1942 bis Sommer 1944 im Raum Lublin entlang des Sicherungsabschnitts Bug stationiert. Im Rahmen der „Bandenbekämpfung" beteiligte sie sich dort gleichfalls maßgeblich an der Judenvernichtung. Nach dem Aufstand im Lager Sobibor am 14. Oktober wurde die Einheit zur Bewachung der übriggebliebenen „Arbeitsjuden" unmittelbar vor deren Erschießung eingesetzt.[40] Bereits kurz nach dem Krieg war die Saarbrücker Polizeidirektion eher unfreiwillig auf die dunkle Vergangenheit ehemaliger Angehöriger der 3. Schwadron der PRA III aufmerksam geworden. Denn Oberwachtmeister Wilhelm G. hatte Augenzeugen zufolge im Vollrausch in einer dortigen Gastwirtschaft erzählt, wie seine Kollegen im Krieg „eine größere Anzahl Polen, insbesondere Juden, erschlagen haben. Vorher mußten diese Personen ihre Gräber selber graben."[41] Das sollte ihm nicht gut bekommen, denn umgehend wurde gegen ihn ein Strafverfahren wegen „polizeischädigenden Verhaltens" eingeleitet, das im Juli 1950 zu seiner Ausweisung in die Bundesrepublik führte.[42] Wilhelm G., dem die Rückkehr in den Polizeidienst danach verwehrt bleiben sollte, bemerkte larmoyant: „Wir haben alle leider bei dieser Einheit Dienst versehen und was sich dort abgespielt hat, wissen alle. Es war ja auch für Deutschland. [...] Alle liebten ihren Beruf und haben keine Mühe gescheut, wieder in den Dienst zu kommen, was ihnen restlos gelungen ist."[43]

Tatsächlich waren etliche Angehörige der PRA III in der Bundesrepublik erneut als Polizisten beschäftigt. Die Routine des Dienstalltags wurde Mitte der 1960er Jahre allerdings für kurze Zeit unterbrochen. Denn Anfang 1964 lagen den Ermittlern der ZSL konkrete Hinweise vor, daß die PRA III am 3. November 1943 zumindest Absperrungen im Zuge der „Aktion Erntefest" vorgenommen hatte.[44] Untersuchungen der Landeskriminalämter Baden-Württemberg und Bayern erhärteten in den nächsten Monaten den Verdacht.[45] Als weiteres Vorgehen empfahl die ZSL dringend, neben Angehörigen der Abteilung, „die nur in wenigen Fällen bereit sein dürften, wahrheitsgemäße Angaben zu machen", auch jüdische Zeugen zu hören und hierzu auf Amtshilfe der israelischen Polizei zurückzugreifen. Überdies erschien es den Ludwigsburger Staatsanwälten ratsam, die Vernehmung von ehemaligen Angehörigen der Reiterstaffel Saarbrücken, die Ende 1941 zur 3. Schwadron der PRA III nach Wien abgeordnet worden war, von der Sonderkommission Niedersachsen durchführen zu lassen. Da in den bisherigen Befragungen mehrere Zeugen angegeben hatten, ihnen seien nach ihrer Weigerung, sich an Judenerschießungen zu beteiligen, keine weiteren Nachteile erwachsen, sollte zudem dem Aspekt des Befehlsnotstands im weiteren Verfahren besondere Aufmerksamkeit gewidmet werden.[46] Genau das Gegenteil tat indes die Staatsanwaltschaft

Braunschweig, als sie aus dem allgemeinen Schießbefehl auf Juden, die sich im Generalgouvernement außerhalb der Ghettos aufhielten, einen umfassenden Befehlsnotstand für die ehemaligen Angehörigen der PRA III konstruierte.[47] Die in der Folge bei verschiedenen Staatsanwaltschaften anhängigen Verfahren wurden bis Anfang 1969 unter Hinweis auf Befehlsnotstand oder den Gehilfenparagraphen, vor allem aber aus Mangel an Beweisen zu den Akten gelegt. Den Rekord hielt dabei die Staatsanwaltschaft Mosbach, die allein 1966 im Fließbandverfahren über 50 Einstellungsverfügungen produzierte.[48] Die Mahnungen der ZSL waren damit ungehört verhallt.

Zweimal jedoch sollten ehemalige Polizeireiter der PRA III noch durch Post aus Polen in ihrer Ruhe gestört werden – allerdings nicht mehr im Zusammenhang mit der „Aktion Erntefest". Ein Augenzeuge hatte 1968 vor der polnischen Hauptkommission angegeben, Gerhard R. habe im Herbst 1943 vier Männer, darunter einen Partisanen, vor seinen Augen regelrecht hingerichtet. Die Staatsanwaltschaft Nürnberg stellte das Verfahren jedoch 1976 ein. Es sei unklar, so die Juristen, ob es sich nicht bei allen vier Opfern um Partisanen gehandelt habe, wodurch die Tat als verjährtes Tötungsdelikt zu werten sei. Auf eine Befragung des Zeugen wurde verzichtet.[49] Größere Bedeutung wurde hingegen den Lageberichten der PRA III und ihrer Schwadronen beigemessen, die die Hauptkommission in der zweiten Hälfte der 1970er Jahre zugesandt hatte. Obwohl sie zahlreiche konkrete Hinweise auf Judenerschießungen enthielten, verweigerte die zuständige Staatsanwaltschaft Braunschweig im Februar 1981 die Wiederaufnahme des Verfahrens gegen ehemalige Angehörige der PRA III mit einer grotesk anmutenden Verfügung. Darin folgte sie der in den Berichten vorgenommenen Gleichsetzung von Juden mit Partisanen und führte hinsichtlich der Ermordung von entwichenen jüdischen Häftlingen aus Sobibor aus: „Der von K. in dem von ihm unterzeichneten Oktober-Bericht gewählten, zumindest geschmacklosen Formulierung ‚ca. 100 entwichene Juden wurden vernichtet' sollte kein allzu großes Gewicht beigemessen werden, zumal gerade K. innerhalb seines Zuges einen guten Leumund besaß."[50] SS-Obersturmführer Heinz K., Adjutant beim Abteilungsstab der PRA III, hatte nach dem Krieg als Polizeiangestellter in Braunschweig Verwendung gefunden.[51]

Das Wehrheim-Verfahren

Neben der PRA III war die im Frühjahr 1943 aufgestellte Polizeireiterschwadron (PRS) Lublin eingesetzt, die versorgungsmäßig dem SS-PR 25 zugeordnet war.[52] Anfang März 1964 nahm die ZSL die Blutspur dieser Einheit auf, als sie auf ein Vernehmungsprotokoll der Sonderkommission Hessen aus dem Jahre 1962 stieß, in dem der bereits erwähnte Werner Wehrheim in anderem Zusammenhang Auskunft über seine Tätigkeit im Raum Lublin gab. Demnach hatte er zunächst den Reiterzug Lublin – einen der vier Züge, aus denen die Einheit gebildet worden war – geführt und war im Februar 1943 zum Schwadronsführer der PRS Lublin aufgestiegen. Diesen Posten habe er zwar bis kurz vor der Aufgabe der Stadt im Frühjahr 1944 innegehabt, jedoch sei er bereits im August 1943 zum Stab des KdO Lublin abkommandiert worden. Dort habe er die Funktion eines Verbindungsführes des SS-PR 25 zum SSPF Lublin übernommen. Danach habe er seinem Nachfolger bei der PRS Lublin, SS-Obersturmführer Hans Heinrich Clausen, nur noch sporadisch Besuche abgestattet. Von den Judenerschießungen im Raum Lublin Anfang November 1943 wollte er erst nachträglich bei einer solchen Gelegenheit erfahren haben.[53]

Die Frage, wer während der „Aktion Erntefest" die Schwadron befehligt hatte – Wehrheim oder Clausen, der im März 1944 gefallen war[54] – stand auch für die Ludwigsburger Staatsanwälte im Zentrum des Interesses. 1964 beauftragten sie das Landeskriminalamt Baden-Württemberg damit, Nachforschungen zur „Aktion Erntefest" im Kreise ehemaliger Schwadronsangehöriger durchzuführen. Anfangs sollten sich die Ermittlungen nur auf Unteroffiziers- und Mannschaftsdienstgrade konzentrieren,[55] denn dort konnte man eher Strafmilderung oder -erlaß gegen Kooperationsbereitschaft anbieten. Die Wohnorte der Schwadronsangehörigen lagen mehrere hundert Kilometer voneinander entfernt über die ganze Bundesrepublik verstreut – ein Umstand, der die württembergischen Ermittler in der Folgezeit zu ausgedehnten Dienstreisen nötigte. Die Überlegung, Wehrheim über die laufenden Vernehmungen zunächst noch in Unkenntnis zu lassen, dürfte hierbei eine Rolle gespielt haben. Im Februar 1965 stellten sich die ersten Ergebnisse ein: Karl S. war im Frühjahr 1943 mit dem Reiterzug Zamosc zur PRS Lublin gestoßen, hatte am „Erntefest"-Einsatz in Trawniki teilgenommen und gab bereitwillig über den Hergang Auskunft. Ob aber Wehrheim oder Clausen damals die Schwadron kommandiert hatte, wollte er nicht mehr mit Bestimmtheit sagen können. An den stellvertretenden Schwadronsführer, Leutnant Herbert B., der es mittlerweile zum Kriminalhauptkommissar in Bochum gebracht hatte, erinnerte sich der Zeuge nur auf gezielte Nachfrage.[56] Wehrheims ehemaliger Kompaniefeldwebel Ludwig W. gab dagegen an, daß dieser sich zur Haupttatzeit im Oktober und November 1943 als Schwadronschef bei der Einheit befunden habe. „Hier dürfte W. irren, denn zu jenem Zeitpunkt [hat] nach bisheriger Kenntnis […] Wehrheim […] schon nicht mehr der Schwadron angehört", notierten die Beamten des Landeskriminalamtes Baden-Württemberg. Als Hauptverdächtigen sahen sie Clausen an.[57]

Bei der ZSL hegte man dagegen immer noch Zweifel daran, ob Wehrheim zur fraglichen Zeit tatsächlich bereits „beim Stab des [SS-]PR 25 in Lublin gewesen [war] und […] von dort an den Einsatzvorbereitungen teilgenommen" hatte.[58] Doch der Verdacht reichte aus, um im Sommer 1965 die Jagd zu eröffnen. Wehrheim wurde am 21. Juni im Beisein von Beamten der Staatsanwaltschaft Hamburg und der Sonderkommission Zentrale Stelle in den Räumlichkeiten der Staatsanwaltschaft Mosbach verhört, festgenommen und anschließend gegen Kaution wieder auf freien Fuß gesetzt. Jegliche Beteiligung an der „Aktion Erntefest“ stritt er entschieden ab. Daß der Haftbefehl gegen ihn vom Amtsgericht Hamburg ausgestellt worden war, läßt vermuten, daß man in der ZSL nur bedingt auf die Schützenhilfe der württembergischen Behörden vertraute. Der bei der Vernehmung anwesende Mosbacher Staatsanwalt hingegen gab dem Sachbearbeiter der Sonderkommission die Anweisung, „Wehrheim nicht näher zu befragen“, und erklärte, den Beschuldigten an den kommenden Tagen selbst „zu diesem Komplex zu vernehmen“.[59]

Zwei Tage später gab Wehrheim dort zu Protokoll, mit Sicherheit bereits am 1. August 1943 von Clausen als Schwadronschef abgelöst worden zu sein.[60] Die Befragungen weiterer Zeugen durch das Landeskriminalamt Baden-Württemberg lieferten hinsichtlich seiner Beteiligung an der „Aktion Erntefest“ keine neuen Erkenntnisse.[61] Wehrheim gab in weiteren Vernehmungen an, am Vorabend der Massenerschießung an einer Besprechung beim SSPF Lublin als „Fachmann für Fragen der Bandenbekämpfung“ teilgenommen zu haben und auch am nächsten Tag in Lublin gewesen zu sein. Von der geplanten Judenliquidierung wollte er aber zu diesem Zeitpunkt nichts gewußt haben.[62] Die Staatsanwaltschaft Mosbach folgte seinen Einlassungen in allen Punkten und stellte am 19. Dezember 1966 das Verfahren ein, da nur dem verstorbenen Clausen eine Tatbeteiligung nachzuweisen sei. Wehrheim sei „mit Sicherheit vor Durchführung der ‚Aktion Erntefest‘ als Schwadronsführer“ abgelöst worden. Im Falle von Herbert B. – des mittlerweile im Bochumer Polizeidienst tätigen stellvertretenden Schwadronsführers – bestehe zwar die Möglichkeit, daß er „irgendwie an den Aktionen der Schwadron gegen jüdische Zivilpersonen beteiligt [war]. Der dahingehende Verdacht ist jedoch sehr vage und hat sich keineswegs zu einem hinreichenden verdichtet.“ Die Einstellungsverfügung enthält keinerlei Hinweise auf eine Vernehmung von Herbert B.[63]

Bei der Staatsanwaltschaft Hamburg wollte man diese Niederlage nicht einfach hinnehmen und führte die Untersuchungen gegen Wehrheim in anderer Richtung fort. Denn mit dem Hinweis auf seine Teilnahme an der Einsatzbesprechung am 2. November 1943 beim SSPF Lublin hatte er sich keinen Gefallen getan: Zeugenaussagen aus anderen Verfahren und weitere Befragungen belegten, daß Wehrheim nicht als Kommandeur der PRS Lublin, sondern als enger Mitarbeiter des SSPF Lublin einen maßgeblichen Tatbeitrag zur „Aktion Erntfest“ geleistet hatte, indem er unter anderem Sporrenberg bei der Anlage der Splittergräben in Majdanek beriet und seinem Schreiber einen Rahmenbefehl zur Durchführung der Exekutionen diktierte. Wehrheim behauptete jedoch, vor November 1943 nichts von der bevorstehenden Judenvernichtung gewußt zu haben. Statt dessen habe er angenommen, die Vorbereitungen zur „Aktion Erntefest“ dienten der Abwehr von Aufstandsbewegungen. Dies war eine absurde Behauptung, da unbewaffnete und halbverhungerte, hinter Stacheldraht eingepferchte und bewachte Arbeitssklaven nun einmal keine militärische Gefahr darstellen. Da ihm jedoch das Gegenteil nicht mit letzter Sicherheit nachzuweisen sei, beantragte die Staatsanwaltschaft Hamburg am 15. April 1970 resigniert, Wehrheim außer Verfolgung zu setzen. Als sie zehn Jahre später doch noch eine Anklage gegen ihn einreichte, erklärte das Oberlandesgericht Hamburg diese unter Hinweis darauf, daß sich an der Beweislage seit 1970 nichts geändert habe, für unzulässig.[64] Letztlich war mit Wehrheim, dessen Mitwisserschaft und Verantwortung für die „Aktion Erntefest" der von Sporrenberg nahekam, den bundesdeutschen Behörden ihr dickster Fisch vom Haken gegangen.

Das Schubert-Verfahren

Im Laufe der Ermittlungen zum Wehrheim-Verfahren hatte man auch den ehemaligen SS-Hauptsturmführer Gotthard Schubert als Zeugen vernommen.[65] Dieser war im November 1943 Leiter der Außenstelle des KdS Lublin in Zamość gewesen, im Mai 1945 in russische Kriegsgefangenschaft geraten und aufgrund seiner Zugehörigkeit zur Gestapo vom Moskauer Militärtribunal 1950 zu 25 Jahren Besserungsarbeitslager verurteilt worden, von denen er fünf Jahre absaß. Nach seiner Amnestierung, der Übersiedlung in die Bundesrepublik und einer Heirat wurde Schubert problemlos am 1. Januar 1957 in den hessischen Polizeidienst eingestellt und bekleidete innerhalb kürzester Zeit den Rang eines Kriminalkommissars – denselben Rang, den er seit 1940 beim KdS Lublin innegehabt hatte. Doch dann schien Schuberts abenteuerliche Reise vom Gulag ins Wirtschaftswunderland plötzlich zu Ende. Seine fristlose Entlassung aus dem Polizeidienst durch Erlaß des Hessischen Ministers des Innern vom 6. Dezember 1960 traf ihn wie ein Blitz aus heiterem Himmel.[66]

Schubert hatte – gemessen am üblichen Verlauf bundesdeutscher Verfahren – ausgesprochenes Pech gehabt: Anläßlich seiner Vernehmung im Rahmen von Ermittlungen gegen die Dienststelle des KdS Lublin hatte ein Zeuge Anfang November 1960 auch umfassend zur „Aktion Entefest" ausgesagt und angegeben, Schubert habe damals bei Erschießungen in einem Lager in der Umgebung von Lublin als Exekutionsleiter mitgewirkt.[67] Die Beamten vom Landeskriminalamt Hessen dürften ihren Ohren nicht getraut haben, denn Schubert arbeitete zu dieser Zeit im selben Hause im Referat Meldewesen. Unversehens fand er sich in Untersuchungshaft wieder. Sechs Monate später – nachdem ein zweiter Zeuge ihn ebenfalls beschuldigt hatte[68] – legte er ein umfassendes Geständnis ab: „Ich möchte diese Angelegenheit endgültig als Last von mir nehmen und sage dazu, ja, ich war in Poniatowa und Majdanek dabei." Am Abend des 2. November 1943 war Schubert telegraphisch aus Zamość nach Lublin beordert worden, wo er kurz nach der Besprechung des bevorstehenden Einsatzes eintraf. Dort wurde ihm eröffnet, daß er in den nächsten zwei Tagen an Judenexekutionen teilzunehmen habe. Am 3. November führte er in Majdanek an einem der Erschießungsgräben die Aufsicht, tags darauf in Poniatowa. Selbst geschossen hatte er nach eigenen Angaben nicht. Er habe sich zu seiner Teilnahme überwinden müssen, sei sich der Unrechtmäßigkeit seiner Handlung bewußt gewesen, habe sich aber durch Eid und Befehl gebunden gefühlt. Des weiteren habe er im Falle der Weigerung erhebliche Nachteile wie den Einsatz in Erziehungsstürmen, Bewährungseinheiten oder „verlorenen Haufen“ befürchtet.[69] Befehlsnotstand konnte Schubert aufgrund dieser Aussage freilich kaum für sich geltend machen.

Am 17. August 1961, acht Wochen nach seinem Geständnis, wurde Schubert aus der Untersuchungshaft entlassen und arbeitete zunächst im Lebensmittelgeschäft seines Schwagers, danach im Tabakwarenladen seiner Frau in Wiesbaden. Das war alles andere als ein kurzes Intermezzo; vielmehr sollte er noch über zehn Jahre in Freiheit verbringen, bis fünf ehemaligen Angehörigen von Dienststellen der Sicherheitspolizei und des SD in Lublin und Zamość – darunter Schubert als einzigem Angeklagten zum Punkt „Aktion Erntefest“ – der Prozeß gemacht wurde. Am 1. März 1973 verkündete das Landgericht Wiesbaden sein Urteil. Schubert erhielt wegen gemeinschaftlicher Beihilfe zum Mord an über 28 000 Menschen eine Gesamtfreiheitsstrafe von sechs Jahren.[70] Die in den 1960er Jahren angelaufene Welle westdeutscher Ermittlungsverfahren zur „Aktion Erntefest“ war mit einer einzigen und – gemessen an der Schwere des Verbrechens – eher geringfügigen Verurteilung verebbt.

Das Götzfried-Verfahren

Vermutlich wäre mit dieser einen Verurteilung das Kapitel hierzulande für immer geschlossen worden, wäre den bundesdeutschen Fahndern nicht Mitte der 1990er Jahre der Zufall zu Hilfe gekommen. Bei Scottland Yard war man im Rahmen eigener Ermittlungen zu einem in Großbritannien ansässigen „Erntefest“-Täter auch auf den Namen des in Stuttgart wohnhaften Alfons Götzfried gestoßen.[71] Der 1919 im ukrainischen Rastatt (Poretschje) geborene Volksdeutsche hatte sich nach dem Überfall auf die Sowjetunion im Sommer 1941 als Pferdepfleger in deutsche Dienste gestellt und kam schließlich als Dolmetscher zur „Kaukasischen Kompanie“ der Einsatzgruppe D. Allerdings belegt bereits ein Vorschlag Götzfrieds für das Kriegsverdienstkreuz zweiter Klasse mit Schwertern vom August 1943, daß sein Engagement weit über reine Übersetzungstätigkeiten hinausging. Spätestens zu diesem Zeitpunkt war Götzfried beim KdS Lemberg eingesetzt.[72] Pünktlich zu Kriegsende, am 9. Mai 1945, verschwand er wegen „Übergangs auf die Seite des Feindes“ für zwei Jahre in einem sibirischen Zwangsarbeitslager, bis er dann, zu 20 Jahren Freiheitsentzug verurteilt, in das Straflager Workuta verlegt und erst 1958 entlassen wurde. Zwischen 1946 und 1973 sagte er in der Sowjetunion mehrfach umfassend zur „Aktion Erntefest“ aus und gab zu, am 3. November 1943 mit einem Kommando von 15 Mann des KdS Lemberg nach Lublin gefahren zu sein und in Majdanek als Schütze mindestens 500 Menschen getötet zu haben; nachdem ihm dabei schlecht geworden sei, habe er die Magazine der übrigen Täter nachgeladen.

1991 war Götzfried, der nach seiner Entlassung geheiratet hatte, mit seiner Familie nach München übergesiedelt und zwei Jahre später nach Stuttgart gezogen. Der Sachbearbeiter der dortigen Staatsanwaltschaft, der ihn 1996 im Rahmen eines Rechtshilfeersuchens von Scottland Yard vernahm, konfrontierte ihn mit seinen Aussagen vor sowjetischen Behörden, deren Wahrheitsgehalt Götzfried auch bestätigte. Als er ein knappes Jahr später in einem anderen Verfahren ungefragt auch seine eigene Beteiligung als Majdanek-Schütze zu Protokoll gab, wurde ein Verfahren gegen ihn eingeleitet. Götzfried wurde am 3. März 1998 dem Haftrichter vorgeführt, saß anschließend ein Jahr in Untersuchungshaft und wurde am 20. Mai 1999 zu zehn Jahren Freiheitsentzug verurteilt. Das Gericht sah seine Tatbeteiligung als erwiesen an, obwohl er Teile seines Geständnisses später widerrief. Götzfried sei sich darüber im klaren gewesen, daß die Erschießungen Unrecht waren; er habe Beihilfe zur vorsätzlichen und grausamen Tötung von 17000 Menschen geleistet und eigenhändig 500 Menschen erschossen. Den Ausführungen des Angeklagten, er habe „doch von [sich] aus keinen Menschen erschossen. Es waren Befehle von Oben, von der Obrigkeit" folgte das Gericht nicht, sondern konstatierte, er sei „generell zur Mitwirkung an solchen Massen-Liquidationen bereit" gewesen. Er habe zwar am Ende der Befehlskette gestanden, sei aber „letztlich nur eines der vielen willfährigen, gerade deshalb aber unerläßlichen Werkzeuge im System einer durch die damaligen Verhältnisse im GG [Generalgouvernement] begünstigten Vernichtungsmaschinerie" gewesen. Da ihm seine Haftzeiten in sowjetischen Lagern angerechnet wurden, galt die zugemessene Strafe als bereits verbüßt. Götzfried, verwitwet und gebrechlich, wurden allerdings die Kosten des Verfahrens auferlegt.[73]

Eine Bilanz

Nach Gründung der ZSL 1958 wurde dem Tatkomplex „Aktion Erntefest" von bundesdeutschen Staatsanwaltschaften allmählich die Aufmerksamkeit zuteil, die der „größte[n] Einzelaktion der Deutschen zur Vernichtung der Juden"[74] gegenüber angezeigt erschien. Doch trotz der Vielzahl an eingeleiteten Verfahren wurde zunächst nur ein Täter tatsächlich verurteilt; ein zweiter fiel den Behörden Mitte der 1990er Jahre gewissermaßen in den Schoß. Bei etwa 2000–3000 Mann, die im Rahmen der „Aktion Erntefest" als Exekutions- und Bewachungskommandos eingesetzt waren,[75] kann man diese Bilanz sicherlich als Offenbarungseid der Nachkriegsjustiz in Westdeutschland bezeichnen. Dabei stand zu Beginn das aufrichtige Bemühen engagierter Strafverfolger, allen voran das der ZSL. Das Problem bestand darin, daß sich nach Abgabe der Vorermittlungen die dann zuständigen lokalen Staatsanwaltschaften geradezu als schwarze Löcher erwiesen, in denen die Verfahren versickerten. Oftmals kam es dort zu massiven Behinderungen oder Verzögerungen aufgrund personeller Kontinuitäten im Polizei- und Justizapparat und zur Schützenhilfe für belastete Kollegen. Selbst in der Zentralstelle Dortmund, die 1962 zur Intensivierung systematischer Ermittlungen in NS-Strafverfahren gegründet worden war, gaben bis ins Jahr 1972 ehemalige NS-Juristen den Ton an.[76] Von der Möglichkeit, Zeugen der Unteroffiziers- und Mannschaftsdienstgrade für die Aussage gegen ehemalige Vorgesetzte einen Deal anzubieten, wurde offenbar nur ansatzweise Gebrauch gemacht. Vielfach war der Verfolgungswille denkbar gering, drückte man gerne ein Auge zu, regierten Gutgläubigkeit und Ignoranz.

Doch selbst wenn die einmal eingeleiteten Ermittlungen mit Elan weiter vorangetrieben wurden, standen die großen Exkulpationsschlager der 1960er Jahre – Befehlsnotstand und Gehilfenjudikatur – oftmals einer Anklageerhebung entgegen und führten zu einer inflationären Einstellung von Verfahren. Im Falle des RPB 101 verzichtete die Anklagevertretung wohlweislich darauf, die Absperrung der „Erntefest"-Exekutionsstätten durch das Bataillon als eigenen Punkt anzuführen, und konzentrierte sich von vorneherein auf erfolgversprechendere Tatkomplexe. Einen Sonderfall bildete das Wehrheim-Verfahren, wo die Frage des subjektiven Wissens des Beschuldigten den Ausschlag gab, da ihm nicht mit letzter Sicherheit nachzuweisen sei, sich über den eigentlichen Zweck der „Aktion Erntefest" – der Ermordung zehntausender Juden ohne jegliche militärische Notwendigkeit – im klaren gewesen zu sein. Hier zeigen sich deutlich die Grenzen der Strafverfolgung von NS-Gewaltverbrechen mit dem juristischen Inventar eines demokratischen Rechtsstaats. Nicht einmal dem ehemaligen Kommandeur des Ausbildungslagers Trawniki, SS-Sturmbannführer Karl Streibel, hatte man seinerzeit nachweisen können, daß er die eigentliche Funktion der als Splitterschutzgräben getarnten Exekutionsgruben erkannt habe.[77] Es ist indes nicht ausgeschlossen, daß Wehrheim und Streibel damit auch heute noch vor einem bundesdeutschen Gericht straffrei ausgehen würden. Ob Götzfried dagegen in den 1960er Jahren verurteilt worden wäre, darf bezweifelt werden. Er wäre sicher als Idealtypus des Gehilfen und Befehlsempfängers durchgegangen.

Verfahrenshindernisse anderer Art ergaben sich aus der Spezifik des zugrundeliegenden Tatkomplexes: Selbst wenn es gelungen wäre, über Rechtshilfeersuchen in Polen und Israel eine Anzahl verläßlicher Zeugen aus dem Kreis der Opfer aufzutreiben, wem hätte man sie zur Identifizierung gegenüberstellen sollen? Denn der Großteil der eingesetzten Einheiten hatte ja aus ortsfremden Truppen bestanden. Wie die Fälle Schubert und Götzfried belegen, war ein Geständnis die einzige Garantie, vor einem bundesdeutschen Gericht für die Teilnahme an der „Aktion Erntefest" belangt zu werden. Als Ironie der Geschichte mutet zudem an, daß beides keine einheimischen Fahndungserfolge waren, da Schubert und Götzfried für ihre diversen Verbrechen bereits mehrere Jahre in sowjetischen Lagern verbracht hatten. Auf der anderen Seite des Eisernen Vorhangs zeigten sich polnische Nachkriegsermittler weniger zimperlich als ihre Kollegen in Westdeutschland: Der SSPF Lublin, Jakob Sporrenberg, wurde unter anderem wegen der „Aktion Erntefest“ vor Gericht gestellt und hingerichtet. Den SS-Hauptscharführer Udo Menning verurteilte das Bezirksgericht Lublin am 8. Juni 1948 „wegen Erschießung von 17000 Juden [und] ihre[r] Verbrennung in Krematorien“ zu 15 Jahren Gefängnis. Menning war lediglich stellvertretender Leiter des Autoparks in Majdanek gewesen.[78]

Anmerkungen

* Mein besonderer Dank gilt der Forschungsstelle Ludwigsburg der Universität Stuttgart, Klaus-Michael Mallmann wie immer für Rat u. Tat sowie Heidrun Baur für die Bearbeitung des Ms.; OStaw Kurt Schrimm, dem Leiter der ZSL, danke ich für umfassende Auskünfte zum Götzfried-Verfahren u. Beratung in juristischen Fragen, Dr. Dagmar Bikkelmann, den Mitarbeitern des StAH sowie dem Richter am Landessozialgericht Nordrhein-Westfalen Jan-Robert von Renesse für die Zusendung der Quellen zum Wehrheim-Verfahren.

1 Bogdan Musial (Hrsg.): „Aktion Reinhardt“. Der Völkermord an den Juden im Generalgouvernement 1941–1944, Osnabrück 2004.

2 Bericht HSSPF Adriatisches Küstenland v. 18.1.1944: Wirtschaftlicher Teil der Aktion Reinhard, IfZ, Nbg. Dok. NO-57.

3 Der Begriff war bereits für Anti-Partisanen-Unternehmen in der Sowjetunion verwendet worden; Dieter Pohl: Von der „Judenpolitik“ zum Judenmord. Der Distrikt Lublin des Generalgouvernements 1939–1944, Frankfurt/M. u.a. 1993, S. 172; erste Hinweise auf Verwendung des Begriffes im Zusammenhang mit den Judenerschießungen im Raum Lublin am 3. u. 4.11.1943: Vern. Jakob Sporrenberg v. 25.2.1946, BAL, B 162/Vorl. AR-Z 33/63, Bd. 1, Bl. 437; dto. Johann Offermann v. 6.4.1946, YVA, JM 3460.

4 Trawniki war zugleich ein SS-Ausbildungslager für – zumeist ukrainische – Hilfswillige, die sich ihrerseits an der Judenverfolgung u. -vernichtung beteiligten, Peter Black: Die Trawniki-Männer und die „Aktion Reinhardt“, in: Musial (Anm. 1), S. 309–352.

5 Bis heute liegt keine umfassende wissenschaftliche Darstellung der „Aktion Erntefest“ vor; die beste Zusammenfassung bietet Pohl: „Judenpolitik“ (Anm. 3), S. 170–174; weiterführend, aber stellenweise fehlerhaft: Adam Rutkowski: L’opération „Erntefest“ (Fête de la moisson) ou le massacre de 43000 Juifs les 3–5 novembre 1943 dans les camps de Maïdanek, de Poniatowa et de Trawniki, in: Le Monde Juif, H. 72, 1973, S. 12–33; Helge Grabitz/Wolfgang Scheffler: Letzte Spuren. Ghetto Warschau – SS-Arbeitslager Trawniki – Aktion Erntefest. Fotos und Dokumente über Opfer des Endlösungswahns im Spiegel der historischen Ereignisse, Berlin 1988, S. 328–334; aus Sicht eines ehemaligen Häftlings, der jedoch kein Augenzeuge der „Aktion Erntefest“ war: Sam Hoffenberg: Le camp Poniatowa. La Liquidation des derniers Juifs de Varsovie, Paris 1988; Augenzeugenberichte bei: Edward Dziadosz (Hrsg.): Juden-Massenexekutionen, 3. November 1943. Majdanek, Poniatiwa, Trawniki – Erinnerungen, Lublin 1988.

6 Vgl. Dieter Pohl: Die Einsatzgruppe C 1941/42, in: Peter Klein (Hrsg.): Die Einsatzgruppen in der besetzten Sowjetunion 1941/42. Die Tätigkeits- und Lageberichte des Chefs der Sicherheitspolizei und des SD, Berlin 1997, S. 75.

[7] Werner Präg/Wolfgang Jacobmeyer (Hrsg.): Das Diensttagebuch des deutschen Generalgouverneurs in Polen 1939–1945, Stuttgart 1975, S. 738–742.

[8] Sporrenberg gab an, die Order sei bereits im August 1943 ausgegeben worden; damit wollte er die Verantwortlichkeit auf Globocnik abwälzen, der damals noch in Lublin residierte, vgl. Pohl: „Judenpolitik" (Anm. 3), S. 170f.

[9] BAB, BDC, SSO Jakob Sporrenberg; Himmler sah in ihm „nicht die starke Persönlichkeit, wie Globocnik es war und ist", RFSS an Krüger v. 5.7.1943, ebd., SSO Odilo Globocnik.

[10] Urteil LG Wiesbaden v. 1.3.1973, BAL, B 162/14513; Rutkowski (Anm. 5), S. 16.

[11] In Majdanek befanden sich drei solcher Gräben von etwa 100 Meter Länge, drei Meter Breite u. zwei Meter Tiefe, ebd., S. 16f., 25, 27.

[12] Grabitz/Scheffler (Anm. 5), S. 329.

[13] Jerzy Kwiatkowski: 485 dni na Majdanku, Lublin 1966, abgedr. in: Dziadosz (Anm. 5), S. 7f.

[14] Vern. Adolf P. v. 20.5.1964, abgedr. in: Klaus-Michael Mallmann/Volker Rieß/Wolfram Pyta (Hrsg.): Deutscher Osten 1939–1945. Der Weltanschauungskrieg in Photos und Texten, Darmstadt 2003, S. 170.

[15] Abschlußbericht ZSL v. 11.3.1964, zit. in: Ltd. OStaw Hamburg an Behörde für Inneres, PP/Soko Hamburg v. 12.1.1965, BAL, B 162/5503, Bl. 332.

[16] Vermerk Staw München I v. 24.1.1969, ebd., B 162/6198, Bl. 3147; Vern. Max Artur S. v. 25.4.1961, ebd., B 162/5241, Bl. 2270; dto. Rudolf B. v. 26.10.1961, ebd., B 162/5243, Bl. 2656.

[17] Grabitz/Scheffler (Anm. 5), S. 329.

[18] Helge Grabitz: NS-Prozesse. Psychogramme der Beteiligten, Heidelberg 1985, S. 49.

[19] Sporrenberg bestätigte diese Zahlen in seiner Vern. v. 25.2.1946, BAL, B 162/Vorl. AR-Z 33/63, Bd. 1, Bl. 437; Offermann gab zu Protokoll, am 5.11.1943 gehört zu haben, wie der Stabsführer des SSPF Lublin, SS-Sturmbannführer Hermann Höfle, seiner Sekretärin diktierte: „Ergebnis ‚Erntefest': 42000", Vern. Johann Offermann v. 6.4.1946, YVA, JM 3460; Rutkowski (Anm. 5), S. 29, gibt für Majdanek 17–19000, für Poniatowa 15000 u. für Trawniki 10–12000 Opfer an.

[20] Grabitz/Scheffler (Anm. 5), S. 329.

[21] Michael Greve: Der justitielle und rechtspolitische Umgang mit den NS-Gewaltverbrechen in den sechziger Jahren, Frankfurt/M. u.a. 2001, S. 43–56.

[22] DDR-Justiz und NS-Verbrechen. Sammlung ostdeutscher Strafurteile wegen Nationalsozialistischer Tötungsverbrechen, Bd. 1, Amsterdam u.a. 2002, S. 129.

[23] Schlußbericht ZSL v. 13.1.1964, BAL, B 162/5503, Bl. 127, 135.

[24] Vern. Johann B. v. 17.10.1964, ebd., Bl. 275f.

[25] Ltd. OStaw Hamburg an Behörde für Inneres, PP/Soko Hamburg v. 12.1.1965, ebd., Bl. 330ff.; zum PB 41: Stefan Klemp: „Nicht ermittelt". Polizeibataillone und die Nachkriegsjustiz, Essen 2005, S. 122f., 421f.; zur Arbeit der Sokos vgl. den Beitrag von Jürgen Matthäus in diesem Bd.; zur Verjährungsdebatte von 1965, die die Verjährungsfrist von NS-Gewaltverbrechen bis zum 31.12.1969 verlängerte: Greve (Anm. 21), S. 304–320.

[26] Ltd. OStaw Hamburg an ZSL v. 17.7.1967, BAL, B 162/5504, Bl. 493–501.

[27] Vern. Fritz D. v. 22.4.1965, ebd., Bl. 447.

[28] Einstellungsverfügung Erster Staw Lüneburg v. 30.4.1969, ebd., Bl. 541–565.

[29] Vermerk ZSD v. 20.4.1965, ebd., B 162/6080, Bl. 1114; das I. Bataillon rekrutierte sich aus dem Recklinghausener RPB 65, das III. Bataillon aus dem Hamburger RPB 101.

[30] Ebd., Bl. 1227ff.

[31] Vgl. Greve (Anm. 21), S. 171ff.; Jörg Friedrich: Die kalte Amnestie. NS-Täter in der

Bundesrepublik, Frankfurt/M. 1984, S. 375–408; Barbara Just-Dahlmann/Helmut Just: Die Gehilfen. NS-Verbrechen und die Justiz nach 1945, Frankfurt/M. 1988; Kurt Hinrichsen: „Befehlsnotstand", in: Adalbert Rückerl (Hrsg.): NS-Prozesse. Nach 25 Jahren Strafverfolgung. Möglichkeiten – Grenzen – Ergebnisse, Karlsruhe 1971, S. 131–161.

32 Einstellungsverfügung ZSD v. 19.9.1969, BAL, B 162/6083, Bl. 1746–1749.

33 Vern. Konrad Rheindorf v. 23.2.1970 u. Einstellungsverfügung Ltd. Staw Frankfurt/M. v. 19.4.1970, ebd., B 162/6246, Bl. 1141–1155; das LG Wiesbaden hegte später starke Zweifel an Rheindorfs Version, Urteil LG Wiesbaden v. 1.3.1973, ebd., B 162/14513.

34 Anklage Staw Hamburg (undat./Okt. 1967), YVA, TR 10/764; exzellent dazu: Christopher R. Browning: Ganz normale Männer. Das Reserve-Polizeibataillon 101 und die „Endlösung" in Polen, Reinbek 1993; auf S. 179–189 behandelt er den Einsatz des Bataillons während der „Aktion Erntefest"; das RPB 101, zu deren Opfern Männer, Frauen u. Kinder zählten, ermordete bis Ende Oktober 1942 allein in Józefów mindestens 1500, in Łomazy 1700, in Międzyrzec 960 und in Kónskowola 1100 Juden, ebd., S. 249; weniger überzeugend u. zur „Aktion Erntefest" nicht weiterführend: Daniel Jonah Goldhagen: Hitlers willige Vollstrecker. Ganz gewöhnliche Deutsche und der Holocaust, Berlin 1996, S. 219–331.

35 Browning (Anm. 34), S. 191 ff.; Urteil LG Hamburg v. 8.4.1968, YVA, TR 10/764.

36 Schlußbericht ZSL v. 14.10.1963, BAL, B 162/6036, Bl. 1557, 1562, 1570, 1573–1580, 1593 f., 1597–1603, 1607.

37 Ebd., Bl. 1607; ZSL an Innenministerium Baden-Württemberg v. 10.10.1963, ebd., Bl. 1492.

38 Verfügung OStaw Dortmund v. 7.8.1980, ebd., B 162/6054, Bl. 5829, 5836 ff.

39 Einstellungsverfügung dess. v. 9.9.1980, ebd., Bl. 5736 f.

40 Mallmann/Rieß/Pyta (Anm. 14), S. 167.

41 Bericht PD Saarbrücken v. 18.5.1956, BAL, B 162/6185, Bl. 320 f.; Vern. Felix S. v. 15.11.1948, ebd., Bl. 311.

42 Bericht PD Saarbrücken v. 18.5.1956, ebd., Bl. 320 f.

43 Wilhelm G. an PD Saarbrücken v. 10.5.1956, ebd., Bl. 318.

44 Ebd., Bl. 207 f.; Vern. Fritz K. v. 8.1.1964, ebd., Bl. 167 f.

45 LKA Baden-Württemberg/Soko Zentrale Stelle an ZSL v. 27.4.1964, ebd., B 162/6188, Bl. 766–780; Vern. Georg W. v. 25.4.1964 u. Karl P. v. 26.4.1964, ebd., Bl. 904–916.

46 Schlußbericht ZSL v. 25.6.1964, ebd., B 162/6190, Bl. 1187 f.; Vern. Martin S. v. 11.6.1964, ebd., Bl. 1213.

47 Vermerk Staw Braunschweig (undat.), ebd., B 162/6194, Bl. 2276 f., 2428; zum Schießbefehl u. dessen Auslegung durch Polizeieinheiten: Pohl: „Judenpolitik" (Anm. 3), S. 92–95, 150 ff.

48 Verfügung Staw Braunschweig (undat./1966), ebd., B 162/6197, Bl. 3093; dto. v. 30.3.1966, ebd., Bl. 2940 ff.; dto. v. 29.8.1967, ebd., Bl. 2935; dto. Staw München I v. 13.1.1969, ebd., B 162/6198, Bl. 3154–3165; Vermerk dess. v. 24.1.1969, ebd., Bl. 3142–3153; Einstellungsverfügungen Staw Mosbach 1966, ebd., B 162/6197.

49 Verfügung Staw Nürnberg v. 30.6.1976, ebd., B 162/6199, Bl. 3367–3374;

50 Dto. Staw Braunschweig v. 25.2.1981, ebd., Bl. 3400 f.

51 Sachverhaltsdarstellung ZSL v. 22.1.1964, ebd., B 162/6185, Bl. 202; Schlußbericht dess. v. 25.6.1964, ebd., B 162/6190, Bl. 1161, 1163.

52 Dto. v. 16.3.1965, ebd., B 162/6449, Bl. 323.

53 Vermerk dess. v. 4.3.1964, ebd., B 162/6448, Bl. 1 f.; gemeinsam mit dem Reiterzug Lublin waren auch die Reiterzüge Radom, Kielce u. Zamosc in die PRS Lublin integriert worden.

[54] LKA Baden-Württemberg an ZSL v. 19.2.1964, ebd., B 162/6449, Bl. 245.

[55] Dto. v. 22.12.1964, ebd., Bl. 226.

[56] Vern. Karl S. v. 12.2.1964, ebd., Bl. 309–319.

[57] LKA Baden-Württemberg an ZSL v. 19.2.1964, ebd., Bl. 241 f.

[58] Schlußbericht ZSL v. 16.3.1965, ebd., Bl. 329.

[59] Vermerk Soko Zentrale Stelle v. 22.6.1965, ebd., Bl. 352 ff.

[60] Vern. Werner Wehrheim v. 23.6.1965, ebd., Bl. 356–359.

[61] Vern. Willi W. v. 1.9.1966, ebd., B 162/6451, Bl. 775–781; LKA Baden-Württemberg an Staw Mosbach v. 18.10.1966, ebd., Bl. 793–798; Vern. Otto W. v. 13.9.1966, ebd., Bl. 805–814.

[62] Dto. Werner Wehrheim v. 18.11.1966, ebd., Bl. 859 f.

[63] Verfügung Staw Mosbach v. 19.12.1966, ebd., Bl. 863–869.

[64] Anklage Staw Hamburg v. 19.2.1980, ebd., B 162/4736; Beschluß OLG Hamburg v. 20.1.1981, StAH, 213–12(Staw LG – NSG)/0040/004, Bl. 1883–1891; Wehrheims zentrale Rolle bei der Vorbereitung u. Durchführung der „Aktion Erntefest" war freilich nicht erst Ende der 1960er Jahre offenkundig geworden, vgl. Vern. Johann Offermann u. Karl K. v. 6.9.1945, BAL, B 162/Vorl. AR-Z 33/63, Bd. 1, Bl. 444.

[65] Anklage Staw Hamburg v. 19.2.1980, ebd., B 162/4736.

[66] Urteil LG Wiesbaden v. 1.3.1970, ebd., B 162/14513.

[67] Vern. Bruno H. v. 3.11.1960, ebd., B 162/5237, Bl. 1393.

[68] Dto. Friedrich R. v. 17.5.1961, ebd., B 162/5241, Bl. 2305.

[69] Dto. Gotthard Schubert v. 22.6.1961, ebd., B 162/5267, Bl. 1416–1420.

[70] Urteil LG Wiesbaden v. 1.3.1970, ebd., B 162/14513; das Gericht ging für Poniatowa von 14000 Opfern aus, errechnete aus der Gesamtzahl von wenigstens 42000 Opfern für Trawniki u. Majdanek zusammen mindestens 28000 u. legte seiner Entscheidung zugunsten des Angeklagten für Majdanek eine Opferzahl von ebenfalls 14000 zugrunde, obwohl bekannt war, daß die Opferzahlen sich hier höher bezifferten als in Trawniki.

[71] Auskunft OStaw Kurt Schrimm v. 18.12.2007.

[72] Anklage Staw Stuttgart v. 17.11.1998, BAL, B 162/19532; vgl. Andrej Angrick: Besatzungspolitik und Massenmord. Die Einsatzgruppe D in der südlichen Sowjetunion 1941–1943, Hamburg 2003; Henning Pieper: SS-Oberscharführer Walter Kehrer und die „Kaukasier-Kompanie". Eine Sondereinheit und ihre Rolle im Zweiten Weltkrieg 1942–1944, in: ZfG 56(2008), S. 197–221.

[73] Urteil LG Stuttgart v. 20.5.1999, BAL, B 162/14720; Götzfrieds Vern. v. 26.9.1973 in Krasnodar erfolgte aufgrund eines Rechtshilfeersuchens des LG München I in der Strafsache gegen Walter Kehrer, ebd.

[74] Browning (Anm. 34), S. 182.

[75] Pohl: „Judenpolitik" (Anm. 3), S. 172.

[76] Greve (Anm. 21), S. 64–69, 390–393.

[77] Helge Grabitz: Täter und Gehilfen des Endlösungswahns. Hamburger Verfahren wegen NS-Gewaltverbrechen 1946–1996, Hamburg 1999, S. 113, 117, 119.

[78] BAL, ZK: Jakob Sporrenberg; Akta w sprawie karnej Jakuba Sporrenberga (auszugsweise Kopien), BAL, B 162/28360, Bl. 117–121; Grabitz/Scheffler (Anm. 5), S. 334.

Klaus-Michael Mallmann

Lebenslänglich Wie die Beweiskette gegen Albert Rapp geschmiedet wurde*

Am 29. März 1965 fällte das Schwurgericht beim Landgericht Essen – bestehend aus drei Berufs- und sechs Laienrichtern – unter dem Vorsitz von Landgerichtsrat Wasser sein Urteil. Nach 49 Verhandlungstagen erklärte es den Schriftsteller Albert Rapp für schuldig „des gemeinschaftlichen Mordes an eintausendeinhundertachtzig Menschen, begangen durch zehn selbständige Taten" und verhängte gegen ihn eine lebenslange Zuchthausstrafe. Außerdem wurden Rapp die bürgerlichen Ehrenrechte auf Lebenszeit aberkannt und die Kosten des Verfahrens aufgebürdet. In seiner rechtlichen Würdigung stellte das Schwurgericht zunächst fest, daß alle juristischen Mordmerkmale vorhanden seien: Vorsatz, niedrige Beweggründe, Grausamkeit. Sodann qualifizierte es Rapps Tatbeitrag: „Der Angeklagte hat sich bei allen zehn Taten nicht als bloßer Gehilfe der obersten nationalsozialistischen Gewalthaber, insbesondere Hitlers, Himmlers und Heydrichs, sondern als deren Mittäter des gemeinschaftlichen Mordes schuldig gemacht." Da er Eigeninitiative und „einverständlichen Eifer" an den Tag gelegt habe, sei er ein „Mittäter, der die Tat als eigene will, und nicht nur [ein] Gehilfe, der lediglich fremdes Tun fördern will". Auch einen angeblich vorhandenen Befehlsnotstand wies das Schwurgericht zurück: „Es bedurfte keiner Nötigung, um den Angeklagten zu seinen Taten zu veranlassen." Die im Mordparagraphen 211 des Strafgesetzbuches bindend vorgeschriebene Höchststrafe sei deshalb angemessen.[1]

Wie in all diesen Fällen ging der Verteidiger im Namen seines Mandanten in die Revision, und am 1. Juli 1966 verkündete der 4. Strafsenat des Bundesgerichtshofes seinen entsprechenden Beschluß. Er rechtfertigte die Täterschaft, indem er sich ausdrücklich auf das umstrittene Staschynskij-Urteil von 1962[2] berief, das häufig auch zur Begründung der Gehilfenjudikatur[3] herangezogen wurde: In seiner Funktion als Führer des Sonderkommandos (SK) 7a habe Rapp „in eigener Machtvollkommenheit aus niedrigen Beweggründen auf Grund stets wieder neu getroffener Entschlüsse jede Gelegenheit zur Tötung von Juden, Zigeunern und Geisteskranken wahrgenommen", obwohl er zu diesen Taten keine Veranlassung gehabt habe.[4] Damit war eines der nicht allzu zahlreichen Urteile auf lebenslänglich in NS-Strafverfahren höchstrichterlich abgesegnet.

Judenmörder in Weißrußland

Der Traumberuf des verurteilten Massenmörders Rapp war keineswegs Schriftsteller gewesen, und Poesie gehörte gewiß nicht zu seinen Neigungsschwerpunkten. Am 16. November 1908 im schwäbischen Schorndorf geboren, hatte er die dortige Real- und Lateinschule 1924 mit der Obersekundareife verlassen. Bereits ein Jahr zuvor war er Mitglied einer rechtsradikalen Jugendgruppe geworden, die von Offizieren der „Schwarzen Reichswehr" militärisch trainiert wurde. 1925 trat er der Nationalsozialistischen Freiheitsbewegung Württemberg sowie dem Bund Oberland bei. Damals absolvierte er ein Praktikum als Zimmermann und Maurer und besuchte die Höhere Bauschule in Stuttgart, wo er 1926 die Bautechnikerprüfung bestand. Zwei Jahre später holte er das Abitur nach, studierte vier Semester Rechtswissenschaft in München, anschließend fünf Semester in Tübingen, wo er im Frühjahr 1933 auch das Referendarexamen ablegte. Zu diesem Zeitpunkt hatte sich Rapp längst der NS-Bewegung angeschlossen. Im Dezember 1931 war er der NSDAP beigetreten, im Oktober 1932 der SA.[5] Etlichen jener Kommilitonen, mit denen er damals marschierte und Saalschlachten ausfocht – etwa Erich Ehrlinger, Dr. Martin Sandberger, Eugen Steimle oder Dr. Erwin Weinmann –, sollte er später im Reichssicherheitshauptamt (RSHA) oder im „Osteinsatz" wieder begegnen.[6] Denn die Eberhard-Karls-Universität gehörte zu den frühen Kaderschmieden brauner Akademiker.[7]

Unmittelbar nachdem Rapp im Frühjahr 1936 auch das Assessorexamen bestanden hatte, wechselte er von der SA zur SS und wurde hauptamtlich in deren Sicherheitsdienst (SD) übernommen. Im SD-Unterabschnitt Baden in Karlsruhe arbeitete er sich vom Abteilungsleiter bis zum Stabsführer hoch, erhielt 1937 die Ernennung zum SS-Untersturmführer und stieg nach zwei weiteren Beförderungen im folgenden Jahr bereits im Januar 1939 zum Sturmbannführer auf. Im Dezember 1937 war er mit der Führung der Hauptabteilung II des SD-Oberabschnitts Ost in Berlin beauftragt worden und hatte in dessen Chef Erich Naumann einen Förderer gefunden. Rapp sei „mit dem Gedankengut des Nationalsozialismus vertraut", seine weltanschauliche Einstellung „einwandfrei", beurteilte der ihn 1938.[8] Als Naumann im September 1939 die Leitung der Einsatzgruppe VI im Polenfeldzug übernahm, ernannte er Rapp zum SD-Führer seiner Einheit.[9] Anschließend machte dieser einen weiteren Karrieresprung: Rapp wurde Chef des neuen SD-Leitabschnitts Posen und profilierte sich seitdem als unerbittlicher Volkstumskämpfer bei der gewaltsamen Vertreibung von Polen und Juden aus dem Warthegau.[10] Die Belohnung folgte 1941: Im Januar kam die Beförderung zum Obersturmbannführer, nachdem er bereits im April 1940 als Chef des SD-Leitabschnitts Süd nach München gewechselt war. Damit hatte sich Rapp in der Führungsetage von Sicherheitspolizei und SD endgültig etabliert.[11]

Zeitgleich zu diesem Aufstieg wurden vom RSHA die Formationen für das

„Unternehmen Barbarossa", den Überfall auf die Sowjetunion, zusammengestellt. Im Rahmen der Einsatzgruppe B[12] entstand auch das SK 7a unter Dr. Walter Blume, das im rückwärtigen Armeegebiet des Armeeoberkommandos 9 im Nordabschnitt der Heeresgruppe Mitte in Weißrußland tätig werden und dort gegen Juden und andere „potentielle Feinde" vorgehen sollte.[13] Das Kommando war etwa 100 Mann stark und setzte sich aus 15 Exekutivbeamten der Gestapo und Kripo, 10 Angehörigen des SD, 20 Kraftfahrern, 15 notdienstverpflichteten Reservisten der Waffen-SS, fünf Verwaltungsbeamten, fünf Dolmetschern und einem 30 Mann starken Zug aktiver Waffen-SS zusammen.[14] Über Wilna, Minsk, Wilejka, Witebsk, Newel und Welish rückte die Einheit bis Welikije-Luki vor. Dort übernahm Rapps Studienkollege Steimle Ende August das Kommando und führte es über Wjasma und Rshew bis Kalinin.[15] Mitte November 1941 bilanzierte das SK 7a insgesamt 1517 Erschießungen vor allem von Juden.[16] Ende des Monats verließ Steimle die Einheit, die kurze Zeit später von der sowjetischen Gegenoffensive überrascht wurde. Sein Stellvertreter, Kriminalkommissar und Obersturmführer Kurt Matschke von der Stapo-Stelle Saarbrücken, führte nunmehr das SK 7a in einem zweimonatigen Marsch zurück bis zum Sitz der Einsatzgruppe B in Smolensk.[17] Auf dem Weg durch Eis und Schnee fielen fast alle Fahrzeuge aus, und ein Großteil der Kommandoangehörigen erkrankte oder litt an Erfrierungen. Die stark mitgenommene Einheit erhielt dann die weißrussische Stadt Klinzy an der Bahnlinie Gomel – Brjansk im rückwärtigen Heeresgebiet, die beim Angriff 1941 unzerstört geblieben war, als Ruhestellung zugewiesen.[18]

In der zweiten Februarhälfte 1942 kam Rapp als Steimles Nachfolger zum SK 7a.[19] Seine Bilanz in Klinzy war mörderisch: Allein zwischen dem 3. und dem 30. März wurden 1585 Juden, 45 „Zigeuner" sowie 27 „Partisanen" und „Kommunisten", also insgesamt 1657 Personen liquidiert.[20] Ende April rückte das SK 7a von dort ab und wurde wieder in seinen eigentlichen Einsatzraum hinter der 9. Armee mit Standort Sytschewka und Trupps in Wjasma und Rshew vorverlegt.[21] Aber auch dort ging die Vernichtung weiter: Für die zweite Augusthälfte 1942 notierte die Einheit 124 Morde, dominant an Juden, aber auch an „Zigeunern", „Geisteskranken", „Kommunisten", „Bandenzugehörigen und Helfern" sowie „Kriminellen" und bilanzierte 6281 als „Gesamtzahl der Sonderbehandelten".[22] In der zweiten Septemberhälfte kam das Kommando auf 89 Liquidierungen aus demselben Personenkreis.[23] Und für den Zeitraum Mitte November bis Mitte Dezember meldete man 160 Morde – darunter 14 Juden, 97 „Banditen", fünf „Geisteskranke", 44 „sonstige Reichsfeinde" – und erhöhte die Ziffer der bisherigen „Sonderbehandlungen" auf 6788.[24]

Ende Januar 1943 wurde Rapp bei einem Einsatz gegen Partisanen verwundet und stellte im Lazarett dem behandelnden Arzt die bange Frage: „Doktor, das reicht doch aus zum Verwundetenabzeichen?"[25] In der Tat: es reichte. Er blieb zwar bis zum Frühjahr nominell an der Spitze des SK 7a,[26] wurde nach seiner Genesung jedoch zunächst kommissarisch, seit März 1944 endgültig als Inspekteur der Sicherheitspolizei und des SD nach Braunschweig versetzt.[27] Damit hatte Rapp zwar einen weiteren Karrieresprung bewerkstelligt, doch quälte er sich noch bis ins Jahr 1945 hinein mit einem ärgerlichen Detail seines „Osteinsatzes" herum: Im Vollrausch hatte er seinerzeit mehrere Schüsse in ein Fenster des Verwaltungsgebäudes des SK 7a abgefeuert, und es ging nun im Rahmen der internen Untersuchung um die Höhe der Disziplinarstrafe. Schließlich kam Rapp mit 14 Tagen Stubenarrest davon, die bis Kriegsende ausgesetzt wurden und darum nie anzutreten waren.[28] Am 1. November 1944 kehrte er Braunschweig den Rücken und wurde zum Amt VI des RSHA versetzt, also in die Zentrale des SD-Auslandsnachrichtendienstes. Dort übernahm Rapp die Geschäfte des Gruppenleiters VI C, dirigierte damit die gesamte Spionage Richtung Osten und fungierte bis Kriegsende als letzter Chef des groß angelegten Subversionsunternehmens „Zeppelin".[29]

Illegal ins Wirtschaftswunder

Als sich Ende April 1945 der sowjetische Belagerungsring um Berlin zu schließen begann und die meisten Chargen des RSHA sich entweder zur „Festung Nord" – der Dönitz-Regierung in Flensburg – oder mit einer Südgruppe zur „Alpenfestung" absetzten,[30] machten sich Rapp und seine Sekretärin Maria H. mit der Nordgruppe auf den Weg. Unmittelbar nach der Verhaftung des Stabes von Dönitz verließen beide Flensburg-Mürwick und tauchten in einem benachbarten Dorf unter. Zu diesem Zweck hatte sich Rapp bereits Papiere auf den Namen Alfred Ruppert, geboren am 18. August 1908 in Königsberg, besorgt, während sich Maria H. die Uniform einer Rotkreuz-Schwester zulegte. In dieser Maskerade gelang es ihr, Rapp, der den Verwundeten simulierte, über den Nord-Ostsee-Kanal und die Hamburger Elbbrücken zu schleusen, die von britischen Soldaten abgeriegelt waren und streng kontrolliert wurden. Anschließend begaben sich beide in die Gegend von Schorndorf, wo Rapp sich heimlich mit seiner Frau besprach. Danach nahmen er und Maria H. Quartier im niedersächsischen Dorf Scharnhorst, wo sie gemeinsam die nächsten fünf Jahre verbrachten. Durch Gelegenheitsarbeiten – sie als Näherin und Rapp als Helfer in der Landwirtschaft – hielten sie sich über Wasser. Seine einstige Sekretärin – nunmehr ebenfalls unter falschem Namen – hielt auch in dieser Zeit den Kontakt zu seiner Ehefrau aufrecht, verschwieg ihr aber auf Rapps ausdrücklichen Wunsch dessen konkreten Aufenthaltsort.[31]

Ende 1949 – die Währungsreform suggerierte wiederkehrende ökonomische Stabilität, und das Grundgesetz schützte vor Auslieferung an die einstigen Feindstaaten[32] – siedelte Rapp nach Verden an der Aller über, um sich in den wirtschaftlichen Aufschwung einzufädeln. Als freier Mitarbeiter übernahm er zunächst den Vertrieb von Fachzeitschriften für eine Reise- und Versandbuchhandlung in Hagen. Ein Jahr später wurde er für einen Essener Verlag tätig, der sich auf die Herausgabe und Redaktion von Zeitschriften für Innenarchitektur spezialisiert hatte. Der beginnende Wiederaufbau der zerstörten Städte versprach auf diesem Feld einen wachsenden Markt. Nachdem sich unter den Architekten, die Rapp besuchte, ein fester Kundenstamm gebildet hatte, fand er mit seinem Projekt einer Zeitschrift „Die Innenarchitektur" bei seinem Verleger Anklang. Das Blatt, dessen erste Nummer 1953 erschien, war zugleich Organ des Bundes Deutscher Innenarchitekten. Ruppert alias Rapp übernahm die Redaktion. Pikanterweise waren unter den internationalen Korrespondenten der Zeitschrift etliche NS-Verfolgte und Juden. Darüber hinaus besorgte Rapp das Lektorat verschiedener Fach- und Kunstbücher. Um seinem Verlag nahe zu sein, gründete er bald schon einen zweiten Wohnsitz in einem Essener Hotel. Zudem redigierte er diverse Firmenzeitschriften in dieser Sparte und amtierte als Pressereferent und Vorstandsbeisitzer des Bundes Deutscher Innenarchitekten. Politisch blieb er abstinent. Rapp war im bundesrepublikanischen Wirtschaftswunder angekommen.[33]

Daß er 1960 ins Fadenkreuz der Justiz geriet, beruhte auf Zufall. Seine Vorgänger beim SK 7a, Blume und Steimle, waren im Nürnberger Einsatzgruppen-Prozeß zum Tode verurteilt worden, mittlerweile aber längst begnadigt und gemäß Überleitungsvertrag unantastbar.[34] Rapp selbst wurde damals weder verdächtigt noch gesucht; er war der westdeutschen Justiz schlichtweg unbekannt. Es bedurfte einer Anzeige gegen August F., den einstigen Verwaltungsführer des SK 7a, um die Sache ins Rollen zu bringen. Staatsanwalt Sichting von der jungen Zentralen Stelle der Landesjustizverwaltungen in Ludwigsburg[35] fand in dessen SS-Offiziersakte den Hinweis, daß F. für „einsatzmäßige Bewährung" beim SK 7a 1941/42 mit dem Kriegsverdienstkreuz ausgezeichnet worden war, und er las in einer „Ereignismeldung UdSSR" des RSHA das erwähnte Faktum von 1657 liquidierten Menschen im März 1942.[36] Darum ließ er richterlich die drohende Verjährung unterbrechen und machte sich auf die Suche nach dem Herrn des Tatorts, also dem Befehlshaber der Einheit. Dank der bereits beim Nürnberger Prozeß vorliegenden „Ereignismeldungen" wurde Sichting bald schon fündig: der Kommandoführer mußte ein Obersturmbannführer Rapp gewesen sein.

Eine Anfrage bei der Wehrmachtauskunftsstelle ergab, daß dieser vermißt sei. Vor allem aber erhielt man so die Adresse seiner Ehefrau im nahen Schorndorf. Aus deren Versorgungsakte wiederum ging hervor, daß sie 1956 von Rapps Rechtsanwalt die Mitteilung erhalten hatte, daß ihr Mann noch am Leben sei. Allerdings habe er ihr unter Berufung auf seine Schweigepflicht keinen Aufenthaltsort genannt. Sie selbst vermute, daß Rapp in der „Ostzone", wie es damals hieß, lebe. Nunmehr beauftragte Sichting die Sonderkommission Zentrale Stelle beim Landeskriminalamt (LKA) Baden-Württemberg unter Kriminalhauptkommissar Robert Weida damit, den Aufenthalt von Rapp festzustellen, jedoch noch nichts gegen ihn zu unternehmen.[37] Ein halbes Jahr trat man dann anscheinend auf der Stelle. Doch am 21. Februar 1961 wußte die Sonderkommission, daß sich Rapp hinter dem Aliasnamen Alfred Ruppert versteckte.[38] Wie diese Erkenntnis zustande gekommen war, läßt sich nicht genau rekonstruieren. Klar ist nur, daß die Zentrale Stelle Hinweise erhielt, „daß Rapp – evtl. unter falschem Namen – im Buchhandel in Essen tätig sei".[39] Es liegt jedoch nahe, daß der Tip von jenem Rechtsanwalt kam, der Rapp im Spruchkammerverfahren vertreten hatte, da Sichting diesen im Januar nach dem Verbleiben des Gesuchten befragte.[40] Nunmehr machten sich Beamte der Essener Kripo mit einem Photo von Rapp aus dessen SS-Offiziersakte bei allen dortigen Verlagen auf die Suche. Als die Ermittler seinem Chef das Bild vorlegten, erkannte der ihn sofort und meinte: „Das ist mein Hauptschriftleiter Alfred Ruppert!" Seinen Kollegen habe Rapp stets erzählt, er sei im Krieg bei der Abwehr gewesen.

Jetzt ging alles ganz schnell. Noch am 21. Februar wurde der einstige SS-Führer nach einer Redaktionskonferenz auf Ersuchen der Zentralen Stelle festgenommen. Am folgenden Tag reiste Sichting nach Essen, konfrontierte Rapp mit dessen Photos aus der NS-Zeit und fand die Narben von dessen Verwundung am linken Unterarm, die gleichfalls in der Akte erwähnt wurde. Als der Staatsanwalt dann seine aktuelle Unterschrift „Ruppert" mit der von Rapp verglich, erwiesen sich beide als fast völlig identisch. Die gewollte Namensähnlichkeit wurde somit zum Fallstrick, über den Ruppert stolperte und das Eingeständnis seiner wahren Identität erzwang. Den einstigen Obersturmbannführer hatte damit seine eigene Vergangenheit eingeholt. Das Wirtschaftswunder mußte er nunmehr mit schwedischen Gardinen eintauschen.[41] Ebenfalls am 22. Februar regte Sichting die Verhängung eines Haftbefehls an: Rapps Schutzbehauptung, er sei im März 1942 noch nicht beim SK 7a gewesen, sei nicht stichhaltig, argumentierte der Staatsanwalt. Dies bewiesen die „Ereignismeldungen UdSSR" und eine mittlerweile erfolgte Vernehmung von August F.[42] Das Amtsgericht Essen folgte diesen Argumenten und erließ noch am selben Tag Haftbefehl wegen Mordes. Damit war aber noch längst keine Verurteilung erreicht. Ein Massenmörder saß im Gefängnis, konnte aber schon beim nächsten Haftprüfungstermin wieder auf freien Fuß gesetzt werden. Ein Schwerverbrecher war dingfest gemacht, doch unklar war seine Qualität: War er Mörder oder bloßer Gehilfe? Hatte Rapp all das aus sich heraus gewollt oder war er lediglich ein blinder Scherge des Regimes gewesen? Kurzum: ein Krimineller war ins Netz gegangen, doch es war noch höchst unklar, wie seine Verantwortung gewichtet würde. Zwar schränkte der Haftbefehl die Bewegungsfreiheit des Festgenommenen nunmehr deutlich ein, doch dies bedeutete noch kein klares Präjudiz für dessen Zukunft.

Ein Untersuchungsrichter betritt die Szene

Am 16. März beantragte der Leitende Oberstaatsanwalt in Essen die Eröffnung einer Voruntersuchung gegen Rapp.[43] Dem Ersuchen wurde stattgegeben, und nunmehr betrat mit Landgerichtsrat Rudolf Isphording, dem Untersuchungsrichter beim dortigen Landgericht, ein Jurist die Szene, der zum eigentlichen Helden im Verfahren gegen den einstigen Obersturmbannführer werden sollte.[44] Doch seine ersten Amtshandlungen glichen eher einem Hilferuf: Noch im April 1961 besuchte er Sichting in Ludwigsburg, „um Unterstützung zu erlangen. Er betonte, daß er nach dem gegenwärtigen Stand der Arbeitsbelastung mit anderen Untersuchungssachen nicht in der Lage sei, das Verfahren mit der erforderlichen Umsicht zu führen und bat, ihn dabei zu unterstützen, daß er für diese Aufgabe freigestellt werde." Dies waren keine vorgeschobenen Argumente von jemand, der es sich leicht machen wollte. Denn Isphording sollte – nachdem die Freistellung durchgesetzt war – einen vorbildlichen Verfolgungseifer an den Tag legen. Offenbar ahnte er bereits, daß komplexe Massenverbrechen wie die Massaker der Einsatzgruppen bedeutend mehr Recherchen als ein ‚gewöhnlicher' Raubmord erforderten. Zudem war Isphording ein Neuling in NS-Strafsachen, denn Sichting notierte weiter: „Im übrigen wurde in eingehenden Gesprächen das weitere Vorgehen erörtert. Insbesondere wurde LGR Isphording in die Hilfsmittel der Zentralen Stelle eingeführt. Ein Verzeichnis der Sonderkommissionen wurde ihm mitgegeben. Diese Einrichtung war ihm bisher unbekannt!"[45]

Doch Isphording sollte sich schnell als gelehriger Schüler erweisen. Denn er beauftragte sofort das zuständige Dezernat 15 des LKA Nordrhein-Westfalen unter Kriminalkommissar Hoffmann, „durch Vernehmungen aller bekannten Angehörigen des SK 7a die Namen einer möglichst großen Anzahl weiterer Angehöriger dieses Sonderkommandos zu erfragen. Des weiteren soll bei dieser Befragung versucht werden zu ermitteln, was die Angehörigen des Sonderkommandos noch über Einzelexekutionen wissen, die in der Zeit von Februar 1942 bis März 1943, der Zeit der wahrscheinlichen Führung des Sonderkommandos durch Rapp, vorgenommen worden sind."[46] In den nun folgenden Vernehmungen wurden die Namen von weiteren Kommandoangehörigen erfaßt, über die Ludwigsburger Zentralkartei auf ladungsfähige Anschriften abgeglichen oder im Bundeskriminalblatt ausgeschrieben.[47] Im Schneeballsystem kamen so allein bis zum nächsten Februar 160 Personen zusammen, von denen die meisten bereits polizeilich vernommen worden waren.[48] Um die Liste zu komplettieren, wertete man zudem die Ordensverleihungsvorschläge im Bundesarchiv in Kornelimünster aus.[49] Dabei hielt Isphording ständigen Kontakt mit der Zentralen Stelle, schickte laufend die neuesten Vernehmungsprotokolle nach Ludwigsburg und holte sich dort mehrfach bei Sichting Rat.[50] Bald schon war der Essener Untersuchungsrichter so versiert, daß er sich dafür revanchieren konnte, indem er bei seinen Recherchen anfallendes Material für andere Ermittlungsverfahren der Zentralen Stelle zukommen ließ.[51]

Erwiesen sich die polizeilichen Vernehmungen durch die Beamten des LKA als aussagekräftig, ließ Isphording bald schon eine richterliche Befragung folgen. Da diese unter Eid vorgenommen wurde, war sie vor Gericht als Beweismittel in jedem Fall zulässig, falls der Vernommene vor der Verhandlung ableben sollte. Auf diese Weise waren die Kriminalisten und der Untersuchungsrichter nahezu pausenlos kreuz und quer durch Westdeutschland unterwegs. Bei diesen Befragungen schöpfte Isphording den rechtlichen Spielraum voll aus: Einerseits sicherte er den Mannschaften des SK 7a zu, daß sie als sogenannte kleine Schützen und letzte Glieder der Befehlskette den putativen – also eingebildeten – Befehlsnotstand für sich reklamieren könnten, falls sie keine Exzeßtaten begangen hätten. Damit steigerte er die Bereitschaft der Vernommenen zur wahrheitsgemäßen Aussage beträchtlich.[52] Andererseits drohte er Rapps Vorgängern Blume und Steimle Beugehaft an, falls sie die Aussage verweigerten, und machte ihnen klar, daß sie als in Nürnberg Verurteilte dies nicht mit der eigenen Tatbeteiligung begründen könnten, sondern vielmehr „aus Kameradschaft zum Schutze der Angeschuldigten" handelten; dies aber impliziere kein Recht zur Aussageverweigerung gemäß § 55 Strafprozeßordnung.[53]

Neben solchen klassischen Polizeimethoden der Aufenthaltsermittlung und Vernehmung erwies sich Isphording bald schon als Virtuose des Dokumentenbeweises, der den Beamten des Dezernats 15 die Methoden des Historikers ans Herz legte und sie in die Archive schickte. So fand man in den noch völlig ungeordneten und unverzeichneten Polizeimischbeständen des Dritten Reiches, die gerade aus den USA ins Bundesarchiv nach Koblenz gelangt waren, einen Tätigkeits- und Lagebericht der Einsatzgruppe B, aus dem sich die Todesquote des SK 7a unter Rapp errechnen ließ.[54] Im damaligen Militärgeschichtlichen Forschungsamt in Freiburg stieß man zudem auf eine Karte des Befehlshabers im rückwärtigen Heeresgebiet Mitte, wonach im Raum Klinzy im März 1942 keinerlei Partisanentätigkeit zu beobachten war.[55] Damit war Rapp dieser beliebte Begründungszusammenhang für seine Mordkampagne versperrt. Außerdem wurde in Freiburg ein Bericht über das „Bandenbekämpfungs"-Unternehmen „Sternlauf" von Januar 1943 aufgefunden, aus dem hervorging, daß das SK 7a alle Gefangenen „sonderbehandelt", also ermordet hatte.[56] Und den Beamten fielen Wehrpässe der Einheit mit Einklebezetteln des RSHA in die Hand, die belegten, daß der Zeitraum Ende Februar bis Ende April 1942 als „Bandenbekämpfung im Raum Klinzy, Pogar, Trubschewsk, Potschep u. Klentnja" deklariert wurde.[57] Mit Dokumentenbeweisen dieser Art ließen sich die Zeugenbeweise trefflich untermauern und kombinieren.

Außer seiner Überzeugung von der Schuld Rapps scheint Isphording vor allem von zwei Faktoren in seinem beispielhaften Verfolgungseifer angespornt worden zu sein: Zum einen beobachtete er intensiv das parallel in München stattfindende Gerichtsverfahren gegen Dr. Otto Bradfisch, den einstigen Chef des Einsatzkommandos 8,[58] und weilte an mehreren Verhandlungstagen dort. Intern war er entsetzt über die Desinformiertheit der dortigen Staatsanwaltschaft und über das Faktum, daß Bradfisch, der noch erheblich höhere Mordquoten als Rapp aufzuweisen hatte, lediglich als Gehilfe angeklagt und verurteilt wurde.[59] Das – so läßt sich aus den Vermerken herauslesen – sollte ihm nicht passieren. Zum anderen erkannte er bald schon, daß einige von Rapps Unterführern mittlerweile wieder in leitende Polizeifunktionen gelangt waren. So war Eduard Spengler zwischenzeitlich Kriminalkommissar bei der Kripo Dortmund geworden,[60] Friedrich Meyer als Kriminalrat gar Lehrer am Polizeiinstitut Hiltrup.[61] In allen Fällen dieser Art ließ Isphording sofort die Voruntersuchung hinsichtlich Person und Tatbestand erweitern.[62]

Alle Angehörigen des SK 7a sagten übereinstimmend aus, daß lediglich Rapps Eintreffen die Massenerschießungen im Winter 1942 verursacht habe. „Ein Spannungsverhältnis zu Rapp entstand dadurch, daß dieser etwa im Sinne eines gewollten ‚neue Besen kehren gut' uns in sehr scharfem Tone anging und mir heftige Vorwürfe darüber machte, daß ich in Gomel herumläge und noch nicht einmal den befohlenen Einsatzraum Klinzy erreicht hätte. Ich erklärte Rapp darauf, daß nach dem Willen des Gruppenchefs Naumann die Männer nach den harten Entbehrungen des Rückzuges in Ruhe kommen sollten", gab etwa Matschke zu Protokoll. „Entgegen dem, was mir von Naumann über den Zweck des Aufenthaltes in Klinzy gesagt worden war, ordnete Rapp sofort Partisanenerkundungen an."[63] Isphording bekam auch bald schon zu hören, „daß es damals nach meinem Dafürhalten eigentliche Partisanen noch gar nicht gab", und Rapp statt dessen Jagd auf Juden machte: „Meine Meinung ist vielmehr [...], daß Rapp die Juden aus eigener Initiative durch den OD [Ordnungsdienst] hat einsammeln lassen und dann exekutieren ließ. Wenn er keine Juden hätte sehen wollen, hätte er auch keine sehen zu brauchen."[64] Aussagen dieser Art gaben Isphording die Zuversicht, daß Rapp als Initiativtäter und nicht als Gehilfe verurteilt werden könnte.

Da der Kommandoführer durchgängig als „sehr geltungsbedürftig und herrisch" beschrieben wurde, als „unangenehmer Vorgesetzter, der offensichtlich ‚Brust- und Halsschmerzen' hatte",[65] also auf Orden aus war, aber keine Rücksicht auf seine Männer nahm, fiel es nicht allzu schwer, Äußerungen gegen Rapp aus diesem Kreis zusammenzutragen. Insbesondere durch die verweigerte Winterruhe war hier noch eine Rechnung offen. „Die Offiziere und die Leute beschwerten sich darüber, daß der neue Kommandoführer bei der verdammten Kälte nichts [B]esseres zu tun habe, als sie herauszujagen, um Juden umzulegen", gab etwa Spengler zu Protokoll.[66] Dies hieß keineswegs, daß alle Angehörigen des SK 7a Gegner der Judenvernichtung gewesen wären. „Die Männer reagierten unterschiedlich", erinnerte sich der damalige Kriminalkommissar Franz Tormann. „Einigen war ihre Aufgabe offenbar zuwider, andere wiederum, und das waren gar nicht einmal wenige, kamen ihrer Aufgabe offensichtlich ohne jedes Widersprechen geradezu gern nach.“[67] Demnach galt auch für die hartgesottenen Antisemiten unter den Männern des SK 7a: alles zu seiner Zeit.

Allerdings wußten sie sich dort, wo Rapps rigides Regime allzu sehr drückte, durchaus zu helfen: „Rapp war stets strikt gegen irgendwelche Beziehungen zur russischen Bevölkerung, und die übrigen Führer durften daher auch keine Freundinnen haben“, schilderte ein Reservist der Waffen-SS den damals drohenden sexuellen Notstand. „Ich meine, es wäre dann Spengler gewesen, der [...] ein hübsches Mädchen vom Teilkommando zum Hauptkommando unter de[m] Vorwand gebracht hat, wegen ihrer Zusammenarbeit mit den Deutschen sei sie draußen nicht mehr sicher. Dieses Mädel war eine rechte Hure und trank sehr gerne Schnaps. Ich meine, daß Spengler dieses Mädchen einvernehmlich förmlich auf Rapp losgelassen hat, mit der Weisung, Rapp zu ‚verführen‘. Bei der S[i]lvesterfeier ist das dann, nachdem vorher getrunken worden war, gelungen. Rapp zog sich mit dem Mädel zurück in einen dunklen Raum, in den dann plötzlich die anderen mit der Taschenlampe kamen und dann Rapp mit dem Mädel ‚inflagranti‘ auf dem Bett ertappten. Für die Folgezeit hatten die anderen dann Rapp in der Hand, und er konnte nichts mehr über russische Freundinnen sagen.“[68]

Bald stand durch die Vernehmungen auch fest, daß Rapp ein radikaler Rassist war: „In Ansprachen, die er an uns hielt, ich entsinne mich an etwa drei solcher Ansprachen in der Unterkunft, wies Rapp darauf hin, daß wir als Angehörige der Waffen-SS zur Elite des Führers gehörten und den Befehlen des Führers unbedingt zu folgen hätten. Von den Juden sprach Rapp, daß diese ein heruntergekommenes, verdrecktes und verseuchtes Volk seien, die ausgerottet werden müßten. Diese Aufgabe zu erfüllen, sei uns vom Führer übertragen worden“, berichtete etwa ein ehemaliger Soldat des SS-Bataillons Dern z. b. V.,[69] und Tormann gab zu Protokoll: „Er trat stets herrisch auf, war von den ihm gesetzten Aufgaben durchdrungen und sah die Judenvernichtung als seine historische Aufgabe an. Nach meinem gesamten Eindruck legte er größten Wert darauf, daß aus Klinzy von seinem Kommando hohe Erfolgsziffern gemeldet werden konnten, und hielt darum das Kommando ständig in Bewegung.“[70]

Damit waren Vorsatz und Rassenhaß belegt, doch auch Grausamkeit kam als erschwerendes Merkmal hinzu. So mußten die erwachsenen Juden trotz des strengen Frostes vor der Erschießung die Kleidung ablegen, die anschließend der russische Ordnungsdienst als Geschenk erhielt. „Die ganz kleinen Kinder wurden von den SD-Leuten an einem Ärmchen hochgehalten, in den Kopf geschossen und dann achtlos wie ein Scheit Holz in die Grube geworfen“, erinnerte sich ein Angehöriger der Feldgendarmerie und erwähnte auch die

Folgen der vielen nicht tödlichen Schüsse: „Trotzdem muß in der Grube unter den aufgestapelten Leichen aber noch Leben gewesen sein. Ich habe nämlich noch das schreckliche Bild vor Augen, daß der Leichenstapel in der Grube, als schon eine ganze Anzahl Schichten übereinanderlagen, noch auf- und abwippte."[71] In einer psychiatrischen Anstalt wiederum wurden die Patienten unmittelbar an einem reißenden Bach erschossen, der die Toten wegspülte.[72] Rapps Fanatismus ging in Klinzy so weit, daß er Erschießungsgruben aufsprengen ließ, da der Boden im Winter 1942 tief gefroren war. So kam es bei einem Judenmassaker dazu, daß eine Kugel, die ihr Ziel verfehlt hatte, von dem aufgehäuften Eis zurückprallte und den Kommandoangehörigen Glockmann, einen der übelsten Antisemiten der Einheit, tödlich traf.[73] Gleichwohl wurde dieser mit militärischen Ehren bestattet, und das „Befehlsblatt" des RSHA meldete, daß Glockmann am 2. März in Mglin „im Einsatz der Sicherheitspolizei und des SD" gefallen sei.[74] Unter der Hand war so aus einem Judenmörder ein Märtyrer des „Bandenkampfes" geworden. Als Isphording auf dieses Detail stieß und vermutete, die Falschmeldung „sei aus Rentengründen gemacht worden", fragte er bei Sichting an, „ob dem zuständigen Versorgungsamt Mitteilung gemacht werden muß".[75] Wenigstens sollte die Witwe eines Verbrechers nicht von dessen Taten profitieren.

Bilanz eines komplexen Massenverbrechens

Im April 1963, als die Recherchen weitgehend abgeschlossen waren, vernahm Isphording den Angeschuldigten mehrere Tage lang. Zum Schluß rechnete er Rapp vor, daß dieser dokumentarisch belegbar für die Erschießung von 3107 Menschen verantwortlich sei.[76] Der einstige Kommandoführer war Jurist genug, um zu erkennen, daß die Beweiskette außerordentlich dicht war und er als Täter, nicht als Gehilfe verurteilt würde. Als er dann noch in der Zeitung las, daß das Urteil auf lebenslanges Zuchthaus gegen Dr. Alfred Filbert, ehemals Chef des Einsatzkommandos 9, vor dem Bundesgerichtshof rechtskräftig geworden war,[77] unternahm er wenige Tage später einen Selbstmordversuch: Rapp montierte ein Drahtstück seiner eisernen Bettstelle ab und stieß es sich bis in den Herzvorhof.[78] Da die Verletzung jedoch kurze Zeit später bereits entdeckt wurde, kam er mit dem Leben davon. Am 10. August 1963 legte der Leiter der Zentralstelle im Lande Nordrhein-Westfalen für die Bearbeitung von nationalsozialistischen Massenverbrechen bei dem Leitenden Oberstaatsanwalt in Dortmund die Anklageschrift vor, die sich voll auf Isphordings Recherchen stützte.[79] Am 12. Oktober 1964 begann die Hauptverhandlung gegen Rapp.[80]

Doch Isphordings aufwendige Untersuchung erlaubte noch mehr. Am 10. Februar 1966 verurteilte das Schwurgericht beim Landgericht Essen Kurt Matschke zu fünf Jahren Zuchthaus, Eduard Spengler zu vier Jahren und Franz Tormann zu drei Jahren.[81] Am 22. Dezember dieses Jahres erkannte es auf jeweils zwei Jahre Zuchthaus gegen Friedrich Meyer und Claus Hüser sowie auf zwei Jahre sechs Monate gegen Eberhard Stanke.[82] In beiden Verfahren fungierte Isphording als vereidigter Zeuge. Zwar wurden diese sechs Unterführer des SK 7a nur wegen Beihilfe zum Mord verurteilt, da sie sich auf Befehle Rapps beriefen, gleichwohl wies diese Einheit die höchste Strafquote aller Einsatzkommandos auf: Nimmt man die in Nürnberg verurteilten Blume und Steimle hinzu, mußten sich immerhin drei Kommandeure und sechs Unterführer des SK 7a vor Gericht verantworten. Setzt man diese Erfolgsbilanz in Beziehung zu den Verurteilungsquoten gegen andere Dienststellen und Tateinheiten, bleibt nur festzustellen, daß es wahrlich vieler Isphordings in der Nachkriegsjustiz bedurft hätte.

Anmerkungen

* Mein Dank gilt dem Historischen Institut der Universität Stuttgart, an deren Forschungsstelle Ludwigsburg dieser Aufsatz entstand; danken möchte ich auch Heidrun Baur für Textaufnahme und -bearbeitung, Dr. Martin Cüppers für Recherchen in Berlin sowie OStaw Kurt Schrimm, dem Leiter der ZSL, für Beratung in juristischen Fragen.

1 Urteil LG Essen v. 29.3.1965, BAL, B 162/14174.

2 Vgl. Michael Greve: Der justitielle und rechtspolitische Umgang mit den NS-Gewaltverbrechen in den sechziger Jahren, Frankfurt/M. u. a. 2001, S. 171 ff.

3 Vgl. Jörg Friedrich: Die kalte Amnestie. NS-Täter in der Bundesrepublik, Frankfurt/M. 1984, S. 375 ff.; Barbara Just-Dahlmann/Helmut Just: Die Gehilfen. NS-Verbrechen und die Justiz nach 1945, Frankfurt/M. 1988; Bettina Nehmer: Die Täter als Gehilfen? Zur Ahndung von Einsatzgruppenverbrechen, in: Red. Kritische Justiz (Hrsg.): Die juristische Aufarbeitung des Unrechts-Staates, Baden-Baden 1998, S. 635–668.

4 Beschluß BGH v. 1.7.1966, BAL, B 162/14174.

5 Lebenslauf v. 19.8.1937, BAB, BDC, SSO Albert Rapp.

6 Vern. Albert Rapp v. 26.3.1963, BAL, B 162/3601, Bl. 3487 ff.

7 Vgl. Benigna Schönhagen: Tübingen unterm Hakenkreuz. Eine Universitätsstadt in der Zeit des Nationalsozialismus, Stuttgart 1991, S. 44 ff., 101 ff.; Michael Wildt: Generation des Unbedingten. Das Führungskorps des Reichssicherheitshauptamtes, Hamburg 2002, S. 89 ff.

8 Personalbericht u. Beurteilung (undat./1938), BAB, BDC, SSO Albert Rapp.

9 Tagesbericht EG VI v. 2.10.ßßß1039, APP, 298/54; Vern. Albert Rapp v. 27.3.1963, BAL, B 162/3601, Bl. 3495 ff.; vgl. Klaus-Michael Mallmann/Jochen Böhler/Jürgen Matthäus: Einsatzgruppen in Polen. Darstellung und Dokumentation, Darmstadt 2008, S. 39.

10 Vern. Albert Rapp v. 11.11.1970, BAL, B 162/16661; vgl. IdS Posen/Umwandererzentralstelle v. 20.4.1940: Stellungnahme zu der Behandlung angeblich Volksdeutscher im Rahmen der im Reichsgau Wartheland durchgeführten Evakuierungen, ebd., B 162/Vorl. Dok.Slg. Polen 179.

11 SS-Stammkarte, BAB, BDC, SSO Albert Rapp; Vern. dess. v. 28.3.1963, BAL, B 162/3601, Bl. 3503 ff.

12 Christian Gerlach: Die Einsatzgruppe B 1941/42, in: Peter Klein (Hrsg.): Die Einsatzgruppen in der besetzten Sowjetunion 1941/42. Die Tätigkeits- und Lageberichte des Chefs der Sicherheitspolizei und des SD, Berlin 1997, S. 52–70; ders.: Kalkulierte Morde.

Die deutsche Wirtschafts- und Vernichtungspolitik in Weißrußland 1941 bis 1944, Hamburg 1999, S. 180 ff.

[13] Eidesstattliche Erklärung Dr. Walter Blume v. 29.6.1947, IfZ, Nbg.Dok. NO-4145.

[14] Aufstellung personelle Zusammensetzung SK 7a (undat.), BAL, B 162/3572, Bl. 48 f.

[15] Eidesstattliche Erklärung Eugen Steimle v. 24.7.1947, IfZ, Nbg.Dok. NO-4459; Vern. dess. v. 26.2.1960, BAL, B 162/3572, Bl. 87 ff.; vgl. Rainer Lächele: Vom Reichssicherheitshauptamt in ein evangelisches Gymnasium. Die Geschichte des Eugen Steimle, in: ders./ Jörg Thierfelder (Hrsg.): Das evangelische Württemberg zwischen Weltkrieg und Wiederaufbau, Stuttgart 1995, S. 260–288.

[16] EM Nr. 131 v. 14.11.1941, BAB, R 58/219.

[17] Vern. Kurt Matschke v. 9.10.1961, BAL, B 162/3574, Bl. 644 ff.

[18] EM Nr. 168 v. 13.2.1942, BAB, R 58/220.

[19] EM Nr. 172 v. 23.2.1942, ebd.

[20] EM Nr. 194 v. 14.4.1942, ebd., R 58/221.

[21] MadbO Nr. 9 v. 26.6.1942, ebd., R 58/697.

[22] EG B v. 1.9.1942: Tätigkeits- u. Lagebericht für 16.–31.8., ebd., R 70 Sowjetunion/9.

[23] Dto. für 16.–30.9.1942, ebd.

[24] Dto. für 15.11.–15.12.1942, ebd.

[25] Vern. Wilhelm S. v. 19.1.1962, BAL, B 162/3575, Bl. 1107 ff.

[26] MadbO Nr. 54 v. 15.5.1943, BAB, R 58/224.

[27] BB CdS Nr. 44 v. 18.9.1943, ebd., RD 19/2; CdS an RSHA I A 5 v. 15.3.1944, ebd., BDC, SSO Albert Rapp.

[28] HA SS-Gericht an Rapp v. 15.1.1945, ebd.

[29] CdS an RSHA I A 5 v. 18.10.1944, ebd.; Vern. Albert Rapp v. 28.3.1963, BAL, B 162/ 3601, Bl. 3503 ff.; vgl. Klaus-Michael Mallmann: Der Krieg im Dunkeln. Das Unternehmen „Zeppelin" 1942–1945, in: Michael Wildt (Hrsg.): Nachrichtendienst, politische Elite und Mordeinheit. Der Sicherheitsdienst des Reichsführers SS, Hamburg 2003, S. 324–346.

[30] Vgl. Michael Wildt: Götzendämmerung. Das Reichssicherheitshauptamt im letzten Kriegsjahr, in: Sowi 24(1995), S. 101–108; Stephan Linck: ‚Festung Nord' und ‚Alpenfestung'. Das Ende des NS-Sicherheitsapparates, in: Gerhard Paul/Klaus-Michael Mallmann (Hrsg.): Die Gestapo im Zweiten Weltkrieg. ‚Heimatfront' und besetztes Europa, Darmstadt 2000, S. 569–595.

[31] Vern. Maria H. v. 22.6.1961, BAL, B 162/3574, Bl. 547 ff.; dto. Albert Rapp v. 29.3.1963, ebd., B 162/3601, Bl. 3510 ff.

[32] Vgl. Ulrich Brochhagen: Nach Nürnberg. Vergangenheitsbewältigung und Westintegration in der Ära Adenauer, Hamburg 1994, S. 151 ff., 169 ff.

[33] Vern. Albert Rapp v. 2.4.1963, BAL, B 162/3601, Bl. 3521 ff.

[34] Vgl. Kazimierz Leszczyński (Hrsg.): Fall 9. Das Urteil im Einsatzgruppenprozeß, gefällt am 10. April 1948 in Nürnberg vom Militärgerichtshof II der Vereinigten Staaten von Amerika, Berlin (DDR) 1963; Ralf Ogorreck/Volker Rieß: Fall 9. Der Einsatzgruppen-Prozeß (gegen Otto Ohlendorf und andere), in: Gerd R. Ueberschär (Hrsg.): Der Nationalsozialismus vor Gericht. Die alliierten Prozesse gegen Kriegsverbrecher und Soldaten 1943–1952, Frankfurt/M. 1999, S. 164–175; Thomas Alan Schwartz: Die Begnadigung deutscher Kriegsverbrecher. John J. McCloy und die Häftlinge von Landsberg, in: VfZ 38(1990), S. 375–414.

[35] Vgl. Eberhard Rondholz: Die Ludwigsburger Zentrale Stelle zur Aufklärung nationalsozialistischer Verbrechen, in: Red. Kritische Justiz (Anm. 3), S. 669–676; Rüdiger Fleiter: Die Ludwigsburger Zentrale Stelle und ihr politisches und gesellschaftliches Umfeld, in: GWU 53(2002), S. 32–50; Michael Greve: Von Auschwitz nach Ludwigsburg. Zu den

Ermittlungen der „Zentralen Stelle der Landesjustizverwaltungen zur Aufklärung nationalsozialistischer Gewaltverbrechen" in Ludwigsburg, in: Irmtrud Wojak/Susanne Meinl (Hrsg.): Im Labyrinth der Schuld. Täter – Opfer – Ankläger, Frankfurt/M.-New York 2003, S. 41–63.

[36] Verfügung ZSL v. 29.4.1960, BAL, B 162/3572, Bl. 1.

[37] ZSL an Soko Zentrale Stelle v. 2.8.1960, ebd., Bl. 59f.; zu deren Gründung: Marc von Miquel: Ahnden oder amnestieren? Westdeutsche Justiz und Vergangenheitspolitik in den sechziger Jahren, Göttingen 2004, S. 183; zur Arbeit der Sokos vgl. den Beitrag von Jürgen Matthäus in diesem Bd.

[38] Soko Zentrale Stelle an Kripo Essen u. LKA Nordrhein-Westfalen v. 21.2.1961, BAL, B 162/3573, Bl. 298ff.

[39] Vermerk Ltd. OStaw Essen v. 16.3.1961, ebd., B 162/3574, Bl. 444f.

[40] ZSL an Soko Zentrale Stelle v. 4.1.1961, ebd., B 162/3572, Bl. 180.

[41] Prot. ZSL v. 22.2.1961, ebd., B 162/3573, Bl. 308ff.; Ruhr-Nachrichten v. 19.4.1963.

[42] Staw Sichting/ZSL an Ltd. OStaw Essen v. 22.2.1961, BAL, B 162/3573, Bl. 315f.; ähnlich OStaw Schüle/ZSL an GStaw beim OLG Hamm v. 3.3.1961, ebd., Bl. 327ff.

[43] Ltd. OStaw an Untersuchungsrichter beim LG Essen v. 16.3.1961, ebd., B 162/3574, Bl. 445f.

[44] LGR Isphording an ZSL v. 20.3.1961, ebd., B 162/3573, Bl. 361.

[45] Vermerk Staw Sichting/ZSL v. 17.4.1961, ebd., B 162/3574, Bl. 485.

[46] LGR Isphording an ZSL v. 10.5.1961, ebd., Bl. 511f.

[47] Dto. v. 17.11.1961, ebd.; dto v. 4.1.1963, ebd., B 162/3601, Bl. 3155.

[48] LKA Nordrhein-Westfalen an ZSL v. 16.2.1962, ebd., B 162/3576, Bl. 1294ff.

[49] Vermerk Staw Sichting/ZSL v. 2.8.1961, ebd., B 162/3574, Bl. 584.

[50] LGR Isphording an LG Essen v. 12.2.1962, ebd., B 162/3575, Bl. 1042; Vermerk Staw Sichting/ZSL v. 17.8.1962, ebd., B 162/3599, Bl. 1786f.

[51] LGR Isphording an ZSL v. 9.1.1963, ebd., B 162/3601, Bl. 3134.

[52] Vern. Johann W. v. 13.2.1962, ebd., B 162/3576, Bl. 1153ff.; LGR Isphording an ZSL v. 13.3.1962, ebd., Bl. 1292f.

[53] Vermerk dess. v. 20.12.1962, ebd., B 162/3601, Bl. 3122ff.; ders. an ZSL u. ZSD v. 29.1.1963, ebd., Bl. 3355f.

[54] Ders. an ZSL v. 21.9.1962, ebd., B 162/3599, Bl. 1885f.; Vermerk dess. v. 20.9.1962, ebd., Bl. 1910ff.

[55] Ders. an ZSL v. 19.6.1964, ebd., B 162/3604, Bl. 4321ff.

[56] Ders. an ZSD v. 10.1.1964, ebd., B 162/3603, Bl. 3947f.; vgl. Tätigkeits- u. Lagebericht EG B für 1.–28.2.1943, BStU, ZUV 9, Bd. 31.

[57] LGR Isphording an ZSD v. 4.1.1963, BAL, B 162/3601, Bl. 3172f.; Kopie ebd., Bl. 3174f.

[58] Vgl. Klaus-Michael Mallmann/Volker Rieß/Wolfram Pyta (Hrsg.): Deutscher Osten 1939–1945. Der Weltanschauungskrieg in Photos und Texten, Darmstadt 2003, S. 129–135 sowie den Beitrag von Peter Klein in diesem Bd.

[59] Vermerk Staw Sichting/ZSL v. 2.8.1961, BAL, B 162/3574, Bl. 584; LGR Isphording in ZSL v. 20.2.1962, ebd., B 162/3576, Bl. 1265.

[60] Ders. an OStaw Essen v. 12.10.1961, ebd., B 162/3574, Bl. 702.

[61] Vermerk Staw Sichting/ZSL v. 2.8.1961, ebd., Bl. 584.

[62] LGR Isphording an ZSD v. 24.1.1962, ebd., Bl. 1027f.; ders. an OStaw Dortmund v. 5.4.1962, ebd., B 162/3576, Bl. 1358f.; ders. an ZSL v. 5.7.1962, ebd., B 162/3598, Bl. 1640.

[63] Vern. Kurt Matschke v. 9.10.1961, ebd., B 162/3574, Bl. 644ff.; ähnlich dto. Albert M. v. 11.10.1961, ebd., Bl. 667ff.; dto. August F. v. 17.10.1961, ebd., Bl. 683ff.

[64] Dto. Karl R. v. 12.12.1961, ebd., B 162/3575, Bl. 881 ff.
[65] Dto. Johann B. v. 20.2.1962, ebd., B 162/3576, Bl. 1275 ff.
[66] Dto. Eduard Spengler v. 16.11.1961, ebd., B 162/3574, Bl. 731 ff.
[67] Dto. Franz Tormann v. 12.11.1962, ebd., B 162/3600, Bl. 1986 ff.
[68] Dto. Lothar L. v. 17.2.1962, ebd., B 162/3576, Bl. 1179 ff.
[69] Dto. Hans B. v. 2.2.1962, ebd., Bl. 1238 ff.
[70] Dto. Franz Tormann v. 12.11.1962, ebd., B 162/3600, Bl. 1986 ff.
[71] Dto. Josef R. v. 12.4.1962, ebd., B 162/3576, Bl. 1361 ff.; ähnlich dto. Walter R. v. 19.12.1961, ebd., B 162/3574, Bl. 945 ff.; dto. Karl S. v. 24.1.1962, ebd., Bl. 1020 ff.
[72] Dto. Wilhelm S. v. 19.1.1962, ebd., B 162/3575, Bl. 1107 ff.
[73] Dto. Karl S. v. 24.1.1962, ebd., Bl. 1020 ff.
[74] BB CdS Nr. 32 v. 25.7.1942, BAB, RD 19/2.
[75] LGR Isphording an ZSL v. 13.11.1962, BAL, B 162/3600, Bl. 1985.
[76] Vern. Albert Rapp v. 11.4.1963, ebd., B 162/3601, Bl. 3538 ff.
[77] LGR Isphording an Chefarzt Chirurgische Abt. Haftanstalt Düsseldorf-Derendorf v. 23.4.1963, ebd., B 162/3602, Bl. 3572 f.
[78] Ders. an ZSD v. 17.4.1963, ebd., B 162/3601, Bl. 3552 f.
[79] Anklage ZSD v. 10.8.1963, ebd., B 162/3613.
[80] Urteil LG Essen v. 29.3.1965, ebd., B 162/14174.
[81] Dto. v. 10.2.1966, ebd., B 162/14199.
[82] Dto. v. 22.12.1966, ebd., B 162/14248.

Andrej Angrick

Im Fadenkreuz des Todfeindes? Das Ministerium für Staatssicherheit und die Gestapo

Die kurzfristige Zusammenarbeit zwischen dem nationalsozialistischen Deutschland und der Sowjetunion Stalins, die auch eine taktisch bedingte Annäherung der jeweiligen Geheimdienste mit sich gebracht hatte,[1] konnte nicht darüber hinwegtäuschen, daß mehr als eine prinzipielle Unvereinbarkeit der Ideologien bestand, daß Todfeindschaft zwischen den Systemen herrschte. Mit dem deutschen Überfall auf die Sowjetunion war die klare Konfrontation wieder hergestellt. Beim Vernichtungskrieg führte die Gegnerschaft dazu, daß Funktionäre, aber auch Zuträger des sowjetischen Geheimdienstes NKVD von den mobilen Mordkommandos der Sicherheitspolizei und des SD liquidiert wurden. Wenn es den Entscheidungsträgern opportun erschien, konnte die ‚gerechte Vergeltung' auch als Propagandaveranstaltung vor großem Publikum vollzogen werden, wie dies der Scheinprozeß gegen Kogan und Kieper in Shitomir,[2] aber auch als solche deklarierte Volkstribunale im Siedlungsgebiet der Volksdeutschen belegen.[3] Derartige Schauprozesse mit anschließenden Hinrichtungen wurden später substituiert durch die propagandistische Aufbereitung der NKVD-Massaker von Katyn oder Winniza.[4]

Die sowjetischen Vorgaben

Umgekehrt machte die Regierung der UdSSR unmißverständlich deutlich, daß unabhängig von der staatspolitischen Verantwortung des Drittes Reiches auch die einzelnen Täter – Befehlsgeber und Ausführende – unnachgiebig zur Rechenschaft gezogen werden würden. Angesichts der Ungeheuerlichkeit der Verbrechen konnte sich der Volkskommissar für Auswärtige Angelegenheiten, Wjatscheslaw Molotow, seit der Erklärung von St. James im Januar 1942 dabei der prinzipiellen Solidarität der Staatengemeinschaft sicher sein.[5] Wenngleich sich das Verhältnis der Alliierten in dieser Frage problembeladen gestaltete, war doch klar, daß auch die UdSSR für die strafrechtliche Ahndung eintrat und unter anderem deshalb im November 1942 die „Außerordentliche Staatskommission zur Ermittlung der Verbrechen der deutschfaschistischen Besatzer und ihrer Gehilfen" etablierte.[6] Daß man hierbei nicht auf das Ende des Krieges warten wollte, unterstrichen die ersten Strafverfahren, die aufgrund des Ukaz 43 vom 19. April 1943 – dem Erlaß zur Verfolgung und Aburteilung von „faschistischen Übeltätern" – eingeleitet wurden.[7]

Sie richteten sich gegen gefangengenommene Hilfswillige in Krasnodar sowie untergeordnete Akteure der Wehrmacht und des Kommandeurs der Sicherheitspolizei und des SD (KdS) Charkow. Dabei darf der Abschreckungseffekt – vor allem die Höhe des Strafmaßes – neben der propagandistischen Überlegung, das Bild einer handlungsstarken, entschlossenen, aber zugleich von moralischen Grundsätzen geleiteten Sowjetregierung zu transportieren, nicht unterschätzt werden. Während im Verfahren von Krasnodar im Juli 1943 ausschließlich Hilfswillige des Sonderkommandos (SK) 10a vom Kriegsgericht verurteilt wurden – die Schuldsprüche schwankten zwischen Tod durch den Strang und Verschickung zur Zwangsarbeit auf 20 Jahre –, standen in dem Charkower Verfahren bereits Deutsche und Einheimische vor Gericht. Hans Ritz (Angehöriger der SS-Kompanie beim Charkower SK) wurde für schuldig befunden, in Taganrog an Hinrichtungen mitgewirkt zu haben. Michail Petrowitsch (einheimischer Kraftfahrer bei der Gestapo Charkow) galt als überführt, an Verbrechen mit dem „Todeswagen" – womit ein Gaswagen gemeint war – mitbeteiligt gewesen zu sein. Zusammen mit zwei weiteren Tätern, einem Angehörigen der Abwehr und einem der Geheimen Feldpolizei (GFP), wurden sie am 18. Dezember 1943 zum Tode verurteilt und nach der Verhandlung am Galgen exekutiert, da das Gericht keine Revision zugelassen hatte. Diese von sowjetischer Seite wohl als mustergültig angesehenen Urteile wurden in deutscher Sprache in Moskau im Jahr 1943 bzw. 1946 in Wien veröffentlicht.[8] Damit wurde die auf Vergeltung zielende Stoßrichtung – in dem Urteil von Krasnodar wurde besonders auf Dr. Kurt Christmann,[9] den Leiter des SK 10a, Bezug genommen – bereits zum Kriegsende hin verstärkt und dürfte dem Gestapo-Personal nur zu bewußt geworden sein.[10]

Dabei stellten diese für die öffentliche Wahrnehmung herausgestellten Verfahren nur die Spitze des Eisberges dar. Weitere Prozesse folgten in den Jahren 1945/46 in Kiew, Minsk, Riga, Leningrad, Smolensk, Brjansk, Nikolajew und anderen Städten, wobei immer auch – neben Repräsentanten der Zivilverwaltung, militärischen Entscheidungsträgern sowie Angehörigen der SS und der Ordnungspolizei – deutsche Gestapo-Angehörige und einheimisches Hilfspersonal in den Blick der Ermittler gerieten. Nach den Untersuchungen des Rechtshistorikers George Ginsburgs ging damit eine völlige Überprüfung der Einwohnerschaft der rückeroberten Gebiete der UdSSR einher, die bei der Strafverfolgung und -ahndung ungewohnte Dimensionen annahm. Danach waren 471 988 Angeklagte für schuldig befunden worden, sich an „konterrevolutionären" Verbrechen während des „Großen Vaterländischen Krieges" beteiligt zu haben. Über 792 193 Personen erging der Schuldspruch, an Kriegsverbrechen mitgewirkt zu haben, während 1 296 483 Beschuldigte gewöhnlicher Delikte während der Kriegszeit als überführt galten. Das Verschweigen dieser ungewöhnlich hohen Zahl von Staatsbürgern, die – gerechtfertigt oder nicht – in die Mühlen der sowjetischen Ermittlungsbehörden geraten und den der stalinistischen Diktatur eigenen Vernehmungsmethoden ausgesetzt waren, offenbart zugleich die tiefe Skepsis der Staatsführung gegenüber dem eigenen Volk. Wären die Zahlen der Zusammenarbeit schon damals offengelegt worden, hätte man zu Recht fragen können, ob die Gesellschaft der UdSSR wirklich „sowjetisch" gewesen war, oder ob es das Dritte Reich verstanden hatte, einen gewichtigen Teil der Bevölkerung für sich zu vereinnahmen, so daß auch der Dienst für die Gestapo keinen Makel, sondern die Möglichkeit zum Aufstieg in einer anderen Gesellschaft geboten hatte.[11]

Da war die Methode, stellvertretend nur einige Strafverfahren herauszustellen und ansonsten das Thema „Nazismus" nur dann in den Vordergrund zu rücken, wenn es politisch opportun erschien, nachzuvollziehen, da ansonsten das Bild einer von der Geisel des Faschismus befreiten Gesellschaft deutliche Risse erlitten hätte. Zudem übernahm das Regime nach dem Ende des Dritten Reiches bald schon mit „dem Juden" eines der Feindbilder des Weltanschauungsgegners und war allein schon deshalb bestrebt, den von Gestapo, SD und SS-Einheiten begangenen Genozid an den sowjetischen Juden – nunmehr im Sprachgebrauch „friedliebende" Bürger oder Einwohner – zu nivellieren, wenn nicht gar zu bagatellisieren. Umgekehrt konnte ein unreflektiertes Ausleben der Rache im Selbstverständnis des sowjetischen Nachrichtendienstes im Widerstreit der ehemaligen Alliierten nur zu Nachteilen im Kampf um Informationen führen. Daher verlief die Sicherung der Akten des Reichssicherheitshauptamtes (RSHA)[12] sowie der Zugriff auf das Spezialwissen von Amtsträgern aus operativen Gründen zunächst parallel zur strafrechtlichen Ahndung und sollte mit der Verschärfung des Kalten Krieges noch an Bedeutung gewinnen. Wenn auch die sowjetischen Nachrichtendienste mehrheitlich nicht die ganz großen Fische[13] gefangenengenommen hatten und zudem – wie wir heute wissen – im Gegensatz zu den USA und Großbritannien die deutschen Funksprüche nicht zu dechiffrieren vermochten, war es ihnen umgekehrt gelungen, beträchtliche Aktenkonvolute des RSHA und seiner regionalen Ableger sicherzustellen.

Darüber hinaus waren ihnen neben etwa 40000 Angehörigen von SS, SD, Gestapo, SA, Ordnungspolizei usw.[14] mit Bruno Streckenbach und Friedrich Panzinger zwei Amtschefs des RSHA in Netz gegangen, aber auch scheinbar nachrangige Funktionäre wie Kurt Bool (Kommandeur der Polizeihaftstätte Anklam), Ralph-Manfred von Gassow („Angehöriger der Hauptverwaltung der Gestapo"), Hans Leimbach (Angehöriger des SK Stalino),[15] Gerhard Nyhoegen (vom Stab der Einsatzgruppe [EG] A) und selbst ‚kleine Lichter' wie beispielsweise der Rottenführer Erwin Hansen vom SK 7a konnten Erstaunliches berichten. Letzterer sagte noch im April 1944 beim Partisanenstab Mitte zu einem der geheimsten Unternehmen des RSHA, den Aktivitäten des SK 1005, aus,[16] während Streckenbach und Panzinger umfassend die Tätigkeit des RSHA rekonstruierten.[17] Daß dabei nicht unbedingt der Genozid an den Juden im Mittelpunkt des Interesses stand, dürfte allein schon wegen des virulenter werdenden Antisemitismus der sowjetischen Führungsriege und der Umschreibung der Geschichte des „Großen Vaterländischen Krieges" als eine die Opfer ausblendende ‚Erfolgsstory' der triumphierenden Sowjetmacht kaum verwundern.[18] Vielmehr ging es den dortigen Ermittlern um konkrete Fahndungserfolge, etwa zu den Funkspielen des RSHA nach der Festnahme der „Roten Kapelle",[19] bei der Informationserlangung über das deutsche, mit UdSSR-Fragen betraute Rahmenpersonal des RSHA beim Unternehmen „Zeppelin"[20] oder gegen den Feind im Inneren – suchte der NKVD-Nachfolger KGB doch immer noch Verräter in den Reihen der Völkerschaften der Sowjetunion.[21]

Dies war jedenfalls die Atmosphäre, aus der sich heraus die unmöglichsten Gerüchte im Westen speisten. Dazu gehörte der von Otto Ohlendorf unterstellte Verdacht, daß der Gestapo-Chef Heinrich Müller schon zu Kriegszeiten für die Sowjets gearbeitet hätte und nun zu ihnen übergelaufen sei.[22] In Variationen wurde dies wiederholt von der westdeutschen Presse aufgegriffen.[23] Richtig an all dem ist, daß sich die sowjetische Seite gerade in der Behandlung der RSHA-Funktionäre vergleichsweise milde zeigte. Man ließ sie nicht nur nicht hinrichten, sondern gestattete ihnen, nachdem man sie in der Lubjanka und anderen Vernehmungsorten ‚ausgequetscht' hatte, im Jahr 1955 ihre Ausreise als Nichtamnestierte[24] in die Bundesrepublik. In den Jahren zuvor waren sowieso Tausende als Kriegsverbrecher Verurteilte repatriiert worden.[25] Es entbehrt nicht einer gewissen Ironie, daß Panzinger erst nach seiner Rückkehr, als er abermals im Rahmen der Ermittlungen zu Aussonderungen in Kriegsgefangenenlagern vernommen wurde, im Jahr 1959 Selbstmord beging. Die Haftzeit in der UdSSR hatte er überstanden und zu verarbeiten vermocht. Doch daß in der Heimat justitiell gegen ihn vorgegangen wurde, wo ihn doch selbst die sowjetische Seite freigelassen hatte, brachte ihn in einen inneren Konflikt, der nur diesen Ausweg offenließ. Insofern erwiesen sich die Organe der Bundesrepublik als unnachgiebiger als der KGB.

In der Nachahmung des großen Bruders – das Vorgehen der DDR

Die Herangehensweise des KGB an den früheren Gegner wurde als Handlungsmaxime für die Sowjetzone bzw. die DDR übernommen. Allerdings muß man sich darüber im klaren sein, daß zunächst die sowjetischen Nachrichtendienste und Militärtribunale bei der Verfolgung und Ahndung dort federführend blieben und erst im August 1947 mit der Gründung der zuständigen Sonderstrafkammern bei den Gerichten, den sogenannten 201er-Kammern, das Gros der Verfahren gegen in der Zone lebende oder inhaftierte Tatverdächtige an die ostdeutsche Justiz abgegeben wurde.[26] Bis zum 11. Januar 1947 liest sich die Bilanz der sowjetischen Verwaltung folgendermaßen: Es erfolgte die Internierung von 65138 Personen in der Sowjetzone, die als Angehörige einer der verbrecherischen NS-Institutionen enttarnt worden waren. Davon hatte man

„17866 strafrechtlich zur Verantwortung gezogen", während man 14240 weitere Beschuldigte wegen Kriegsverbrechen bzw. Verbrechen gegen die Menschlichkeit vor ein Tribunal brachte. Freisprüche waren die Ausnahme. Umgekehrt ergingen 138 Todesurteile, während das Gros der Angeklagten eine anderweitige, zumeist zeitige Haftstrafe auferlegt bekam.[27] In die Bilanz müssen zusätzlich bereits in der Sowjetunion Abgeurteilte miteinbezogen werden, wozu auch abgeschobene Gestapo-, SD-, GFP-Angehörige und Mitglieder der EG gehörten.[28] Insofern stellte die Entwicklung in Ostdeutschland eine zeitversetzte Kopie der Entwicklung in der UdSSR dar, ohne jedoch den außenpolitischen Propagandaeffekt für sich nutzen zu wollen.

Vielmehr ging es der politischen Führungsriege um Walter Ulbricht im Zuge der Gründung der DDR um eine identitätsstiftende Neuausrichtung der ostdeutschen Gesellschaft als Arbeiter- und Bauernstaat, in dem eine beständige Aufarbeitung und Aburteilung von Einwohnern, bei denen eine braune Vergangenheit zutage befördert wurde, diesem Projekt des sozialistischen Aufbaus entgegenzuwirken drohte. Der Blick war in die Zukunft gerichtet und es galt, die Vielzahl der früheren Volksgenossen, aber auch niedere Funktionsträger in den politischen Prozeß einzubinden, um so allein die für den neuen Staat erforderliche Massenbasis in der Bevölkerung zu stärken. Die Akzeptanz der DDR sollte bei der Zielgruppe, den „nominellen Faschisten", gezielt durch eine weitreichende Amnestie und deren Wiedereingliederung ins Erwerbsleben befördert werden.[29] Mit der Auflösung der letzten sowjetischen Speziallager in ihrer Besatzungszone im September 1949 und mit der Entlassung bzw. Überstellung der Internierten in den Gewahrsam der für diesen Zweck neugebildeten Organe der Staatsmacht stellte die Sowjetische Kontrollkommission dem neuen Staat zugleich den Vertrauensbeweis aus, den ‚richtigen' Umgang mit NS-Belasteten selbst durchzuführen. Bedingung war allein, daß gegen nicht verurteilte Inhaftierte in kurzer Frist ein Schuldspruch im Sinne der Sowjets ergehen sollte, da diesen deren Aburteilung nicht mehr vor der Gründung der DDR gelungen war.[30]

Mit der Durchführung der berüchtigten Waldheimer Prozesse wollte die Parteiführung der SED in vollkommener Kritiklosigkeit, was die Beweissicherung und -erhebung gegenüber den Beschuldigten anbelangte, diesem Wunsche nachkommen.[31] Zugleich setzte so in der späteren öffentlichen Wahrnehmung und leicht versetzt in der des Auslandes eine Entwicklung ein, die genau den gewünschten Politikwechsel, wonach die Integration eines Großteils der Ex-Nationalsozialisten ein erklärtes Ziel der Staatsführung war, in weiten Teilen konterkarierte. Argumentativ und zur eigenen Rückversicherung betonten die Entscheidungsträger für sich, daß die Angeklagten ja auch oder vor allem erklärte Feinde des Aufbaus der neuen Gesellschaft seien und ihre Beteiligung an NS- und Kriegsverbrechen als Indiz für diese Gesinnung zu werten wäre. Jedenfalls standen in den vom 26. April bis Mitte Juni 1950 andauernden

Schnellverfahren nach den Forschungen von Annette Weinke 127 Gestapo-Angehörige vor Gericht. Diese Zahl war gemessen an der personalen Stärke der Institution zu Kriegszeiten beträchtlich, vor allem wenn man die Vergleichswerte – 243 SS-Angehörige, 20 Aufseherinnen von Konzentrationslagern, 752 politische Leiter, 164 Juristen und 1789 Parteimitglieder – heranzieht. In der Regel erging ein Urteil mit einem Strafmaß zwischen 15 und 20 Jahren. Außerdem wurde ein beträchtlicher Teil der Angeklagten zu Haft von zehn bis 15 Jahren verurteilt. Über 30 Angeklagte hatten in den Augen ihrer Richter das Leben verwirkt, wobei in 24 Fällen das Urteil im Keller der Strafanstalt Waldheim ohne großen Aufschub vollzogen wurde. Allein vier Personen entließ das Gericht durch Freispruch. Im Nachspiel zu den summarischen Verurteilungen in Geheimverhandlungen inszenierte das Justizministerium vor geschultem, handverlesenem Publikum zehn Schauprozesse gegen ausgewählte Angeklagte, die als Zielobjekte für die notwendige juristische Aufarbeitung geeignet erschienen. Es verwundert nicht, daß die Urteile – es ergingen hohe Haftstrafen und Todesurteile – als hart, aber gerecht dargestellt wurden.[32]

Zu den zum Tode Verurteilten gehörte der frühere Angehörige des KdS Krakau und der Stapo-Leitstelle Dresden, Friedrich Beyerlein.[33] Parteichef Ulbricht segnete alle Todesurteile persönlich ab.[34] Andere Angeklagte wie die schwerstbelasteten Kurt Trimborn und Friedrich Severin vom SK 10a wurden zwar gemäß der Vorgaben summarisch abgeurteilt, entgingen aber letztendlich einer höheren Strafe. In Trimborns Fall, der wegen seiner Zugehörigkeit zur Kriminalpolizei und SS zu lebenslanger Haft verurteilt und später zu 20 Jahren Zuchthaus begnadigt wurde, dürfte dies mit dem Umstand zusammenhängen, daß seine Beteiligung an den Verbrechen im Osten dem Gericht verborgen geblieben war. Denn die angeblich umfassend geführten Vorermittlungen von sowjetischer Seite hatten eben doch nicht die nötige Dichte erreicht. Bei Severin lagen die Dinge ähnlich. Er wurde in Waldheim wegen „Ausplünderung der Sowjetunion“ und nicht wegen seiner Mitgliedschaft beim SK 10a zu 20 Jahren Zuchthaus verurteilt, aber bereits 1956 in die Bundesrepublik entlassen. Diese Fehleinschätzungen des biographischen Hintergrunds der Abgeurteilten mögen darin begründet liegen, daß vorab die in Moskau eingelagerten Akten von Gestapo und SD nur mangelhaft ausgewertet worden waren, wie im Jahr 1951 eine eigens zu diesem Zweck eingerichtete Überprüfungskommission festhielt. Insofern waren Trimborn und Severin ‚Gewinner‘ vor dem Waldheimer Gericht.[35] Der Gestapo-Chef von Przemysl, Rudolf Bennewitz, hatte noch mehr Glück. Obwohl die Staatsanwaltschaft Hamburg umfassend gegen diese Dienststelle ermittelte und er allein seiner Funktion wegen als Haupttäter einzustufen war, kam es nach Waldheim zu keiner erneuten Anklage. Er blieb auf freiem Fuß.[36]

In der DDR endete damit zugleich die Phase der gewollten politischen Aussiebung des Volkskörpers nach möglichen Regimegegnern und deren Aburteilung in Großverfahren. In der Folgezeit wurde der Apparat des mit der Überprüfung und Verfolgung von Staatsfeinden betrauten Ministeriums für Staatssicherheit (MfS) weiter ausgebaut und verfeinert. Sein erklärtes Ziel lag nun aber in der Überwachung und Steuerung der gesamten politischen Vorgänge, konkret in der Erfassung, Durchleuchtung und Bewertung des einzelnen in der NS-Zeit belasteten Individuums gemäß der operativen Vorgaben und nur punktuell und geradezu willkürlich in der unbedingten strafrechtlichen Ahndung für begangene Verbrechen. In diesem Zusammenhang muß festgehalten werden, daß im Gegensatz zu den Westmächten[37] oder den Polizeien der Bundesrepublik[38] die Staatssicherheit der DDR – schon aus dem eigenen Selbstverständnis heraus – keine früheren Angehörigen der Gestapo oder des SD als Mitarbeiter anzustellen gedachte. Dies blieb ihnen aus Prinzip verwehrt, wenngleich manch „bürgerlicher Spezialist" des alten Apparates aufgrund seiner Fachkompetenz sicherlich benötigt worden wäre. Denn dem MfS fehlte es an Experten auf dem Gebiet des politischen Zweiges der Kriminalpolizei, also der Politischen Polizei. Dagegen bediente man sich aber, sofern dies nötig war – Jens Gieseke führt als Beleg Aktivitäten der MfS-Bezirksverwaltung Dessau an – früherer Gestapo-V-Leute. Kurioserweise führte diese Suche nach Auskunftspersonen mit Vergangenheit dazu, daß selbst einem Politbüro-Mitglied wie Hermann Matern zeitweise das Image eines Gestapo-Spitzels anhaftete, ohne daß es dafür einen handfesten Beleg gab.[39]

Auskunftspersonen, Informelle Mitarbeiter und Agenten

Daß dem MfS durchaus an Aufklärung gelegen war, wer von den früheren Genossen Zuträger der Geheimen Staatspolizei gewesen war und welcher im Westen lebende Sozialdemokrat propagandistisch nutzbare ‚dunkle Flecken' aufwies,[40] beweist das Interesse an dem dienstlichen Gedächtnis von Bruno Sattler. Dieser hatte als Referatsleiter im Geheimen Staatspolizeiamt, bei der Stapo-Stelle Potsdam, als Untersuchungsführer in Paris, als Angehöriger des Vorkommandos Moskau und vor allem als Leiter der Gestapo beim Befehlshaber der Sicherheitspolizei und des SD in Belgrad[41] an exponierter Stelle an der polizeilichen Kontrolle im Reich und in den besetzten Ländern mitgewirkt. Während die westdeutschen Ermittler in der irrtümlichen Annahme lebten, daß Sattler wie andere in Serbien eingesetzte Gestapo-, SD- und Polizeiangehörige vor einem jugoslawischen Tribunal gestanden habe und dort „zum Tode verurteilt und hingerichtet" worden sei,[42] wußte man in Ostberlin genau über dessen Verbleib Bescheid. Er war laut MfS-Auskunftsbericht am 11. August 1947 in Berlin-Tempelhof festgenommen, also aus den Westsektoren entführt und in die Untersuchungshaftanstalt Hohenschönhausen verbracht worden. Dort saß er bis zu seinem Verfahren im Jahre 1951 ein, um dann vom Landgericht Greifswald zu lebenslanger Haft verurteilt zu werden. Eine Revision blieb erfolglos. Statt dessen erfolgten unter Aufsicht der zuständigen Hauptabteilung IX/11 des MfS in den nächsten 20 Jahren immer wieder Umverlegungen in den Strafanstalten der DDR, verbunden mit neuen Vernehmungen.[43]

Bei der Durchsicht des Vorgangs Sattler gewinnt man schnell einen Eindruck davon, warum dieser Mann für die Staatssicherheit einen außergewöhnlichen Gefangenen darstellte. Es waren weder der Einsatz in Smolensk[44] noch die Verbrechen in Belgrad, die ihm im Verfahren zur Last gelegt wurden und wofür sich das MfS interessierte. All dies war Geschichte, rückwärtsgewandt und operativ kaum zu nutzen. Anders verhielt es sich mit Sattlers Kenntnissen über die deutsche Sozialdemokratie, linke Gewerkschaftler, das Reichsbanner und die Kommunisten. Zur Bekämpfung der illegalen Sozialdemokratie hatte Sattler über Vertrauensleute verfügt, die die SPD im Reich ebenso wie ihre Exilstrukturen unterwanderten, aber auch beim Ausheben der Untergrundzellen mitwirkten. Sattler sagte umfassend zur Technik der Infiltration aus, nannte bei den V-Leuten Roß und Reiter – so den Sozialdemokraten und späteren Abgeordneten im Bundestag und Europaparlament Herbert Kriedemann (Deckname „Walter"), der im Jahr 1936 in Amsterdam angeworben worden war – und breitete seine Kenntnisse über Wels, Ollenhauer und andere SPD-Funktionäre aus.[45] Dadurch konnte die Staatssicherheit mit Informationen aus erster Hand agieren und Politik gegen die SPD betreiben, was für sie schwerer wog als die Hinrichtung eines NS-Verbrechers. Sattler sollte bis zu seinem Tode immer wieder befragt werden.

Daß das MfS keine moralischen Skrupel besaß, selbst einen Massenmörder als Informanten anzuwerben, beweist der Vorgang um den Informellen Mitarbeiter (IM) „Willer". Es handelte sich um den früheren SS-Obersturmführer Heinrich Groth, der seit 1942 beim KdS Litauen als Verwaltungsführer seinen Dienst versehen hatte. Der KGB ging davon aus, daß er 50 Personen erschossen und maßgeblich an der regionalen Umsetzung der „Aktion 1005" mitgewirkt habe. Dafür wurde er 1950 von einem Moskauer Sondergericht zu einer langjährigen Haftstrafe verurteilt. Als „Willer" im April 1956 aus Bautzen entlassen wurde, war er bereits IM und bespitzelte für das MfS bis zum Jahr 1964 seine Freunde, Bekannten und Arbeitskollegen. Und „Willer" war kein Einzelfall. Mit dem IM „Riedel" – es handelte sich um Willy Läritz, einen ehemaligen Angehörigen der Leipziger Gestapo, der mit der Bekämpfung der illegalen KPD betraut gewesen war – liegt ein analoger Fall vor. Beim IM „Rolf" – es handelte sich um das Mitglied einer EG in Polen, SS-Obersturmführer Erwin Rogalsky-Wedekind – sah die Stasi davon ab, gegen ihn weitergehende Ermittlungen einzuleiten. Statt dessen verpflichtete sie ihn gleich als IM. Als „Rolf" nach 20 Jahren Tätigkeit für das MfS eingestand, an Exekutionen mitgewirkt zu haben, hatte dies für ihn keine persönlichen Konsequenten. Das MfS unterließ großzügig „strafprozessuale Maßnahmen".[46]

Umgekehrt hatte die Staatssicherheit erst recht keine Hemmungen, ehemalige RSHA-Angehörige im Westeinsatz gegen die Bundesrepublik zu verwenden, sofern sie von Nutzen waren.[47] Von allen Spionen war sicherlich Heinz Felfe,[48] der beim Bundesnachrichtendienst (BND) das Referat Sowjetunion in der Abteilung III f leitete, der bedeutsamste, da er lange Zeit das Vertrauen des Amtschefs Reinhard Gehlen besaß. Doch er war kein Einzelfall, hatten die im Zuge der Felfe-Affäre mit ihm enttarnten Johannes Clemens und Erwin Tiebel doch ebenfalls früher dem RSHA angehört. Sie hatten über die Vermittlung des ehemaligen Chefs der GFP, Wilhelm Krichbaum, ihre Anstellung beim BND erhalten, jedoch als Umgedrehte der Gegenseite gute Dienste geleistet.[49] Andererseits dürfte die Gefahr für den Westen, wo man von Hunderten an „Schläfern" aus der NS-Zeit ausging, die an einflußreicher Stelle eingesetzt gewesen sein sollen, übertrieben erscheinen.[50] Auch gelang nicht jede gewünschte Plazierung, wie der Fall des SS-Obersturmführers Kurt Harder – ehemals im Referat IV C 1 des RSHA beschäftigt – belegt, der beim Verfassungsschutz untergebracht werden sollte.[51] Jedenfalls konstatierte Erich Mielke zumindest für das MfS im Jahre 1951, daß trotz intensiver Arbeit und beachtlicher Einzelerfolge ein Eindringen in die imperialistischen Spitzenorganisationen nicht gelungen sei.[52]

So gesehen ist auch die Schonung früherer RSHA-Mitarbeiter zu verstehen, da man sich ihrer mangels Alternative durch Druck oder Geldzuwendungen bei Bedarf leicht bedienen konnte. Nicht zuletzt aus dieser potentiellen Gefahr heraus fand im BND, aber auch beim Verfassungsschutz sukzessive ein großer Kehraus statt, der ehemalige Mitarbeiter von SD und Gestapo dort zum Ausscheiden nötigte. Insofern hatten die östlichen Geheimdienste sehr wohl einen Nutzen gezogen, da so der westdeutschen Seite eine Vielzahl von ‚Fachleuten' verlorenenging.[53] Daß es aber dem BND nicht gelungen war, alle Informanten zu enttarnen, beweist die bis ins Jahr 1965 andauernde Dienstleistung von Hans Sommer, ehemals Angehöriger des Frankreich-Referats VI B 2 des RSHA und des Einsatzkommandos (EK) z. b. V. in Frankreich. Er versorgte das MfS in den zehn Jahren seiner Tätigkeit mit 2200 Seiten Originalpapieren aus Pullach, obwohl er längst aus dem BND ausgeschieden war. Darüber hinaus erwies er sich als Frankreichexperte von Bedeutung, so daß das MfS zeitweise sogar erwog, auf seinen Vorschlag zur verdeckten Kriegsführung gegen den Westen – Geheimlieferungen von Rauschgift gegen Devisen – einzugehen, wobei durch Sommer vermittelte französische Kriminelle die heiklen Geschäfte abwickeln sollten.

Daß all dies möglich war, belegt, daß Pullach auch nach der Auskämmaktion wohl durchlässiger war, als man angenommen hatte, und die Überprüfung ehemaliger Mitarbeiter nachlässig betrieben wurde. Sommer war kein Einzelfall. Ohne daß er dies wußte, arbeitete der von ihm argwöhnisch beobachtete frühere Leiter der SD-Hauptaußenstelle Dresden, Johannes Clemens, für den sowjetischen Bruderdienst. Offensichtlich trauten sich MfS und KGB nicht so weit über den Weg, daß sie ihre jeweilig angeworbenen Ex-RSHA-Mitarbeiter dem anderen Nachrichtendienst zur Abgleichung und Vermeidung von Fehloperationen mitteilten.[54] Umgekehrt sorgte das MfS dafür, daß seine Zuträger aus dem anderen Lager trotz Aburteilung, sofern gewollt, in die DDR ausreisen durften. So geschehen im Fall des Spitzenspions Felfe, der nach seiner Übersiedlung alsbald eine Villa bezog. In Berlin lehrte er dann als außerordentlicher Professor an der Humboldt-Universität Kriminalistik. Daß ihm darüber hinaus noch ein stattlicher Gewinn aus der staatlichen Lotterie zuteil wurde,[55] erscheint schon zuviel des Glücks in den Armen des früheren Todfeindes.

NS-Archiv und „Braunbuch"

Anhand des Ausgeführten ist dargelegt worden, daß es dem MfS, aber auch dem KGB vor allem um die Erlangung von Informationen, um die Schaffung eines allwissenden Archivs ging.[56] Allerdings muß die Verwertung dieses Wissens in Operationen, die wirklich zur Schwächung des Gegners oder zu einem Politikwechsel führten, soweit bisher bekannt, als gering angesehen werden. Und die Erfolge des Auslandsdienstes des MfS resultierten wohl eher aus dem gezielten Einsatz der nachwachsenden Agenten aus der Schule von Markus Wolf und dürften kaum auf die Rekrutierung früherer Gestapo- oder SD-Angehöriger zurückzuführen sein. Diese lieferten – wie im Fall Sattler aus der Haft oder im Fall Felfe aus dem aktiven Dienst heraus – eher das Hintergrundwissen. Ein ähnliches Vorgehen läßt sich wohl auch für die im Dienste der USA tätigen Ex-RSHA-Angehörigen bei der Ausführung der dort geplanten Operationen annehmen.[57] Bei all dem erscheint ungeklärt, ob dem nachrichtendienstlichen Engagement der Blöcke etwas Selbstzweckhaftes anhing, zumal ‚Leistungen' hier kaum meßbar waren und sind. Und wenn es einen Automatismus in der Verwertung des gesammelten Materials gab, dann lag er im propagandistischen Bereich, in der Stimmungsmache zur Frage, welche Gesellschaft sich, unabhängig von der Lösung des Konsumproblems, die moralisch höheren Ziele gesteckt hatte und welche sittlich verkommen war. Die Besetzung des Themas konnte durch die gezielte Lancierung in Presse oder Streitschriften geschehen, um das jeweilige Konfliktfeld – wie z.B. die Verjährungsdebatten in der Bundesrepublik – öffentlichkeitswirksam zu kommunizieren, oder aber in der Inszenierung von (Gegen-)Prozessen bestehen.

In der Hauptabteilung IX/11 hatte sich im Laufe der Jahre das NS-Archiv immer mehr erweitert, wozu Verfilmungsaktionen des MfS in den Bruderstaaten[58] sowie die umfangreiche Übersendung von Originalakten oder von Kopien beschlagnahmter RSHA-Bestände beitrugen. Für die vorgenannten Propagandazwecke, aber ebenso für die „internationale Rechtshilfe" oder zur „Erforschung spezifischer Probleme und sicherheitspolitisch relevanter Personen und Sachzusammenhänge" bis hin zur „Unterstützung der Traditionspflege und der Öffentlichkeitsarbeit des MfS" galt es, dieses Material zu nutzen. Der von Oberstleutnant Lothar Stolze geleiteten Abteilung gelang es bis zum Jahr 1989, ca. 9000 laufende Meter Archivgut, zum Teil zu Lasten der staatlichen Archive der DDR, zu beschaffen. Sie verfügte für ihre Auswertungsarbeit über eine personen- und sachthematisch strukturierte Kartothek, die schließlich um die 1,8 Millionen Karteikarten umfaßte.[59] Aus diesen Aktenkonvoluten erarbeitete man umfangreiche Forschungsvorgänge, so zum SD-Ausland/Italien,[60] zum Wannseeinstitut,[61] zu den Funkspielen nach Festnahme der „Roten Kapelle",[62] zum Unternehmen „Zeppelin",[63] zum V-Mann-Netz des RSHA,[64] zum Reichstagsbrand[65] oder zur Tätigkeit westdeutscher Juristen in Himmlers Imperium.[66] Einige von ihnen dienten unmittelbar zur Durchdringung der Aktivitäten des RSHA und ließen sich operativ nutzen. Umgekehrt war es das Bestreben der Hauptabteilung IX/11, ihr Herrschaftswissen zu sichern und vor allem der Tätigkeit der Ludwigsburger Ermittler in den sozialistischen Bruderstaaten entgegenzuwirken.[67]

Als besonders erfolgreich muß in diesem Zusammenhang die Verbreitung des offiziell vom Dokumentationszentrum[68] der Staatlichen Archivverwaltung der DDR herausgegebenen „Braunbuches" und des weniger ‚ergiebigen' „Graubuches" angesehen werden.[69] In dem 1965 veröffentlichten „Braunbuch" wurden in der Bundesrepublik lebende ehemalige RSHA- und Gestapo-Angehörige ‚vorgestellt', die entweder wieder in Staatsdiensten (wie Dr. Rudolf Bilfinger, ehemals KdS in Toulouse, oder Dr. Walter Zirpins, einstiger Kripo-Chef von Litzmannstadt) standen oder eine mustergültige Karriere in der freien Wirtschaft oder als Freiberufler (wie Dr. Emil Finnberg vom Stab der EG A, nunmehr erfolgreicher Rechtsanwalt) aufzuweisen hatten. In einigen der zusammengestellten Personendossiers (so bei Heinz Kaufmann von der Stapo-Leitstelle Dresden, Karl Rath vom EK 9 oder Hellmuth Reinhard von der Gestapo in Oslo) wurde gegen die bundesdeutsche Justiz selbst dann gewettert, wenn sie gegen den Betreffenden bereits ein Ermittlungsverfahren eingeleitet hatte. Umgekehrt konnte der kritische Leser nicht bestreiten, daß die Hauptthese des „Braunbuches" trotz aller Polemik zutraf: daß es dem Gros der dort Vorgestellten gelungen war, ohne allzu große Schwierigkeiten wieder Teil der bürgerlichen Gesellschaft zu werden und seine persönliche Biographie bestenfalls Brüche aufzuweisen hatte.[70]

Flankiert wurden die Propagandamaßnahmen durch wissenschaftliche Darstellungen, die empirisch dicht geschrieben Aufklärungsarbeit leisteten, dabei aber direkt vom MfS mitgestaltet wurden oder aber auf Erkenntnissen aus Strafverfahren beruhten, an denen die Hauptabteilung IX/11 mitgewirkt hatte.[71] Letztendlich schlug sich die Tätigkeit des MfS in ihrer Wirkmächtigkeit vor allem in den sporadisch geführten Prozessen gegen ehemalige Gestapo-Angehörige nieder, die entweder aus einem Arbeitsprozeß heraus quasi als Nebenprodukt entstanden und bei Anklageeröffnung belegen sollten, daß die

DDR-Organe weiterhin wachsam NS-Täter verfolgten. Andere Verfahren jedoch waren gleich mit Blick auf die Bundesrepublik – wohin sich das „Gros der Tatverdächtigen" angeblich abgesetzt hatte[72] – als Gegen-Prozeß konzipiert worden, um zu demonstrieren, wie milde die westliche Rechtsprechung mit beschuldigten NS-Funktionsträgern verfuhr, während es der DDR-Justiz gelang, den mörderischen Beitrag selbst rangniedriger Täter an den Morden zu rekonstruieren und aufgrund dieser akribischen Polizeiarbeit den Angeklagten seiner gerechten Strafe zuzuführen.[73]

Die Zentralen Untersuchungsvorgänge gegen frühere Angehörige der Gestapo

Während das Gros der DDR-Verfahren sich zunächst mit Verbrechen in Konzentrationslagern – und hier wiederum schwerpunktmäßig mit Gewalttaten in Ravensbrück – auseinandersetzte, weist das Spektrum der durchgeführten Prozesse durchaus auch eine bemerkenswerte Vielzahl von Anklagen gegen frühere Gestapo- bzw. EG-Angehörige auf. So gegen die ehemals zum SK 4b gehörenden Kurt Goerke und Adolf Blaschke. Goerke stand im Jahr 1960 in Neuruppin vor Gericht und wurde zum Tode verurteilt. Gegen Blaschke erging im Mai 1974 der Schuldspruch. Das Bezirksgericht Erfurt verhängte eine lebenslange Haftstrafe.[74] Ähnlich lag der Fall bei den Verfahren gegen Hans Baumgartner vom EK 2 und Georg Frenzel, von August 1941 bis Dezember 1942 zum EK 8 kommandiert. Gegen Baumgartner erging im März 1971 das Todesurteil. Frenzel wurde durch das Bezirksgericht Karl-Marx-Stadt für schuldig befunden an Kriegsverbrechen und Verbrechen gegen die Menschlichkeit beteiligt gewesen zu sein, weshalb eine lebenslange Haftstrafe verhängt wurde. Er verstarb im Jahr 1979 im Haftkrankenhaus Leipzig.[75] Zwei weitere Verfahren richteten sich gegen die ehemaligen Angehörigen der EG D, Herbert Drabant vom EK 12 und Johannes Kinder vom SK 10a. Beide wurden 1976 angeklagt. Gegen Drabant verhängte das Stadtgericht Groß-Berlin eine lebenslange Haftstrafe. Kinder wurde – obwohl oder gerade weil er als IM viele Jahre für die Staatssicherheit tätig gewesen war – in Karl-Marx-Stadt zum Tode verurteilt, ohne daß er das MfS kompromittiert hatte.[76]

Ähnlich erging es dem SED-Mitglied Edmund Langer, ehemals Angehöriger des Grenzpolizeikommissariats Siedlce und Leiter des Grenzpolizeipostens Platerow, der in der DDR Karriere gemacht hatte und nach dem Jurastudium als Kreisstaatsanwalt in Schwerin arbeitete. Seine Vergangenheit wurde 1970 bekannt und führte zur Einleitung umfangreicher Ermittlungen gegen ihn. Er wurde beschuldigt, an verschiedenen Gewaltverbrechen – vor allem mit polnischen Opfern – mitgewirkt zu haben. Im Februar 1974 erging gegen Langer das Urteil. Er hatte eine lebenslange Haftstrafe anzutreten.[77] Der Schuldspruch gegen Rudolf Zimmermann, ehemals beim KdS Krakau, speiste sich aus vergleichbaren Tatvorwürfen. Entsprechend konnte hier nur lebenslänglich verhängt werden.[78] Vergleichsweise milde war die Strafe gegen den SS-Hauptsturmführer Franz Timm, einst im SD-Leitabschnitt Posen für das Wirtschaftsreferat zuständig, der unter dem Aliasnamen Franz Neumann in der DDR gelebt hatte. Weil ihm keine Tötungsdelikte nachzuweisen waren, wurde er vom Bezirksgericht Rostock 1974 zu zehn Jahren Freiheitsstrafe verurteilt und vorzeitig im Dezember 1982 entlassen.[79]

Diese Strafhöhe scheint die Norm für weniger Belastete gewesen zu sein. Sie spiegelt zugleich den Zeitgeist bei Gerichtsentscheidungen gegen diese Tätergruppe wieder, da allein wegen der Zugehörigkeit zur Gestapo nicht von vornherein eine lebenslange Haftstrafe oder gar ein Todesurteil ausgesprochen werden sollte. Außerdem muß bedacht werden, daß in der Spätphase der DDR die Staatssicherheit gegen betagte Beschuldigte ermittelte und eine langjährige Haftstrafe für den Verurteilten bedeuten konnte, daß er das Gefängnis nicht lebend verlassen würde. Das Urteil gegen Herbert Helbing aus dem Jahr 1980 fügt sich jedenfalls in dieses Bild ein. Gegen den 1908 geborenen ehemaligen Sachbearbeiter II D der Stapo-Stelle Zichenau/Schröttersburg – und so verantwortlich für diverse Schutzhafteinweisungen und öffentliche Hinrichtungen von polnischen Gefangenen – erging eine zeitliche Strafe von 13 Jahren. Helbing verstarb 1987 in Haft.[80] Im Prozeß gegen den früheren SD-Angehörigen Kurt Wachholz vor dem Stadtgericht Groß-Berlin 1968 ging es um die juristische Aufarbeitung der Verbrechen im Gestapo-Gefängnis Kleine Festung Theresienstadt.[81] Weitere Morddelikte im Protektorat Böhmen und Mähren waren Gegenstand des Verfahrens gegen den damaligen Leiter der Stapo-Außendienststellen Kulin und Beneschau, Paul Feustel, der 1972 vom Stadtgericht Groß-Berlin zum Tode verurteilt wurde.[82]

Neben dem auswärtigen Einsatz oder den Dienststellen in den besetzten Gebieten wurde auch die Tätigkeit der Gestapo im Heimatterritorium thematisiert. So im Prozeß gegen Wilhelm Lachmann von der Stapo-Leitstelle Breslau, der 1983 zu einer Freiheitsstrafe von 10 Jahren verurteilt wurde. Lachmann hatte laut Bezirksgericht Leipzig an der Deportation der Breslauer Juden mitgewirkt. Offensichtlich billigte man ihm aber zu, nicht einer der Haupttäter gewesen zu sein.[83] Dagegen machte das Verfahren gegen den Judenreferenten der Stapo-Leitstelle Dresden, Henry Schmidt – in nicht zutreffender Überhöhung seiner Funktion auch als „Eichmann von Dresden“ bezeichnet –, deutlich, daß es im Überwachungsapparat kein wirkliches Vergessen gab. Obwohl man nach dem als „Hauptverbrecher“ eingestuften Schmidt seit 1947 fahndete, war es ihm gelungen, über Jahrzehnte hinweg unentdeckt in der DDR zu leben. Erst mit der weitergehenden Vernetzung von personenbezogenen Daten durch das MfS kam die Stasi im Rahmen einer Routineanfrage im Jahr 1983 auf seine Spur. Schmidt, der als Geschäftsführer der Arbeiterwohnungsbaugenossenschaft „Glück auf“ auch im Sozialismus Karriere gemacht hatte, war bis dahin durch seinen Allerweltsnamen geschützt gewesen, mit dem er durch jedes Raster fiel. Einige Monate vor dem Zusammenbruch des Regimes wurde der Übersehene in Dresden zu lebenslanger Haft verurteilt, da im Gegensatz zur Bundesrepublik, „wo man Leute seines Schlages“ angeblich „stets sehr sanft angefaßt“ habe, solch eine Person in der DDR „mit strengster Strafe rechnen mußte“.[84]

Der Prozeß gegen Josef Blösche, ehemals Rottenführer beim KdS Warschau, vor dem Bezirksgericht Erfurt 1969 beschäftigte sich eigentlich mit einem rangniedrigen Befehlsempfänger und einfacheren Gemüt. Er stand aber im Verdacht, ein Exzeßtäter gewesen zu sein. Sein Verfahren ist sicherlich ein Sonderfall, da es in Konkurrenz zu den Ermittlungen der Hamburger Staatsanwaltschaft gegen den Warschauer Dienststellenleiter Dr. Ludwig Hahn betrieben wurde. So verwundert es kaum, daß im Blösche-Fall das Todesurteil erging, da die DDR sich klar gegen die westdeutsche Justiz positionieren wollte. Der ganze Vorgang, der sich vor allem gegen die Bestrebungen der Hamburger Ermittler richtete, einen Tatkomplex erst vollkommen aufzuklären und dadurch einen späten Schuldspruch zu riskieren, war für das MfS so bedeutsam, daß sich neben den eigentlichen Vernehmern, Hauptmann Harry Hesche und Unterleutnant Reiner Stenzel, der stellvertretende Abteilungsleiter von IX/11, Hauptmann Horst Bauer, persönlich intensiv mit dem Blösche-Fall beschäftigte. Das Kalkül ging auf: Blösche wurde am 29. Juli 1969 hingerichtet, während die Verkündung des Urteils gegen Ludwig Hahn zu lebenslanger Haft erst im Jahre 1975 erfolgte. In den Augen der Staatssicherheit waren die Hamburger wohl nicht sorgfältig genug gewesen, aber auch zu langsam und zu skrupulös vorgegangen. Dem MfS wiederum war es im Vergleich der Systeme rasch gelungen, einen ‚Volksfeind‘ zu separieren und auszuschalten.[85] Umgekehrt empfanden die Hamburger „gemessen an den Anklagevorwürfen“ das Ergebnis ihrer Arbeit selbst als „nicht befriedigend“, betonten aber zugleich, daß die Versäumnisse zur Erlangung eines höheren Strafmaßes weniger der westdeutschen Justiz als der mangelnden Rechtshilfe geschuldet waren. Schließlich gingen gemäß ihrer Argumentation – die man teilen mag oder nicht – die „Ostarchive“ erst auf, als „die Zeit für erfolgreiche Anklagen oder Prozesse bereits vorbei war“.[86]

Daß wiederum Blösche bewußt als Musterangeklagter durch das MfS aufgebaut worden war, belegt der Vorgang um Karl Mally, ehemals Angehöriger des Referats IVa beim KdS Warschau und dort mit der Bekämpfung von Widerstandsorganisationen befaßt, der nach dem Krieg Mitglied der SED geworden war und einer Erwerbstätigkeit als Leitungskader in einer Thüringer Zementfabrik nachging. Nachdem im Zuge der Blösche-Ermittlungen das MfS auch auf Mally aufmerksam geworden war und ihn der Verbrechen gegen die Menschlichkeit verdächtigte, setzte eine umfassende Ermittlungs- und Überwachungstätigkeit gegen die Zielperson ein. Schließlich wurde Mally vernommen; er sagte umfangreich zur Sache aus, belastete sich aber nicht hinsichtlich eines von ihm begangenen Tötungsdeliktes. Mit dieser Stellungnahme des Beschuldigten wurde das Verfahren (Vorgang „Zement") ermittlungstechnisch abgeschlossen, und es ergaben sich für Mally ausschließlich private Konsequenzen. Er wurde aus der SED ausgeschlossen und mußte auch seinen Posten als ökonomischer Leiter des Zementwerkes räumen. Ansonsten blieb er unbehelligt.[87] Insofern zeigen die intransparenten Ermittlungen zu Mally und Blösche auf, daß das MfS von seiner Motivlage her nach eigenem Gutdünken entschied. Dabei stand die unbedingte strafrechtliche Verfolgung von NS-Verbrechern nicht an erster Stelle.

Schließlich wurde durch das MfS eine beachtliche Zahl von Strafverfahren gegen frühere Volksdeutsche eingeleitet. Bei der Ausleuchtung des lebensgeschichtlichen Hintergrundes vieler Übersiedler in die DDR (Vorgang „Karpathia") kam die Staatssicherheit aus Ungarn und der Bukowina stammenden Menschen auf die Spur, die 1941 aus freiem Willen in den Distrikt Galizien übergetreten waren, um dann ihren Dienst als Dolmetscher, Wachmann oder auch als Sachbearbeiter bei der Gestapo von Lemberg, Drohobycz oder von Stanislau zu versehen. Vor allem bei Vernehmungen und Folterungen von Gefangenen hatte das reichsdeutsche Führungspersonal sich ihrer bedient, ebenso bei der Vielzahl der „Aktionen" in den Ghettos der Region. Aus diesem historischen Kontext entstanden die Zentralen Untersuchungsvorgänge gegen Peter Zauner und Stefan Zepezauer (zeitige Haftstrafen von zehn bzw. 12 Jahren, ergangen im Erfurter Verfahren 1973), Eugen Ungurean (1974 in Halle zu lebenslanger Haft verurteilt), Josef Holzberger (in Erfurt 1975 zu lebenslänglich verurteilt), Stefan Sterzl (12 Jahre Haft durch das Urteil des Stadtgerichts Groß-Berlin 1975) und Andreas Ilauski (zu acht Jahren Haft im August 1978 verurteilt).[88]

Summiert man die in der DDR ergangenen Schuldsprüche gegen frühere Angehörige der Gestapo, erscheint die Leistung der DDR-Strafverfolgung gegen Täter, die an nationalsozialistischen Gewaltverbrechen mitgewirkt hatten, beachtlich. Gleichwohl muß konstatiert werden, daß die umfassenden Ermittlungen der westdeutschen Justiz – trotz aller Rückschläge vor Gericht, bedingt durch die Erschwernis einer Beweisführung hinsichtlich individueller Vergehen im juristischen System des Rechtsstaates – bei weitem mehr zur Klärung und Rekonstruktion des größten Staatsverbrechens in der modernen Geschichte beitrugen, als die allein operativen Zielen dienende, auf Geheimniswahrung ausgerichtete Vorgehensweise des MfS. So verwundert es auch nicht, daß einer der umfassendsten Vorgänge nicht der historisch-strafrechtlichen Aufarbeitung der Gestapo-Verbrechen gewidmet war. Vielmehr ging es in diesem um die Beschaffung von Archivalien als Hintergrundmaterial für einen geplanten Dokumentarfilm, der die „Tätigkeit der Sicherheitsorgane der UdSSR während des großen Vaterländischen Krieges" idealisieren sollte. Um dieses Film-Vorhaben über „Moskauer Tschekisten" nach Kräften unterstützen zu können, bat das MfS im November 1985, daß „die sowjetischen Genossen konkret interessierende Personen und Sachverhalte“ benennen möchten, „damit zielgerichtete Nachforschungen in Archivdokumenten (RSHA, Gestapo, SD und Amt Ausland/Abwehr) erfolgen“ könnten.[89] Durch die Ereignisse, die zur friedlichen Revolution in der DDR führten, konnte das Schwert und Schild der Partei diesen Recherchevorgang zum Film „Der unsichtbare Krieg“ kaum in der gewünschten Weise beenden. Statt dessen harrte das NS-Archiv in der Freienwalder Straße mit den dort verwahrten Akten des RSHA der Entdeckung durch westdeutsche Historiker und Journalisten, während die Tätigkeit des MfS selbst Gegenstand der Strafverfolgung wurde.

Anmerkungen

1 Exemplarisch: Hans Schafranek: Zwischen NKWD und Gestapo. Die Auslieferung deutscher und österreichischer Antifaschisten aus der Sowjetunion an Nazideutschland 1937–1941, Frankfurt/M. 1990, S. 54–88.

2 Wendy Lower: Nazi Empire-Building and the Holocaust in Ukraine, Chapel Hill 2005, S. 78–81.

3 Andrej Angrick: Besatzungspolitik und Massenmord. Die Einsatzgruppe D in der südlichen Sowjetunion 1941–1943, Hamburg 2003, S. 266–269.

4 John P. Fox: Der Fall Katyn und die Propaganda des NS-Regimes, in: VfZ 30(1982), S. 462–499; Amtliches Material zum Massenmord von Winniza. Im Auftrage des Reichsministers für die besetzten Ostgebiete auf Grund urkundlichen Beweismaterials zusammengestellt, Viöl 1999 (Faksimile der 1944 erschienenen Ausgabe).

5 Kerstin Marienburg: Die Vorbereitung der Kriegsverbrecherprozesse im II. Weltkrieg. Die Diskussion um die Bestrafung der Kriegsverbrecher im II. Weltkrieg sowie die Vorbereitung der Kriegsverbrecherprozesse – insbesondere des Nürnberger Prozesses – in den Kriegsjahren durch die Alliierten, Hamburg 2008, S. 169–180.

6 George Ginsburgs: Moscows's Road to Nuremberg. The Soviet Background to the Trial, Den Haag u. a. 1996, S. 32–38; Arieh J. Kochavi: Prelude to Nuremberg. Allied war crimes policy and the question of punishment, Chapel Hill-London 1998, S. 42, 54–62.

7 Natalja Jeske/Ute Schmidt: Zur Verfolgung von Kriegs- und NS-Verbrechen durch sowjetische Militärtribunale in der SBZ, in: Andreas Hilger/Mike Schmeitzner/Ute Schmidt (Hrsg.): Sowjetische Militärtribunale, Bd. 2: Die Verurteilung deutscher Zivilisten 1945–1955, Köln u. a. 2003, S. 155–192.

8 Prozeß in der Strafsache gegen die faschistischen deutschen Okkupanten und ihre Helfershelfer wegen ihrer Bestialitäten im Gebiet der Stadt Krasnodar und des Krasnodarer Gaues während der zeitweiligen Besetzung dieses Gebietes. Verhandelt am 14.–17. Juli 1943, Moskau 1943; Deutsche Greuel in Rußland. Gerichtstag in Charkow, Wien o. J. [1946]; Jeske/Schmidt (Anm. 7), S. 157 f.

9 Zu dessen Untertauchen nach dem Krieg siehe den Beitrag von Gerald Steinacher in diesem Bd.

10 Im Extremfall konnte dies dazu führen, daß Verdächtige aus den eigenen Reihen, von denen man annahm, daß sie sich als Belastungszeugen den siegreichen Sowjets andienen könnten, liquidiert wurden; so jedenfalls das Verbrechen an dem eingebürgerten Dolmetscher Karl Miländer von der Stapo-Stelle Weimar, der Ostern 1945 von seinen Kolle-

gen ermordet wurde; Marlies Gräfe/Berhard Post/Andreas Schneider (Hrsg.): Quellen zur Geschichte Thüringens. Die Geheime Staatspolizei im NS-Gau Thüringen 1933–1945, II. Halbbd., Erfurt 2004, S. 554f.

11 Ginburgs (Anm. 6), S. 40f.; vgl. Andreas Hilger: „Die Gerechtigkeit nehme ihren Lauf"? Die Bestrafung deutscher Kriegs- und Gewaltverbrecher in der Sowjetunion und der SBZ/DDR, in: Norbert Frei (Hrsg.): Transnationale Vergangenheitspolitik. Der Umgang mit deutschen Kriegsverbrechern in Europa nach dem Zweiten Weltkrieg, Göttingen 2006, S. 180–246.

12 Henry Leide: NS-Verbrecher und Staatssicherheit. Die geheime Vergangenheitspolitik der DDR, Göttingen 2005, S. 31.

13 Aus diesem Grund versuchte die UdSSR erfolglos, den Amtschef III des RSHA, Otto Ohlendorf, sowie den Chef des Wirtschafts-Verwaltungs-Hauptamtes, Oswald Pohl, u. Paul Körner von der Vierjahresplanbehörde im Tauschverfahren gegen nachrangige Funktionäre des RuSHA, des Reichskommissars für die Festigung deutschen Volkstums u. vom SS-Fürsorge- u. Versorgungsamt überstellt zu bekommen, Hilger: Gerechtigkeit (Anm. 11), S. 197f.

14 Zahlen nach ebd., S. 225.

15 BStU, MfS-AS 139/63, Bd. 2: Diverse Personendossiers.

16 Vern. Erwin Hansen v. 24.4.1944, NARB, 954–1–2, Bl. 402f.; für die Überlassung des Dokumentes danke ich Peter Klein.

17 Michael Wildt: Generation des Unbedingten. Das Führungskorps des Reichssicherheitshauptamtes, Hamburg 2002, S. 742, 814f.; BStU, MfS-AS 139/63, Bd. 2, Bl. 178–186: Dossier Friedrich Panzinger.

18 Hilger: Gerechtigkeit (Anm. 11), S. 184.

19 Johannes Tuchel: Die Gestapo-Sonderkommission „Rote Kapelle", in: Hans Coppi/ Jürgen Danyel/ders. (Hrsg.): Die Rote Kapelle im Widerstand gegen den Nationalsozialismus, Berlin 1994, S. 145–160; Ute Schmidt: Spätheimkehrer oder „Schwerstkriegsverbrecher"? Die Gruppe der 749 „Nichtamnestierten", in: Andreas Hilger/dies./Günther Wagenlehner (Hrsg.): Sowjetische Militärtribunale, Bd. 1: Die Verurteilung deutscher Kriegsgefangener 1941–1953, Köln u. a. 2001, S. 273–350.

20 BStU, FV 6/74, Bd. 34, Bl. 38–53: Verzeichnis der Mitarbeiter des Unternehmens „Zeppelin" v. 13.11.1947; ebd., Bl. 55–70: Listen von offiziellen Mitarbeitern von „Zeppelin" v. 10.6.1945; zum historischen Vorgang: Klaus-Michael Mallmann: Der Krieg im Dunkeln. Das Unternehmen „Zeppelin" 1942–1945, in: Michael Wildt (Hrsg.): Nachrichtendienst, politische Elite und Mordeinheit. Der Sicherheitsdienst des Reichsführers SS, Hamburg 2003, S. 324–346.

21 Die Abteilung Smersch hatte für das Volkskommissariat für Verteidigung der UdSSR 1943 einen „Orientierungsbericht" über die Organisation und Tätigkeit von „Zeppelin" vorgelegt; das Kommissariat für Staatssicherheit legte am 15.11.1947 eine umfassende Analyse zur Gegnerspionage vor; BStU, FV 6/74, Bd. 3, Bl. 10: Aufstellung der sowjetischen Ursprungsquellen für das MfS; ebd., Bd. 7, Bl. 48–79: Namentliche Erfassung deutscher u. einheimischer Kräfte von „Zeppelin".

22 Angrick: Besatzungspolitik (Anm. 3), S. 413.

23 Andreas Seeger: „Gestapo-Müller". Die Karriere eines Schreibtischtäters, Berlin 1996, S. 173–180.

24 Vgl. Schmidt: Spätheimkehrer (Anm. 19); Panzinger u. Streckenbach waren erst in den späten Prozessen der Jahre 1951/52 abgeurteilt worden, Hilger: Gerechtigkeit (Anm. 11), S. 228.

25 Ebd., S. 239f.

[26] Ebd., S. 209, 233; Annette Weinke: Die Verfolgung von NS-Tätern im geteilten Deutschland. Vergangenheitsbewältigungen 1949–1969 oder: Eine deutsch-deutsche Beziehungsgeschichte im Kalten Krieg, Paderborn u. a. 2002, S. 44 f.

[27] Aleksandr Cicuga: Zu einigen Problemen der Rehabilitierung. Die Verfolgung von Naziverbrechern und ihren Handlangern, in: Hilger/Schmeitzner/Schmidt (Anm. 7), S. 759–778; Leide: NS-Verbrecher (Anm. 12), S. 29 f.

[28] Schmidt: Spätheimkehrer (Anm. 19), S. 319 ff., 327–334.

[29] Weinke: Verfolgung (Anm. 26), S. 64 f.

[30] Dies.: Die Waldheimer „Prozesse" im Kontext der strafrechtlichen Aufarbeitung der NS-Diktatur in der SBZ/DDR, in: Norbert Haase/Bert Pampel (Hrsg.): Die Waldheimer „Prozesse" – fünfzig Jahre danach, Baden-Baden 2001, S. 27–48.

[31] Falco Werkentin: Die Waldheimer „Prozesse" – ein Experimentierfeld für die künftige Scheinjustiz unter Kontrolle der SED?, in: ebd., S. 6–26.

[32] Weinke: Waldheimer (Anm. 30), S. 29–32.

[33] Werkentin: Waldheimer (Anm. 31), S. 20.

[34] Ebd., S. 21.

[35] Staw München I 114 Js 117/64: Anklage v. 27. 10. 1969; die Verurteilung in Waldheim brachte Trimborn u. Severin in ihrem Münchner Verfahren keinen Vorteil, da das Gericht die Waldheimer Prozesse als Unurteile bewertete, womit kein Klageverbrauch eingetreten sei; es erging jedoch ein Strafmaß von vier Jahren Zuchthaus, da Waldheim bei der Urteilshöhe sehr wohl eine Rolle spielte, vgl. Falco Werkentin: Politische Strafjustiz in der Ära Ulbricht, Berlin 1995, S. 189; zum Umgang mit den Beuteakten der Gestapo: Andreas Hilger/Nikita Petrov: „Erledigung der Schmutzarbeit"? Die sowjetischen Justiz- und Sicherheitsapparate in Deutschland, in: Hilger/Schmeitzner/Schmidt (Anm. 7), S. 59–152.

[36] Werkentin: Strafjustiz (Anm. 35), S. 189; Helge Grabitz: Täter und Gehilfen des Endlösungswahns. Hamburger Verfahren wegen NS-Gewaltverbrechen 1946–1996, hrsg. von der Justizbehörde Hamburg, Hamburg 1999, S. 82–91; eine gegenteilige Position – wonach der Beweismittelzug fast ausschließlich auf der Einbahnstraße von Ost nach West verlief – vertrat der mit den Dingen befaßte DDR-Staatsanwalt Günther Wieland: Die deutsch-deutschen Rechtsbeziehungen zur Ahndung von NS-Verbrechen zwischen Mauerbau und Wiedervereinigung, in: Helge Grabitz/Klaus Bästlein/Johannes Tuchel (Hrsg.): Die Normalität des Verbrechens. Bilanz und Perspektiven der Forschung zu den nationalsozialistischen Gewaltverbrechen. Festschrift für Wolfgang Scheffler zum 65. Geburtstag, Berlin 1994, S. 386–407.

[37] Siehe den Beitrag von Stephen Tyas in diesem Bd.; vgl. Christopher Simpson: Der amerikanische Bumerang. NS-Kriegsverbrecher im Sold der USA, Wien 1988; Hermann Zolling/Heinz Höhne: Pullach intern. General Gehlen und die Geschichte des Bundesnachrichtendienstes, Hamburg 1971; Mary Ellen Reese: Organisation Gehlen. Der Kalte Krieg und der Aufbau des deutschen Geheimdienstes, Berlin 1992; David Cesarani: Justice Delayed. How Britain became a Refuge for Nazi Criminals, London [2]2001; Mark Aarons: Sanctuary. Nazi Fugitives in Australia, Victoria 1989.

[38] Dieter Schenk: Auf dem rechten Auge blind. Die braunen Wurzeln des BKA, Köln 2001; Stefan Noethen: Alte Kameraden und neue Kollegen. Polizei in Nordrhein-Westfalen 1945–1953, Essen 2003; zu den Abläufen in Bremen: Hans Hesse: Konstruktionen der Unschuld. Die Entnazifizierung am Beispiel von Bremen und Bremerhaven 1945–1953, Bremen 2005, S. 366–381.

[39] Jens Gieseke: Die hauptamtlichen Mitarbeiter der Staatssicherheit. Personalstruktur und Lebenswelt 1950–1989/90, Berlin 2000, S. 60, 75 f., 124 f., 299; Leide: NS-Verbrecher (Anm. 12) S. 229–240.

[40] Ebd., S. 408–412.

[41] Lebensläufe Bruno Sattler v. Juni/Juli 1965, BStU, ZUV 27, Bd. 2, Bl. 2 ff.; vgl. Christoph Graf: Politische Polizei zwischen Demokratie und Diktatur. Die Entwicklung der preußischen Polizei vom Staatsschutzorgan der Weimarer Republik zum Geheimen Staatspolizeiamt des Dritten Reiches, Berlin 1983, S. 378; Beate Niemann: Mein guter Vater. Mein Leben mit seiner Vergangenheit. Eine Täter-Biographie, Berlin ²2006.

[42] Einstellungsverfügung ZSD v. 12.10.1965, BAL, B 162/8875, Bl. 20.

[43] BStU, ZUV 27, Bd. I, Bl. 29–32: Auskunftsbericht zum Gerichtsvorgang Bruno Sattler v. 2.2.1967.

[44] Lutz Hachmeister: Der Gegnerforscher. Die Karriere des SS-Führers Franz Alfred Six, München 1998, S. 236.

[45] BStU, ZUV 27, Bd. I/I, Bl. 7–15, 20–42: Vern. Bruno Sattler v. 10., 14., 16., 20., 24.3.1950.

[46] Henry Leide: Die verschlossene Vergangenheit. Sammlung und selektive Nutzung von NS-Materialien durch die Staatssicherheit zu justitiellen, operativen und propagandistischen Zwecken, in: Roger Engelmann/Clemens Vollnhals (Hrsg.): Justiz im Dienste der Parteiherrschaft. Rechtspraxis und Staatssicherheit in der DDR, Berlin 1999, S. 495–530; „Riedels" Tätigkeit soll dabei zur Verhaftung einzelner von ihm überwachter Zielpersonen geführt haben, ders: NS-Verbrecher (Anm. 12), S. 199–223, 240–244.

[47] George Bailey/Sergej A Kondraschow/David Murphy: Die unsichtbare Front. Der Krieg der Geheimdienste im geteilten Berlin, Berlin 1997, S. 336–341; Jürgen Borchert: Die Zusammenarbeit des Ministeriums für Staatssicherheit (MfS) mit dem sowjetischen KGB in den 70er und 80er Jahren. Ein Kapitel aus der Geschichte der SED-Herrschaft, Berlin 2006, S. 150 ff.

[48] Laut eigenen Angaben gehörte er als Kriminalkommissar u. Anwärter des leitenden Dienstes der Sicherheitspolizei zum Nachwuchs des RSHA, um dann 1943 im Amt VI beim Gruppenleiter Westeuropa, Eugen Steimle, den Dienst in der Zentrale anzutreten, Heinz Felfe: Im Dienst des Gegners. Autobiographie, Berlin (Ost) 1989², S. 31–44; vgl. Wolfgang Kraushaar: Karriere eines Boxers. Johannes Clemens: Vom Gestapo-Schläger in Klemperers Tagebüchern zum Doppelagenten des KGB im BND, in: Mittelweg 36, 5(1996), H. 5, S. 3–18.

[49] Weinke: Verfolgung (Anm. 26), S. 288 f.; vgl. Heinz Höhne: Der Krieg im Dunklen. Macht und Einfluß der deutschen und russischen Geheimdienste, München 1985, S. 548–552; Reinhard Gehlen: Der Dienst, Mainz-Wiesbaden 1971, S. 286–289.

[50] Höhne (Anm. 49), S. 549.

[51] Leide: NS-Verbrecher (Anm. 12), S. 224–228.

[52] Hubertus Knabe: West-Arbeit des MfS. Das Zusammenspiel von „Aufklärung" und Abwehr, Berlin 1999, S. 70.

[53] Höhne (Anm. 49), S. 552.

[54] Leide: NS-Verbrecher (Anm. 12) S. 301–318; Weinke: Verfolgung (Anm. 26), S. 74, 377 f.

[55] Friedrich W. Schlomann: Die Maulwürfe. Noch sind sie unter uns, die Helfer der Stasi im Westen, München 1993, S. 80 f.

[56] Siehe die Einschätzung im Kapitel „Die Archive" des unter Jelzin kurzzeitig tätigen KGB-Chefs: Wadim Bakatin: Im Inneren des KGB, Frankfurt/M. 1993, S. 163–190.

[57] Simpson (Anm. 37), S. 71 f., 154 f., 296–314; aus der Sicht ehemaliger Mitarbeiter des MfS: Klaus Eichner/Andreas Dobbert: Headquarters Germany. Die USA-Geheimdienste in Deutschland, Berlin 1997, S. 31, 357–362.

[58] Leide: NS-Verbrecher (Anm. 12), S. 181–190.

[59] Leide: Vergangenheit (Anm. 46), S. 497–500, 504 f.
[60] BStU, FV 270/68.
[61] Ebd., FV 2/72.
[62] Ebd., FV 98/66.
[63] Ebd., FV 6/74.
[64] Ebd., FV 270/68.
[65] Ebd., FV 6/70.
[66] Ebd., FV 123/69; in diesem Zusammenhang wurden auch die Ludwigsburger Ermittler überprüft; für diesen Hinweis danke ich dem ehem. Untersuchungsrichter Schneider/Ludwigsburg.
[67] Weinke: Verfolgung (Anm. 26), S. 209–224; zur Einschätzung, daß dieses Verhalten die Strafverfolgung in der Bundesrepublik behindert hat: Grabitz (Anm. 36), S. 91.
[68] Zur Unterwanderung u. Instrumentalisierung des Dokumentationszentrums durch das MfS: Leide: NS-Verbrecher (Anm. 12), S. 168–176.
[69] Braunbuch. Kriegs- und Naziverbrecher in der Bundesrepublik. Staat, Wirtschaft, Armee, Verwaltung, Justiz, Wissenschaft, hrsg. v. Nationalrat der Nationalen Front des Demokratischen Deutschland – Dokumentationszentrum der Staatlichen Archivverwaltung der DDR, Berlin (Ost) 1965; Graubuch: Expansionspolitik und Neonazismus in Westdeutschland. Hintergründe und Methoden. Eine Dokumentation, hrsg. v. Nationalrat der Nationalen Front, Berlin (Ost) 1967[2].
[70] Braunbuch (Anm. 69), S. 55–94.
[71] Leide: NS-Verbrecher (Anm. 12), S. 117 f.
[72] Wieland (Anm. 36), S. 390.
[73] Diese Ansicht wurde noch 1994 vom früheren, mit NSG-Vorgängen betrauten Staw Dr. Günther Wieland vertreten, da keiner der DDR-Schuldsprüche nach der Wiedervereinigung aufgehoben worden sei, Wieland (Anm. 36), S. 403.
[74] BStU, ZUV 6 (Goerke) u. 22 (Blaschke).
[75] Ebd., ZUV 9 (Frenzel) u. 14 (Baumgartner).
[76] Ebd., ZUV 23 (Drabant) u. 43 (Kinder); Leide: NS-Verbrecher (Anm. 12), S. 249 ff.
[77] BStU, ZUV 30; Leide: NS-Verbrecher (Anm. 12), S. 86 f.
[78] BStU, ZUV 35.
[79] Ebd., ZUV 32.
[80] Ebd., ZUV 59.
[81] Ebd., ZUV 13.
[82] Ebd., ZUV 16.
[83] Ebd., ZUV 52.
[84] Ebd., ZUV 74; vgl. Beate Meyer: Der „Eichmann von Dresden". ‚Justizielle Bewältigung' von NS-Verbrechen in der DDR am Beispiel des Verfahrens gegen Henry Schmidt, in: Jürgen Matthäus/Klaus-Michael Mallmann (Hrsg.): Deutsche, Juden, Völkermord. Der Holocaust als Geschichte und Gegenwart, Darmstadt 2006, S. 275–291; aus der Sicht der Anklagevertretung u. unkritisch, was die Rolle der Strafverfolgungsorgane betrifft: Horst Busse/Udo Krause: Lebenslänglich für den Gestapokommissar, Berlin (Ost) 1988, Zitat S. 81.
[85] BStU, ZUV 15; vgl. Heribert Schwan/Helgard Heindrichs: Der SS-Mann. Josef Blösche – Leben und Sterben eines Mörders, München 2003; Grabitz (Anm. 36), S. 91–112; zur Problematik der Hamburger Ermittlungen gegen Hahn siehe den Beitrag von Jacek Andrzej Młynarczyk in diesem Bd.
[86] Grabitz (Anm. 36), S. 97.
[87] Leide: NS-Verbrecher (Anm. 12), S. 367 f.

[88] BStU, ZUV 24, 29, 40, 47, 48; zum historischen Kontext: Dieter Pohl: Nationalsozialistische Judenverfolgung in Ostgalizien 1941–1944. Organisation und Durchführung eines staatlichen Massenverbrechens, München 1996; Thomas Sandkühler: „Endlösung" in Galizien. Der Judenmord in Ostpolen und die Rettungsinitiativen von Berthold Beitz 1941–1944, Bonn 1996; zur Übersiedlung von volksdeutschen Kollaborateuren nach Galizien: Andrej Angrick: Die Einsatzgruppe D und die Kollaboration, in: Wolf Kaiser (Hrsg.): Täter im Vernichtungskrieg. Der Überfall auf die Sowjetunion und der Völkermord an den Juden, Berlin-München 2002, S. 71–95.

[89] BStU, RHE 4/85 SU, Bd. 1, Bl. 6.

III. Konstruktionen

Klaus-Michael Mallmann

Dr. Jekyll & Mr. Hyde
Der Täterdiskurs in Wissenschaft und Gesellschaft*

Am 8., 9. und 10. April 1948 verkündete der Vorsitzende Richter Michael A. Musmanno in Nürnberg das Urteil des Militärgerichtshofs II der Vereinigten Staaten von Amerika im Fall 9, dem Einsatzgruppen-Prozeß. Am zweiten Tag kam er auf den ranghöchsten Angeklagten, Otto Ohlendorf, einst SS-Gruppenführer und Amtschef III im Reichssicherheitshauptamt (RSHA), zu sprechen. „Die Beweisaufnahme in diesem Fall brachte nicht einen, sondern zwei Otto Ohlendorfs ans Tageslicht. Zuerst ist hier der Ohlendorf als Student, Dozent, Verwalter, Soziologe, wissenschaftlicher Analytiker und Menschenfreund", charakterisierte er ihn, konfrontierte den Intellektuellen jedoch zugleich mit dem Verbrecher gleichen Namens: „Auf der anderen Seite wird uns ein SS-General Ohlendorf beschrieben, der die Einsatzgruppe D auf einer Rassenausrottungsexpedition in die Krim führte." Musmanno erklärte sich diese Janusköpfigkeit mit dem Rückgriff auf eine literarische Kunstfigur: „Wenn der Menschenfreund und Einsatzführer in einer Person verschmolzen, könnte man annehmen, daß wir es hier mit einem Charakter zu tun haben, der dem von Robert Louis Stevenson in seinem ‚Dr. Jekyll und Mr. Hyde' beschriebenen gleicht." Allerdings beließ er es nicht bei dieser Diagnose, sondern schränkte sogleich ein: „So interessant es sein würde, bei dieser möglichen Doppelnatur zu verweilen, der Gerichtshof kann seine Entscheidung nur über den Ohlendorf treffen, der, wie er selbst sagt, eine Organisation leitete, die nach ihren eigenen Meldungen 90000 Menschen umbrachte."[1] Und dies bedeutete das Todesurteil.

Bausteine der frühen Erinnerungspolitik

Musmannos Unterstellung, die Täter seien schizophrene Persönlichkeiten gewesen, mag heute als absurd erscheinen. Gleichwohl verlangte die Tatsache, daß hoch gebildete Männer aus dem Land von Goethe und Schiller, Lessing und Kant reihenweise zu Mördern geworden waren, dringend nach Erklärungsversuchen.[2] Denn ein Rückfall in die Barbarei – das erkannte manch einer bald schon nach Kriegsende – ließ sich nicht einfach mit hergebrachten Lösungen begründen. Das erforderte neue Antworten. So lieferte der einstige Buchenwald-Häftling Eugen Kogon einen anderen Ansatz. In seinem noch Ende 1945 erschienenen Buch „Der SS-Staat", einem ad hoc verfaßten Augenzeugenbericht, der gleichwohl viele Auflagen erleben sollte, deutete er die Täter aus Gestapo und SD als Korrumpierte und Gescheiterte: „Ihre obersten Häuptlinge hatten nicht selten gerade für die maßgebenden Stellungen Männer ausgewählt, die mit den Gesetzen bereits in Konflikt geraten waren, oder sie haben sie bewußt in solche Konflikte gebracht, damit ihre Treue einen ‚gesunden Unterbau' durch Sozialdeklassiertheit erhielt; damit es für sie ‚keinen Rückweg' mehr gab. Die Mannschaft des Apparates bestand überwiegend aus Menschen, die im normalen Polizeidienst nicht vorwärts gekommen waren, und aus einer Fülle frisch hereingenommener verkrachter Existenzen, meist ohne jede charakterliche oder fachliche Vorbildung."[3] Dieses Interpretationsangebot der Negativauslese, das – wie wir heute wissen – die Realität bis zur Unkenntlichkeit verbiegt, avancierte in der Folgezeit zur populären Denkfigur. Denn anders als Musmannos Deutung verrätselte Kogon die Täter nicht psychologisch, sondern marginalisierte sie, wertete sie moralisch ab und rückte sie an den Rand der Gesellschaft. Sie waren gewissermaßen die anderen, eine Melange aus Gestrauchelten, Kriminellen und Versagern, eine Mischung aus Abschaum und Bodensatz, alles andere als normale Deutsche. Diese Differenz erlaubte Distanzgewinnung.

Der gesellschaftliche Gebrauchswert, den diese ausgrenzende Perspektive abwarf, verzahnte sich mit der selektiven Optik, mit der man anfangs die Verbrechen der Gestapo in den Blick nahm. Denn vor dem Ulmer Einsatzgruppen-Prozeß 1958 gab es in der Bundesrepublik nicht einmal eine Handvoll Gerichtsverfahren, die den Massenmord im deutschen Osten thematisiert hatten. Statt dessen dominierten im Bereich der Geheimen Staatspolizei Urteile gegen Denunzianten und V-Leute, wegen Folter mit Todesfolge und Verbrechen in der Kriegsendphase.[4] Dies ließ die Angeklagten als brutale Schurken erscheinen, die über Leichen gegangen waren, und separierte sie so gleichfalls vom gesellschaftlichen Mainstream. Vor allem aber versperrte diese Sichtweise den Blick auf die genozidalen Verbrechen, die Deutsche und Österreicher gemeinsam begangen hatten: die Vernichtung der Juden, Sinti und Roma, die massenhafte Liquidierung sowjetischer Kriegsgefangener. Statt dessen sah man die Untaten vor allem gegen die Deutschen selbst gerichtet, verstand man unter „Lager" damals Dachau und Buchenwald, nicht aber Auschwitz und Treblinka.

Diese verengte Perspektive auf die Untaten minimierte nicht nur das Ausmaß der Gewalt, sondern veränderte auch die Blickrichtung auf die Opfer. Hatten bereits die Österreicher aller Couleur seit Kriegsende steif und fest behauptet, die ersten Ziele von Hitlers Eroberungspolitik gewesen zu sein,[5] so fand diese Deutung nun auch in Deutschland zunehmend Freunde. Zugespitzt formuliert, sahen sich dessen Bewohner jetzt als Bürger eines Landes, das von den Nationalsozialisten okkupiert worden war, verstanden sich als Hitlers erste und eigentliche Beute.[6] Schützenhilfe erhielt diese populäre Sichtweise bald schon aus der Wissenschaft. „Daß Deutschland nach 1933 ein ‚besetztes Land' war", verkündete ausgerechnet der aus den USA zurückgekehrte

Hans Rothfels[7] und wurde nicht müde darin, „die Fiktion der Identität zwischen Deutschem und Nationalsozialistischem" zu attackieren.[8] „Meine und vieler anderer Bemühungen gehen gerade dahin", so bekannte er offen, „die Unterscheidung von Deutschen und Nationalsozialisten zu internationaler Anerkennung zu bringen".[9] Und Golo Mann, gleichfalls ein Remigrant, befand, daß „die große Masse der Vernünftigen und Gesunden einigen wenigen Schurken diente", daß die Gaskammern „nur einer ganz kleinen Zahl von Mordbeamten bekannt gewesen" seien.[10] Das waren beruhigende Worte von hoher Warte.

„Die Deutschen tun, als seien die Nazis eine fremde Rasse von Eskimos, die vom Nordpol gekommen und irgendwie in Deutschland eingedrungen sind", beschrieb die Journalistin Margaret Bourke-White, die das Vorrücken der US-Truppen im Frühjahr 1945 begleitete, die vorherrschende Stimmung und glaubte in dem dauernd gehörten Satz „Wir haben nichts gewußt!" die neue „deutsche National-Hymne" zu erkennen.[11] Und die Mehrheit der Deutschen wollte auch jetzt noch nichts wissen. „Im halben Licht des Projektionsapparates sah ich, wie die meisten nach Beginn des Films das Gesicht abwandten und so bis zum Ende der Vorstellung verharrten", beschrieb der Rückkehrer Stephan Hermlin die Reaktion von Frankfurter Bürgern, die vor Erhalt von Lebensmittelkarten einen Dokumentarfilm über Dachau und Buchenwald ansehen mußten.[12] Auch Reeducation-Programme hatten ihre Grenzen. Der Nürnberger Prozeß gegen die Hauptkriegsverbrecher bestärkte die Bevölkerung im Glauben an die eigene Unschuld. „Die Schächer sitzen ja auf der Anklagebank", befand der Schriftsteller Erik Reger Ende des Jahres. „Mit jedem Dokument, das der Ankläger vorlegt, schwindet ein Fleck mehr von der Seele des Durchschnittsdeutschen, und indem die Galerie von Göring bis Keitel so schwarz wie mit Tinte übergossen scheint, strahlt der Durchschnittsdeutsche so blank wie ein romantischer Vollmond über dem Schlosse von Heidelberg."[13] Zugleich begann im Nürnberger Gerichtssaal die nachhaltige Dämonisierung Hitlers. Er „war der Teufel", erklärte Hans Frank, der einstige Generalgouverneur im besetzten Polen, er „verführte uns alle".[14] Mit dieser infernalischen Perspektive besaß man einen genialen Blitzableiter.

Die Alliierten stießen überall auf eine „allgemeine Exkulpationssolidarität, die die Deutschen miteinander verband".[15] Von Schuldbewußtsein war nichts zu entdecken; nicht einmal die Auslösung des Weltkrieges belastete die Gewissen: „Niemand kritisierte die Aggression als solche", berichtete Saul K. Padover, der für die US-Army seit Herbst 1944 Deutsche vernahm. „Kritisiert wurde die gescheiterte Aggression. Hitler wird vorgeworfen, den Krieg verloren, und nicht, ihn begonnen zu haben."[16] „Flucht aus der Verantwortung" erkannte auch Padovers Kollege Daniel Lerner allerorten und notierte: „Die meisten rechnen damit, daß die Alliierten helfen werden, Deutschland zu ernähren und wiederaufzubauen, und daß außer einigen hohen Parteifunktionären kein

Deutscher bestraft werden wird (oder bestraft werden sollte)."[17] Urteile, die über das Nürnberger Tribunal hinausgehen würden, stießen also von Anfang an auf Ablehnung. „Sie haben, wie immer, einer Regierung, so zuletzt dem Hitler, pariert und verstehen im großen und ganzen nicht, warum Gehorchen diesmal schlechter gewesen sein soll", urteilte der zeitweilig heimkehrende Emigrant Alfred Döblin und schloß daraus: „Es wird viel leichter sein, ihre Städte wiederaufzubauen, als sie dazu zu bringen, zu erfahren, was sie erfahren haben, und zu verstehen, wie es kam."[18] Und der Photograph Henry Ries, der 1938 aus Berlin ins amerikanische Exil übergesiedelt war und zehn Jahre später erstmals wieder die einstige Heimat besuchte, hielt fest: „Besiegt, aber im Innersten mit ihrer Niederlage nicht einverstanden, der entsetzlichsten Verbrechen schuldig, aber ihrer Schuld nicht eingedenk – diese Gesichter sind Deutschland. [...] Gesichter, gezeichnet von Verfall, Zerstörung und Niederlage, überschattet von dem Schandfleck der Greuel, von so vielen verübt, von den meisten verziehen."[19] Von einer „Stunde Null", jener lange vorherrschenden Metapher für die Zeit des Umbruchs, die einen völligen Neubeginn suggerierte, konnte keine Rede sein. Es war ein schwer kontaminierter Boden, auf dem man sich bewegte.

Das war auch die Geburtsstunde vom Mythos der Allgegenwart und Allwissenheit der Gestapo. Denn die Behauptung, daß man nichts wissen, nichts dagegen tun konnte, verlangte eine Begründung, und die fand man in der Fabel von der omnipräsenten Geheimpolizei, die die Deutschen lückenlos und flächendeckend überwacht habe.[20] Diese Denkfigur avancierte in Ost und West zum mehrheitsfähigen, konsensstiftenden Glaubensbekenntnis, zum Instrument der kollektiven politischen Entschuldung. Wie keine andere eignete sich die Vorstellung, daß gewissermaßen an jeder Straßenecke ein Gestapo-Agent gewacht habe, als Tapetentür für ‚Otto Normalverbraucher'. „Das allgemeine Gefühl war, daß die Gestapo überall war", stellte bereits William Sheridan Allen in seiner ‚klassischen' Lokalstudie über die NS-Machtübernahme in Northeim fest – und dies, obwohl es in dieser südniedersächsischen Kleinstadt neben der regulären Polizei nur zeitweise einen V-Mann des SD gegeben hatte, aber keinen einzigen Mitarbeiter der Geheimen Staatspolizei.[21] Das geschichtsklitternde Exkulpationsmodell vom Gestapo-Staat als Herrschaftsinstrument einer skrupellosen Clique über das eigene Volk wurde so zur Gründungsmär von Österreich und beiden deutschen Staaten. Mit ihr gelang es, das Bild von der Ohnmacht gegenüber der „nationalsozialistischen Gewaltherrschaft", von der vollkommenen Übermächtigung durch „verbrecherische Machthaber" zu etablieren und die Gestapo als soziale Enklave aus der deutsch-österreichischen Gesellschaft hinauszuinterpretieren.[22]

Auch die Gestapo-Angehörigen selbst machten sich diesen Mythos zunutze: Der bereits von der Verteidigung in Nürnberg behauptete Befehlsnotstand als juristische und zunehmend auch populäre Entschuldungsfigur verbreitete die

Vorstellung, daß dem Terror nach außen auch ein Terror nach innen entsprochen habe, ein Zwang zum Mitmachen, eine stete Bedrohung an Leib und Leben im Falle der Verweigerung. Durch diese Deutung, die sich als äußerst zählebig erweisen sollte, auch wenn sie von vorne bis hinten erlogen war, machten sich die Träger des Terrors gleichzeitig zu dessen Opfern.[23] Speziell für die Täter der Judenvernichtung, für die der euphemistische Oberbegriff „Judenverfolgung" üblich wurde, kamen weitere Weichenstellungen hinzu: Ohlendorfs erfolgreiche Behauptung im Nürnberger Einsatzgruppen-Prozeß, die Shoah habe auf einem eindeutigen Befehl Hitlers beruht, sei also Befehlshandeln gewesen, ging seitdem in Geschichtswissenschaft und Rechtsprechung ein.[24] Auch diese gleichfalls zählebige Unterstellung einer zentralen „Endlösungs"-Planung reduzierte die Bedeutung der Täter und machte sie zu bloßen Vollstrekkern eines fremden Willens.[25] Flankiert wurde diese Sichtweise durch den 1949 einsetzenden Meinungsumschwung in der Strafrechtsdogmatik, der zu einem fundamentalen Wandel in der Rechtsprechung führte: Morddelikte in NS-Strafverfahren wurden zunehmend als Beihilfe bewertet, die Täter als Rädchen in einem von Hitler, Himmler und Heydrich in Gang gehaltenen Getriebe. Die Konstruktion der Tatgehilfen und der drei Haupttäter, die zudem den Vorzug besaßen, daß sie allesamt bereits tot waren, fand 1962 durch eine Entscheidung des Bundesgerichtshofes höchstrichterliche Anerkennung.[26] Diese totalitarismustheoretisch fundierte Deutung sanktionierte eine Spruchpraxis, die ausgerechnet die Kerngruppe des Genozids als terrorisierte Mitläufer, als subalterne Befehlsempfänger ohne eigenen Vernichtungswillen qualifizierte und ihr bestenfalls Urteile am unteren Ende des Strafmaßes verschaffte.[27]

Der Vergessenspakt

Damit waren die Grundzüge eines krisenfesten Vergessenspaktes geschaffen, entstand der Erinnerungskompromiß einer nachdiktatorischen Selbstentlastungsgesellschaft, der die Täter zu Gefangenen der Zeitläufte machte, die gleichsam zum Gehorsam verdammt waren, der ihnen die Präsentation als nachgeordnete Persönlichkeiten erlaubte, als willenlose Werkzeuge eines verrückten Tyrannen, als Exekutoren fremder Taten, die von ihnen nicht gewollt waren. Dieser frühe Diskurs schuf Distanz durch Exterritorialisierung, Kriminalisierung und Diabolisierung, war von Abwehrhaltungen und blinden Flekken im kollektiven Gedächtnis geprägt. Die NS-Massenverbrechen hatten demnach allenfalls unbemerkt in weiter Ferne stattgefunden. So erklärte das Hamburger Schwurgericht 1949 in seinem Freispruch von Veit Harlan, dem Regisseur des antisemitischen Hetzfilms „Jud Süß", explizit, von der Shoah hätten nur wenige gewußt und ebenso wenige hätten sie ausgeführt.[28] Dies lud geradezu ein, vom „Schicksal der Juden" zu munkeln und so zu tun, als sei Massenmord ein astrologisch vorherbestimmtes Geschehen gewesen, an dem die deutsche Gesellschaft unschuldig war.

Als Akteure kamen entweder dämonische Führer oder aber exzeßverliebte Verbrecher in Frage, mit denen man nichts gemein hatte. Der Ruf der in Nürnberg ramponierten Geheimen Staatspolizei blieb dauerhaft beschädigt. Als Institution diente sie nunmehr als Sündenbock und Prügelknabe für jedermann. Und davon machte man so ausgiebig Gebrauch, daß „Gestapo“ bald schon zur Chiffre aller Verbrechen avancierte. Zugleich selektierte die Öffentlichkeit jedoch nach bürgerlicher Wertigkeit. Denn nicht der promovierte Jurist als Regierungsrat und Chef eines Einsatzkommandos, sondern der Folterknecht mit der Peitsche, der Totschläger mit niedrigem Rang repräsentierte dort den Typus des Täters.[29] Selbst Konrad Adenauer meinte 1952, unter den in alliierten Gefängnissen einsitzenden „Kriegsverurteilten“ seien nur sehr wenige „wirkliche Verbrecher“ und bei denen handele es sich vorwiegend um „Asoziale und Vorbestrafte“.[30] Weltanschauungsaktivisten, Funktionseliten und Wehrmacht blieben dagegen außerhalb des Fokus. Die Untaten ließen sich so isolieren und separieren, konnten verbannt werden in Himmlers schwarzes Imperium, in ein exterritoriales Gebiet weit außerhalb der Gesellschaft.

Die Deutschen und die Verbrechen wurden damit ebenso fein säuberlich geschieden voneinander wie die Deutschen und der Nationalsozialismus, und die gebräuchlich werdenden Wortschöpfungen „Vergangenheitsbewältigung“ und „Wiedergutmachung“ offenbarten das Nichterfassen der wirklichen Dimensionen der Katastrophe. So konnte man wortreich darüber lamentieren, daß man „die Kleinen“ hänge und „die Großen“ laufen lasse, daß man ein Opfer der „Siegerjustiz“ geworden sei. Man argumentierte vehement gegen die Behauptung, von den Alliierten kollektiv für schuldig erklärt worden zu sein, obwohl kein einziges offizielles Dokument überliefert ist, in dem diese eine solche Kollektivschuld postulierten.[31] Verbrechen waren meist nur „im Namen des deutschen Volkes“ begangen worden; man wählte so eine Formulierung, die die Täterschaft semantisch offen ließ. Mehrheitlich forderte man bald schon einen Schlußstrich und verurteilte die Entnazifizierungsverfahren vehement.[32] Internierungslager und Spruchkammern seien nichts anderes als „grausame Verfolgung, die selbst naziähnliche Methoden anwende, indem sie Menschen den Prozeß mache und sie in ‚Konzentrationslagern‘ gefangen halte“, faßte die US-Militärregierung 1948 die Meinung zusammen.[33]

Eine strafrechtliche Aufarbeitung begriffen die Deutschen nicht als moralischen Befreiungsschlag, sondern als gesamtgesellschaftliches Schuldeingeständnis.[34] Gleichzeitig ebneten sie durch die stete Erinnerung an Bombenkrieg, Flucht und Vertreibung, durch die innige Empathie mit den Kriegsgefangenen in der Sowjetunion systematisch den Unterschied zwischen Tätern und Opfern ein.[35] Während man öffentlich die Vergangenheit beschwieg, sprach man unter seinesgleichen andauernd vom Krieg, allerdings nur von den eigenen Verlusten. Unter diesen Voraussetzungen konnte die Nachkriegsdemokratie nur dadurch mehrheitsfähig werden, indem man die Verbrechen an den Juden tabuisierte, die Shoah schlicht ignorierte.[36] Die Systemtransformation forderte so ihren Tribut. Eine kompromittierte Gesellschaft ließ sich nicht konzessionslos neu integrieren, und Demokratie implizierte Rücksichtnahme auf Majoritäten. Es spricht viel dafür, daß dem eine bewußte Strategie Adenauers zugrundelag, der von der Unvereinbarkeit von Demokratiebegründung und gleichzeitiger Erinnerung an die NS-Vergangenheit überzeugt war.[37]

Der organisierte Massenmord des Dritten Reiches wurde aus der Geschichtswissenschaft an den Universitäten ausgelagert in das sich zu Beginn der 1950er Jahre konstituierende außeruniversitäre Institut für Zeitgeschichte in München. Der lesende Teil der Gesellschaft, der sich damals mit der jüngsten Vergangenheit befaßte, blieb insbesondere auf drei Bücher verwiesen. Zwar waren sie paradoxerweise alle in aufklärerischer, kritischer Absicht verfaßt, doch bereits ihre Titel stehen als Schlüsselbegriffe des zeitgenössischen Verarbeitungsdiskurses, als Paßwörter des allgemeinen Verständnisses. „Der SS-Staat“ von Eugen Kogon legte nahe, das Unheil nicht in der deutschen Gesellschaft zu suchen, sondern es im Reich der SS zu verorten.[38] 1946 kam dann „Die deutsche Katastrophe“ von Friedrich Meinecke auf den Buchmarkt. Daß es sich dabei in erster Linie um eine jüdische Katastrophe handelte, kam dem Autor damals nicht in den Sinn.[39] 1953 publizierte Günther Weisenborn schließlich seinen Band „Der lautlose Aufstand“, der den überaus breiten innergesellschaftlichen Widerstand gegen Hitler betonte und so eine Brücke zur guten deutschen Vergangenheit schlug.[40] Alle drei Formulierungen bildeten die zentralen Perspektiven ab, in denen die NS-Ära zu dieser Zeit wahrgenommen wurde. Literarisch korrespondierte ihnen „Das Tagebuch der Anne Frank“, das 1949 erstmals erschien und mit der Taschenbuchausgabe von 1955 seinen Siegeszug als Kultbuch einer neuen Generation antrat. Obwohl es zweifellos zur Wiedervermenschlichung der Opfer beitrug, sparte es doch die Vernichtung aus, reduzierte das Geschehen auf die Situation der Bedrohung, vermied die Täter, blieb im Vorfeld der Shoah.[41]

Die Deutschen richteten den Blick stur nach vorn und kultivierten eine „Unfähigkeit zu trauern“, sofern es um fremdes Leid ging. „Der Horizont ist eng geworden. Man mag nicht hören von Schuld, von Vergangenheit, man ist nicht betroffen von der Weltgeschichte“, beschrieb Karl Jaspers die geistige Situation in Deutschland im Winter 1945/46.[42] Man setzte sich nicht selbstquälerisch mit dem Dritten Reich und der eigenen Rolle darin auseinander, sondern krempelte die Ärmel hoch und konzentrierte sich auf den Wiederaufbau. Diese Flucht in die Arbeit entwickelte sich gleichsam zur selbstbetäubenden Therapie der Nachkriegsgesellschaft. „Werktätigkeit und ihr Erfolg verdeckten bald die offenen Wunden, die aus der Vergangenheit geblieben waren“, analysierten Alexander und Margarete Mitscherlich diese Haltung.[43] Ähnlich sah dies die ins Exil vertriebene Philosophin Hannah Arendt, die bei ihrem ersten Deutschland-Besuch 1950 die „Gleichgültigkeit“, den „allgemeine[n] Gefühlsmangel“ und die „offensichtliche Herzlosigkeit“ ihrer früheren Landsleute beklagte. Um sich aus der Mitverantwortung für die Verbrechen herauszustehlen, sei „die Geschäftigkeit ihre Hauptwaffe bei der Abwehr der Wirklichkeit geworden“.[44] Daß ein Zivilisationsbruch in einer zivilisierten Gesellschaft stattgefunden hatte, wollte man in der Bevölkerung nicht wahrnehmen.

Man mag es bedauern, daß Verdrängen und Vergessen der Preis waren, doch de facto bildete die versäumte Trauerarbeit eines der Erfolgsgeheimnisse des schnellen bundesdeutschen Wiederaufstiegs. Übersieht man diese grundlegende Schattenseite der Erfolgsgeschichte, trifft die Feststellung des Philosophen Hermann Lübbe zweifellos zu: „Diese gewisse Stille war das sozialpsychologisch und politisch nötige Medium der Verwandlung unserer Nachkriegsbevölkerung in die Bürgerschaft der Bundesrepublik Deutschland.“[45] Allerdings lag eine weitere Kehrseite der Entwicklung gleichfalls auf der Hand. Denn diese Hypothek lastete bleischwer auf der Gesellschaft, machte sie anfällig für Skandale und Enthüllungen und hielt damit all das wach, was eigentlich vergraben bleiben sollte.[46] Für Österreich galt Lübbes Diagnose wohl in noch stärkerem Maß, während die DDR zwar die spezifischen Riten des antifaschistischen Beschweigens pflegte, die Ankunft im Wirtschaftswunder jedoch durch ökonomische Selbstblockade verhinderte. All das hatte weitreichende Konsequenzen für das kollektive Gedächtnis der Nachfolgegesellschaften des Dritten Reiches.[47]

Schreibtischtäter und Faschisten

Ereignisse wie der Einsatzgruppen-Prozeß in Ulm 1958,[48] das Verfahren gegen Adolf Eichmann in Jerusalem 1961[49] und der erste Auschwitz-Prozeß in Frankfurt 1963–1965[50] schienen diesen Vorgang des sorgfältigen Vergessens, der „zweiten Schuld“[51] aufzuhalten, ja umzukehren. Doch das war nur scheinbar. Ein neuer Vermeidungsdiskurs folgte, der gleichfalls Distanzgewinnung zum Ziel hatte, der Entpersonalisierung, Entideologisierung und Abstrahierung des Geschehenen implizierte. Das Photo von Eichmann mit den Filzpantoffeln in seiner Zelle wurde quasi zum Symbolbild dieser Entwicklung: ein zahnloser alter Mann der aussterbenden Art, ein Opfer seiner verqueren Pflichtauffassung, bieder, morbide und ungefährlich, ein Dinosaurier, der übriggeblieben war, ältlich und mit dicker Brille, keiner, der Angst machte, Selbstzweifel und Besorgnis auslöste. Dieser Eichmann sedierte, ließ einen kalt, forderte keine Anteilnahme heraus, machte sich klein und unbedeutend. Gleichwohl sollte diese nicht allzu dankbare Rolle bahnbrechende Bühnenwirkung erzielen.

Denn seine Prozeßbeobachterin Hannah Arendt sah in Jerusalem nur den Angeklagten, nicht aber den Täter. Ihr Blick war zudem getrübt durch die Brille ihrer Totalitarismustheorie, mit der sie ihn betrachtete. Und sie bemerkte auch nicht einen Augenblick, daß Eichmann – ebenso wie der Auschwitz-Kommandant Rudolf Höß in seinen kurz zuvor veröffentlichten Memoiren[52] – eine grandiose Inszenierung ablieferte, um sein Bild für die Nachwelt zu gestalten, daß er die Deutungshoheit über seine Person auch post mortem durchzusetzen suchte. Und angesichts des Galgens gelang ihm darin sein allerletzter Sieg. „Außer einer ganz ungewöhnlichen Beflissenheit, alles zu tun, was seinem Fortkommen dienlich sein konnte, hatte er überhaupt keine Motive", glaubte ihm Hannah Arendt und unterstellte Eichmann lediglich einen Mangel an Phantasie: „Er hat sich nur, um in der Alltagssprache zu bleiben, niemals vorgestellt, was er eigentlich anstellte. [...] Es war gewissermaßen schiere Gedankenlosigkeit – etwas, was mit Dummheit keineswegs identisch ist –, die ihn dafür prädisponierte, zu einem der größten Verbrecher jener Zeit zu werden."[53] Damit war die unselige Formel von der „Banalität des Bösen" in der Welt.

Der Auschwitz-Überlebende Jean Améry protestierte sofort: „Es gibt nämlich keine ‚Banalität des Bösen', und Hannah Arendt, die in ihrem Eichmann-Buch davon schrieb, kannte den Menschenfeind nur vom Hörensagen und sah ihn nur durch den gläsernen Käfig."[54] Statt dessen habe sich Eichmann innerlich mit dem Bösen identifiziert, habe im Kant'schen Sinn das absolut Böse repräsentiert. Auch dessen Biographen betonten unisono, daß er Juden keineswegs ohne Anteilnahme und Motiv verfolgt, schikaniert und in den Tod geschickt habe, sondern mit viel Energie, Initiative und Überzeugung. Wie die meisten seiner Kollegen im RSHA war auch Eichmann ein Rassenantisemit, der im „internationalen Judentum" eine tödliche Bedrohung des deutschen Volkes und den „Weltvergifter aller Völker" sah, wie Hitler es in seinem politischen Testament vom 29. April 1945 festhielt.[55] Gleichwohl verhinderte all dies nicht den Triumphzug der Formel von der „Banalität des Bösen". Hannah Arendts Buch wurde zwar bis heute nicht ins Hebräische übersetzt, erlebte aber in Deutschland sagenhafte Auflagen und große Anerkennung.[56] Daß ausgerechnet eine deutsche Jüdin die Shoah gewissermaßen universalisiert und ihre spezifischen Beimengungen aus der nationalen politischen Kultur entsorgt hatte, verschaffte ihr Zuspruch. Man las einfach gerne, daß ein Eichmann auch aus der Schweiz oder aus Schweden hätte kommen können. Es war also keine deutsche Tat, sondern konnte überall passieren. Aus dem Monster Eichmann war Bruder Eichmann geworden, aus der Bestie der Befehlsempfänger.

Als Hannah Arendt die Implikationen ihrer Konstruktion bemerkte, war es bereits zu spät. Und da sie nicht dazu bereit war, die entsprechenden Passagen explizit zu verwerfen, blieb ihr nur deren zaghaftes Zurechtrücken. So wandte sie sich 1965 in ihrer Intervention gegen Hans Magnus Enzensberger, der Auschwitz und Hiroshima auf eine Stufe gestellt hatte, gegen die Entnationalisierung von Schuld: „Auschwitz hat die Wurzeln aller Politik offengelegt, das ist wie: das ganze Menschengeschlecht ist schuldig. Und wo alle schuldig sind, hat keiner Schuld. Gerade das Spezifische und Partikulare ist wieder in der Sauce des Allgemeinen untergegangen."[57] Dem Erfolg ihres Buches taten derartige Einwände allerdings keinen Abbruch. Im Gegenteil: mit ihrer Eichmann-Deutung schuf Hannah Arendt das langlebige Passepartout eines neuen Täterdiskurses. In ihm machte der pathologische Mörder dem interesselosen Vollstrecker Platz, Monstrosität verwandelte sich in fade Beliebigkeit. Es schlug die Stunde des Mannes ohne Eigenschaften. Der vorgeblich unbeteiligte und emotionslose Schreibtischtäter avancierte nunmehr zum Leittypus und löste den sadistischen Folterknecht ab. Er war von bürokratischem Kadavergehorsam geprägt, nicht aber von fanatischem Antisemitismus. Diabolisch war nichts an ihm; er glänzte nur durch kleinbürgerliche Mittelmäßigkeit, als mechanisches Glied einer perfekt funktionierenden Befehlskette. Die Selbststilisierung der Täter in den Strafprozessen als befohlene Roboter, als abgerichtete Untergebene ging ins Geschichtsbild ein. Die Shoah wurde so zu einem Automatismus ohne beteiligte Menschen, vor allem ohne Täter, angetrieben von abstrakten, gesichtslosen Strukturen und Institutionen.

Das Bild eines entpersonalisierten Ablaufs entstand, der mit den Attributen „industriell" und „anonym" belegt wurde. In ihm erschien die Bürokratie etwa für Raul Hilberg als „Machinery of Destruction",[58] so als habe eine Unterschrift bereits die Liquidierung bewirkt. Die gebräuchlichen Metaphern von den „Todesfabriken" oder vom „Fließbandmassenmord" ließen die Vernichtung als selbstläufigen Vorgang erscheinen, der per Knopfdruck ausgelöst werden konnte.[59] Dieses System quasi axiomatischer Glaubenssätze minimierte vor allem den Blick auf die unmittelbare Gewalt. Auschwitz – die Technisierung des Tötens – wurde zum öffentlichen Synonym der Shoah; daß auch dort brachiale Gewalt angewandt worden war, geriet in Vergessenheit. Von den Ghettoliquidierungen an der Erschießungsgrube, von gigantischen Massakern wie Kamenez-Podolsk, Babij Jar oder der „Aktion Erntefest" war dagegen kaum die Rede. Die Sicht auf die handelnden Täter vor Ort blieb so verstellt und vernebelt. Die Erkenntnis, daß nicht Strukturen, sondern Menschen morden, kam abhanden. Die nationalsozialistische Vernichtungspolitik wurde immer mehr zum derealisierten Ereignis.

Zugleich wird sichtbar, daß dieser Diskurs der Distanzgewinnung längst nicht nur ein spezifisch deutsches Verdrängungsunternehmen war, sondern auch ein – wenngleich stets umstrittenes – Projekt exilierter deutsch-österreichischer Juden zur Rückbindung der Shoah an vermeintliche Globalisierungsprozesse der Bürokratisierung und des Totalitarismus oder – so bei Rothfels – gar zur Weißwaschung der geliebten deutschen Nationalgeschichte. Aber auch die Studentenbewegung von 1968 wich der Frage nach den konkreten Tätern aus und verortete sie im Kapitalismus schlechthin, den man als kryptisch faschistoid denunzierte. Obwohl deren Protagonisten so gern von Demokratie und Aufklärung sprachen, unterbrachen sie den Prozeß öffentlicher Aufklärung in der Bundesrepublik eher, als daß sie ihn förderten.[60] Denn mit dem epidemisch benutzten Faschismusbegriff ging eine Nivellierung des Nationalsozialismus einher, eine Entleerung seiner spezifischen Sinnhorizonte. Er wurde reduziert auf eine „Großoffensive gegen die Arbeiterbewegung“, auf den gewalttätigen Machterhalt der Konzerne.[61] Seine millionenfache rassenideologisch motivierte Menschenvernichtung außerhalb einer jeden Ausbeutungs- und Verwertungslogik wurde so ausgeblendet, Antisemitismus als Ablenkung sozialer Unzufriedenheit verkannt und verharmlost. Die Shoah reduzierte sich auf diese Weise zum Nebenkriegsschauplatz des Klassenkampfes.[62]

Diese Rückbindung an Prämissen des Marxismus erzeugte nicht nur dort blinde Flecken und Aussparungen. Denn auch die damals meinungsbildende Frankfurter Schule um Theodor W. Adorno und Max Horkheimer konnte sich nicht von der Grundannahme einer fortwährenden Dichotomie zwischen Herrschenden und Beherrschten lösen. Die Akteure der Vernichtung erschienen ihr darum als Objekte faschistischer Manipulation oder als Opfer ihrer psychischen Dispositionen. „Die antisemitische Verhaltensweise wird in den Situationen ausgelöst, in denen verblendete, der Subjektivität beraubte Menschen als Subjekte losgelassen werden“, behaupteten sie und erklärten Antisemitismus als bestenfalls randständige Herrschaftstechnik: „Er wird als Ablenkung, billiges Korruptionsmittel, terroristisches Exempel verwandt.“[63] Und mit seinem berühmten Satz „Wer aber vom Kapitalismus nicht reden will, sollte auch vom Faschismus schweigen“[64] lieferte Horkheimer den tragischen Portalspruch über der Theorieentwicklung der 68er.

Noch ungenauer schaute man in der ehemaligen DDR hin. Täterforschung galt dort als schlichtweg überflüssig, da der Schuldige – das deutsche Monopolkapital – ja längst feststand. Täter mit Namen, Wohnort und Lebenslauf waren dort nur dann interessant, wenn sich damit braune Kontinuitäten der Bundesrepublik ‚beweisen‘ ließen oder wenn man Prestigeerfolge vorweisen mußte. Antisemitismus und Judenvernichtung, die in die Weltsicht marxistischer Orthodoxie nicht integrierbar waren, blieben im geschichtspolitischen Narrativ der DDR inhaltlich sekundäre Phänomene und wurden im wesentlichen als propagandistische Manöver der Bourgeoisie wahrgenommen. Auch damit vermied es der regimeoffizielle Antifaschismus, die eigene Bevölkerung mit der Frage nach ihrer speziellen Mitverantwortung an Aufstieg und Praxis des Dritten Reiches zu konfrontieren. Statt dessen zeichnete die neue nationale Meistererzählung der DDR manichäisch das Bild eines Nationalsozialismus als radikalste Form bürgerlicher Herrschaft und das einer KPD als führende Kraft des Widerstandes, dazwischen das deutsche Volk als verführtes Opfer der Fremdherrschaft einer kleinen Clique von Machthabern und Millionären. Derlei Schonkost war bekömmlich und integrativ.[65] Der Deutsche Gewerkschaftsbund stand dem nicht nach. Auch er ging von der Unschuld der Bevölkerung – insbesondere der eigenen, gewerkschaftlichen Klientel – aus und verband diese spekulative Zuschreibung mit der treuherzigen Versicherung, die Mehrheit der

Gesellschaft sei „antinazistisch“ gewesen.[66] Der Prozeß der Distanzgewinnung war also längst kein spezifisch ‚bürgerliches‘ Phänomen.

Die Phase der zweiten Verdrängung

War der Frankfurter Auschwitz-Prozeß noch auf relativ breites öffentliches Interesse gestoßen, so ließ die Aufmerksamkeit anschließend deutlich nach. Seitdem fanden westdeutsche NS-Strafverfahren in aller Regel in Gerichtssälen mit spärlichst gefüllten Zuschauerbänken statt, und das Presseecho dazu blieb dünn.[67] Hinzu kam, daß Justiz und Geschichtswissenschaft seit Mitte der 1960er Jahre getrennte Wege gingen. Hatte die junge Disziplin der Zeitgeschichte die NS-Prozesse anfangs noch durch umfangreiche Gutachten begleitet, die sich insbesondere der Aufhellung der Entscheidungswege und Befehlsmechanismen gewidmet hatten,[68] so versandete seitdem die Zusammenarbeit. Sieht man von den wenigen historischen Sachverständigen ab, die vor Gericht als Experten auftraten – im wesentlichen Helmut Krausnick und Wolfgang Scheffler –, fand die justitielle Ahndung in der Geschichtswissenschaft keinen Widerhall mehr, wurden ihre Ergebnisse übersehen, verkannte man ihren Quellenwert. Man hatte sich nichts mehr zu sagen und konzentrierte sich auf sein scheinbar eigenes Feld.

Während sich das Grauen der Shoah somit fast unbemerkt in den Gerichtssälen enthüllte, verlor die Zeitgeschichtsforschung ihre Ansätze einer historischen Täterforschung aus dem Auge.[69] Statt dessen dominierte dort die Debatte über Faschismus, Totalitarismus und Polykratie, die Kontroverse über Hitler als starken oder schwachen Diktator. Mit der strukturgeschichtlichen Wende in den 1970er Jahren verschwanden die Menschen zudem fast vollständig aus der Historie, kamen die Täter kaum noch vor. Geriet die Shoah damals überhaupt in den Blick, beschränkte man sich auf den im Streit zwischen Intentionalisten und Strukturalisten mündenden Disput über die Entschlußbildung, wobei Berlin und nicht der deutsche Osten die Bühne ihrer Akteure bildete. Die Tatorte waren tabu, an den Direkttätern herrschte Desinteresse, die Ermittlungsverfahren und Strafprozesse wurden ignoriert, die Aussagen der Überlebenden und Zeugen blieben weitestgehend ausgespart, die Opfer fielen erst der Anonymität, dann der Vergessenheit anheim.[70] Es war kein Zufall, daß der Auschwitz-Überlebende Joseph Wulf am 10. Oktober 1974 den Freitod wählte, nachdem seine 18 Buchdokumentationen über die Shoah auf minimales öffentliches Interesse gestoßen waren.[71] Die gesamte deutsche Zeitgeschichtsforschung hatte damals dazu nur ein Minimum dessen zu bieten.

Die Ausstrahlung des Hollywood-Streifens „Holocaust“ im Fernsehen 1979 erwies sich zwar als Straßenfeger, änderte aber nichts an der gesellschaftlichen Tabuisierung des Themas.[72] Daß dieser Amerikanismus seitdem zum rezeptiven Nenner der Judenvernichtung avancierte, unterstützte sogar noch die Distanzgewinnung. Denn der Terminus ist ebenso irreführend wie unangemessen, weil er in seinem griechisch-lateinischen Ursprung „Brandopfer“ bedeutet und in einem christlichen Traditionszusammenhang steht.[73] Der das Katastrophische weit genauer treffende hebräische Begriff der Shoah setzte sich hingegen weder in der Öffentlichkeit noch in der Wissenschaft durch. Gleichzeitig vertiefte sich noch der Graben zwischen Intentionalisten und Strukturalisten um Hitlers „Endlösungs“-Befehl und machte die Debatte zunehmend steriler. Daß allerdings beide Seiten Antisemitismus als Motiv kleinredeten, ja sogar aussparten, blieb fast unbemerkt. „Wir wissen, daß viele der für die ‚Endlösung‘ verantwortlichen Funktionäre nicht primär antisemitisch indoktriniert waren“, schrieb etwa der führende Strukturalist Hans Mommsen ohne Diskussion und Beleg,[74] während Eberhard Jäckel, der Wortführer der Intentionalisten, gleichfalls ohne nähere Erörterung behauptete: „Daß er [der Antisemitismus] aber die Antriebe der Mittäter bestimmte, scheint sogar eher die Ausnahme als die Regel gewesen zu sein.“[75] Der genaue Blick auf die Täter war nicht die Sache beider Denkschulen.

Auch beim „Historikerstreit“ Mitte der 1980er Jahre ging es nur vordergründig um die Shoah. Die Zurückweisung von Ernst Noltes kausalobsessiven Deutungen des Zusammenhangs von Nationalsozialismus und Bolschewismus war gleichfalls nicht das eigentliche Thema. Statt dessen ging es bei diesem politisierten Grabenkampf in der Geschichtskultur um ein Scharmützel gegen die geistige Tendenzwende, die das linksliberale Spektrum der Zunft nach Antritt der Regierung Kohl befürchtete. Wissenschaftliche Erkenntnisse lassen sich aus der Auseinandersetzung über Noltes „vergleichende Verharmlosung“ nicht vermelden.[76] Parallel dazu versuchte öffentlich subventionierter Antisemitismus die Täter- und die Opferrollen ostentativ zu vertauschen. Rainer Werner Fassbinder machte in seinem Theaterstück „Der Müll, die Stadt und der Tod“ ausgerechnet den Shoah-Überlebenden Ignatz Bubis zum Inbegriff des skrupellosen jüdischen Spekulanten und revitalisierte damit das traditionelle Stereotyp vom raffgierigen Wucher-Juden, der den Mammon als seinen Gott anbetet. Der aggressive Antikapitalismus der militanten Frankfurter Westend-Linken griff so unter Verweis auf die grundgesetzlich geschützte Kunstfreiheit und mit der Forderung nach einem „Ende der Schonzeit“ tief hinein in die Trickkiste alter Vorurteile.[77] Es schien, als habe man dem Antisemitismus etwas zu voreilig den Totenschein ausgestellt.[78]

Fast zeitgleich klagte der Auschwitz-Überlebende und New Yorker Geschichtsprofessor Henry Friedlander zu Recht: „No adequate study exists about the perpetrators of Holocaust as a group. We know a great deal about the process of destruction, but we know far less about the perpetrators.“[79] Solange die Täter noch lebten – so scheint es –, wollte man nicht allzu präzise hinschauen. Selbst Richard von Weizsäckers berühmte Rede in der Feierstunde des Bundestages zum 40. Jahrestag des Kriegsendes am 8. Mai 1985 – die bedeutendste Ansprache eines Bundespräsidenten über die NS-Verbrechen seit

Theodor Heuss' Bekenntnis zur „Kollektivscham" in Bergen-Belsen 1952 – blieb eine Darstellung ohne Subjekt, eine Geschichte von Untaten ohne konkrete Täter.[80] Statt dessen überzog man gerade in den 1980er Jahren das Land mit Denkmälern für den Widerstand gegen den Nationalsozialismus, und jede Berufsgruppe versuchte sich dort zu verorten.[81] Und als es keinen Widerstand mehr zu entdecken gab, fand man Resistenz und Dissens als neue, lohnende Themen.[82] Die modische Alltagsgeschichte wiederum verherrlichte den „kleinen Mann" und tat so, als sei er nur Opfer, nie Täter gewesen.[83] Selbst der „rote Großvater" – so ein Buchtitel damals[84] – tauchte wieder auf und erzählte von seinen einstigen Heldentaten. Es schien, als hätten sich die Deutschen selbst vom Dritten Reich befreit, als hätte es auch hierzulande eine Résistance oder Resistenza gegeben.

Feierte man hier unangemessen die eigene Vergangenheit, mehrten sich in der Berliner Republik dann die Anzeichen für Geschichtsvergessenheit und Rückfälligkeit. Als die Neue Wache nach der Vereinigung zur zentralen deutschen Gedenkstätte umgestaltet wurde, erhielt sie die egalisierende Formel „Den Opfern von Krieg und Gewaltherrschaft" mit auf den Weg. Die Deutschen waren dort wiederum Leidende, als Täter und Opfer im Gedenken vereint. Die Nachkriegszeit schien zurückgekehrt.[85] Eine Emnid-Umfrage Anfang 1994 ergab, daß mehr als die Hälfte der Bevölkerung einem Schlußstrich unter die Vergangenheit zustimmte.[86] Und Martin Walsers Paulskirchen-Rede 1998 mit seinem Anprangern der „Moralkeule" und der „Meinungspolizei" bediente dieses Verlangen unter öffentlichem Applaus, lieferte die literarische Adelung der Kultur des Wegschauens.[87] In diesem Klima einer schleichenden Transformation der Täter- in die Opfergesellschaft wurde 2003 ein Buch wie das von Jörg Friedrich über den Luftkrieg zum Bestseller, das mit Begriffen wie „Terrorangriffe" oder „Vernichtungskrieg" eine neue Unbefangenheit im Herausstellen deutscher Leiden im Zweiten Weltkrieg verkündete.[88] Und bereits ein Jahr zuvor hatte Günter Grass – wohl sein späteres SS-Outing anbahnend – die Versenkung der mit Flüchtlingen überladenen „Wilhelm Gustloff" einfühlsam beschrieben und damit die selbstzentrierte Opferperspektive hoffähig gemacht.[89] Ebenfalls 2002 glaubten 32 Prozent aller Deutschen, daß die Juden zuviel Einfluß in der Wirtschaft besäßen. 58 Prozent fanden, die Juden würden zuviel über den Holocaust reden, und 55 Prozent, sie brächten Israel mehr Loyalität entgegen als ihrem Heimatland. 2004 ergab eine Meinungsumfrage, daß nur rund ein Drittel der Deutschen den Antisemitismus ablehnte. Zwischen sechs und acht Prozent waren demnach bekennende Antisemiten, und die Ansichten der Mehrheit lagen irgendwo zwischen diesen Polen.[90] Das friedlich vereinigte Deutschland habe das Dritte Reich entsorgt, so konnte man damals meinen, nur noch die Aufarbeitung des DDR-Unrechts bilde eine Aufgabe.[91] Zeitweilig hatte es den Anschein, als sei Gedenken der sicherste Ort des Vergessens. Kultur und Gesellschaft waren geprägt von einer „zweiten Verdrängung", wie Ulrich Herbert treffend formulierte.[92]

Später Aufbruch

Doch es gab parallel dazu auch gegenläufige Tendenzen. Denn die Stunde, als die Täter wenigstens in der Wissenschaft nicht mehr als pathologische Charaktere oder als willenlose Objekte wahrgenommen wurden, sondern als konkrete Menschen mit eigenen Ressentiments und Interessen, mit Entscheidungs- und Handlungsspielräumen und individuellen Verantwortlichkeiten, schlug Mitte der 1990er Jahre. Zweifellos standen Christopher R. Brownings „Ordinary Men" inspirierend am Anfang dieser Entwicklung.[93] Die seitdem erneut einsetzende Grundlagenforschung zum Nationalsozialismus hatte mehrere Voraussetzungen: einen Generationswechsel, die Einsicht in die Unfruchtbarkeit der alten Frontlinien, die Verfügbarkeit neuer Quellen im ehemaligen Ostblock, den Willen, sich im Detail dem Geschehen zu nähern, und am wichtigsten die Stellung neuer Fragen. Die Perspektive, die endlich in den Vordergrund rückte, war das Interesse für die Täter, für die Planung und Durchführung der Vernichtungspolitik. Gemeinsam ist diesem Blickwinkel – trotz aller Interpretationsdifferenzen im einzelnen – eine empirisch ertragreiche Schwerpunktverlagerung von den Entscheidungszentren des Dritten Reiches hin zu seinen östlichen Randgebieten, von der Regimespitze hin zu den durchschnittlichen Akteuren. Gemeinsam ist ihm auch, daß die Shoah aus dem Reich der unpersönlichen Strukturen in das der handelnden Menschen zurückgeholt wurde. Ebenfalls gemeinsam ist ihm, daß er die Kluft zwischen Rechtsprechung und Geschichtswissenschaft schloß, die justitielle Überlieferung heranzog und so historische und kriminologische Befunde miteinander verzahnte. Und gleichfalls gemeinsam ist ihm, daß er die deutsche Gesellschaft auf ihre Mittäterschaft abklopfte. Die beiden sogenannten Wehrmachtsausstellungen und die Kontroverse um Daniel Goldhagens „Hitler's willing Executioners" demonstrierten den eingetretenen Perspektivenwechsel ebenso wie das öffentliche Interesse daran.[94]

Gewiß klaffen auch heute noch erhebliche Wissenslücken. So fehlen solide Biographien über Reinhard Heydrich und Heinrich Müller,[95] eine Untersuchung der SS- und Polizeiführer, der Befehlshaber bzw. der Kommandeure der Sicherheitspolizei und des SD, aller Einsatzgruppen seit 1941 mit Ausnahme von A und D,[96] eine Analyse einzelner Polizeidienststellen im Osten. Auch die fundamentale Rolle der Höheren SS- und Polizeiführer in der Shoah ist nur unzureichend erforscht.[97] Gleichwohl ist der Erkenntnisgewinn auf diesem Sektor in den letzten gut 15 Jahren äußerst beachtlich. So verfügen wir endlich über anspruchsvolle Biographien über Schlüsselfiguren wie Heinrich Himmler, Dr. Ernst Kaltenbrunner und Dr. Werner Best.[98] Die Erarbeitung von Himmlers Dienstkalender 1941/42 gehört zu den editorischen Großleistungen.[99] Die

Gestapo als zentrale Einrichtung des NS-Verfolgungsapparates wurde in die deutsche Gesellschaft zurückgeführt, ihre jahrzehntelange Exterritorialisierung überwunden.[100] Denunziation und Infiltration durch V-Leute – ihre wichtigsten Informationsquellen – können nunmehr als hinlänglich erforscht gelten.[101] Die Frage, wie aus Menschen Täter wurden, welche Sozialisation und Karrieren sie aufwiesen, wurde anhand des Führerkorps von Sicherheitspolizei und SD individual- und gruppenbiographisch, aber auch mit dem Instrumentarium der Sozialpsychologie untersucht.[102] Mit der Gestapo kooperierende Institutionen wie der SD, die Kripo, die Blockwarte der NSDAP, das Amt Information der Deutschen Arbeitsfront, die Grenzpolizei, der Zollgrenzschutz und der Streifendienst der HJ gerieten genauer in den Blick.[103] Die Einsatzgruppen in Polen 1939 und das für Palästina bestimmte Einsatzkommando bei der Panzerarmee Afrika 1942 fanden endlich analytische Aufmerksamkeit.[104]

Speziell das Jahrhundertverbrechen der Shoah wurde Gegenstand moderner Gesamtdarstellungen, die das Geschehen auf der Grundlage der erweiterten Quellenbasis neu zu synthetisieren suchten.[105] Überdies analysierte eine Reihe wichtiger Regionalstudien das jeweilige Gelände des Genozids.[106] Quelleneditionen dazu lieferten neues Basiswissen,[107] die Veröffentlichung jüdischer Tagebücher aus der Zeit der Bedrohung und Verfolgung ermöglichte den Blick darauf aus der Perspektive der Opfer.[108] Aber auch die Verortung des nationalsozialistischen Kriminalitätspotentials in der deutschen Gesellschaftsgeschichte machte enorme Forschritte.[109] Die Haltung und der Kenntnisstand der deutsch-österreichischen Bevölkerung zur Judenvernichtung wurden neu unter die Lupe genommen.[110] Das jüdische Feindbild in der NS-Propaganda gelangte nunmehr ebenso wie die weltanschauliche Schulung der Täter intensiver in den Fokus der Forschung.[111] Aber auch eine handwerklich solide Kompilation aller Deportationen aus dem Dritten Reich darf nicht unerwähnt bleiben.[112] Kurzum: es waren wissenschaftlich äußerst fruchtbare Jahre seit den „Ordinary Men". Von einem „Verschwinden der Täter" zu sprechen, wie dies Hannes Heer tut,[113] ist absurd. Denn mit gehöriger Verspätung kommt die Frage nach den Tätern endlich in der Mitte der Gesellschaft an, stellt man sich mittlerweile dort immer unvoreingenommener den Verbrechen. Daß zudem in der Forschung der Grad internationaler Kooperation und Verzahnung zugenommen und das Maß an Eifersüchtelei und übler Nachrede abgenommen hat, während gleichzeitig das Interesse der Öffentlichkeit am Thema gewachsen ist, gehört zu den angenehmen Nebeneffekten.

Dieses Verlassen ausgetretener Pfade und bisheriger Bunkerstellungen führte zu einem anderen Bild der Täter und der Taten, implizierte eine Infragestellung des bisherigen Paradigmas. Sichtbar wurde die weit über die SS und die Einsatzgruppen hinausreichende Beteiligung nahezu aller deutschen Institutionen im Osten. Obsolet wurde die Vorstellung, daß der Mord an den europäischen Juden auf einem von Anfang an feststehenden, nur lange geschickt getarnten und dann minutiös durchgeführten Plan beruhte, daß bei der Durchführung eine Einbahnstraße von ‚oben' nach ‚unten' existierte. Auch die Erklärungskraft des gerne verwandten Hinweises auf eine nationalspezifische Obrigkeitshörigkeit schwand, da Untertanengeist und eine Politik des Massakers schlecht zusammenpassen. Der willenlos verstrickte Täter ohne eigene Interessen verabschiedete sich ebenso wie der ohne Ideologie. Entgegen der älteren Auffassung, die das rassenbiologische Geschichts- und Gesellschaftsbild der Täter eher gering gewichtete, wurde sichtbar, daß ein weiter gefaßter Begriff von Weltanschauung – eine durch prägendes Erleben und generationelle Erfahrung dominant gewordene ‚Haltung zur Welt' – durchaus das Geschehen bestimmte. Zudem wurde die juristisch formulierte Täterdefinition hinter sich gelassen, subsumierte man nunmehr die Gesamtheit der Tatbeteiligten historiographisch unter diese Kategorie.

Zwar herrscht auch in den jüngeren Arbeiten in aller Regel eine Scheu vor generalisierenden Aussagen über die Täter vor, gleichwohl werden klare Akzentverschiebungen und Profilveränderungen deutlich. Hinter dem „Führer"-Willen wird die Eigeninitiative der Akteure sichtbar, Hierarchie wird durch Autonomie ergänzt, Befehl vielfach ersetzt durch Freiwilligkeit. An die Stelle umfassender Planung tritt die Improvisation vor Ort, die Durchsetzung von ‚oben' weicht der Selbstermächtigung ‚unten'. Statt strikter Geheimhaltung wird breite Öffentlichkeit erkennbar. Statt Zwang und blindem Gehorsam kommen Einfallsvermögen und Hingabe zum Vorschein, statt des behaupteten Widerwillens Beutementalität, Leichenfledderei und Grausamkeit, statt Gleichgültigkeit Fanatismus und Gläubigkeit, statt Autoritätshörigkeit das Vorhandensein verwurzelter Ideologeme. Die Aneignung der Situation durch das Individuum tritt in den Vordergrund. Das ‚Du mußt' wird verdrängt durch das ‚Du darfst'. Zum Profiteur gesellt sich der Überzeugungstäter, der sich seiner Untaten bewußt war, sie aber für notwendig und gerechtfertigt hielt. Die Vorstellung, daß ‚normale' Deutsche den Krieg keineswegs nur erlitten, sondern sogar Lust am Töten empfanden, ist kein Tabu mehr. Es bleibt die Frage, wie die Gesellschaft künftig mit diesen Erkenntnissen umgeht.

Anmerkungen

* Mein Dank gilt der Forschungsstelle Ludwigsburg der Universität Stuttgart, wo dieser Text entstand, u. ihrer Sekretärin Heidrun Baur für Texterfassung u. -bearbeitung.

1 Kazimierz Leszczyński (Hrsg.): Fall 9. Das Urteil im SS-Einsatzgruppenprozeß, gefällt am 10. April 1948 in Nürnberg vom Militärgerichtshof II der Vereinigten Staaten von Amerika, Berlin (DDR) 1963, S. 145 f.; vgl. Annette Weinke: Die Nürnberger Prozesse, München 2006, S. 72 ff.; Andrej Angrick: Besatzungspolitik und Massenmord. Die Einsatzgruppe D in der südlichen Sowjetunion 1941–1943, Hamburg 2003, S. 716 ff.; Michael Wildt: Generation des Unbedingten. Das Führungskorps des Reichssicherheitshaupt-

amtes, Hamburg 2002, S. 755 ff.; wenig überzeugend zur Person: Jason Weber: Normalität und Massenmord. Das Beispiel des Einsatzgruppenleiters Otto Ohlendorf, in: Joachim Perels/Rolf Pohl (Hrsg.): NS-Täter in der deutschen Gesellschaft, Hannover 2002, S. 41–68.

[2] Brillanter Überblick dazu: Gerhard Paul: Von Psychopathen, Technokraten des Terrors und „ganz gewöhnlichen" Deutschen. Die Täter der Shoah im Spiegel der Forschung, in: ders. (Hrsg.): Die Täter der Shoah. Fanatische Nationalsozialisten oder ganz normale Deutsche?, Göttingen 2002, S. 13–90.

[3] Eugen Kogon: Der SS-Staat. Das System der Konzentrationslager, München 1974, S. 370.

[4] Adalbert Rückerl: NS-Verbrechen vor Gericht. Versuch einer Vergangenheitsbewältigung, Heidelberg 1982, S. 121 f.

[5] Thomas Albrich: „Es gibt keine jüdische Frage". Zur Aufrechterhaltung des österreichischen Opfermythos, in: Rolf Steininger (Hrsg.): Der Umgang mit dem Holocaust. Europa – USA – Israel, Wien u. a. 1994, S. 147–166; Bertrand Perz: Österreich, in: Volkhard Knigge/Norbert Frei (Hrsg.): Verbrechen erinnern. Die Auseinandersetzung mit Holocaust und Völkermord, München 2002, S. 150–162.

[6] Klaus-Michael Mallmann/Gerhard Paul: Herrschaft und Alltag. Ein Industrierevier im Dritten Reich, Bonn 1991, S. 164 ff.

[7] Hans Rothfels: Die deutsche Opposition gegen Hitler, Krefeld 1949, S. 20.

[8] Ders.: Das politische Vermächtnis des deutschen Widerstands, Bonn 1955, S. 10.

[9] Ders. an Armin Mohler v. 25. 6. 1964, BAK, NL 213/36.

[10] Golo Mann: Deutsche Geschichte 1919–1945, Frankfurt/M. 1961, S. 174.

[11] Margaret Bourke-White: Deutschland April 1945/„Dear Fatherland Rest Quietly", München 1979, S. 27, 90; vgl. Klaus-Dietmar Henke: Die amerikanische Besetzung Deutschlands, München 1995; Uta Gerhardt: Soziologie der Stunde Null. Zur Gesellschaftskonzeption des amerikanischen Besatzungsregimes in Deutschland 1944–1945/46, Frankfurt/M. 2005; Josef Foschepoth: Zur deutschen Reaktion auf Niederlage und Besatzung, in: Ludolf Herbst (Hrsg.): Westdeutschland 1945–1955. Unterwerfung, Kontrolle, Integration, München 1986, S. 151–165.

[12] Stephan Hermlin: Bestimmungsorte, Berlin (DDR) 1985, S. 46.

[13] Tagesspiegel v. 18. 12. 1945; vgl. Anneke de Rudder: „Warum das ganze Theater?" Der Nürnberger Prozeß in den Augen der Zeitgenossen, in: JfA 6(1997), S. 218–242.

[14] Gustave M. Gilbert: Nürnberger Tagebuch. Gespräche der Angeklagten mit dem Gerichtspsychologen, Frankfurt/M. 1962, S. 145.

[15] Peter Graf Kielmannsegg: Lange Schatten. Vom Umgang der Deutschen mit der nationalsozialistischen Vergangenheit, Berlin 1989, S. 35.

[16] Saul K. Padover: Lügendetektor. Vernehmungen im besiegten Deutschland 1944/45, Frankfurt/M. 1999, S. 94.

[17] Notizen von einer Reise durch das besetzte Deutschland (Anfang April 1945), in: Ulrich Borsdorf/Lutz Niethammer (Hrsg.): Zwischen Befreiung und Besatzung. Analysen des US-Geheimdienstes über Positionen und Strukturen deutscher Politik 1945, Wuppertal 1976, S. 37 f.

[18] Europa in Trümmern. Augenzeugenberichte aus den Jahren 1944–1948, gesammelt v. Hans Magnus Enzensberger, Frankfurt/M. 1990, S. 190.

[19] Henry Ries: Deutsche, Gedanken und Gesichter 1948–1949, Berlin 1988, S. 118.

[20] Klaus-Michael Mallmann/Gerhard Paul: Allwissend, allmächtig, allgegenwärtig? Gestapo, Gesellschaft und Widerstand, in: ZfG 41(1993), S. 984–999; dies.: Omniscient,

omnipotent, omnipresent? Gestapo, Society and Resistance, in: David F. Crew (Hrsg.): Nazism and German Society, 1933–1945, London-New York 1994, S. 166–196.

[21] William Sheridan Allen: The Nazi-Seizure of Power. The Experience of a Single German Town 1930–1935, Chicago 1965, S. 178.

[22] Alf Lüdtke: Funktionseliten: Täter, Mit-Täter, Opfer? Zu den Bedingungen des deutschen Faschismus, in: ders. (Hrsg.): Herrschaft als soziale Praxis. Historische und sozial-anthropologische Studien, Göttingen 1991, S. 559 ff.

[23] Kurt Hinrichsen: „Befehlsnotstand“, in: Adalbert Rückerl (Hrsg.): NS-Prozesse. Nach 25 Jahren Strafverfolgung: Möglichkeiten – Grenzen – Ergebnisse, Karlsruhe 1971, S. 131–161.

[24] Konrad Kwiet: Von Tätern zu Befehlsempfängern: Legendenbildung und Strafverfolgung nach 1945, in: Jürgen Matthäus/ders./Jürgen Förster/Richard Breitman: Ausbildungsziel Judenmord? „Weltanschauliche Erziehung“ von SS, Polizei und Waffen-SS im Rahmen der „Endlösung“, Frankfurt/M. 2003, S. 114–138.

[25] Ulrich Herbert: Der Holocaust in der Geschichtsschreibung der Bundesrepublik Deutschland, in: ders./Olaf Groehler: Zweierlei Bewältigung. Vier Beiträge über den Umgang mit der NS-Vergangenheit in den beiden deutschen Staaten, Hamburg 1992, S. 67–86; Clemens Vollnhals: Zwischen Verdrängung und Aufklärung. Die Auseinandersetzung mit dem Holocaust in der frühen Bundesrepublik, in: Ursula Büttner (Hrsg.): Die Deutschen und die Judenverfolgung im Dritten Reich, Hamburg 1992, S. 357–392; Werner Bergmann: Die Reaktion auf den Holocaust in Westdeutschland von 1945 bis 1989, in: GWU 43(1992), S. 327–350; Dirk van Laak: Der Platz des Holocaust im deutschen Geschichtsbild, in: Konrad H. Jarausch/Martin Sabrow (Hrsg.): Die historische Meistererzählung. Deutungslinien der deutschen Nationalgeschichte nach 1945, Göttingen 2002, S. 163–193; Dan Michman (Hrsg.): Remembering the Holocaust in Germany, 1945–2000. German Strategies and Jewish Responses, New York 2002.

[26] Barbara Just-Dahlmann/Helmut Just: Die Gehilfen. NS-Verbrechen und die Justiz nach 1945, Frankfurt/M. 1988; Jörg Friedrich: Die kalte Amnestie. NS-Täter in der Bundesrepublik, München-Zürich 1994, S. 360 ff.; Michael Greve: Täter oder Gehilfen? Zum strafrechtlichen Umgang mit NS-Gewaltverbrechern in der Bundesrepublik Deutschland, in: Ulrike Weckel/Edgar Wolfrum (Hrsg.): „Bestien“ und „Befehlsempfänger“. Frauen und Männer in NS-Prozessen nach 1945, Göttingen 2003, S. 194–221.

[27] Kerstin Freudiger: Die juristische Aufarbeitung von NS-Verbrechen, Tübingen 2002, S. 264.

[28] Siegfried Zielinski: Veit Harlan. Analysen und Materialien zur Auseinandersetzung mit einem Film-Regisseur des deutschen Faschismus, Frankfurt/M. 1981; Birthe Kundrus: „Vergangenheitsbewältigungen“. Dimensionen des Falles Veit Harlan, in: GWU 55(2004), S. 68–82.

[29] Michael Schornstheimer: Die leuchtenden Augen der Frontsoldaten. Nationalsozialismus und Krieg in den Illustriertenromanen der fünfziger Jahre, Berlin 1995, S. 174 ff.

[30] Adenauer. Teegespräche 1950–1954, hrsg. v. Rudolf Morsey u. Hans-Peter Schwarz, bearb. v. Hans Jürgen Küsters, Berlin 1984, S. 219.

[31] Jan Friedmann/Jörg Später: Britische und deutsche Kollektivschuld-Debatte, in: Ulrich Herbert (Hrsg.): Wandlungsprozesse in Westdeutschland. Belastung, Integration, Liberalisierung 1945–1980, Göttingen 2002, S. 53–90; Norbert Frei: Von deutscher Erfindungskraft oder: Die Kollektivschuldthese in der Nachkriegszeit, in: ders.: 1945 und wir. Das Dritte Reich im Bewußtsein der Deutschen, München 2005, S. 145–155.

[32] Zeitgenössisch: Ernst von Salomon: Der Fragebogen, Hamburg 1951; Klaus-Dietmar

Henke: Die Grenzen der politischen Säuberung in Deutschland nach 1945, in: Herbst (Anm. 11), S. 127–133.

[33] Report Nr. 4626 des Office of Intelligence Research v. 15.4.1948: Der gegenwärtige Stand der Entnazifizierung in Westdeutschland u. Berlin, in: Alfons Söllner (Hrsg.): Zur Archäologie der Demokratie in Deutschland, Bd. 2: Analysen von politischen Emigranten im amerikanischen Außenministerium 1946–1949, Frankfurt/M. 1986, S. 230.

[34] Marc von Miquel: Ahnden oder amnestieren? Westdeutsche Justiz und Vergangenheitspolitik in den sechziger Jahren, Göttingen 2004.

[35] Heinz Bude: Bilanz der Nachfolge. Die Bundesrepublik und der Nationalsozialismus, Frankfurt/M. 1992, S. 65ff.

[36] Grundlegend dazu: Frank Stern: Im Anfang war Auschwitz. Antisemitismus und Philosemitismus im deutschen Nachkrieg, Gerlingen 1991; Julius H. Schoeps (Hrsg.): Leben im Land der Täter. Juden im Nachkriegsdeutschland, 1945–1952, Berlin 2001.

[37] Norbert Frei: Vergangenheitspolitik. Die Anfänge der Bundesrepublik und die NS-Vergangenheit, München 1996; Ulrich Brochhagen: Nach Nürnberg. Vergangenheitsbewältigung und Westintegration in der Ära Adenauer, Hamburg 1994.

[38] Wie Anm. 3.

[39] Friedrich Meinecke: Die deutsche Katastrophe. Betrachtungen und Erinnerungen, Wiesbaden 1946.

[40] Günther Weisenborn: Der lautlose Aufstand. Bericht über die Widerstandsbewegung des deutschen Volkes 1933–1945, Hamburg 1953.

[41] Wolfgang Benz: Mythos Anne Frank, in: ders.: Bilder vom Juden. Studien zum alltäglichen Antisemitismus, München 2001, S. 86–95.

[42] Karl Jaspers: Die Schuldfrage, in: ders.: Hoffnung und Sorge. Schriften zur deutschen Politik 1945–1965, München 1965, S. 75.

[43] Alexander u. Margarete Mitscherlich: Die Unfähigkeit zu trauern. Grundlagen kollektiven Verhaltens, München 1967, S. 23.

[44] Hannah Arendt: Besuch in Deutschland, in: dies.: Zur Zeit. Politische Essays, München 1989, S. 51.

[45] Hermann Lübbe: Der Nationalsozialismus im deutschen Nachkriegsbewußtsein, in: HZ 236(1983), S. 585.

[46] Dies betont Peter Reichel: Vergangenheitsbewältigung in Deutschland. Die Auseinandersetzung mit der NS-Diktatur von 1945 bis heute, München 2001, S. 138ff., der auf die Fülle von Skandalen bereits in den 1950er Jahren verweist; vgl. Peter Steinbach: Nationalsozialistische Gewaltverbrechen. Die Diskussion in der deutschen Öffentlichkeit nach 1945, Berlin 1981.

[47] Wolfgang Benz: Nachkriegsgesellschaft und Nationalsozialismus. Erinnerung, Amnesie, Abwehr, in: DH 6(1994), S. 12–24; Michael Zimmermann: Negativer Fixpunkt und Suche nach positiver Identität. Der Nationalsozialismus im kollektiven Gedächtnis der alten Bundesrepublik, in: Hanno Loewy (Hrsg.): Holocaust: Die Grenzen des Verstehens. Eine Debatte über die Besetzung der Geschichte, Reinbek 1992, S. 128–143; Detlef Garbe: Äußerliche Abkehr, Erinnerungsverweigerung und „Vergangenheitsbewältigung“: Der Umgang mit dem Nationalsozialismus in der frühen Bundesrepublik, in: Axel Schildt/Arnold Sywottek (Hrsg.): Modernisierung im Wiederaufbau. Die westdeutsche Gesellschaft der 50er Jahre, Bonn 1998, S. 693–716; Axel Schildt: Der Umgang mit der NS-Vergangenheit in der Öffentlichkeit der Nachkriegszeit, in: Wilfried Loth/Bernd-A. Rusinek (Hrsg.): Verwandlungspolitik. NS-Eliten in der westdeutschen Nachkriegsgesellschaft, Frankfurt/M.-New York 1998, S. 19–54; Hartmut Berghoff: Zwischen Verdrängung und Aufarbeitung. Die bundesdeutsche Gesellschaft und ihre nationalsozialistische Vergan-

genheit in den Fünfziger Jahren, in: GWU 49(1998), S. 96–114; Manfred Hettling: Die Historisierung der Erinnerung – Westdeutsche Rezeptionen der nationalsozialistischen Vergangenheit, in: Tel Aviver Jahrbuch für deutsche Geschichte 29(2000), S. 357–378; Ulrich Brochhagen: Vergangene Vergangenheitsbewältigung. Zum Umgang mit der NS-Vergangenheit während der fünfziger und frühen sechziger Jahre, in: Mittelweg 36, 1(1992), H. 5, S. 145–154.

[48] Hendrik G. van Dam/Ralph Giordano (Hrsg.): KZ-Verbrechen vor deutschen Gerichten, Bd. 2: Einsatzkommando Tilsit – Der Prozeß zu Ulm, Frankfurt/M. 1966.

[49] Bernd Nellessen: Der Prozeß von Jerusalem. Ein Dokument, Düsseldorf-Wien 1964; Hans Lamm: Der Eichmann-Prozeß in der deutschen öffentlichen Meinung. Eine Dokumentensammlung, Frankfurt/M. 1961; Peter Krause: Der Eichmann-Prozeß in der deutschen Presse, Frankfurt/M. 2002.

[50] Hermann Langbein: Der Auschwitz-Prozeß. Eine Dokumentation, Wien-Frankfurt/M. 1965; Bernd Naumann: Auschwitz. Bericht über die Strafsache gegen Mulka u.a., Frankfurt/M. 1968; Gerhard Werle/Thomas Wandres: Auschwitz vor Gericht. Völkermord und bundesdeutsche Strafjustiz, München 1995.

[51] Ralph Giordano: Die zweite Schuld oder von der Last, Deutscher zu sein, München 1990; im Ergebnis dagegen von politischen Prädispositionen überformt: Manfred Kittel: Die Legende von der „Zweiten Schuld“. Vergangenheitsbewältigung in der Ära Adenauer, Frankfurt/M.-Berlin 1993; Christa Hoffmann: Stunden Null? Vergangenheitsbewältigung in Deutschland 1945 und 1989, Bonn-Berlin 1992.

[52] Rudolf Höß: Kommandant in Auschwitz. Autobiographische Aufzeichnungen, hrsg. v. Martin Broszat, Stuttgart 1958.

[53] Hannah Arendt: Eichmann in Jerusalem. Ein Bericht von der Banalität des Bösen, München-Zürich 1986, S. 15f.; deutlich anders der israelische Anklagevertreter Gideon Hausner: Gerechtigkeit in Jerusalem, München 1966; vgl. Klaus Naumann: Sympathy for the Devil? Die Kontroverse um Hannah Arendts Prozeßbericht „Eichmann in Jerusalem“, in: Mittelweg 36, 3(1994), H. 1, S. 65–79; Gary Smith (Hrsg.): Hannah Arendt Revisited: „Eichmann in Jerusalem“ und die Folgen, Frankfurt/M. 2000.

[54] Jean Améry: Jenseits von Schuld und Sühne. Bewältigungsversuche eines Überwältigten, Stuttgart 1977, S. 52.

[55] Yaakov Lozowick: Hitlers Bürokraten. Eichmann, seine willigen Vollstrecker und die Banalität des Bösen, Zürich-München 2000; Irmtrud Wojak: Eichmanns Memoiren. Ein kritischer Essay, Frankfurt/M.-New York 2001; David Cesarani: Adolf Eichmann. Bürokrat und Massenmörder, Berlin 2004.

[56] „Hannah Arendts Wort von der ‚Banalität des Bösen‘ traf den Kern“, meinen etwa Aleida Assmann/Ute Frevert: Geschichtsvergessenheit – Geschichtsversessenheit. Vom Umgang mit deutschen Vergangenheiten nach 1945, Stuttgart 1999, S. 218, u. ziehen als Beleg dafür ausgerechnet die deutschen NS-Prozesse heran, die angeblich „diese Lesart [unterstützten]“; daß sich Angeklagte vor Gericht zu verharmlosen suchen u. für ihre Inszenierung sogar Verteidiger als Regisseure verpflichten, gehört indes zu den Binsenweisheiten des Strafrechts.

[57] Hannah Arendt: Kritik zu „Politik und Verbrechen“, in: Merkur 19(1965), S. 381.

[58] Raul Hilberg: Die Vernichtung der europäischen Juden, Bd. 3, Frankfurt/M. 1990, S. 1061ff.

[59] Alf Lüdtke: Der Bann der Wörter: „Todesfabriken“. Vom Reden über den NS-Völkermord – das auch ein Verschweigen ist, in: WG 5, 1996, S. 5–18.

[60] Nicolas Berg: Der Holocaust und die westdeutschen Historiker. Erforschung und Erinnerung, Göttingen 2003, S. 434ff.; Götz Aly: Unser Kampf. 1968– ein irritierter Blick

zurück, Frankfurt/M. 2008, S. 147ff.; vgl. Dörthe von Westernhagen: Die Kinder der Täter. Das Dritte Reich und die Generation danach, München 1987.

[61] Reinhard Kühnl: Der Faschismus. Ursachen und Herrschaftsstruktur. Eine Einführung, Heilbronn [4]1998, S. 117.

[62] Wolfgang Kraushaar: Von der Totalitarismustheorie zur Faschismustheorie – Zu einem Paradigmenwechsel in der bundesdeutschen Studentenbewegung, in: Alfons Söllner/Ralf Walkenhaus/Karin Wieland (Hrsg.): Totalitarismus. Eine Ideengeschichte des 20. Jahrhunderts, Berlin 1997, S. 267–283.

[63] Max Horkheimer/Theodor W. Adorno: Dialektik der Aufklärung. Philosophische Fragmente, Frankfurt/M. 1969, S. 179f.; vgl. Lars Rensmann: Kritische Theorie über den Antisemitismus. Studien zu Struktur, Erklärungspotential und Aktualität, Hamburg 1998; Matthias Küntzel: „Keineswegs ein spezifisch deutsches Problem"? Goldhagen und das Defizit der Kritischen Theorie, in: Jürgen Elsässer/Andrei S. Markovits (Hrsg.): „Die Fratze der eigenen Geschichte". Von der Goldhagen-Debatte zum Jugoslawien-Krieg, Berlin 1999, S. 135–160.

[64] Max Horkheimer: Die Juden und Europa, in: ders.: Gesammelte Schriften, Bd. 4: Schriften 1936–1941, hrsg. v. Alfred Schmidt, Frankfurt/M. 1988, S. 308f.

[65] Olaf Groehler: Der Umgang mit dem Holocaust in der DDR, in: Steininger (Anm. 5), S. 233–245; ders.: Der Holocaust in der Geschichtsschreibung der DDR, in: Herbert/ders. (Anm. 25), S. 41–66; Jeffrey Herf: Zweierlei Erinnerung. Die NS-Vergangenheit im geteilten Deutschland, Berlin 1998, S. 87–238; Joachim Käppner: Erstarrte Geschichte. Faschismus und Holocaust im Spiegel der DDR-Geschichtswissenschaft und Geschichtspropaganda der DDR, Hamburg 1999; Martin Sabrow: Beherrschte Erinnerung und gebundene Wissenschaft. Überlegungen zur DDR-Geschichtsschreibung über die Zeit von 1933 bis 1945, in: Christoph Cornelißen/Lutz Klinkhammer/Wolfgang Schwentker (Hrsg.): Erinnerungskulturen. Deutschland, Italien und Japan seit 1945, Frankfurt/M. 2003, S. 153–167; Harald Schmid: Antifaschismus und Judenverfolgung. Die „Reichskristallnacht" als politischer Gedenktag in der DDR, Göttingen 2004.

[66] Thomas Köcher: „Aus der Vergangenheit lernen – für die Zukunft arbeiten!"? Die Auseinandersetzung des DGB mit dem Nationalsozialismus in den 50er und 60er Jahren, Münster 2004, S. 187ff.

[67] Heiner Lichtenstein: Im Namen des Volkes? Eine persönliche Bilanz der NS-Prozesse, Köln 1984.

[68] Gutachten des Instituts für Zeitgeschichte, Bd. 1, München 1958, Bd. 2, Stuttgart 1966; ursprünglich als Gutachten für den Auschwitz-Prozeß: Anatomie des SS-Staates, 2 Bde., München 1967.

[69] Kriminologisch allerdings: Herbert Jäger: Verbrechen unter totalitärer Herrschaft. Studien zur nationalsozialistischen Gewaltkriminalität, Olten-Freiburg/B. 1967.

[70] Brillante Historikerschelte: Wolfgang Scheffler: Der Beitrag der Zeitgeschichte zur Erforschung der NS-Verbrechen – Versäumnisse, Schwierigkeiten, Aufgaben, in: Jürgen Weber/Peter Steinbach (Hrsg.): Vergangenheitsbewältigung durch Strafverfahren? NS-Prozesse in der Bundesrepublik Deutschland, München 1984, S. 114–133.

[71] Berg (Anm. 60), S. 458ff.

[72] Peter Märthesheimer/Ivo Frenzel (Hrsg.): Im Kreuzfeuer. Der Fernsehfilm „Holocaust". Eine Nation ist betroffen, Frankfurt/M. 1979; Wolfgang Scheffler: Anmerkungen zum Fernsehfilm „Holocaust" und zu Fragen zeitgeschichtlicher Forschung, in: GG 5(1979), S. 570–579; Werner Bergmann: Die TV-Serie „Holocaust" als Medienereignis, in: ders.: Antisemitismus in öffentlichen Konflikten. Kollektives Lernen in der politischen Kultur der Bundesrepublik 1949–1989, Frankfurt/M.-New York 1997, S. 351–381; Susanne

Brandt: „Wenig Anschauung"? Die Ausstrahlung des Films „Holocaust" im westdeutschen Fernsehen (1978/79), in: Cornelißen/Klinkhammer/Schwentker (Anm. 65), S. 257–268.

[73] Ulrich Wyrwa: Holocaust. Notizen zur Begriffsgeschichte, in: JfA 8(1999), S. 300–311.

[74] Hans Mommsen: Die Realisierung des Utopischen: Die „Endlösung der Judenfrage" im „Dritten Reich", in: ders.: Der Nationalsozialismus und die deutsche Gesellschaft. Ausgewählte Aufsätze, Reinbek 1991, S. 185.

[75] Eberhard Jäckel: Das deutsche Jahrhundert. Eine historische Bilanz, Frankfurt/M. 1999, S. 166.

[76] Peter Gay: Freud, Juden und andere Deutsche, München 1989, S. 14; vgl. „Historikerstreit". Die Dokumentation der Kontroverse um die Einzigartigkeit der nationalsozialistischen Judenvernichtung, München 1987; Ulrich Herbert: Der Historikerstreit. Politische, wissenschaftliche, biographische Aspekte, in: Martin Sabrow/Ralph Jessen/Klaus Große Kracht (Hrsg.): Zeitgeschichte als Streitgeschichte. Große Kontroversen seit 1945, München 2003, S. 94–113; Klaus Große Kracht: Die zankende Zunft. Historische Kontroversen in Deutschland nach 1945, Göttingen 2005, S. 91 ff.

[77] Peter Reichel: Erfundene Erinnerung. Weltkrieg und Judenmord in Film und Theater, München-Wien 2004, S. 241–248; Heiner Lichtenstein (Hrsg.): Die Fassbinder-Kontroverse oder Das Ende der Schonzeit, Königstein 1986.

[78] Werner Bergmann: Antisemitismus in öffentlichen Konflikten 1949–1994, in: Wolfgang Benz (Hrsg.): Antisemitismus in Deutschland. Zur Aktualität eines Vorurteils, München 1995, S. 64–88.

[79] Henry Friedlander: The Perpetrators, in: Alex Grobman/Daniel Landes/Sybil Milton (Hrsg.): Genocide. Critical Issues of the Holocaust, New York 1983, S. 155; völlig unzulänglich dazu: Helgard Kramer: Tätertypologien, in: dies. (Hrsg.): NS-Täter aus interdisziplinärer Perspektive, München 2006, S. 253–309.

[80] Richard von Weizsäcker: Der 8. Mai 1945, in: ders.: Von Deutschland aus. Reden des Bundespräsidenten, München 1987, S. 9–36.

[81] Gerhard Paul/Klaus-Michael Mallmann: Milieus und Widerstand. Eine Verhaltensgeschichte der Gesellschaft im Nationalsozialismus, Bonn 1995, S. 13 ff.

[82] Dies.: Resistenz oder loyale Widerwilligkeit? Anmerkungen zu einem umstrittenen Begriff, in: ZfG 41(1993), S. 99–116.

[83] Wolfram Wette (Hrsg.): Der Krieg des kleinen Mannes. Eine Militärgeschichte von unten, München 1992; kritisch dazu: Sven Oliver Müller: Deutsche Soldaten und ihre Feinde. Nationalismus an Front und Heimatfront im Zweiten Weltkrieg, Frankfurt/M. 2007.

[84] Werkkreis Literatur der Arbeitswelt: Der rote Großvater erzählt. Berichte und Erzählungen von Veteranen der Arbeiterbewegung aus der Zeit von 1914 bis 1945, Frankfurt/M. 1974; kritisch dazu: Harald Welzer/Sabine Moller/Karoline Tschuggnall: „Opa war kein Nazi". Nationalsozialismus und Holocaust im Familiengedächtnis, Frankfurt/M. 2002.

[85] Peter Reichel: Politik mit der Erinnerung. Gedächtnisorte im Streit um die nationalsozialistische Vergangenheit, München-Wien 1995, S. 231 ff.

[86] Juliane Wetzel: Antisemitismus als Element rechtsextremer Ideologie und Propaganda, in: Benz: Antisemitismus (Anm. 78), S. 101.

[87] Gerd Wiegel/Johannes Klotz (Hrsg.): Geistige Brandstiftung? Die Walser-Bubis-Debatte, Köln 1999; Joachim Rohloff: Ich bin das Volk. Martin Walser, Auschwitz und die Berliner Republik, Hamburg 1999.

88 Jörg Friedrich: Der Brand. Deutschland im Bombenkrieg 1940–1945, Berlin 2003.

89 Günter Grass: Im Krebsgang, Göttingen 2002.

90 Walter Laqueur: Gesichter des Antisemitismus. Von den Anfängen bis heute, Berlin 2008, S. 148, 172, 181.

91 Harald Welzer: Von der Täter- zur Opfergesellschaft: Zum Umbau der deutschen Erinnerungskultur, in: Hans Erler (Hrsg.): Erinnern und Verstehen. Der Völkermord an den Juden im politischen Gedächtnis der Deutschen, Frankfurt/M.-New York 2003, S. 100–106; vgl. Helmut König: Die Zukunft der Vergangenheit. Der Nationalsozialismus im politischen Bewußtsein der Bundesrepublik, Frankfurt/M. 2003, S. 143 f., 152 ff.; zur Erinnerungskultur des Gedenkjahres 1995: Klaus Naumann: Der Krieg als Text. Das Jahr 1945 im kulturellen Gedächtnis der Presse, Hamburg 1998.

92 Ulrich Herbert: Vernichtungspolitik. Neue Antworten und Fragen zur Geschichte des „Holocaust", in: ders. (Hrsg.): Nationalsozialistische Vernichtungspolitik 1939–1945. Neue Forschungen und Kontroversen, Frankfurt/M. 1998, S. 19; zu gradlinig dagegen: Konrad H. Jarausch: Die Umkehr. Deutsche Wandlungen 1945–1995, München 2004.

93 Christopher R. Browning: Ganz normale Männer. Das Reserve-Polizeibataillon 101 und die „Endlösung" in Polen, Reinbek 1993.

94 Daniel Jonah Goldhagen: Hitlers willige Vollstrecker. Ganz gewöhnliche Deutsche und der Holocaust, Berlin 1996; Julius H. Schoeps (Hrsg.): Ein Volk von Mördern? Die Dokumentation zur Goldhagen-Kontroverse um die Rolle der Deutschen im Holocaust, Hamburg 1996; Wolfgang Wippermann: Wessen Schuld? Vom Historiker-Streit zur Goldhagen-Debatte, Berlin 1997; Ulrike Becker u. a.: Goldhagen und die deutsche Linke oder Die Gegenwart des Holocaust, Berlin 1997; Heribert Prantl (Hrsg.): Wehrmachtsverbrechen. Eine deutsche Kontroverse, Hamburg 1997; Hamburger Institut für Sozialforschung (Hrsg.): Besucher einer Ausstellung. Die Ausstellung „Vernichtungskrieg. Verbrechen der Wehrmacht 1941 bis 1944" in Interview und Gespräch, Hamburg 1998.

95 Mario R. Dederichs: Heydrich. Das Gesicht des Bösen, München-Zürich 2005, u. Andreas Seeger: „Gestapo-Müller". Die Karriere eines Schreibtischtäters, Berlin 1996, können diesen Anspruch nicht erfüllen.

96 Hans-Heinrich Wilhelm: Die Einsatzgruppe A der Sicherheitspolizei und des SD 1941/42, Frankfurt/M. u. a. 1996; Angrick: Besatzungspolitik (Anm. 1); als Überblicke allerdings: Peter Klein (Hrsg.): Die Einsatzgruppen in der besetzten Sowjetunion 1941/42. Die Tätigkeits- und Lageberichte des Chefs der Sicherheitspolizei und des SD, Berlin 1997; Klaus-Michael Mallmann: Menschenjagd und Massenmord. Das neue Instrument der Einsatzgruppen und -kommandos 1938–1945, in: Gerhard Paul/ders. (Hrsg.): Die Gestapo im Zweiten Weltkrieg. ‚Heimatfront' und besetztes Europa, Darmstadt 2000, S. 291–316.

97 Weitgehend ausgeblendet bei Ruth Bettina Birn: Die Höheren SS- und Polizeiführer. Himmlers Vertreter im Reich und in den besetzten Gebieten, Düsseldorf 1986.

98 Peter Black: Ernst Kaltenbrunner. Vasall Himmlers: Eine SS-Karriere, Paderborn u. a. 1991; Peter Longerich: Heinrich Himmler. Biographie, München 2008; Ulrich Herbert: Best. Biographische Studien über Radikalismus, Weltanschauung und Vernunft 1903–1989, Bonn 1996.

99 Peter Witte/Michael Wildt/Martina Voigt/Dieter Pohl/Peter Klein/Christian Gerlach/Christoph Dieckmann/Andrej Angrick (Bearb.): Der Dienstkalender Heinrich Himmlers 1941/42, Hamburg 1999.

100 Robert Gellately: Die Gestapo und die deutsche Gesellschaft. Die Durchsetzung der Rassenpolitik 1933–1945, Paderborn u. a. 1993; ders.: Hingeschaut und weggesehen. Hitler und sein Volk, Stuttgart-München 2002; Gerhard Paul/Klaus-Michael Mallmann

(Hrsg.): Die Gestapo – Mythos und Realität, Darmstadt 1995; dies.: Die Gestapo im Zweiten Weltkrieg (Anm. 96); brauchbarer Forschungsüberblick: Carsten Dams/Michael Stolle: Die Gestapo. Herrschaft und Terror im Dritten Reich, München 2008; brillante Detailstudie: Holger Berschel: Bürokratie und Terror. Das Judenreferat der Gestapo Düsseldorf 1935–1945, Essen 2001; widersprüchlich u. in vielem spekulativ dagegen: Eric A. Johnson: Der nationalsozialistische Terror. Gestapo, Juden und gewöhnliche Deutsche, Berlin 2001.

[101] Zusammenfassend: Gerhard Paul: Private Konfliktregulierung, gesellschaftliche Selbstüberwachung, politische Teilhabe. Neuere Forschungen zur Denunziation im Dritten Reich, in: AfS 42(2002), S. 380–402; Klaus-Michael Mallmann: Social Penetration and Police Action: Collaboration Structures in the Repertory of Gestapo Activities, in: IRSH 42(1997), S. 25–43.

[102] Jens Banach: Heydrichs Elite. Das Führerkorps der Sicherheitspolizei und des SD 1936–1945, Paderborn u. a. 1998; Wildt: Generation (Anm. 1); Paul: Täter (Anm. 2); Klaus-Michael Mallmann/Gerhard Paul (Hrsg.): Karrieren der Gewalt. Nationalsozialistische Täterbiographien, Darmstadt 2004; Harald Welzer: Täter. Wie aus ganz normalen Menschen Massenmörder werden, Frankfurt/M. 2005.

[103] Michael Wildt (Hrsg.): Die Judenpolitik des SD 1935 bis 1938. Eine Dokumentation, München 1995; ders. (Hrsg.): Nachrichtendienst, politische Elite und Mordeinheit. Der Sicherheitsdienst des Reichsführers SS, Hamburg 2003; Wolfgang Dierker: Himmlers Glaubenskrieger. Der Sicherheitsdienst der SS und seine Religionspolitik 1933–1941, Paderborn u. a. 2002; Carsten Schreiber: Elite im Verborgenen. Ideologie und regionale Herrschaftspraxis des Sicherheitsdienstes der SS und seines Netzwerks am Beispiel Sachsens, München 2008; ders.: Generalstab des Holocaust oder akademischer Elfenbeinturm? Die „Gegnerforschung" des Sicherheitsdienstes der SS, in: Jahrbuch des Simon-Dubnow-Instituts 5(2006), S. 327–352; Thorsten J. Querg: Spionage und Terror. Das Amt VI des Reichssicherheitshauptamtes 1939–1945, Diss. Berlin 1997; Patrick Wagner: Volksgemeinschaft ohne Verbrecher. Konzeptionen und Praxis der Kriminalpolizei in der Zeit der Weimarer Republik und des Nationalsozialismus, Hamburg 1996; Detlef Schmiechen-Ackermann: Der „Blockwart". Die unteren Parteifunktionäre im nationalsozialistischen Terror- und Überwachungsapparat, in: VfZ 48(2000), S. 575–602; Karl Heinz Roth: Facetten des Terrors. Der Geheimdienst der Deutschen Arbeitsfront und die Zerstörung der Arbeiterbewegung 1933 bis 1938, Bremen 2000; Thomas Sandkühler: Von der „Gegnerabwehr" zum Judenmord. Grenzpolizei und Zollgrenzschutz im NS-Staat, in: Christian Gerlach (Hrsg.): Durchschnittstäter. Handeln und Motivation, Berlin 2000, S. 95–154; Armin Nolzen: Der Streifendienst der Hitlerjugend und die „Überwachung der Jugend", 1934–1945, in: ebd., S. 13–51.

[104] Klaus-Michael Mallmann/Jochen Böhler/Jürgen Matthäus: Einsatzgruppen in Polen. Darstellung und Dokumentation, Darmstadt 2008; Klaus-Michael Mallmann/Bogdan Musial (Hrsg.): Genesis des Genozids. Polen 1939–1941, Darmstadt 2004; Klaus-Michael Mallmann/Martin Cüppers: „Elimination of the Jewish National Home in Palestine": The Einsatzkommando of the Panzer Army Africa, 1942, in: YVS 35(2007), S. 111–141.

[105] Peter Longerich: Politik der Vernichtung. Eine Gesamtdarstellung der nationalsozialistischen Judenverfolgung, München-Zürich 1998; Saul Friedländer: Das Dritte Reich und die Juden. Die Jahre der Verfolgung 1933–1939, München 1998; ders.: Die Jahre der Vernichtung. Das Dritte Reich und die Juden 1939–1945, München 2006; Christopher R. Browning: Die Entfesselung der „Endlösung". Nationalsozialistische Judenpolitik 1939–1942. Mit einem Beitrag von Jürgen Matthäus, München 2003.

[106] Dieter Pohl: Von der „Judenpolitik" zum Judenmord. Der Distrikt Lublin des Generalgouvernements 1939–1944, Frankfurt/M. u. a. 1993; ders.: Nationalsozialistische Ju-

denverfolgung in Ostgalizien 1941–1944. Organisation und Durchführung eines staatlichen Massenverbrechens, München 1996; ders.: Schauplatz Ukraine. Der Massenmord an den Juden im Militärverwaltungsgebiet und im Reichskommissariat 1941–1943, in: Norbert Frei/Sybille Steinbacher/Bernd C. Wagner (Hrsg.): Ausbeutung, Vernichtung, Öffentlichkeit. Neue Studien zur nationalsozialistischen Lagerpolitik, München 2000, S. 135–173; ders.: Die Herrschaft der Wehrmacht. Deutsche Militärbesatzung und einheimische Bevölkerung in der Sowjetunion 1941–1944, München 2008; Wendy Lower: Nazi Empire-Building and the Holocaust in Ukraine, Chapel Hill 2005; Thomas Sandkühler: „Endlösung" in Galizien. Der Judenmord in Ostpolen und die Rettungsinitiativen von Berthold Beitz 1941–1944, Bonn 1996; Knut Stang: Kollaboration und Massenmord. Die litauische Hilfspolizei, das Rollkommando Hamann und die Ermordung der litauischen Juden, Frankfurt/M. u. a. 1996; Walter Manoschek: „Serbien ist judenfrei". Militärische Besatzungspolitik und Judenvernichtung in Serbien 1941/42, München 1993; Christian Gerlach: Kalkulierte Morde. Die deutsche Wirtschafts- und Vernichtungspolitik in Weißrußland 1941 bis 1944, Hamburg 1999; ders./Götz Aly: Das letzte Kapitel. Der Mord an den ungarischen Juden, Stuttgart-München 2002; Klaus-Michael Mallmann: „Mensch, ich feiere heut' den tausendsten Genickschuß". Die Sicherheitspolizei und die Shoah in Westgalizien, in: Bogdan Musial (Hrsg.): „Aktion Reinhardt". Der Völkermord an den Juden im Generalgouvernement 1941–1944, Osnabrück 2004, S. 353–379; Manfred Oldenburg: Ideologie und militärisches Kalkül. Die Besatzungspolitik der Wehrmacht in der Sowjetunion 1942, Köln u. a. 2004; Norbert Kunz: Die Krim unter deutscher Herrschaft 1941–1944. Germanisierungsutopie und Besatzungsrealität, Darmstadt 2005; Michael Alberti: Die Verfolgung und Vernichtung der Juden im Reichsgau Wartheland 1939–1945, Wiesbaden 2006; Andrej Angrick/Peter Klein: Die „Endlösung" in Riga: Ausbeutung und Vernichtung 1941–1944, Darmstadt 2006; Jacek Andrzej Młynarczyk: Judenmord in Zentralpolen. Der Distrikt Radom im Generalgouvernement 1939–1945, Darmstadt 2007.

107 Otto Dov Kulka/Eberhard Jäckel (Hrsg.): Die Juden in den geheimen NS-Stimmungsberichten 1933–1945, Düsseldorf 2004; Wolfgang Benz/Konrad Kwiet/Jürgen Matthäus (Hrsg): Einsatz im „Reichskommissariat Ostland". Dokumente zum Völkermord im Baltikum und in Weißrußland 1941–1944, Berlin 1998; Klaus-Michael Mallmann/Volker Rieß/Wolfram Pyta (Hrsg.): Deutscher Osten 1939–1945. Der Weltanschauungskrieg in Photos und Texten, Darmstadt 2003; Die Verfolgung und Ermordung der europäischen Juden durch das nationalsozialistische Deutschland 1933–1945, Bd. 1: Deutsches Reich 1933–1937, bearb. v. Wolf Gruner, München 2008.

108 Victor Klemperer: Ich will Zeugnis ablegen bis zum letzten. Tagebücher 1933–1945, hrsg. v. Walter Nowojski, 2 Bde., Berlin 1995; Willy Cohn: Kein Recht, nirgends. Tagebuch vom Untergang des Breslauer Judentums 1933–1941, hrsg. v. Norbert Conrads, 2 Bde., Köln u. a. 2007.

109 Hans-Ulrich Wehler: Deutsche Gesellschaftsgeschichte, Bd. 4: Vom Beginn des Ersten Weltkriegs bis zur Gründung der beiden deutschen Staaten 1914–1948, München 2003, S. 600–937.

110 Peter Longerich: „Davon haben wir nichts gewußt!" Die Deutschen und die Judenverfolgung 1933–1945, München 2006; Frank Bajohr/Dieter Pohl: Der Holocaust als offenes Geheimnis. Die Deutschen, die NS-Führung und die Alliierten, München 2006; Michael Wildt: Volksgemeinschaft als Selbstermächtigung. Gewalt gegen Juden in der deutschen Provinz 1919 bis 1939, Hamburg 2007; Bernward Dörner: Die Deutschen und der Holocaust. Was niemand wissen wollte, aber jeder wissen konnte, Berlin 2007.

111 Armin Pfahl-Traughber: Der antisemitisch-antifreimaurerische Verschwörungsmythos in der Weimarer Republik und im NS-Staat, Wien 1993; Wolfram Meyer zu Up-

trup: Kampf gegen die „jüdische Weltverschwörung". Propaganda und Antisemitismus der Nationalsozialisten 1919–1945, Berlin 2003; Jeffrey Herf: The Jewish Enemy. Nazi Propaganda during World War II and the Holocaust, Cambridge/Mass.-London 2006; Matthäus/Kwiet/Förster/Breitman (Anm. 24).

[112] Alfred Gottwaldt/Diana Schulle: Die „Judendeportationen" aus dem Deutschen Reich 1941–1945. Eine kommentierte Chronologie, Wiesbaden 2005.

[113] Hannes Heer: Vom Verschwinden der Täter. Der Vernichtungskrieg fand statt, aber keiner war dabei, Berlin 2004.

Akim Jah

„... und dabei anständig geblieben zu sein“ Aussagemuster von Berliner Gestapo-Beamten nach 1945

„Ich erkläre hiermit, daß ich von dem furchtbaren Schicksal der deportierten Juden erst nach meiner Entlassung aus der russ[ischen] Kriegsgefangenschaft im Jahre 1946 [...] erfahren habe. Ich bin mir keiner Schuld bewußt, daß ich mich Juden gegenüber unmenschlich verhalten habe.“[1] Diese Bemerkung verhalf dem ehemaligen Mitarbeiter der Stapo-Leitstelle Berlin, Gerhard Schmidt, zur Einstellung seines Verfahrens wegen Mitwirkung an der Deportation der Berliner Juden. Zugleich demonstriert das Zitat, wie ehemalige in die nationalsozialistischen Verbrechen verwickelte Polizisten sich nach 1945 darstellten und wie sie ihre Tätigkeit zu rechtfertigen suchten. Ausgehend von den Aussagen von Schmidt sollen in diesem Beitrag Aussagemuster[2] von Gestapo-Beamten herausgearbeitet werden, die mit der Deportation der Juden betraut waren. Dabei geht es nicht primär um juristische Verteidigungslinien, die sich je nach individueller Dienstzeit, konkreter Anschuldigung und gesetzlicher Lage voneinander unterscheiden konnten.[3] Statt dessen gilt es zu untersuchen, welches Bild die ehemaligen Polizisten von sich und ihrer Tätigkeit bei der Gestapo nach dem Krieg konstruierten. Ich beziehe mich dabei auf Beamte der unteren Ränge, zwischen Kriminalassistent und Kriminalobersekretär, die im Zeitraum von 1941 bis 1945 in der Stapo-Leitstelle Berlin, der größten regionalen Dienststelle der Gestapo im Altreich,[4] tätig waren. Hinsichtlich ihrer Laufbahn und ihres Hintergrunds unterschieden sich diese Männer kaum voneinander. Eine kollektivbiographische Betrachtungsweise,[5] die sich nicht nur auf lebensgeschichtliche Schnittmengen etwa bezüglich Alter, Herkunft, Ausbildung und Karriere bezieht, sondern sich darüber hinaus für „identische Erfahrungswelten bzw. Wahrnehmungs- und Deutungsmuster“[6] interessiert, erscheint daher angemessen.

Die meisten mit den Deportationen betrauten Polizisten stammten aus bäuerlichen oder kleinbürgerlichen Verhältnissen, waren in der Landwirtschaft oder in handwerklichen Berufen tätig,[7] bevor sie zur Schutzpolizei und von dort zum überwiegenden Teil zur Kripo kamen. Hinsichtlich einer Kategorisierung in eine der von Gerhard Paul systematisierten Tätertypen gehörten sie zu den „traditionellen Befehlstätern“.[8] Sie holten auf der Grundlage von Anweisungen ihrer Vorgesetzten Juden ab, bereiteten die Transporte in den Sammellagern vor und begleiteten die Deportationszüge zu den Zielorten. In den ersten Nachkriegsjahren wurden einzelne von ihnen im Rahmen von Spruchgerichtsverfahren und Strafanzeigen vernommen bzw. angeklagt.[9] Insgesamt liegen von 16 von ihnen Nachkriegsaussagen vor.[10] Diese stammen zum Großteil aus dem Bovensiepen-Verfahren, das die Deportation der Berliner Juden zum Gegenstand hatte und Ermittlungen zwischen 1963 und 1971 mit sich brachte.[11] Während dieser Vernehmungen durch die Polizei, die Staatsanwaltschaft, den Untersuchungsrichter und in einzelnen Fällen in der Hauptverhandlung vor Gericht versuchten die ehemaligen Polizisten ihre Tätigkeit bei der Gestapo zu rechtfertigen und ihre Funktion im Judenreferat herunterzuspielen. Das Bild, das sie dabei von sich zeichneten, gleicht sich teilweise bis ins Detail. In die vorliegende Untersuchung aufgenommen wurden auch die Aussagen von zwei Männern, die bei ihrem Eintritt in die Gestapo keinen polizeilichen Hintergrund aufwiesen und mutmaßlich aufgrund ihrer politischen Zuverlässigkeit als ‚Quereinsteiger' dort aufgenommen wurden. Beide, Ernst Sasse und Felix Lachmuth, unterschieden sich gleichwohl weder hinsichtlich ihres Verhaltens bei der Gestapo noch bezüglich des Charakters ihrer Nachkriegsaussagen von den Vorgenannten.

Grundlage der Untersuchung sind somit die Vernehmungen von 18 Personen. Dies ist zugleich die Gesamtheit der mit den Deportationen aus Berlin befaßten Polizisten, von denen Aussagen vorliegen. Im folgenden werde ich zunächst exemplarisch auf die Biographie von Schmidt und seine Tätigkeit bei der Gestapo eingehen und sodann seine Äußerungen nach 1945 im Zusammenhang mit Anträgen auf staatliche Unterstützung und im Kontext strafrechtlicher Ermittlungen aufzeigen. Anschließend werde ich seine Aussagen systematisieren und ihre Übereinstimmung mit denjenigen der anderen ehemaligen Polizisten des Samples herausarbeiten und diskutieren.

Ein ganz normaler deutscher Täter

Gerhard Schmidt wurde 1907 in Bogenau (Bogdanowo) bei Posen geboren. Nach einer Lehre als Holzkaufmann trat er 1927 in die Schutzpolizei ein und wechselte Ende 1936 zur Stapo-Leitstelle Berlin.[12] Dort war Schmidt, der den Rang eines Kriminaloberassistenten innehatte und im August 1930 in die NSDAP eingetreten war,[13] zunächst im Referat Schutzdienst tätig. Später wechselte er in das Referat Deutsche Arbeitsverweigerer.[14] Während dieser Zugehörigkeit wurde er mehrmals für einige Tage oder Wochen in das Judenreferat abgeordnet. Zu seinen dortigen Aufgaben gehörten die Abholung der jüdischen Menschen aus ihren Wohnungen und ihre Überbringung in das Sammellager Levetzowstraße. Ende 1942 wurde Schmidt im Zusammenhang mit einer Affäre, bei der Angehörige der Stapo-Leitstelle große Mengen von Wertgegenständen deportierter Juden unterschlagen hatten, festgenommen und im Sommer 1944 vom SS- und Polizeigericht zu vier Jahren Zuchthaus verurteilt. Einen Teil der Strafe verbüßte er im SS- und Polizeistrafgefängnis Dachau, einer eigenständigen und vom dortigen KZ isolierten Einrichtung innerhalb des Lagerkomplexes.[15] Von dort kam er zu einer SS-Bewährungseinheit in die Ukraine, wo er in Kriegsgefangenschaft geriet. Nach seiner Freilassung arbeitete er in der Nähe von Hamburg bei einem Theaterunternehmen, wurde Handelsvertreter und schließlich Sachbearbeiter bei einer Hausverwaltung. Sein Wiedereinstellungsversuch bei der Kriminalpolizei blieb erfolglos.

Auf dem Fragebogen zur Entnazifizierung aus dem Jahr 1949 verschwieg Schmidt nicht nur seine Partei-Mitgliedschaft, sondern auch seine Zugehörigkeit zur Gestapo und die Haft in Dachau. Statt dessen führte er an, zwischen 1938 und 1942 durchgängig bei der Kriminalpolizei beschäftigt gewesen und dann zur Wehrmacht gekommen zu sein.[16] Auch bei der 1950 bei der Oberfinanzdirektion Hamburg beantragten Überbrückungshilfe für ehemalige Beamte verschwieg Schmidt zunächst seine Tätigkeit bei der Geheimen Staatspolizei und führte lediglich seine Zugehörigkeit zur Kripo an. Erst als er zur Angabe über seine letzte Dienststelle aufgefordert wurde, gab er im Februar 1953 an, bei Kriegsbeginn 1939 von der Sittenpolizei zur Gestapo kommandiert worden zu sein. Von dort sei er 1942 zur Kripo nach Königsberg gekommen und später in Gefangenschaft geraten. Seine Tätigkeit im Judenreferat ließ er dabei jedoch ebenso unerwähnt wie seine Verurteilung durch das SS- und Polizeigericht. Parallel zu seinen – im übrigen erfolgreichen – Bemühungen bei der Oberfinanzdirektion stellte Schmidt in den Jahren 1949 bis 1953 mehrere Anträge beim Soforthilfeamt und beim Lastenausgleichsamt auf Beihilfe bzw. Entschädigung. Dabei gab er an, als Kaufmann in Ostpreußen 1945 umfangreiche Vermögenswerte zurückgelassen zu haben, für die er nun um Kompensation ersuchte. Seine Tätigkeit bei der Polizei verschwieg er dabei gänzlich. Als das Lastenausgleichsamt das „zweispurige Vorgehen [...] zur Erlangung von staatlichen Mitteln“ aufdeckte und Schmidt auf Grundlage neuer Erkenntnisse damit konfrontierte, Mitglied der Gestapo gewesen zu sein, leugnete er diese Tatsache mit dem Hinweis auf eine vorliegende Verwechslung.

Schließlich wurde Schmidt, der tatsächlich während des Krieges nie in Ostpreußen wohnhaft gewesen war, aufgrund seiner parallel eingereichten Anträge und seiner widersprüchlichen Angaben über seinen ehemaligen Beruf wegen Betruges angeklagt. Nunmehr gab er seine gegenüber den Behörden verschwiegene Tätigkeit bei der Gestapo zu. Dabei behauptete er jedoch, „ohne sein Zutun“ von der Kripo „abgestellt“ worden zu sein. In seinem Urteil kam das Amtsgericht Hamburg 1957 zu der Feststellung, daß Schmidt planmäßiger Gestapo-Beamter gewesen und freiwillig dorthin gegangen war, diese Tatsache jedoch verschwiegen habe, um sich unrechtmäßig Leistungen zu erschleichen.[17] In den nachfolgenden Jahren versuchte Schmidt erfolglos seine ihm aberkannten Versorgungsansprüche mit dem immer wieder vorgetragenen Argument, daß er nicht freiwillig zur Gestapo gekommen sei, zu erstreiten.[18] Im Jahre 1960 wandte er sich schließlich an den Bundesinnenminister mit der

Bitte, ihm eine Chance „als Beamter auf Widerruf“ zu gewähren.[19] Dabei legte er dar, zwar aus Not falsche Angaben gemacht, aber während 18 Jahren bei der Polizei „tadelsfrei“ seinen Dienst ausgeübt zu haben. Er hob hervor, daß er für seine „besondere Aufmerksamkeit bei Staatsbesuchen“, bei denen er als Angehöriger des Schutzdienstreferats der Stapo-Leitstelle Berlin eingesetzt war, vom Reichsinnenminister eine Belobigung erhalten habe. In ähnlichem Tenor verfaßte er ein Schreiben an den Hamburger Senat. Darin führte er an, daß er immer „gewissenhaft seinen Dienst versehen“ habe und beklagte, der „heutige Staat [würde] es ihm immer noch übel“ nehmen, daß er „zur Staatspolizeileitstelle kommandiert gewesen“ sei. Als Angehöriger des Schutzdienstreferats habe er jedoch mit „dem Dienst der Staatspolizei […] nichts zu tun gehabt“.[20]

Schmidts Vorgehensweise, nur soviel wie notwendig zuzugeben, frühere Aussagen zu relativieren, seine Tätigkeiten zu verharmlosen und sich als rechtschaffenen und ehrlichen Polizisten, der Opfer der Umstände geworden sei, darzustellen, spiegelt sich auch in seinen Vernehmungen während des Bovensiepen-Verfahrens wider, in dem er der Beihilfe zum Mord beschuldigt wurde. Im Mai 1966 gab er erstmals zu, bei „mehreren“ Festnahmeaktionen von Juden und deren Verbringung in ein Sammellager beteiligt gewesen zu sein.[21] Einige Wochen später stellte er heraus, daß „seine Abordnungen zur Dienstleistung im Judenref[erat]“ nur zeitweilig und jeweils nur für eine begrenzte Zeit erfolgt seien.[22] Vor dem Untersuchungsrichter erwähnte er schließlich im darauf folgenden Jahr nur seine Beteiligung an fünf bis sechs Abholungen.[23] Auch bezüglich seiner Rolle bei diesen Einsätzen nahm er zuvor gemachte Aussagen später wieder zurück. In den ersten polizeilichen Vernehmungen hatte er erklärt, daß ihm oder einem begleitenden Kollegen ein formloser Zettel mit Anschriften von Juden, die mitzunehmen seien, gegeben wurde.[24] Gegenüber dem Untersuchungsrichter führte er später jedoch an, daß ausschließlich sein Kollege die Adressen bekommen habe. Darüber hinaus versuchte er seine Beteiligung an den Abholungen als äußerst passiv darzustellen: „Ich interessierte mich für diese Dinge überhaupt nicht, zumal ich ja gar nicht Angehöriger dieses Referats war und ich nur notgedrungen mitgehen mußte.“[25]

Seine Verhaftung im Zusammenhang mit der Unterschlagungsaffäre versuchte er auch hier zu verheimlichen. So gab er zunächst an, im Jahre 1942 zur Wehrmacht einberufen worden zu sein.[26] Erst als er bei einer polizeilichen Vernehmung mit dem Sachverhalt konfrontiert wurde, 1942 festgenommen und vor das SS- und Polizeigericht gestellt worden zu sein, gab er diesen Umstand zu.[27] Gleichwohl bestand er weiter darauf, sich „niemals an jüd[ischem] Vermögen und Eigentum vergriffen“ zu haben. Statt dessen sei er wegen „militärischen Ungehorsams“ angeklagt worden.[28] Diesen wenig glaubhaften Grund für seine Verhaftung führte er im Jahr 1969 auch gegenüber dem Hamburger Senat an. In der Absicht, sich seine Beamtenschaft für die Rente auch auf die Zeit nach seinem Ausscheiden aus dem Polizeidienst anerkennen zu lassen, ließ er seinen Anwalt anführen, daß er sich geweigert habe, „gesetzwidrige Maßnahmen gegen Juden durchzuführen“.[29] Der Anwalt implizierte, daß Schmidt statt dessen Juden geholfen habe, aus der Haft zu gelangen.

In weiteren Vernehmungen des Bovensiepen-Verfahrens stellte Schmidt die Vorwürfe der Bereicherung „entschieden in Abrede“.[30] Als Erklärung für das Verschweigen seiner Verhaftung gab er an, daß er seinen „Aufenthalt im KZ [sic] nicht angeben“ wollte, um „nicht in den Ruf zu geraten, daß ich auch einer von denen sei, die jetzt Entschädigungen verlangen würden“.[31] Im Bestreben, sich als ehrlichen Polizisten zu präsentieren, versuchte er sich damit auf eine Stufe mit den Opfern des Holocaust zu stellen. Seine Distanzierung von Empfängern von Entschädigungszahlungen drückt dabei sogar noch seinen Anspruch auf moralische Überlegenheit gegenüber ehemaligen KZ-Insassen aus, die – so seine an ein antisemitisches Stereotyp erinnernde Implikation[32] – zu Unrecht Geld von der Allgemeinheit erhalten würden. Das positive Selbstbild kommt auch in anderen Aussagen Schmidts zum Ausdruck. Obgleich mit Einzelfällen von „Arbeitsverweigererern“ betraut, hätte er selbst nie eine Einweisung in ein Lager angeordnet,[33] sondern stets zum Vorteil der Opfer gehandelt: Ich „habe auch aus menschlichen Erwägungen immer den richtigen Ton gehabt, um die Arbeitsverweigerer vor den Folgen zu warnen.“ Die Vernehmungen habe er immer „menschlich“ geführt.[34]

Von der Ermordung der Deportierten will er erst nach 1945 erfahren haben. Ihm sei gleichwohl klar gewesen, daß die Deportationen all dem zuwiderliefen, was er bei der Polizei gelernt habe. Zu seiner Rechtfertigung führte er an: Sollte „ich als kleiner Oberassistent mich gegen die Befehle der Leitstelle stellen und dann in einem KZ enden? Dies war mir deshalb schon nicht möglich, weil ich Frau und Kinder hatte. [...] Wir wären auf jeden Fall ins KZ gekommen, wenn wir es nur gewagt hätten, ein Wort zuviel zu sagen.“[35] Schmidts Rechtfertigungen führten schließlich zur Einstellung seines Verfahrens. Ausschlaggebend hierfür war, daß ihm aufgrund seiner nur zeitweiligen Zugehörigkeit zum Judenreferat nicht nachzuweisen war, von der Ermordung der deportierten Juden gewußt zu haben.[36]

Topoi und Deutungsmuster

Obgleich Schmidts Dreistigkeit bei der Erschleichung von staatlicher Unterstützung sicherlich keine Repräsentativität beanspruchen kann, sind seine Äußerungen dabei geradezu idealtypisch für den Umgang niedrigrangiger Gestapo-Beamter mit ihrer eigenen Beteiligung an der Verschleppung der Juden. Zusammenfassend lassen sich sechs Aussagemuster systematisieren, auf die sich auch die Aussagen der anderen ehemaligen Gestapo-Angehörigen des hier zur Diskussion stehenden Samples verdichten lassen:

1. Unfreiwillige Abordnung zur Gestapo.
2. Leugnung der Beteiligung an den Deportationen.

3. Leugnung des Wissens über die Ermordung der Deportierten.
4. Man hat menschlich gehandelt und war anständig geblieben.
5. Man konnte nichts dagegen machen.
6. Man war selbst Opfer.

Teile dieser Aussagemuster erscheinen in den Vernehmungen und anderen Zeugnissen der ehemaligen Polizisten als „wiederkehrende Einzelsätze“[37] – ein Phänomen, auf das auch der Historiker Hans Joachim Schröder im Zusammenhang mit einer Untersuchung von Soldatenerinnerungen gestoßen ist. Schröder begreift diese Sätze, die stets gleich oder ähnlich lauten, als Topoi. Im Unterschied zum Argument-Begriff impliziert der Topos-Begriff das Vorhandensein einer „festen Prägung“ und bezieht sich neben argumentativen auch auf bewertende und beschreibende Aussagen.[38] In dem Buch „Opa war kein Nazi“ knüpfen Harald Welzer und seine Coautorinnen an Schröders Beobachtungen und Begrifflichkeiten an und erweitern diese um den Begriff des Deutungsmusters, der sich auf komplexere, aber ebenso wie die Topoi regelmäßig wiederkehrende Aussagen bezieht.[39] Von der Struktur her sind hierunter auch Rechtfertigungen und Erklärungen eigener Handlungen zu fassen. Demnach wäre etwa die Erklärung, unfreiwillig zur Gestapo gekommen zu sein, als Deutungsmuster zu begreifen, während die Aussage „ich bin anständig geblieben“ als Topos zu gelten hätte. Mit beiden Begriffen scheint es mir möglich, die Konstanten in den Aussagen herauszufiltern und sie als Formen gemeinsamer Wahrnehmungs- und Rechtfertigungsmuster zu deuten.[40]

1. Unfreiwillige Abordnung zur Gestapo

Wie Elisabeth Kohlhaas gezeigt hat, stammten über 90 Prozent der Beamten der Stapo-Stellen in den Anfangsjahren des Nationalsozialismus aus der Weimarer Polizei.[41] Ihre Übernahme in die Gestapo erfolgte entweder per Versetzung, Abordnung oder freiwilliger Meldung der Betroffenen. Bis auf zwei behaupteten in den Nachkriegsaussagen alle ehemaligen Polizisten unseres Samples in Analogie zu Schmidt, ohne ihr Zutun und gegen ihren Willen zur Gestapo gekommen zu sein. So sprach Max Kühnel, der zuvor bei der Weddinger Kripo tätig war, davon, daß er im Judenreferat „notgedrungen“ seinen Dienst versah.[42] Der langjährige Mitarbeiter des Berliner Polizeipräsidiums Emil Plaßen hob hervor, daß er bereits 1931 dort „gegen seinen Willen“ zur Politischen Polizei, der damaligen Abteilung IA, gekommen und nach 1933 von der Stapo-Leitstelle „übernommen“ worden sei.[43] Karl Becker, der nach seinen Angaben von der Polizeiinspektion Berlin-Wedding zur Gestapo „einberufen“ worden war,[44] rechtfertigte sich damit, daß er nach seinem Dienstantritt mehrere erfolglose „schriftliche Gesuche zur Aufhebung [der] Abordnung zur Gestapo eingereicht“ habe.[45] Die Versetzung von Kriminalbeamten gegen ihren Willen führten auch Polizisten aus anderen Städten an.[46] Zum Bild der Unfreiwilligkeit gehörte es auch, frühere Angaben über den Eintritt in die

Gestapo zu revidieren. So hatte der vormalige Kriminalassistent Max Grautstück in einem 1939 für das Rasse- und Siedlungshauptamt verfaßten Lebenslauf angeführt, freiwillig den Dienst bei der Gestapo angetreten zu haben. Nach dem Krieg distanzierte er sich jedoch von dieser Aussage und beharrte darauf, daß seiner Übernahme in die Geheime Staatspolizei „eine dienstliche Anordnung“ zugrunde lag, auf die er „keinen Einfluß hatte“.[47]

Als einziger Polizist des Samples gab der ehemalige Kriminaloberassistent Willi Rothe zu, sich freiwillig gemeldet zu haben. Allerdings hatte auch er zunächst behauptet, daß er gegen seinen „Willen zur Stapoleitstelle Berlin abkommandiert“[48] worden war. Später sah er sich jedoch gezwungen, seine Aussage zu widerrufen. Nunmehr gab er an, ihm und seinen Kollegen sei nach Ende seines Dienstes bei der Schutzpolizei erklärt worden, daß es bei der Kripo keine freien Planstellen gäbe, die Gestapo jedoch einige offene Stellen aufwies: „Hier, wie dort“, so Rothe, „sei der gleiche Dienst zu versehen, man verdiene sogar bei der Staatspolizei etwa 30,- RM im Monat mehr. Uns leuchtete das ein, und da ich jungverheiratet war, war mir auch an diesem Mehrverdienst gelegen.“[49] Sasse und Lachmuth, die ohne eine vorherige polizeiliche Laufbahn von der SS zur Stapo-Leitstelle gekommen waren und beide zum festen Personal des Sammellagers in der Großen Hamburger Straße gehört hatten, konnten sich zwar nicht auf eine unfreiwillige Versetzung oder Abordnung berufen; gleichwohl spielten sie die Bedeutung ihres Eintritts herunter. Im Unterschied zu den Weimarer Polizisten hatten sich die Neuzugänge als SS-Mitglieder Meriten in der nationalsozialistischen Bewegung erworben und ihre ideologische Festigkeit bewiesen.[50] Ihr Eintritt in die Gestapo bedeutete nicht nur die Eröffnung von neuen beruflichen Möglichkeiten, sondern bildete darüber hinaus eine Kontinuität hinsichtlich ihrer politischen Aktivitäten. Beide Momente kommen in den Aussagen von Lachmuth und Sasse indes nicht vor. Lachmuth gab als Grund für seinen Eintritt in die Geheime Staatspolizei an, daß er durch seine Bewerbung die Möglichkeit sah, in Berlin seinen angefangenen Gesangs- und Theaterunterricht fortzusetzen.[51] Später hätte er sich wegen seines „Unbehagen[s] über die gegen die Juden gerichteten Maßnahmen“[52] freiwillig zur Front gemeldet.

2. Leugnung der Beteiligung an den Deportationen

Das Deutungsmuster, nicht freiwillig oder zumindest, wie im Fall Rothe und Lachmuth, doch nur aus pragmatischen Gründen bei der Gestapo gearbeitet zu haben, findet seine Fortsetzung in dem Versuch, die Tätigkeit im Judenreferat zu leugnen oder zu relativieren. Wie Schmidt, der, wie der ihn vernehmende Kriminalbeamte feststellte, nur den Sachverhalt „zugab, der ihm bewiesen werden“ konnte,[53] versuchten auch andere, ihre Zugehörigkeit zum Judenreferat oder ihre Beteiligung an den Deportationen zu leugnen, zeitlich stark einzuschränken oder herunterzuspielen. So gab Grautstück zwar die Abholung von Juden und ihre Überbringung in ein Sammellager zu, behauptete jedoch, weder mit ihrem Abtransport etwas zu tun gehabt, noch etwas darüber gewußt zu haben.[54] Diese Abspaltung der eigenen Tätigkeit von den Deportationen findet sich in anderer Variation auch bei Franz Freitag. Dem langjährigen Gestapo-Mitarbeiter wurde vorgeworfen, Vermögenseinziehungen unterzeichnet zu haben. Er redete sich damit heraus, daß er diese lediglich „blanko" unterschrieben habe, ohne zu wissen, um was es sich handelte.[55] Max Stark, zeitweise stellvertretender Referatsleiter, der mit Koordinierungsaufgaben im Zusammenhang mit den Deportationen befaßt war, behauptete, im Judenreferat nur „büromäßig tätig" gewesen zu sein und mit den „Evakuierungen [...] direkt nichts zu tun" gehabt zu haben.[56] Willi Reiche, seit 1936 bei der Gestapo, gab zwar seine Zugehörigkeit zum Judenreferat zu, behauptete aber, zum Zeitpunkt der Deportationen zu anderen Dienststellen bzw. Tätigkeiten abgeordnet gewesen zu sein.[57] Wie Schmidt korrigierten einzelne Polizisten frühere Aussagen, nahmen Eingeständnisse zurück oder schränkten diese etwa hinsichtlich der Anzahl ihrer Einsätze stark ein.[58]

3. Leugnung des Wissens über die Ermordung der Deportierten

Schmidts Leugnung, vom weiteren Schicksal der Deportierten gewußt zu haben, war ausschlaggebend für die Einstellung seines Verfahrens in den 1960er Jahren. Auch für andere ehemalige Polizisten, die wie Schmidt ihre Beteiligung nicht (mehr) abstreiten konnten, war das Argument, vom finalen Zweck der Verschleppung nichts gewußt zu haben, ein zentrales Moment in ihrer Verteidigungsstrategie.[59] So behauptete Sasse, nicht einmal gewußt zu haben, daß es in Auschwitz ein Konzentrationslager gegeben habe.[60] Die von der Polizeiinspektion Charlottenburg abgeordneten Polizisten Karl Staatz und Ernst Panknin erklärten beide, der NS-Propaganda folgend, daß sie davon ausgegangen seien, die Juden würden im Osten zur Arbeit eingesetzt.[61] Die Behauptung, vom Judenmord nichts gewußt zu haben, ist nicht nur charakteristisch für die Polizisten unseres Samples. Bereits 1962 hat Albert Mösl darauf hingewiesen, daß sich die Angeklagten in fast allen bis dahin durchgeführten Deportationsprozessen darauf berufen hatten, „keine Ahnung von dem Schicksal der Opfer" gehabt zu haben und der Auffassung gewesen seien, daß „die Juden im Osten zum Arbeitseinsatz kämen".[62] Ralph Giordano hat den gegen die Kollektivschuldthese gerichteten „kollektiven Affekt ‚Aber wir haben doch von nichts gewußt'" als ein Charakteristikum der bundesrepublikanischen Geschichte schlechthin beschrieben.[63] Welzer hat bei seiner Untersuchung über Tradierungen im Familiengedächtnis die Erfahrung gemacht, daß ein großer Teil der Interviewpartner beteuerte, von „nichts gewußt" zu haben.[64] Nach 1945 war es, wie Wolfgang Scheffler in einem Gutachten formulierte, zur Legendenbildung gekommen, daß „alles, was mit der Judenvernichtung zusammenhing, nur einem kleinen Kreis von Menschen bekannt gewesen sei".[65]

Von unserem Sample gaben einzig Max Kölz, der vor seiner Tätigkeit im Berliner Judenreferat zu einer Einsatzgruppe in der besetzten Sowjetunion abgeordnet worden war,[66] sowie der vormalige Mitarbeiter der Stapo-Leitstelle Posen, Ernst Düngen, zu, von der Vernichtung der Juden gewußt zu haben.[67]

4. Man hat menschlich gehandelt und war anständig geblieben

Die Topoi, „menschlich gehandelt“ zu haben bzw. „anständig geblieben“ zu sein, finden sich bei fast allen der ehemaligen Polizisten wieder. Während Schmidt sich damit rechtfertigte, Vernehmungen „menschlich“ geführt zu haben, hielten sich andere zugute, sich bei der Abholung der Juden „menschlich“[68] verhalten zu haben. Der Begriff „anständig“ wurde dabei synonym für „menschlich“ verwendet. Teilweise illustrierten die ehemaligen Gestapo-Angehörigen ihr „menschliches“ bzw. „anständiges“ Verhalten, etwa indem Rothe ausführte, daß er den Juden immer genügend Zeit zum Packen gelassen habe.[69] Auch implizit beharrten die Polizisten auf ihrer „Anständigkeit“. So führte Plaßen an, er habe zwar Juden abgeholt, sich jedoch nicht an Unrechtshandlungen ihnen gegenüber beteiligt.[70] Und Grautstück stellte fest, daß er „niemals einen Menschen mißhandelt“ habe.[71] Dieses Bild, das die ehemaligen Beamten von sich zeichneten, findet bei sechs von ihnen eine Entsprechung in den Aussagen ehemaliger (Funktions-)Häftlinge der Sammellager. Darin wurden sie als „anständig“, „menschlich“ und „korrekt“ charakterisiert.[72] Die Zuschreibung von „anständig“ und „korrekt“ durch Zeitzeugen hat Hans-Dieter Schmid auch für einen Teil der Polizisten der Stapo-Stelle Hannover beschrieben.[73] Als „Anständigkeit“ bezeichnet er ein Verhalten, „das nicht die eigene Machtposition gegenüber Abhängigen ausspielte“ und den möglichen Handlungsspielraum gegenüber den Opfern ausschöpfte. Unter „korrektem“ Verhalten versteht er, daß sich die Beamten nicht zu Mißhandlungen hinreißen ließen.[74] Dieses Bild, sowohl als Zuschreibung von außen als auch als Selbstbild, impliziert eine Abgrenzung zu einem anderen Tätertypus, den Schmid als „üble Schläger“ kategorisiert.[75] Dies findet sich auch explizit in den Aussagen der ehemaligen Berliner Polizisten, die mehrfach auf einzelne vormalige Kollegen verwiesen, die als besonders brutal galten.[76]

Der Topos der „Anständigkeit“ drückt darüber hinaus auch den Versuch aus, sich von den eigenen Taten zu distanzieren. Deutlich wird dies, indem etwa Herbert Titze, der die Kartei im Sammellager Große Hamburger Straße führte, behauptete, die Arbeit bei der Gestapo sei ihm „zuwider“ gewesen.[77] Die Behauptung „menschlich gehandelt“ zu haben bzw. „anständig geblieben“ zu sein, ergänzten fünf der 18 ehemaligen Polizisten schließlich mit der Bekundung, Juden bei der Flucht unterstützt zu haben. So erklärte Sasse, einer Jüdin zum Abtauchen verholfen und sie versteckt zu haben.[78] In einem Verfahren wegen der Kürzung seiner Pension führte Panknin an, durch wiederholte Krankmeldung „passive Resistenz geübt“ zu haben.[79] Verweise auf Hilfeleistungen für Juden und Gegnerschaft zum Nationalsozialismus sind auch aus anderen Städten bekannt. So gab der ehemalige Angehörige der Krefelder Gestapo, Alfred Effenberg, in einem Gerichtsverfahren an, stets „Nazigegner" gewesen zu sein.[80] Während sich zumindest bei Sasse konkrete Anhaltspunkte für Hilfeleistungen finden lassen,[81] die gleichwohl in Bezug zu seinem sonstigen Verhalten gesetzt werden müssen,[82] scheint Schmidts Erklärung, wegen seines Eintretens für Juden vom SS- und Polizeigericht verurteilt worden zu sein, völlig konstruiert zu sein.

Allen Polizisten gemein ist der Versuch, mit dem Hinweis, Juden geholfen zu haben, die eigene Tätigkeit bei der Gestapo zu relativieren bzw. gegen die eigene Beteiligung an den Deportationen aufzurechnen. Zugleich stellte dies eine Möglichkeit für sie dar, sich – statt als Täter – in einem diffusen Umfeld von Widerstandskämpfern zu plazieren. Dieses – neben der Abgrenzung zu den ‚üblen Schlägern' und der Distanzierung von der eigenen Tätigkeit bei der Gestapo – dritte Moment des Topos des „menschlichen" und „anständigen" Beamten kommt in dem oben bereits erwähnten Brief des Rechtsanwaltes von Schmidt anschaulich zum Ausdruck: „Zusammenfassend darf erneut darauf hingewiesen werden, daß es geradezu widersinnig wäre, wenn man einen Betroffenen – wie in diesem Falle Herrn Schmidt, der sich weigerte, gesetzwidrige Maßnahmen gegen Juden durchzuführen, mit denen er zu tun hatte – für diese heute überall verlangte Haltung, die ihn zudem – wie bekannt ist – erheblichen Unannehmlichkeiten aussetzte, durch die Nichtanrechnung der Rentenzeit bestrafen wollte."[83]

Mit dem Versuch, sich als Teil des Widerstandes zu präsentieren, waren die ehemaligen Polizisten nicht allein. Eine große Mehrheit der deutschen Bevölkerung stellte sich nach dem Krieg als Opponent des NS-Regimes dar. Schon der österreichisch-jüdische Emigrant und spätere US-Vernehmungsspezialist Saul Padover mußte in seinen 1944/45 in Deutschland durchgeführten Befragungen der Bevölkerung feststellen, daß „[j]eder [Deutsche] [...] ein Nazigegner" war.[84] Das Gegensatzpaar „anständig" und „unanständig" war dabei für die deutsche Gesellschaft, so Klaus-Dietmar Henke, bestimmend für die Abgrenzung zu der geringen „Zahl jener politischer Exzeßtäter, die sich in ihrem beruflichen oder privaten Umkreis im Sinne des Regimes und zum Schaden der Kollegen als gefährliche Hundertfünfzigprozentige hervorgetan hatten".[85]

Der Topos Anständigkeit ist gleichwohl kein Produkt der (bundesrepublikanischen) Nachkriegsgesellschaft, sondern mit den gleichen Konnotationen schon im Nationalsozialismus zu beobachten. Bereits für die Verschwörer des 20. Juli dienten „anständig" und „unanständig" als Abgrenzungskategorien.[86] Nicht zuletzt zielte Himmlers berühmte Passage von der anständig gebliebenen SS in seiner Posener Rede[87] in ihrem Kern auf die gleiche Entlastungs- und Rechtfertigungsstrategie, die die Polizisten nach 1945 für sich nutzten. Die Beteiligung am Massenmord – von Himmler als ‚geschichtliche Notwendigkeit' deklariert, von den Polizisten nach 1945 als unausweichliche Befehlsbefolgung charakterisiert – wird dabei, wie Hans Buchheim darlegte, nicht nach „ethischen und rechtlichen Kategorien“[88] wahrgenommen. Die Anständigkeit bezieht sich für die Polizisten daher nicht auf die Mordbeteiligung, sondern auf das anständige Verhalten innerhalb des Mordapparates: Himmlers Hinweis darauf, daß die SS-Männer anständig geblieben seien und sich bis auf wenige Ausnahmen nicht an jüdischem Eigentum vergriffen hätten,[89] paßt zu Schmidts vehementer Leugnung, in die Unterschlagungen involviert gewesen zu sein, und zu seinem Versuch, sich als „menschlichen“ Beamten darzustellen. Für die strafrechtliche Verfolgung hatte dieses Bild indes eine nicht zu unterschätzende Wirkung. Als „anständige“ Polizisten konnten ihnen die für eine Verurteilung als Gehilfen notwendigen niedrigen Beweggründe, wie etwa besondere Brutalität gegenüber den Opfern, nicht nachgewiesen werden. Alleine bei fünf ehemaligen Gestapo-Angehörigen unseres Samples kam es deswegen zur Verfahrenseinstellung.[90]

5. Man konnte nichts dagegen machen

Schmidt rechtfertigte sich damit, daß er nichts gegen die Befehle seiner Vorgesetzten hätte tun können. Dieses Argument des Befehlsnotstandes, das geradezu als Paradigma für die Entlastung von NS-Tätern gelten kann, führten auch zahlreiche andere Polizisten an. In „meiner Unerfahrenheit“, so Sasse, „bin ich nie auf den Gedanken gekommen, diese Maßnahmen einmal unter dem Gesichtspunkt eines Gesetzes zu prüfen. Es war Krieg, und Hitler und Himmler konnten machen, was sie wollten. Wer ein Wort dagegen sagte, riskierte zumindest die persönliche Freiheit, wenn nicht noch mehr. [...] Ich hätte auch gar nicht gewußt, was ich gegen diesen Machtapparat hätte unternehmen können.“[91] Die Negierung jeglicher Möglichkeit eines abweichenden Verhaltens innerhalb der Gestapo wird in den Aussagen ergänzt durch die Zeichnung einer Rücksichtslosigkeit der Geheimen Staatspolizei nach innen: „Mir war klar, daß ich im Konzentrationslager landen würde, wenn ich nur ein Wort zuviel sage, geschweige den Dienst verweigert hätte.“[92] Die Verantwortung für das eigene Handeln wird, ganz im Sinne der oben diskutierten Distanz von der eigenen Tätigkeit, den Vorgesetzten sowie Hitler und Himmler übertragen: „Aber was sollten wir kleine Polizisten denn anderes tun? Hohe und höchstgestellte Persönlichkeiten, die immer wieder erklärten, sie trügen die Verantwortung, taten das gleiche und schienen die Maßnahmen noch zu billigen.“[93] Das Deutungsmuster, daß ein kleiner Kreis führender Nationalsozialisten für die Verbrechen des Dritten Reiches verantwortlich sei, wurde nicht nur von den ehemaligen Tätern vorgetragen, sondern gehörte lange Zeit zum öffentlichen Bewußtsein in der Bundesrepublik.[94] Für die juristische Verfolgung bedeutete dies, daß die Täter als Gehilfen und ihre Taten als Beihilfe kategorisiert wurden, mit der bereits erwähnten Konsequenz der Verfahrenseinstellung für die Gehilfen. In der Rechtsprechung der 1960er Jahre konnte zwar das Argument, die Beschuldigten wären bei einer Befehlsverweigerung selbst getötet worden, durch zeitgeschichtliche Gutachten widerlegt werden.[95] Die geringen Verjährungsfristen der Gehilfenjudikatur machten jedoch ihre Verurteilung faktisch unmöglich.[96]

6. Man war selbst Opfer

Im Verweis auf die Verantwortung der Vorgesetzten wird bereits ein weiteres Deutungsmuster sichtbar, das ein Teil der ehemaligen Gestapo-Angehörigen anführte und das bei Schmidts Aussagen besonders deutlich ausgeprägt ist. Als jemand, der nicht nur gegen seinen Willen zur Gestapo gekommen sei und dort Tätigkeiten zu verrichten hatte, die ihm mißfielen, stellte sich Schmidt selbst als Opfer der Umstände dar, das darüber hinaus nach dem Krieg auch noch dafür bestraft werden sollte. Vor den Behörden und der Justiz gab er sich den Nimbus des Unverstandenen, durch Gefangenschaft und die Unmöglichkeit, wieder bei der Polizei arbeiten zu dürfen, gezeichnet und ungerechtfertigterweise beschuldigt, mit der Ermordung der Juden in Verbindung gebracht zu werden. Zum Bild des Opfers paßt Schmidts erwähntes Schreiben an den Innenminister. Mit der Bitte, ihm eine Wiedereinstellung bei der Polizei zu ermöglichen, war er bemüht, Anerkennung für sein positives Verhalten und sein erlittenes Schicksal zu bekommen.

Das Selbstverständnis als Opfer teilten indes die Polizisten mit Millionen von Deutschen, die sich auf ihre eigenen Kriegserfahrungen bezogen und damit faktisch ihre eigene Passivität gegenüber den Juden rechtfertigen bzw. den Judenmord insgesamt relativierten.[97] Wie beim Topos der Anständigkeit und dem Argument von der Unmöglichkeit, etwas gegen die Nationalsozialisten ausrichten zu können, drückt sich im Deutungsmuster, selbst Opfer gewesen zu sein, somit nichts anderes aus als jene gesellschaftliche Sicht auf das Dritte Reich, wie sie in den Jahrzehnten nach dem Krieg in der Bundesrepublik gepflegt wurde.[98] In der eigenen Stilisierung zum Opfer, die den Täterbegriff in sein Gegenteil verkehrt, kulminieren alle anderen Deutungsmuster und Topoi: Man war unfreiwillig zur Gestapo gekommen, hatte mit den Deportationen nichts zu tun, wußte nichts von der Ermordung der Juden, konnte nichts gegen die Nationalsozialisten machen, war selbst anständig geblieben, hatte Juden geholfen und wurde nach 1945 noch dafür bestraft.

Christopher R. Browning hat in seinem vielbeachteten Buch über die an Erschießungen beteiligten Angehörigen des Polizeibataillons 101 gezeigt, wie „ganz normale Männer“ ihre Mordtaten nach dem Krieg damit begründeten, daß sie keine Wahl bei der Ausführung der Befehle hatten.[99] Der von Browning geprägte Begriff der Normalität der Täter verweist darauf, daß diese aus der Mitte der Gesellschaft kamen. Dies trifft auch auf die Polizisten unseres Samples zu. Das ausführlich dargestellte Beispiel Schmidt sowie die dargelegten

Aussagen seiner ehemaligen Kollegen der Stapo-Leitstelle Berlin zeigten jedoch darüber hinaus, daß die Täter nach 1945 selbst versuchten, sich als ‚normale Deutsche‘ zu präsentieren. Ihre selbstentlastenden Deutungsmuster hinsichtlich der Beteiligung an den Verbrechen und der eigenen Opferrolle ermöglichten ihnen die Einordnung in eine Nachkriegsgesellschaft, die selbst bemüht war, jegliche Verantwortung von sich zu weisen. Die wiederkehrenden Topoi in den Aussagen der vormaligen Polizisten schließlich zeigen, wie sehr das Bild vom ‚normalen Beamten‘, der seinen Dienst geflissentlich erfüllt, aber für die Konsequenzen nicht verantwortlich ist, zu ihrem unhinterfragten Selbstbild gehörte. Obwohl dieses Bild für sie vor Gericht von Vorteil war, wurde es nicht nur zur juristischen Verteidigung präsentiert. Vielmehr spiegelt es ein Selbstverständnis wider, das bis in die NS-Zeit (und darüber hinaus) zurückreicht und an dem die ehemaligen Polizisten auch nach dem Krieg festhielten.

Anmerkungen

[1] Vern. Gerhard Schmidt v. 22./23.8.1966, LAB, B Rep 057–01, 1 Js 1/67, Beschuldigte StA Z, S. 10; für die kritische Durchsicht des Ms. danke ich Sonja Baude u. Michael Thoß.

[2] In diesem Text wird bewußt auf die Verwendung des Begriffs Argumentationsmuster verzichtet, da es sich, wie zu zeigen sein wird, bei den Aussagen nicht ausschließlich um Argumentationen handelt.

[3] Vgl. Akim Jah: Juristische und historische Wahrheitssuche im Berliner Bovensiepen-Verfahren. Die Deportation der Berliner Juden und das Verfahren gegen Mitarbeiter der Stapoleitstelle Berlin, in: Traverse. Zeitschrift für Geschichte. Revue d’histoire 11(2004), S. 51–63; das Verfahren ist benannt nach dem Hauptbeschuldigten Otto Bovensiepen, dem ehemaligen Chef der Stapo-Leitstelle Berlin.

[4] Elisabeth Kohlhaas: Die Mitarbeiter der regionalen Staatspolizeistellen. Quantitative und qualitative Befunde zur Personalausstattung der Gestapo, in: Gerhard Paul/Klaus-Michael Mallmann (Hrsg.): Die Gestapo. Mythos und Realität, Darmstadt 1995, S. 224.

[5] Vgl. Wilhelm Heinz Schröder: Kollektive Biographien in der historischen Sozialforschung: Eine Einführung, in: ders. (Hrsg.): Lebenslauf und Gesellschaft. Zum Einsatz von kollektiven Biographien in der historischen Sozialforschung, Stuttgart 1985, S. 7–17.

[6] Gerhard Paul: Ganz normale Akademiker. Eine Fallstudie zur regionalen staatspolizeilichen Funktionselite, in: ders./Mallmann (Anm. 4), S. 237.

[7] Damit entsprachen sie in etwa dem Durchschnitt der Mitte der 1920er Jahre eingestellten Schutzpolizisten, vgl. Peter Leßmann: Die preußische Schutzpolizei in der Weimarer Republik. Streifendienst und Straßenkampf, Düsseldorf 1989, S. 155.

[8] Gerhard Paul: Von Psychopathen, Technokraten des Terrors und ‚ganz gewöhnlichen‘ Deutschen. Die Täter der Shoah im Spiegel der Forschung, in: ders. (Hrsg.): Die Täter der Shoah. Fanatische Nationalsozialisten oder ganz normale Deutsche?, Göttingen 2002, S. 61.

[9] Vgl. Akim Jah: Vom Altenheim zum Sammellager. Die Große Hamburger Straße 26, die Deportation der Berliner Juden und das Personal der Stapoleitstelle Berlin, in: Theresienstädter Studien und Dokumente 2007 (im Erscheinen).

[10] Ich beziehe mich dabei ausschließlich auf Aussagen, die in den Westzonen bzw. in der Bundesrepublik zustande kamen; obgleich einige der Polizisten in der SBZ bzw. der DDR verurteilt wurden u. inhaftiert waren, sind ihre überlieferten Aussagen als dürftig zu bezeichnen; alle der genannten Polizisten lebten nach dem Krieg in der Bundesrepublik oder in West-Berlin bzw. siedelten dorthin über.

[11] Vgl. Akim Jah: ‚Unschuldige Mordgehilfen'. Das Bovensiepen-Verfahren gegen ehemalige Mitarbeiter der Stapo-Leitstelle Berlin, in: Sabine Moller/Miriam Rürup/Christel Trouvé (Hrsg.): Abgeschlossene Kapitel? Zur Geschichte der Konzentrationslager und der NS-Prozesse, Tübingen 2002, S. 187–199; ders.: Wahrheitssuche (Anm. 3).

[12] BAB, BDC, RuSHA Gerhard Schmidt, geb. 29.1.1907; Vern. dess. v. 6.5.1966, Staw LG Berlin, 3P (K) Ks 1/71, P94; dto. v. 26.4.1967, ebd., Bd. 29; Urteil AG Hamburg v. 16.4.1957, StAH, 221–11/4501.

[13] BAB, BDC, NSDAP-Kartei 31XX, Gerhard Schmidt.

[14] Verzeichnis der Beamten u. Angestellten der Stapo-Leitstelle Berlin 1941, BA-ZA, ZB 7089/2.

[15] Vgl. Dirk A. Riedel: Kerker im KZ Dachau. Die Geschichte der drei Bunkerbauten, Dachau 2002, S. 52 ff.

[16] Der Staatskommissar für die Entnazifizierung u. Kategorisierung der Hansestadt Hamburg, Fragebogen Gerhard Schmidt v. 27.12.1949, StAH, 221–11/69560.

[17] Alle Zitate Urteil AG Hamburg v. 16.4.1957, StAH, 221–11/4501.

[18] Vgl. RA Gille u. Hacker an Senat der Freien u. Hansestadt Hamburg v. 6.12.1958, ebd.

[19] Gerhard Schmidt an Bundesminister des Innern v. 3.4.1960, ebd.

[20] Ders. an Senat der Freien u. Hansestadt Hamburg v. 24.7.1960, ebd.

[21] Vern. dess. v. 6.5.1966, Staw LG Berlin, 3P (K) Ks 1/71, P94.

[22] Dto. v. 22./23.8.1966, LAB, B Rep 057–01, 1 Js 1/67, Beschuldigte StA Z, S. 2.

[23] Dto. v. 26.4.1967, Staw LG Berlin, 3P (K) Ks 1/71, Bd. 29.

[24] Dto. v. 22./23.8.1966, LAB, B Rep 057–01, 1 Js 1/67, Beschuldigte StA Z.

[25] Dto. v. 26.4.1967, Staw LG Berlin, 3P (K) Ks 1/71, Bd. 29, S. 4.

[26] Vgl. dto. v. 16.11.1965, ebd., P94.

[27] Vgl. dto. v. 6.5.1966, ebd.

[28] Dto. v. 22./23.8.1966, LAB, B Rep 057–01, 1 Js 1/67, Beschuldigte StA Z, S. 5.

[29] RA Lauenburg an Freie u. Hansestadt Hamburg, Senatsamt für Verwaltungsdienst, Personalamt v. 6.6.1969, StAH, 221–11/4501, S. 3.

[30] Vern. Gerhard Schmidt v. 26.4.1967, Staw LG Berlin, 3P (K) Ks 1/71, Bd. 29, S. 2.

[31] Ebd., S. 2 f.

[32] Vgl. Heiner Lichtenstein: Die ‚Auschwitz-Lüge', in: Julius H. Schoeps/Joachim Schlör (Hrsg.): Antisemitismus. Vorurteile und Mythen, Frankfurt/M. 1995, S. 299.

[33] Vgl. Vern. Gerhard Schmidt v. 22./23.8.1966, LAB, B Rep 057–01, 1 Js 1/67, Beschuldigte StA Z.

[34] Ebd., S. 6.

[35] Dto. v. 26.4.1967, Staw LG Berlin, 3P (K) Ks 1/71, Bd. 29, S. 7.

[36] Vgl. Verfügung LG Berlin v. 30.9.1969, ebd. Bd. 73.

[37] Hans Joachim Schröder: Die gestohlenen Jahre. Erzählgeschichten und Geschichtserzählungen im Interview: Der Zweite Weltkrieg aus Sicht ehemaliger Mannschaftssoldaten, Tübingen 1992, S. 229.

[38] Vgl. ebd., S. 227–254.

[39] Harald Welzer/Sabine Moller/Karoline Tschuggnall: „Opa war kein Nazi". Nationalsozialismus und Holocaust im Familiengedächtnis, Frankfurt/M. [3]2002, S. 137.

[40] Dies bedeutet nicht, daß immer alle Topoi u. Deutungsmuster von allen Personen des Samples formuliert bzw. explizit gemacht werden.

[41] Vgl. Kohlhaas (Anm. 4), S. 228.

[42] Vern. Max Kühnel v. 29.8.1966, Staw LG Berlin, 3P (K) Ks 1/71, P44, S. 3.

[43] Dto. Emil Plaßen v. 30./31.8.1966, ebd., Bd. 21, S. 2.

[44] Dto. Karl Becker v. 12./13.4.1967, LAB, B Rep 057–01, 1 Js 1/67, Beschuldigte StA A, S. 3.

[45] Ebd., S. 19.

[46] Hans-Dieter Schmid: ‚Anständige Beamte‘ und ‚üble Schläger‘. Die Staatspolizeistelle Hannover, in: Paul/Mallmann (Anm. 4), S. 137, 141, 144; für Krefeld: Eric A. Johnson: Der nationalsozialistische Terror. Gestapo, Juden und gewöhnliche Deutsche, München 2000, S. 46.

[47] Vern. Max Grautstück v. 7./8.7.1966, Staw LG Berlin, 3P (K) Ks 1/71, P26, S. 1.

[48] Dto. Willi Rothe v. 20.6.1966, ebd., Bd. 19, S. 1.

[49] Dto. v. 8.6.1967, LAB, B Rep 057–01/269, S. 3.

[50] Vgl. Kohlhaas (Anm. 4), S. 229.

[51] Bewährungshelfer Josef S. an Senator für Arbeit, Gesundheit u. Soziales Berlin, Soziale Gerichtshilfe v. 28.4.1969, Staw LG Berlin, 3P (K) Ks 1/71, Bd. 68.

[52] Vern. Felix Lachmuth v. 1.7.1966, ebd., Bd. 20, S. 9.

[53] Dto. Gerhard Schmidt v. 6.5.1966, ebd., P94, S. 6.

[54] Dto. Max Grautstück v. 7./8.7.1966, ebd., P26.

[55] Dto. Franz Freitag v. 20.1.1966, ebd., P106.

[56] Dto. Max Stark v. 24.9.1956, ebd., 2 P Js 1576/56, Strafakte.

[57] Dto. Willi Reiche v. 7.12.1966, ebd., 3P (K) Ks 1/71, P85.

[58] Dto. Franz Zilian v. 8.6.1966, ebd., P110; dto. v. 22.5.1967, ebd.

[59] Dto. Franz Freitag v. 20.1.1966, ebd., P106; dto. Max Grautstück v. 7./8.7.1966, ebd., P26; dto. Ernst Sasse v. 22.–24.6.1966, LAB, B Rep 057–01, 1 Js 1/67, Beschuldigte StA Z.

[60] Ebd.

[61] Dto. Karl Staatz v. 2.8.1966, Staw LG Berlin, 3P (K) Ks 1/71, Bd. 21; dto. Ernst Panknin v. 12.2.1969, ebd., P77.

[62] Albert Mösl: Das Problem der prozessualen Behandlung politischer Mordtaten, in: Karl Forster (Hrsg.): Möglichkeiten und Grenzen für die Bewältigung historischer und politischer Schuld in Strafprozessen, Würzburg 1962, S. 47.

[63] Ralph Giordano: Die zweite Schuld oder Von der Last Deutscher zu sein, Berlin 1990, S. 258.

[64] Welzer/Moller/Tschuggnall (Anm. 39), S. 158 f.

[65] Wolfgang Scheffler: Gutachten über das Problem des sogenannten Befehlsnotstandes für das Schwurgericht Münster, August 1967, Staw LG Berlin, 3P (K) Ks 1/71, Beistück Nr. 56, S. 45 f.

[66] Vern. Maximilian Kölz v. 21.7.1966, ebd., P45.

[67] Dto. Ernst Düngen v. 31.3.1967, LAB, B Rep 057–01/383.

[68] Dto. Willi Rothe v. 20.6.1966, Staw LG Berlin, 3P (K) Ks 1/71, Bd. 19.

[69] Ebd.

[70] Dto. Emil Plaßen v. 30./31.8.1966, ebd., Bd. 21.

[71] Dto. Max Grautstück v. 7./8.7.1966, ebd., P26, S. 12.

[72] Dto. Curt N. v. 22./26.11.1968, ebd., ZH98.

[73] Die Polizisten aus Hannover selbst hätten sich dagegen, so Schmid (Anm. 46), S. 158, als „Typus des ‚alten Kriminalbeamten‘“ beschrieben.

[74] Ebd., S. 158 f.

[75] Ebd., S. 157 f.; Schmid greift dabei auf die Kategorisierung einer bei der Stapo-Stelle Hannover tätig gewesenen Dolmetscherin zurück.

[76] Vern. Ernst Sasse v. 6. 6. 1967, LAB, B Rep 057–01, 1 Js 1/67, Beschuldigte StA Z; dto. Herbert Titze v. 25. 5. 1967, ebd.

[77] Dto. v. 1. 8. 1966, Staw LG Berlin, 3P (K) Ks 1/71, Bd. 21, S. 2.

[78] Dto. Ernst Sasse v. 22.–24. 6. 1966, LAB, B Rep 057–01, 1 Js 1/67, Beschuldigte StA Z; dto. v. 6. 6. 1967, ebd.

[79] Beschluß Disziplinarsenat Oberverwaltungsgericht Berlin v. 24. 5. 1968, Staw LG Berlin, 3P (K) Ks 1/71, P77, S. 4.

[80] Johnson (Anm. 46), S. 46.

[81] Vern. Gerda K. v. 30. 9. 1966, LAB, B Rep 057–01/386; Klaus Scheurenberg: Ich will Leben. Ein autobiographischer Bericht, Berlin 1982, S. 94 ff.

[82] So wurde Sasse vorgeworfen, Juden mißhandelt zu haben, Jah: Mordgehilfen (Anm. 11), S. 193.

[83] RA Lauenburg an Freie u. Hansestadt Hamburg, Senatsamt für Verwaltungsdienst, Personalamt v. 6. 6. 1969, StAH, 221–11/4501, S. 3.

[84] Saul K. Padover: Lügendetektor. Vernehmungen im besiegten Deutschland 1944/45, München [2]2001, S. 46.

[85] Klaus-Dietmar Henke: Die Trennung vom Nationalsozialismus. Selbstzerstörung, politische Säuberung, ‚Entnazifizierung', Strafverfolgung, in: ders./Hans Woller (Hrsg.): Politische Säuberung in Europa. Die Abrechnung mit Faschismus und Kollaboration nach dem Zweiten Weltkrieg, München 1991, S. 24.

[86] Ebd.

[87] Rede RFSS bei der SS-Gruppenführertagung in Posen am 4. 10. 1943, IfZ, Nbg. Dok. PS-1919; vgl. Karin Orth: Die ‚Anständigkeit' der Täter. Texte und Bemerkungen, in: Sowi 25 (1996), S. 112–115.

[88] Hans Buchheim: Die Lebensbedingungen unter totalitärer Herrschaft, in: Forster (Anm. 62), S. 101 f.

[89] Rede RFSS bei der SS-Gruppenführertagung in Posen am 4. 10. 1943, IfZ, Nbg. Dok. PS-1919.

[90] Verfügung LG Berlin v. 30. 9. 1969, Staw LG Berlin, 3P (K) Ks 1/71, Bd. 73.

[91] Vern. Ernst Sasse v. 6. 6. 1967, LAB, B Rep 057–01, 1 Js 1/67, Beschuldigte StA Z, S. 11 f.

[92] Dto. Karl Staatz v. 18. 5. 1967, ebd., S. 10.

[93] Dto. Karl Becker v. 12./13. 4. 1967, ebd., Beschuldigte StA A, S. 18.

[94] Norbert Frei: Vergangenheitspolitik. Die Anfänge der Bundesrepublik und die NS-Vergangenheit, München 2003[2], S. 405.

[95] Wolfgang Scheffler: Gutachten über das Problem des sogenannten Befehlsnotstandes für das Schwurgericht Münster, August 1967, Staw LG Berlin, 3P (K) Ks 1/71, Beistück Nr. 56; Peter Steinbach: NS-Prozesse nach 1945. Auseinandersetzung mit der Vergangenheit – Konfrontation mit der Wirklichkeit, in: DH 13 (1997), S. 19.

[96] Marc von Miquel: Ahnden oder amnestieren? Westdeutsche Justiz und Vergangenheitspolitik in den sechziger Jahren, Göttingen 2004, S. 327 ff.

[97] Frei (Anm. 94), S. 405.

[98] Hannes Heer: ‚Hitler war's'. Die Befreiung der Deutschen von ihrer Vergangenheit, Berlin 2005, S. 5 ff.

[99] Christopher R. Browning: Ganz normale Männer. Das Reserve-Polizeibataillon 101 und die „Endlösung" in Polen, Reinbek [3]1996, S. 222.

Andrej Angrick

Metamorphose des Bösen? Das Nachleben der Gestapo im Film*

Schon mit der Selbstpositionierung des Dritten Reiches als neue Ordnung in Konkurrenz zu den westlichen Demokratien und zum bolschewistischen Rußland nahmen die Traumfabriken Hollywoods sowie Englands moderne Unterhaltungsindustrie die Kampfansage der neuen Ästheten aus Berlin an. Während in ihrem Herkunftsland mit der Bildsprache Leni Riefenstahls, den feindbildkreierenden Propagandafilmen wie „GPU", „Jud Süß" oder „Ich klage an"[1] bis hin zur Durchhaltekinematographie wie „Kolberg"[2] der Aderlaß der Emigranten scheinbar keine Auswirkung auf die Wirkmächtigkeit des Mediums Film besaß, waren es nicht zuletzt die Flüchtlinge aus Deutschland, die als Drehbuchautoren, Schauspieler und Regisseure die kreativen ‚Thinktanks' des Aufnahmelandes mit ihrem Können bereicherten.[3] Dabei flossen bei antinazistisch eingestellten Filmfirmen auch ihre Sicht der Dinge und ihre Themen in die Projekte ein.[4] Und da Amerika NS-Deutschland als beliebig einzusetzenden Bedrohungsfaktor im populären Film verstand, ist es wohl nicht von der Hand zu weisen, daß mit „Sein oder Nichtsein", „Auch Henker sterben" und „Das siebte Kreuz"[5] von Fred Zinnemann aus dem Jahre 1944 die Urformen anderer Filmtraditionen zur Darstellung des Nationalsozialismus mitbegründet werden sollten, die bis heute nachleben: Aufklärung ja, aber man durfte und sollte über das System auch lachen dürfen. Dabei wurde in dem noch vor dem US-Kriegseintritt fertiggestellten Film „Underground" kein Blatt vor den Mund genommen und die Brutalität der Gestapo-Methoden in aller Eindringlichkeit gezeigt. Dies führte zu deutlicher Kritik; seitens konservativer Senatoren wurde sogar der Vorwurf der Kriegshetzerei erhoben. Dem begegnete der Filmproduzent Harry Warner damit, daß sein Studio leicht belegen könne, daß die „Darstellung der Methoden, mit denen Hitlers Geheimpolizei Verdächtige behandelt", der Wirklichkeit entspräche und man die amerikanische Bevölkerung aufzuklären habe.[6]

Der große Lubitsch mußte sich noch im März 1942 gegen Vorwürfe wehren, daß seinem „Sein oder Nichtsein" antipolnische Tendenzen innewohnten. Denn ein Teil der Rezipienten verkannte völlig die Stoßrichtung des Films. Erst in der Nachschau wird deutlich, daß dessen Gruppenführer Ehrhardt, dem bei einem Zusammentreffen der Protagonisten humoresk bescheinigt wird, daß es wieder mal schön sei, „Gestapo-Luft atmen zu können", Charakterzüge Heinrich Müllers innewohnen – dienstbeflissen, fleißig, phantasielos und obrigkeitshörig – und er synonym für das System Schutzhaft („Man nennt Sie Konzentrationslager-Erhardt") steht. Während sich bei Lubitschs Ehrhardt die Imagination unbewußt der Realität annährte, taugte Heydrichs Ende schon kurz nach dessen Tod als Stoff für die filmische Umsetzung des Attentats in der Lang-Brecht-Produktion, die diese zum Melodram umgestaltete. Sicherlich krankten die Filme der Kriegszeit an der Unkenntnis der wirklichen Vorgänge. Denn sie dienten der Unterhaltung und benutzten dazu historische Ereignisse als Folie, ohne dokumentarisch sein zu wollen. Bei den späteren Rekonstruktionen z. B. zur Wannseekonferenz,[7] zum Kriegsbeginn im „Fall Gleiwitz"[8] oder zu den Einsatzgruppen[9] sollte dies jedoch nicht mehr der Fall sein. Doch auch mit dem genauen Wissen um das Reichssicherheitshauptamt (RSHA) oder die Rolle der Gestapo war klar: Hier hatte eine Gruppe von (Staats-)Verbrechern die Bühne betreten, die so faszinierend war, daß sie nicht allein der historischen Aufklärung überlassen bleiben durfte, sondern fortan auch das Arsenal des Bösen im Film bereichern mußte. Der nationalsozialistische Geheimpolizist sollte dort das „Tausendjährige Reich" lange überdauern, wobei die zelluloidgewordene Imagination der Drehbuchautoren und weniger die historischen Tatsachen sein Undercover-Nachleben im Bewußtsein der Nachgeborenen fundamentierten.

Abgrenzung und Sinnstiftung

Zunächst allerdings ging es bei der Rolle der Gestapo im Kino nicht um Metamorphose, sondern um Abgrenzung. Zu den Spielfilmen im Nachkriegsdeutschland bzw. in der jungen Bundesrepublik, die die NS-Verbrechen thematisierten und sich nachdrücklich in das Gedächtnis der Cineasten eingebrannt haben, zählen unbestritten „Die Mörder sind unter uns"[10] und „Rosen für den Staatsanwalt".[11] Vielleicht liegt deren weiter bestehende Popularität in dem Narrativ begründet, daß es dem Verbrecher gelingt, den Schein des Biedermanns zu wahren und in der Gesellschaft (wieder) unterzutauchen. Der Täter war also nicht nur unter uns; es konnte auch jeder von uns sein. Diese Erzählstruktur sollte bis in die Gegenwart als Plot Bestand haben. Der damals erfolgreichste Film war aber der 1954 fertiggestellte Streifen über Admiral Wilhelm Canaris. Hier wurde der Mythos der widerstrebenden Institutionen Abwehr – Gestapo zugrundegelegt, das Gute und das Böse im selben System. Dabei verliehen Elemente des Westerns wie Männerfreundschaft (Canaris und Heydrich) und deren Hintergehung den antipodisch angelegten Organisationen eine persönliche Dramatik, weil der traditionsbeflissene Moralist (Canaris = O. E. Hasse) sich dem Ideologen des Verbrechens (Heydrich = Martin Held) verweigert und diesen bekämpft. Diese Botschaft kommt vor allem im Alternativtitel „Leben für Deutschland – Admiral Canaris" zum Ausdruck und transportiert eine verlogene Märtyrologie, wonach Deutschland das erste Land gewesen sein soll, das von den Nationalsozialisten besetzt wurde.

1958 kam in der Bundesrepublik „Des Teufels General“ in die Kinos. Darin wurde das persönliche und behördliche Duell von gut (Luftwaffe) und böse (Gestapo) – hier zwischen General Harras und SS-Obergruppenführer Schmidt-Lausitz – variiert. Demnach habe es eine systemimmanente, auf Leben und Tod gehende Auseinandersetzung über die Ausrichtung des Staates gegeben, wobei der tragische Held im Machtkampf unterliegt, aber moralischer Sieger bleibt. Ähnlich war auch die Konstellation in „Geheimaktion Schwarze Kapelle“ aus dem Jahr 1959, wo die militärische Abwehr durch die Ausschleusung eines von Peter van Eyck gespielten Boten über den Vatikan den Westalliierten Dokumente zukommen lassen wollte, die zur Unterstützung der innerdeutschen Opposition und zum Sturz des Diktators führen sollten. Gegenspieler waren hier wie gehabt die Gestapo bzw. das RSHA.[12] Der breite Erfolg dieser Filme mag auch damit zu erklären sein, daß die eigentlichen Opfer – die jüdische Bevölkerung, ganz zu schweigen von den sowjetischen Kriegsgefangenen oder den Sinti und Roma – für die Handlung keine Rolle spielten. Doch das Hauptanliegen war das der großen Politik, die Notwendigkeit des Staatsstreichs und die Gestapo als brutaler Widersacher, im Ringen um die Gunst einer verführten Bevölkerung, die den verbrecherischen Charakter des Systems nicht erkannte.

Das Verschwinden in der Bürgerlichkeit, in der Masse und das Unterwandern der Gesellschaft im eigenen Land beschäftigte auch Hollywood weiter.[13] Dies begann mit Alfred Hitchcocks Film „Berüchtigt“ aus dem Jahr 1946, in dem Nazi-Spione sich Uranvorkommen für verbrecherische Mittel sichern wollen. Und es reichte über Orson Wells beklemmendes Meisterwerk „Die Spur des Fremden“, in dem es lange dauert, bis sich der Killer-Charakter des untergetauchten Kindler in seiner ganzen Verdorbenheit offenbart,[14] bis zum „Haus in der Carrol Street“ aus dem Jahr 1987, wo sich reaktionäre US-Regierungsvertreter mitschuldig machen und NS-Verbrecher ins Land schmuggeln, da man ihres ‚Spezialwissens‘ bedarf. Auch Kriminalserien wie „Kojak–Einsatz in Manhattan“[15] oder jüngst „Without a Trace“[16] nahmen sich des Themas an und komponierten so die Geschichte mit einer gehörigen Portion Gesellschaftskritik. Der Vorwurf lautete konkret, daß es die amerikanische Gesellschaft ermöglichte, Kriegsverbrechern insgeheim Unterschlupf zu gewähren, da deren Antikommunismus wichtiger erschien als ihre kriminelle Aktivität. Insofern verschob sich der filmische Blick auf die USA. Waren die Vereinigten Staaten in der „Spur des Fremden“ oder im „Urteil von Nürnberg“ ein Garant für die engagierte Verfolgung dieser Untaten gewesen, fiel in den 1980er Jahren die Bewertung deutlich anders aus. Deren Behörden wußten demnach entweder nicht, wen sie ins Land ließen oder sie unterstützten sogar NS-Verbrecher. Der populäre Film der Zeit entlarvte so also nicht nur die Untergetauchten, sondern schärfte den Blick des Rezipienten auf die Instanzen seines Landes.

Die 1978 fertiggestellte, vierteilige Fernsehserie „Holocaust“[17] stand innerhalb des Filmgenres für einen Paradigmenwechsel in der Darstellung der Gestapo. Wie bereits der Titel nahelegt, war hier kein Unterhaltungsfilm konzipiert worden, der sich des historischen Steinbruchs zur Konstruktion einer fesselnden Story bediente. Statt dessen verband er die mittlerweile vorliegenden Erkenntnisse der historischen Forschung mit den darstellerischen Möglichkeiten einer Ästhetik der „Seifenoper",[18] um in die Gesellschaft aufklärend und sinnstiftend zu wirken. Dabei wird die Dynamik des Verbrechens von den ersten Ausgrenzungen bis hin zum ungebremsten Genozid anhand der Geschichte der fiktiven jüdischen Familie Weiss nachgezeichnet. Ihren institutionellen Widerpart spielen vor allem die historisch verbürgten Protagonisten des RSHA. Diese werden als Panoptikum der Gestapo-Elite mit Heydrich, Müller und Eichmann sowie – für einen Film eher ungewöhnlich – auch mit Ernst Kaltenbrunner vorgeführt. Daß letzterer für die Handlung an Bedeutung gewann, ist nicht nur der Chronologie des Plots geschuldet, da die kontrapunktische Handlung auch nach der Ermordung Heydrichs fortgeführt werden muß. Sie entspringt vor allem der Kreation einer fiktiven Hauptfigur mit Namen Erik Dorf, eines arbeitslosen Juristen, der sich gedrängt durch seine Frau bei der Gestapo bewirbt und es dort zum Referenten von Heydrich bringt. Um diese Person weiter im Zentrum der Entscheidungsträger zu belassen, muß dramaturgisch eine entsprechende Konstellation aufrecht erhalten werden. Dorf fungiert darum als Konstante, als ‚Spezialist', der dann auch von Kaltenbrunner gebraucht wird. Überhaupt ist der RSHA-Referent omnipräsent; er beobachtet zusammen mit Paul Blobel das Massaker in Babij Jar, ist in die Entwicklung neuer Mordtechniken involviert, nimmt an der Wannseekonferenz teil, leitet Ermittlungen in Theresienstadt usw. Damit wird klar, daß verschiedene Vorbilder in die Komposition dieser Figur miteingeflossen sind, ohne daß dafür ein wirkliches historisches Vorbild dessen biographische Matrize lieferte.

Ohne Frage: mit dieser Serie wurde der Völkermord an den europäischen Juden wenigstens in der Bundesrepublik wieder ins öffentliche Bewußtsein geholt und die Bedeutung der Gestapo an dem Verbrechen klar herausgearbeitet. In den USA sahen mehr als 100 Millionen Menschen die Serie, was die „Americanization of the Holocaust" vorangetrieben haben dürfte.[19] Die Einschaltquoten von 31, 35, 37 und 40 Prozent (und dies im Dritten Programm) für die jeweiligen Folgen demonstrieren klar, daß es sich bei der Ausstrahlung in der Bundesrepublik – ganz anders als in Israel, wo die Serie als zu amerikanisch und ‚bemüht' eingeschätzt wurde – ebenfalls um ein mediales Großereignis handelte.[20] Viele Zuschauer beteiligten sich dabei – wenn auch moderiert – an der gesellschaftlichen Aussprache über persönliche und staatliche Schuld, Aufarbeitung, Verdrängung und Zurückholung der Vergangenheit mittels der Ausstrahlung einer Familienstory ins heimische Wohnzimmer. Es wundert auch nicht, daß „Holocaust" wenn nicht Instrument, so doch zumindest Katalysator für die politische Bildungsarbeit wurde, die auf das Masseninteresse reagieren mußte. Und auch die meinungsbildende Wirkung – so konkret zur Verjährung von NS-Gewaltverbrechen – wie die Nachwirkung der Serie zu allen NS-Debatten seitdem sollten nicht unterschätzt werden.[21]

Andere Länder, andere Sichtweisen

Auch wenn die Reihe „Holocaust“ zweifelsohne auf den amerikanischen Markt abzielte und dort erst durch „Schindlers Liste“ eine vergleichbare Aufmerksamkeit erzielt werden konnte, ist gleichermaßen zu konstatieren, daß die filmische Darstellung der Gestapo traditionell nie auf Hollywood-Produktionen beschränkt gewesen ist, sondern ebenso zu den Konstanten des europäischen Films gehörte. In der UdSSR spielte eine ganze Fernsehserie, die bis heute ihren Kultstatus behalten hat, zu einem Großteil in den Diensträumen des RSHA. Die 12 Episoden der „Siebzehn Momente des Frühlings“ aus dem Jahr 1972 handeln von der Kriegsendphase, den Monaten Februar/März 1945. Im RSHA arbeitet der eingeschleuste sowjetische Spitzenspion Maxim Isaev mit dem Decknamen Max Otto von Stirlitz, dessen Aufgabe es ist, eine zukünftige Allianz des untergehenden NS-Regimes mit den Westmächten zu verhindern. Der Reiz der Serie liegt darin, daß die RSHA-Funktionäre, Männer, die nichts mehr zu verlieren haben, sich als echte Gegenspieler des Protagonisten erweisen – eine untypische Sicht des Sowjetfilms auf den Weltanschauungsgegner. Noch mehr allerdings verwundert, wenn man berücksichtigt, daß eben dieser Plot – wonach Stirlitz die Taktik umsetzte, Gestapo und SD amtsintern gegeneinander auszuspielen – vom damaligen KGB-Chef Andropow persönlich abgesegnet worden war. Diese Darstellung der RSHA-Größen als mit allen Wassern gewaschene Widersacher macht jedoch Sinn, wenn man bedenkt, daß so auf höhere Weisung der Gegnerspionage des Landes ein filmisches Denkmal gesetzt werden sollte.[22]

Bleibender Eindruck mit bildgewaltigen Kamerafahrten kommt Elem Klimows Film „Komm und sieh“ zu, welcher die Vernichtung weißrussischer Dörfer durch „Strafereinheiten“, d.h. die in dieser Region operierenden Einsatzgruppen, zum Thema hat. Wie in Andrzej Wajdas „Kanal“ ist hier der Besatzer personell fast gar nicht existent. Man sieht das Verbrechen zunächst nur indirekt, als der ins Dorf zurückkehrende Junge auf der Rückseite eines Bauernhauses die Leichen der ermordeten Bewohner findet. Im weiteren Verlauf wird eine Vernichtungsaktion gezeigt, bei der einzelne Täter identifizierbar werden. Doch erst nachdem eine Gruppe des Einsatzkommandos von Partisanen gestellt wird, bekommt der Feind ein Gesicht. Der Chef der Einheit, ein „Major vom SD“, versucht abzuwiegeln; ein Unterführer verstellt sich nicht und bekennt sich zur Tat. Zur Rede gestellt, zeigt sich der Herrenmensch – ein Feind aller Verständigung, der nicht gebessert werden kann, aber auch nicht erbärmlich wirkt. Zu den Partisanen gewandt sagt er: „Euch darf es nicht geben. Und die Mission wird erfüllt werden." Nach seinen eigenen Gesetzen kann es für ihn und seine Leute in dieser Situation nur den Tod geben, obwohl sich der Film programmatisch gegen eben diese Art der Vergeltung wendet, da kein Mensch von vornherein böse ist.

Auch die DDR hatte mit „Archiv des Todes" ihre aus dem Jahr 1979 stammende Kultserie, die dieses Sujet bediente. Ähnlich wie in den „Siebzehn Momenten" spielt die Handlung zu Kriegsende. Eine internationale Agentengruppe hat den Auftrag, brisantes Geheimmaterial sicherzustellen, welches die Verbrechen des Regimes dokumentiert. Ihre Gegenspieler sind Standartenführer Hauck und der vom RSHA abgestellte Obersturmbannführer Flint. Der Zeitraum der Handlung ist bewußt auf das Ende des Krieges gelegt worden, weil so die militärischen Erfolge der vordringenden Roten Armee en passant den Erfolg des Sozialismus unterschwellig mittransportieren. Zugleich konnte so in den letzten Folgen erzählt werden, daß die SS-Funktionäre Vorkehrungen für die Zeit nach Kriegsende trafen; in der Metaebene ließ sich damit eine Kontinuitätslinie auf die Bundesrepublik herauslesen.

Die Dauerhaftigkeit der Bedrohung durch Nationalsozialisten wurde durch den mit Alain Delon und Curd Jürgens international besetzten Thriller „Teheran 1943" aus dem Jahr 1981 thematisiert, der auf zwei Zeitebenen – 1943 und 1980 – spielt, da die früheren NS-Killer nicht nachträglich enttarnt werden wollen und zu entsprechenden Maßnahmen greifen. Allein durch die Verpflichtung Delons durfte man sich der Aufmerksamkeit im Westen sicher sein, zumal der Melville-Schauspieler bereits über Erfahrungen im politisch anspruchsvollen Film verfügte. Denn der willkürliche Terror der Besatzer und vor allem die Verfolgung der jüdischen Bevölkerung waren in Frankreich wiederholt Gegenstand von Kinoproduktionen, darunter Meisterwerken von dauerhaftem Wert, Ikonen des nationalen Selbstverständnisses. Jean-Pierre Melvilles „Armee im Schatten" aus dem Jahr 1969 steht an erster Stelle, da hier den Kämpfern der Résistance in kongenialer Umsetzung des Exilromans von Joseph Kessel bewußt ein Denkmal gesetzt wird. Die Gestapo bleibt im Unbestimmten. Wenn gleichwohl historisch korrekt auf das Hotel „Majestic" verwiesen wird, so war für Klaus Barbie und seine Kollegen gleichwohl nicht mehr Zelluloid zu verschwenden, als notwendig war. Dies gilt vor allem für die (nicht explizit) gezeigten Folterszenen und Hinrichtungen. Jedoch sind sie für den Plot der Handlung, der vor allem die Beziehungen der Widerständler untereinander zum Inhalt hat, unabdingbar, denn ohne Gestapo gibt es keinen Opfergang. Keiner der Protagonisten wird die Besatzungszeit überleben.[23]

Diese fast vollkommene Nichtpräsenz der Gestapo im Film ist ein Stilmittel, das 1987 auch Louis Malle in „Auf Wiedersehen Kinder" nutzte. Als Verrat in einem von Mönchen geleiteten Internat die Maschinerie ins Rollen bringt, entwickelt sich die Charakterstudie einer Jungenfreundschaft zwischen Julian Quentin und Jean Bonnet zur klassischen Tragödie. Mit dem Eindringen der

Gestapo auf das Internatsgelände ist die Unschuld verloren, ein versteckter jüdischer Junge ebenso. Bonnet und sein Beschützer Pater Jean werden den Tod finden – der eine in Auschwitz, der andere in Mauthausen. Die Zivilcourage für Verfolgte, die das eigene Leben kosten kann, war zuvor auch von François Truffaut in „Die letzte Metro" erörtert worden. Jedoch stellt dieser Film zugleich eine trickreich-ironische Betrachtung des Theaters dar. Denn anders als bei Malle stehen die Protagonisten im Film auf der Bühne – ein Spiel mit der Wirklichkeit und den Sehgewohnheiten des Betrachters.[24]

Daß die Rettung vor der Deportation eine Ausnahme darstellte, war nicht nur den Cineasten in Frankreich und andernorts seit Joseph Loseys „Mr. Klein" bekannt. Wenngleich ein britischer Regisseur, einer des politischen Kinos, für den Film verantwortlich zeichnete, war dieser doch ‚französisch', von der Produktion, vor allem aber von der Besetzung her – wobei sich beides in der Person von Alain Delon vereinigte. In „Mr. Klein" taucht kein einziger Gestapo-Funktionär, ja kein deutscher Akteur auf; erst zum Ende des Films erscheint deutsch uniformiertes Wachpersonal. Trotzdem ist diese kafkaeske Charakterstudie – Klein ist ein Kunsthändler, der von der Not der Juden profitiert, die ihre Kunstwerke weit unter Preis verkaufen müssen – zugleich ein Stück über die Gestapo.[25] Denn im weiteren Verlauf der Handlung muß Klein erfahren, daß er aufgrund einer Verwechslung selbst für einen Juden gehalten wird, dem die Deportation in den Tod droht. Als zum Ende hin endlich seine Bemühungen Erfolg zeigen und er von der Herkunft her ‚unbefleckt' ist, erkennt er die persönliche Schuld an, wandelt sich zu einer anderen Person und steigt trotzdem in den Zug, der ins Vernichtungslager führt. Die moralische Botschaft des verstörenden Films ist klar: gegenüber der Bedrohung durch das Böse ist Vorteilnahme Verbrüderung mit dem Feind, und Erlösung kann nur durch Katharsis erfolgen. An diese Möglichkeit der Interpretation dürfte anscheinend die angesprochene französische Öffentlichkeit gedacht haben, die den Mythos des Widerstands breiter Kreise dort sinnfällig demontiert sah. Jedenfalls war die in „Mr. Klein" abgehandelte Unterstützung der Deutschen durch die französische Polizei und die Teilnahmslosigkeit der Pariser Bevölkerung wohl der Grund dafür, daß der Film zunächst nur verhalten aufgenommen und der Regisseur von Politikern kritisiert wurde. Gleichwohl geriet er zum großen Erfolg.[26]

Die Rolle der Gestapo in Italien scheint filmisch auf ein einschneidendes Ereignis fokussiert zu sein: das Massaker in den Ardeatinischen Höhlen im März 1944. Die Spannung der Handlung ergibt sich aus dem geistigen Duell zweier Idealisten – auf der einen Seite Herbert Kappler (Richard Burton), Polizeichef von Rom, auf der anderen Pater Antonelli (Marcello Mastroianni), ein Mann des Glaubens an das Gute im Menschen. Kappler wird beauftragt, zur Vergeltung eines Anschlags auf eine deutsche Patrouille Geiseln zu erschießen. Daraufhin werden Listen erstellt, die jüdische Einwohner der Stadt, aber auch Gefängnisinsassen aufführen. Antonelli will den als musisch wie künstlerisch gebildet dargestellten Kappler, bei dem der Zuschauer zweifelt, ob dieser sich mit dem ausgegebenen Befehl persönlich identifiziert, von der Ausführung der Exekution abhalten. Es gelingt ihm nicht, so daß er sich verbotenerweise selbst an die Hinrichtungsstätte begibt. Dort wird er von Kappler persönlich erschossen, der nicht nur einen geistvollen Gegenspieler, sondern einen Freund umbringt – mithin sich selbst. In den Höhlen wurden, wie spätere Nachforschungen ergaben, aus unbekannten Gründen fünf Geiseln zuviel hingerichtet,[27] was letztlich zur Verurteilung Kapplers durch ein italienisches Gericht führte. Dem informierten Zuschauer wird so noch eine weitere Möglichkeit der Interpretation geliefert: Da Kappler über das notwendige Maß hinaus getötet hat, machte er sich durch den Opfergang des Paters persönlich schuldig und konnte später dafür belangt werden.

Die historische Person des Kappler (diesmal von Christopher Plummer gespielt) und die Verfolgung der römischen Juden werden in dem Film „Im Wendekreis des Kreuzes“ von 1983 abermals variiert. Kapplers Gegenspieler ist dort Monsignore Hugh O'Flaherty (Gregory Peck). Anders als im älteren Streifen kann von Freundschaft keine Rede sein. Jedoch sind beide Personen, die jeweils das Gehorsamsideal von Gestapo und Kirche verinnerlicht haben, ebenbürtige Gegenspieler. Der eine will das Dritte Reich erbauen, der andere das Reich Gottes. Auch O'Flaherty wird über Kappler moralisch siegen – hier jedoch, weil er der Nächstenliebe verpflichtet ist, und daher der Familie seines Kontrahenten zur Flucht nach Deutschland verhilft, damit diese nicht in die Hände der alliierten Vernehmungsoffiziere fällt. Einen bleibenden Eindruck über Macht und Einfluß der Gestapo vermittelte auch Luchino Viscontis opernhafte Inszenierung von „Die Verdammten“. Dort erscheint sie, exemplarisch belegt durch die Morde an den Parteigenossen im Zuge der Niederschlagung des sogenannten Röhm-Putsches in Bad Wiessee, als aggressivste, jedoch bürokratische Variante einer morbiden, im Zerfall befindlichen Gesellschaft. Dies war, wenn auch das historische Ereignis bemüht wird, so nicht zutreffend. Es lag jedoch nicht in Viscontis Intention, überhaupt Geschichte korrekt abzubilden.[28] Ähnlich wie Hans-Jürgen Syberberg in der Bundesrepublik ging es ihm vor allem darum, über den Nationalsozialisten in uns als Resultat einer fehlgeleiteten politischen Romantik – über Ludwig II. zu Hitler – zu meditieren.[29] Das Vordergründige und Dokumentarische stand beiden nur im Weg.

Auch in den USA bzw. dem englischsprachigen Film war die Gestapo weiterhin eine feste Größe, wobei häufig auf konkrete historische Sachverhalte Bezug genommen wurde. Hier sei an den mit vielen Stars besetzten Streifen „Gesprengte Ketten“ erinnert, in dem die Gestapo die Verfolgung der flüchtigen Fliegeroffiziere aus dem Kriegsgefangenenlager Sagan aufnimmt und diejenigen, die sie stellt, hinrichtet. Und natürlich kommt Steven Spielbergs „Schindlers Liste“ ins Gedächtnis, in dem es nur vordergründig um die Auseinandersetzung zwischen Oskar Schindler und Amon Göth geht. Vornehmlich aber schildert der Film die Vernichtung des Krakauer Ghettos und filmästhetisch herausgehoben die „Aktion 1005“ – allesamt Verbrechen, mit denen die Dienststelle des Kommandeurs der Sicherheitspolizei und des SD in Krakau befaßt war.[30] Zudem handelt es sich abermals um einen Film, der den Plot auf zwei Widersachern aufbaut, die zunächst Sympathien füreinander empfinden und die das Pendant des jeweils anderen sind.

Die in Wirklichkeit mächtigste Geheimorganisation nach dem Krieg?

Eigenartigerweise sollte die der Gestapo zugeschriebene Bedrohlichkeit in manchen Streifen nach Kriegsende eher noch zu- als abnehmen. Bereits in dem Filmklassiker „Die fünfte Kolonne“ aus dem Jahr 1956 mit Robert Mitchum wird das Problem umrissen: Die Nationalsozialisten haben in den (noch) nicht besetzten Ländern überall „kleine Quislinge“ installiert, die im Zuge der Invasion als Statthalter der Macht fungieren sollen. Auch nach dem Zusammenbruch des NS-Regimes sind diese Männer nicht enttarnt worden und stellen somit für die demokratischen Regierungen eine bleibende Gefahr dar. Der Protagonist soll nun die Namen dieser Industriekapitäne, Politiker, Militärs usw., die offensichtlich als Geheimbund miteinander weiterhin in Kontakt stehen, herausfinden. Das Verstörende an dem Film ist, daß der Held zum offenen Ende hin zu einem jener Mächtigen gebracht wird. Jedoch wird der Zuschauer dann abrupt mit dieser Information entlassen. Er erfährt also nicht, ob eine Enttarnung gelingt oder ob der Protagonist letztlich scheitert. Mit anderen Worte könnte die Botschaft dieses Krimis auch lauten: Seid wachsam! In „Die Salzburg Connection“ von 1972 wird eine traditionelle Hitchcock-Variante durchgespielt: Ein amerikanischer Tourist erfährt im Urlaub, daß Altnazis Nachwuchs rekrutieren und darüber hinaus über eine opulente Kriegkasse für ihre verbrecherischen Machenschaften verfügen. Der angebliche Schatz im Toplitzsee soll dabei die Phantasie des Publikums über die Möglichkeiten der NS-Verbrechergesellschaft beflügeln.

Es gibt im Gegensatz zu den bisher vorgestellten, fast vergessenen Agentenfilmen drei Kinoproduktionen, die auch heute noch Bestand haben. Die erste ist der „Marathonmann“ von John Schlesinger aus dem Jahr 1976. Darin spielt Laurence Olivier den in Südamerika untergetauchten Auschwitz-Arzt Christian Szell, der illegal nach New York einreist, um dort von ihm deponierte Raubdiamanten an sich zu bringen. Das Beklemmende an dem Film ist, daß Szell nicht allein agiert, sondern von einer ominösen Organisation unterstützt wird, die mächtig genug ist, um auf amerikanische Nachrichtendienste Einfluß zu nehmen oder deren Agenten im Zweifelsfall zu beseitigen. Welcher Geheimbund hier gemeint sein könnte, war in dem zwei Jahre zuvor entstandenen Film „Die Akte Odessa“ klarer benannt worden, der auf einem Roman von Frederick Forsyth basiert. „Odessa“ steht dort nicht für die Perle des Schwarzen

Meeres, sondern für „Organisation der ehemaligen SS-Angehörigen“. Anders als im „Marathonmann“ geht es hier nicht nur um Bereicherung, Schutz der Gewaltverbrecher vor Strafverfolgung oder Wahrung ihrer Alias-Identitäten; dies alles hat seine Bedeutung, ist aber letztendlich nur Beiwerk. Denn diese „Odessa“ ist einflußreich genug, um Politik im alten Geist zu betreiben, da sie längst Teile der Eliten unterwandert hat. Sie ist somit in der Lage, arabische Staaten bei der angestrebten Auslöschung Israels entscheidend zu unterstützen, also die „Endlösung“ abzuschließen.[31]

In Franklin J. Schaffners „The Boys from Brazil“ aus dem Jahr 1978 werden zwei Ängste der demokratischen Gesellschaft dramaturgisch miteinander verwoben. Der Untertitel des Films, der zwischen Politfiktion, Fantasy und Horrorgenre angesiedelt ist, formuliert eindeutig: die Story handelt vom Projekt „Viertes Reich“. Das nationalsozialistische Deutschland soll durch die Wiedergeburt des „Führers“ erneut erstehen, da der in Paraguay lebende Auschwitz-Arzt Mengele (Gregory Peck) nach den strategischen Vorgaben einer „Kameradenorganisation“ früherer SS-Angehöriger aus dem sichergestellten Erbmaterial Hitlers Säuglinge geklont hat. Den Männern im Hintergrund, an der Spitze deren Chefstratege Standartenführer Seibert (James Mason), ist jedoch bewußt, daß die geklonten Hitler-Ableger auch die gleichen lebensgeschichtlichen Erfahrungen – wie z. B. den Tod des Vaters – machen müssen, um zum „Führer“ zu reifen. Deren Entwicklung wird darum von der Organisation genau konzipiert, wobei frühere Geheimpolizisten als ‚Exekutive‘ auftreten. Arrangierte „Unfälle“ sollen den Klein-Hitlern das Lebensgefühl vom Kampf ums Dasein einprägen und sie lehren, ihre Nachkommenschaft gegen Bedrohungen von außen mit der nötigen Brutalität zu schützen. Insbesondere gilt diese Abwehr den Nachforschungen von Eszra Liebermann (Laurence Olivier), dessen Figur klar an Simon Wiesenthal angelehnt ist. Doch das Vorhaben mißlingt, da die Biographie eines Hitler nicht implementiert werden kann. Mengele verliert den Kampf um die Seele des letzten der Jung-Hitler im Showdown gegen Liebermann, nachdem sich die auf Machterhalt in der westlichen Welt ausgerichteten Chefs der Organisation zuvor von dem ‚Idealisten‘ abgewandt haben.

Generell bleibt festzustellen, daß in all diesen Filmen der einzelne in seinem Kampf gegen die Verschwörung kaum mit Unterstützung von dritter Seite, schon gar nicht der des Staates rechnen kann. Damit wird einem Versagen der angeblich wehrhaften Demokratien unterschwellig das Wort geredet, und Selbstjustiz gilt – wie in der Dürrenmatt-Verfilmung „Der Richter und sein Henker“ idealerweise ausgeführt – als legitim, da gerecht. Dies geht so weit, daß Elemente des Western auf das Geheimagentensujet übertragen werden, wie in dem starbesetzten „Time to die“ aus dem Jahr 1982. Dort werden untergetauchte Offiziere der Münchner Gestapo einer nach dem anderen liquidiert, da sie in den letzten Kriegstagen die Frau eines US-Agenten ermordet haben.[32]

Das Böse steht immer wieder auf

Die Gestapo bietet auch heute noch genug Stoff für ernstzunehmende Filme. Deren Handlung wird vor allem deshalb in das „Zeitalter der Extreme“ gelegt, da sich so die Sichtweise der Drehbuchautoren und Regisseure auf diesem Paravent des Schreckens besonders konturenreich abbilden läßt. Fast meint man, daß es ohne den Lackmustest der deutschen Diktatur nicht geht, gültige Aussagen über die Natur des Menschen zu treffen. Und wenn neue Dokumentenfunde – wie bei „Sophie Scholl – Die letzten Tage“ – es ermöglichen, daß sich der historisch wahre Charakter der Heldin erschließen läßt und man die Vernehmungsmethoden der Gestapo genauer zu durchschauen vermag, ist es um so besser. Eine weitere Stärke dieses Films liegt darin, daß Kriminalobersekretär Robert Mohr dabei nicht mit dem Accessoire der SS-Uniform überfrachtet ist, wie überhaupt der Dresscode und die Arbeitsräume des Bösen zugunsten einer authentischen Verwaltungstristesse aufgehoben erscheinen.[33] Die Verfilmung des Theaterstücks „Ghetto“ von Joshua Sobol durch Audrius Juzenas wiederum schildert das Engagement des Wilnaer Judenratsvorsitzenden Jakob Gens (Heino Ferch), um die Zwangsgemeinschaft mit Hilfe der Kultur aufrechtzuerhalten, ihren Überlebenswillen zu stärken, wobei er scheinbar von dem Ghettokommandanten Kittel (Sebastian Hülk) unterstützt wird. Gens' Strategie wird nicht aufgehen; er selbst und die jüdische Theatergruppe werden vor dem Eintreffen der Roten Armee liquidiert werden. Kittel gelingt durch das Ablegen der Uniform ein Untertauchen ins Zivilleben, und nur ein einziger Schauspieler bleibt am Leben, um so über die Vorgänge berichten zu können. Dieser pessimistische Film ist nicht vollkommen imaginiert, sondern greift auf den historischen Gens zurück;[34] allein dessen Widersacher Kittel, der quasi auf gleicher Augenhöhe agiert, gleicht eher einem Konstrukt, um die Handlung voranzutreiben.

Ähnliche Bearbeitungen von historischen Vorlagen, bei denen Gestapo-Funktionäre direkt oder mittelbar als Akteure der Gegenseite chargieren, sind die Filme „Ein Lied von Liebe und Tod“ (zum Sonderkommando Eichmann in Budapest), „Der Neunte Tag“ (Gestapo und Kirche),[35] „Babij Jar“ (Sonderkommando 4a und die Vernichtung der Kiewer Juden) sowie „Rosenstraße“ (Stapo-Leitstelle Berlin und die Deportation der Berliner Juden).[36] Dabei wurde jeweils versucht, Dokumentationen in Spielfilme zu verwandeln, d. h. durch imaginierte Nebenhandlungen den Streifen ein Korsett zu verpassen und somit den Gang der Ereignisse leichter konsumierbar zu machen. So gesehen verwundert es nicht, daß die Geschichte der Wannseekonferenz („Conspiracy“) im Jahr 2001 abermals verfilmt wurde, nunmehr ein wenig aufwendiger, da internationaler und am historischen Ort in den Räumlichkeiten des Gästehauses des RSHA gedreht. Der Streifen „Die Fälscher“ schließlich greift das „Unternehmen Bernhard“ auf, den Versuch des RSHA, die Stabilität der Währungen der Kriegsgegner mit gefälschten Pfund- und Dollarnoten zu schwächen.

Der Film bezieht sich aber vor allem auf den inneren Konflikt der Häftlinge, die in Sachsenhausen vor der Frage stehen, ob sie ihren Peinigern zu Diensten sein müssen oder um den Preis des Lebens das Projekt sabotieren sollen.[37]

Also nichts Neues seit der Verfilmung von „Das Siebte Kreuz"? Nicht ganz, da die Entwicklung des Genres NS-Politkrimi im Gegenwartsfilm beachtlich ist. Der Nationalsozialismus ist endgültig in den Kanon des absolut Bösen aufgenommen worden. Endgültig deshalb, da er nunmehr von der eigentlichen Historie befreit vollkommen beliebig und wandelbar für die Zwecke des Unterhaltungsfilms einsetzbar ist. Hinsichtlich der Gestapo und ihrer Amtsträger wurde schon früher kaum auf Differenzierung geachtet, außer bei den Dokumentarspielen, die durch penible Rekonstruktion zugleich Authentizität belegen wollten. Jetzt gehören sie dem Reich der niederen Dämonen an, die man in der Kosmologie des Schreckens nicht weiter eingruppieren muß. Sie sind zwar Charaktere und doch gesichtslos, teilweise bemüht konstruiert in ihrer Biographie; letztendlich ist es aber nur von Bedeutung, daß sie als persönlichkeitsfreie Gefolgsleute Hitlers und Goebbels' für das Böse an sich stehen. Und das Böse ist immer wieder präsent; es steht erneut auf und überträgt seinen unheilvollen Geist, dessen sichtbare Hülle die schwarzen Uniformen der Diktatur als Markenzeichen des Bösen bilden.

Entsprechend kann die Handlung frei verlegt werden – wie bei „V wie Vendetta" – oder ein klassisches Drama läßt sich anhand der Kleiderordnung in schwarz variieren – wie bei „Richard III.". In diesen Typus reihen sich Verfilmungen der sogenannten Faction-Literatur, also der „Was-wäre-wenn-Romane", ein, die mit historischen Möglichkeiten und der Vorkenntnis der Leser/Zuschauer spielen. Der bekannteste Vertreter dieser Gattung ist wohl der Streifen „Vaterland". Dort beseitigt die Gestapo Teilnehmer der Wannseekonferenz, da diese als Mitwisser an dem größten Staatsgeheimnis, der „Endlösung der Judenfrage", ein zu großes Risiko für die Außenpolitik darstellen. Es bleibt abzuwarten, wann Hollywood die gut recherchierten Romane von Philip Kerr – seine Berlin Noir-Trilogie[38] – für sich entdeckt, die ebenfalls im Hauptquartier der „dunklen Mächte" angesiedelt sind, was der Phantasie Freiraum für Macht und Einfluß des RSHA läßt. Die Umsetzung der unter dem Codenamen „Seelöwe" geplanten Invasion der britischen Inseln und die Rolle des RSHA, insbesondere Heydrichs (Benedict Taylor), war jedenfalls bereits das Titelthema des Fernsehspiels „When Hitler Invaded Britain" von 2004.

Die Gestapo wird von den Alchemisten unter den Drehbuchschreibern ebenso wie von Thrillerautoren auch zukünftig benötigt werden. Denn ohne diesen Archetyp wäre das Kaleidoskop des Grauens auf Vampire, Zombies, hausbackene Mafiosi, paranoide Serientäter und ein paar asiatische Warlords reduziert. Zusätzlich braucht man dringend den Gestapo-Mann; denn er wohnt noch immer unter uns und kann erneut zuschlagen. Diese Entwicklung geht hin bis zur semantischen Überlappung der Filmgenres wie in „Cannibal Holocaust“ von Ruggero Deodato.[39] Der große historische Gegenspieler – der KGB – scheint als Bedrohung dagegen ausgedient zu haben, ist jedenfalls in eine andere Liga abgestiegen. Und dies hängt nicht nur mit dem Zusammenbruch der Sowjetunion zusammen. Vielmehr erschien der KGB zumeist kleinlich, auf sozialistische Art kleinbürgerlich, bestenfalls idealistisch ferngeleitet und vor allem – das Paradies der Werktätigen auf Erden im Auge – nie dämonisch. Der sowjetische Nachrichtendienst wie sein Ableger, die Stasi, mit dazugehörigem Personal klebten nach dem Zusammenbruch ihrer Regime somit an der irdischen Scholle und setzten kaum Phantasie frei, während sich die NS-Geheimorganisationen in der Gesellschaft der westlichen Industrienationen vordergründig an die Regeln des Marktes halten und nach wie vor mitzuspielen trachten.

Denn sie wollen Gewinne und Einfluß generieren, um mit diesen Ressourcen sendungsbewußt die verrottete Gesellschaft der Juden, Farbigen, Liberalen usw. auszulöschen. Der Kampf der Gestapo und ihrer selbsternannten Nachahmer ist nicht zu Ende; er wird in Hollywood nur mit anderen Mittel geführt. Das Spektrum ist dabei breit gefächert: Dies kann gesellschaftskritisch geschehen wie im Film „Homicide – Mordkommission“, in dem die Ahasverfigur eines jüdischen Polizisten Neonazis auf die Spur kommt, die ihre Sitzungsräume mit Exekutionsfotos der Einsatzgruppen als Ikonen der ‚positiven Geschichte‘ ausgeschmückt haben. Oder aber wie im Streifen „Der Anschlag“, wo eine NS-Nachfolgeorganisation einen erfolgreichen Atombombenanschlag auf die USA unternimmt und diese gegen die Sowjetunion ausspielen möchte, um so die beiden Supermächte und Sieger des Zweiten Weltkriegs zu vernichten. Weniger reißerisch und deshalb von der Bedrohungssituation her glaubwürdiger gibt sich die Mankell-Verfilmung „Die Rückkehr des Tanzlehrers“. Darin offenbart die Ermordung eines untergetauchten Gestapo-Funktionärs, daß es hier nicht um die Rache an einem alten, verbohrten Mann geht, sondern daß dieser Mitglied einer einflußreichen Organisation ist, die die alten Ziele mit neuen Mitteln zu erreichen versucht.

Daß der Wohlstand des amerikanischen Wirtschaftssystems auf dem Blutgeld ermordeter Juden – mittels der Schweizer Banken-Connection – beruhen kann und Erpresser von einst es bis zum honorigen Aufsichtsratsvorsitzenden einer New Yorker Großbank bringen, ist der geheime Spannungsbogen von „Inside Man“ aus dem Jahr 2006. In eine ähnliche Richtung geht der Politkrimi „The Statement“, in dem der Werdegang französischer Kollaborateure, die 1944 Juden exekutierten, im heutigen Frankreich nachgezeichnet wird. Während der eine im Untergrund lebt und sich der Strafverfolgung und Häschern aus den eigenen Reihen entzieht, die ihn wegen seines brisanten Wissens ausschalten wollen, hat der andere es zum angesehenen Spitzenpolitiker gebracht. Man darf annehmen, daß Rückschlüsse auf die Person des Maurice Papon – unter Giscard d’Estaing von 1978 bis 1981 Minister für den Staatshaushalt –

und dessen Prozeß in den Jahren 1997/98 von den Drehbuchautoren bewußt angelegt worden sind. Es läßt sich auch unterstellen, daß die Vorgänge um dessen Person den Hintergrund für die Handlung lieferten, zumal es den Ermittlern im Film darauf ankommt, die Verstrickung französischer Amtsträger offenzulegen, Aktualitätsbezug herzustellen und Verurteilungen herbeizuführen.[40] Umgekehrt sind Überlebende des Holocaust, wie der Anführer der bösen Mutanten in „X-Men", derart durch die Erlebnisse in den Konzentrationslagern seelisch gebrochen worden, daß sie nicht nur das NS-Regime verdammen, sondern auch das Regelwerk der Aufklärung für obsolet halten, welches für sie keinen Schutz vor Willkür und Terror geboten hat. Auf diese Weise gelingt den Nationalsozialisten ein weiterer, unvorhergesehener Sieg über das Innenleben des Menschen.

Die Bedrohung aus der Vergangenheit ist somit die immerwährende der Zukunft. Dagegen konnten und können ein paar Drogenbarone oder selbst arabische Terroristen nicht mithalten. Deren Gefahr war immer nur saisonal ein Reflex auf den Bedrohungszustand einer mehr oder minder labilen Gesellschaft. Die Gestapo als Faszinosum, ausgestattet mit den Insignien des schwarzen Apparates, ist dagegen als das Böse an sich medial längst entrückt, überzeitlich und daher nicht totzukriegen. Die Schergen, mal in runenbesetzter Uniform, mal im obligatorischen Ledermantel, im Anzug des Biedermanns gekleidet oder in der Metamorphose zum Skinhead gewandelt, werden immer wieder aufstehen, wenn man ihrer im Film oder in der Fernsehserie bedarf. Und da das Böse nicht stirbt, wird dies solange der Fall sein, wie Filme darauf abzielen, den Thrill des Publikums zu bedienen.

Anmerkungen

* Die Auswahl der vorgestellten Filme ist subjektiv und erhebt keinen Anspruch auf Vollständigkeit; alle Filminhalte werden nach den jeweils aktuellen DVD-Veröffentlichungen vorgestellt; ich danke Matthias Kamm für Hinweise und anregende Film-Gespräche.

1 Horst Schäfer/Wolfgang Schwarzer: Top secret. Agenten- und Spionagefilme – Personen, Affären, Skandale, Berlin 1998, S. 122ff.; Joseph Wulf: Theater und Film im Dritten Reich. Eine Dokumentation, Berlin-Frankfurt/M. 1989, S. 392ff., 443–459.

2 Ebd., S. 395ff.

3 Vgl. Jan-Christopher Horak: Anti-Nazi-Filme der deutschsprachigen Emigration von Hollywood 1939 –1945, Münster 1985.

4 Vgl. Michael E. Birdwell: Das andere Hollywood der dreißiger Jahre. Die Kampagne der Warner Bros. gegen die Nazis, Hamburg – Wien 2000.

5 Nach dem Roman von Anna Seghers; vgl. Anja Goldau/Hans Helmut Prinzler/Neil Sinyard: Zinnemann, Berlin 1986, S. 100ff.

6 Birdwell (Anm. 4), S. 227.

7 „Die Wannseekonferenz" von Heinz Schirk aus dem Jahr 1984.

8 Defa-Produktion aus dem Jahr 1961; Regie führte Gerhard Klein.

[9] Karl Fruchtmann: Die Grube. Drehbuch zu einem Film. Mit einem Nachwort von Wolfram Wette über den Kindermord von Bjelaja Zerkow im August 1941, Bremen 1998.

[10] Bereits im Jahr 1946 fertiggestellt; Regie führte Wolfgang Staudte; hier ist verwunderlich, daß Wehrmachtsverbrechen u. KL thematisiert wurden, jedoch nicht die Gestapo.

[11] Im Jahr 1959 fertiggestellt; auch hier war Wolfgang Staudte der Regisseur.

[12] Schäfer/Schwarzer (Anm. 1), S. 125.

[13] Ebd., S. 107–119.

[14] Bemerkenswert ist hier, daß der ermittelnde Inspektor Wilson über die Südamerika-Connection auf Kindlers Spur kam, was als früher Kommentar zur „Rattenlinie" verstanden werden kann; vgl. Orson Welles, München-Wien 1977, S. 80–85.

[15] Hier „The Belarus File" von 1985, wo es um eine Mordserie an älteren Männern – frühere Emigranten aus Weißrußland – geht; im Laufe der Ermittlungen stellt sich heraus, daß die Opfer allesamt Mitglieder einer weißrussischen Hiwi-Einheit im Dienste der Nationalsozialisten waren, die von einem jüdischen Rächer (Max von Sydow) für ihre Verbrechen getötet wurden.

[16] In der Episode aus dem Jahr 2004 wird der Vorgang der illegalen Einwanderung durch Kriegsverbrecher thematisiert; der einst jugendliche Gestapo-Mitarbeiter wird entdeckt, nachdem ein Überlebender ihn zufällig während eines Prozesses wiedererkennt.

[17] Peter Märthesheimer/Ivo Frenzel (Hrsg.): Im Kreuzfeuer: Der Fernsehfilm „Holocaust". Eine Nation ist betroffen, Frankfurt/M. 1979; Peter Reichel: Erfundene Erinnerung. Weltkrieg und Judenmord im Film und Theater, München-Wien 2004, S. 250–263.

[18] Sabina Lietzmann: Die Judenvernichtung als Seifenoper. „Holocaust" – eine Serie im amerikanischen Fernsehen, in: Märthesheimer/Frenzel (Anm. 17), S. 35–39.

[19] Vgl. Stefan Krankenhagen: Auschwitz darstellen. Ästhetische Positionen zwischen Adorno, Spielberg und Walser, Köln 2001, S. 163–220.

[20] Von der Nachhaltigkeit seiner Wirkung steht „Holocaust" in der Bundesrepublik wohl singulär dar; im internationalen Vergleich gibt es wenige Produktionen – wie z. B. „Roots" –, die dem nahekommen.

[21] Daniel Levy/Natan Sznaider: Erinnerung im globalen Zeitalter: Der Holocaust, Frankfurt/M. 2001, S. 131–134; Hannah Levinson: The Television Serie „Holocaust" in Israel, in: Journal of Political Education 4(1981), S. 151–166.

[22] Julian Semjonowitsch Semjonow schrieb die Romanvorlage.

[23] Jean-Pierre Melville, München-Wien 1982, S. 191–200, 228; Rui Nogueira: Kino der Nacht. Gespräche mit Jean-Pierre Melville, Berlin 2002, S. 179–191.

[24] Willi Winkler: Die Filme von François Truffaut, München 1991, S. 210–220.

[25] Versteckt geht der Film auf die Durchführung eines Anschlages auf das Pariser Gestapo-Hauptquartier ein; vgl. David Caute: Joseph Losey. A Revenge on Life, New York 1994, S. 522.

[26] Ebd., S. 414 ff., 517–524; Joseph Losey, München-Wien 1977, S. 164–172.

[27] Joachim Staron: Fosse Ardeatine und Marzabotto: Deutsche Kriegsverbrechen und Resistenza, Paderborn u. a. 2002.

[28] Laurence Schifano: Luchino Visconti. Fürst des Films, Gernsbach 1988, S. 417–451.

[29] Hans Jürgen Syberberg: Hitler, ein Film aus Deutschland, Reinbek 1978; zu den EG-Morden ebd., S. 202–209.

[30] Göths Tatbeitrag bei der Liquidierung des Krakauer Ghettos wird m. E. überbewertet; dagegen ist seine Bedeutung als Kommandant von Płaszów unstrittig; vgl. Tom Segev: Die Soldaten des Bösen. Zur Geschichte der KZ-Kommandanten, Reinbek 1992, S. 189; zur Räumung des Krakauer Ghettos u. der Verbrennung der Leichen: BAL, B 162/1976;

zum Film: Johannes-Michael Noack: „Schindlers Liste“ – Authentizität und Fiktion in Spielbergs Film, Leipzig 1998.

[31] Vgl. Hans-Peter Schwarz: Phantastische Wirklichkeit. Das 20. Jahrhundert im Spiegel des Polit-Thrillers, München 2006, S. 217 ff.; Uki Goni: Odessa. Die wahre Geschichte. Fluchthilfe für NS-Kriegsverbrecher, Berlin-Hamburg 2006.

[32] Nach dem Roman von Mario Puzo.

[33] Heike Kühn: Die Sonne scheint noch. Zu Marc Rothemunds Sophie Scholl – Die letzten Tage, in: Margrit Frölich/Christian Schneider/Karsten Visarius (Hrsg.): Das Böse im Blick. Die Gegenwart des Nationalsozialismus im Film, o. O. [München] 2007, S. 231–244.

[34] Vgl. Mirjam Triendl: Leben in Abwesenheit. Die Erinnerung an das Gute und Schöne im Elend des Ghettoalltags, in: Vincas Bartusevicius/Joachim Tauber/Wolfram Wette (Hrsg.): Holocaust in Litauen. Krieg, Judenmorde und Kollaboration im Jahre 1941, Köln 2003, S. 156–170.

[35] Karsten Visarius: Der Wunsch des Täters nach der Tat. Volker Schlöndorffs Der neunte Tag, in: Frölich/Schneider/ders. (Anm. 33), S. 245–259.

[36] Vgl. Wolf Gruner: Die Fabrik-Aktion und die Ereignisse in der Berliner Rosenstraße: Fakten und Fiktionen um den 27. Februar 1943, in: JfA 11(2002), S. 137–177; ders.: Widerstand in der Rosenstraße. Die Fabrik-Aktion und die Verfolgung der „Mischehen“ 1943, Frankfurt/M. 2005; Nathan Stoltzfus: Widerstand des Herzens. Der Aufstand der Berliner Frauen in der Rosenstraße 1943, München-Wien 1999; Beate Meyer: Geschichte im Film. Judenverfolgung, Mischehen und der Protest in der Rosenstraße 1943, in: ZfG 52(2004), S. 23–36.

[37] Autobiographisch: Adolf Burger: Unternehmen Bernhard. Die Fälscherwerkstatt im KZ Sachsenhausen, Berlin 1992; aus Sicht eines früheren RSHA-Angehörigen: Walter Hagen [= Wilhelm Höttl]: Unternehmen Bernhard. Ein historischer Tatsachenbericht über die größte Geldfälschungsaktion aller Zeiten, Wels-Starnberg 1955.

[38] Philip Kerr: Feuer in Berlin, Reinbek [3]2002; ders.: Im Sog der dunklen Mächte, Reinbek [3]2002; ders.: Alte Freunde – neue Feinde, Reinbek [2]2001.

[39] Arno Meteling: Monster. Zu Körperlichkeit und Medialität im modernen Horrorfilm, Bielefeld 2006, S. 164–168.

[40] Zu Papons Rolle: Serge Klarsfeld: Vichy-Auschwitz. Die „Endlösung der Judenfrage“ in Frankreich, Darmstadt 2007; zu seinem Prozeß: Thomas Vormbaum (Hrsg.): Vichy vor Gericht: Der Papon-Prozeß. Der Strafprozeß gegen Maurice Papon in der deutschen Presseberichterstattung 1997/98, Baden-Baden 2000.

Abkürzungsverzeichnis

AA	Auswärtiges Amt
Abb.	Abbildung
Abgedr.	Abgedruckt
Abt.	Abteilung
AfS	Archiv für Sozialgeschichte
AG	Amtsgericht
AK	Außenstelle Kalkum
Anm.	Anmerkung(en)
APP	Archiwum Państwowe Poznań
BAB	Bundesarchiv Berlin
BAK	Bundesarchiv Koblenz
BAL	Bundesarchiv-Außenstelle Ludwigsburg
BA-MA	Bundesarchiv-Militärarchiv Freiburg/Breisgau
BA-ZA	Bundesarchiv-Zwischenarchiv Dahlwitz-Hoppegarten
BB	Befehlsblatt
Bd.	Band
BDC	Berlin Document Center
Bde.	Bände
BdS	Befehlshaber der Sicherheitspolizei und des SD
Bearb.	Bearbeiter/bearbeitet
BGH	Bundesgerichtshof
BKA	Bundeskriminalamt
Bl.	Blatt
BMI	Bundesminister(ium) des Innern
BMJ	Bundesminister(ium) der Justiz
BND	Bundesnachrichtendienst
BStU	Der Beauftragte für die Unterlagen des Staatssicherheitsdienstes der ehemaligen Deutschen Demokratischen Republik Berlin
BT	Bundestag
CDJC	Centre de Documentation Juive Contemporaine Paris
CdS	Chef der Sicherheitspolizei und des SD
CDU	Christlich-Demokratische Union
CIA	Central Intelligence Agency
CIC	Counter Intelligence Corps
CSDIC(WEA)	Combined Services Detailed Interrogation Center (West European Area)
DB	Deutsche Botschaft
DDR	Deutsche Demokratische Republik
DH	Dachauer Hefte
Diss.	Dissertation
DÖW	Dokumentationsarchiv des österreichischen Widerstandes Wien

Dok.Slg.	Dokumentensammlung
Dt.Gen.b.HQu.It.Wehrm.	Deutscher General beim Hauptquartier der Italienischen Wehrmacht
Dto.	Dito/gesagt
Ebd.	Ebenda
EG	Einsatzgruppe(n)
EK	Einsatzkommando(s)
EM	Ereignismeldung UdSSR
FAZ	Frankfurter Allgemeine Zeitung
FDP	Freie Demokratische Partei
FH	Frankfurter Hefte
FPÖ	Freiheitliche Partei Österreichs
FSS	Field Security Sections
FV	Forschungsvorgang
GA	Generalakten
Geb.	Geboren
Gestapa	Geheimes Staatspolizeiamt
Gestapo	Geheime Staatspolizei
GFP	Geheime Feldpolizei
GG	Geschichte und Gesellschaft
GStaw	Generalstaatsanwalt
GVP	Geschäftsverteilungsplan
GWU	Geschichte in Wissenschaft und Unterricht
H.	Heft
HA	Hauptamt
HGS	Holocaust and Genocide Studies
HJ	Hitlerjugend
HöSSPF	Höchster SS- und Polizeiführer
Hrsg.	Herausgeber/herausgegeben
HSSPF	Höherer SS- und Polizeiführer
HStAD	Nordrhein-westfälisches Hauptstaatsarchiv Düsseldorf
HStAH	Niedersächsisches Hauptstaatsarchiv Hannover
HZ	Historische Zeitschrift
IdS	Inspekteur der Sicherheitspolizei und des SD
IfZ	Institut für Zeitgeschichte München
IKRK	Internationales Komitee vom Roten Kreuz
IM	Informeller Mitarbeiter
IMT	International Military Tribunal
IRSH	International Review of Social History
ISHZ	Informationen zur schleswig-holsteinischen Zeitgeschichte
JCH	Journal of Contemporary History
JfA	Jahrbuch für Antisemitismusforschung
JM	Justizminister(ium)
JS	Justizsenator
JSH	Journal of Social History
JuNSV	Justiz und NS-Verbrechen
JWLG	Jahrbuch für westdeutsche Landesgeschichte
KdO	Kommandeur der Ordnungspolizei
KdS	Kommandeur der Sicherheitspolizei und des SD

KGB	Kommissariat gosudarstvennoj bezopasnosti
KL/KZ	Konzentrationslager
KPD	Kommunistische Partei Deutschlands
KPÖ	Kommunistische Partei Österreichs
Kripo	Kriminalpolizei
LAB	Landesarchiv Berlin
Lfd.	Laufend(e)
LG	Landgericht
LGR	Landgerichtsrat
LHAK	Landeshauptarchiv Koblenz
LKA	Landeskriminalamt
LKAD	Landeskirchliches Archiv Düsseldorf
LKPA	Landeskriminalpolizeiamt
LPD	Landespolizeidirektion
Ltd.	Leitend(er)
MadbO	Meldungen aus den besetzten Ostgebieten
MfS	Ministerium für Staatssicherheit
MilStGB	Militärstrafgesetzbuch
Ms.	Manuskript
NAK	The National Archives Kew
NARA	United States National Archives and Records Administration College Park/Maryland
NARB	Nacional'nyj Archiv Respubliki Belarus' Minsk
Nbg. Dok.	Nürnberger Dokumente
NKVD	Narodnyj kommissariat vnutrennich del
NL	Nachlaß
Nr.	Nummer(n)
NS	Nationalsozialismus
NSDAP	Nationalsozialistische Deutsche Arbeiterpartei
NSG	Nationalsozialistische Gewaltverbrechen
NYT	New York Times
ObdH	Oberbefehlshaber des Heeres
ÖTV	Gewerkschaft Öffentliche Dienste, Transport und Verkehr
ÖVP	Österreichische Volkspartei
OKW	Oberkommando der Wehrmacht
OLG	Oberlandesgericht
OStaw	Oberstaatsanwalt
PAAA	Politisches Archiv des Auswärtigen Amtes Berlin
PB	Polizeibataillon(e)
PCA	Pontificia Commissione Assistenza
PD	Polizeidirektion
PP	Polizeipräsident(ium)
PRA	Polizeireiterabteilung
Prot.	Protokoll
PRS	Polizeireiterschwadron
PSB	Public Safety Branch
Qu.	Quartiermeister
RA	Rechtsanwalt(wälte)
Red.	Redaktion

RFSS	Reichsführer-SS
RGVA	Rossiiskii Gosudarstvennyi Voennyi Arkhiv Moskau
RHE	Rechtshilfeersuchen
RKPA	Reichskriminalpolizeiamt
RMI	Reichsminister(ium) des Innern
RPB	Reserve-Polizeibataillon
RSHA	Reichssicherheitshauptamt
RuSHA	Rasse- und Siedlungshauptamt(sakte)
SA	Sturmabteilung
SAS	Special Air Service
SD	Sicherheitsdienst Reichsführer-SS
SED	Sozialistische Einheitspartei Deutschlands
SK	Sonderkommando(s)
SOE	Special Operations Executive
Soko(s)	Sonderkommission(en)
Sowi	Sozialwissenschaftliche Informationen
SPD	Sozialdemokratische Partei Deutschlands
SPÖ	Sozialdemokratische Partei Österreichs
SS	Schutzstaffel
SSO	SS-Offiziersakte
SSPF	SS- und Polizeiführer
SS-PR	SS-Polizeiregiment
StAD	Nordrhein-westfälisches Staatsarchiv Detmold
StAH	Staatsarchiv Hamburg
Stapo	Staatspolizei
Staw	Staatsanwalt(schaft)
StGB	Strafgesetzbuch
SZ	Süddeutsche Zeitung
Undat.	Undatiert
Verf.	Verfasser(s)
Vern.	Vernehmung(en)
VfZ	Vierteljahrshefte für Zeitgeschichte
WFSt	Wehrmachtführungsstab
WG	WerkstattGeschichte
YVA	Yad Vashem Archives Jerusalem
YVS	Yad Vashem Studies
Z. b. V.	Zur besonderen Verfügung
ZfG	Zeitschrift für Geschichtswissenschaft
Zit.	Zitat/zitiert
ZK	Zentralkartei
ZSD	Zentralstelle Nordrhein-Westfalen in Dortmund
ZSL	Zentrale Stelle der Landesjustizverwaltungen Ludwigsburg
Zus.	Zusammen
ZUV	Zentrale(r) Untersuchungsvorgang(gänge)

Personenregister

(Das Register bezieht sich nur auf den Text)

Ortsregister

(Das Register bezieht sich nur auf den Text)

Die Autoren

Andrej Angrick, Dr. phil.; geb. 1962; Studium der Geschichte, Germanistik, Philosophie u. Pädagogik in Berlin; Promotion 2000; Wissenschaftlicher Mitarbeiter der Hamburger Stiftung zur Förderung von Wissenschaft u. Kultur; Veröffentlichungen u. a.: Besatzungspolitik und Massenmord. Die Einsatzgruppe D in der südlichen Sowjetunion 1941–1943, Hamburg 2003; Im Wechselspiel der Kräfte. Impressionen zur deutschen Einflußnahme bei der Volkstumspolitik in Czernowitz vor „Barbarossa" und nach Beginn des Überfalls auf die Sowjetunion, in: Alfred Gottwaldt/Norbert Kampe/Peter Klein (Hrsg.): NS-Gewaltherrschaft. Beiträge zur historischen Forschung und juristischen Aufarbeitung, Berlin 2005, S. 318–355; Die „Endlösung" in Riga: Ausbeutung und Vernichtung 1941–1944, Darmstadt 2006 (zus. mit Peter Klein); lebt in Berlin.

Jochen Böhler, Dr. phil.; geb. 1969; Studium der Geschichte, Ethnologie u. Volkswirtschaft in Köln; Promotion 2004; Wissenschaftlicher Mitarbeiter am Deutschen Historischen Institut Warschau; Veröffentlichungen u. a.: „Größte Härte …". Verbrechen der Wehrmacht in Polen September–Oktober 1939. Katalog zur gleichnamigen Ausstellung, Osnabrück 2005 (Red.); Auftakt zum Vernichtungskrieg. Die Wehrmacht in Polen 1939, Frankfurt/M. 2006; Einsatzgruppen in Polen. Darstellung und Dokumentation, Darmstadt 2008 (zus. mit Klaus-Michael Mallmann u. Jürgen Matthäus); lebt in Warschau/Polen.

Bernhard Brunner, Dr. phil.; geb. 1969; Studium der Geschichte, Germanistik u. Politikwissenschaft in Würzburg, Freiburg u. Yale; Promotion 2002; tätig im bayrischen Schuldienst; Veröffentlichungen u. a.: Auf dem Weg zu einer Geschichte des Konzentrationslagers Natzweiler. Forschungsstand – Quelle – Methode, Stuttgart 2000; Der Frankreich-Komplex. Die nationalsozialistischen Verbrechen in Frankreich und die Justiz der Bundesrepublik Deutschland, Göttingen 2004; The „Comprehensive Investigative Proceedings-France": Judical Inquiries into Nazi Crimes, in: Alan E. Steinweis/Philipp Gassert (Hrsg.): Coping with the Nazi Past. West German Debates on Nazism and Generational Conflict, 1955–1975, New York-Oxford 2006, S. 64–96; lebt in Karlstadt bei Würzburg.

Martin Cüppers, Dr. phil.; geb. 1966; Studium der Geschichte u. Romanistik in Trier u. Berlin; Promotion 2004; Wissenschaftlicher Mitarbeiter der Forschungsstelle Ludwigsburg der Universität Stuttgart; Veröffentlichungen u. a.: Wegbereiter der Shoah. Die Waffen-SS, der Kommandostab Reichsführer-SS und die Judenvernichtung 1939–1945, Darmstadt 2005; Vorreiter der Shoah. Ein Vergleich der Einsätze beider SS-Kavallerieregimenter im August 1941, in: Timm C. Richter (Hrsg.): Krieg und Verbrechen. Situation und Intention: Fallbeispiele, München 2006, S. 87–97; Halbmond und Hakenkreuz. Das Dritte Reich, die Araber und Palästina, Darmstadt 2006 (zus. mit Klaus-Michael Mallmann); lebt in Berlin.

Akim Jah, Diplom-Politologe; geb. 1967; Studium der Politikwissenschaft in Berlin; freiberuflicher Bildungsreferent; forscht über das Sammellager Große Hamburger Straße in

Berlin; Veröffentlichungen u. a.: „Unschuldige Mordgehilfen". Das Bovensiepen-Verfahren gegen ehemalige Mitarbeiter der Stapoleitstelle Berlin, in: Sabine Moller/Miriam Rürup/Christel Trouvé (Hrsg.): Abgeschlossene Kapitel? Zur Geschichte der Konzentrationslager und der NS-Prozesse, Tübingen 2002, S. 187–199; Nationalsozialistische Lager. Neue Beiträge zur NS-Verfolgungs- und Vernichtungspolitik und zur Gedenkstättenpädagogik, Münster 2006 (Hrsg. zus. mit Christoph Kopke/Alexander Korb/Alexa Stiller); Vom Altenheim zum Sammellager. Die Große Hamburger Straße 26, die Deportation der Berliner Juden und das Personal der Stapoleitstelle Berlin, in: Theresienstädter Studien und Dokumente 2007 (im Erscheinen); lebt in Berlin.

Jan Kiepe, M.A.; geb. 1978; Studium der Geschichte u. Soziologie in Göttingen; Doktorand an der Universität Erfurt; arbeitet an einer Dissertation über die SED-Parteischulung im Land Thüringen bzw. den drei Bezirken Erfurt, Gera u. Suhl; Veröffentlichung: Das Reservepolizeibataillon 101 vor Gericht. NS-Täter in Selbst- und Fremddarstellungen, Münster 2007; lebt in Erfurt.

Peter Klein, Dr. phil.; geb. 1962; Studium der Geschichte, Politikwissenschaft sowie der Buch- u. Bibliothekswissenschaften in Erlangen u. Berlin; Promotion 2007; Wissenschaftlicher Mitarbeiter der Hamburger Stiftung zur Förderung von Wissenschaft u. Kultur; Veröffentlichungen u. a.: Die Einsatzgruppen in der besetzten Sowjetunion 1941/42. Die Tätigkeits- und Lageberichte des Chefs der Sicherheitspolizei und des SD, Berlin 1997 (Hrsg.); Die „Endlösung" in Riga: Ausbeutung und Vernichtung 1941–1944, Darmstadt 2006 (zus. mit Andrej Angrick); Die „Gettoverwaltung in Litzmannstadt" 1940–1944 (im Erscheinen); lebt in Berlin.

Stephan Linck, Dr. phil.; geb. 1964; Studium der Geschichte, Politik- u. Literaturwissenschaft in Kiel; Promotion 1998; forscht im Auftrag der Nordelbischen evangelisch-lutherischen Kirche über die Vergangenheitspolitik der nördlichen Landeskirchen u. ihr Verhältnis zum Judentum nach 1945; Veröffentlichungen u. a.: Der Ordnung verpflichtet: Deutsche Polizei 1933–1949. Der Fall Flensburg, Paderborn u. a. 2000; Als Jesus „arisch" wurde. Kirche, Christen, Juden in Nordelbien 1933–1945. Die Ausstellung in Kiel, Bremen 2003 (Hrsg. zus. mit Annette Göhres u. Joachim Liß-Walther); „Fehlanzeige". Wie die Kirche in Altona nach 1945 die NS-Vergangenheit und ihr Verhältnis zum Judentum aufarbeitete, Hamburg 2006; lebt in Kiel.

Klaus-Michael Mallmann, Dr. phil. habil.; geb. 1948; Studium der Geschichte, Soziologie, Politikwissenschaft u. Germanistik in Mannheim u. Saarbrücken; Promotion 1980; Habilitation 1995; Wissenschaftlicher Leiter der Forschungsstelle Ludwigsburg u. Professor für Neuere Geschichte an der Universität Stuttgart; Veröffentlichungen u. a.: Deutsche, Juden, Völkermord. Der Holocaust als Geschichte und Gegenwart, Darmstadt 2006 (Hrsg. zus. mit Jürgen Matthäus); Halbmond und Hakenkreuz. Das Dritte Reich, die Araber und Palästina, Darmstadt 2006 (zus. mit Martin Cüppers); Einsatzgruppen in Polen. Darstellung und Dokumentation, Darmstadt 2008 (zus. mit Jochen Böhler u. Jürgen Matthäus); lebt in Ludwigsburg.

Jürgen Matthäus, Dr. phil.; geb. 1959; Studium der Geschichte u. Philosophie in Bochum; Promotion 1992; Director of Research am United States Holocaust Memorial Museum Washington D.C.; Veröffentlichungen u. a.: Christopher Browning (mit einem Beitrag von Jürgen Matthäus): Die Entfesselung der „Endlösung". Nationalsozialistische Judenpolitik 1939–1942, München 2003; Deutsche, Juden, Völkermord. Der Holocaust als Geschichte und Gegenwart, Darmstadt 2006 (Hrsg. zus. mit Klaus-Michael Mallmann); Einsatzgruppen in Polen. Darstellung und Dokumentation, Darmstadt 2008 (zus. mit Klaus-Michael Mallmann u. Jochen Böhler); lebt in Washington D.C./USA.

David M. Mintert, Dr. phil. des.; geb. 1971; Studium der Geschichte, Psychologie u. Germanistik in Wuppertal u. Bochum; Promotion 2007; Mitarbeiter der Begegnungsstätte Alte Synagoge Wuppertal; Veröffentlichungen u. a.: „Sturmtrupp der Deutschen Republik“. Das Reichsbanner Schwarz-Rot-Gold im Wuppertal, Grafenau 2002; „... nur dem Führer und meinem nationalsozialistischen Gewissen verantwortlich“. Willy Veller – Ein SA-Schläger im Amt des Wuppertaler Polizeipräsidenten, in: Michael Okroy/Ulrike Schrader (Hrsg.): Der 30. Januar 1933 – Ein Datum und seine Folgen, Wuppertal 2004, S. 46–59; Das Lager Kemna in Wuppertal – ein frühes Konzentrationslager, in: Akim Jah/Christoph Kopke/Alexander Korb/Alexa Stiller (Hrsg.): Nationalsozialistische Lager. Neue Beiträge zur NS-Verfolgungs- und Vernichtungspolitik und zur Gedenkstättenpädagogik, Münster 2006, S. 33–51; lebt in Wuppertal.

Jacek Andrzej Młynarczyk, Dr. phil.; geb. 1968; Studium der Geschichte u. Philosophie in Kattowitz u. Essen; Promotion 2004; Wissenschaftlicher Mitarbeiter am Deutschen Historischen Institut Warschau; Veröffentlichungen u. a.: Treblinka – ein Todeslager der „Aktion Reinhard“, in: Bogdan Musial (Hrsg.): „Aktion Reinhardt“. Der Völkermord an den Juden im Generalgouvernement 1941–1944, Osnabrück 2004, S. 257–281; Die zerrissene Nation. Die polnische Gesellschaft unter deutscher und sowjetischer Herrschaft 1939–1941, in: Klaus-Michael Mallmann/Bogdan Musial (Hrsg.): Genesis des Genozids. Polen 1939–1941, Darmstadt 2004, S. 145–169; Judenmord in Zentralpolen. Der Distrikt Radom im Generalgouvernement 1939–1945, Darmstadt 2007; lebt in Warschau/Polen.

Gerald Steinacher, Dr. phil. habil.; geb. 1970; Studium der Geschichte u. Politikwissenschaft in Innsbruck, Rom, Trient u. New Orleans; Promotion 1999; Habilitation 2008; Historiker u. Archivar am Südtiroler Landesarchiv in Bozen sowie Lehrbeauftragter an den Universitäten Innsbruck u. München; Veröffentlichungen u. a.: Argentinien als NS-Fluchtland. Die Emigration von Kriegsverbrechern und Nationalsozialisten durch Italien an den Rio de la Plata. Mythos und Wirklichkeit, in: Holger Meding (Hrsg.): Argentinien und das Dritte Reich, Köln 2007, S. 230–255; Alto Adige come regione di transito dei rifugiati 1945–1950, in: Matteo Sanfilippo (Hrsg.): Italie come paese dei profughi dal 1945 ad oggi, Roma 2006, S. 821–834; Im Schatten der Geheimdienste. Tirol 1918 bis zur Gegenwart, Innsbruck u. a. 2003 (Hrsg.); lebt in Bozen/Italien.

Stephen Tyas, geb. 1947; früherer Manager in der Chemieindustrie, jetzt freiberuflicher Rechercheur u. Autor; Veröffentlichungen u. a.: A New Document on the Deportation and Murder of Jews during „Einsatz Reinhardt“ 1942, in: HGS 15(2001), S. 468–486 (zus. mit Peter Witte); Der britische Nachrichtendienst: Entschlüsselte Funkmeldungen aus dem Generalgouvernement, in: Bogdan Musial (Hrsg.): „Aktion Reinhardt“. Der Völkermord an den Juden im Generalgouvernement 1941–1944, Osnabrück 2004, S. 431–447; Adolf Eichmann: New Information from British Signals Intelligence, in: David Bankier (Hrsg.): Secret Intelligence and the Holocaust, New York-Jerusalem 2006, S. 213–243; lebt in St. Albans/England.

Annette Weinke, Dr. phil.; geb. 1963; Studium der Geschichte, Publizistik u. Kunstgeschichte in Göttingen u. Berlin; Promotion 2001; Wissenschaftliche Mitarbeiterin der Forschungsstelle Ludwigsburg der Universität Stuttgart 2006–2008; Veröffentlichungen u. a.: Die Verfolgung von NS-Tätern im geteilten Deutschland. Vergangenheitsbewältigungen 1949–1969 oder: Eine deutsch-deutsche Beziehungsgeschichte im Kalten Krieg, Paderborn u. a. 2002; Die Nürnberger Prozesse, München 2006; „Alliierter Angriff auf die nationale Souveränität"? Die Strafverfolgung von Kriegs- und NS-Verbrechen in der Bundesrepublik, der DDR und Österreich, in: Norbert Frei (Hrsg.): Transnationale Vergangenheitspolitik. Der Umgang mit deutschen Kriegsverbrechern in Europa nach dem Zweiten Weltkrieg, Göttingen 2006, S. 37–93; lebt in Berlin.